# 2012 中国连锁经营年鉴

***China Chain Store Almanac*** 2012

中国连锁经营协会　编

中国商业出版社

**图书在版编目（CIP）数据**

2012中国连锁经营年鉴/中国连锁经营协会编.—北京：中国商业出版社，2012.9

ISBN 978-7-5044-7893-1

Ⅰ.①2… Ⅱ.①中… Ⅲ.①连锁经营-中国-2012-年鉴 Ⅳ.①F717.6

中国版本图书馆CIP数据核字（2012）第210149号

责任编辑：张超美　唐伟荣

中国商业出版社出版发行
010-63180647　www.c-cbook.com
（100053　北京广安门内报国寺1号）
新华书店总店北京发行所经销
北京明月印务有限责任公司印刷

*

787×1092毫米　16开　27.25印张　630千字
2012年9月第1版　2012年9月第1次印刷
定价：360.00元

*　*　*　*

（如有印装质量问题可更换）

# 编辑委员会名单

刘建华　武汉连锁经营协会　秘书长
朱　平　东莞市零售行业协会　秘书长
朱　舫　中国商报社　副总编辑
汤　娟　广东省连锁经营协会　秘书长
花　涛　深圳市零售商业行业协会　会长
李远志　黑龙江省连锁经营协会　秘书长
李秀珍　北京市连锁经营协会　会长　秘书长
张立学　济南市连锁经营协会　秘书长
张为民　合肥市连锁经营协会　秘书长
张慧玉　河南省商业行业协会　会长
张云鸿　昆明市连锁经营协会　秘书长
何家信　安徽省连锁经营协会　会长
杨建英　福建省连锁经营协会　秘书长
孟福平　山西省连锁经营协会　秘书长
罗少芳　广州市连锁经营协会　秘书长
陈绍玮　天津市连锁商业协会　秘书长
赵　顺　大连市连锁企业协会　会长　秘书长
胡文章　上海市连锁商业协会　秘书长
顾国建　上海商学院　教授
徐圣雄　重庆市连锁经营协会　会长

**总　　　编**：裴　亮
**执 行 总 编**：李建中
**编 辑 人 员**：杨青松　彭建真　王文华　苏　霜　楚　东　王洪涛

# 前　言

2011年是我国“十二五”规划的开局之年，但是世界经济增长持续疲软，欧债危机不断，中国经济形势也存在着很多风险和不确定因素。目前，国内实体经济发展环境亟待改善，转变经济发展方式逐渐成为各行业的共识和实际行动。综观2011年中国连锁零售业整体发展状况，也呈现出不同以往的明显特征。

据中国连锁经营协会统计，2011年行业政策调整和市场环境变化都对连锁零售企业产生较大的影响：其一，利好政策连发与监管更加严苛并存。如税制改革促进企业税负优化；银行卡刷卡手续费调整有效降低企业运营成本；而对大型零售企业的“清理整顿”，既直面缓解零供矛盾、严苛监管力度，也力促双方互助和谐发展。其二，行业共性问题突出。如成本上升抬高运营压力；商业地产过热加大投资风险；食品安全事件频发引起全社会高度关注；企业销售增幅持续趋缓，企业盈利低效徘徊等，致使企业提升优化管理、有效内控、多元创新等内在动力持续增强。就不同的行业、业态而言：连锁超市市场竞争持续激烈，政府监管力度加大，经营成本高企，超市企业在更加残酷的市场环境中，不得不回归零售企业商品经营的本质，加快提升商品利润和精细管理的能力。百货行业在“高端百货”、3C零售巨头们的强势介入下，不仅格局生变、核心商圈重新洗牌，而且成为业态升级、多元化改造的“试验田”；而伴随地价飙升、商业地产过热与城市化进程加快，已近饱和的一线城市商业重心裹挟购物中心向城市外延或二、三线城市扩展性发展；同时，基于突破同质化痼疾与利润瓶颈，抗御更大风险，百货企业纷纷提出自营、自采、差异化等新经营理念。便利店企业在加快主要城市布局的同时也在实施向二、三线城市的渗透，并积极涉足有潜力的西部市场；然而，便利店企业的同质化经营加剧同业竞争，造成重复建设；信息技术应用远未达标，难以适时商品更新、更难满足顾客的多样化需求；物流配送体系软肋长期掣肘业态优势发挥等共性问题也影响着行业进步；因此，关注差异化经营、深挖特需、延伸服务、满足客户变化、整合内外资源、合理科学布局、提高物流效率、及时更新商品、形成特色竞争优势，成为便利店企业关注的重点。家电行业虽然难撼苏宁、国美平步一、二线市场的霸主地位，但在两霸加大渠道下沉力度，拓展三、四线市场的进程中，区域性家电连锁企业也在聚积自身特有优势强力阻击，并不断尝试省际内的跨区经营；同时，政府提出的“家电下乡”、“以旧换新”等政策进入末期，激励作用已成强弩之末难显辉煌，且客观上构成家电销售增幅滑落的影响因素；竞争的加剧，也促使家电零售企业依托供应链优势强化对信息化管理的应用与升级；而以京东商城为代表的电商企业凭借低成本、快物流、在线体验等优势形成对传统家电零售企业的巨大威胁，也强力吸引传统家电企业进驻和依托式发展。

2011年，中国特许经营总体发展呈现开放活跃、持续增长、政策趋好、机遇扩大、风险上升等态势。据中国连锁经营协会调查，截至2011年年底，中国特许体系已超过5000个，比上年增长11.1%，继续保持特许体系数量世界领先；加盟店总数100万以上，覆盖行业（业态）超过 70 个；特许企业直接创造的就业岗位超过 1000 万个。2011 年中国特许经营连锁 120 强企业销售规模达 37.3 亿元，比上年增长 9.6%。而 2012 年十行业景气排名依次为教育培训、经济型酒店、食品专卖、餐饮业、非食品专卖、个人服务、房屋装修服务、汽车后市场、农资连锁和超市便利店。同时，商务部统计显示，截至 2012 年 5 月 8 日，全国累计同意申请特许经营备案登记企业 2052 家，其中 1271 家为公告备案，52 家为境外企业。2011 年，我国特许经营发展也突出反映在加盟业务快速扩张、经营成本高企、消费需求提升、政府监管严苛的同时，加盟总部管控与支持能力薄弱，体系软肋频显，食品安全、售后承诺等餐食、服务领域不良事件曝光、投诉纠纷案例趋于上升，亟待加强。

2012 年，是实施“十二五”规划承上启下的重要 年。然而，国内外经济形势不容乐观，特别是我国经济下行压力增大，稳增长、控通胀、转方式、调结构、扩内需、促销费、惠民生的任务十分艰巨而紧迫。在国家经济发展稳中求进的总基调下，内需市场将成为下一轮拉动我国经济发展的主要引擎。这是连锁行业加速发展，提升影响的难得机遇，也是连锁企业继续创新，做强做大，实现腾飞和更大贡献的历史性挑战。连锁企业要做好应对各种困难的充分准备；要基于核心业务，围绕核心业务，根据自身资源优势和实际发展状况开展多元经营；要对未来发展更加从容和自信，以创新精神鼎力实现行业和企业的可持续发展。

随着中国连锁经营继续快速、稳定、健康的发展，数据资料愈加成为业内人士进行科学决策和分析的重要依据。《2012 中国连锁经营年鉴》继续秉持调查调研为主体，内容严谨、数据翔实、论述客观的风格，详尽反映 2011 年中国连锁经营市场的发展状况，直观描述行业的运行环境，为业内人士经营、管理和决策提供高价值的参考和帮助。在此，向参加本书编写的专家、学者、业内人士和编委会工作人员表示衷心的感谢！

中国连锁经营协会理事会主席

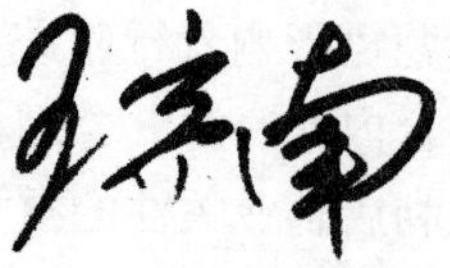

中国连锁经营协会会长

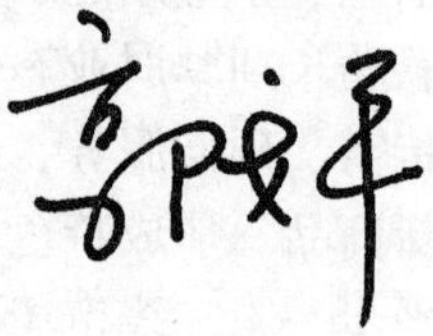

# 目　录

## 第一部分　综合篇



## 第二部分　行业调查篇



## 第三部分　专题篇

## 第四部分 政策法规篇



## 第五部分 附 录

**附录一**

# 第一部分　综合篇

# “十二五”时期促进零售业发展的指导意见

“十一五”时期，我国零售业发展环境持续改善，企业规模不断扩大，行业集中度稳步提高，多元化、多业态发展格局进一步优化，市场销售规模稳定快速增长，社会消费品零售总额年均增长 18.1%。但是，也存在法律法规建设滞后，网点布局不够合理，经营模式转变缓慢，零供关系不够和谐；企业注重规模扩张，创新能力和品牌竞争力较弱，社会责任意识不强，行业诚信问题突出，以及流通效率和经营效益不高，中小企业发展困难较大等问题。为贯彻国民经济和社会发展“十二五”规划和《国内贸易发展规划(2011－2015 年)》，进一步促进零售业发展，提出以下意见：

## 一、指导思想和发展目标

### (一) 指导思想

深入贯彻落实科学发展观，以提升零售业整体发展水平为目标，以加快零售业发展方式转变、结构调整为主线，以扩大消费、增加就业、引导生产、改善民生、促进和谐为根本出发点和落脚点，深化流通体制改革，提高流通效率，降低流通成本，为我国经济和社会发展作出更大贡献。

### (二) 发展目标

“十二五”时期，商品零售规模保持稳定较快增长，社会消费品零售总额年均增长 15%，零售业增加值年均增长 15%；零售业发展方式加快转变与创新，各种业态协调发展；大型零售企业整体优势进一步增强，跨区域发展成效显著，中小零售企业健康发展，零供双方互利共赢、和谐发展；节能减排取得明显进展，节能型购物中心、商场（店）、超市层出叠现；零售业结构布局更趋完善，城乡、区域间协调发展，基本形成结构合理、布局科学、竞争有序的现代零售业。

## 二、主要任务

### (一) 调整结构优化布局

优化零售网点布局。积极推进商业网点规划制定和实施工作，引导商业网点向总量适度、布局合理、结构优化、便民利民方向发展。适度发展大型商业网点，加强社区配套商业设施建设，引导专业市场及物流配送中心集聚发展，形成以城市中心商业区为核心、城市区域商业中心为骨干、社区商业为基础的商业格局。大力发展社区、农村连锁零售网点，鼓励开展快餐、家政、维修、快递、水电气通信费代收代缴等综合性服务。支持农村商贸服务中心建设，提供家电等产品售后服务以及农产品市场信息、金融和通讯服务。

促进业态协调发展。增强中低端百货店竞争力，拓宽品牌商品销售渠道，满足不同层次消费需求。支持社区商业中心加快发展，完善服务功能，保障社区居民消费安全。大力发展便利店、食杂店，方便居民生活。鼓励专业店、专卖店、会员店连锁化经营，满足消费者个性化需求。引导折扣店、奥特莱斯等新兴业态有序发展，稳妥发展购物中心和城市商业综合体。引导零售企业合理集聚，形成层次清晰、各具特色的商业街区，增强企业集聚、业态融合发展的带动辐射效应。

稳步推进无店铺销售。促进网络购物、电话购物、手机购物、电视购物、自动售货机等无店铺销售业态规范发展。鼓励大型零售企业开办网上商城，重点支持以中小零售企业为服务对象的第三方平台建设，推动建设行业电子商务平台，促进线上交易与线下交易融合互动、虚拟市场与实体市场协调发展。

### （二）加快发展方式转变

转变经营模式。鼓励百货、超市等零售企业提高自主经营比重，建立健全买手培训制度，扩大买断经营商品范围，依据顾客消费需求开发自有品牌，提升赢利能力。发挥网点优势，拓展国内外名牌产品的经销、代理业务，努力扩大代理规模。

优化竞争方式。鼓励零售企业提高专业化程度，开展差异化经营，形成专项优势。鼓励零售企业深入分析当地消费特点，开展区域营销，形成区域性竞争优势。促进零售企业由注重门店数量和营业面积扩张转向注重质量提升，提高企业核心竞争力。

加强品牌建设。鼓励零售企业完善对消费者、供应商的服务功能，大力加强零售企业自身服务品牌建设，提升企业品牌形象。

### （三）提高流通效率，降低流通成本

发展物流配送，完善供应链。鼓励发展第三方物流配送，完善城市共同配送网络。支持大型连锁企业建设自有物流配送中心，并面向社会提供配送服务。推动零售企业与生产企业建立新型供销关系，培育一批供应链龙头企业。规范商品销售代理制，引导生产企业建立规范的直供直销体系，减少代理层次和流通环节。

加强企业管理，提升经营水平。推广供应链管理、电子商务等现代企业管理理念，优化业务流程和交易方式，提升零售企业经营管理水平。为零售企业发展特许经营提供咨询、融资、培训、财务审计等支持和服务，引导特许经营企业健康、稳定发展。

加强科技和信息技术应用。加强现代流通理论、流通技术和管理的研究与运用，加大物联网、云计算等技术在零售业的应用，加强冷链配送、共用托盘、信息管理等技术或设备的研发与采用，开展“智能商店”试点。

### （四）积极培育市场主体

支持大企业发展。推动优势企业与金融业、制造业企业的融合，突破跨区域发展的瓶颈，采取多种方式整合商业资源，实现资本化扩张。给予大型零售企业融资便利，支持具备条件的大型零售企业集团设立财务公司。

促进中小企业发展。支持中小企业发展直营连锁经营、特许连锁经营和自愿连锁经营，实行统一采购，统一配送，统一结算，统一形象。加快完善促进中小零售企业发展的政策措施，破除投资障碍，降低经营负担，缓解融资困难。开展中小商贸流通企业服务体系建设，通过扶持发展一批公共服务平台和服务机构，为中小企业提供融资、市场开拓、科技应用和管理提升等服务。支持建设以中小企业为服务对象的物流配送中心和第三方电子商务平台。

### （五）推动零售业"走出去"与"引进来"相结合

支持有条件的零售企业"走出去"。通过扶持零售企业"走出去"，带动商品出口，树立中国品牌形象；带动服务贸易出口，减少服务贸易逆差。支持大型零售企业到海外建立零售终端和配送中心，支持中小企业采取"抱团"方式"走出去"。支持有条件的企业构建海外营销网络，为生产企业提供配套服务。支持开发境外商业设施，带动零售企业"走出去"。

为企业提供公共服务。通过政府购买服务方式，为企业提供法律咨询、市场调查、人力资源、财务管理等服务；对零售企业"走出去"的前期开发和运营费用提供补贴；鼓励各类资本参与境外并购，为我国优势产业建立销售渠道。

创造良好的国际环境。加强国际经贸合作，为中国特色产品的通关、销售创造便利条件，为零售企业经营管理人员出入境提供便利。

不断提高零售行业利用外资的质量与水平。鼓励和规范外资开拓中小城市零售市场，带动欠发达地区流通业升级改造和健康发展；鼓励外资依托零售业拓展电子商务和现代物流等新型流通业；借鉴发达国家经验，引导建立外资零售企业社会责任机制，倡导企业自发规范经营行为。

### （六）积极发展绿色低碳流通

支持企业节能降耗。制定、推广零售业节能环保标准，支持零售企业开展节能环保技术改造，在全国零售业开展"节能示范商店"活动，重点支持企业实施照明、空调、电梯、冷藏及其他耗能设备的节能工作，严格控制商业建筑物装饰性景观照明能耗。

倡导绿色消费理念。积极倡导文明、节约、绿色、低碳的科学消费理念，积极开展节能、低碳认证，大力开展碳评估、碳积分工作，引导零售企业开展绿色采购，设立环保产品专柜，鼓励消费者购买和使用绿色低碳产品，继续做好抑制商品过度包装和限制一次性塑料购物袋使用工作。

建立废弃物逆向回收渠道。开展绿色产品销售和废弃物逆向回收渠道建设试点工作，引导连锁零售企业与生产制造企业、回收拆解企业建立合作关系，建设"循环消费示范门店"，收旧售新、以旧换新，逐步形成低碳环保产品销售、二手商品寄售和废弃物逆向回收的良性循环体系。

### （七）维护市场秩序，加强诚信建设

维护公平竞争秩序。加快建立信用信息征集、应用、共享制度，形成褒扬守信、惩戒失信的约束机制，为各类企业创造更为公平有序的市场环境。

建立和谐零供关系。规范企业经营行为，清理整顿大型零售企业利用市场优势地位向供应商违规收费行为，以及违规拖延支付供应商货款行为，推动建立长效机制，促进零供关系协调发展。

规范促销行为。规范发展单用途商业预付卡。对零售企业促销行为进行监管，督促其遵循合法、公平、诚信原则，遵守商业道德，严格执行明码标价制度，禁止违规促销行为。

保障食品安全。加快建立零售企业对消费者“先行赔付”制度，继续深入开展“百城万店无假货”活动，努力保障商品质量，特别是食品质量安全。

## 三、保障措施

### （一）完善零售业法规体系

在零售业中深入贯彻落实《价格法》、《反不当竞争法》、《反垄断法》，积极推动《商业网点条例》、《网络零售管理条例》、《零售商供应商公平交易条例》出台，加快制定相关部门规章，形成涵盖零售业市场主体、市场行为、市场秩序、市场监测调控的法律法规体系。

### （二）落实零售业政策措施

深入贯彻落实《国务院关于促进流通业发展的若干意见》（国办发〔2005〕19 号）、《国务院办公厅关于搞活流通扩大消费的意见》（国办发〔2008〕134 号）精神，切实破除国内市场分割和地区封锁，继续实施促消费的系列政策。

### （三）加大零售业财税金融支持

在零售业落实内贸领域相关财税优惠政策，清理和整顿不合理收费，加快落实零售业用水用电与工业同价政策，推动解决零售企业空调、电梯等设备纳入增值税抵扣项目的政策，研究解决连锁企业跨地区经营税收收入分配问题，落实连锁企业跨地区统一纳税政策。积极推动相关扶持政策的制度化和常态化。拓宽企业融资渠道，积极支持中小企业服务体系建设，大力发展绿色低碳环保的零售业项目。进一步加强银商合作，调整银行卡刷卡手续费政策，扩大银行卡使用范围，方便刷卡消费。

### （四）完善统计体系和标准化建设

加快建立国家和省（自治区、直辖市）两级联动的统计体系，加强统计成果的应用，构建准确反映零售业发展的综合性景气指数。加快形成以国家标准为引领，行业标准为主

体，地方标准和企业标准为延伸的标准体系，大力推进标准宣传贯彻和示范工作，提升零售业发展水平。积极采用国际标准和国外先进标准，促进零售业与国际接轨。对覆盖面广、零售业急需的标准优先立项。

### （五）加强中介组织和人才队伍建设

充分发挥零售业中介组织作用，规范行业协会行为，建立企业与政府间顺畅的沟通渠道，引导企业加强行业自律与交流合作。加强零售业管理人才队伍建设，有计划地组织开展商务系统零售业管理人员培训。注重对零售业从业人员的业务培训，提升行业队伍的整体素质，增强零售业可持续发展能力。

各地商务主管部门要充分认识“十二五”时期促进零售业发展的重要性和紧迫性，加强与相关部门的组织协调，建立工作联动机制，形成工作合力。要认真分析零售业发展趋势和存在问题，及时总结成功经验和做法，研究提出促进零售业发展的政策措施，努力构建促进零售业发展的长效机制。

**（商务部办公厅　商流通发〔2012〕27 号　2012 年 1 月）**

# 2010－2011 年度<br>中国连锁零售百强企业发展总体情况

## 一、行业发展概况

国家统计局公告显示，2010 年全年社会消费品零售总额为 15.46 万亿元，同比增长 18.4%[①]；扣除价格因素，实际增长 14.8%，较 2009 年的 16.9%，回落了 2.1 个百分点。总体上来看，金融危机的影响仍然存在。

2010 年，城镇消费品零售额 13.37 万亿元，增长 18.8%；乡村消费品零售额 2.09 万亿元，增长 16.1%。按消费类型分，餐饮收入 1.76 万亿元，增长 18.0%；商品零售 13.69 万亿元，增长 18.5%。从消费热点看，金银珠宝类增长 46.0%，家具类增长 37.2%，汽车类增长 34.8%，家用电器和音像器材类增长 27.7%，热点消费快速增长。

据中国连锁经营协会 2010－2011 年度连锁零售企业基本情况调查显示，2010 年中国连锁百强企业销售规模达到 1.66 万亿元，同比增长 21.2%，增幅高出社会消费品零售总额 2.8 个百分点；百强企业门店总数达到 15 万个，同比增长 9.8%；百强企业销售额占社会消费品零售总额的 11%，与上年基本持平。

苏宁电器集团以 1562 亿元的销售规模位居 2010 年度中国连锁百强榜首，国美电器、百联集团有限公司、大商集团有限公司、华润万家有限公司分别以 1549 亿元、1037 亿元、862 亿元、718 亿元的销售业绩排名第二至第五位，前五位排序与上年一致。百强最后一名的销售额为 22 亿元，比上年的 16 亿元提高了 37.5%。

## 二、行业发展特点

### （一）稳健发展，转型提升

#### 1. 销售规模快速增长

从连锁百强企业 2010 年总体发展状况看，其销售规模呈现较大幅度增长，增幅达 21.2%，分别比 2009 年的 13.5% 和 2008 年的 18.4% 高出 7.7 和 2.8 个百分点。其中，18 家企业的销售增幅超过 30%，且大部分是区域型连锁企业。2010 年，连锁百强企业店铺数量增幅 9.8%，是 2006 年以来增幅最低的一年（2006 年到 2009 年，百强企业开店数量

① 国家统计局，2011 年 1 月 20 日。

同比增幅分别为26%、17%、24%和19%，总体呈下降趋势）。其中，18家企业的店铺数量增幅为零或负增长（2008年和2009年分别为7家和16家）。

虽然开店数量增幅下降，但销售规模明显上升，显示出连锁百强企业营运质量的提升。统计显示，百强企业可比店铺2010年销售额平均增长10%左右，扣除物价上涨因素，依然小幅增长。

2. 外资平均增速高于本土企业

连锁百强企业中的外资企业主要经营大型超市业态，在该领域逐渐占据主导地位。2010年，主要5家外资大型超市新增店铺140家，新开店数比上年增加了22%。

外资企业总体保持较快的发展速度，且开店和销售增幅基本保持同步。2010年，店铺增幅超过20%的外资企业达到6家（2009年为2家）。

内资企业的开店速度和销售增长普遍低于外资，但部分领先企业在2010年的发展速度抢眼，销售或开店增幅超过40%。

3. 百货店发展速度高于超市

2010年，以经营百货为主的连锁企业占据百强席位的三分之一。35家主营百货的百强连锁企业的销售额和店铺数平均增幅分别为23.2%和18.5%，明显高于超市连锁企业。并购成为百货企业扩张的重要方式，为数不少的百货企业在2010年进行了并购。

以超市为代表的快消品百强企业，2010年的销售规模和门店数量增幅分别为13.8%和4.5%（剔除个别特殊情况），店铺增幅低于2009年，但销售增幅比2009年有所提高（2009年分别为10.2%和9.5%），显示出经营质量的改善。

4. 网上零售初具规模，农村市场、社区商业渐成亮点

调查显示，2010年连锁百强企业中有34家开展了网络零售业务，实现销售规模约30亿元。访问量和销售额较大的网店主要集中在家电和百货企业所营运的平台。

此外，农村市场和社区商业逐渐成为零售发展的重要市场。连锁百强企业积极参与农村流通体系建设，很多新增门店纳入“万村千乡市场工程”的农村店。一些社区超市和便利店通过增设服务设施，延长营业时间，增加服务功能，取得了较好的效果。百货店也积极强化社区渗透能力，开发社区型购物中心。

5. 经营成本大幅上涨

2010年，连锁零售企业面临的最大困难是经营成本的提高，包括租金成本和人工成本。对优质网点资源的竞争、房地产价格飙升均带来房租的大幅度上涨，企业租金成本明显提高，有限的利润被租金吞食，也造成企业新开门店数量的减缓。调查显示，2010年连锁企业续约房租成本平均上涨约30%。人工成本的上升主要体现在员工工资和福利的增长。据连锁百强企业抽样调查显示，2010年企业人工成本平均上涨15%。此外，企业人员流失率高以及因此造成的招聘、培训等方面的投入也明显增加。

2010年，连锁企业尽管遭受诸多的压力和挑战，但也迎来了历史性的发展机遇，包括城市化进程加快、消费市场的持续增长。

在新的一年，我国经济整体发展环境将进一步带动消费市场的繁荣，包括工资水平的提高、社会保障机制的改善；同时，拉动内需、促进消费的政策导向将促使更多流通业扶持政策的出台，包括“内贸十二五发展规划”带来的利好，必将有力推动连锁经营的发展。

## （二）挖掘多元零售时代新的价值源

2010 年连锁零售行业呈现更加明显的多元零售时代的发展特征，引导行业积极探寻新的价值源。

### 1. 多元零售带来经营模式和利润来源的多样化

“多元”包括业态结构的多元，也包括业务方向的多元，如商业地产、类金融业务、生鲜基地建设、自有品牌开发等。

（1）多业态、多品牌，向细分市场渗透。多业态并存已成为零售企业普遍的现实。在连锁百强企业中，仅有 16 家企业为单一业态经营，其他均为多业态。多业态经营可以适应和满足不同商圈的消费特点，提高了企业的市场渗透力和占有率。多品牌是多业态的延伸。不同的业态以不同的品牌进行经营，相同的业态用不同的品牌进行区隔，有助于业态的清晰化和品牌定位的差异化。前者如沃尔玛的“惠选”、大商的“新玛特”、华润的“OLE”，后者如王府井的“HQ 尚客”、物美的“圣熙 8 号”等。

（2）优化物流与采购，向供应链要效益。自建物流配送中心是近几年零售业的发展热点。截至 2009 年年底，连锁百强企业中有 90 多家企业建立了自己的独立配送中心。在社会物流不能满足企业需求的情况下，自建物流可以实现稳定商品供应、灵活调配、节约成本、提升生鲜经营水平等，对零售企业保持网点快速扩张意义重大。

在物流配送中心建设方面，很多企业把加工中心的建设作为重要组成部分，以强化生鲜、熟食、主食的加工能力，拓宽利润空间。苏果、家家悦、永辉等企业成为这方面的典范。

在商品采购方面，零售企业的农超对接和直采直营等措施，减少了环节，缩短了流程，加快了周转，降低了损耗，提高了毛利。

农超对接是零售企业改善生鲜经营的有效模式，但在操作过程中，很多企业碰到基地规模小、产量和质量不稳定、农户或合作社诚信不足等问题，这是农业小生产和连锁大流通之间矛盾的集中体现。为解决这一矛盾，一些企业尝试自建基地，即自己投资或与当地相关机构合资，作为基地的经营主体。一些企业组建专业队伍，对农民进行生产指导，提供种子和化肥，培育长期稳定的货源基地。步步高、武汉中百、城市超市等企业都建立了具有一定规模的农业基地。

对于全国性快销品生产企业产品分销的多层代理、区域分割，企业通过尝试买断式采购，正逐步摆脱生产企业分销模式对零售企业跨区域开店形成的制约。

（3）关注自有品牌，开发新的价值空间。开发自有品牌有利于提升零售企业的利润空间，有利于保证商品质量和稳定货源供应，有利于增强与供应商谈判的能力，有利于实现零售品牌的差异化。

近期数据显示，欧洲零售企业自有品牌的销售额平均占到企业总销售额的 30% 以上，其中，位列前三位的分别是瑞士（47%）、英国（43%）和德国（37%）。美国前三位食品零售商（沃尔玛、克罗格和塞夫韦）自有品牌的销量均超过企业销售额的 20%，自有品牌单品数在 5000 左右。日本零售企业自有品牌的比例也达到 6%。

与发达国家相比，我国连锁企业自有品牌的开发还处于起步期，目前的销售规模仅占企业总销售的 1% ~2%，且以外资企业为主。与此同时，本土企业也在摆脱一些认识和实践上的误区，包括片面追求低价、忽视品质等，努力增强消费者对自有品牌商品的信赖感，不断加快自有品牌的开发速度。

除了开发自有品牌，在产品定制和品牌受权代理方面，零售企业也有很多实践和探索。家电专业店是较早开展产品定制的业态，品牌授权代理也受到零售商的青睐。2010 年 10 月，大润发获得美国时尚服饰品牌“巧乐奇”在中国区进行品牌生产和销售的独家授权，产品由美国公司设计，大润发自行生产和销售。藉此，大润发掌握了商品的定价权和毛利的控制权。

（4）开发商业地产，获取资产增值和租金收入。人工、水电和房租是零售业三大可控成本，其中房屋租金所占比重最大，上升压力也最大，目前已占到销售额的 4% 左右。租金的高低，在一定程度上决定着企业盈利水平的高低。2010 年，125 名“CCFA 金牌店长”所管理的门店中，自有物业门店的净利润率比非自有店铺高 19% 。

零售企业开发和持有商业地产，除了能控制经营成本，还可以获得地产增值带来的回报。欧美、日本的零售商一直有开发商业地产的传统。特易购 TESCO 全球购地自建店与租赁物业店铺的比例为 8：2，该公司负责中国地产的人员明确提出，发展“乐都汇”等商业地产将成为公司在中国市场的又一主业。麦德龙坚持在中国自己买地建店，已获得丰厚溢价。

近几年，国内零售商纷纷进军商业地产。随着城市化进程的推进，以社区购物中心和城市综合体为代表的商业形态将逐步居于主流地位，这为包括零售企业在内的开发商提供了巨大的机会和空间。

（5）涉足网上零售，为零售新价值投资。网上零售不仅为消费者带来新的价值，也为传统零售业多渠道营销带来新的价值。尽管网络零售和传统零售在消费者订购、产品展示、营销手段等方面有所不同，但都离不开传统零售的基本环节和因素，如采购、物流、售后服务等，因此传统零售企业开展网络零售业务更具有优势。

欧美零售企业在开展网络零售方面有很多成功的经验。如美国沃尔玛零售网站是全美仅次于亚马逊的电子商务网站；英国 TESCO 网站和目录销售在全英国都排名前列。

便利店分布密集、贴近社区和消费者，具有“物流站点”的功能优势。东莞美宜佳的“生活馆”是一个基于网络平台的“购物广场”，它既利用了便利店的实体网络优势，又弥补了便利店商品不足的劣势，是一个典型的鼠标加水泥的创新案例。

协会调查显示，苏宁易购、王府井百货劲购网、利群商城等在以电子商务为主的多渠道营销方面都进行了有益的尝试。2010 年的连锁百强中已有 31 家开展了网络零售业务；而截至 2011 年 6 月，连锁百强和快消品零售百强中已有 52 家开展了网络零售业务。

*2. 多元零售的新元素和新动力*

（1）多元零售是消费多元化的结果。当前消费的三个主要变化是消费升级、个性化和消费信息充分分享。消费者的高、中、低层次分化越来越明显，个性化需求越来越强烈。每一个细分群体都蕴含着巨大的市场机会，使零售企业在终端横向扩张成为可能。

（2）多元零售是区域企业应对竞争的结果。以单一业态或单一模式竞争，区域企业与大型企业相比没有优势，只有对所在区域的经营资源进行整合，形成合力，才有可能占有一席之地。因此，多元是现阶段区域零售商较为适合的发展模式。

（3）多元零售是企业发展阶段、社会经济文化进程等因素综合作用的结果。社会专业化程度低，物流、加工等领域缺乏专业机构，零售企业只能依靠自己，进而形成供应链上的纵向扩张。本土零售企业最近十余年的快速发展，使得企业管理的专业化水平和人才队伍一直处于紧缺状态，造成跨区域扩张管控能力不足。因此，立足区域发展更符合企业实际。而有些企业由国有体制转型而来，继承了原有企业网点多、业务面宽等特点。

另外，购物中心的快速发展也为零售商的多元发展搭建了新的平台，而招商资源的相对不足，迫使很多企业涉足多业态发展。

## 三、重点关注的问题

1. 共享资源，协同放大效应

就连锁零售企业整体稳定发展而言，“多元”是企业围绕主业开展的多元经营；终端渠道是零售企业的主业和最重要的资源，零售业务做不好，多元只能是空谈。况且，没有基础核心业务的效益，商业地产开发、自有品牌建设等就没有发展的基础。应该注意到，有些区域零售商开展多元经营，虽然总体状况良好，但有时会掩盖主业技术、管理上的不足。

连锁零售企业应立足于零售这一平台，将关联的业务和资源进行整合，搭建多元的企业管理架构，共享现有资源，实现效率和效益最大化。

2. 借力资本，抵御市场风险

资本是企业发展的杠杆，在多元零售时代，资本的作用更加重要。例如，自建物业或持有更多的商业地产，对资金流的要求很高。引入资本后建立起的公司治理结构，将使决策更加严谨；成为公众公司的企业，也将更好地抵御风险。

当然，从近期的现实案例中也可以看到引入资本的两面性。成功的引入，可以改善企业的治理结构，快速提高企业的规模和市场份额，并带来财富的增值效应；失败的合作，不仅影响企业的控制权，甚至阻碍企业的长期发展。

3. 培育人才，员工与企业共成长

多元战略的执行，需要相应的人才队伍。零售企业要形成具有凝聚力和执行力的文化，这对零售业高人员流失率的现实状况尤其重要。

在管理层面，应采取自我培养为主、引进为辅的策略，打造专业管理团队，形成职业经理人队伍；在执行层面，满意的员工造就满意的顾客，因此员工的满意度对企业发展至关重要。协会 2010 年推出的“中国零售业员工最喜爱的公司”年度推选活动，旨在倡导和推动建立具有凝聚力和执行力的企业文化。

在未来相当长的发展时期，多元将是零售行业发展的常态，是其主流的发展方式。零售企业应根据自身资源和实际情况开展多元经营，所有延伸都应围绕核心业务，基于核心业务，进而相互促进。在十一届五中全会提出的《关于制定“十二五”规划的建议》中列明了下一步需要认真抓好的十个方面的工作。其中，扩大内需被置于首位，并且第一次在五年规划中独立成篇。这预示着零售行业巨大的发展潜力，也酝酿着下一轮的高速增长。这就要求零售企业做好充足的准备，努力挖掘多元零售新的价值，积极实践行业和企业的可持续发展。

（中国连锁经营协会）

# 第十三届中国连锁业会议主题报告

## ——多元零售时代的新生态、新格局、新规则

2011 年，中国经济处在内外部环境巨大的压力下。物价上涨、人民币升值、成本提高，这一切都直接、持续地影响到中国零售业。同时，2011 年的中国零售业是在社会、政府前所未有的关注、批评和期望中度过。

中国零售业的发展正处于关键时期，正在向多元零售时代深入发展。行业的生态环境发生了重大变化，原有的格局在逐渐打破，新的规则正陆续建立起来。

## 一、行业发展所处的新生态

新生态是指零售企业新的生存生态环境，主要包括消费者、供应商、员工、竞争者等各方面利益相关方的关系。

### （一）把握消费新趋势

1. 消费结构两极化。一方面，高端消费群体对品牌的追求带动了高端百货店、高端超市、各类精品店的发展。另一方面，随着生活成本的不断提高，普通消费者更加注重对价值的追求，希望物有所值或物超所值。

2. 消费意识品质化。消费者比以往任何时候都更加关注食品安全，维权意识明显增强，能够兼顾品质与价格的零售业态得到消费者的普遍信任与青睐。

3. 消费行为网络化。消费者的消费行为、购买过程与网络、移动通讯的互动越来越紧密。一方面表现为新一代消费者对网络购物的热衷，另一方面表现为消费者在购买决策过程中对网络的依赖。

### （二）界定零供新角色

供应商作为连锁生态链的重要一环，在一定程度上决定了连锁企业的运营效率和竞争力。当前，中小型供应商与连锁企业的合作出现几个新的特点：一是作为“资金供应商”的角色在弱化。中国连锁经营协会（简称协会）发布的《零售企业资金链状况调查报告》显示，2010 年，零售企业的资金来源中，有 25% 来自于供应商的货款，低于上一年的 27%，为三年来最低。由于融资环境恶化，供应商的生存也趋向困难，过度依赖供应商账期的做法将难以为继，并将危害自身。二是品质控制将向上游延伸。目前，连锁门店出现的产品质量问题、价格管控问题，很多来源于供应链的上游，完全依靠连锁企业及其门店

无法解决。协会发布的《2010 年超市食品安全调查报告》显示，超市食品安全的最大风险来源于供应链。因此，零供双方的相互依存度越来越高。三是合作方式的转型。买断、自有品牌开发，已经成为超市、百货店、专业店等诸多连锁业态的共识和实践。

（三）应对人才新挑战

连锁企业持续扩张与人才供应不足的矛盾是现阶段行业面临的主要挑战。协会发布的《2011 年连锁企业人力资源发展报告》显示，未来 3 年，百强企业新开店所需人员数量在 100 万以上。基层员工供不应求，中高层员工流向电子商务等新兴业态。

连锁企业高层员工与基层员工存在的薪酬和文化差异是行业面临的又一大挑战。作为劳动密集型产业，连锁企业的基层员工收入低、社会地位不高，在员工保留与激励方面，必须付出比其他行业更多的努力。在 2011 中国零售领袖峰会相关调查中，有 51% 的企业表示已经在做这方面的工作，31% 的企业表示计划要做，而很多企业在这方面做了很好的探索。比如，如何提高员工的幸福指数，如何通过员工的信托或是股权激励等方式提高员工的责任心和执行力。关于员工的责任心，在协会的相关调查中显示，该项指标在企业对基层员工的基本要求中排在第一位。所以，我们以前把这些方面归为商业环境，而现今我们将其提升为生态的概念，因为，生态的核心是和谐发展，是相容共生。

## 二、行业发展形成的新格局

在行业发展的新格局中，有这样几个变化。

（一）新业态迎合新市场

1. 购物中心与网络零售是改变零售市场格局的决定性力量。目前，购物中心与网络零售正处于高速发展阶段，占有的市场份额已不可小觑。但需要高度关注的是，商业地产的过度开发很有可能造成商业网点的大面积过剩，造成社会资源的浪费。

2. 很多连锁企业投资建设网络平台，有些企业的网上零售业务取得阶段性成果。协会发布的《传统零售企业开展网络零售业务研究报告》显示，2010、2011 年以来，实体连锁企业发展网络营销是一个重要的趋势，但与传统零售业务相比差异明显，且投入大、回报期长。因此，传统零售企业是否适宜发展网络营销需认真研究，谨慎投入。

3. 连锁专业店和专卖店具有较强的供应链控制能力，是一年来各个业态中增长势头最好的，增速超过 50%。而 2011 年，一些上市百货企业的平均增速在 40% 左右，一些大型超市的平均增速在 20% 左右。

（二）地区格局不均衡蕴藏新商机

从零售网点区域分布看，一、二线城市零售网点已趋于饱和，零售企业发展的利基市场在细分和错位。2011 年，协会对特定城市、特定区域的人口数据与商业网点数据进行叠加分析，分别形成具有不同代表性的北京、重庆和太原《城市零售商业网点空间分布特征报告》，显示出一、二线城市都有一些拓展潜力区域。而针对各商圈不同的特点，社区超市和便利店强化生鲜和即食食品销售，更加注重面向社区居民的各种便利性和特色性服务，深耕社区，卓有成效。

同时，三、四线城市的市场消费日趋成熟，为连锁企业提供了新的市场机会和发展空间。一批立足于三、四线市场的连锁企业，已取得较好的业绩。

### （三）过度竞争引发行业变局

总体上看，我国零售市场的集中度仍然不高。2010 年中国连锁百强企业的销售规模仅占社会消费品零售总额的 11%，远低于发达国家的水平。但在特定业态和局部区域，零售业的过度竞争已经显现。根据协会 KPI 数据库统计显示，至 2011 年第 3 季度末，典型门店的来客数平均下降了 2.5%，毛利率平均下降了 0.5%。过度竞争已使企业整体盈利能力下降，将对所在地区中小企业的生存构成威胁，并可能引发企业间的收购、兼并和倒闭。

从行业进步角度看，新格局的核心是创新，唯有创新才能赢得竞争。

## 三、探索建立适应新形式的行业新规则

行业的新规则，包括政府规则、企业规则和行业规则三个层面。

1. 政府层面的规则，重在通过制定法律法规建立并完善和谐发展环境，政府通过监管执法强化这些政策的执行，维护市场良性竞争秩序。

2. 企业层面的规则，重在利益的协调。实际上，这些年企业经过发展完善了各种各样的规章制度以及各种内部规则，但是在这里更需强调的是，企业应更多地考虑员工利益，如此建立起来的规则，才能真正提升员工的服务意识和服务能力。善待员工，保护员工的积极性和创造性就是提高生产力，就是提高竞争力。

3. 行业规则的核心是平衡竞争者的相互关系，并通过行业组织提出或制定。其在三个层面的规则中，约束力最弱，执行力也最弱，需要靠行业达成共识来贯彻。

所以，针对这些情况，协会就行业发展、行业规则的建立提出三个具体建议：

1. 改善零供关系，通过与供应商分别签订购销合同与服务合同来规范相互关系。就现代零售而言，零售商除了向供应商采购商品外，还向其提供附加服务，包括物流、海报、特殊陈列、广告展位等，为此，零售商均付出了成本，而供应商向零售商购买这些服务，零售商收取适当报酬是合理合法的。

因此，我们希望在行业达成共识的情况下，协会将积极向政府提出建议：一方面建立和逐步完善相对规范的合同示范文本；另一方面，将合同示范文本提供给行业，供企业参考。

2. 拉动内需，创造需求，开展传统节日商品民俗文化的研发。传统节日也是零售行业销售旺季，但一直以来商品单一，主要是集中在吃类上面，如正月十五的元宵、端午的粽子、中秋的月饼。而反观国外，如圣诞节前夕，欧美国家大部分超市里面有近一半的商品跟圣诞节相关，反倒是吃的商品很少，大部分是用的商品，而且丰富多彩。其实，消费者对吃的需求是有限的，因此，我们的厂商针对需求有限的特色食品只能在包装和价格上做文章，出现各种过度包装的天价食品也就不足为怪了。

在中国传统民俗文化中，每个节日都有特定且丰富的内涵，零售商应更多地研究这些

内涵，注重非食商品的开发，这样既扩大了销售品类，也推广了中国传统文化。

就此，协会希望集合行业的力量，搭建这样一个平台，并成立相应机构。有意愿的企业，包括零售商、供应商，以及媒体和业内专家，大家组织起来去研究文化内涵，去研究承载这个文化内涵的产品，并进行推广、宣传，使之能够既宣传民族的传统文化，同时也为市场的消费、市场的繁荣做出更大贡献。

3. 提高员工福利，大年初一休假或缩短营业时间。春节是中华民族最重要的传统节日。以往，初一全家购物是一种休闲方式，但现在已被其他更多的休闲方式所代替。实际上，零售企业的员工也希望有更多的时间与家人团聚，况且企业在初一的销售并不乐观，大约仅为春节前几天销售的1/4，而开业要支付的成本却较高。

为此，协会也开展了相关调研。调查显示，62%的企业赞同此建议，但提出需要达成行业共识；33%的企业赞同，并提出如有倡议会积极配合；只有5%的企业表示不赞同。

协会希望达成行业共识，引导消费行为，同时为员工提供一天假日，能够让他们跟自己的家人在一起度过。

这三个建议虽然都很具体，但协会希望如果行业能够达成共识，并共同推动，就能形成相应的规则和行动。在各项规则中，大企业和核心企业应当起示范作用，而作为行业的优秀代表，其也应是履行规则、践行责任的模范。也就是说，新规则的核心是责任。

行业协会与大家共同分析新格局，倡导新生态，推动建立新规则，既是为行业争取利益，谋求发展，又要求行业真正负起责任，承担义务。在行业新的生态系统中，企业应更好地平衡员工、消费者、供应商、同业间等相互关系，实现生态平衡，最终实现共同合作、和谐共生。

**（由中国连锁经营协会会长郭戈平在第十三届中国连锁业会议上的讲话改编　2011 年 11 月）**

# 第14届中国特许加盟大会主题报告

## ——创新求变，稳健发展

## 一、2011年国内特许经营发展回顾

据中国连锁经营协会2011－2012年度国内特许经营企业经营状况调查统计显示，截至2011年年底，中国特许体系已超过5000个，比上年增长11.1%，继续保持特许体系数量世界领先；加盟店总数100万以上，覆盖的行业/业态超过70个；特许企业直接创造的就业岗位超过1000万个。2011年中国特许经营连锁120强企业的销售规模达到37.3亿元，比上年增长9.6%；特许连锁120强拥有连锁店铺21.8万家，其中加盟店19.2万家，提供就业岗位超过250万个。同时，2012年十行业景气排名依次为教育培训、经济型酒店、食品专卖、餐饮业、非食品专卖、个人服务、房屋装修服务、汽车后市场、农资连锁和超市便利店。另据商务部统计，截至2012年5月8日，全国累计2052家特许经营企业申请备案登记，其中1271家企业为公告备案，52家为境外企业。2011年，国内特许经营发展呈现为开放活跃、持续增长、政策趋好、机遇扩大、风险上升。特许经营继续充分发挥其在服务民生、促进消费、拉动民间投资、带动创业就业等方面的重要作用。

### （一）加盟市场表现活跃

1. 更多品牌开放特许加盟。麦当劳开放区域特许加盟，在云南推出其在中国的首个区域特许加盟；七彩云南投资2069万元人民币，获得麦当劳在云南的13家餐厅，同时获得2013年在云南开设15家餐厅的授权。7－11便利店也开始尝试特许加盟业务，部分门店已开展内部加盟，完整的加盟计划也会随后推出。以发展直营连锁为主的迪信通、宏图三胞、快乐柠檬等连锁品牌也已开放加盟。此外，一些国际品牌也加快进入中国市场的步伐，如CarlsJunior，Mr. Fields等。

作为国际特许经营市场的标杆企业，麦当劳、7－11等国际著名品牌2011年相继在国内开放特许加盟业务，对中国内地特许经营市场再次产生正面的推动和示范效应，并吸引更多的投资者关注特许加盟市场，同时也带动其他企业重新审视和加快加盟事业的开展。

2. 民间资本普遍看好加盟投资，投资者趋于年轻。由于股市、房市持续低迷，民间投资转而关注加盟投资回报机会。据中国连锁经营协会（简称协会）举办的“中国特许展”北京站和上海站对观展的专业观众情况统计数据看，公众对特许加盟投资的热情较之上年进一步提升。其中，源自北京以外城市的专业投资者的人数占比呈上升态势，其年龄结构呈年轻化趋势。

## （二）特许企业体系建设亟待加强

目前，国内加盟连锁的扩张一直处于高速发展阶段，而加盟店的规范化经营与科学化管理对总部的管控能力提出新的挑战。

受制于总部管控与支持能力的不足以及经营成本的不断提高，在政府和消费者对产品与服务质量要求不断提高的背景下，有些连锁企业特别是其加盟店的食品安全和消费安全事件不断被曝光，加盟店对总部的投诉纠纷也有增加的趋势。究其原因，一是企业的供应链管理薄弱，二是总部对加盟商的管理失控。这些方面都亟待加强。

## （三）部分行业和业态的发展各具特点

1. 便利店。比较而言，2011 年外资便利店的发展势头强劲，呈现出明显的外强内弱局面。特别是在便利店发展相对成熟的区域，外资便利店依靠其管理优势，不断蚕食本土企业的市场份额。例如在上海，本土便利店因房租持续快速上涨，致使其开店速度受阻，也使外资便利店有机会获得更多的优质网点资源。同时，外资便利店也加快了进军西部市场的步伐，7－11、全家进驻成都市场，对当地便利店形成一定压力。部分本土企业，如广东的美宜佳、山西的唐久便利等也在周边区域加快布点。三、四线城市的中小型区域零售商也把便利店作为未来发展的重点。

2. 连锁酒店。近时段，连锁酒店并购活动非常活跃：如家投资 4.7 亿元收购莫泰 168（截至 2011 年 5 月 26 日，莫泰 168 拥有直营店 144 家、特许加盟店 137 家）；锦江之星继 2010 年收购山西金广快捷连锁酒店品牌后，2011 年又将特许权卖到菲律宾，并与法国某连锁酒店实施品牌联合营销；7 天斥资 1.36 亿元收购湖南华天集团的 21 家酒店。此外，汉庭、速 8 等企业在 2011 年新开店铺数均也 100－200 家。

3. 连锁餐饮。餐饮企业以资本市场为导向的连锁发展策略近期出现微妙变化，特别是在小南国、俏江南上市计划暂时搁置之后，餐饮企业上市的热情稍有减弱，并转为大力发展直营连锁以谋求资本的注入。与此同时，以劳动密集为员工构成特征的正餐连锁企业，因人工成本的持续上涨，致使企业的盈利能力大受影响。

在经营模式上，上述因素正影响着连锁餐饮企业向小型化、购物中心化、中央厨房化的趋势发展。在扩张模式上，加盟与直营并举的做法更受企业青睐。

4. 汽车服务。近几年，国内汽车保有量急速窜升，汽车后市场的发展机会初步形成，但厂家主导型的服务格局在 2011 年没有出现根本性变化。究其原因，一是 4S 店依然扮演着主流服务提供者的角色；二是汽车配套产品生产企业，如 3M、米其林的弛加、美孚机油、博世等所建立的产品品牌加盟体系与社会化的专业服务品牌相比，实力明显超强。

随着汽车销量的快速提高，汽车市场服务正从生产型向消费型转变。外资和本土的汽车后市场服务连锁品牌，如奥德巴克斯、小拇指、月福等，都将逐步进入黄金发展期。

5. 教育培训。教育培训行业的龙头企业并购扩张也非常活跃，其中贝恩资本控股金宝贝集团，进而回购中国的加盟业务；北大青鸟 IT 教育收购能量娃英语培训；英国培生集团整体收购环球雅思等都是典型案例。

## 二、特许经营市场面临的形势和挑战

根据协会发布的《2012 年中国特许加盟行业投资景气调查报告》显示，由于市场增长略显疲态、经营成本持续攀升，使得特许经营市场在 2012 年面临很大挑战。

1. 成本持续上涨，销售增速趋缓。统计数据显示，2012 年一季度特许经营企业销售增长整体偏低，部分行业和业态甚至出现负增长。据对 10 个主要行业调查，其一季度客流量和客单价的增长率平均低于 5%，其中超市便利店、非食品类专卖店和农资连锁的客流量与上年同期相比呈现负增长。

10 个主要行业一季度的销售成本上涨速度明显高于销售额的增长。其中，人工、房租与采购成本与上年同期相比平均增长 10% 以上；而教育培训与个人服务企业的三项成本平均上涨近 15%，汽车服务企业房租上涨接近 20%。

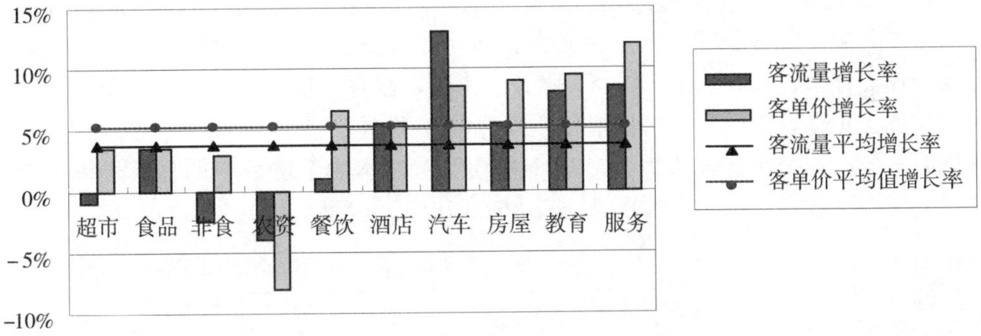


**图 1　2012 年第 1 季度特许企业销售增长情况**

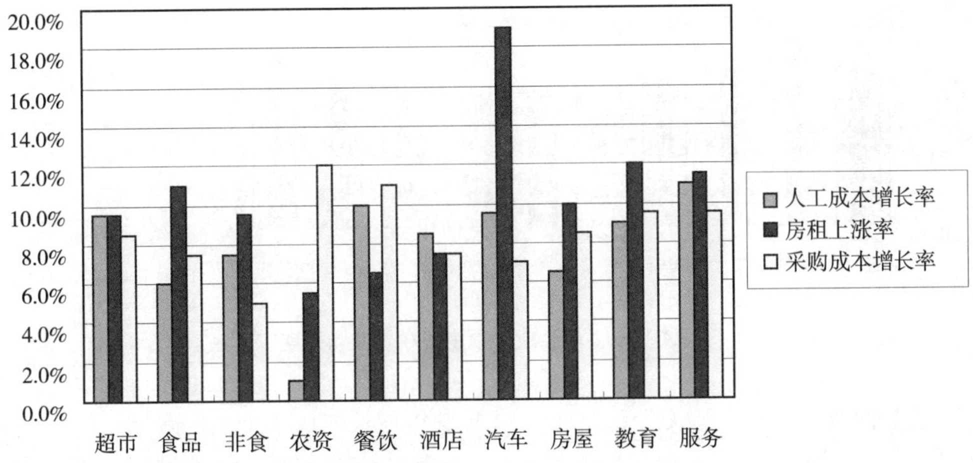


**图 2　2012 年第 1 季度特许企业成本上涨情况**

2. 对销售增幅和控制成本预期，谨慎乐观。2012 年 2 季度调查显示，特许总部及加盟商对销售增长与控制成本的预期略好于 1 季度，但普遍持谨慎乐观态度。

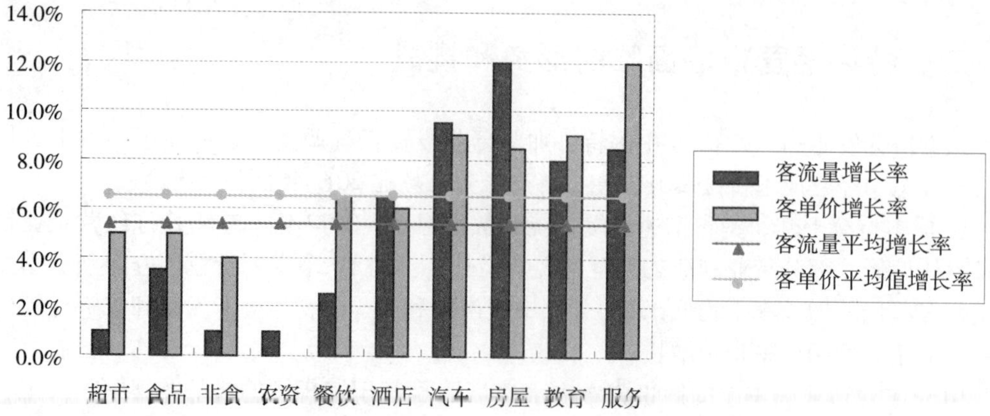


**图 3　2012 年全年销售增长预期**

2012 年，企业预计客流量的增长率平均为 5%，客单价平均增长率为 7% 左右。其中，超市便利店、非食品专卖以及农资企业预计客流量增长将与 2011 年持平；餐饮、食品专卖企业预计增长在 5% 以下；个人服务、汽车、教育、房屋装修等服务类企业的预期相对较乐观，预计客流量和客单价增长率可达 10% 左右。

同时，各行业企业普遍认为，2012 年各项经营成本的上涨率将明显高于销售业绩的增长，其中人工成本、采购成本预计上涨 8% ~10%，房租上涨 10%。

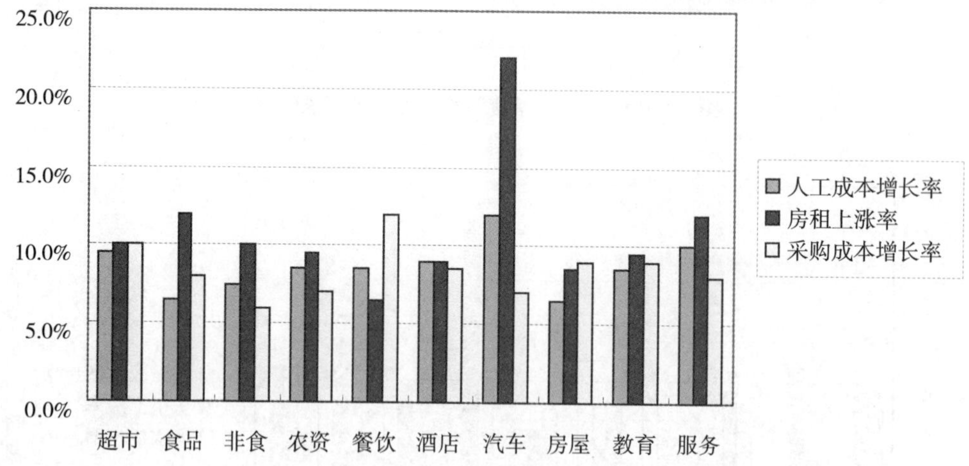


**图 4　2012 年企业三项主要成本变动预期**

3. 投资回收预期普遍延长。基于对 2012 年销售增长与成本上涨的预期，特许企业总部及加盟商普遍调低了投资回收预期。其中，44% 特许总部认为投资回收期将会延长，55% 加盟商认为投资回收期将延长；只有 19% 的总部和 23% 的加盟商认为，投资回收期有可能缩短。

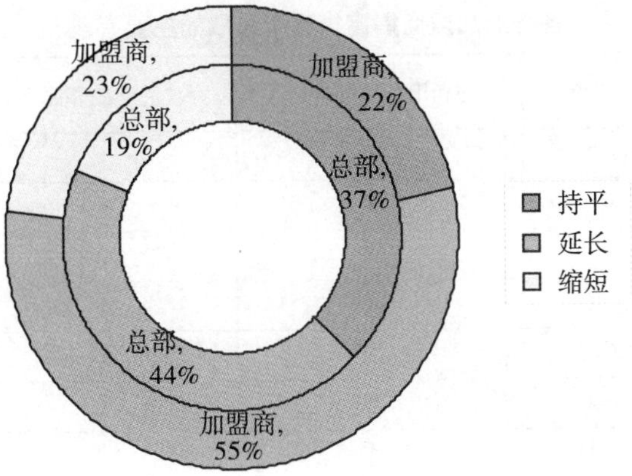


**图 5 特许总部和加盟商对投资回报期的预期**

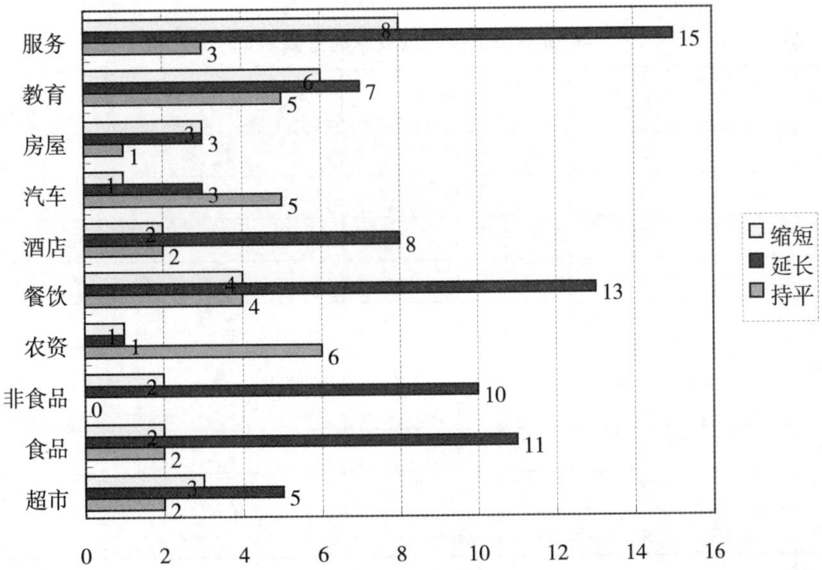


**图 6 各行业加盟商对投资回报变动的预期**

## 三、创新求变，稳健发展

面对充满挑战的市场形势，特许企业如何不断创新与优化，实现可持续发展和稳健增长，将是摆在所有特许人面前的共同话题。本年度景气调查显示，特许总部和加盟商在提高业绩、控制成本方面重点关注的诸多对策和途径中，对“改进产品和服务”、“加大促销力度”、“改善管理”、“引进技术”等更加关注和重视。

表 1　　各行业加盟商提高销售所采取的主要手段

| 行业 | 降价 | 利用互联网推广 | 改进产品和服务 | 加大促销力度 |
|---|---|---|---|---|
| 超市 | 2 | 4 | 1 | 2 |
| 食品 | 4 | 3 | 1 | 1 |
| 非食品 | 4 | 3 | 1 | 2 |
| 农资 | 3 | 4 | 1 | 2 |
| 餐饮 | 4 | 3 | 1 | 2 |
| 酒店 | 4 | 2 | 1 | 2 |
| 汽车 | 3 | 3 | 1 | 2 |
| 房屋 | 4 | 2 | 1 | 2 |
| 教育 | 4 | 2 | 1 | 2 |
| 服务 | 4 | 3 | 1 | 2 |

表 2　　各行业加盟商降低成本的主要对策

| 行业 | 裁员 | 改善管理 | 引进技术替代人工 | 缩减营业面积 |
|---|---|---|---|---|
| 超市 | 3 | 1 | 2 | 2 |
| 食品 | 4 | 1 | 2 | 2 |
| 非食品 | 4 | 1 | 2 | 3 |
| 农资 | 3 | 1 | 2 | 4 |
| 餐饮 | 4 | 1 | 2 | 3 |
| 酒店 | 3 | 1 | 2 | 3 |
| 汽车 | 4 | 1 | 2 | 3 |
| 房屋 | 4 | 1 | 2 | 3 |
| 教育 | 3 | 1 | 2 | 4 |
| 服务 | 4 | 1 | 2 | 3 |

协会作为业内同仁相互交流、学习的纽带，也一直是汇集、传播企业创新成果和管理经验的平台。

1. 探索产品与服务模式创新，提升“两个满意度”

如何在竞争激烈、市场饱和的环境下脱颖而出？全家便利在上海便利店市场取得的业绩引人注目。全家便利在产品创新方面做足文章，不断开发迎合目标顾客的快食产品，实现出色坪效，有效化解租金不断上涨的压力，加盟商也在总部不断的产品创新中尝到甜头。

7 天连锁酒店用短短 7 年时间，打造出千家连锁酒店集团。利用创始团队的技术优势，7 天着力发展自己的网络客户平台，目前已拥有超过 3000 万会员。庞大的会员资源是保证 7 天连锁酒店快速扩张的基础，每个加盟商都能深切感受到加盟 7 天带来的价值。

荣昌 · 伊尔萨打破洗衣连锁行业的主流模式，由总部投资建立密集的收衣网点，掌握并扩大业务来源。如此创新模式，一方面可以有效调配资源，将衣物调剂给处于不同发展阶段的加盟店，帮助其改善业务，或对新开店提供重点扶持，改变了服务业连锁加盟普遍存在的总部与加盟店之间缺乏有形资源纽带的不利局面，增进了双方的依赖度和粘和度；另一方面也实现了对成熟市场的进一步渗透，在饱和市场深度挖掘新的业务增长。

2. 利用网络和移动新技术，增强市场渗透，开发新的增长点

东易日盛的3G客户服务系统，正在探索利用移动互联技术，由原来的内部平台发展成为面向最终消费者的用户体验式服务平台。一方面，提升最终顾客的消费体验，提高品牌忠诚度；另一方面，更全面、系统地掌握客户资源，更好地支持加盟商提升服务，吸引更多客源。

273中国二手车交易网通过网上网下联动服务模式，利用网上平台实现信息撮合服务，同时吸引大量网上客户进入实体网络，解决了网络无法提供的增值服务。网下连锁店则起到提高品牌专业度和信任度的作用，形成理想的"鼠标+水泥"的多渠道营销。

3. 立足行业发展，夯实企业管理基础

首先，企业应不断改善管理模式和流程，实现品牌和品质的有效管控。

一段时期以来，有关连锁企业产品与服务的负面报道接踵而至。一方面暴露了加盟连锁在快速发展中累积的一系列问题，另一方面也让企业及业内意识到在互联网、微信、微博盛行的新环境下，企业必须学习、把控新技术、新媒体带给我们的机遇和风险，不能为其所困，而应为我所用。

其次，行业龙头应担承责任，带动本行业业态整体健康发展。协会会员中聚集了一大批各行业、业态的标杆企业，它们作为各个行业的龙头，在快速发展过程中不仅要眼睛向内，更要时时掌握全局，影响并带动本行业、业态整体、稳健地发展，这既是企业的社会责任，也是企业保证可持续发展的重要基础。例如，绝味作为本行业的龙头企业，积极主动地谋求本行业食品安全标准的建立，通过填补行业标准的空白，为企业和行业树立起一套标准规范。

## 四、加盟投资的趋势与机遇

1. 整体经济形势存在诸多不确定因素，特许经营诸多行业业态的发展也将呈现不同的发展趋势

协会"2012年中国特许加盟行业投资景气调查"统计分析表明，2012年各行业投资景气的排名与2011年相比没有显著变化。根据对10个主要行业2012年第一季度以及全年销售增长、成本变化、投资回收期及其变化走势分析，2012年10行业景气排名依次为教育培训、经济型酒店、食品专卖、餐饮业、非食品专卖、个人服务、房屋装修服务、汽车后市场、农资连锁和超市便利店。

另外，与国外特许加盟发展较为成熟的行业和业态比照，国内在家庭服务、商务服务等领域存在很大的发展空间，如房屋修缮、花园打理、宴会Party策划筹备，以及人力资源服务、猎头公司，财务、税收、保险、审计、会计等服务于商业机构的服务项目。

2. 投资者对特许经营的关注热度不减

根据"2012年中国特许加盟行业投资景气调查"统计，特许加盟依然是投资者的首

选。被调查加盟商在回答加盟投资收益的投资取向时，继续“开新店”成为绝大多数加盟商的首选。并列第二的是“加盟新品牌”和“购置房产”，分别占到被调查者的一半。投资股票、基金、债券以及储蓄则被排在第四和第五位。可以看出，在股票市场持续低迷、物价上涨等因素的共同作用下，加盟者把开办加盟店作为实现投资回报和财富保值的主要选择。虽然2012年特许经营面临着销售增长放缓和成本上涨的双重压力，但投资人对特许经营的热情依然高涨。特许经营市场在未来一段时间，将依然保有持续的增长机会和活力。

**表 3　　加盟商的投资取向**

| 行业 | 开新店 | 加盟新品牌 | 储蓄 | 投资股票、基金和债券 | 购置房产 |
|---|---|---|---|---|---|
| 超市 | 1 | 3 | 4 | 4 | 2 |
| 食品 | 1 | 3 | 4 | 4 | 2 |
| 非食品 | 1 | 4 | 3 | 2 | 2 |
| 农资 | 1 | 2 | 3 | 4 | 5 |
| 餐饮 | 1 | 2 | 5 | 4 | 3 |
| 酒店 | 1 | 2 | 5 | 3 | 4 |
| 汽车 | 1 | 5 | 3 | 3 | 2 |
| 房屋 | 1 | 2 | 5 | 4 | 3 |
| 教育 | 1 | 3 | 4 | 4 | 2 |
| 服务 | 1 | 2 | 4 | 3 | 4 |

*3. 宏观政策层面，特许经营将获得政府更多、更有力的政策支持*

为促进流通业和内需市场的发展，2011年，政府相继出台了一系列配套政策措施，包括“关于免征蔬菜流通环节增值税有关问题的通知”、“规范多用途预付卡和单用途预付卡”等文件，还进一步研究制定了新的银行卡刷卡手续费政策等。

特许经营的政策也发生了重要变化，即由保护投资人权益、规范总部行为为主，转为管理与扶持并重，规范与发展同步。商务部先后出台了《关于加强中小商贸流通企业服务体系建设的指导意见》、《关于“十二五”期间促进商业特许经营健康发展的指导意见》等指导性政策，特别提出政府将为优势特许企业和优秀特许品牌在体系建设、品牌推广、物流和信息化建设等方面提供资金扶持，通过建立综合服务平台，为企业发展特许经营提供智力支持和服务。

总之，内需市场将成为下一轮拉动中国经济发展的主要引擎。特许经营作为消费提升，服务业集约化、现代化的重要手段，蕴含着广泛的市场空间。广大特许企业应树立信心，积极规范，不断创新，依托潜力巨大的消费市场，做强做大，为促消费、创就业、拉投资做出更大贡献，成为中国经济持续发展的一支骨干力量。

**（由中国连锁经营协会会长郭戈平在第十四届中国特许加盟大会上的讲话改编　2012年5月）**

# 第二部分　行业调查篇

# 2010－2011 年度大型超市、超市经营状况分析报告

## 一、大型超市和超市企业总体情况

据中国连锁经营协会（简称协会）2010－2011 年度连锁零售企业基本情况调查统计，以及零售行业总体发展状况分析，在未来相当长的发展时期，多元将是零售发展的一种常态，是其主流的发展方式。目前，在大型超市和超市企业中，有 5 个行业发展的趋势和 2 个发展热点值得大家关注。

### （一）5 个重要趋势

1. 业态延伸——应对竞争

多业态并存，是零售多元经营的反映，并且已成为零售企业普遍的现实。在连锁百强企业中，仅有 16 家企业为单一业态经营，其他均为多业态。多业态经营可以适应和满足不同商圈的消费特点，提高企业的市场渗透力和占有率。

多品牌是多业态的延伸。不同的业态以不同的品牌进行经营，相同的业态用不同的品牌进行区隔，有助于业态的清晰化和品牌定位的差异化。前者如沃尔玛的“惠选”、大商的“新玛特”、华润的“OLE”、“BLT”、“欢乐颂”等，后者如王府井的“HQ 尚客”、物美的“圣熙 8 号”等。

2. 生鲜提升——强化核心竞争力

大型超市、超市、便利店业态，都将生鲜商品的提升作为经营的重点。

一方面是经营方式转变的需要，从传统的出租、联营，到基本采取自营方式。另一方面是采购方式转变的需要。原来主要从批发市场进行采购，商品的品种、数量、质量得不到持续保证。现在，企业从农业基地直接采购占有很大的比例，较好地缓解了原有矛盾。

“农超对接”是零售企业改善生鲜经营的有效模式，但在操作过程中，很多企业碰到基地规模小、产量和质量不稳定、农户或合作社诚信不足等问题，这是农业小生产和连锁大流通之间矛盾的集中体现。为解决这一矛盾，一些企业尝试自建基地，即自己投资或与当地相关机构合资，作为基地的经营主体。一些企业组建专业队伍，对农民进行生产指导，提供种子和化肥，培育长期稳定的货源基地。步步高、武汉中百、城市超市等企业都建立了具有一定规模的农业基地。

生鲜物流配送中心的建设是生鲜能力提升的重要保证。一些零售企业把生鲜加工中心的建设也作为生鲜物流配送中心的重要组成部分，以强化生鲜、熟食、主食的加工能力，拓宽利润空间。苏果、家家悦、永辉等企业成为这方面的典范。

3. 物流建设——整合资源能力

物流能力越来越成为连锁企业的核心竞争力之一。由于企业的网点数量增加，覆盖面增大，更加需要统一的物流来提高经营效率，保证商品的供应。

自建物流配送中心是近几年零售业的发展热点。截至 2009 年年底，中国连锁百强中有 90 多家企业建立了自己的独立配送中心。在社会物流不能满足企业需求的情况下，自建物流对零售企业保持网点快速扩张意义重大，包括稳定商品供应、灵活调配、节约成本、提升生鲜经营水平等。家家悦、武汉中百、嘉荣超市、永辉等都建设了规模较大的物流配送中心。

4. 零售技术——提高整体运营效率

提高零售技术是企业提升竞争力的重要手段，零售技术不仅包括传统概念的信息技术，还包括物流技术、冷链技术、门店选址、店铺设计、营销策划等多方面的技术手段。

在信息技术方面，已经引起企业足够的重视，进行了较大的投入。但在有些管理技术方面，零售企业的很多经营管理岗位和职能没能体现应有的技术性，导致效率低、专业性差，而这些正是引入现代零售技术所能涵盖和解决的。

5. 激励制度——留住人才资源

零售企业要形成具有凝聚力和执行力的文化，就要留住人才，这在零售业高人员流失率的背景下尤其重要。

在管理层面，应采取自我培养为主、引进为辅的策略，打造专业管理团队，形成职业经理人队伍，并形成相应的激励机制；在执行层面，满意的员工造就满意的顾客，因此员工的满意度对企业发展至关重要。苏宁电器、大润发、兴隆大家庭等企业在此方面做出了有益的尝试。

激励机制与企业治理结构直接相关。好的治理结构，是企业保持可持续发展的组织保障。连锁企业发展历史不长，而且大多为民营企业，在改善治理结构方面有很多工作要做。

## （二）2 个热点问题

1. 零供关系

第一，供求是市场经济中的一对基本矛盾。零售商和供应商是市场中的供求双方，供不应求、供过于求都会在价格和交易方式上有所体现。一方面，由于我国存在大量的同质化的中小供应商，使得其在进入超市渠道上的竞争尤为激烈；另一方面，少数的奢侈品牌占据着高端市场，百货类零售商面临极为不利的地位。

供求双方力量的变化也在不断改变着交易的方式。年销售额 3 亿元、5 亿元规模和 30 亿元、50 亿元规模的零售商，与供应商谈判的能力自然不同，谈判条件也必然有所变化。反之，在相关行业中具有领先优势的品牌生产商，在合作中也会表现得比较强势。

第二，通道费用是零供合作和舆论关注的焦点。实际上，通道费并不是中国的发明和特例。早期的英、美等发达国家的一些生产企业为了进入有利的零售渠道，采取了向零售商支付费用的方式，统称为“通道费用问题”（slotting fee）。即使到现在，通道费用仍然是这些国家零供关系中不可回避的问题，并且在特定的时期也有激化的现象。在《零售商供应商公平交易管理办法》（商务部 2006 年第 17 号令）中列举了 6 项“零售商不得收取或变相收取的费用”，但对其他费用收取并没有法律法规明令禁止。

有时，通道费用也是生产企业的一种营销手段。生产企业要维护统一的市场价格，在此基础上区分不同的客户销量和贡献，给予一定的折扣或返利，是一种正常的市场行为。

向零售商支付通道费用，也是中小企业生存的手段。这些生产企业没有能力制作大型广告，而是通过店面的广告展示其商品。如果没有通道费用，这些中小企业和他们的一些新品也没有了在市场中展示的机会。

我国以增值税为主的税收体系也在一定程度上对通道费用推波助澜，增值税与营业税的差额使双方均愿意采用非货款方式（即缴纳营业税而非增值税）结算。

第三，零供关系，协作是主流，片面强调问题不利于行业发展。2010 年，全年社会消费品零售总额为 13.7 万亿元，比上年增长 18.5%，这是零供协作的成果。毋庸置疑，一些零售企业在与供应商合作中存在着各种各样的问题，如企业不按协议收取通道费用，或比例偏高；在货款结算中人为拖延时间；企业中的个别人员要挟供应商索要好处等。同样，一些高端奢侈品牌进入百货店时，要由零售商支付装修费用，并保证最低销售额。这些问题是行业发展中的杂音，而非主流。反之，如果是主流，流通效率将变得极为低下，正常流通将无法发展。因此，过多地强调这些问题，也会激化零供矛盾，贬损合作，形成不健康的信用关系印象。

要在行业发展中，特别是提高供应链效率中解决问题。零供矛盾，有一定的系统性。实践已经证明，单纯依靠法律约束不能很好地解决问题，更为重要的，是要在行业发展和效率提升中解决问题。

多年来，行业一直提倡零供双方要建立“战略合作伙伴关系”。其实，双方也需要建立和研究“战术层面的关系”，这包括消费者研究、新品开发、品类管理、客户服务能力、采购、物流、库存管理、信息化建设等方面的协作。这些协作，将大大提高供应链的效率，降低双方的合作成本，从而拓展更广阔的利润空间。

中国连锁经营协会（简称协会）在促进零供健康发展方面做了大量的工作，包括开展年度工商协作系统研究、配合商务部和发改委起草零供交易合同规范、发布零供合作相关倡议等，为零供关系的改善起到了重要作用。

2. 网络零售

网络零售是多渠道零售的重要形式。网上零售为消费者带来新的价值，为传统零售业多渠道营销带来新的价值。尽管网络零售和传统零售在消费者订购、产品展示、营销手段等方面有所不同，但都离不开传统零售的基本环节和因素，如采购、物流、售后服务等，因此传统零售企业开展网络零售业务更具有优势。

相关数据显示，2010 年中国网络购物市场交易规模达 5231 亿元，占社会消费品零售总额 3%，预计 2015 年网购交易规模有望突破 2 万亿元。

网络零售快速增长的动力主要来源于三个方面。一是纯粹网络零售企业持续发力，二是传统零售商纷纷触网，三是上游生产厂家不断加入。

第一，传统零售商是网络零售业务的重要主体。从美国市场看，网络零售排名前十位中有一多半是实体连锁企业运营的 B2C 网站。2010 年英国网上零售企业中，根据访问数量排名的前十家企业中，也有 6 家开设有实体店。传统零售商开展网络零售业务虽然起步晚于纯粹网络零售企业，但凭借其品牌和资源优势已迅速占据优势地位。

第二，传统零售商开展网络零售的优势明显。网络零售与传统零售相比，在消费者订货方式、产品展示形式、营销手段、物流形式等方面有所不同，但从根本上说都是同一零售方式，都离不开传统零售的基本环节和传统要素，如采购、物流、售后服务等，这些基本环节决定了企业的生存发展。主要优势体现在：

内部管理层面：

稳定的进货渠道。进货渠道的建设不完全是签合同、下订单那样简单迅速，它需要时间的磨合。传统零售企业大多经过多年的经营，已经建立起相对稳定的供货渠道，这意味着货源有持续供应能力、质量有明确的保障、价格与市场同类商品相近，这些是多年合作关系的基础，而且对消费者意义重大。

较为完善的物流体系。具有一定规模的传统零售商，大多建立起较为健全的物流体系，一般都自己配有一定规模的配送中心和物流车辆，有分布各处的门店网络，有合作密切的厂家物流。

强大的品牌影响。从已开展网络零售的传统零售企业看，大多数是全国性或区域性的领先企业，在所经营的区域有较高的品牌知名度和美誉度。

消费者层面：

丰富的购物体验。中国的消费者是一个不成熟的消费群体，对于这个群体来说，体验式消费仍然是最主要的。实体商店能够向消费者提供体验带来的购物乐趣，网络商店则缺乏这种面对面交流的亲切感，以及触摸商品的机会。

健全的售后服务。商品售出并不是交易的完结，售后服务是零售的重要环节。传统零售商由于其自有的网点资源、厂家网络和服务网络，在提供售后服务、退换货等方面，同样有着纯粹网上商城短期内达不到的优势。

监管层面：

零售企业经过近 20 年的发展，法律法规相对健全，企业管理也比较符合规范要求，因此，政策性风险低。而网络零售业务，于近年快速发展，其纳税、财务管理、消费者权益保障等方面的问题才引起监管层面的关注和重视。

传统零售企业相对规范的管理为开展网络零售业务奠定了较好的基础，在其经营中对税收、商品质量、消费者权益保障等方面会更加注重。

3. 传统零售商开展网络零售的劣势不可忽视

尽管与传统零售方式相比，B2C 有很多共性之处，但它仍然是一项专业性很强的业务。即使是具有良好资源、强大基础的传统零售商，也不见得就可以理所当然地做好 B2C。在开展 B2C 业务中，传统零售商主要有以下劣势：

技术水平不足。与传统零售相比，网络零售对技术的要求更强，要求系统更加强大、稳定、安全。在网络建设、营销技术手段、消费者分析和数据挖掘技术等方面都有着与传统零售商的信息系统不同的做法。

专业团队欠缺。传统零售企业一般把最优秀的人才投入到店铺营运或商品管理中去，但对网络零售人员的投入和配备明显不够，有的仅仅是把网络零售业务交给信息部门来做，但企业赋予信息部门的商品配置、物流规划等方面的权限是远远不够的。

营销经验不足。营销方式的不同是传统零售商与网络零售业务最主要的不同点之一，在网站推广、商品展示和促销、顾客服务细节等方面均有明显的不同。网络零售在满足消费者个性化“长尾”的需求上，其思维方式早已脱离了传统零售商有限的货架空间，这是传统零售商短期内难以调整过来的。

业务方向和定位不清。为什么做网络零售业务？要做到什么样的规模？网络零售在企业业务中是什么样的地位？大多数企业的决策者对这些问题并没有清晰的认识。

### （三）大型超市和超市企业经营状况

本次调查回收的有效样本数据中，经营有超市和大型超市业态的连锁企业共 98 家，经营着 3.1 万家超市和大型超市门店。这些企业中绝大部分为多业态经营，即同时经营有大型超市、超市、便利店等不同业态（从所有制看，内资零售企业的经营业态更加多元化，外资零售企业业态相对简单）。

1. 企业规模情况

总体上看，大部分样本企业为 2010 年中国连锁百强企业或快速消费品百强企业，因此平均规模都较大。

与其他业态相似，销售额增幅高于门店数量的增幅和员工的增幅，说明企业经营效率提升。

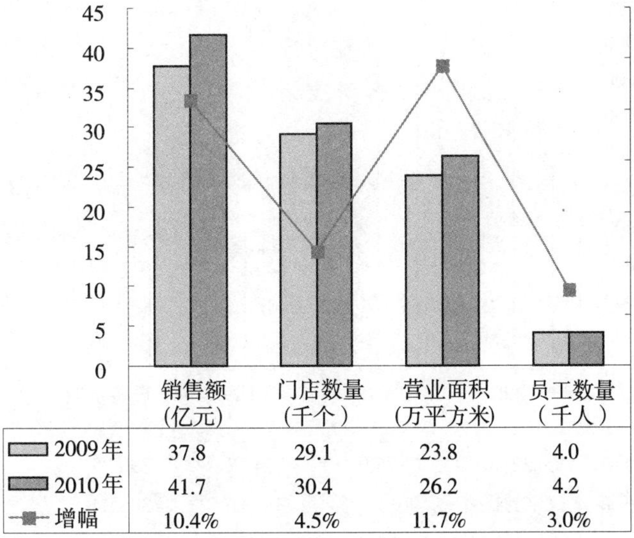


**图 1　样本企业的平均规模情况**

2. 人效和平效

总体上看，人效和平效均有微幅提高，后面将就具体业态进行分析。

**表 1　样本企业的人效和平效**

| 项目 | 人效（万元/人·年） | 平效（万元/平方米·年） |
| --- | --- | --- |
| 2010 年 | 102.2 | 1.6 |
| 2009 年 | 97.8 | 1.6 |
| 增幅 | 4.5% | 1.3% |

3. 单店规模

单店规模较上年有较大提升，新开店面整体呈面积扩大趋势。

表 2　　样本企业的平均单店规模

| 项目 | 单店销售（万元） | 单店面积（平方米） |
|---|---|---|
| 2010 年 | 1374 | 867 |
| 2009 年 | 1297 | 809 |
| 增幅 | 5.9% | 7.2% |

4. 成本费用情况

整体而言，超市和大型超市的第一成本是员工工资，其次为房租和设备折旧。从增长幅度来看，员工工资和房租均有较大增幅，企业经营面临较大的租金和人工成本压力。

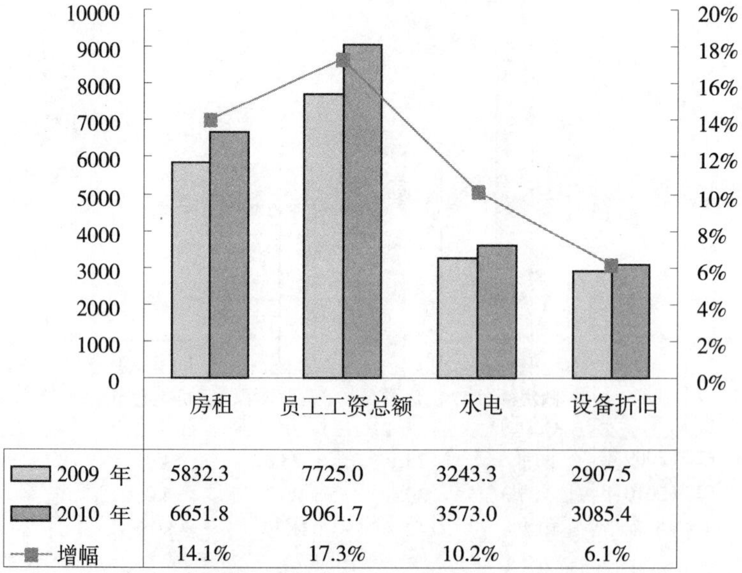


图 2　样本企业的四项成本费用（万元）及其增幅（%）

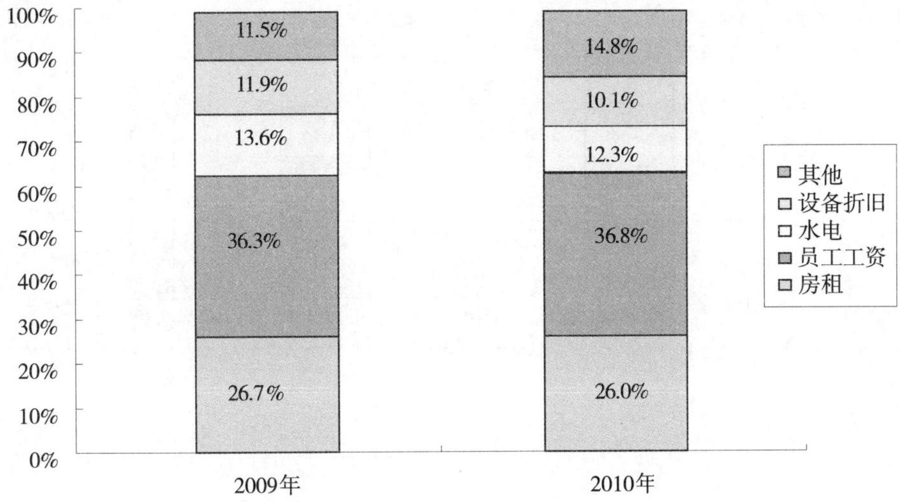


**图 3　超市和大型超市样本企业主要成本费用结构**

数据显示，2010 年房租，员工工资和水电费用均有较大增幅，企业运营成本明显加大。从结构上看，房租和员工工资的比重较上年略有增加，整体结构变化不大。

## 二、大型超市店铺经营基本情况

### （一）样本概述

本次调查回收的有效样本数据中，数据完整且营业一年以上（最早为 1993 年开业，最晚为 2010 年 1 月开业）的大型超市门店共 45 家，本次调研以此为样本进行分析。

45 家门店主要位于东北和中部省份（共 19 家），其次是东南沿海省市（共 18 家），另有 8 家位于西部省份，部分样本门店分布在三、四线城市。

45 家门店平均单店营业面积 1. 29 万平方米（从 6000 平方米到 25000 平方米），最高销售额 17. 4 亿元（面积为 17138 平方米），销售额最低的为 7073 万元（面积为 8000 平方米）。

### （二）平均规模

样本店均为各个企业中销售规模大、经营业绩好的店铺，代表了行业中的领先水平。2010 年，样本店的单店销售增长达到 9. 3%，营业面积没有明显变化。

在销售额大幅增加的同时，正式工数量略有增加，平均每店增加 7 人，这是近一两年来企业在人工成本增加的压力下，不断提高劳动效率的直接表现。在下面的分析中，也可以看到，人效相应提高。经营单品数量增加了 575 种。

另外，样本店平均有收银机 38 台，最高为 66 台（7. 7 万平方米），最低为 17 台（6300 平方米），平均每台收银机每年收银额为 795 万元。

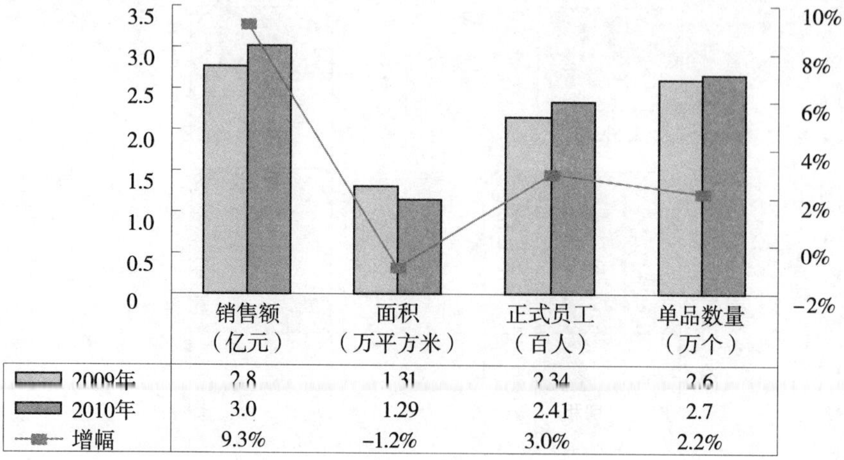


**图 4　大型超市样本店铺的平均规模**

（三）平效和人效

**表 3　　大型超市样本店铺的平效和人效**

| 项目 | 平效（万元/平方米·年） | 人效（万元/人·年） | 单品销售额（万元） |
|---|---|---|---|
| 2010 年 | 2. 3 | 125. 1 | 1. 13 |
| 2009 年 | 2. 1 | 117. 3 | 1. 05 |
| 增幅 | 9. 9% | 6. 6% | 7. 7% |

人效有 6. 6% 的增长，与前面数据显示的结果相一致，门店人工效率有较大增幅。平效也有较大增长，单品销售增长 7. 7% 说明门店盈利水平有所提升。

（四）交易次数和客单价

**表 4　　大型超市样本店铺的交易次数和客单价**

| 项目 | 日均交易次数（次/日） | 日均客单价（元/人·天） |
|---|---|---|
| 2010 年 | 11556 | 71. 6 |
| 2009 年 | 11478 | 65. 5 |
| 增幅 | 0. 7% | 9. 3% |

数据显示，2010 年日平均交易次数无明显变化，但日均客单价有所增加，达 9. 3%。

（五）费用情况

企业费用中，员工工资和租金占主要部分。

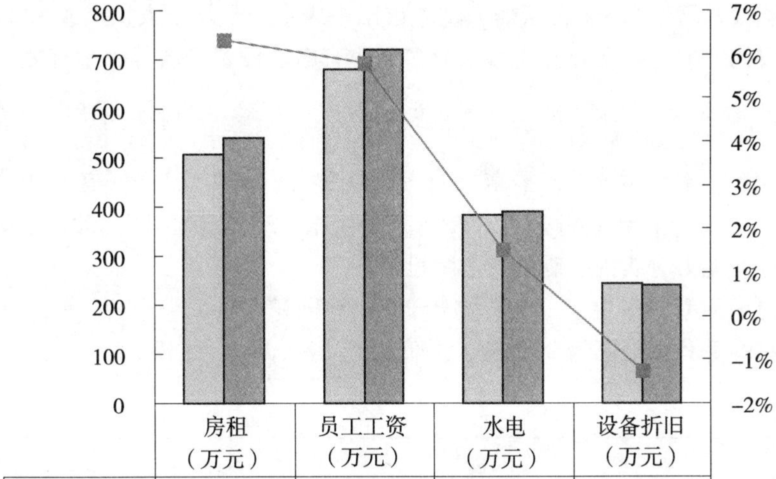


| | 房租（万元） | 员工工资（万元） | 水电（万元） | 设备折旧（万元） |
|---|---|---|---|---|
| 2009年 | 507.4 | 680.2 | 384.9 | 244.4 |
| 2010年 | 539.6 | 719.7 | 390.7 | 241.3 |
| 增幅 | 6.3% | 5.8% | 1.5% | -1.3% |

**图 5　大型超市样本店铺的四项成本费用**

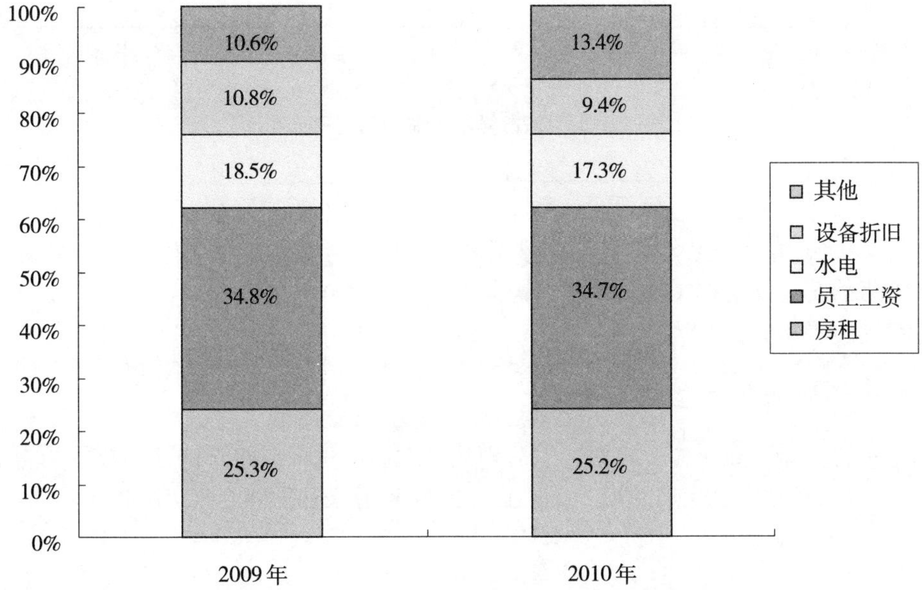


**图 6　大型超市样本店铺的四项成本费用结构**

房租是连锁企业最重要的成本支出，并且近几年一直持续上涨。样本企业中有部分门店为企业自有物业，因此拉低了房租的平均数值。如果是采用出租方式经营的门店，房租成本与工资总额的数值应差距更大。

样本企业平均每平方米月租金为 39. 6 元。

工资总额增幅高达 5.8%，跃居大型超市第一成本。平均个人用工成本 2465 元/月。

设备折旧的增加与近几年开店数量较多、原有门店设备更新等因素有关。

## （六）毛利率

样本店的毛利率相差较大，最高为21.9%（某外资门店），最低仅为10.2%。如果以样本店平均3.02 亿元的销售额计算，仅毛利额相比，2 家店就相差 3521 万元，可见商品管理能力和营运能力对店铺盈利的影响程度。

样本店的平均毛利率为 12.5%，高于 2009 年的 12.3%。

样本企业的毛利率最高为 20.7%，最低为 6.1%，均值为 12.7%。

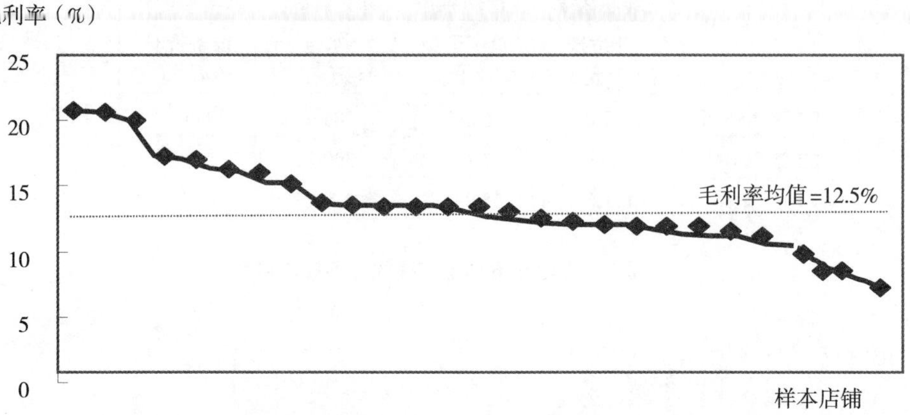


**图 7　大型超市样本店铺的毛利率分布**

## （七）物流配送与周转情况

样本店的统一配送率平均为 61.2%。

库存周转平均为 29 天。

## （八）不同面积大型超市情况

为便于有针对性地比较，本次调研分别从样本店中选取三组不同面积范围的店铺进行比较，分别为 6000 - 9999 平方米、10000 - 14999 平方米和 15000 平方米以上。

1. 平均规模比较

**表 5　　大型超市三组店铺的平均规模**

| 面积分类（平方米） | 年份 | 销售额（万元） | 平均营业面积（平方米） | 正式员工平均数（人） | 经营单品（个） |
|---|---|---|---|---|---|
| ≥15000 | 2009 年 | 40856 | 19751 | 280 | 22663 |
| | 2010 年 | 46516 | 19778 | 273 | 24000 |
| 10000 - 14999 | 2009 年 | 21451 | 12103 | 229 | 22895 |
| | 2010 年 | 21903 | 12264 | 231 | 24340 |

续表

| 面积分类（平方米） | 年份 | 销售额（万元） | 平均营业面积（平方米） | 正式员工平均数（人） | 经营单品（个） |
|---|---|---|---|---|---|
| 6000－9999 | 2009 年 | 20010 | 7272 | 194 | 31803 |
| | 2010 年 | 22165 | 7441 | 221 | 30717 |

2. 平效和人效比较

表 6　**大型超市三组店铺的平效**

| 面积分类（平方米） | 年份 | 平均面积（平方米） | 平均员工数（人） | 平效（万元/平方米·年） | 人效（万元/人·年） |
|---|---|---|---|---|---|
| ≥15000 | 2009 年 | 19751 | 280 | 2.1 | 145.9 |
| | 2010 年 | 19778 | 273 | 2.4 | 170.2 |
| 10000－14999 | 2009 年 | 12103 | 229 | 1.8 | 93.3 |
| | 2010 年 | 12264 | 231 | 1.8 | 94.7 |
| 6000－9999 | 2009 年 | 7272 | 194 | 2.8 | 103.4 |
| | 2010 年 | 7441 | 221 | 2.9 | 100.3 |

3. 客单价比较

表 7　**大型超市三组店铺的客单价**

| 年份 | 按面积分类的客单价（元/人·天） | | |
|---|---|---|---|
| | ≥15000（平方米） | 10000－14999（平方米） | 6000－9999（平方米） |
| 2010 年 | 94.6 | 54.2 | 64.7 |
| 2009 年 | 85.1 | 53.0 | 57.9 |
| 增幅 | 11.1% | 2.1% | 11.6% |

样本店铺数据显示，不同面积的店面客单价均有提高，其中 15000 平方米以上和 6000－9999 平方米两组分类尤为突出，增幅均超过 11%。

4. 来客数比较

表 8　**大型超市三组店铺的来客数**

| 年份 | 按面积分类的来客数（人/天） | | |
|---|---|---|---|
| | ≥15000（平方米） | 10000－14999（平方米） | 6000－9999（平方米） |
| 2010 | 13475 | 11082 | 9386 |
| 2009 | 13147 | 11084 | 9497 |
| 增幅 | 2.5% | －0.02% | －1.2% |

不同面积的来客数变化也有差异，其中 15000 平方米以上店铺来客数有小幅增长，其余两组分类均有小幅下降。

5. 平均毛利率的比较

三组样本店铺的毛利率分别为 12.9%、11.9%、12.5%，面积较大的店铺经营更多的百货类商品，因此毛利一般高于面积小的店铺。

但各组中店铺间差别很大，最高和最低差别都在 8%左右。

**表 9　　大型超市三组店铺的毛利率和净利率比较**

| 面积分类（平方米） | 年份 | 毛利率（%） | 净利润率（%） |
|---|---|---|---|
| ≥15000 | 2009 年 | 13.1 | 4.5 |
| | 2010 年 | 12.9 | 4.9 |
| 10000－14999 | 2009 年 | 11.6 | 2.0 |
| | 2010 年 | 11.9 | 1.9 |
| 6000－9999 | 2009 年 | 12.1 | 4.5 |
| | 2010 年 | 12.5 | 5.1 |

## 三、超市店铺经营基本情况

### （一）样本概述

本次调查回收的有效样本数据中，数据完整且营业一年以上的超市门店共 30 家（最早为 1996 年 7 月开业，最晚为 2006 年 5 月开业），本次调研以此为样本进行分析。

30 家门店中有 15 家位于沿海省份，其余门店位于中部省份。

30 家门店平均营业面积为 2711 平方米，年销售额最高为 3.2 亿元（面积为 4800 平方米），销售额最低的为 985 万元（面积为 500 平方米）。

## （二）平均规模

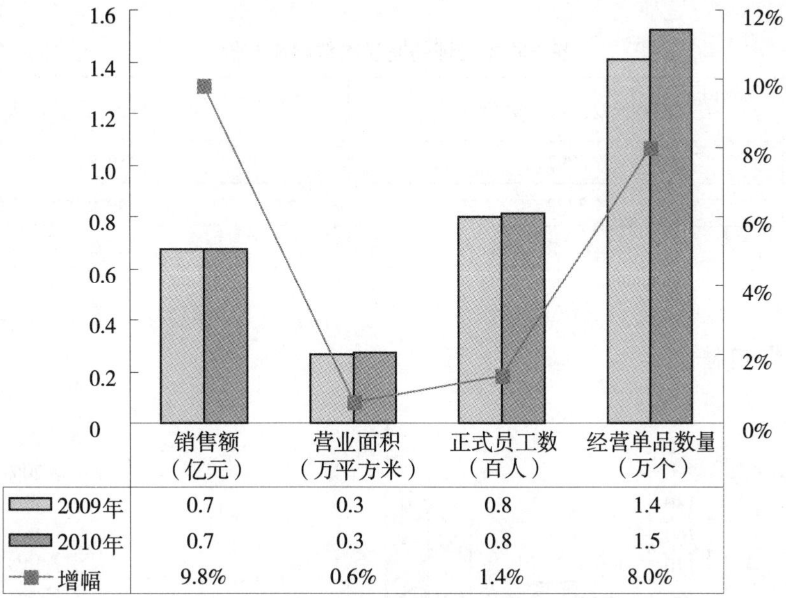


**图 8　超市样本店铺的平均规模**

样本店均为各个企业中销售规模大、经营业绩好的店铺，代表了行业中的领先水平。特别是有的店铺，因位置好、管理成熟，销售额大大高于同面积其他店铺，也拉高了平均值。

2010 年，样本店的单店销售增长 9. 8%，但不似其他业态增长幅度那么大，营业面积变化不明显。

正式员工数量略有增加，平均每店增加 1 人，经营单品数量增加 1122 个。

另外，样本店平均有收银机 13. 4 台，平均每台收银机每年收银额为 545. 8 万元（大型超市为 795 万元）。

（三）平效和人效

平效和人效都有 9% 的增幅，单品销售额略有增加。

**表 10　　超市样本店铺的平效和人效**

| 项目 | 平效（万元/平方米・年） | 人效（万元/人・年） | 单品销售额（万元） |
|---|---|---|---|
| 2010 年 | 2. 7 | 54. 1 | 0. 48 |
| 2009 年 | 2. 47 | 49. 7 | 0. 47 |
| 增幅 | 9. 0% | 9. 0% | 2. 1% |

## （四）交易次数和客单价

样本店铺的交易次数的增幅低于客单价的增长。

**表 11　　超市样本店铺的交易次数和客单价**

| 项目 | 日均交易次数（次/天） | 日均客单价（元/人·天） |
|---|---|---|
| 2010 年 | 3797 | 52.8 |
| 2009 年 | 3722 | 49.0 |
| 增幅 | 2.0% | 7.7% |

## （五）费用情况

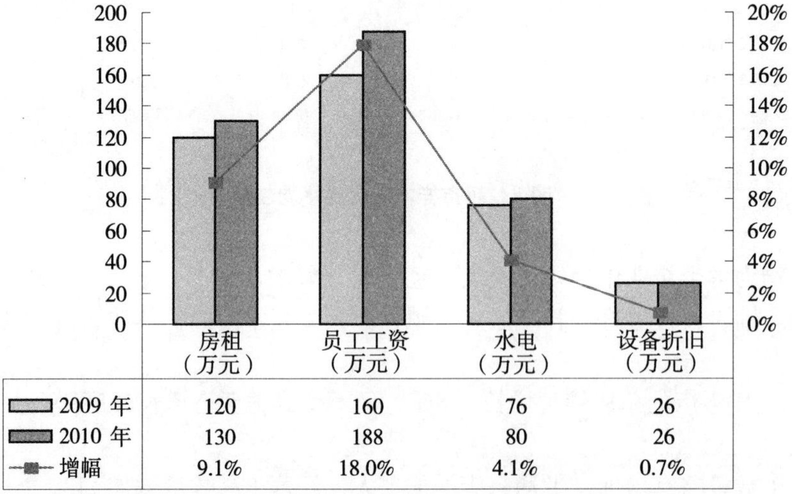


**图 9　超市样本店铺的四项成本费用**

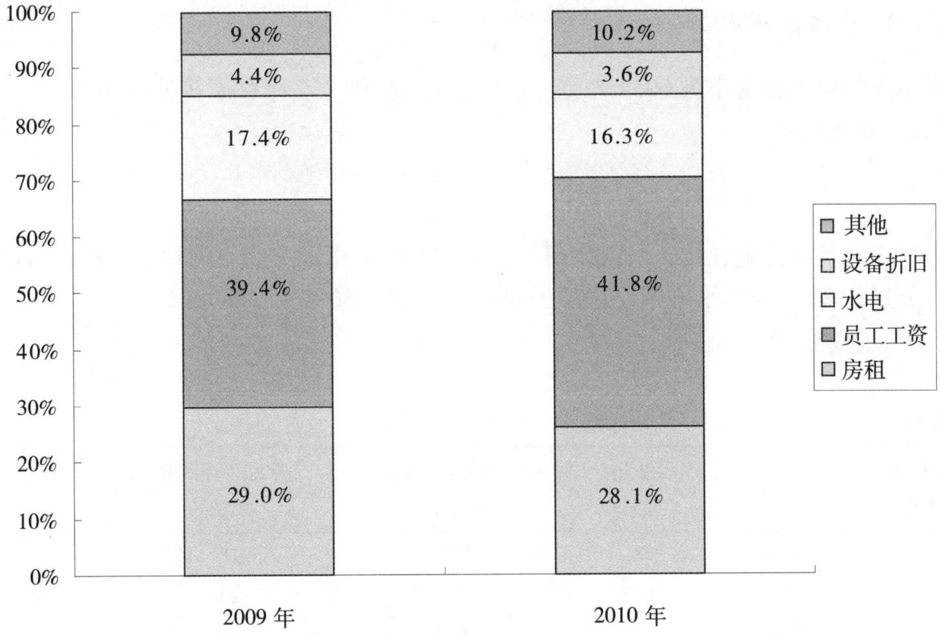


**图 10　超市样本店铺主要成本结构**

同大型超市一样，员工工资成为超市门店第一成本，且增幅首年超过房租增长。面对巨大的工资成本压力，也迫使企业必须提高人效。超市门店人均工资水平为 1934 元/月，低于大型超市 2465 元/月。

## （六）毛利率

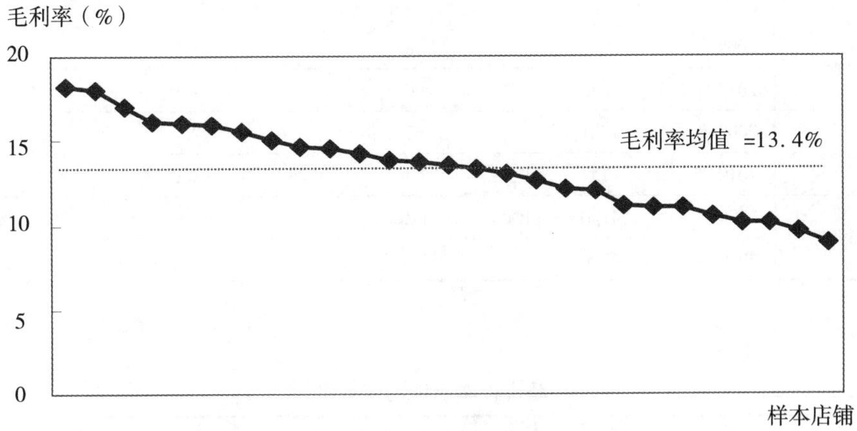


**图 11　超市样本店铺的毛利率分布**

样本店的毛利率相差较大，最高为 18.2%，最低为 8.9%，平均值为 13.4%，高于大型超市 12.5% 的平均毛利率。

### （七）物流配送情况

样本店的平均配送率为69.4%（大型超市为59.6%）。库存周转平均为30天（大型超市也是30天）。

### （八）不同面积超市

为便于有针对性地比较，本次调研分别从样本店中选取三组不同规模面积的店铺进行比较，分别为200－999平方米、1000－2999平方米和3000－5999平方米。

1. 平均规模比较

**表12　　超市三组店铺的平均规模**

| 面积分类（平方米） | 年份 | 销售额（万元） | 平均营业面积（平方米） | 正式员工平均数（人） | 经营单品数（个） |
|---|---|---|---|---|---|
| 200－999 | 2009年 | 926 | 550 | 18 | 7825 |
| | 2010年 | 1047 | 550 | 20 | 8620 |
| 1000－2999 | 2009年 | 4642 | 1721 | 63 | 14268 |
| | 2010年 | 5178 | 1751 | 64 | 14846 |
| 3000－5999 | 2009年 | 9866 | 4150 | 110 | 15233 |
| | 2010年 | 10742 | 4200 | 111 | 17335 |

2. 平效和人效比较

**表13　　超市三组店铺的平效**

| 面积分类（平方米） | 年份 | 平均面积（平方米） | 平均员工数（人） | 平效（万元/平方米·年） | 人效（万元/人·年） |
|---|---|---|---|---|---|
| 200－999 | 2009年 | 550 | 18 | 1.7 | 52.9 |
| | 2010年 | 550 | 20 | 1.9 | 52.3 |
| 1000－2999 | 2009年 | 1721 | 63 | 2.7 | 73.7 |
| | 2010年 | 1751 | 64 | 3.0 | 81.1 |
| 3000－5999 | 2009年 | 4150 | 110 | 2.4 | 89.8 |
| | 2010年 | 4200 | 111 | 2.6 | 96.7 |

3. 客单价比较

**表14　　超市样本店铺的客单价**

| 年份 | 按面积分类的客单价（元/人·天） | | |
|---|---|---|---|
| | 3000－5999（平方米） | 1000－2999（平方米） | 200－999（平方米） |
| 2010年 | 60.2 | 51.9 | 25.8 |
| 2009年 | 55.5 | 48.3 | 23.5 |
| 增幅 | 8.4% | 7.3% | 9.6% |

4. 来客数比较

表 15　超市样本店铺的来客数

| 年份 | 按面积分类的来客数（人/天） | | |
|---|---|---|---|
| | 3000－5999（平方米） | 1000－2999（平方米） | 200－999（平方米） |
| 2010 年 | 4889 | 2735 | 1114 |
| 2009 年 | 4867 | 2630 | 1080 |
| 增幅 | 0.5% | 4.0% | 3.2% |

4. 平均毛利率的比较

三组样本店铺的毛利率分别为 14.1%、13.9%、12.5%，但各组中店铺间差别很大，最高和最低差别都在 5% 以上。

（中国连锁经营协会）

# 2010－2011 年度百货店经营状况分析报告

## 一、百货店企业总体情况

据中国连锁经营协会（简称协会）2010－2011 年度连锁零售企业基本情况调查统计，经营百货店业态的连锁企业中部分为多业态经营，即同时经营有大型超市、超市等不同业态；从百货店行业发展看，细分行业差异化定位更趋明显；虽然企业运营成本不断增加，政策环境更加规范，但企业销售快速增长，店铺盈利能力显著增强。

### （一）百货店企业总体特点

#### 1. 差异化日益明显

总体情况看，目前如按定位划分，百货业态主要可分为三类，即高档百货、时尚百货和大众百货，这三个百货业态的基本特点有明显区分；如按所在区域划分，则可分为社区型百货和大型百货等。

“奥特莱斯”的发展同样值得关注，尽管它不是百货业态，但因其与百货店有较为密切的关系，所以本次调研一并阐述。

奥特莱斯译自欧美国家的 Outlets，但中国的奥特莱斯在选址方式、经营方式、商品结构等方面都与欧美的 Outlets 有很大的不同。Outlets 在国家标准《零售业态》中，对应的分类是“工厂直销中心 Factory Outlets Center”，是指由生产商直接设立或委托独立经营者设立，专门经营本企业品牌商品，并且多个企业品牌的营业场所集中在一个区域的零售业态。

#### 2. 自营比重不断提高

目前，中国百货业主要采取出租场地和联营扣点的营销模式，只有不到 10% 的企业采取买断商品的模式，即拥有所有权的经销模式。出租场地是经营方直接收取租金的方式。联营扣点，即引厂商进店，商场提供经营场地，请代理商或品牌商来商场开设专柜，由代理商经营，商场统一收银，向供应商收取进场费和扣点的经营模式。

过多的“联营模式”使商场的自主经营能力被弱化，导致百货业差异化程度减小，很难实施统一的经营理念。在欧美地区，“马莎百货”采取自营模式，其综合毛利率达 40% 以上；而在国内一线城市百货商场的毛利率已下降到 20% 左右。

目前，很多百货企业已经开始实施统一采购、加大经销货品比重等举措，同时还启动了自有品牌的开发。

#### 3. 预付卡管理带来冲击

近年来，预付卡成为零售业特别是百货店的重要支付方式。预付卡在促进企业销售、有效回笼资金等方面起到了积极的作用，但其大量的应用，也带来一些问题。如税收的规范操作问题、资金的管理安全问题、反腐败问题等。由于这些问题的存在，引起了相关主管部门的重视。继2002年国家相关部门先后提出管理要求后，2011年5月，国务院办公厅转发了国家7部委印发的《关于规范商业预付卡管理意见的意见》（国办发【2011】25号，见文末）。25号文的出台，既有利于规范预付卡的使用，却也必然地限制了预付卡的使用量。

## （二）百货店企业经营状况

本次调查回收的有效样本数据中，经营百货店业态的连锁企业为45家，这些企业中部分为多业态经营，即同时经营有大型超市、超市等不同业态。因此，企业的总体比较性不强。

1. 企业规模情况

样本企业销售额有较高的增幅，门店数量超过25%，是所有业态中门店数量增幅最高的。

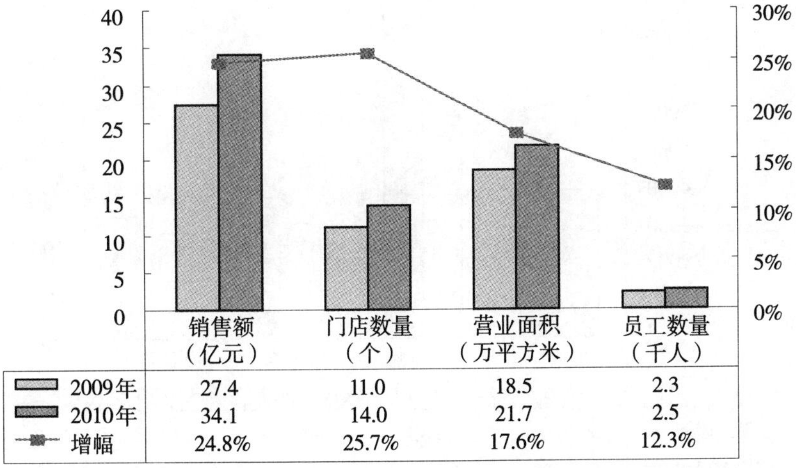


**图1　百货店样本企业的平均规模情况**

2. 人效和平效

**表1　样本百货店的人效和平效**

| 项目 | 人效（万元/人·年） | 平效（万元/平方米·年） |
|---|---|---|
| 2010年 | 134.2 | 1.6 |
| 2009年 | 120.8 | 1.5 |
| 增幅 | 11.1% | 6.1% |

表内数据是综合性的比较，而在随后的百货店铺经营基本情况分析中，人效和平效等数据分析更有参考意义。

3. 单店规模

表 2　　样本百货店企业的单店规模

| 项目 | 单店销售额（万元） | 单店面积（平方米） | 单店员工数量（人） |
|---|---|---|---|
| 2010 年 | 24734 | 15761 | 184 |
| 2009 年 | 24917 | 16841 | 206 |
| 增幅 | -0.7% | -6.4% | -10.6% |

4. 成本费用情况

调查显示，百货店的第一成本依旧是员工工资，其次为房租。人工工资已连续三年成为百货企业的第一成本。

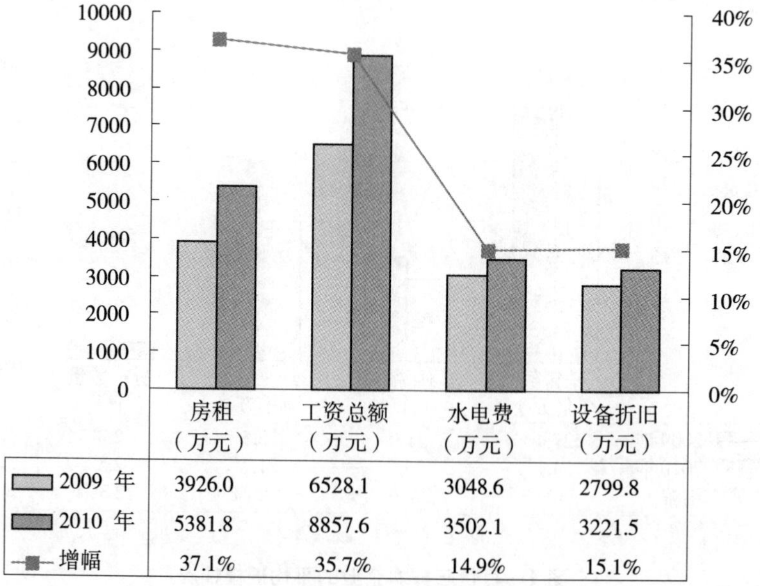


**图 2　百货店样本企业的四项成本费用**

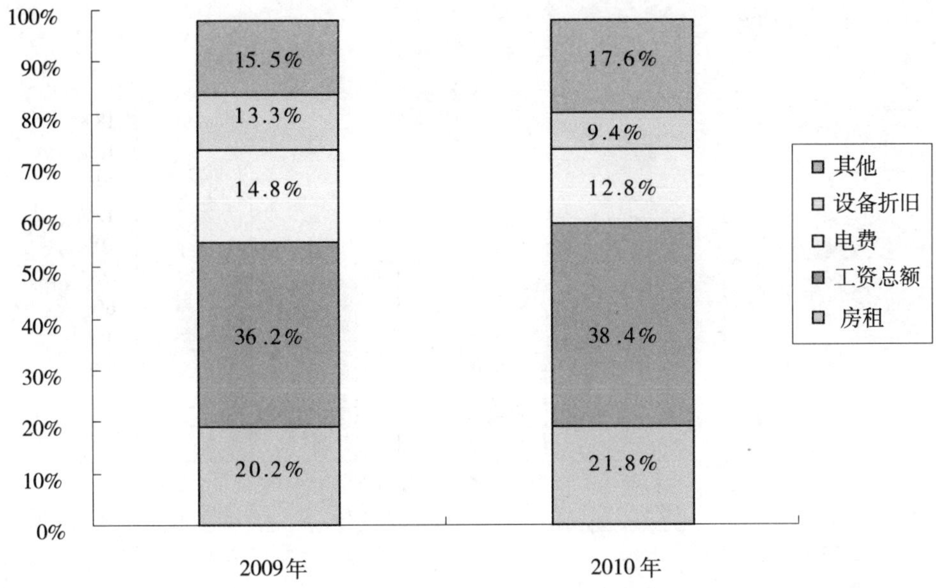


**图 3　百货样本企业的成本费用结构**

## 二、百货店店铺经营基本情况

### （一）样本概述

本次调查回收的有效样本数据中，共有百货店样本企业 131 家，本次调研以此为样本进行分析。

样本门店主要位于东部省份（共 40 家），东北及中部地区 65 家，其他 26 家店位于西部省份。

样本门店平均营业面积为 2. 4 万平方米（从 2000 平方米到 7. 4 万平方米），最高销售额为 29 亿元（面积为 3. 6 万平方米），销售额最低的为 1. 7 亿元（面积为 2. 5 万平方米）。

样本店基本为各个企业的旗舰店，销售规模大，经营业绩好。

## （二）平均规模

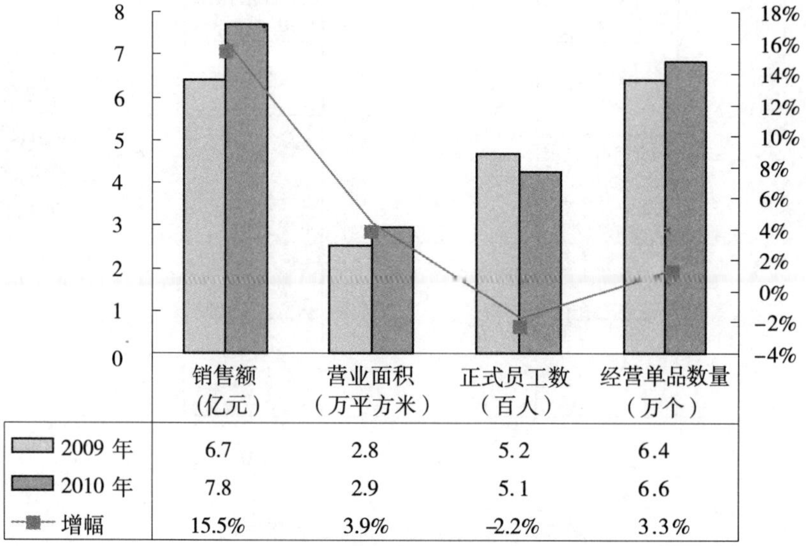


**图 4　百货样本店铺的平均规模**

样本店销售额增长 15.5%，正式员工数略有减少，说明单店运营效率有所提升。

样本百货店平均每店正式合同工为 507 人，比上一年略有减少，这与其他业态情况基本一致。

## （三）平效和人效

**表 3　百货样本店铺的平效和人效**

| 项目 | 平效（万元/平方米·年） | 人效（万元/人·年） | 单品销售额（万元） |
|---|---|---|---|
| 2010 年 | 2.6 | 55.9 | 0.5 |
| 2009 年 | 2.4 | 49.7 | 0.4 |
| 增幅 | 11.1% | 13.7% | 14.6% |

数据显示，百货企业平效、人效和单品销售额都有较快增长，单店经营水平显著提升。

## （四）交易次数和客单价

表 4　　百货样本店铺的交易次数和客单价

| 项目 | 平均日交易次数（次/天） | 日均客单价（元/人・天） |
|---|---|---|
| 2010 年 | 4627 | 460.0 |
| 2009 年 | 4389 | 420.1 |
| 增幅 | 5.4% | 9.5% |

交易次数略有提升，客单价增长一成。在各个业态中，除家电外，客单价的增长都明显高于交易次数的增幅。

## （五）费用情况

在样本百货店中，有些店铺是自有物业，因此租金水平低于其他业态平均水平。但数据显示，租金的增幅也达到了 11.4%。

工资总额中，除了正式合同工的工资外，还包括了其他临时用工等人员的工资，因此总额较大。人工成本增幅 14.5%，成为百货店的第一成本。

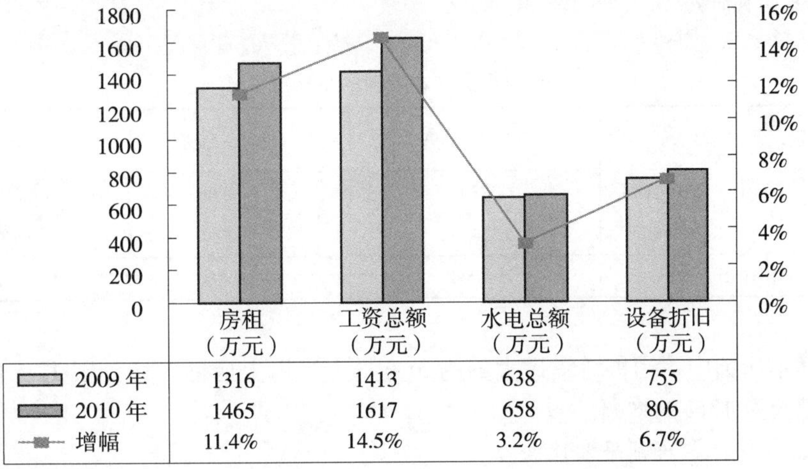


图 5　百货样本店铺的四项成本费用

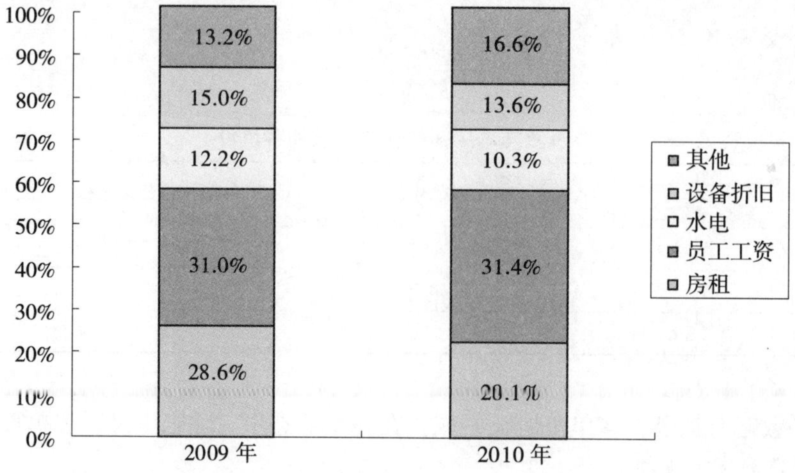


图 6　百货样本店铺的四项成本费用结构

## （六）不同面积百货店

为便于有针对性地比较，本次调研分别从样本店中选取三组不同面积范围的店铺进行比较，分别为 7000－14999 平方米、15000－29999 平方米和 30000 平方米以上。

1. 三组百货样本店铺平均规模

表 5　三组百货样本店铺的平均规模

| 类别（平方米） | | 7000－14999 | 15000－29999 | 30000 以上 |
|---|---|---|---|---|
| 销售额（万元） | 2010 年 | 38309 | 58578 | 105116 |
| | 2009 年 | 33473 | 51710 | 89820 |
| 增幅 | | 14.5% | 13.3% | 17.0% |

三组样本店铺中，销售增幅最大的为 3 万平方米以上店铺，达到了 17% 的增幅，其他两组也都超过 13% 的增幅。

2. 三组百货样本店铺平效比较

表 6　三组百货样本店铺的平效

| 类别（平方米） | 7000－14999 | | 15000－29999 | | 30000 以上 | |
|---|---|---|---|---|---|---|
| | 2010 年 | 2009 年 | 2010 年 | 2009 年 | 2010 年 | 2009 年 |
| 平均面积（平方米） | 12154 | 11847 | 21725 | 21391 | 42617 | 40827 |
| 平效（万元/平方米·年） | 3.2 | 2.8 | 2.7 | 2.4 | 2.5 | 2.2 |

3. 三组百货样本店铺劳效比较

表 7 三组百货样本店铺的劳效

| 类别（平方米） | 7000－14999 | | 15000－29999 | | 30000 以上 | |
|---|---|---|---|---|---|---|
| | 2010 年 | 2009 年 | 2010 年 | 2009 年 | 2010 年 | 2009 年 |
| 正式工平均数量（人） | 245 | 266 | 401 | 409 | 615 | 633 |
| 劳效（万元/人·年） | 156.6 | 125.8 | 146.1 | 126.5 | 171.0 | 141.9 |

4. 三组百货样本店铺客单价比较

表 8 三组百货样本店铺的客单价

| 类别（平方米） | | 7000－14999 | 15000－29999 | 30000 以上 |
|---|---|---|---|---|
| 客单价（元/人·天） | 2010 年 | 480 | 501 | 443 |
| | 2009 年 | 419 | 493 | 396 |
| 增幅 | | 14.8% | 1.7% | 11.9% |

5. 三组百货样本店铺来客数比较

表 9 三组百货样本店铺的来客数

| 类 别（平方米） | | 7000－14999 | 15000－29999 | 30000 以上 |
|---|---|---|---|---|
| 来客数（人/天） | 2010 年 | 7976 | 11692 | 23728 |
| | 2009 年 | 7998 | 10494 | 22678 |
| 增幅 | | －0.3% | 11.4% | 4.7% |

## 三、购物中心店铺经营基本情况

### （一）样本概述

本次调查回收的有效样本数据中，共有购物中心样本企业 15 家，本次调研以此为样本进行分析。

样本门店主要位于东北及中部地区（共 6 家），东南沿海地区 7 家，其他 2 家店位于西部省份。

样本门店平均营业面积为 9.9 万平方米（从 2 万平方米到 56 万平方米），最高销售额为 75 亿元（面积为 16 万平方米），销售额最低的为 5.8 亿元（面积为 3.6 万平方米）。

样本店基本为各个企业的旗舰店，销售规模大，经营业绩好。

## （二）平均规模

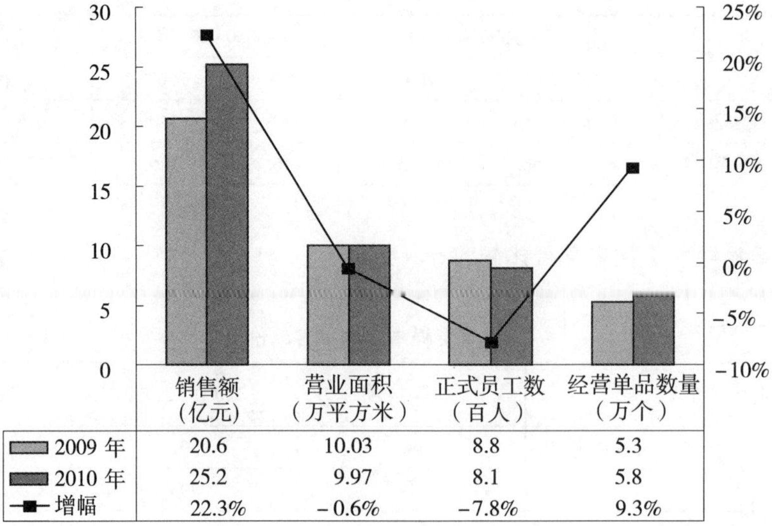


**图 7　购物中心样本店铺的平均规模**

样本店销售额增长 22.3%，营业面积和正式员工均略有减少，单店盈利能力提升。样本购物中心平均每店正式合同工 807 人，比上一年减少 68 人。

## （三）平效和人效

**表 10　　购物中心样本店铺的平效和人效**

| 项目 | 平效（万元/平方米·年） | 人效（万元/人·年） | 单品销售额（万元） |
|---|---|---|---|
| 2010 年 | 2.5 | 89.4 | 4.4 |
| 2009 年 | 2.1 | 71.9 | 3.9 |
| 增幅 | 23.0% | 24.3% | 11.9% |

人效和平效都有突出增长，单品销售增幅也超过一成，门店经营水平显著提升。

## （四）交易次数和客单价

**表 11　　购物中心样本店铺的交易次数和客单价**

| 项目 | 平均日交易次数（次/天） | 日均客单价（元/人·天） |
|---|---|---|
| 2010 年 | 13081 | 527.5 |
| 2009 年 | 12885 | 438.0 |
| 增幅 | 1.5% | 20.4% |

交易次数略有增加，客单价增长两成。这个情况在各个业态中反差最大。

## （五）费用情况

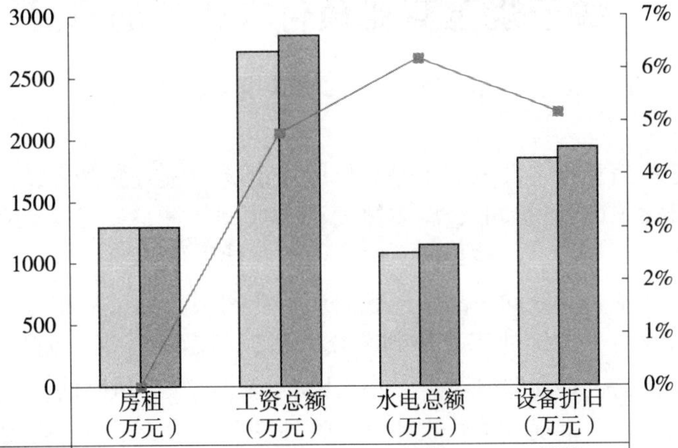


| | 房租（万元） | 工资总额（万元） | 水电总额（万元） | 设备折旧（万元） |
|---|---|---|---|---|
| 2009年 | 1287 | 2712 | 1080 | 1838 |
| 2010年 | 1287 | 2842 | 1147 | 1933 |
| 增幅 | 0.0% | 4.8% | 6.2% | 5.2% |

**图 8　购物中心样本店铺的四项成本费用**

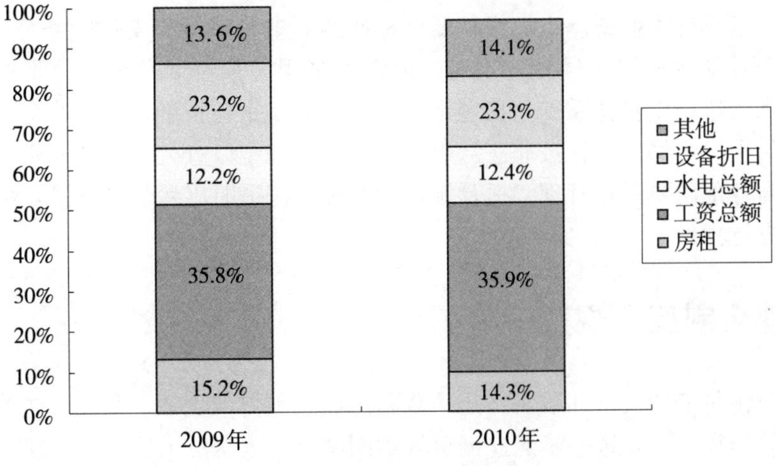


**图 9　购物中心样本店铺的四项成本费用结构**

与百货店类似，购物中心样本企业中，有些店铺也是自有物业，因此平均租金水平较低。

工资总额中，除了正式员工的工资外，还包括其他临时用工等人员的工资，因此总额较大。数据显示，人工成本也成为购物中心的第一成本。但由于用工人数减少较多，员工工资增幅并没有其他业态明显。

附：关于规范商业预付卡管理的意见

**（中国连锁经营协会）**

附：

# 关于规范商业预付卡管理的意见

国办发〔2011〕25 号

近年来，适应信息技术发展和小额支付服务市场创新的客观需要，商业预付卡市场发展迅速。商业预付卡以预付和非金融主体发行为典型特征，按发卡人不同可划分为两类：一类是专营发卡机构发行，可跨地区、跨行业、跨法人使用的多用途预付卡；另一类是商业企业发行，只在本企业或同一品牌连锁商业企业购买商品、服务的单用途预付卡。总体看，商业预付卡在减少现钞使用、便利公众支付、刺激消费等方面发挥了一定作用。同时，商业预付卡市场也存在监管不严、违反财务纪律、缺乏风险防范机制、公款消费和收卡受贿等突出问题，严重扰乱了税收和财务管理秩序，助长了腐败行为。为规范商业预付卡管理、严肃财经纪律、防范金融风险、促进反腐倡廉，现提出如下意见：

## 一、明确职责，加强管理

强化对商业预付卡发卡人的管理，是规范商业预付卡管理的首要环节，必须进一步明确部门职责，落实分类监管。人民银行要严格按照《非金融机构支付服务管理办法》（中国人民银行令〔2010〕第 2 号）的规定，加强对多用途预付卡发卡人的监督检查，完善业务管理规章，维护支付体系安全稳定运行。未经人民银行批准，任何非金融机构不得发行多用途预付卡，一经发现，按非法从事支付结算业务予以查处。对商业企业发行的单用途预付卡，商务部门要强化管理，抓紧制定行业标准，适时出台管理办法。金融机构未经批准，不得发行预付卡。

## 二、健全制度，规范行为

规范商业预付卡的发行和购买，是防范利用商业预付卡洗钱、套现、偷逃税款以及行贿受贿的有效途径，必须进一步建立健全规章制度，加大执法力度。一是建立商业预付卡购卡实名登记制度。对于购买记名商业预付卡和一次性购买 1 万元（含）以上不记名商业预付卡的单位或个人，由发卡人进行实名登记。二是实施商业预付卡非现金购卡制度。单位一次性购卡金额达 5000 元（含）以上或个人一次性购卡金额达 5 万元（含）以上的，通过银行转账方式购买，不得使用现金；使用转账方式购卡的，发卡人要对转出、转入账户名称、账号、金额等进行逐笔登记。三是实行商业预付卡限额发行制度。不记名商业预付卡面值不超过 1000 元，记名商业预付卡面值不超过 5000 元。

严格发票和财务管理。发卡人必须严格按照《中华人民共和国发票管理办法》有关规定开具发票。税务部门要加强发票管理和税收稽查，坚决依法查处发卡人在售卡环节出具虚假发票、购卡单位在税前扣除与生产经营无关支出等行为。财政部门要加强财务管理，严厉查处挪用预算资金、利用购卡进行公款消费等行为。

## 三、坚决治理，防贿促廉

治理收卡受贿等违纪违法行为，是加强反腐倡廉工作的迫切要求和重要环节，必须进一步狠抓落实，加大查处力度。按照《中国共产党党员领导干部廉洁从政若干准则》和《中共中央办公厅国务院办公厅关于严禁党政机关及其工作人员在公务活动中接受和赠送礼金、有价证券的通知》（中办发〔1993〕5 号）的规定，严禁国家工作人员特别是领导干部在公务活动中收受任何形式的商业预付卡。凡收受商业预付卡又不按规定及时上交的，以收受同等数额的现金论处。对涉嫌受贿的，依法严肃查处。

## 四、防范风险，维护权益

加强预付资金管理，维护持卡人合法权益，是防范金融风险的重要手段，必须引起足够重视，进一步完善工作机制。多用途预付卡发卡人接受的、客户用于未来支付需要的预付资金，不属于发卡人的自有财产，发卡人不得挪用、挤占。多用途预付卡发卡人必须在商业银行开立备付金专用存款账户存放预付资金，并与银行签订存管协议，接受银行对备付金使用情况的监督。人民银行要加强对多用途预付卡备付金专用存款账户开立和使用的监管。商务部门要采取有效措施，加强对单用途预付卡预付资金的监管，防范资金风险。

人民银行、商务部要继续健全商业预付卡收费、投诉、保密、赎回、清退等业务管理制度，全面维护持卡人合法权益。为防止发卡人无偿占有卡内残值，方便持卡人使用，记名商业预付卡不设有效期，不记名商业预付卡有效期不得少于 3 年。对于超过有效期尚有资金余额的，发卡人应提供激活、换卡等配套服务。工商部门要进一步加强监督检查，加大消费维权工作力度，严厉打击侵犯消费者权益的不法行为，及时开展相关消费提示，营造良好的消费环境。

商业预付卡管理涉及部门众多，情况复杂，规范整顿的任务十分艰巨。各有关部门要各负其责，建立对商业预付卡的联合监督检查机制，进一步加强协调配合，齐抓共管，形成合力。2011 年年底前，人民银行、商务部等有关部门要联合开展一次商业预付卡市场专项检查，以检查促整改，促进商业预付卡市场规范发展。

**（国务院办公厅　2011 年 5 月 23 日）**

# 2010－2011 年度便利店经营状况分析报告

## 一、便利店企业总体情况

根据《中国连锁零售企业经营状况分析报告（2010－2011）》，2010－2011 年度便利店行业保持快速发展态势，其市场竞争持续激烈，并由一线及发达的沿海地区向二、三线及内陆地区渗透。但就其整体经营状况而言，大部分便利店企业盈利能力不强，经营面临不少困难。特别是外资便利店企业，虽然一直重视中国市场的发展，但是发展仍然迟缓，市场拓展谨慎。

### （一）便利店业态发展主要特点

1. 保持快速发展，向二、三线城市渗透

资料显示，人均 GDP 达到 4000 美元时，便利店业态就进入起步发展阶段。我国便利店发展主要集中在发展较快、富裕程度较高的地区，如长三角、珠三角、北京等地区，并且出现了一批发展质量较好、具有一定门店规模的便利店公司。如上海的好德、可的、快客，以及东莞的美宜佳等，这些企业的门店数量均超过了 1000 家。

外资便利店企业一直把中国作为重要的发展市场，但发展速度相对比较缓慢。发展较快的以全家便利店（FamilyMart）为代表，其在上海及周边地区开设。7－11 便利店，尽管多次宣称其在不同区域的开店计划，但实际效果都不明显。OK 便利店目前也仅限于在广州、深圳发展。

过去的几年，便利店在一线主要城市发展较快。近一两年，便利店的争夺战已经从沿海富裕程度较高的地区向内陆和二三线城市渗透。

2. 店铺发展质量不高，赢利能力不强

在本土品牌快速发展，取得较大规模的背后，是大多数企业发展质量不高，赢利能力不强。整体呈现如下特征：

（1）大而不强。本土品牌的发展优先考虑速度和规模，忽略质量的提升，营运经验和管理能力方面尚未有质的变化。其结果是，整体庞大而单店运营规模和盈利能力较弱。

（2）竞争激烈。一线城市特别是上海市城区便利店的竞争不断加剧，某些地方甚至出现一条街区三家便利店同时经营的状况。

（3）物流和信息系统不完善。与其他业态不同，由于便利店分布广、网店多的特点，物流和网点配货成为连锁便利店经营能否胜出的关键因素之一。组建自己的物流和管理系统，可以及时了解各个单体的供求关系，给予门店经营和配送指导。温控物流更是保证了商品品质，而内资便利店才刚开始组建自己的低温物流；在上海，台湾 7－11 采用低温二配，一日两次送货，极大地保证了生鲜及蔬菜水果的品质，给顾客拥有最新鲜货品的感觉。

（4）营运经验不足。本土品牌注重规模和快速占领市场的模式，加上起步较晚，相关的管理制度和规章等是通过简单模仿和学习复制而来，尚未形成自身比较成型的运营和管理办法，缺乏创新，没有完全从理解消费者角度指导运营。

（5）服务意识不强。与外资相比，本土品牌从业人员的整体服务意识和水平皆有很大差距。以 7 - 11 为例，在日本、我国台湾地区等发展成熟的区域，7 - 11 开展的服务五花八门，大有“只有顾客想不到，没有 7 - 11 做不到”的味道。

相比而言，外资品牌在中国的发展更加注重质量的把控和服务的创新。虽然外资企业也对扩张充满渴望，但由于担心授权运营业务所面临的风险，致使其发展主要采取相对平稳的方式，并且其在人才的选拔和培训方面也投入巨大，以确保单店的竞争优势和整体服务质量的把控。在日本、台湾等便利店业态发展比较成熟的国家和地区，便利店的竞争已经超越店址或营业时间这样的传统竞争要素，而更多集中于如何提升消费者服务上。如，这些区域的便利店中，除一般商品外，顾客还可以买到午餐、夜宵，也可享受到交纳水电费、电话费，复印，租用雨具等多项便利服务。而这样的经营理念和服务通过复制和创新，稳步推进，越来越明显地影响着中国便利店业态的发展和进步。

## （二）便利店企业经营状况

本次调查回收的有效样本数据中，经营便利店业态的连锁企业为 46 家。其中有部分样本企业为多业态经营，即同时经营有大型超市、超市等不同业态。

1. 企业规模情况

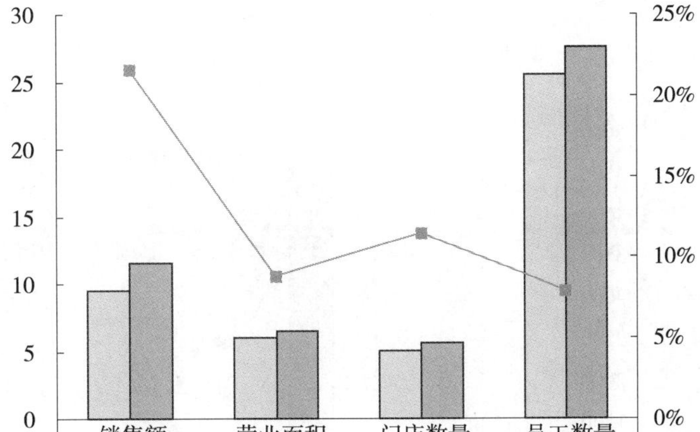


| | 销售额(亿元) | 营业面积(万平方米) | 门店数量（百个） | 员工数量（百人） |
|---|---|---|---|---|
| 2009年 | 9.5 | 6.0 | 5.1 | 25.5 |
| 2010年 | 11.6 | 6.5 | 5.7 | 27.6 |
| 增幅 | 21.6% | 8.8% | 11.5% | 7.9% |

**图 1　便利店样本企业的平均规模**

总体上看，样本企业的销售额增幅比门店数量、营业面积以及员工数量的增幅高出一倍左右，说明企业单店经营明显提升。

2. 人效和平效

调查显示，便利店企业的平均人效与平效增速基本一致。

**表 1　　样本企业的人效和平效**

| 项目 | 人效（万元/人·年） | 平效（万元/平方米·年） |
|---|---|---|
| 2010 年 | 41.9 | 1.8 |
| 2009 年 | 37.2 | 1.6 |
| 增幅 | 12.6% | 11.7% |

3. 单店规模

便利店企业的单店平均规模见表 2。

调查显示，单店销售增加，其中持续经营一年以上的样本企业同店铺销售比增幅达 9.1%。

**表 2　　样本企业的单店规模**

| 项目 | 单店销售额（万元） | 单店面积（平方米） | 单店员工数量（人） |
|---|---|---|---|
| 2010 年 | 204 | 115 | 5 |
| 2009 年 | 187 | 118 | 5 |
| 增幅 | 9.1% | -2.4% | 0% |

4. 成本费用情况

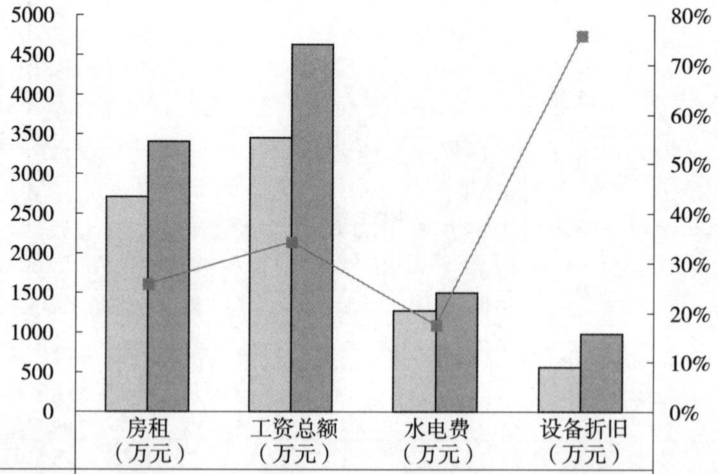


| | 房租（万元） | 工资总额（万元） | 水电费（万元） | 设备折旧（万元） |
|---|---|---|---|---|
| 2009年 | 2702.7 | 3444.9 | 1278.6 | 563.6 |
| 2010年 | 3402.8 | 4630.3 | 1502.8 | 990.5 |
| 增幅 | 25.9% | 34.4% | 17.5% | 75.8% |

**图 2　便利店样本企业的成本费用**

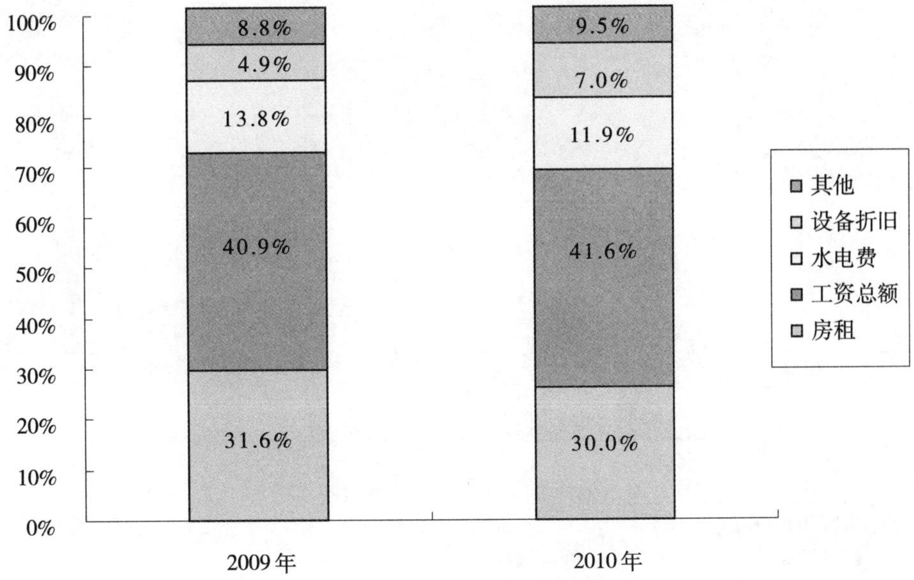


**图3　便利店样本企业的成本费用结构**

图3显示，便利店的第一成本依旧是员工工资，其次为房租。

5. 毛利率

便利店样本企业商品毛利率平均为17.5%，其中内资企业平均毛利率为11.6%，外资企业为23.4%。

## 二、便利店店铺经营基本情况

### （一）样本概述

本次调查回收的有效样本数据中，数据完整且营业一年以上（最早为1992年2月开业，最晚为2009年10月开业）的便利店共16家，本次调研以此为样本进行分析。

16家门店分布情况：中西部7家，东部6家，南部3家。

样本店平均营业面积131平方米（从40平方米到195平方米），最高销售额为上海一家便利店，达到484万元（面积为83平方米），销售额最低的为90万元（面积为60平方米）。

### （二）平均规模

因便利店样本店都为各个公司中经营较好的店铺或旗舰店，单店销售额均较高。样本门店的平均规模如图4所示。

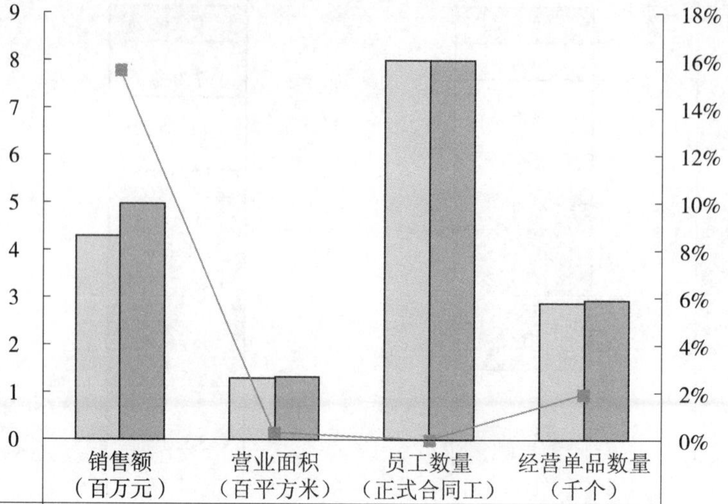


| | 销售额（百万元） | 营业面积（百平方米） | 员工数量（正式合同工） | 经营单品数量（千个） |
|---|---|---|---|---|
| 2009 年 | 4.3 | 1.3 | 8.0 | 2.9 |
| 2010 年 | 5.0 | 1.3 | 8.0 | 3.0 |
| 增幅 | 15.6% | 0.3% | 0.0% | 1.9% |

**图 4　便利店样本店铺的平均规模**

单店平均日销售额为 1.1 万元，样本店的销售同比增长了 15.6%。同时，虽然销售额稳定增长，但员工数量并未增加，平均单店用工为 8 人，说明人工效率稳定提升。经营单品数量增加了 233 个。

## （三）平效和人效

**表 3　　便利店样本店铺的平效和人效**

| 项目 | 平效（万元/平方米・年） | 人效（万元/人・年） | 单品销售额（万元） |
|---|---|---|---|
| 2010 年 | 3.8 | 54.6 | 0.17 |
| 2009 年 | 3.3 | 48.1 | 0.15 |
| 增幅 | 15.2% | 13.5% | 13.3% |

样本店平效及人效的增长均超过 13%，单品销售额提高了 13.3%。

## （四）交易次数和客单价

**表 4　　便利店样本店铺的交易次数和客单价**

| 项目 | 日均交易次数（次/天） | 日均客单价（元/人・天） |
|---|---|---|
| 2010 年 | 937 | 14.5 |
| 2009 年 | 906 | 12.9 |
| 增幅 | 3.4% | 12.4% |

样本门店的平均交易次数增加了3.4%，客单价增加了1.6元，增长了12.4%。

## （五）费用情况

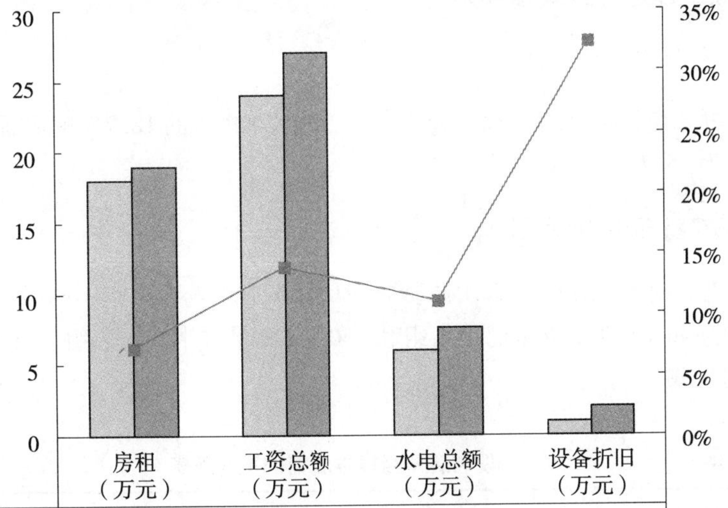


| | 房租（万元） | 工资总额（万元） | 水电总额（万元） | 设备折旧（万元） |
|---|---|---|---|---|
| 2009年 | 17.6 | 24.0 | 5.7 | 1.3 |
| 2010年 | 19.1 | 27.4 | 6.3 | 1.7 |
| 增幅 | 8.6% | 13.9% | 11.0% | 34.0% |

**图5　便利店样本店铺的四项成本费用**

在便利店的各项费用中，员工工资仍然是四项成本费用中占比最高的一项。

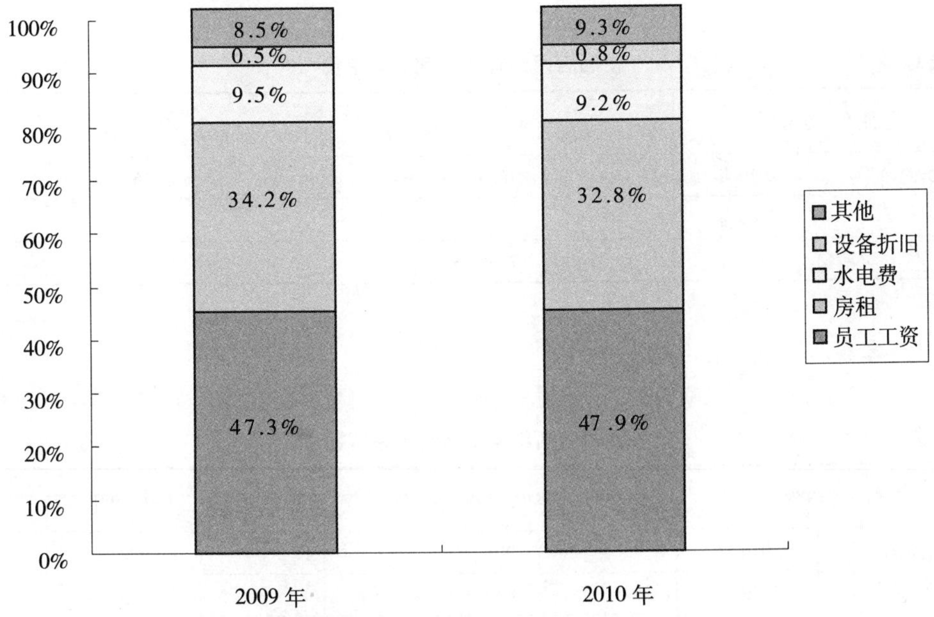


**图6　便利店样本店铺的四项成本费用结构**

### （六）配送水平

便利店样本店铺的平均配送率为89%，比上年降低了2个百分点。有5家店铺实现了100%的统一配送（最低为40%）。

### （七）毛利率

便利店样本店铺的平均毛利率为19.5%，比2009年的18.7%略有提高。其中最高为26%，最低为15.7%。

### （八）不同面积便利店

为便于有针对性地比较，本次调研分别从样本店中选取两组不同面积范围的店铺进行比较，分别为40－149平方米的小店组和150－300平方米的大店组。

1. 平均规模

**表5　　便利店两组样本店铺的平均规模**

| 类别（平方米） | | 40－149 | 150－300 |
|---|---|---|---|
| 销售额（万元） | 2010年 | 359 | 542 |
| | 2009年 | 284 | 504 |
| 增幅 | | 26.7% | 7.5% |

2. 客单价

**表6　　便利店两组样本店铺的客单价**

| 类别（平方米） | | 40－149 | 150－300 |
|---|---|---|---|
| 客单价（元/人·天） | 2010年 | 10.9 | 16.5 |
| | 2009年 | 9.3 | 16.3 |
| 增幅 | | 17.9% | 1.1% |

3. 来客数

**表7　　便利店两组样本店铺的来客数**

| 类别（平方米） | | 40－149 | 150－300 |
|---|---|---|---|
| 来客数（人/天） | 2010年 | 903 | 902 |
| | 2009年 | 840 | 849 |
| 增幅 | | 7.5% | 6.3% |

4. 平均毛利率

便利店两组样本店铺中，小店组为20.1%，大店组为19.1%。

**（中国连锁经营协会）**

# 2010－2011 年度家电专业店经营状况分析报告

## 一、家电连锁企业总体情况

根据《中国连锁零售企业经营状况分析报告（2010－2011）》，本年度苏宁电器集团继续位列“中国连锁百强”榜首，国内两大家电连锁巨头苏宁、国美年营收均超过 1500 亿元。家电连锁企业加快进入三、四级市场的步伐，而更多的国际家电品牌也将触角延伸至中国市场，强化了家电市场的竞争。同时，终端渠道的竞争和电子商务平台的拓展更是家电行业凸显的亮点。

### （一）家电连锁发展的主要特点

1. 终端市场下沉

2010 年，国内两大家电连锁巨头苏宁、国美销售额均超过 1500 亿元。2011 年，家电连锁门店进入三、四线市场的步伐也逐步加快。目前家电连锁对三、四线城市的扩张主要集中在长三角、珠三角等城市化水平较高区域，而只要租金价格合理，机会合适，家电巨头们仍然会选择大举扩张。未来，随着中西部地区城镇化水平的提高和消费市场的发展，中西部地区的家电市场也有望燃起战火。

苏宁借进驻华南 8 周年之际，在原有广州、深圳大区的基础上，宣布新设汕头、中山大区，将触角延伸到三、四线市场。

2. 内外资持续竞争

随着百思买最后四家“善后”门店谢幕，百思买在华全部门店正式关张，这激起中国家电连锁企业对目前市场扩张的一番思考。百思买在中国的水土不服也给已经走出国门的苏宁和其他即将海外发展的企业一些启示。

与此同时，来自欧洲的万德城和来自日本的山田开始在国内拓疆开地，并已陆续开出新的门店。其中万得城在半年多时间已在上海开出 3 家店；作为日本最大的电器销售商，也是世界第二大电器销售连锁店的山田电器，把沈阳作为其登陆中国家电市场的桥头堡，继 2010 年下半年在沈阳开出第一店后，又于 2011 年上半年在天津开出在中国的第二家店。

本土企业的国际化水平也有明显提升。苏宁继成功收购日本 Laox 公司后，已正式宣布将旗下日本 Laox 引入北京、上海等城市，并实行全自营模式。苏宁副董事长孙为民表示，公司将 Laox 引入中国，实施双品牌战略，同时还将扩大 Laox 在日本的布局，为苏宁电器的国际化进一步奠定基础。

3. 厂商争夺终端渠道

出于控制渠道的需要，目前，主要家电厂商都开设了自己的终端零售渠道。格力将相当占比的空调产品通过自己的专卖店以及综合超市卖给消费者；海尔产品的销售渠道更为多元化，百货店和小零售店是其主要的分销力量，同时海尔开设众多的海尔专卖店，在三、四线市场以“日日顺”连锁品牌进行发展。

家电厂商自己开设终端店，相比传统渠道，尽管节约了一部分成本（如给大型家电连锁企业的扣点等），但却支付了大量的门店租金、员工工资以及管理费用等成本。厂商直接进驻零售渠道，除了取得一些制衡力量外，最终获得的效益并不乐观。

4. 网店销售日趋增长

近年来，电子商务销售额每年以近 100% 的速度增长，其中服装、家电、数码类产品的增速尤为明显。

在开展家电电子商务的企业中，传统企业以苏宁和国美为代表，纯粹电子商务企业以京东商城为代表。其中苏宁电器的苏宁易购在 2010 年上市不到一年的时间内，实现销售额 20 亿元，2011 年计划销售额达到 80 亿元。2011 年 6 月 19 日，苏宁电器发布未来 10 年电子商务发展战略计划，提出“到 2020 年苏宁网上销售达 3000 亿元”，占其销售总额近一半。苏宁易购的产品线不仅有 3C 电器，其还将拓展至图书、医疗、户外用品、百货等品类。按其规划，预计 3000 亿元的销售额中，家电网购部分占 50% 的份额，其余均为百货。

在纯粹电子商务企业中，京东商城的融资额最大、销售额最高，除电器和 IT 数码产品外，其大力推动图书、百货，乃至奢侈品的销售。在物流配送方面，京东商城也进行了大量的投入。

5. 家电下乡推动业绩

实施两年多的家电下乡政策，无论是对家电厂商，还是对家电零售商，都起到了积极的促进作用。

2011 年上半年，家电下乡工作的重点是规范流程。5 月 11 日，针对全国多地曝出的骗补现象，财政部联合商务部、工业和信息化部印发了《家电下乡政策执行监管及违约处理办法》，进一步强化了家电下乡工作中的监管职责和违规行为处理，促进了家电下乡工作的顺利实施。

需要家电企业关注的是，如果家电下乡补贴政策终止，三、四线市场的家电销售规模将会出现明显的下滑，家电企业应及早考虑相关对策。

### （二）家电企业经营状况

本次调查回收的有效样本数据中，家电连锁企业为 21 家，共经营有 5298 家门店。

1. 企业规模情况

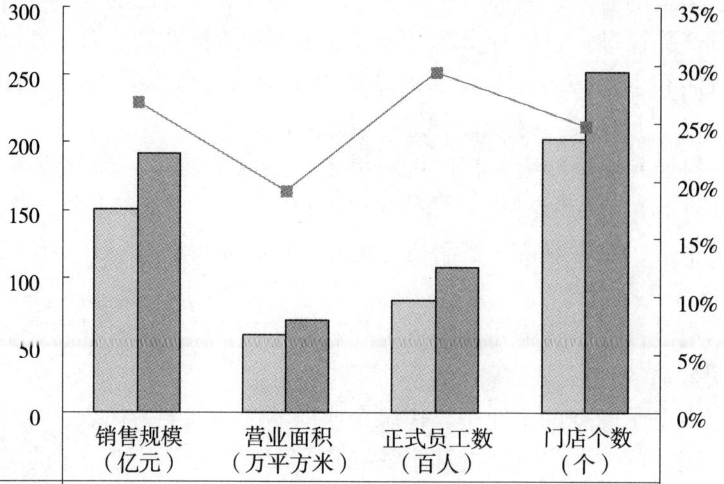


| | 销售规模（亿元） | 营业面积（万平方米） | 正式员工数（百人） | 门店个数（个） |
|---|---|---|---|---|
| 2009年 | 150.7 | 57.4 | 83.4 | 202.0 |
| 2010年 | 191.1 | 68.5 | 107.9 | 252.0 |
| 增幅 | 26.8% | 19.2% | 29.4% | 24.8% |

**图 1　家电样本企业平均规模**

数据显示，销售规模增长的同时，营业面积、员工数量和门店数量均以相近比例正向增加，企业扩张时效没有相应的变化。

2. 人效和平效

表 1 显示，家电样本门店的平效有小幅提升，但人效较上年有所下降。其中的原因，可能与家电企业简单、低效的扩张方式关联。

**表 1　家电样本企业的人效和平效**

| 年份 | 平效（万元/平方米·年） | 人效（万元/人·年） |
|---|---|---|
| 2010 年 | 2.8 | 177.1 |
| 2009 年 | 2.6 | 180.6 |
| 增幅 | 6.4% | -1.9% |

3. 单店规模

家电连锁企业单店平均销售额略有提升，平均面积下降了 4.5%，而员工数量也相应增加了 4.8%。

**表 2　家电样本企业的单店规模**

| 年份 | 店均销售额（万元） | 店均面积（万平方米） | 店均员工数量（人） |
|---|---|---|---|
| 2010 年 | 7573 | 2714 | 43 |
| 2009 年 | 7453 | 2842 | 41 |
| 增幅 | 1.6% | -4.5% | 4.8% |

4. 成本费用情况

房租连续两年成为家电连锁企业的第一成本，其次为员工工资。

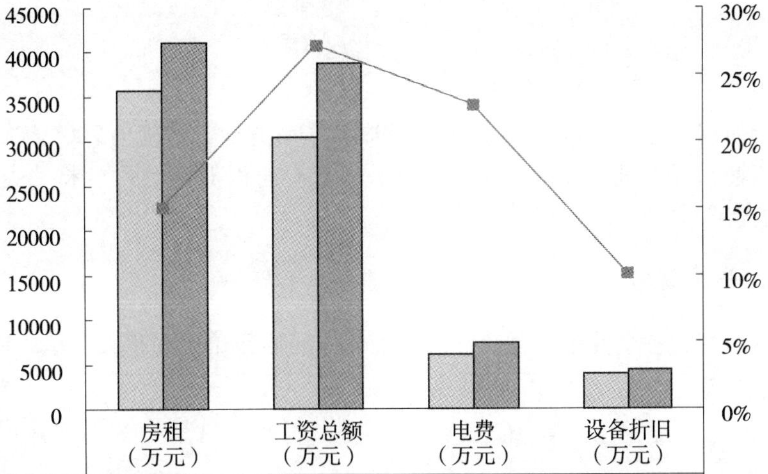


| | 房租（万元） | 工资总额（万元） | 电费（万元） | 设备折旧（万元） |
|---|---|---|---|---|
| 2009 年 | 35668.8 | 30469.8 | 6069.0 | 3952.7 |
| 2010 年 | 41057.5 | 38743.7 | 7448.1 | 4352.6 |
| 增幅 | 15.1% | 27.2 | 22.7% | 10.1% |

**图 2　家电样本企业的成本费用**

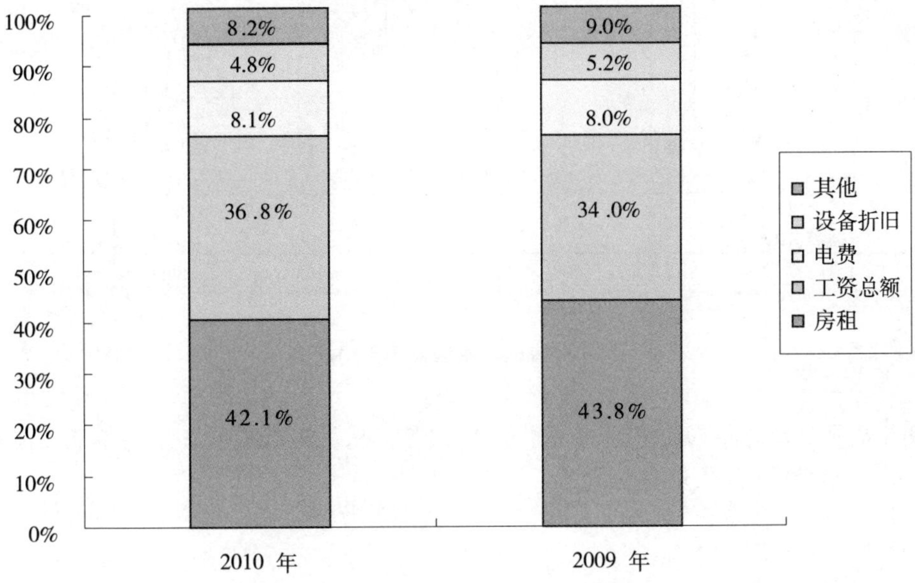


**图 3　家电样本企业的成本费用结构**

5. 毛利率

样本企业商品毛利率平均为 15%（上年度为 16. 5%），最高为 18. 2%。

## 二、家电连锁店铺经营基本情况

### （一）样本概述

本次调研以营业一年以上（最早为1998年4月开业，最晚为2005年6月开业）且数据完整的店铺为样本进行分析。样本店铺平均营业面积10801平方米（从2600平方米到50000平方米）。

### （二）平均规模

因样本店都为各企业中经营较好的店铺或旗舰店，单店面积大，单店销售额均较高。

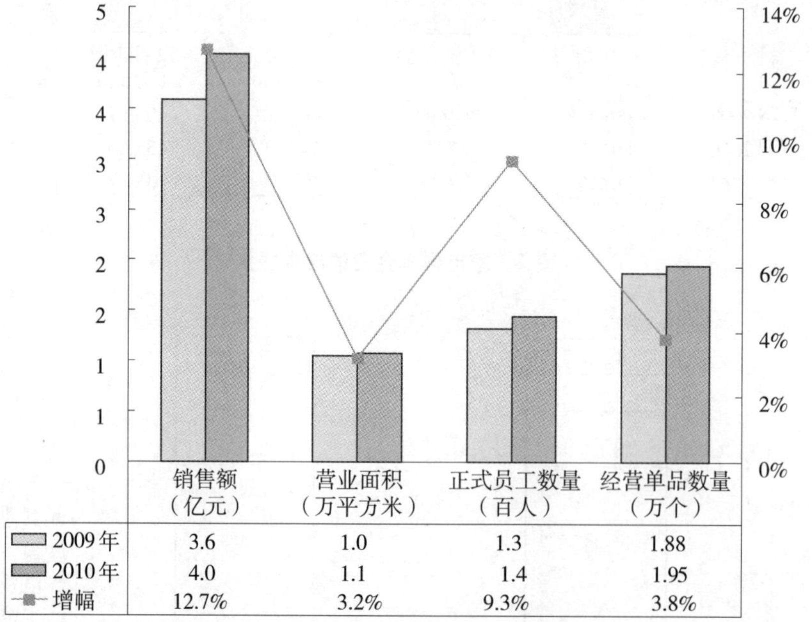


**图4　家电样本店铺的平均规模**

图4显示，单店年均销售额同比增加近13%；从员工数量看，平均单店用工数量增加9.3%；从经营单品数量看，增加了709个单品。

### （三）平效和人效

样本店的平效和单品销售额增幅均高于人效增幅。

表 3　　家电样本店铺的平效和人效

| 项目 | 平效（万元/平方米·年） | 人效（万元/人·年） | 单品销售额（万元） |
|---|---|---|---|
| 2010 年 | 3.7 | 183.2 | 2.1 |
| 2009 年 | 3.4 | 175.8 | 1.9 |
| 增幅 | 9.2% | 4.2% | 8.6% |

## （四）交易次数和客单价

样本门店的平均交易次数增加了 7%，客单价增长了 5.3%。

表 4　　家电样本店铺的交易次数和客单价

| 项目 | 日均交易次数（次/天） | 日均客单价（元/人·天） |
|---|---|---|
| 2010 年 | 511 | 2162.6 |
| 2009 年 | 477 | 2054 |
| 增幅 | 7.0% | 5.3% |

## （五）费用情况

在样本店铺的各项费用中，房租为占比最高的一项，其次为员工工资。

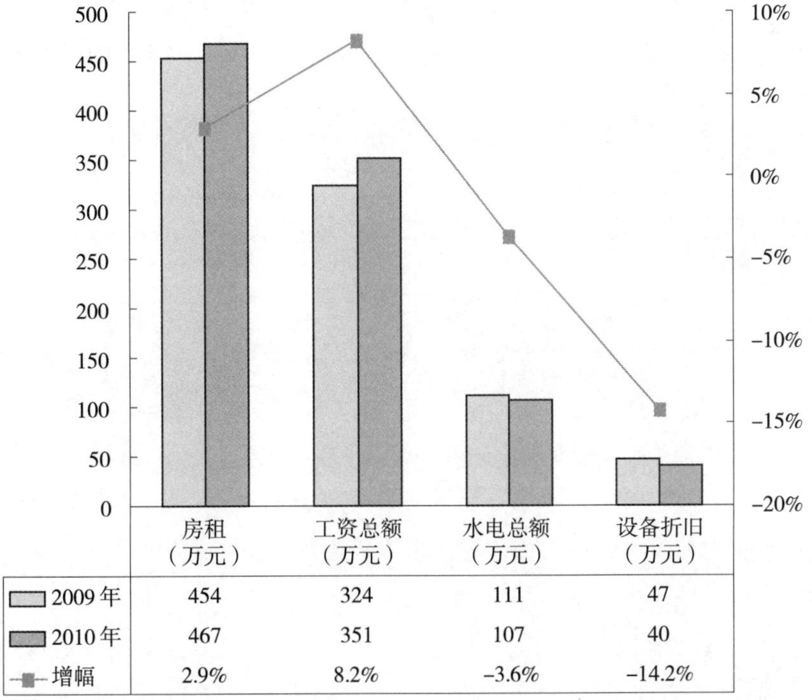


图 5　家电样本店铺的四项成本费用

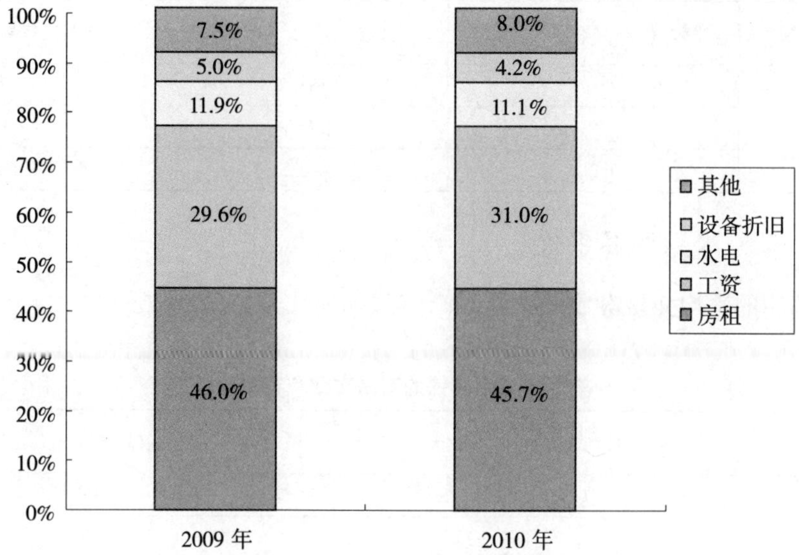


**图 6　家电样本店铺的四项成本费结构**

## （六）毛利率

样本店铺的平均毛利率为 9.4%，比上年度略有增加，其中最高为 18.6%。

**（中国连锁经营协会）**

# 2010－2011年度家医药零售行业经营状况分析报告

## 一、医药连锁企业总体情况

2011年5月，国家商务部发布了《全国药品流通行业发展规划纲要（2011－2015年)》(简称“《纲要》”)，鼓励在“十二五”期间提高行业集中度和连锁化率，这让连锁药店从业者看到了新的政策曙光。事实上，连锁药店的发展也的确迎来了新的机遇。经过10多年的发展，连锁药店已经走上品牌化、区域化的发展道路，多年前的行业乱象正在逐渐消失，而如今人们因为食品安全问题重新审视健康的时候，连锁药店又迎来了它发展的机遇。

根据《中国连锁零售企业经营状况分析报告（2010－2011)》，就行业总体发展而言，医药连锁企业销售额以近15%的增幅继续较快成长，而部分相对成熟的企业，已开始探寻新的发展模式，加快引进资本，开拓特许加盟业务，这同时也带来诸如资本运营、加盟体系管控与指导等诸多方面的挑战。

### （一）医药连锁发展的主要特点

#### 1. 药店商品经营多元化

目前，零售药店与医院药房在市场竞争中，处于明显的竞争弱势。处方药销售占药品销售的较大份额，医院主导着80%的处方药销售。医院处方难以外流，零售药店只能望“药”兴叹。

为了提高销售额，并充分利用消费者手中的社保卡，零售药店被迫进行产品结构调整，谋求多元化转型。由此，药店的货架上越来越多地出现非药品，零售药店俨然变成“可以售药的便利店”。一些超市可以买到的东西，药店也已经出现，并以地理位置优势方便民众采购。其实，有些日常生活用品悄然出现在药店并非新奇了。在欧美等国，非药品占零售药店销售额的比重更大。但是在我国药店行业，这种改变是无奈之举。

#### 2. “抱团取暖”促发展

面对政策的影响，众多单体药店的生存显得更加困难，抱团自然成为一种抗风险的方式。2009年，由单体药店或者小型连锁药店组成的众多药店联盟出现井喷之势。国家食品药品监督管理局曾公布数据显示，中国的药店数量达38万家，其中单体店占57%，但只占药品零售额的21%。基本药物零差率、小区卫生机构增多等所有这些冲击，对零售终端来说都是一种危机。而药店联盟顺应新医改的时势，是一种增强抗风险能力和盈利能力的新一代药店模式。

3. 以创新和特色服务求突破

药品零售市场经过多年的竞争和发展，价格已不再是竞争的关键点，营销手段也难有突破之处。药店要想在新医改的风暴中立稳脚跟，靠的必然是综合实力的提升。这其中，最为关键的是服务。

湖南老百姓大药房推出了药师俱乐部、药师竞赛；免费吸氧、测血糖血压；免费打粉、切片、中药煎煮；赠送健康刊物以及开展健康讲座等增值服务，通过诸多人性化的延伸服务达到“留客”的目的。

海王星辰推出的“药店 + 小超市”、“药店 + 化妆店”等模式，已在大连成功转型了 2 家便利店。

4. 引入资本提升发展速度和水平

当下的中国药品零售行业资本力量涌动，并购重组加速，终端变局如荼。资本的进入，对连锁药店有以下影响：

一是，加速提高连锁药店行业集中度。零售行业是资金密集型行业，无论开直营店还是收购控股其他药店，都需要大量资金，对流动资金和固定资产投入都要求较高。因此，资本的介入可快速提升连锁药店在全国的发展。

二是，有利于提高经营管理水平。比如引进人才，引入最先进的零售管理系统，包括软件系列，像品类管理等分析软件等。

三是，益于建立自有品牌。自有品牌产品的规划引进是个系统工程，需雄厚资金的支持。

四是，利于建立配送系统。没有统一配送，就无法统一管理。

## （二）医药连锁企业经营状况

本次调查回收的有效样本数据中，医药连锁企业为 14 家，共经营有 12123 家门店。

1. 样本企业规模情况

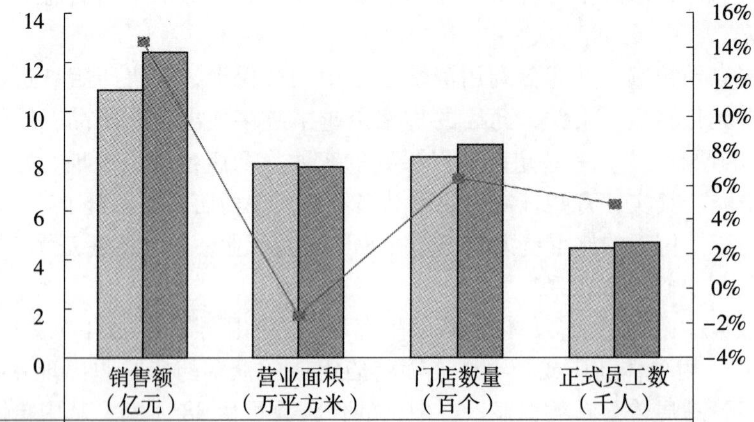


| | 销售额（亿元） | 营业面积（万平方米） | 门店数量（百个） | 正式员工数（千人） |
|---|---|---|---|---|
| 2009 年 | 10.9 | 7.9 | 8.1 | 4.4 |
| 2010 年 | 12.4 | 7.7 | 8.7 | 4.7 |
| 增幅 | 14.41% | –1.52% | 6.44% | 4.90% |

**图 1　医药连锁样本企业平均规模情况**

总体上看，在营业面积减少的情况下，医药连锁企业的销售额增幅仍高于门店数量和员工人数的增幅，说明企业盈利较快增强。

2. 人效和平效

**表 1　　医药连锁样本企业的人效和平效**

| 项目 | 人效（万元/人·年） | 平效（万元/平方米·年） |
|---|---|---|
| 2010 年 | 26.7 | 1.6 |
| 2009 年 | 24.5 | 1.4 |
| 增幅 | 9.1% | 16.2% |

调查显示，医药连锁企业总体人效增幅低于平效增幅，平效有较大幅度提升，这与其他业态情况明显不同。

3. 单店规模

企业的单店销售有所提高，单店平均面积减少较大，而单店员工数量没有变化。

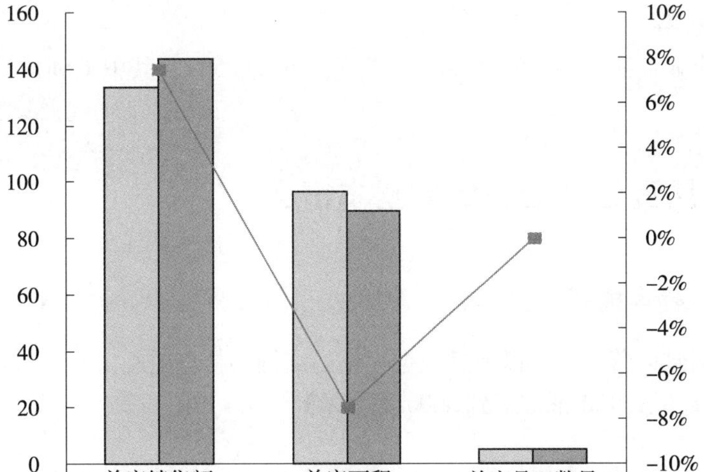


| | 单店销售额（万元） | 单店面积（平方米） | 单店员工数量（人） |
|---|---|---|---|
| 2009 年 | 133.4 | 96.7 | 5.0 |
| 2010 年 | 143.4 | 89.5 | 5.0 |
| 增幅 | 7.49% | –7.48% | 0% |

**图 2　医药连锁样本企业的单店规模**

4. 成本费用情况

员工工资是医药连锁企业的第一成本，其次为房租。

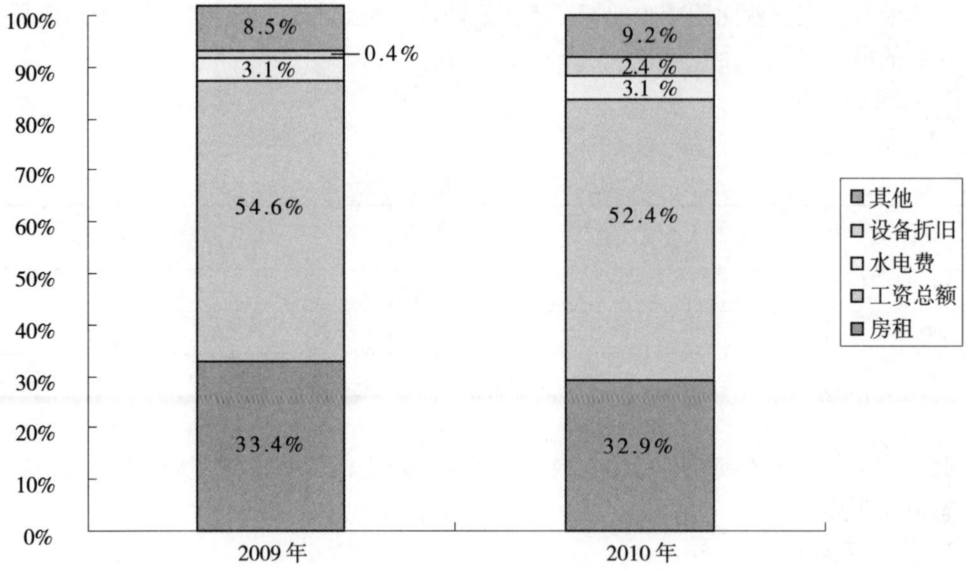


**图 3　医药连锁样本企业的四项成本费用结构**

5. 毛利率

样本企业商品平均毛利率 28%，高于上年的 25%，其中毛利最高的是 36.4%，最低的为 17%。

## 二、医药连锁店铺经营基本情况

### （一）样本概述

本次调研以营业一年以上且数据完整的店铺为样本进行分析，样本店铺平均营业面积 2102 平方米（从 400 平方米到 5000 平方米）。

### （二）平均规模

因样本店铺均为各企业中经营较好的店铺或旗舰店，故单店销售额均较高，在行业中处于较好水平。

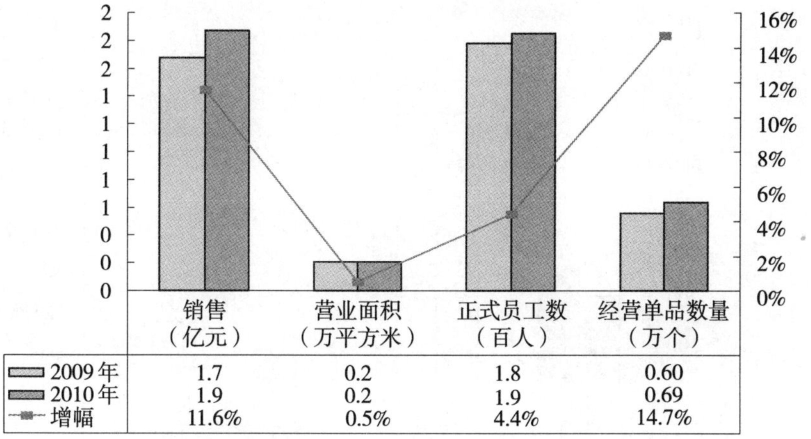


**图4 医药连锁样本店铺的平均规模**

调查显示，单店日均销售额为51.2万元，销售同比增长了11.6%。

从员工数量看，单店销售提升带来平均单店用工数量的小幅增加，这意味着两种可能：一是员工效率大大提升，二是增加了更多的计时员工或者厂家促销员。

从经营的单品数量看，连锁药店经营的商品品类不断丰富，近两年明显增加了部分快消品以及粮油类商品，这与年初走访时了解到的情况基本一致。从调查统计数字看出，2010年比2009年增加了819个单品。

## （三）平效和人效

样本店的平效及人效均有提高，单品销售额呈负增长。

**表2　样本店铺的平效和人效**

| 项目 | 平效（万元/平方米·年） | 人效（万元/人·年） | 单品销售额（万元） |
|---|---|---|---|
| 2010年 | 8.9 | 99.7 | 2.9 |
| 2009年 | 8.0 | 93.0 | 3.0 |
| 增幅 | 11.1% | 7.3% | -2.7% |

## （四）费用情况

在样本店铺的各项费用中，员工工资继续成为占比最高的一项，其次为房租和水电费。但是房租的增幅非常可观，达到53%。

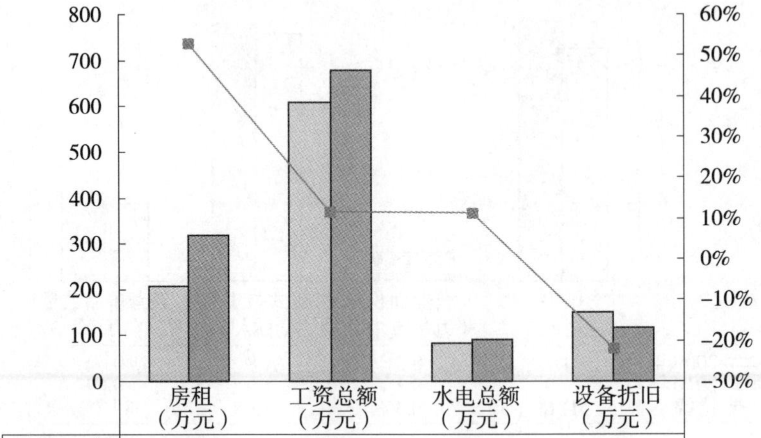


| | 房租（万元） | 工资总额（万元） | 水电总额（万元） | 设备折旧（万元） |
|---|---|---|---|---|
| 2009年 | 208 | 608 | 82 | 150 |
| 2010年 | 318 | 679 | 91 | 117 |
| 增幅 | 53.0% | 11.6% | 11.3% | -21.7% |

**图 5　医药连锁样本店铺的四项成本**

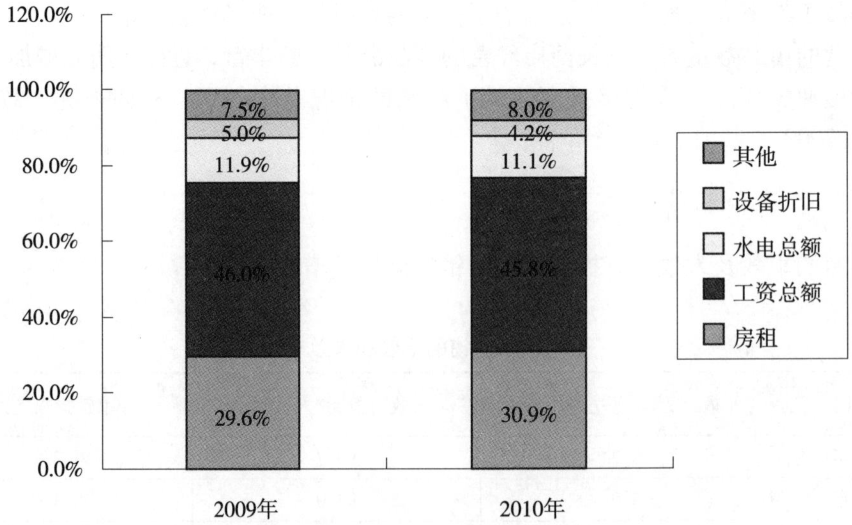


**图 6　医药连锁样本店铺的四项成本结构**

## （五）毛利率

样本店铺的平均毛利率为 18.2%，比 2009 年的 19.6% 有所下降，其中最高为 27.5%，最低仅为 6.7%。

**（中国连锁经营协会）**

# 2010年上市零售企业经营状况分析

根据2010年度上市企业年报数据，中国连锁经营协会（CCFA）与毕马威华振会计师事务所（KPMG）合作，把在A股、H股及纽约证券交易所上市的主要连锁零售上市公司（共55家）作为样本进行调研，并对其经营情况进行了汇总分析，形成了营业收入、毛利率、净利润三个排名表格（见表1、2、3）。

55家连锁零售上市公司中，A股上市公司39家（代码为6位数字），H股上市公司15家（代码为5位数字），纽约证券交易所上市公司1家（代码为英文字母）。但是，2010年当年上市的零售企业没有纳入统计。

调研数据显示，2010年样本企业营业收入总额达4659.2亿元，增幅为20.05%；平均毛利率为18.33%，与上年相差不大；而净利为4.32%，较上年增长35.49%。

## 一、营业收入

从财务口径上看，营业收入与企业所实现的销售总额有一定的区别。

从不同行业营业收入的特征看，家电专业店最高，百货店和超市次之，其他专业店较低。

与2009年相比，2010年绝大部分零售企业的营业收入呈现增长态势。55家样本零售企业的加权平均增长率达到20.05%，超过2010年社会消费品零售总额18.4%的增长率。其中，仅有2家零售企业的营业收入比上年减少，占比为4%。

营业收入增幅最大的是吉峰农机，达到127.76%。主要原因是，2010年中央加大了农机产品购机补贴的力度，企业进行了一系列的并购、整合、联合重组，多重作用形成了显著效果。而减幅最大的企业是上海九百，为-15.19%。

**表1　　上市的主要连锁零售企业营业收入表**

| 序号 | 股票代码 | 企业名称 | 营业收入（千元） | 增幅（%） |
|---|---|---|---|---|
| 1 | 002024 | 苏宁电器 | 75504739.00 | 29.51 |
| 2 | 00493 | 国美电器 | 50910145.00 | 19.32 |
| 3 | 600827 | 友谊股份 | 31052422.03 | 6.39 |
| 4 | 00980 | 联华超市 | 25887432.00 | 7.78 |
| 5 | 600694 | 大商股份 | 24343456.92 | 15.03 |
| 6 | 600729 | 重庆百货 | 21212744.88 | 19.05 |
| 7 | 600859 | 王府井 | 13946229.86 | 25.66 |

续表

| 序号 | 股票代码 | 企业名称 | 营业收入（千元） | 增幅（%） |
|---|---|---|---|---|
| 8 | 600631 | 百联股份 | 12843959.23 | 22.80 |
| 9 | 08277 | 物美商业 | 12571524.00 | 19.60 |
| 10 | 601933 | 永辉超市 | 12316503.74 | 45.33 |
| 11 | 000759 | 武汉中百 | 11872449.80 | 17.60 |
| 12 | 000501 | 鄂武商 | 10537035.50 | 32.75 |
| 13 | 600361 | 华联综超 | 10338816.39 | 11.68 |
| 14 | 002419 | 天虹商场 | 10174361.41 | 26.28 |
| 15 | 002336 | 人人乐 | 10040500.66 | 14.53 |
| 16 | 00121 | 卜蜂莲花 | 9374500.00 | 6.73 |
| 17 | 600858 | 银座股份 | 8794677.13 | 38.29 |
| 18 | 00814 | 北京京客隆 | 7438729.00 | 11.17 |
| 19 | 000417 | 合肥百货 | 7061699.44 | 19.99 |
| 20 | 002251 | 步步高 | 6770265.93 | 18.25 |
| 21 | 002187 | 广百股份 | 5824849.06 | 25.78 |
| 22 | 00984 | 永旺 | 5286414.60 | 1.72 |
| 23 | 600697 | 欧亚集团 | 5227949.16 | 33.58 |
| 24 | 600280 | 南京中商 | 4937824.39 | 17.31 |
| 25 | 601116 | 三江购物 | 4823680.38 | 8.27 |
| 26 | 002264 | 新华都 | 4364191.48 | 40.95 |
| 27 | 600785 | 新华百货 | 3985043.39 | 23.16 |
| 28 | 03368 | 百盛集团 | 3819375.00 | 10.35 |
| 29 | 000785 | 武汉中商 | 3703798.80 | 10.12 |
| 30 | 300022 | 吉峰农机 | 3651894.74 | 127.76 |
| 31 | 000679 | 大连友谊 | 3625877.04 | 15.24 |
| 32 | 000987 | 广州友谊 | 3585740.17 | 21.17 |
| 33 | 002277 | 友阿股份 | 3563460.63 | 29.74 |
| 34 | 000419 | 通程控股 | 3255743.97 | 36.96 |
| 35 | 600723 | 西单商场 | 2992858.21 | 20.41 |
| 36 | 03308 | 金鹰商贸 | 2450358.00 | 32.45 |
| 37 | NPD. N | 海王星辰 | 2356604.00 | 6.27 |
| 38 | 000564 | 西安民生 | 2342985.57 | 7.63 |
| 39 | 01833 | 银泰百货 | 2288753.00 | 45.59 |
| 40 | 002561 | 徐家汇 | 2044716.88 | 10.01 |
| 41 | 600814 | 杭州解百 | 1983421.99 | 16.12 |
| 42 | 600693 | 东百集团 | 1892403.59 | 21.36 |

续表

| 序号 | 股票代码 | 企业名称 | 营业收入（千元） | 增幅（%） |
|---|---|---|---|---|
| 43 | 00825 | 新世界百货中国 | 1877025.04 | 16.66 |
| 44 | 600861 | 北京城乡 | 1789806.55 | 9.34 |
| 45 | 01280 | 汇银家电 | 1784450.00 | 43.00 |
| 46 | 600828 | 成商集团 | 1710665.22 | -0.67 |
| 47 | 600682 | 南京新百 | 1539687.31 | 9.27 |
| 48 | 002462 | 嘉事堂 | 1341671.13 | 18.36 |
| 49 | 00312 | 岁宝百货 | 1279619.00 | 11.46 |
| 50 | 00331 | 春天百货 | 1084365.00 | 16.97 |
| 51 | 00602 | 佳华百货控股 | 849265.00 | 3.65 |
| 52 | 600774 | 汉商集团 | 738459.19 | 18.39 |
| 53 | 000882 | 华联股份 | 584018.20 | 36.04 |
| 54 | 00837 | 谭木匠 | 189418.00 | 35.50 |
| 55 | 600838 | 上海九百 | 150507.66 | -15.19 |
| 合计 | | | 465919093.26 | 20.05 |

## 二、毛利率

从不同行业毛利率的特征看，专业店的毛利率较高（家电行业除外），百货店次之，超市和家电专业店最低。

与2009年相比，2010年大部分零售企业的毛利率增幅变化不大。其中，毛利率在-1%～1%之间的零售企业有31家，占65%。本次调研选取的48家（提供有效数据的）零售企业的毛利率加权平均增幅为0.52个百分点。毛利率下降的零售企业有17家，占比为35%。

毛利率增幅最大的是大连友谊，达到10.62%，这与企业在其他业务方面的增长紧密相关。而减幅最大的是南京新百，毛利率为-3.38%。

**表2　　上市的主要连锁零售企业毛利率表**

| 序号 | 股票代码 | 企业名称 | 毛利率（%） | 增幅（百分点） | 注 |
|---|---|---|---|---|---|
| 1 | 00837 | 谭木匠 | 63.45 | 2.41 | |
| 2 | NPD. N | 海王星辰 | 49.39 | 0.95 | |
| 3 | 000679 | 大连友谊 | 37.73 | 10.62 | |
| 4 | 000882 | 华联股份 | 34.61 | 8.16 | |
| 5 | 600838 | 上海九百 | 34.31 | 1.20 | |
| 6 | 002561 | 徐家汇 | 28.55 | 0.18 | |

续表

| 序号 | 股票代码 | 企业名称 | 毛利率（%） | 增幅（百分点） | 注 |
|---|---|---|---|---|---|
| 7 | 600774 | 汉商集团 | 28.50 | -2.14 | |
| 8 | 600631 | 百联股份 | 25.21 | -0.87 | |
| 9 | 600682 | 南京新百 | 23.33 | -3.38 | |
| 10 | 600828 | 成商集团 | 23.03 | 2.09 | |
| 11 | 002419 | 天虹商场 | 23.02 | 0.06 | |
| 12 | 000564 | 西安民生 | 22.36 | 1.21 | |
| 13 | 600693 | 东百集团 | 22.12 | 0.56 | |
| 14 | 000419 | 通程控股 | 22.05 | 0.49 | |
| 15 | 600827 | 友谊股份 | 21.89 | 0.81 | |
| 16 | 000987 | 广州友谊 | 21.84 | -0.79 | |
| 17 | 600723 | 西单商场 | 21.71 | -0.60 | |
| 18 | 600861 | 北京城乡 | 21.26 | 0.17 | |
| 19 | 600280 | 南京中商 | 21.05 | 0.97 | |
| 20 | 002336 | 人人乐 | 20.81 | 0.01 | |
| 21 | 002251 | 步步高 | 20.48 | 0.87 | |
| 22 | 002264 | 新华都 | 20.07 | 1.14 | |
| 23 | 000501 | 鄂武商 | 19.87 | -0.29 | |
| 24 | 08277 | 物美商业 | 19.66 | 0.97 | * * |
| 25 | 002187 | 广百股份 | 19.65 | -1.09 | |
| 26 | 000785 | 武汉中商 | 19.44 | 1.51 | |
| 27 | 600785 | 新华百货 | 19.32 | 0.60 | |
| 28 | 600814 | 杭州解百 | 19.15 | -0.21 | |
| 29 | 601933 | 永辉超市 | 19.12 | 1.22 | |
| 30 | 000759 | 武汉中百 | 19.02 | 0.88 | |
| 31 | 600361 | 华联综超 | 18.99 | -0.36 | |
| 32 | 600694 | 大商股份 | 18.94 | 0.43 | |
| 33 | 002277 | 友阿股份 | 18.67 | -0.70 | |
| 34 | 00121 | 卜蜂莲花 | 18.49 | -0.25 | |
| 35 | 600859 | 王府井 | 18.20 | -0.47 | |
| 36 | 600858 | 银座股份 | 18.19 | -0.38 | |
| 37 | 01280 | 汇银家电 | 17.96 | 1.44 | |
| 38 | 002024 | 苏宁电器 | 17.83 | 0.48 | |
| 39 | 601116 | 三江购物 | 17.14 | 0.70 | |
| 40 | 000417 | 合肥百货 | 16.66 | 0.15 | |
| 41 | 00602 | 佳华百货控股 | 15.53 | -1.54 | * * |

续表

| 序号 | 股票代码 | 企业名称 | 毛利率（%） | 增幅（百分点） | 注 |
|---|---|---|---|---|---|
| 42 | 600729 | 重庆百货 | 14.90 | 0.29 | |
| 43 | 600697 | 欧亚集团 | 14.85 | -1.36 | |
| 44 | 00814 | 北京京客隆 | 14.00 | 0.07 | |
| 45 | 00980 | 联华超市 | 13.95 | 0.89 | |
| 46 | 002462 | 嘉事堂 | 12.68 | -0.81 | |
| 47 | 300022 | 吉峰农机 | 12.45 | -1.18 | |
| 48 | 00493 | 国美电器 | 11.63 | 1.64 | |
| 49 | 00312 | 岁宝百货 | * | * | |
| 50 | 00984 | 永旺 | * | * | |
| 51 | 00331 | 春天百货 | * | * | |
| 52 | 00825 | 新世界百货中国 | * | * | |
| 53 | 03368 | 百盛集团 | * | * | |
| 54 | 01833 | 银泰百货 | * | * | |
| 55 | 03308 | 金鹰商贸 | * | * | |
| 合计 | | | 18.33 | 0.52 | |

## （三）净利润

从不同行业净利润的特征看，家电专业店最高，百货店、超市和其他专业店次之。

与2009年相比，2010年大部分零售企业的净利润呈现增长态势。其中，55家样本零售企业净利润平均增幅达到35.49%；净利率在5%以内的企业有34家，占62%；全部样本的平均净利率为4.32%。而净利润下降的企业仅有7家，占13%。另有3家零售企业在2010年扭亏为盈。

净利润增幅最大的是金鹰商贸，达到282.29%。主要原因是，该企业在营业利润增长的同时，所发行的可转债已于2009年全部转换完毕，2010年已无相关成本费用。而减幅最大的是海王星辰，净利润减少了88.21%。

**表3　　上市的主要连锁零售企业净利润表**

| 序号 | 股票代码 | 企业名称 | 净利润（千元） | 增幅（%） | 净利率（%） |
|---|---|---|---|---|---|
| 1 | 002024 | 苏宁电器 | 4105508.00 | 37.38 | 5.44 |
| 2 | 00493 | 国美电器 | 1961654.00 | 37.54 | 3.85 |
| 3 | 03368 | 百盛集团 | 1023657.00 | 9.21 | 26.80 |
| 4 | 03308 | 金鹰商贸 | 959202.00 | 282.29 | 39.15 |
| 5 | 600827 | 友谊股份 | 829188.13 | 35.35 | 2.67 |
| 6 | 600631 | 百联股份 | 784813.10 | 51.44 | 6.11 |

续表

| 序号 | 股票代码 | 企业名称 | 净利润（千元） | 增幅（%） | 净利率（%） |
|---|---|---|---|---|---|
| 7 | 00980 | 联华超市 | 710599.00 | 20.57 | 2.74 |
| 8 | 01833 | 银泰百货 | 701339.00 | 56.07 | 30.64 |
| 9 | 08277 | 物美商业 | 559537.00 | 13.88 | 4.45 |
| 10 | 600729 | 重庆百货 | 530014.13 | 17.83 | 2.50 |
| 11 | 00825 | 新世界百货中国 | 519537.27 | 5.15 | 27.68 |
| 12 | 002419 | 天虹商场 | 484998.75 | 36.25 | 4.77 |
| 13 | 600859 | 王府井 | 438304.16 | 4.40 | 3.14 |
| 14 | 000501 | 鄂武商 | 377906.95 | 18.98 | 3.59 |
| 15 | 000679 | 大连友谊 | 367862.70 | 59.51 | 10.15 |
| 16 | 000417 | 合肥百货 | 367132.94 | 27.17 | 5.20 |
| 17 | 00331 | 春天百货 | 354327.00 | 33.52 | 32.68 |
| 18 | 00121 | 卜蜂莲花 | 349322.00 | -248.19 | 3.73 |
| 19 | 000987 | 广州友谊 | 327164.70 | 14.74 | 9.12 |
| 20 | 601933 | 永辉超市 | 305083.53 | 18.77 | 2.48 |
| 21 | 00984 | 永旺 | 277051.57 | 61.09 | 5.24 |
| 22 | 000759 | 武汉中百 | 250331.72 | 17.03 | 2.11 |
| 23 | 002561 | 徐家汇 | 238606.57 | 9.26 | 11.67 |
| 24 | 600785 | 新华百货 | 238107.04 | 12.35 | 5.98 |
| 25 | 002336 | 人人乐 | 237010.57 | 3.22 | 2.36 |
| 26 | 00814 | 北京京客隆 | 228501.00 | 21.21 | 3.07 |
| 27 | 002277 | 友阿股份 | 219751.91 | 45.57 | 6.17 |
| 28 | 00312 | 岁宝百货 | 200082.00 | 42.61 | 15.64 |
| 29 | 002187 | 广百股份 | 174125.27 | 4.78 | 2.99 |
| 30 | 002251 | 步步高 | 170888.87 | 2.95 | 2.52 |
| 31 | 600697 | 欧亚集团 | 165970.42 | 16.46 | 3.17 |
| 32 | 600828 | 成商集团 | 136958.58 | 9.26 | 8.01 |
| 33 | 601116 | 三江购物 | 131411.25 | 8.18 | 2.72 |
| 34 | 600858 | 银座股份 | 122143.90 | -31.55 | 1.39 |
| 35 | 000419 | 通程控股 | 103480.65 | 92.03 | 3.18 |
| 36 | 600694 | 大商股份 | 103114.01 | -213.57 | 0.42 |
| 37 | 600693 | 东百集团 | 100873.78 | 21.62 | 5.33 |
| 38 | 01280 | 汇银家电 | 94028.00 | 1.51 | 5.27 |
| 39 | 300022 | 吉峰农机 | 90917.90 | 58.65 | 2.49 |
| 40 | 600861 | 北京城乡 | 78326.21 | -13.39 | 4.38 |
| 41 | 000785 | 武汉中商 | 77281.32 | 43.49 | 2.09 |

续表

| 序号 | 股票代码 | 企业名称 | 净利润（千元） | 增幅（%） | 净利率（%） |
|---|---|---|---|---|---|
| 42 | 600682 | 南京新百 | 72511.74 | -18.23 | 4.71 |
| 43 | 600814 | 杭州解百 | 66756.48 | 6.51 | 3.37 |
| 44 | 00837 | 谭木匠 | 66124.00 | 43.99 | 34.91 |
| 45 | 002264 | 新华都 | 64652.18 | 11.74 | 1.48 |
| 46 | 000564 | 西安民生 | 59388.70 | 18.01 | 2.53 |
| 47 | 600361 | 华联综超 | 54997.30 | -9.51 | 0.53 |
| 48 | 000882 | 华联股份 | 49300.33 | -34.20 | 8.44 |
| 49 | 002462 | 嘉事堂 | 48943.54 | 15.05 | 3.65 |
| 50 | 600723 | 西单商场 | 47078.25 | 32.79 | 1.57 |
| 51 | 600280 | 南京中商 | 46224.84 | -3.15 | 0.94 |
| 52 | 600838 | 上海九百 | 28792.37 | 122.55 | 19.13 |
| 53 | NPD. N | 海王星辰 | 16508.00 | -88.21 | 0.70 |
| 54 | 00602 | 佳华百货控股 | 11494.00 | -154.37 | 1.35 |
| 55 | 600774 | 汉商集团 | 7320.02 | 37.91 | 0.99 |
| 合 计 | | | 20136205.64 | 35.49 | 4.32 |

注：净利率＝净利润/营业收入，其中“净利润”和“营业收入”均摘自企业年报数据。

**说明：**

1. 所有数据均来源于上市公司年报，并以人民币（千元）列示。

2. H股上市公司中，永旺及新世界百货的年报以港币列示，其人民币数据以当年平均汇率折算获得。

3. 由于新世界百货中国的年报期间为2009年7月1日至2010年6月30日，其2010年数据是根据上述年报及其截至2009年12月31日的半年报及截至2010年12月31日的半年报计算得出。2009年数据按同理计算得出。

4. 由于报表列示及披露要求的不同，部分H股公司的毛利率数据无法从年报中获得。

5. 表2中“*”：由于报表列示及披露要求的不同，部分H股企业的毛利率数据无法从年报中获得。

6. 表2中“**”：H股企业的毛利率与报表中管理层讨论及分析所使用的毛利率口径相同。其中物美商业的毛利率是基于收益总额（包含其他收益）计算得出的综合毛利率；佳华百货控股的毛利率仅为销售货品及易耗品批发的毛利率；其他企业为根据综合全面收益表中的收入成本计算得出的毛利率。

中国连锁经营协会将与毕马威华振会计师事务所持续开展此项基础研究工作，为行业发展提供更多的参考。

# 第三部分　专题篇

# 2011 年中国连锁行业
# 人才需求状况调查报告

为了给教育部门提供客观、准确的行业人才需求数据，并最终帮助连锁企业突破用人瓶颈，2011 年中国连锁经营协会对部分连锁企业人才需求情况进行了专项调查。

本次调查对包括零售、餐饮、服务等不同行业业态的 55 家企业进行了多方面的调查和相关数据采集。

## 1. 被调查企业的行业、业态基本情况

调查中，零售企业包括大卖场、超市、便利店等，占比为 47%；餐饮企业包括正餐、快餐等，占比为 22%；服务企业包括汽车后市场、美容、教育、酒店、摄影等，占比为 18%；专业店包括服装、茶叶、电子产品、鞋、药店等，占比为 13%。

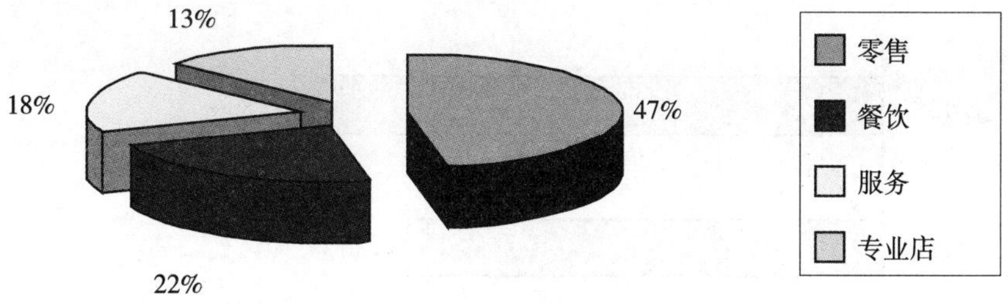


**图 1　被调查企业所属行业占比**

## 2. 企业对不同学历人才需求状况

调查显示，有 34.5% 的企业对 MBA 研究生及以上学历的人才没有需求；企业对不同学历的人才需求，在数量上是逐年递增的；企业对本科及以上高学历人才的需求，在绝对数值上虽然不大，但增长比例逐年加快。

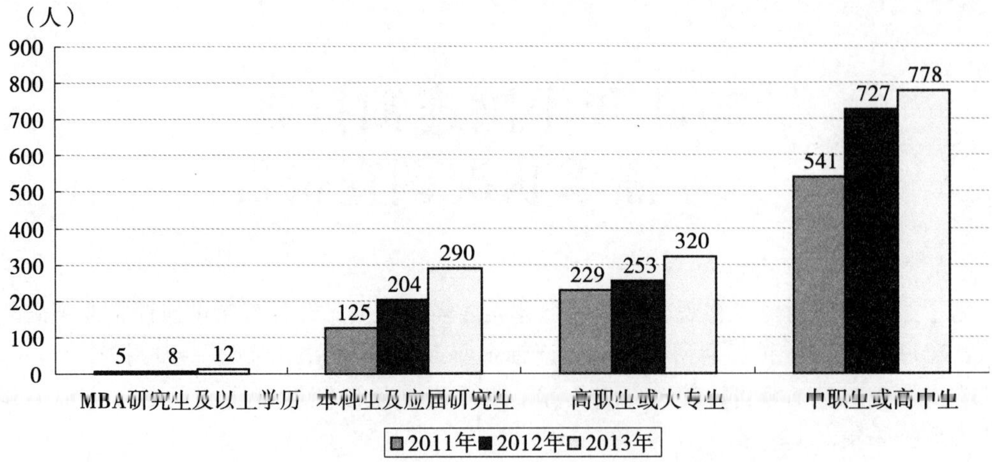


**图 2　被调查企业 2011－2013 年对不同学历人才需求情况**

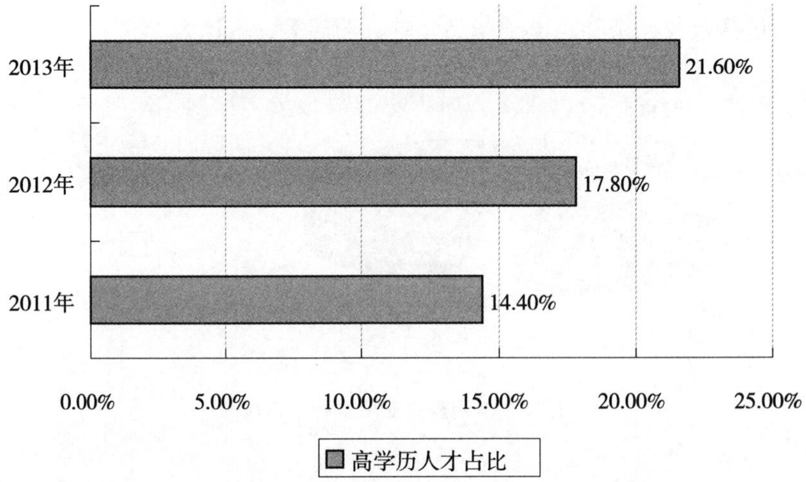


**图 3　被调查企业 2011－2013 年对高学历（本科及以上）人才需求占比**

## 3. 不同业态企业对不同学历人才需求情况

（1）对高学历人才需求情况

调查显示，零售企业和餐饮企业对高学历（本科及以上）人才的需求基本没有变化；服务行业对高学历人才的需求变化不大；专业店企业中，未来三年对高学历人才的需求占比提升明显，到 2013 年达到 64%。

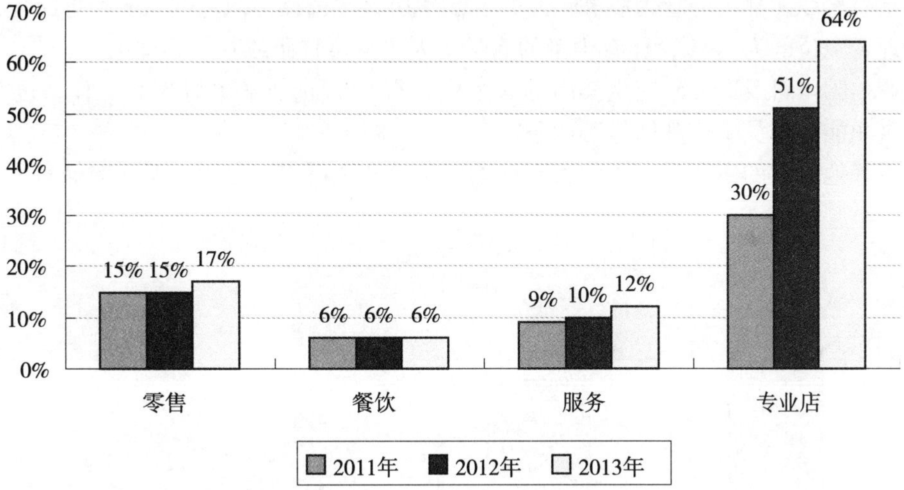


**图 4　2011－2013 年不同业态企业对高学历（本科及以上）人才需求占比**

（2）对不同学历人才需求情况

餐饮和服务业对中职生或高中生的数量需求增长幅度较快。各业态中，只有专业店对低学历（本科以下，不含本科）人才的需求绝对数量是下降的，而对本科生的需求有非常快的增长。

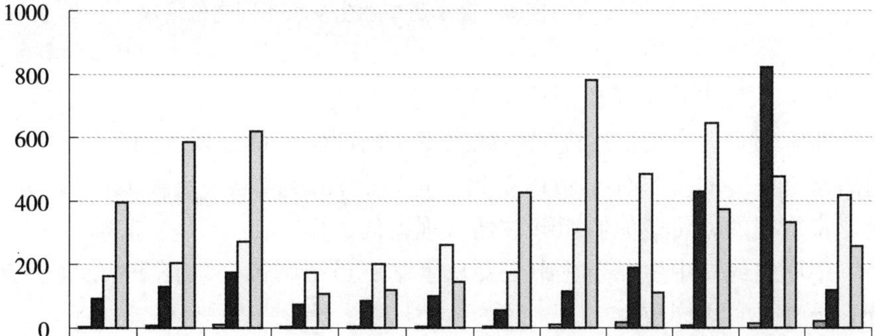


| | 2011 | 2012 | 2013 | 2011 | 2012 | 2013 | 2011 | 2012 | 2013 | 2011 | 2012 | 2013 |
|---|---|---|---|---|---|---|---|---|---|---|---|---|
| | 零售 | | | 餐饮 | | | 服务 | | | 专业店 | | |
| MBA研究生及以上学历 | 4 | 7 | 10 | 3 | 4 | 5 | 5 | 10 | 20 | 9 | 15 | 23 |
| 本科生及应届研究生 | 95 | 132 | 176 | 73 | 87 | 100 | 56 | 114 | 191 | 430 | 822 | 119 |
| 高职生或大专生 | 165 | 205 | 273 | 175 | 200 | 262 | 176 | 308 | 484 | 647 | 476 | 417 |
| 中职生或高中生 | 395 | 586 | 621 | 107 | 119 | 145 | 426 | 779 | 111 | 372 | 333 | 256 |

**图 5　2011－2013 年不同业态企业对不同学历人才需求占比**

## 4. 不同学历毕业生从事岗位情况

（1）高学历毕业生从事岗位情况

企业招聘的 MBA 研究生及以上高学历人才中，有 98% 从事的是管理工作，其中主要从事的是总部职能部门的管理职务；94% 的高学历人才选择了职能部门的经理岗位；选择门店管理者岗位的为 36%，还有少量的高学历人才从事科研或其他管理工作。

企业招聘本科及应届研究生学历的人才中，有 93% 选择从事管理类工作，也有 15% 选择从事职能部门员工或基层员工职务。

选择其他岗位的主要是提供储备干部的职位，从中可以看出连锁企业对储备人才的重视。

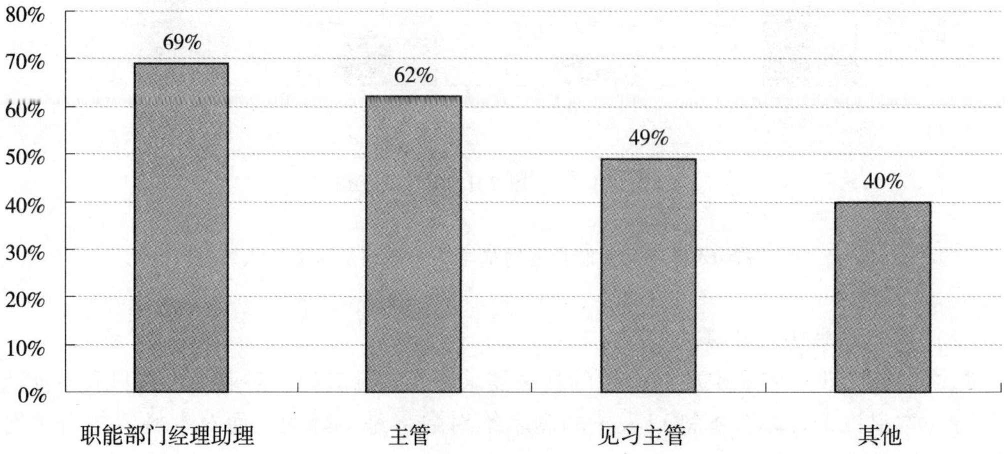


**图 6　高学历毕业生从事不同岗位情况**

（2）大专及以下学历毕业生从事岗位情况

70% 的企业在提供给高职生或大专生的岗位中都选择了门店主管或见习主管，而选择门店基层员工的为 55%。可以看出，连锁企业对具有一定实践能力的高职生和大专生还是非常重视的，希望他们能够胜任管理类的工作。

中职生或高中生在企业中主要从事基层员工岗位，只有 5% 的企业同时提到了会给部分人员提供管理岗位。

### 5. 企业对不同层次学历人才的素质要求

企业对不同层次学历人才最看重的三个素质是，业务能力、职业道德与忠诚度。

对高学历（本科及以上）的员工，企业在市场营销、策划以及组织协调等能力方面有较高要求；对本科以下学历的员工，则更偏重承受压力的能力和语言表达的能力。

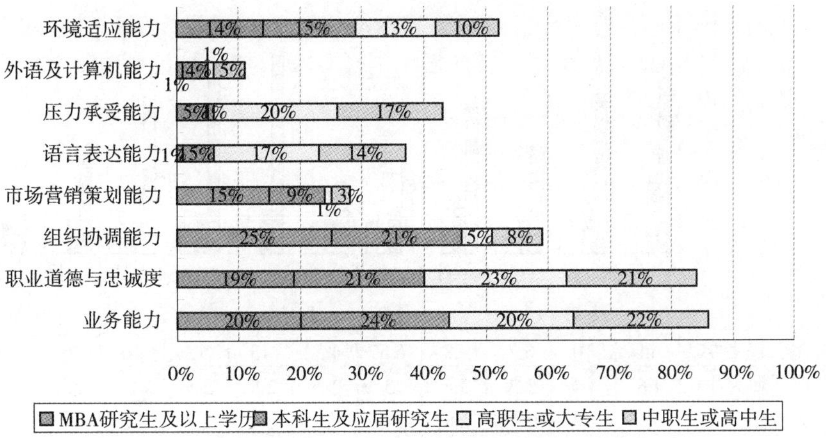


**图 7　对不同层次学历人员的素质要求**

## 6. 不同学历人才职业发展方向

对 MBA 研究生及以上学历人员，多从中层管理者开始，经过两到三个层级的提升，培养方向是进入公司高管层级。

对本科生及应届研究生，多从基层员工或管理者开始，培养方向是公司管理层。

对高职生及大专生，主要从基层员工做起，培养方向是具体管理类工作。

对中职生或高中生，一般从基层员工做起，培养的方向主要是门店管理人员。

## 7. 毕业生的平均起薪

本科及以下学历毕业生的起薪与 MBA 研究生及以上学历的薪资差距显著。

本科及以下学历毕业生的薪资呈递减趋势，但差距不是很大。

除 MBA 研究生以上学历人才外，零售业起薪相对略高于其他几种业态，服务业中 MBA 研究生以上学历人才起薪最高。

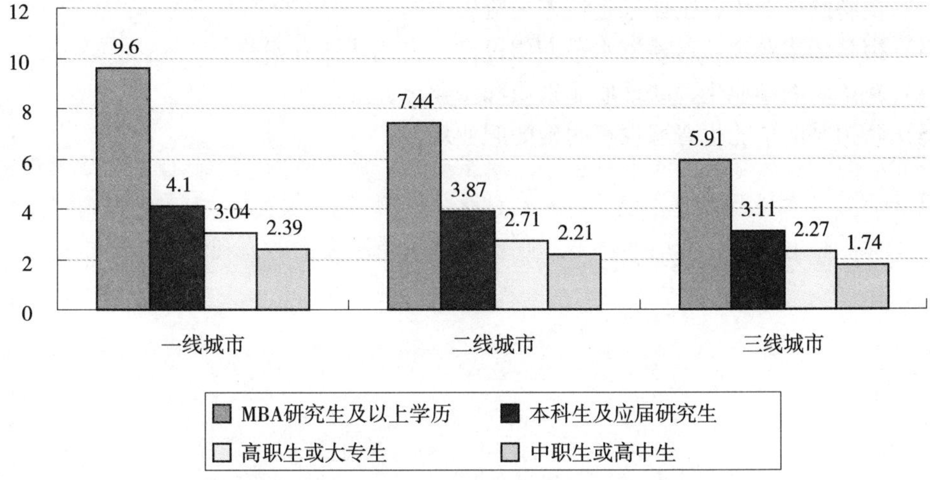


**图 8　不同类型城市、不同学历毕业生的平均年薪**

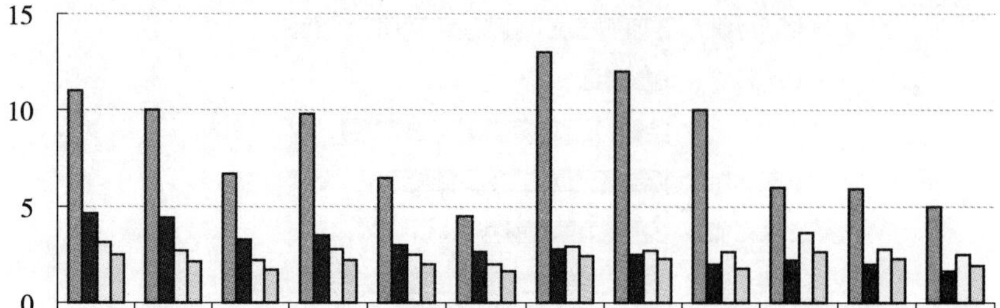

| | 零售 | | | 餐饮 | | | 服务 | | | 专业店 | | |
|---|---|---|---|---|---|---|---|---|---|---|---|---|
| | 一线 | 二线 | 三线 | 一线 | 二线 | 三线 | 一线 | 二线 | 三线 | 一线 | 二线 | 三线 |
| MBA研究生及以上学历 | 11 | 10 | 6.7 | 9.8 | 6.5 | 4.5 | 13 | 12 | 10 | 6 | 5.9 | 5 |
| 本科生及应届研究生 | 4.6 | 4.4 | 3.3 | 3.5 | 3 | 2.6 | 2.8 | 2.5 | 2 | 2.2 | 2 | 1.6 |
| 高职生或大专生 | 3.1 | 2.7 | 2.2 | 2.8 | 2.5 | 2 | 2.9 | 2.7 | 2.6 | 3.6 | 2.8 | 2.5 |
| 中职生或高中生 | 2.5 | 2.1 | 1.7 | 2.2 | 2 | 1.6 | 2.4 | 2.3 | 1.8 | 2.6 | 2.3 | 1.9 |

**图 9　不同类型城市、不同业态、不同学历毕业生的平均年薪**

### 8. 在职员工继续教育情况

被调查的企业中，52.7% 的企业有对在职员工继续教育（包括学历教育）的计划，但能享受继续教育的员工数量与在职员工数量相比占比很低，不超过 1%。

而且，有继续教育（包括学历教育）计划的企业中，25% 的企业没有明确的继续教育目标；针对升职考核开展的继续教育所占比例平均为 25%。

### 9. 招聘使用毕业生中的问题

企业在招聘和使用毕业生工作过程中，通常会遇到如下问题：

（1）新招聘毕业生的岗位技能及实际工作能力，需要进行系统地培训及培养方可胜任。但就上岗而言，其普遍不愿意从基层做起。

（2）招聘的毕业生，工作稳定性差，流失率高。

（3）招聘的毕业生，对薪资水平期望过高，自我认知有偏差。

（4）新招聘的毕业生，缺乏职业素质和企业忠诚度。

（5）新招聘的毕业生普遍没有明确的职业规划。

# 2011年中国连锁行业员工敬业度调查报告

## 一、中国人力资源市场面临的挑战

### 1. 中国经济持续向好

在全球经济危机中，中国比其他所有新兴经济体的表现更为卓越。同时，从2010年第二季度开始，中国政经决策者开始针对过热的经济形势调整政策。中国人民银行自2010年10月开始采取政策性措施吸收过剩的通货，以对抗通货膨胀。但是，由于资本成本的上升、订单的减少和劳动力的短缺，中国中小企业面临很大的竞争压力和经营困境，其中一些已经宣布破产。为此，中国政府相应主管部门出台规范性政策，以确保2011年的经济增长率达到9%左右。

**表1　　2007－2012年四国国内生产总值增长率（%）**

| | 2007年 | 2008年 | 2009年 | 2010年 | 2011年 | 2012年 |
|---|---|---|---|---|---|---|
| 中　国 | 14.2 | 9.6 | 9.2 | 10.3 | 9.0 | 8.7 |
| 印　度 | 9.6 | 5.1 | 9.1 | 9.1 | 8.9 | 8.8 |
| 印度尼西亚 | 6.3 | 6.0 | 4.6 | 6.1 | 6.1 | 6.3 |
| 越　南 | 8.5 | 6.3 | 5.3 | 6.8 | 6.4 | 7.0 |

**表2　　2007－2012年四国消费价格指数（%）**

| | 2007年 | 2008年 | 2009年 | 2010年 | 2011年 | 2012年 |
|---|---|---|---|---|---|---|
| 中　国 | 4.8 | 6.0 | -0.7 | 3.2 | 5.0 | 4.1 |
| 印　度 | 6.4 | 8.4 | 10.9 | 12.0 | 8.3 | 5.4 |
| 印度尼西亚 | 6.3 | 9.9 | 4.8 | 5.1 | 6.0 | 5.8 |
| 越　南 | 8.3 | 23.1 | 7.0 | 9.0 | 16.9 | 10.4 |

Source：Economiat intelllgence Unit，June 2011

## 2. 过去十年中，近千家外资公司进入中国

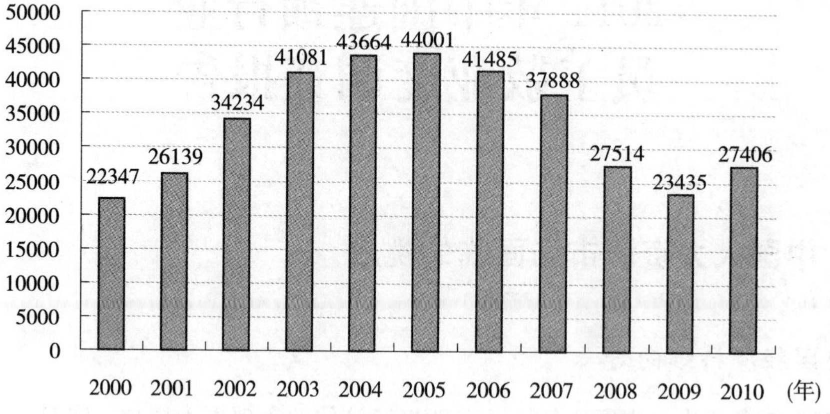


**图 1　2000－2010 年跨国公司进入中国数量**

## 3. 国内企业开始改革，竞争力与日俱增

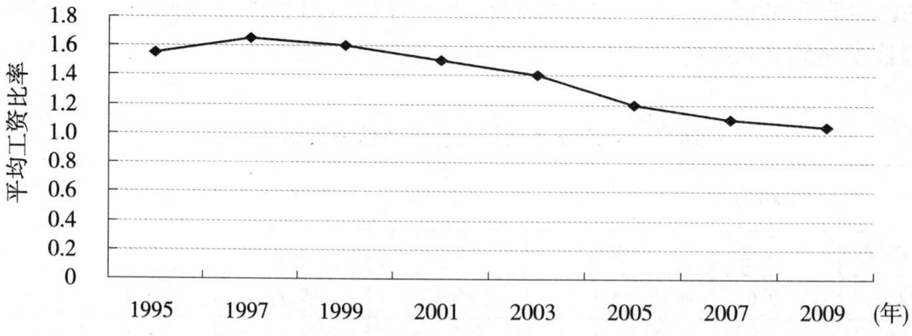


**图 2　国企与外企薪金差异变化情况**

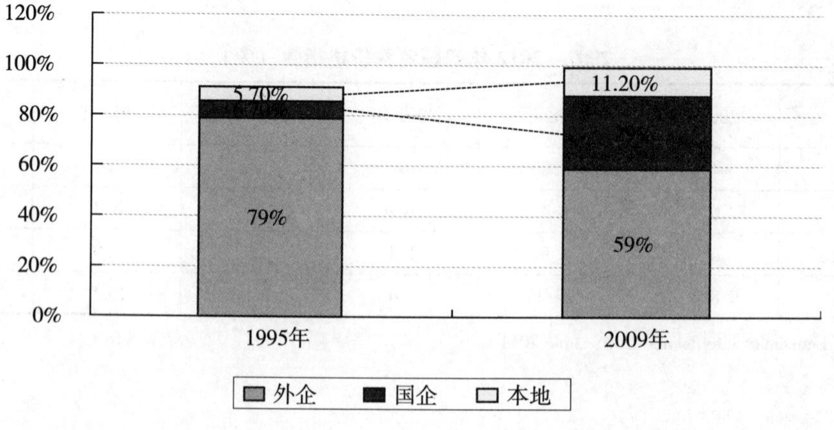


源自：www.51job.com

**图 3　1995、2009 年毕业生择业预期目标占比变化情况**

4. 离职率再次升高

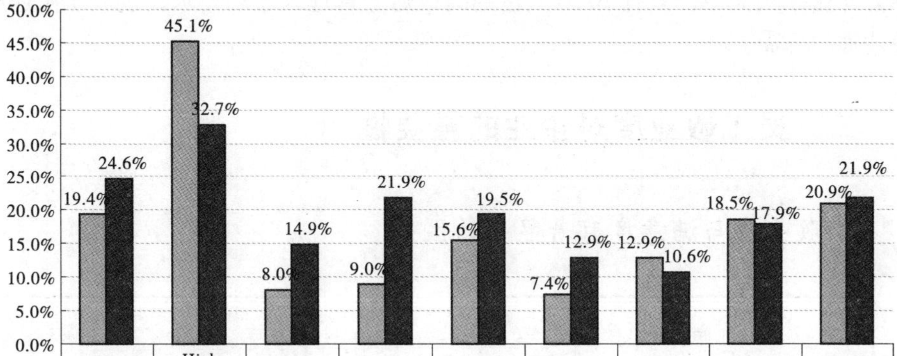


| | General Indusoy | High Tech(+Operator) | Consumer Products | Real Estate | Banding MNC | Fund | Securitjes | General Insurance | Life Insurance |
|---|---|---|---|---|---|---|---|---|---|
| 2009/1/1–2009/12/31 | 19.4% | 45.1% | 8.0% | 9.0% | 15.6% | 7.4% | 12.9% | 18.5% | 20.9% |
| 2010/1/1–2010/12/31 | 24.6% | 32.7% | 14.9% | 21.9% | 19.5% | 12.9% | 10.6% | 17.9% | 21.9% |

**图 4　2009、2010 年各行业员工离职状况**

5. 企业为吸引优秀人才，相应提高薪酬水平

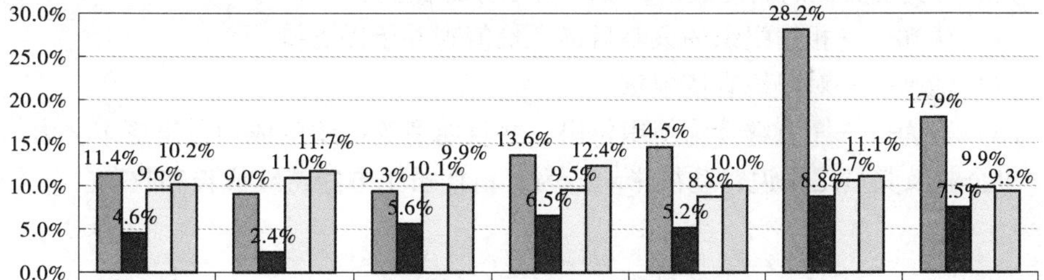


| | General Industry | High Tech | Consumer Products | Real Estate | Banking MNC | Fund | Securities |
|---|---|---|---|---|---|---|---|
| 2008 | 11.4% | 9.0% | 9.3% | 13.6% | 14.5% | 28.2% | 17.9% |
| 2009 | 4.6% | 2.4% | 5.6% | 6.5% | 5.2% | 8.8% | 7.5% |
| 2010 | 9.6% | 11.0% | 10.1% | 9.5% | 8.8% | 10.7% | 9.9% |
| 2011Forecast | 10.2% | 11.7% | 9.9% | 12.4% | 10.0% | 11.1% | 9.3% |

**图 5　2008－2011 年各行业薪金提高状况**

6. 中国连锁行业人才市场处于供不应求状况

（1）中国正处于研发繁荣期：跨国公司在中国开设了 1100 余个研发中心，共拥有员工 13 万人。

（2）金融业务方面：2011 年，上海有 23 万人从事金融业，但其中只有 600 人拥有留学经历和国际认证的从业资格。

（3）中国研发人才的现状：2003－2007 年，在研发方面，全世界大约 90% 的新工作机会产生于中国。特别是在高端技术人才方面，中国更加稀缺，其中近五年中，中国将面临 20 万高端人才的缺口。而在注册会计师方面，中国也同样稀缺，这其中在近 1000 万从事会计业务人员中，只有 20 万人达到高级财务管理人才的要求，现今至少还有 30 万注册会计师的急需。

## 二、员工敬业度对企业的重要性

### 1. 敬业度与满意度有着显著的区别

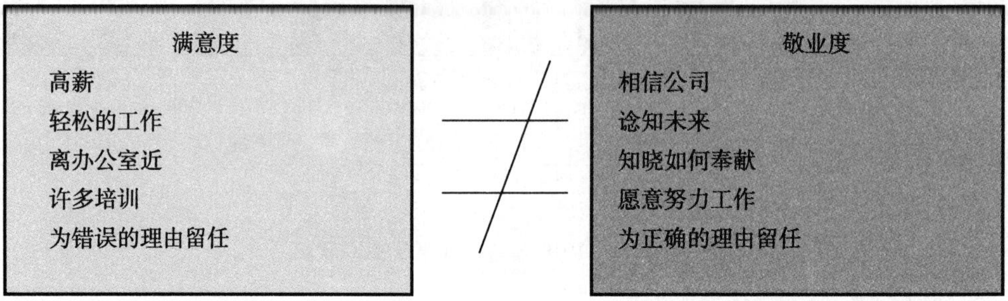


### 2. 企业敬业度模型主要由三个维度构成

企业为实现员工的高度敬业，要求员工务必做到：

（1）认知——相信组织的策略目标、价值观并予以支持。

（2）情感——对组织有依附感。

（3）行为——愿意继续为组织付出，并且愿意为组织的成功付出更多努力。

对企业及其员工来说，动机影响行为，留任员工方能持续成长和收获。

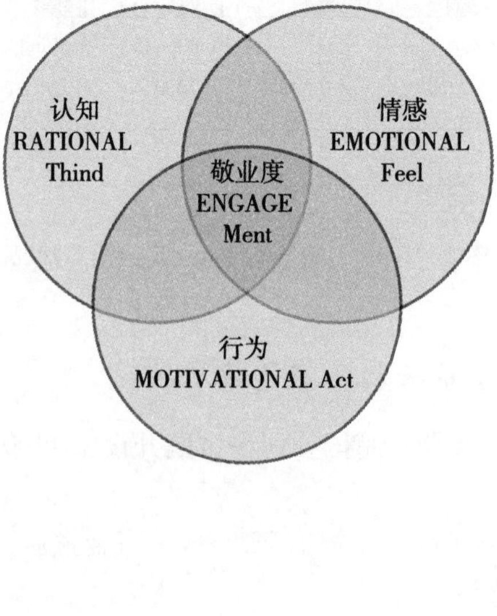

## 3. 为什么要关注员工敬业度

因为，员工的敬业度是驱动组织和部门绩效的关键因素。

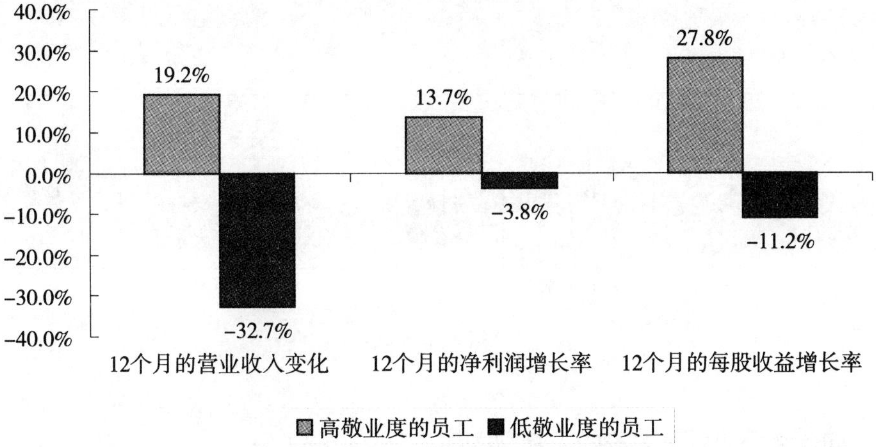


**图 6　不同敬业度员工影响企业绩效情况**

## 4. 员工敬业度还直接影响到客户的各种绩效表现指标

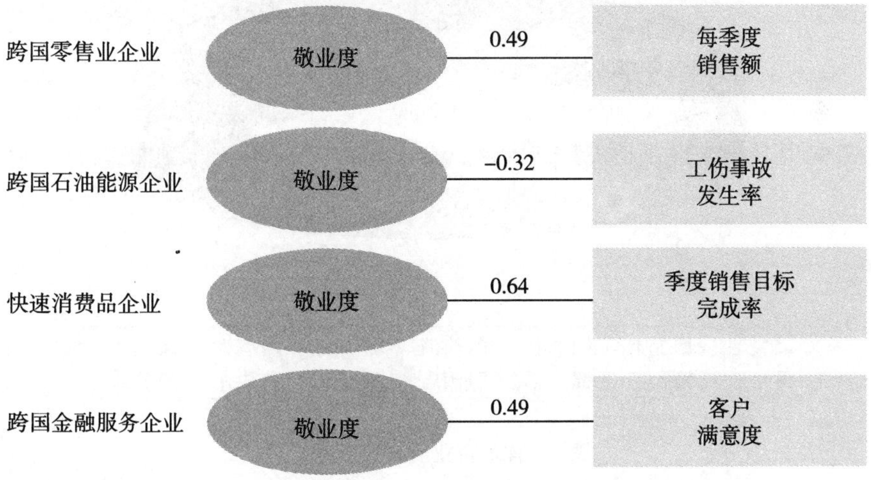

5. 企业的财务状况与员工的忠诚度或责任感密切相关

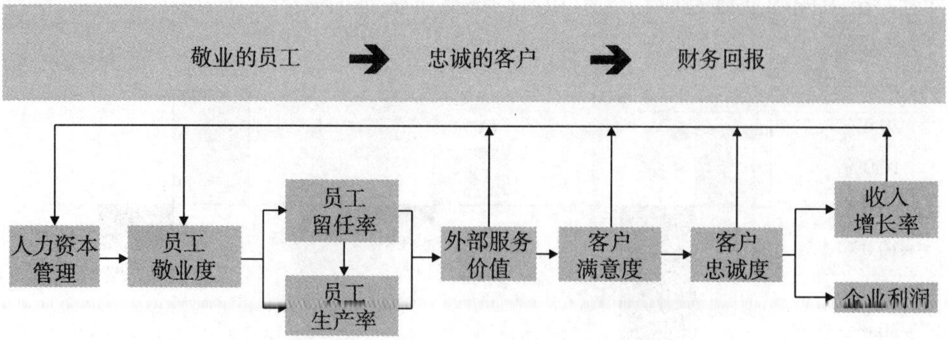


## 三、连锁行业员工敬业度现状

1. 样本企业的行业分布

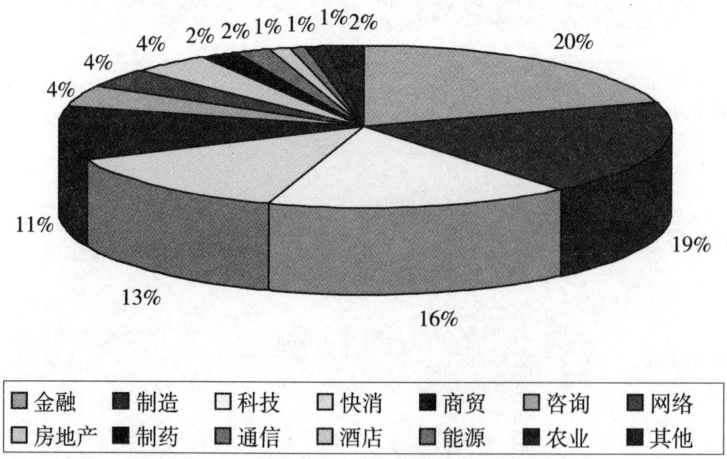


**图 7　样本企业所属行业占比**

2. 调研架构

本次调研结构分为 4 大领域以及 14 个不同的管理维度。对于每一部分，调研中不仅能够作单独分析，也能够分析它对敬业度的影响程度。

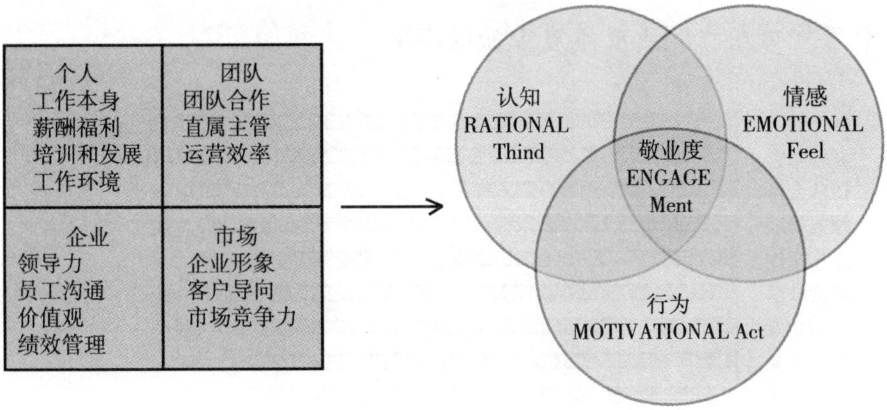


3. 中国连锁企业敬业度的得分情况显著低于美国市场水平和全球高绩效企业水平

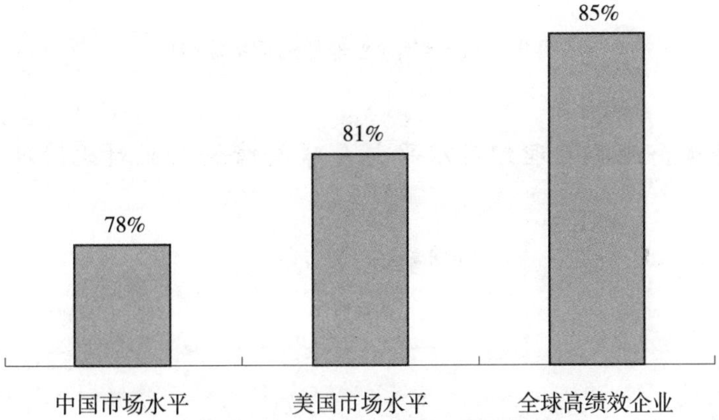


**图 8　中美及全球高绩效企业员工敬业度情况**

## 4. 中国员工在非敬业度维度方面的得分

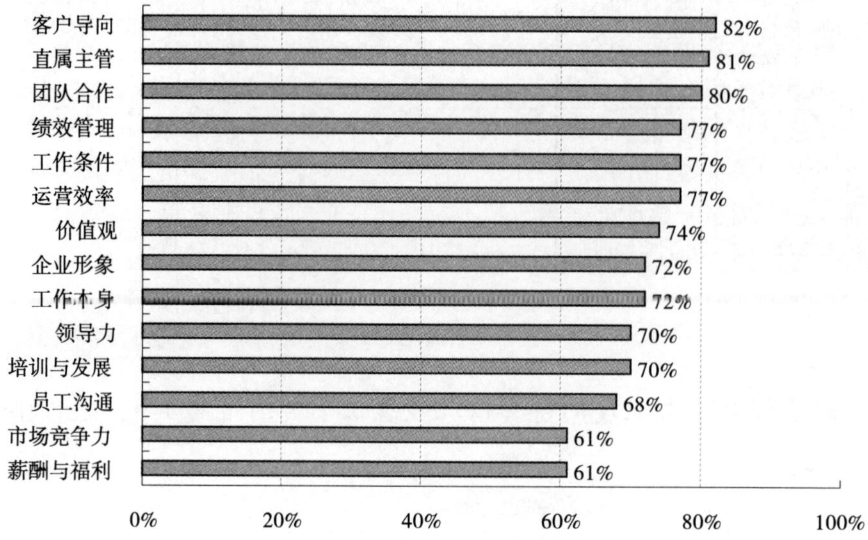


**图 9　中国连锁企业非敬业度指标情况**

## 5. 中国连锁企业各管理维度水平与全球高绩效企业对比情况

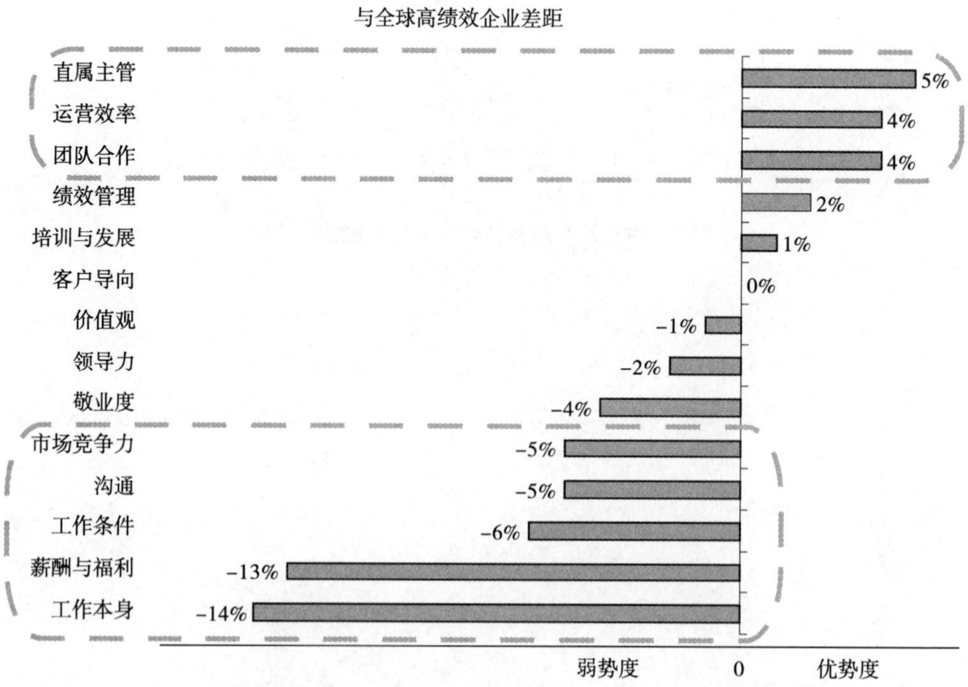


**图 10　中国连锁企业与全球高绩效企业各管理指标对比情况**

## 四、如何提高中国员工的敬业度

尽管分析各个管理维度的得分非常重要，然而更关键的是要明确知晓哪些方面对员工敬业度的影响最大。只有这样，才能找到适用于这些领域的最佳实践。例如，人力资源领域包含有员工敬业度的诸多环节，在各个层面不断提升其敬业度指标，对促进企业财务的复苏和持续增长起着关键性作用。另外，通过领导力、企业形象、员工职业发展、目标及绩效管理等诸多方面全方位地加强关注和不断提高企业员工的敬业度，将能有效赢得财务的稳定回报并不断给予员工可观的薪酬和福利保障。

（中国连锁经营协会　韬睿惠悦咨询公司）

# 2011 年度"CCFA 金牌店长"评选分析报告

## 一、评选说明

自 2006 年起，"CCFA① 金牌店长" 推选活动已连续举办了六年，得到中国连锁经营协会（简称协会）会员企业的积极响应与大力支持，成为连锁零售行业最重要的活动之一。同时，"金牌店长" 已成为广大连锁零售门店一线店长努力奋斗的目标。2011 年度评选推出 133 位 "CCFA 金牌店长"，金牌店长人数再创新高。

本年度 "金牌店长" 推选活动在协会连锁零售会员企业中进行，由各企业在本企业门店店长中评选推出。推选企业范围、名额、基本条件及程序如下：

1. 百货店、超市、专业店、专卖店、购物中心等会员企业可推荐一名。

2. 2010 年销售额 30 亿元以上的企业可推荐两名。

3. 基本条件：

（1）在本企业工作三年以上，从事店长工作两年以上。

（2）所在门店经营状况优异，业绩位于本企业前列。

（3）乐于分享营运管理经验。

（4）所在门店近一年无商品质量、食品安全等重大事故，且无负面新闻报道。

4. 企业依据 "金牌店长" 基本条件、申报限额择优推选，同时填报《金牌店长基本情况表》及相关资料报送协会。协会负责对企业报送材料进行审核、确认并发布。

## 二、金牌店长所在企业基本情况

本年度，获选的 133 位金牌店长来自 92 家企业（含分公司、子公司），其中 109 位金牌店长来自于 66 家中国连锁百强企业（含中国快速消费品连锁零售百强企业），占金牌店长人数的 82%。

133 位金牌店长所在门店的业态包括超市、百货店、购物中心、专业店、专卖店等。

92 家企业 2011 年上半年平均销售额为 43.1 亿元，同比增长 23.59%，高于 2010 年上半年和 2009 年上半年的同比增长幅度，增速进一步加快。

① CCFA：中国连锁经营协会 China Chain Store & Franchise Association 的英文简称。

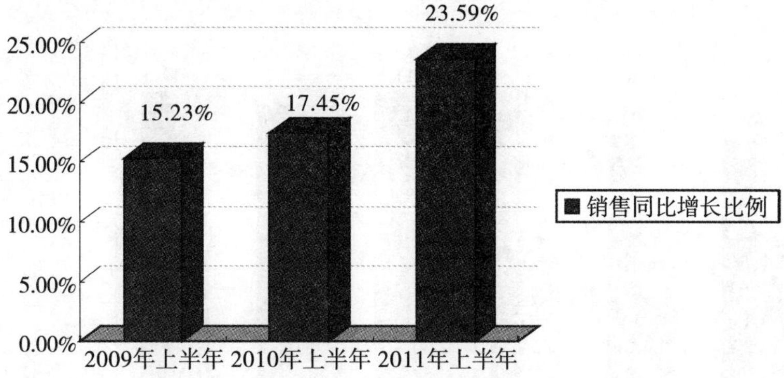


**图 1　2009－2011 年年销售额同比增长情况**

92 家企业平均拥有 318.3 家门店，有 6 家企业 2011 年上半年销售额超过百亿元。

本年度 133 家金牌店长门店 2011 年上半年销售额合计为 102.78 亿元，平均单店销售为 7786.12 万元（其中有 39 家门店 2011 年上半年销售额超过亿元）；平均毛利率为 15.40%，略高于上年同期的 15.17%；平均单店营业面积为 9085.73 平方米；平均正式员工为 165 人；平均净利润率为 5.94%，略低于上年同期的 6.1%。

按业态分类，超市门店店长 88 名，百货店店长 17 名，专业店店长 17 名，购物中心店长 8 名，专卖店店长 3 名。

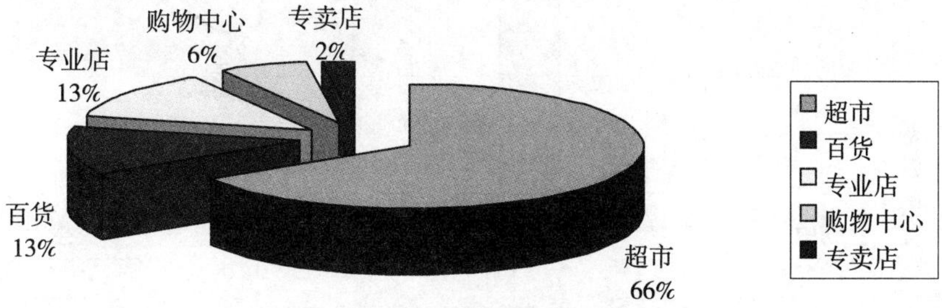


**图 2　92 家企业按业态分类占比情况**

## 三、金牌店长基本情况

2011 年度评选推出的 133 位金牌店长中，男、女店长人数十分接近，分别为 66、67 人，这与往年女性店长人数占比较高明显不同。

最大年龄的店长为 57 岁，最小为 22 岁，平均年龄已连续 5 年为 39 岁左右，其中男性店长的平均年龄为 38.7 岁。

男性店长所管理的门店的平均营业面积为 8926 平方米，略低于女性店长的平均营业面积 9232 平方米。

133 位金牌店长在本企业工作年限平均为 11.5 年，是六年来最高的。平均担任店长职务时间为 5.7 年。在基层工作至少 4 年后方升任店长职务的有 69 位。

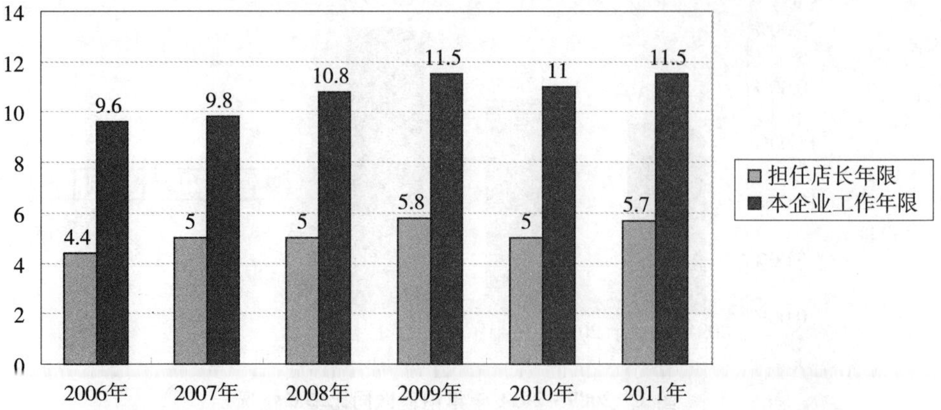


**图 3　2011 年度金牌店长工作年限及担任店长年限**

金牌店长学历符合正态分布，与上年基本一致，大专学历的店长依然最多，占比为 43%，本科及以上学历的店长占比为 20%，高中及中专学历的店长占比为 37%。

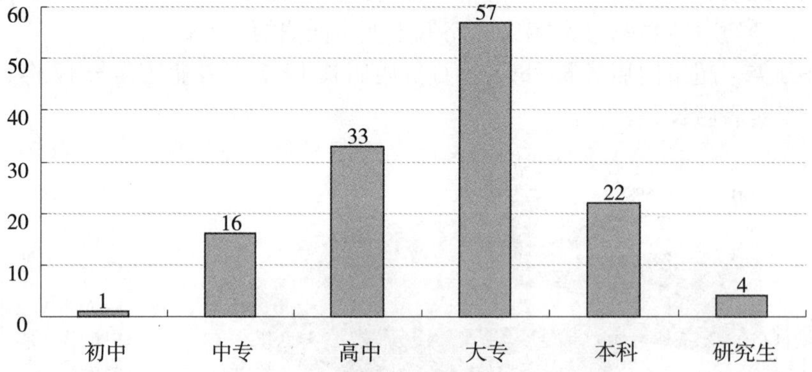


**图 4　2011 年度金牌店长学历分布情况**

管理 10000 平方米以上门店和管理 1000 平方米以下门店的店长中，女性多于男性。

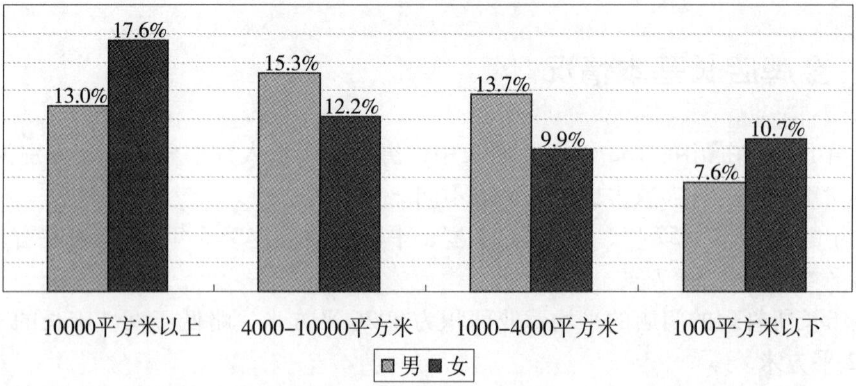


**图 5　2011 年度不同性别金牌店长所管理门店面积情况**

从年收入水平看，5 万元以下的比例逐年下降，10 万元以上的比例逐年上升，超过三分之一。

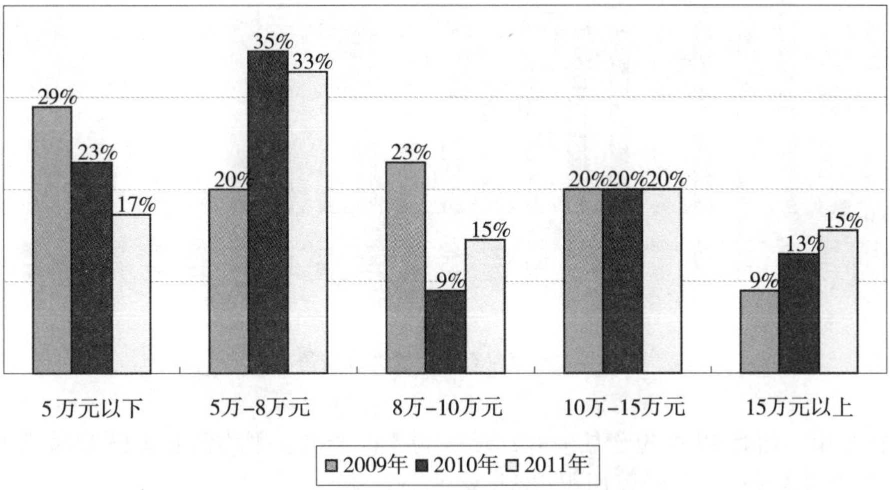


**图 6　2011 年度金牌店长年收入情况**

约半数的金牌店长年收入在 8 万元以上。其中，年收入 15 万元以上的男性店长占比明显高于女性店长。

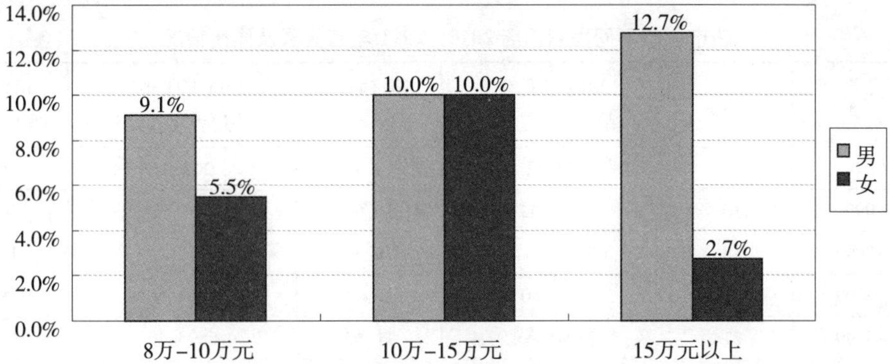


**图 7　2011 年度不同性别金牌店长年收入情况**

## 四、不同业态门店基本情况

### （一）超市业态门店基本情况

超市业态共有 88 家门店，运营时间平均为 7.16 年，最早为 1984 年 4 月开业。

88 家门店分布在全国 20 个省、自治区及直辖市，其中一线城市 12 家，二线城市 15 家，三、四线城市 61 家。由于一线、二线城市的超市趋于饱和，竞争激烈，所以三、四线城市逐步成为超市企业重点发展的区域。

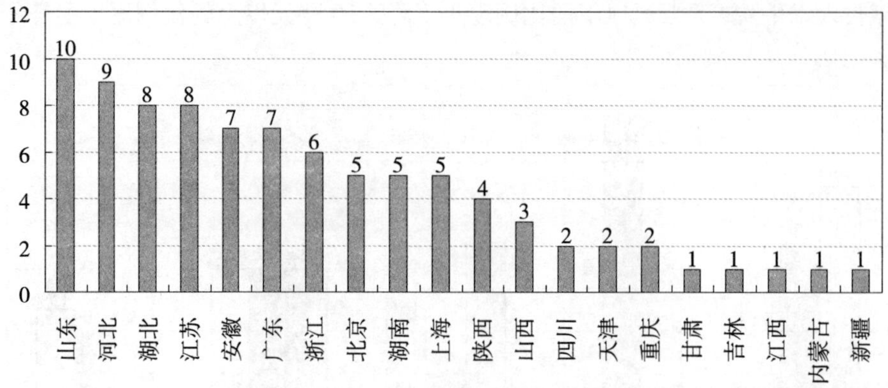


**图 8　超市业态门店地区分布情况**

88 家超市门店有 49 家位于住宅区，39 家位于商业区。平均营业面积 4864. 2 平方米，比 2010 年金牌店长的平均经营面积 4827. 58 平方米略高。

2010 年与 2011 年上半年各个面积范围的超市销售额均有不小的增长，扣除物价上涨因素，整体表现可观。其中 1000 - 2999 平方米超市门店的增长比例最高，分别为 18. 56%、18. 76%。300 平方米以下及 10000 平方米以上，这两类面积最大和最小的超市增长比例相对较低。

**表 1　　超市业态不同面积门店 2010、2011 年销售额及同比情况**

| 门店经营面积范围（$m^2$） | 门店数 | 2010 年平均销售额（万元） | 销售同比增幅（%） | 2011 年上半年平均销售额（万元） | 销售同比增幅（%） |
|---|---|---|---|---|---|
| 300 以下 | 6 | 342. 33 | 13. 34 | 203. 43 | 8. 6 |
| 300 - 999 | 10 | 1190. 02 | 16. 66 | 710. 52 | 14. 96 |
| 1000 - 2999 | 18 | 3360.　04 | 18. 56 | 2117. 16 | 18. 76 |
| 3000 - 5999 | 21 | 8204. 50 | 17. 47 | 5053. 66 | 18. 50 |
| 6000 - 9999 | 21 | 11246. 65 | 11. 89 | 6898. 40 | 16. 42% |
| 10000 及以上 | 12 | 29386. 97 | 11. 14 | 16917. 51 | 13. 49% |

正式员工和供应厂商驻店员工数量均有所下降，平均门店员工 208 人，正式员工 132 人，供应厂商驻店人数占比 36. 6%。

**表 2　　超市业态门店平均单店员工人数情况**

| 项目 | 平均单店员工总数（人） | 平均单店正式员工人数（人） |
|---|---|---|
| 2010 年 | 216 | 138 |
| 2011 年上半年 | 208 | 132 |
| 增幅 | -3. 7% | -4. 3% |

人效方面，除10000平方米以上的门店外均有较大幅度增长；平效方面，除300平方米以下的门店外均有较大幅度增长。

**表3　　超市业态不同面积门店2010、2011年劳效、平效及其增幅**

| 门店经营面积范围（$m^2$） | 2010年劳效（万元/人·年） | 2011年上半年劳效（万元/人·年）* | 增幅 | 2010年平效（万元/平方米·年） | 2011年上半年平效（万元/平方米·年） | 增幅 |
|---|---|---|---|---|---|---|
| 300以下 | 42.46 | 54.36 | 28.03% | 4.36 | 4.53 | 3.90% |
| 300－999 | 40.4 | 52.44 | 29.80% | 2.13 | 2.57 | 20.66% |
| 1000－2999 | 46.24 | 53.85 | 16.46% | 1.96 | 2.37 | 20.92% |
| 3000－5999 | 51.47 | 62.74 | 21.90% | 1.81 | 2.19 | 20.99% |
| 6000－9999 | 50.7 | 60.74 | 19.80% | 1.67 | 1.91 | 14.37% |
| 10000及以上 | 89.83 | 93.94 | 4.58% | 2.4 | 2.76 | 15.00% |

单位面积费用全部增长，个别面积范围增幅较大，如10000平方米以上的门店增长了23.19%。整体计算的话，2010年单位面积费用为1999元/平方米，同比增长7.84%；2011年上半年单位面积费用为1153元，同比增长15.88%。费用增涨速度加快，主要因素依旧是门店租金与工资。

**表4　　超市业态不同面积门店2010、2011年工资总额同比增幅**

| 门店经营面积范围（$m^2$） | 2010年工资总额同比增长比例 | 2011年上半年工资总额同比增长比例 |
|---|---|---|
| 300以下 | 7.85% | 7.01% |
| 300－999 | 12.39% | 17.17% |
| 1000－2999 | 19.00% | 23.91% |
| 3000－5999 | 12.23% | 17.66% |
| 6000－9999 | 6.37% | 16.01% |
| 10000及以上 | 11.82% | 11.47% |

88家超市门店中有66家门店为租赁物业，2010年租金平均为50.19元/$m^2$·月，比2009年上涨了10.33%，2011年上半年平均又上涨了8.05%，达到54.20元/$m^2$·月。

自有物业的门店比例进一步提高，2010年85家金牌店长超市中有19家是自有物业，2011年自有物业超市门店有22家。

**表5　　超市业态不同面积门店2010、2011年单位面积费用情况**

| 门店经营面积范围（$m^2$） | 2010年单位面积费用（万元/平方米·年） | 2011年上半年单位面积费用（万元/平方米·年） | 增幅 |
|---|---|---|---|
| 300以下 | 0.4376 | 0.4811 | 9.94% |
| 300－999 | 0.2267 | 0.2391 | 5.47% |

续表

| 门店经营面积范围（$m^2$） | 2010 年单位面积费用（万元/平方米·年） | 2011 年上半年单位面积费用（万元/平方米·年） | 增幅 |
|---|---|---|---|
| 1000－2999 | 0.1539 | 0.1669 | 8.45% |
| 3000－5999 | 0.1695 | 0.179 | 5.60% |
| 6000－9999 | 0.1612 | 0.1848 | 14.64% |
| 10000 及以上 | 0.2449 | 0.3017 | 23.19% |

人工成本持续升高。2010 年和 2011 年上半年工资总额增幅较大，同时员工人数减少，整体计算的话，人均月工资上涨了 24.9%，从 2010 年的 1867 元升为 2011 年上半年的 2332 元，这也是门店从业人员越来越难招聘导致的结果之一。

2011 年上半年客单价较 2010 年同期有较大提高。

10000 平方米以上门店的客单价金额首次突破 100 元。

**表 6　　超市业态不同面积门店 2010、2011 年客单价情况**

| 门店经营面积范围（$m^2$） | 2010 年平均客单价（元） | 2011 年上半年平均客单价（元） | 增幅 |
|---|---|---|---|
| 300 以下 | 13.7 | 15.52 | 13.28% |
| 300－999 | 31.1 | 37.49 | 20.55% |
| 1000－2999 | 30.63 | 35.38 | 15.51% |
| 3000－5999 | 50.38 | 57.3 | 13.74% |
| 6000－9999 | 56.61 | 65.48 | 15.67% |
| 10000 及以上 | 89.73 | 101.95 | 13.62% |

除 6000－9999 平方米门店的日交易次数略有下降外，其他营业面积的门店日交易次数均平稳上升，增幅在 2%～10% 之间。

**表 7　　超市业态不同面积门店 2010、2011 年平均交易情况**

| 门店经营面积范围（$m^2$） | 2010 年平均日交易次数 | 2011 年上半年平均日交易次数 | 增幅 |
|---|---|---|---|
| 300 以下 | 651 | 682 | 4.76% |
| 300－999 | 1195 | 1259 | 5.36% |
| 1000－2999 | 2822 | 3089 | 9.46% |
| 3000－5999 | 3988 | 4262 | 6.87% |
| 6000－9999 | 5750 | 5717 | -0.57% |
| 10000 及以上 | 8842 | 9036 | 2.19% |

平均毛利率只有 10000 平方米以上的门店略有下降。由于销售增长大于费用增长，净利润率大幅提高，规模效益凸显。

表 8　　超市业态不同面积门店 2010、2011 年获利情况

| 门店经营面积范围（$m^2$） | 2010 年平均毛利率（%） | 2011 年上半年平均毛利率（%） | 2010 年净利润率（%） | 2011 年上半年净利润率（%） |
|---|---|---|---|---|
| 300 以下 | 18.37 | 19.15 | 5.84 | 7.65 |
| 300 - 999 | 14.56 | 15.95 | 3.87 | 6.13 |
| 1000 - 2999 | 14.65 | 15.49 | 5.04 | 5.60 |
| 3000 - 5999 | 12.82 | 13.46 | 3.07 | 4.22 |
| 6000 - 9999 | 12.56 | 13.20 | 4.62 | 5.10 |
| 10000 及以上 | 14.05 | 13.87 | 4.40 | 4.87 |

不同经营面积门店的商品周转天数均呈下降趋势，超市门店商品周转加快。

表 9　　超市业态不同面积门店 2010、2011 年商品周转情况

| 门店经营面积范围（$m^2$） | 2010 年平均周转天数 | 2011 年上半年平均周转天数 | 增幅 |
|---|---|---|---|
| 300 以下 | 23.13 | 19.87 | -14.09% |
| 300 - 999 | 35.1 | 34.06 | -2.96% |
| 1000 - 2999 | 31.18 | 28.23 | -9.46% |
| 3000 - 5999 | 34.94 | 32.49 | -7.01% |
| 6000 - 9999 | 34.64 | 30.94 | -10.68% |
| 10000 及以上 | 36.83 | 33.57 | -8.85% |

商品损耗普遍降低，只有 300 平方米以下的门店略有增加。超市门店越来越注重精细化、流程化管理。

表 10　　超市业态不同面积门店 2010、2011 年商品损耗情况

| 门店经营面积范围（$m^2$） | 2010 年商品损耗率 | 2011 年上半年商品损耗率 | 增幅 |
|---|---|---|---|
| 300 以下 | 0.25% | 0.28% | 12.00% |
| 300 - 999 | 0.19% | 0.18% | -5.26% |
| 1000 - 2999 | 0.18% | 0.14% | -22.22% |
| 3000 - 5999 | 0.45% | 0.37% | -17.78% |
| 6000 - 9999 | 0.32% | 0.23% | -28.13% |
| 10000 及以上 | 0.59% | 0.48% | -18.64% |

### （二）百货店、购物中心基本情况

25 位金牌店长门店来自于 19 家企业，包括 8 家购物中心，17 家百货店。

25 家门店分布在全国 23 个省、直辖市，其中一线城市有 7 家，二线城市有 11 家，

三、四线城市 7 家。百货店和购物中心在一线城市的发展依旧最成熟，在二线城市加快了发展速度，三、四线城市已经开始成为百货店和购物中心发展的新区域。

与超市业态有所区别，16 家位于商业区，占 64%，商业区依旧是百货店和购物中心集中开店的区域。

平均营业面积 28014 平方米，比 2010 年金牌店长平均经营面积 25069 平方米提高了 11.75%。

25 家门店 2010 年销售额平均为 52824 万元，2011 年上半年销售额平均为 32281 万元，2011 年上半年销售同比增长 24.24%，是所有业态中最高的。

自营员工数量有所下降，品牌专柜员工数量有所提高。平均有员工 1381 人，自营员工 47 人，占员工总数的四分之一。

**表 11　　百货、购物中心门店 2010、2011 年平均单店员工人数情况**

| 项目 | 平均单店员工总数（人） | 平均单店正式员工人数（人） |
| --- | --- | --- |
| 2010 年 | 1381 | 393 |
| 2011 年上半年 | 1398 | 367 |
| 增幅 | 1.3% | -6.6% |

**表 12　　百货、购物中心门店 2010、2011 年人效、平效情况**

| 项目 | 人效（万元/人·年） | 平效（万元/平方米·年） |
| --- | --- | --- |
| 2010 年 | 53.81 | 1.99 |
| 2011 年上半年 | 65.47 | 2.43 |
| 增幅 | 21.67% | 22.11% |

从上表可以看出，员工人数增加比例很小，但每个员工的业绩却大幅提升，人效和平效的增比都超过了 20%。

2010 年单位面积费用为 1928 元/年，2011 年上半年单位面积费用为 1982 万元/年，同比增长 2.8%。费用增涨幅度不大。

2010 年和 2011 年上半年工资总额增长幅度很大，接近四分之一，基本上与人效增长幅度相一致。

25 家门店中有 12 家属于自有物业，接近一半。其余 13 家店面租金略有上涨。2010 年和 2011 年上半年租金同比平均增涨 2.34% 和 4.32%。

**表 13　　百货、购物中心门店 2010、2011 年各种费用情况**

| 项目 | 单位面积费用（元/平方米·年） | 工资总额增速 | 房租增速 |
| --- | --- | --- | --- |
| 2010 年 | 1928 | 24.59% | 2.34% |
| 2011 年上半年 | 1982 | 23.19% | 4.32% |
| 增幅 | 2.8% | 8.19% | 64.62% |

2011 年上半年客单价和日交易数较 2010 年均有提高。

**表 14　　　　百货、购物中心门店 2010、2011 年商品交易、客单价情况**

| 项目 | 日均交易次数（次/天） | 日均客单价（元/人·天） |
|---|---|---|
| 2010 年 | 7884 | 292.34 |
| 2011 年上半年 | 8415 | 340.73 |
| 增幅 | 6.74% | 16.55% |

平均毛利率略有上升，由于销售增长大于费用增长，净利润率大幅提高，规模效益凸显。

**表 15　　　　百货、购物中心门店 2010、2011 年获利情况**

| 项目 | 毛利率 | 净利润率 |
|---|---|---|
| 2010 年 | 15.32% | 2.23% |
| 2011 年上半年 | 15.91% | 4.09% |
| 增幅 | 3.85% | 83.41% |

### （三）专业店基本情况

20 位金牌店长来自于 12 家专业店门店，包括电器、IT、话机、家居、服装服饰、烟酒等专业店，以下主要介绍 13 家电器、IT、话机专业店。

13 家专业店门店分布在全国 8 个省、直辖市，其中一线城市有 1 家，二线城市有 6 家，三、四线城市有 6 家。随着消费者收入的增加，三、四线城市的购买力越来越强，已经逐步获得连锁家电企业的青睐。

13 家门店全部位于商业区。平均营业面积 3852 平方米，比 2010 年金牌店长的平均经营面积 3745.5 平方米略有提高。

2011 年，因家电以旧换新、家电下乡等政府鼓励性政策的延续，持续推动了居民家庭电器的购买欲望和电器商品的更新换代与升级，因此 2010 年 13 家门店销售同比增长 21.34%，2011 年上半年同比增长 18.78%。同时为加大顾客满意度，正式员工和厂家驻店员工数量均有所提高。平均员工数量为 203 人，正式员工 47 人。

**表 16　　　　专业店门店 2010、2011 年平均单店员工人数情况**

| 项目 | 平均单店员工总数（人） | 平均单店正式员工人数（人） |
|---|---|---|
| 2010 年 | 121 | 45 |
| 2011 年上半年 | 129 | 47 |
| 增幅 | 6.6% | 4.4% |

表 17 **专业店门店 2010、2011 年人效、平效情况**

| 项目 | 人效（万元/人·年） | 平效（万元/平方米·年） |
|---|---|---|
| 2010 年 | 108.98 | 4.53 |
| 2011 年上半年 | 122.18 | 5.63 |
| 增幅 | 12.11% | 24.28% |

从上表可以看出，员工人数增加的比例不到销售增幅的三分之一，即每个员工的业绩同比是增长的。

驻店员工增加人数大于正式员工人数，门店人力成本压力过大是其原因之一，其他原因还包括驻店人员更熟悉本企业产品，对消费者促成购买概率大。

2010 年单位面积费用为 0.2871 万元，同比增长 2.41%；2011 年上半年单位面积费用为 0.1647 万元，同比增长 13.15%。费用增涨幅度较大。

2010 年和 2011 年上半年工资总额增比大于员工增加比例，即人均月工资有所提高。

店面租金基本未变。2010 年和 2011 年上半年租金同比平均增涨 1.84% 和 1.73%，13 家门店中只有 1 家属于自有物业，这也许是由于租金压力不很大的缘故。

表 18 **专业店门店 2010、2011 年各种费用情况**

| 项目 | 单位面积费用（元/平方米·年） | 工资总额增速 | 房租（万元/平方米·年） |
|---|---|---|---|
| 2010 年 | 2858 | 11.48% | 4.53 |
| 2011 年上半年 | 3227 | 14.42% | 5.63 |
| 增幅 | 12.91% | 8.19% | 24.28% |

2011 年上半年客单价和日交易数较 2010 年均有提高。

表 19 **专业店门店 2010、2011 年商品交易、客单价情况**

| 项目 | 日均交易次数（次/天） | 日均客单价（元/人·天） |
|---|---|---|
| 2010 年 | 223 | 1803 |
| 2011 年上半年 | 260 | 1946 |
| 增幅 | 12.11% | 7.93% |

平均毛利率略有上升，由于销售增长大于费用增长，净利润率大幅提高，规模效益凸显。

表 20 **专业店门店 2010、2011 年获利情况**

| 项目 | 毛利率 | 净利润率 |
|---|---|---|
| 2010 年 | 14.01% | 5.77% |
| 2011 年上半年 | 14.49% | 7.03% |
| 增幅 | 3.43% | 21.84% |

## 附：2011 年度 CCFA 金牌店长名单

| 序号 | 姓名 | 企业名称 |
|---|---|---|
| 1 | 李雅霏 | 广东海航乐万家连锁超市有限公司 |
| 2 | 陈　静 | 中百超市有限公司 |
| 3 | 张宏斌 | 中百超市有限公司 |
| 4 | 张莉娟 | 山西美特好连锁超市股份有限公司 |
| 5 | 赵　晓 | 山西美特好连锁超市股份有限公司 |
| 6 | 袁晓云 | 秦皇岛市艾欣商贸有限公司 |
| 7 | 李焕平 | 东方家园家居建材商业有限公司 |
| 8 | 王　丰 | 东方家园家居建材商业有限公司 |
| 9 | 陶小霞 | 话机世界数码连锁集团股份有限公司 |
| 10 | 李　博 | 话机世界数码连锁集团股份有限公司 |
| 11 | 王德刚 | 北京京客隆商业集团股份有限公司 |
| 12 | 常　进 | 北京京客隆商业集团股份有限公司 |
| 13 | 刘家斌 | 中百仓储超市有限公司 |
| 14 | 龙昌慧 | 中百仓储超市有限公司 |
| 15 | 殷　宇 | 重庆中百仓储超市有限公司 |
| 16 | 郝霞丽 | 安徽满天星连锁超市有限公司 |
| 17 | 申光宇 | 阜阳华联集团股份有限公司 |
| 18 | 黄智萍 | 合肥百货大楼集团股有限公司百货大楼 |
| 19 | 包先文 | 铜陵百大合家福连锁超市有限责任公司 |
| 20 | 王莉娟 | 安徽百大合家福连锁超市股份有限公司 |
| 21 | 王贤柱 | 安徽百大电器连锁有限公司 |
| 22 | 孙　瑞 | 山西省太原唐久超市有限公司 |
| 23 | 马书伶 | 北京超市发连锁股份有限公司 |
| 24 | 董国强 | 北京超市发连锁股份有限公司 |
| 25 | 韩　愚 | 承德超市发商贸有限责任公司 |
| 26 | 孙绍斌 | 广东益华百货有限公司 |
| 27 | 杜彩虹 | 邯郸市阳光超市有限公司 |
| 28 | 徐爱华 | 济南心连心超市有限公司 |
| 29 | 王润宇 | 华糖洋华堂商业有限公司 |

续表

| 序号 | 姓名 | 企业名称 |
|---|---|---|
| 30 | 刘惠山 | 江苏雅家乐集团有限公司 |
| 31 | 章金土 | 浙江供销超市有限公司 |
| 32 | 李晓芹 | 唐山百货大楼集团八方购物广场有限责任公司 |
| 33 | 徐　进 | 宏图三胞高科技有限公司 |
| 34 | 薛　芹 | 宏图三胞高科技有限公司 |
| 35 | 郭飞飞 | 河北国大连锁商业有限公司 |
| 36 | 胡小芹 | 十堰东风万得福超市有限公司 |
| 37 | 刘红英 | 青岛维客集团股份有限公司 |
| 38 | 梁凤霞 | 青岛维客集团股份有限公司 |
| 39 | 沈家星 | 景客隆贸易有限公司 |
| 40 | 谭峥嵘 | 人人乐连锁商业集团股份有限公司 |
| 41 | 杨军昌 | 人人乐连锁商业集团股份有限公司 |
| 42 | 朱胜华 | 武汉中商平价超市连锁有限责任公司 |
| 43 | 金永虹 | 武汉中商集团股份有限公司 |
| 44 | 汤丽萍 | 北京王府井百货（集团）股份有限公司 |
| 45 | 李　建 | 北京王府井百货（集团）股份有限公司 |
| 46 | 潘信康 | 浙江凯虹集团有限公司 |
| 47 | 王重阳 | 泰纳国际果业（北京）有限公司 |
| 48 | 何　丽 | 宝商集团宝鸡商业经营管理有限责任公司 |
| 49 | 张彦杰 | 宝商集团宝鸡商业经营管理有限责任公司 |
| 50 | 李　滨 | 湖南家润多超市有限公司 |
| 51 | 黄家和 | 湖南家润多超市有限公司 |
| 52 | 卢晓峰 | 西安民生集团股份有限公司 |
| 53 | 刘建军 | 西安民生集团股份有限公司 |
| 54 | 张春凤 | 陕西民生家乐商业连锁有限责任公司 |
| 55 | 陆金香 | 上海家得利超市有限公司 |
| 56 | 李春先 | 河北惠友商业连锁发展有限公司 |
| 57 | 崔阿红 | 唐山家万佳超市东湖店有限公司 |
| 58 | 韩　艳 | 唐山家万佳超市东湖店有限公司 |
| 59 | 张月娥 | 唐老鸭连锁销售集团公司 |
| 60 | 胡丽霞 | 甘肃东方百佳商贸有限公司 |

续表

| 序号 | 姓名 | 企业名称 |
|---|---|---|
| 61 | 毛润心 | 江苏新合作常客隆连锁超市有限公司 |
| 62 | 张黎霞 | 江苏新合作常客隆连锁超市有限公司 |
| 63 | 董宋珠 | 东莞市星瀚商贸有限公司 |
| 64 | 武向阳 | 胜利油田胜大超市 |
| 65 | 黄　硕 | 步步高商业连锁股份有限公司 |
| 66 | 倪　涛 | 步步高商业连锁股份有限公司 |
| 67 | 刘　虎 | 成都伊藤洋华堂有限公司 |
| 68 | 张建月 | 加贝物流股份有限公司 |
| 69 | 余　俊 | 江苏五星电器有限公司 |
| 70 | 郑年国 | 江苏五星电器有限公司 |
| 71 | 杨莉聃 | 雄风集团有限公司 |
| 72 | 张健军 | 台州市三和连锁超市有限公司 |
| 73 | 潘江茜 | 江西洪客隆百货投资有限公司 |
| 74 | 左　亮 | 新疆好家乡超市有限公司 |
| 75 | 汤小青 | 苏果超市有限公司 |
| 76 | 张大凯 | 苏果超市有限公司 |
| 77 | 冯亚娜 | 张家口佳美连锁超市有限公司 |
| 78 | 张玉莲 | 上海良友金伴便利连锁有限公司 |
| 79 | 王龙飞 | 山东长江汇泉集团超市有限公司 |
| 80 | 祝东红 | 山东长江汇泉集团超市有限公司 |
| 81 | 李永霞 | 山东全福元商业集团有限责任公司 |
| 82 | 朱云波 | 山东全福元商业集团有限责任公司 |
| 83 | 毛雨香 | 武汉武商量贩连锁有限公司 |
| 84 | 齐利君 | 武汉武商量贩连锁有限公司 |
| 85 | 张清敏 | 山东金孚隆股份有限公司 |
| 86 | 李兴友 | 山东新星集团有限公司 |
| 87 | 戚文平 | 山东新星集团有限公司 |
| 88 | 周　艳 | 新一佳超市有限公司 |
| 89 | 张伟标 | 新一佳超市有限公司 |
| 90 | 杨宏生 | 杭州联华华商集团有限公司 |
| 91 | 陆耀华 | 上海联华超级市场发展有限公司 |

续表

| 序号 | 姓名 | 企业名称 |
| --- | --- | --- |
| 92 | 徐维嬉 | 上海联华超级市场发展有限公司 |
| 93 | 李　岚 | 上海世纪联华超市发展有限公司 |
| 94 | 王　爽 | 重庆百货大楼股份有限公司超市分公司 |
| 95 | 伍建波 | 重庆百货大楼服份有限公司家用电器分公司 |
| 96 | 曹新可 | 重庆百货大楼股份有限公司家用电器分公司 |
| 97 | 季　丽 | 沃尔玛（中国）投资有限公司 |
| 98 | 李冬志 | 沃尔玛（中国）投资有限公司 |
| 99 | 杨晓虎 | 秦皇岛市家惠商贸有限公司 |
| 100 | 薛　薇 | 天虹商场股份有限公司 |
| 101 | 张银花 | 天虹商场股份有限公司 |
| 102 | 崔思停 | 成都红旗连锁股份有限公司 |
| 103 | 陶万松 | 成都红旗连锁股份有限公司 |
| 104 | 鲍向东 | 安徽省台客隆连锁超市有限责任公司 |
| 105 | 刘清和 | 安徽省台客隆连锁超市有限责任公司 |
| 106 | 陈　亮 | 浙江人本超市有限公司 |
| 107 | 严光苓 | 天津劝宝超市有限责任公司 |
| 108 | 刘志秀 | 东莞市糖酒集团美宜佳便利店有限公司 |
| 109 | 张　敏 | 江苏汇银电器连锁有限公司 |
| 110 | 赵玉虎 | 江苏汇银电器连锁有限公司 |
| 111 | 陈云夫 | 苏宁电器股份有限公司 |
| 112 | 刘　伟 | 苏宁电器股份有限公司 |
| 113 | 黄春明 | 上海捷强烟草糖酒（集团）连锁有限公司 |
| 114 | 胡静春 | 长春欧亚集团股份有限公司 |
| 115 | 韩近萍 | 长春欧亚集团股份有限公司 |
| 116 | 黄　永 | 东莞市都市丽人实业有限公司 |
| 117 | 杨钰莹 | 东莞市都市丽人实业有限公司 |
| 118 | 段乃刚 | 唐山市金客隆超市有限公司 |
| 119 | 沈明玉 | TESCO（中国） |
| 120 | 徐宗平 | TESCO（中国） |
| 121 | 张晓磊 | 北京华冠商贸有限公司 |
| 122 | 初从彬 | 利群百货集团股份有限公司 |

续表

| 序号 | 姓名 | 企业名称 |
|---|---|---|
| 123 | 王　敏 | 利群百货集团股份有限公司 |
| 124 | 陆梅香 | 安徽省徽商红府连锁超市有限责任公司 |
| 125 | 童广亮 | 安徽省徽商红府连锁超市有限责任公司 |
| 126 | 白春玉 | 盘锦兴隆大厦 |
| 127 | 王淑娟 | 山东家家悦集团有限公司 |
| 128 | 许爱霞 | 山东家家悦集团有限公司 |
| 129 | 魏英杰 | 秦皇岛兴龙广缘商业连锁有限公司 |
| 130 | 金　煜 | 万千百货股份有限公司 |
| 131 | 王淑玲 | 万千百货股份有限公司 |
| 132 | 徐　军 | 无锡天惠超市股份有限公司 |
| 133 | 陈淑艳 | 江苏千百美超市有限公司 |
| 共92家企业133位金牌店长 | | |

注：排名不分先后

# 2010 年超市食品安全状况调查报告

## 第一部分　绪论

### 一、调查的必要性

1. 调查是我国食品安全形势发展所必须

食品是人类赖以生存和发展的基本物质，是人们生活中最基本的必需品。在食品的三要素中（安全，营养，食欲），安全是消费者选择食品的首要标准。近年来，在世界范围内不断出现了食品安全事件，如“疯牛病”和“口蹄疫”事件，比利时的“二噁英”，国内的苏丹红、吊白块、毒米、毒油、孔雀石绿、瘦肉精、三聚氰胺等事件，使得我国乃至全球面临着越来越严峻的食品安全问题。日益加剧的环境污染和频繁发生的食品安全事件对人们的健康和生命造成了巨大的威胁，食品安全问题已成为人们关注的热点问题。

最新调查显示，94.5%的消费者认为当前中国的食品存在着安全问题，超过半数（52.3%）的消费者感觉“比较不安”，另有15.6%的消费者表示“非常不安”。可见食品安全问题已成为影响我国社会和谐、稳定的因素之一。

2. 调查有利于改善我国食品安全状况

专家认为，食品安全是生产出来的，不是检验出来的，因此需要从田间到餐桌的全程管理，食品安全问题涉及食品生产、加工、包装、营销、物流等各环节，需要一个全过程管理，需要从经济、道德、法律等多个层面入手，需要充分发挥行业协会、新闻媒体和社会民众的力量进行监督，建立健全以政府为主导，行业协会、新闻媒体和社会民众等第三方积极参与的食品安全监管体系。超市作为连接上游和消费者的中间环节，在未来食品安全的提升、推动方面将扮演着更加重要的角色，是消费者利益的保护者。对于来自上游产品的食品安全问题，通过中间环节的有效管控和实施，能够推动上游生产企业食品安全水平的提升，同时对于广大消费者也会产生一个重要的宣传、教育功效。超市作为提供安全食品的最好渠道成为人们关注的焦点，成为杜绝问题食品、保证人们购买到安全食品的最后一道防线。通过调查，暴露超市食品安全管理过程中所存在的问题和隐患，有利于改善我国食品安全状况。

### 3. 调查有利于提高超市的经营能力和信誉度

根据中国连锁经营协会2011年年初的行业调查，2010年中国连锁百强销售额达到1.2万亿元，占社会商品零售总额的11%左右，食品类商品的经营可达七千到八千亿元，因此从某种程度上讲，连锁超市已经成为城市消费者食品消费最重要的场所和最主要的渠道。超市一直被列为消费者认为最安全的购买场所，因此保障超市的食品安全对超市来讲责任重大，通过对超市食品安全状况的调查，将有利于提高超市的经营能力和信誉度，在消费者心目中建立“超市食品有保障”的良好口碑。

### 4. 调查有利于保障消费者的切身利益和身体健康

对全国超市食品安全状况进行调查，解决在管理过程中暴露出的问题，以落实国家有关食品卫生、食品安全的有关法律法规；要依靠完善的管理体制和符合经营实际的管理制度，将食品安全真正落实到经营过程的每一个环节，确保所出售的商品安全健康，保障消费者的切身利益和身体健康。同时加大食品安全和营养的宣传，加强消费者对食品安全和营养的认识。

## 二、调查内容

本次调查对我国超市在食品安全管理的要点、超市食品安全管理状况和应该知晓的法律法规三大方面进行全面、深入的调查，以了解2010年我国超市企业食品安全管理框架的构成和《食品安全法》等相关法律法规的实施状况。

### 1. 超市食品安全管理要点

调查包括对各超市在供应商和产品管理、卫生管理、冷链管理、法律法规和对消费者宣传等五个食品安全管理要点的考察。考察方法为：分别对这五个要点的重要程度/危害发生的严重程度/紧迫程度进行打分，1为最重要/最严重/最紧迫，5为最不重要/最不严重/最不紧迫。供应商和产品管理主要涉及供应商证照、资质、管理体系审核，供应商和产品信息记录，产品的抽检和质量监控，商品运输条件和收货标准管理，不合格商品的处理，以及包括相关制度的建立、执行与检核、责任的落实和培训等。卫生管理涉及超市清洁消毒、商品保质期管理、员工个人卫生、虫害控制方面制度的建立、执行与检核、责任的落实和培训等。冷链管理涉及商品运输、装卸、存储、货架等环节中温度和时间控制方面制度的建立、执行与检核、责任的落实和培训等。法律法规涉及给员工培训最新的法律法规、政策标准、规范等，积极配合政府执法，推进法律法规的落实，对法律法规中尚未明确的部分进行讨论分析并组织落实方案。对消费者宣传涉及对消费者进行文明消费理念和食品安全知识的宣传。

### 2. 超市食品安全管理状况

超市食品安全管理状况的调查内容涵盖管理层面情况、员工情况、日常管理和监督管理四大板块，每个板块包含多个调查内容，以充分了解我国超市食品安全管理的现状。

（1）管理层面

调查问卷通过重视程度、架构、岗位职责、人员配备、管理规范和预算等六点，调查超市管理层对食品安全的重视程度。

通过调查超市管理层在食品安全管理方面的参与程度，即是否建立明确的食品安全管理措施、是否设立专门的管理组等具体细节反映超市对食品安全的重视程度。调查内容还涵盖超市食品安全的资金来源；是否有完善的管理规范和标准；是否有独立的食品安全专业管理团队；企业每个工作人员的职责中是否都贯彻食品安全原则要求；超市的总部和门店配备的食品安全专职人员的数目等具体问题，以此反映我国超市食品安全管理的方式、构架和贯彻情况。

（2）员工情况

员工对食品安全管理措施的执行情况反映在员工执行力、沟通协调、企业激励机制和培训情况等方面，因此本次调查就以上四个方面展开。

调查问卷对超市是否有食品安全的执行标准、员工的执行情况，总店和门店之间的沟通机制，超市内所采取的员工评估和激励机制，超市是否会对员工进行食品安全管理方面的培训等方面的具体的情况进行调查。以此掌握超市员工对食品安全的了解、执行程度，并了解超市为提高员工食品安全意识而做出的投入和努力。

（3）日常管理

日常管理调查内容包括供应商管理、卫生管理、信息记录、温度记录、宣传、突击事件和撤架召回等七个方面。

在日常的管理中，供应商审核方式，卫生审核机制，日常信息记录和整理，设备设施的数据记录，消费者食品安全知识宣传，制定突发事件和撤架召回产品的处理办法等各个方面都会直接影响超市食品的安全状况。因此，就以上七个方面进行调查，以了解各超市对食品从进入到卖出，是否都实行了全面具体的管理办法保障食品安全。

（4）监督管理

超市中日常监督管理办法包括：数据察看、保质期管理和检测三个方面。

本次对超市日常监督管理的调查，旨在了解各超市对所供食品是否有专人进行数据记录、整理；保质期检查的频率和日常检测项目等具体情况。

### 3. 应该知晓的法律法规

调查还对超市应遵守的法律法规的落实情况进行了考察。其中，重点考察了十部相关的法律法规在各超市的落实情况，这十部法律法规为：《中华人民共和国食品安全法》（在本文中简述为《食品安全法》，下同）、《食品安全法实施条例》、《产品质量法》、《农产品质量安全法》、《动物防疫法》、《预包装食品标签通则》、《食品标识管理规定》、《产品标示标注规定》、《公共场所卫生管理条例》及《流通环节食品安全监督管理办法》。在调查时将落实情况分为五类——完全落实、部分落实但实施中存在问题、落实中、计划落实、不太清楚，由各企业主管选择在本企业相应的落实情况。

## 三、技术路线

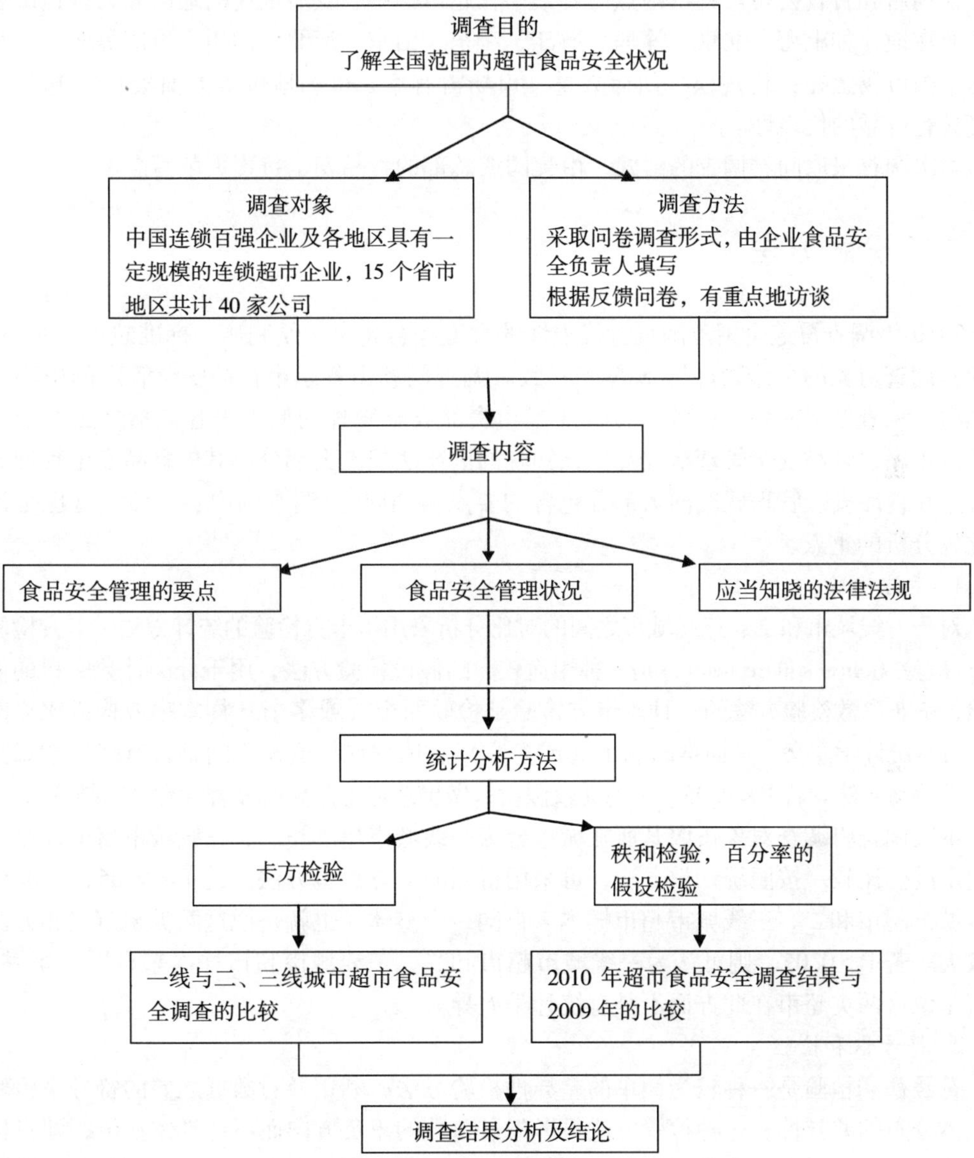


# 第二部分 技术报告

## 一、调查对象与方法

此次取样调查对象为中国连锁百强企业及各地区具有一定规模的连锁超市企业，覆盖了15个省市地区共计40家公司的总部，其中11家超市来自北京、上海、深圳等一线城市。回收有效调查问卷的40家公司中，包括外资企业，国有企业，民营企业，中外合资企业等。调查对象覆盖了目前中国销售食品主要的现代流通渠道——大型综合超市、超市、便利店和百货公司。超市地点主要集中在超市集中、发展快速的地区和大型超市公司总部所在地，如上海、北京、深圳、浙江、广东、山东、河北、四川、重庆等地。这些企业是中国市场上在销售规模、门店数量、市场占有率、市场地位等方面极具影响力的公司，具有可靠的代表性。

本次调查采取问卷调查的形式，由集团或总部的食品安全负责人填写。

## 一、分析方法

2010年调查覆盖全国范围具有代表性的大型综合超市、便利店、标准超市，共40家企业；调查对象的个体数目与2009年一致。调查问卷由各超市食品安全管理的中高层人员填写，调查结果完整、有效。2010年超市食品安全管理的调查内容包括食品安全管理的要点排序、食品安全管理状况和应该知晓的法律法规三大部分，其中食品安全管理的要点排序和食品安全管理状况两大部分包含的要点与2009年调查的内容一致，这也是该章节比较分析的重点。

1. 卡方检验

对于一线城市和二、三线城市之间的对比分析采用了卡方检验的统计方法。卡方检验或称 $\chi^2$ 检验（chi - square test），是一种用途较广的假设检验方法，用于分类计数资料的假设检验，是非参数检验方法的一种。卡方检验是检验两个（或多个）样本率或构成比之间差别是否有统计学意义，从而推断两个（或多个）总体率或构成比之间是否有统计学意义的统计学检验方法。若 $P<0.05$，拒绝无效假设，做出总体上差异有显著性意义的结论。

本次调查将调查对象按照其所在城市分为一线城市超市和二、三线城市超市，对这两类超市进行比较。按照统计学方法，可采用行列的卡方检验方法。若 $P<0.05$，不能认为一线城市超市和二、三线城市超市样本来自同一个整体，也就是说这两类超市在此方面差异较大。若 $P>0.05$，则可认为一线城市超市和二、三线城市超市样本来自同一个整体，也就是说这两类超市在此方面不具有统计学差异。

2. 符号秩和检验

符号秩和检验是一种较为简单的差异性检验方法，利用各对数据之差的符号来检验两个总体分布的差异性，这种检验方法只考虑了差数的正负方向而不计具体数值，即只检验两个总体之间是否存在差异而不考虑差异的大小。调查问卷中食品安全管理的要点涉及到供应商和产品管理、卫生管理、冷链管理、法律法规和对消费者宣传等五个方面，要求调查对象运用数字1-5分别对以上五要点的重要性、危害严重性和紧迫性进行描述，其中1为最重要（最严重、最紧迫），5为最不重要（最不严重、最不紧迫）。该调查内容与描述方法均与2009年一致。

将2010年调查结果中每个要点的重要性（或危害严重性、紧迫性）40个评分结果分别与2009年40家超市的评分结果相减，确定每对数据之间差异的符号。例如，2010年4号超市对“供应商和产品管理的重要性”评分是5，2009年4号超市该项评分是1；将结果相减：5 - 1 = 4，符号为“+”。将没有差异，即相减为“0”的剔出，分别计算正号数（$n^+$）和负号数（$n^-$），将正负号数目的和作为样本容量：$n = n^+ + n^-$；$n^+$与$n^-$中较小者为符号检验的统计量，即 $N_s = \min(n^+, n^-)$。设定置信水平 a，将 $N_s$ 与负号检验临界值 $N_{a(n)}$ 表中的临界值比较，若 $N_s \geq N_{a(n)}$，则说明2010年调查结果与2009年差异不显著；反之，则说明差异显著。

3. 维尔克森 - 曼 - 惠特尼秩和检验

维尔克森 - 曼 - 惠特尼秩和检验常用于成组设计两样本的比较，可以比较发现两样本分别代表的总体分布位置有无差异。

2010年调查问卷中“超市食品安全管理状况”这一项覆盖管理层面情况、员工情况、日常管理和监督检查四个方面，每个方面又涵盖多个考察的项目，要求调查对象根据超市现状在A、B、C、D中选择与实际情况最贴切的一项。与2009年相比，虽然抽样调查的超市不同，但调查对象数目相同、调查问卷设计结构一致、且调查结果表述统一，可以采用维尔克森 - 曼 - 惠特尼秩和检验对该两年的调查结果进行比较分析，针对每一个调查项目，分别计算各个超市选择A、B、C、D的数目。例如，管理层面情况中“人员配备”的调查结果显示：选择A、B、C、D的超市个数分别是2、12、6、20；2009年该项调查结果是：2、17、11、10。将两年调查结果中各选项被选次数相加，得到A、B、C、D分别被选次数是4、29、17、30；从A到D编秩次，即对A编号1 - 4、B编号5 - 33、C编号34 - 50、D编号51 - 80。两样本含量 $n_1 = n_2 = 40$，样本总量 $N = n_1 + n_2$；计算出 $n_1$ 组的秩和T1，运用公式计算，并利用u检验进行分析。

4. 百分率的假设检验

百分率的假设检验是由两个样本百分率的差异去推断它们所在总体百分率是否存在差异。

在超市食品安全调查报告中，“食品安全管理要点”要求对调查对象运用数字1 - 5分别对以上五要点的重要性、危害严重性和紧迫性进行描述，其中1为最重要（最严重、最紧迫），5为最不重要（最不严重、最不紧迫）。分别统计每个调查内容1 - 5出现的频次，除以调查对象的个数（40），则得到每个选项的百分比。将连续两年的调查结果百分比相比较，可以探讨超市食品管理要点的重要程度（严重程度、紧迫程度）是否发生改变。

“超市食品安全管理状况”要求调查对象根据超市现状在A、B、C、D中选择与实际情况最贴切的一项。与2009年比较，调查内容相同、且各选项代表的内容一致，可以采用这种统计方法对连续两年的调查结果进行分析，探讨超市安全管理状况是否有所改善、并发现是哪些方面发生了变化。

## 三、调查结果

### （一）综述

1. 企业管理层对食品安全管理要点的重视程度

调查中发现，各企业食品安全负责人认为对供应商和产品管理是最重要和紧迫的，特别是相对于卫生管理，冷链管理、法律法规及对消费者宣传显得更为重要和紧迫。

在对危害的严重性的选择中，大多企业认为卫生管理可能产生的危害最为严重，其次为供应商和产品管理、冷链管理、法律法规、对消费者的宣传等。

相对而言，企业对消费者进行文明消费的理念宣传及对消费者进行食品安全知识的宣传上显得稍微不足。

2. *食品安全管理状况*

（1）企业管理层的设置上

60%的企业的管理层非常重视食品安全，有具体明确的落实措施，并且在企业宣传中有体现。40%的企业董事会下设专业管理委员会，认为食品安全是企业发展战略优势，并在企业文化中有明确的体现。19家企业有独立于采购或营运部的食品安全专业部门，并直接向总经理汇报。24家企业的每个工作人员的职责中都有食品安全方面具体明确的要求，并随政策法规的调整不断完善。23家企业有符合法律要求的企业食品安全管理文件，12家企业有完善的管理规范和标准且标准高过法律要求。这说明大部分企业注重食品安全相关的法规政策，并有自己的管理规范及标准。在预算方面，大多数企业有相关的食品安全的专项资金。这也侧面说明了对食品安全的重视在不断增加。

（2）员工情况

60%～75%的企业有明确统一的执行标准，内部有监督和评估机制，总店与门店、门店间有良好的沟通，与政府、媒体、消费者都有明确的沟通机制，有明确的激励机制，内部审核评估和绩效挂钩，有规划地对不同层面的员工进行专业知识培训和现场操作培训并进行考核。这样可以从员工层面增加对食品安全的重视程度，有利于实现最终目标，让老百姓吃到安全的食品。只有少部分的企业请第三方机构进行监督和评估和由第三方专业公司进行独立测评。

（3）日常管理

90%以上的企业对供应商均有证照审核，并对店内经营的部分高风险食品生产厂商进行审核。70%的企业会在商品旁做知识宣传，并不定期地进行食品安全专题宣传；对待突发事件有管理办法、沟通机制和明确的管理团队；有撤架召回管理办法，严格实施执行，并定期验证。

（4）监督检查

92%的企业对温度记录，耗材更换数据等安排专人定期检查数据记录的情况，50%的企业能够根据记录数据进行调整。29家企业安排员工定期检查货架和仓库商品保质期，质量部进行不定期抽查；10家企业的门店员工定期自查、互查商品保质期，质量部按比例抽查并请专业服务公司抽查。35%的企业每个门店的商品都可以进行农残快速检测，并进行不定期送检。35%的企业有快检设备，对商品进行定期送检并聘用专业实验室抽检。

3. *对法律法规的知晓程度*

30家企业对《食品安全法》的条款完全落实，7家企业部分落实，但在实施中存在问题，2家正在落实中。27家企业对《食品安全实施条例》进行了完全落实，11家企业部分落实，但存在问题。95%以上的企业对食品安全的相关法律法规可以基本落实，只有1家企业对《农产品质量安全法》不太清楚。由此可见《食品安全法》等系列法律法规的出台，对推动行业的食品安全建设起了重大的作用，企业在新法实施后都开始有重点地提升和加强企业的内部管理。

4. 我们的建议

（1）推动从业人员专业知识的培训。

（2）发动志愿者宣传食品安全知识。

（3）设立独立的食品安全管理部门。

（4）加大食品安全相关设施的投入，大力推动零售商的第三方检测。

## （二）一线与二、三线城市的比较——管理层对食品安全管理的认识

食品安全管理的要点包括供应商和产品管理、卫生管理、冷链管理、法律法规、对消费者宣传等五点。调查结果显示，大部分超市高层认为供应商和产品管理、卫生管理、冷链管理是保证食品安全性的重要因素。

1. 供应商和产品管理

供应商和产品管理涉及供应商证照、资质、管理体系审核，供应商和产品信息记录，产品的抽检和质量监控，商品运输条件和收货标准管理，不合格商品的处理，包括相关制度的建立、执行与检核、责任的落实和培训等。供应商和产品管理基本决定了食品是否安全。绝大部分超市高管将供应商和产品管理放在最重要的位置，认为该要点是危害食品安全最严重的因素之一，这一点一线城市超市和二、三线城市超市差异不大（卡方检验，$P>0.05$）。但是在该要点的紧迫性上，一线城市超市和二、三线城市超市的差异达到显著（卡方检验，$P<0.05$）。超过半数的二、三线城市超市认为供应商和产品管理亟须改进，而超过半数的一线城市超市认为虽然需要改进但并不是特别紧迫。原因可能是一线城市超市供应商和产品管理相关制度的建立、执行与检核、责任的落实和培训等工作进行的比二、三线超市早，已经较完善。

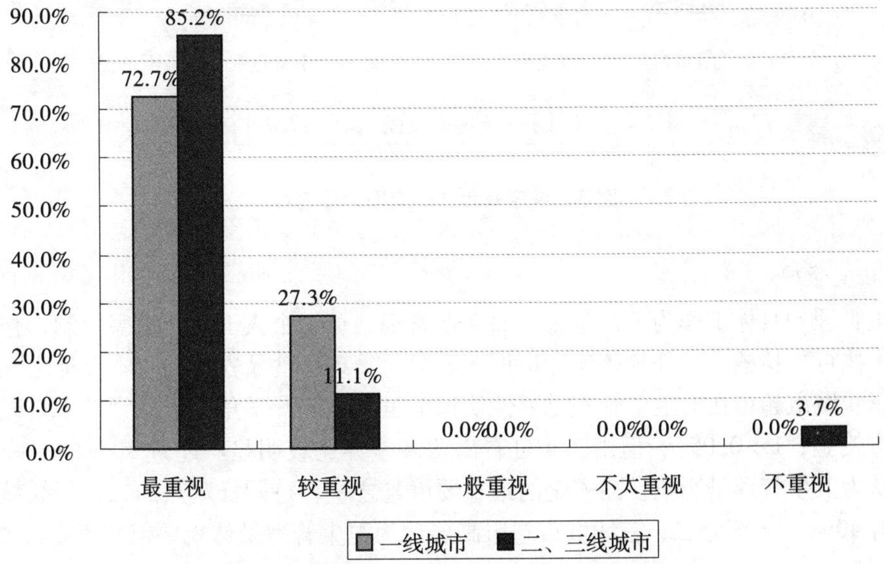


**图 1　供应商和产品管理重要性的重视程度**

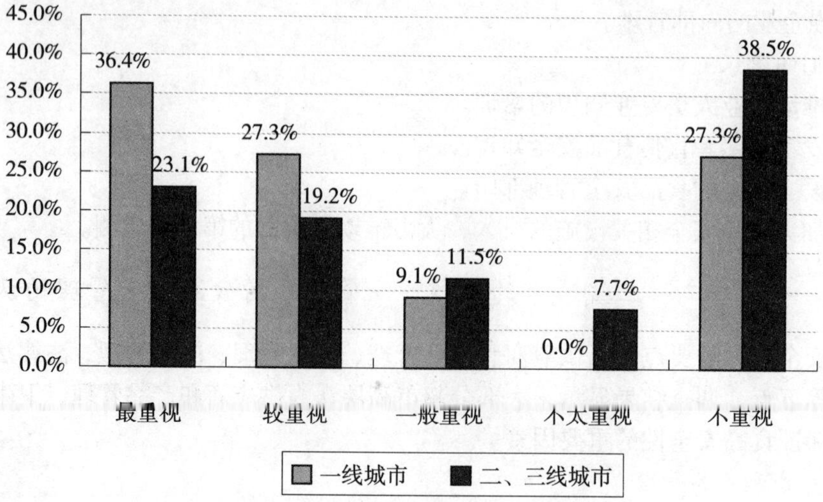


**图 2 供应商和产品管理发生危害的严重性**

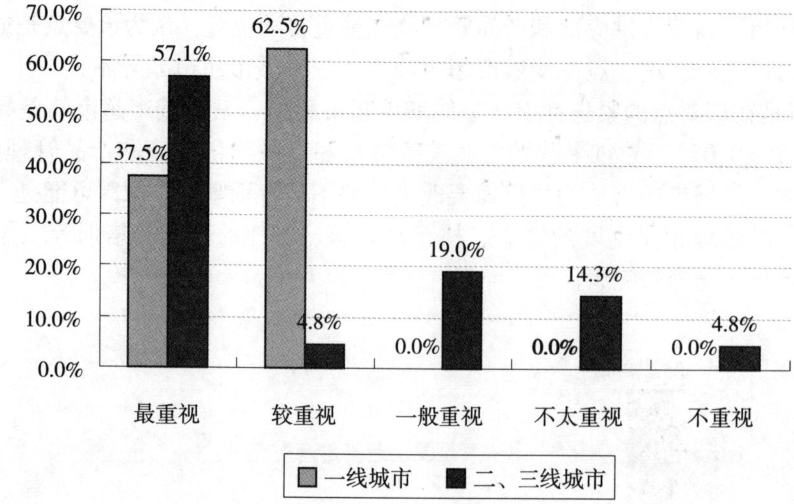


**图 3 供应商和产品管理的紧迫性**

2. 卫生管理

卫生管理的具体工作为清洁消毒、保质期管理、员工个人卫生、虫害控制，包括制度的建立、执行与检核、责任的落实和培训等。卫生管理是食品安全的基本保证之一。一线和二、三线城市超市在对卫生管理重要性认识上虽然从统计学角度可认为是来自同一个样本（卡方检验，P＞0. 05），但由图 4 可看出两者差异比较明显。超过 80% 的一线城市超市高层认为卫生管理是影响食品安全的最重要因素之一，持同样观点的二、三线城市超市高层只有 40% 。大部分二、三线城市超市高层认为卫生管理虽然重要但并不是最重要的。

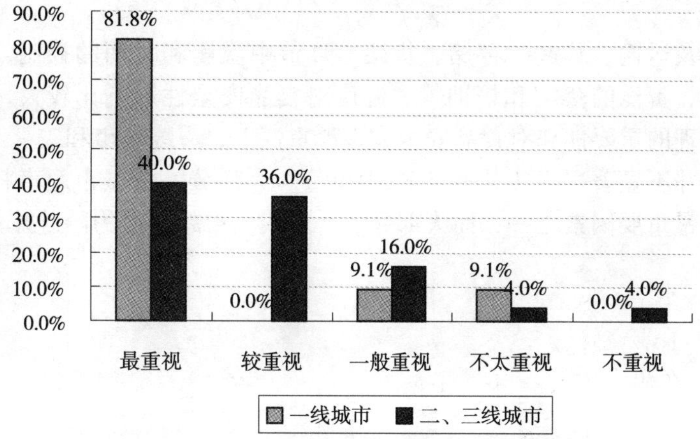


**图 4　卫生管理重要性的重视程度**

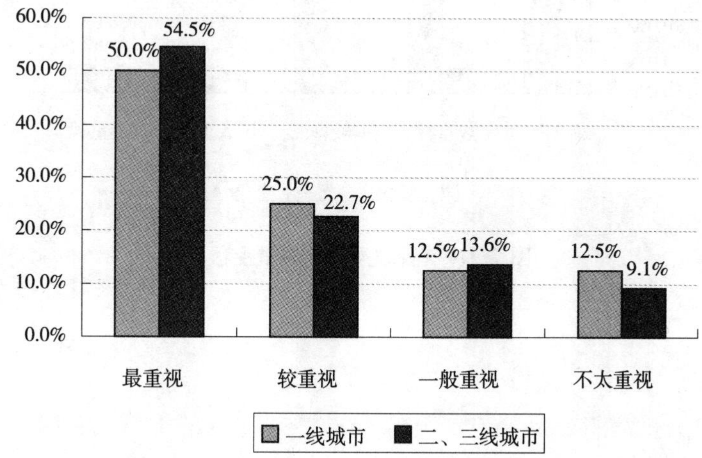


**图 5　卫生管理发生危害的严重性**

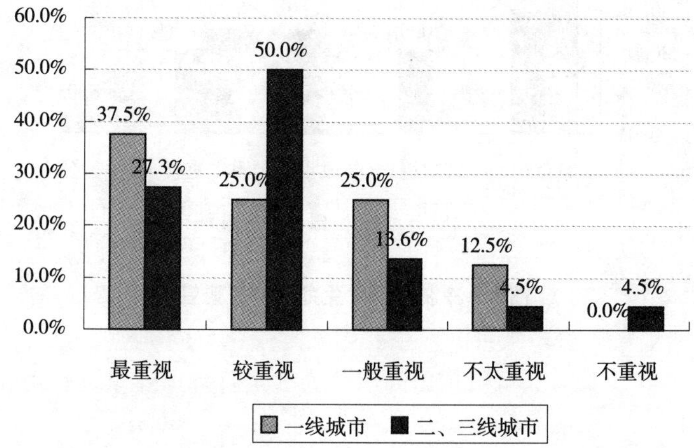


**图 6　卫生管理的紧迫性**

3. 冷链管理

冷链管理涉及运输、装卸、存储、货架等环节中温度和时间的控制，包括制度的建立、执行与检核、责任的落实和培训等。温度对食品安全性影响比较大，尤其是生鲜熟食。在对冷链管理的重要性和对食品安全危害严重性上，一线城市和二、三线城市的超市有一定差异，但并不显著（卡方检验，P＞0.05）。大部分一线城市超市将冷链管理视为影响食品安全的最重要因素之一，而大部分二、三线城市超市认为冷链并非十分重要。

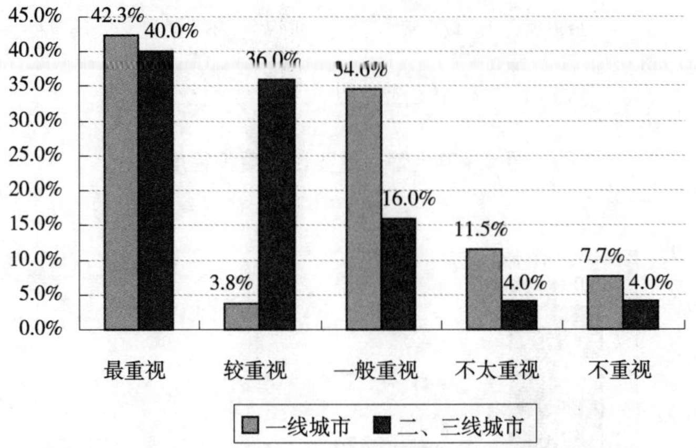


**图 7　冷制管理重要性的重视程度**

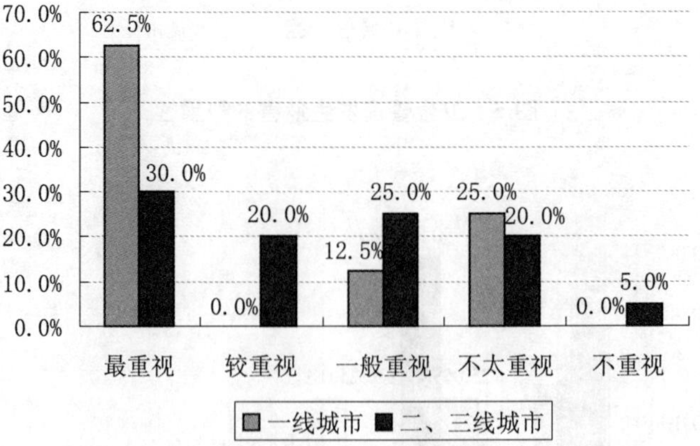


**图 8　冷制管理发生危害的严重性**

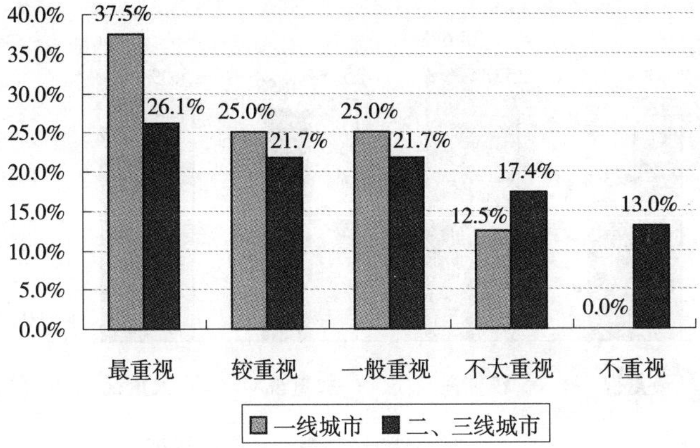


**图 9 冷制管理的紧迫性**

4. 法律法规

法律法规要点的具体工作包括给员工培训最新的法律法规、政策标准、规范等；积极配合政府执法；推进法律法规的落实；对法律法规中尚未明确的部分进行讨论分析并组织落实方案。

一线城市和二、三线城市超市在不落实法律法规造成的危害和落实的紧迫性方面差异不大，认为最严重和最紧迫、比较严重和紧迫、一般严重和紧迫、不太严重和紧迫的比例都差不多。但是一线城市和二、三线城市超市在实法律法规的重要性上差异较大，但尚未达到显著水平（卡方检验，$P>0.05$）。超过 80% 的一线城市超市认为法律法规是保证食品安全的最重要因素之一，但同意此观点的二、三线城市超市不到 50%。联系本调查第三部分各超市的法律法规落实情况可以推论，二、三线城市超市高层对法律法规的认识不足，需要提高对法律法规的重视。

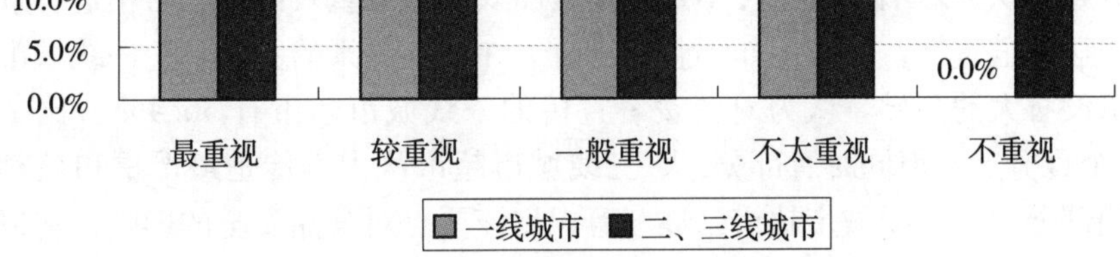


**图 10 法律法规的紧迫性**

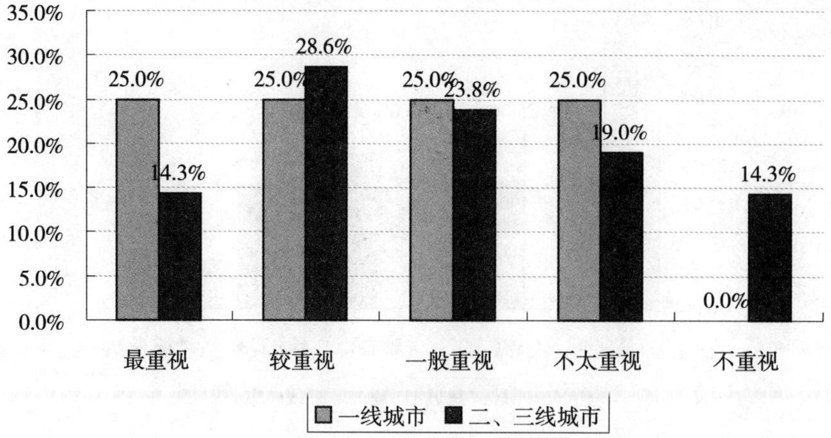


**图 11　法律法规发生危害的严重性**

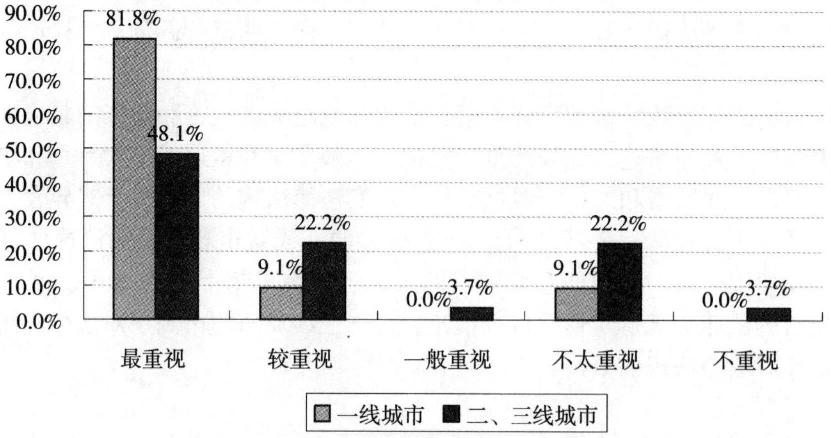


**图 12　法律法规严重性的重视程度**

5. 对消费者宣传

超市对消费者宣传包括对消费者进行文明消费理念的宣传和食品安全知识的宣传两方面。大部分超市认为对消费者宣传不是保障食品安全性的重要因素，若不进行宣传对食品安全没有明显的危害性，宣传工作不急于进行。在对本要素的看法上，一线城市和二、三线城市超市没有大的差异。认为对消费者宣传的一线城市超市有 36. 4%，比二、三线城市高出 13 个百分点。但同时有部分二、三线城市超市认为宣传是最严重和最紧迫的因素之一，说明部分二、三线城市超市已逐渐意识到该要点对食品安全的影响，在以后的工作中可能会加强对消费者的宣传。

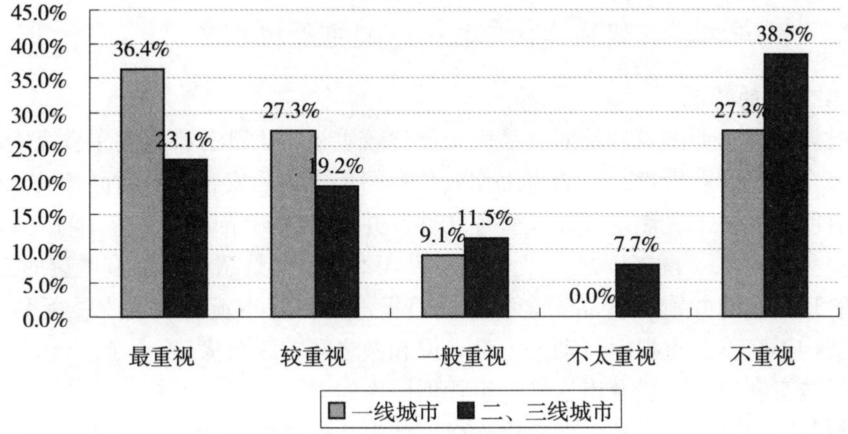


**图 13　对消费者宣传重要性的重视程度**

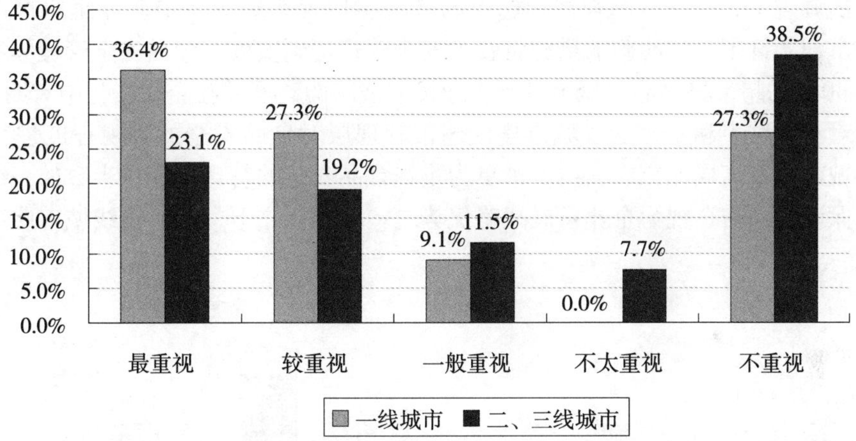


**图 14　对消费者宣传发生危害的严重性**

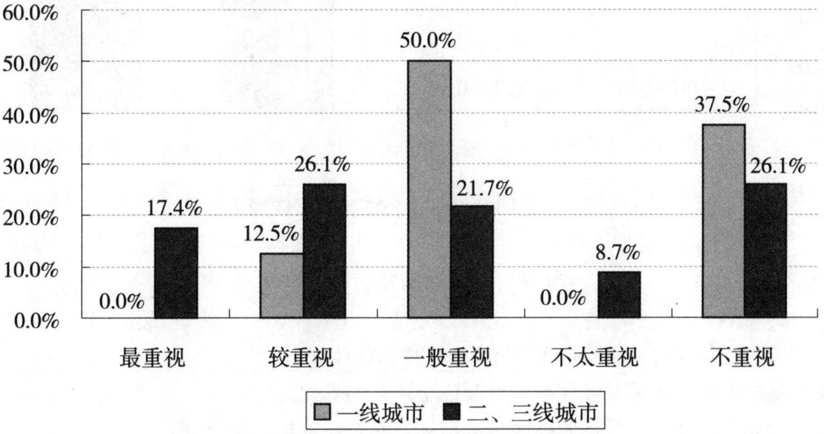


**图 15　对消费者宣传的紧迫性**

## （三）一线与二、三线城市的比较——超市管理状况

### 1. 管理层面的情况

本次被调查的企业的管理层对食品安全都比较重视，大部分都成立了食品安全管理团队对食品安全进行专业管理，总店有工作人员专门负责食品安全，在食品相关工作人员工作职责中有明确的要求，制定了相关管理文件，并拨专款给予资金支持。与此同时，“管理架构不完善”、“人员配备不足”及“资金投入不足”又是超市面临最严重的三个方面。就是说，管理层过问并重视食品安全工作，但仍停留在基本流程管理上，配套的资金不足、管理架构不完善。重视但行动力不足，说和做之间差距较大。

对一线城市和二、三线城市连锁超市管理层面的重视程度、架构、岗位职责、人员配备、管理规范、预算等方面进行卡方检验得出结论，一线城市和二、三线城市在此六个方面差异均没有显著性（$P>0.05$）。

（1）管理层对食品安全工作的重视程度

在本次调查中，所有被调查连锁超市的管理层均表示对食品安全方面的管理非常重视，各超市均制订了具体明确的措施将食品安全管理落到实处，食品安全管理体系也已建立。其中 40% 的超市将食品安全上升到企业发展战略的高度并在企业文化中有明确体现。

通过对一线城市和二、三线城市连锁超市管理层对食品安全的重视程度进行比较发现，一线城市超市高层比二、三线城市更为重视食品安全的管理。超过半数的一线城市超市高层将保证食品安全视为企业发展战略优势之一，相比之下，二、三线城市此项比例仅为三分之一。

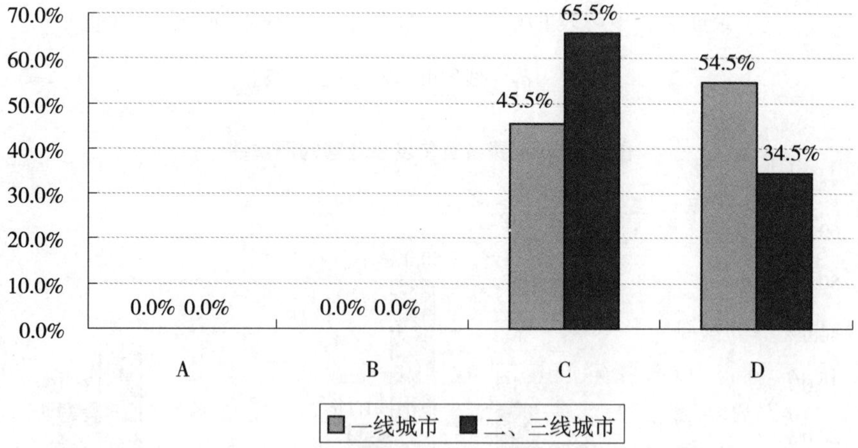


**图 16　对食品安全的重视程度**

选项：

A——企业管理层很少过问，食品安全不出大问题就可以；

B——管理层较重视；着手开展体系建设和资金落实的具体工作；

C——管理层非常重视；有具体明确的落实措施；在企业宣传中有体现；

D——董事会下设专业管理委员会；食品安全是企业发展战略优势；企业文化中有明确体现。

（2）企业管理构架

一线城市中，54.5%的连锁超市在董事会下设立了食品安全专业管理委员会，而二、三线城市的该委员会设立比例为34.5%。

近75%的连锁超市设立了独立的食品安全管理部门，其中一线城市中该部门的设置比例超过90%，比二、三线城市高出20%。大部分超市将该部门独立于采购或营运部且直接向总经理汇报，也有部分超市将该部门隶属于采购运营部门或者由营运部门兼任。但同时，也有个别超市并没有设立食品安全专业管理团队或部门：二、三线城市中该比例仅为3.6%；而一线城市该比例比二、三线城市略高，为9.1%。

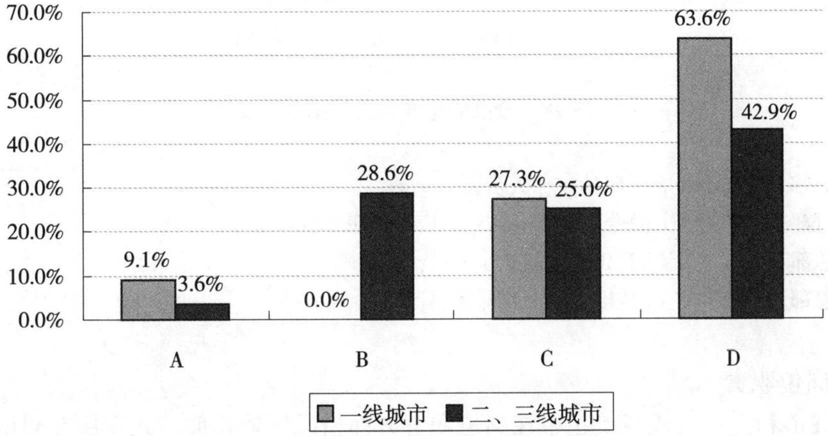


**图17　食品安全管理构架情况**

选项：

A——没有食品安全专业管理团队或部门；

B——有食品安全管理团队；由营运部门兼任；

C——在采购或营运部门下，有独立的部门；

D——有独立于采购或营运部的专业部门，直接向总经理汇报。

（3）专职人员的配备

在人员配备方面，95%的连锁超市都至少有一名专职负责食品安全的工作人员，其中一半超市该岗位人数超过10人。与二、三线城市相比，一线城市食品安全专职人员数量相对较多，多为10人以上。而二、三线城市食品安全专职人员多在10人以下。

由于二、三线城市的超市总店和门店在规模和数量上不及一线城市，因此专职负责食品安全的工作人员相对较少。另外，人员配备数量与食品安全管理团队的独立状况呈正相关，一线城市超市的食品安全管理团队多为隶属于采购营运部门的独立部门或独立于采购营运部的专业部门，而二、三线城市超市的食品安全管理团队有相当一部分是由营运部门兼任，也是二、三线城市连锁超市专职食品安全人员较少的原因之一。

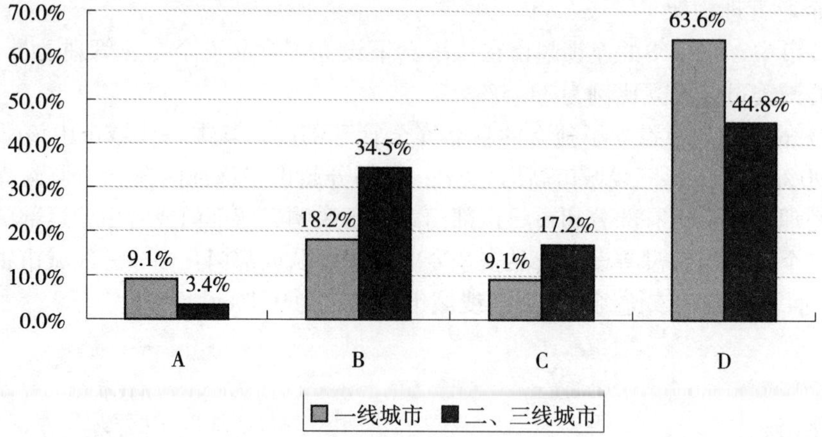


**图 18　食品安全专职人员配备情况**

选项：

A——总部和门店都没有专职的工作人员；

B——总部有不超过 3 人的专职工作人员；门店有兼职人员；

C——总部和门店共有 4 到 10 位专职工作人员；

D——总部和门店共有 10 位以上专职工作人员。

（4）岗位职责

一线城市和二、三线城市超市在岗位职责方面情况比较相似。几乎所有超市对食品相关工作人员以及企业管理层的工作职责中都有明确的要求。一线城市和二、三线城市都有超过六成的超市将对食品安全方面的负有职责的人员范围扩大至所有工作人员，并且职责随政策法规的调整不断完善。但也有个别二、三线城市超市只要求专职团队对食品安全负有职责。希望此类企业能够加强管理层和员工的食品安全意识，将食品安全作为全企业的共同责任。

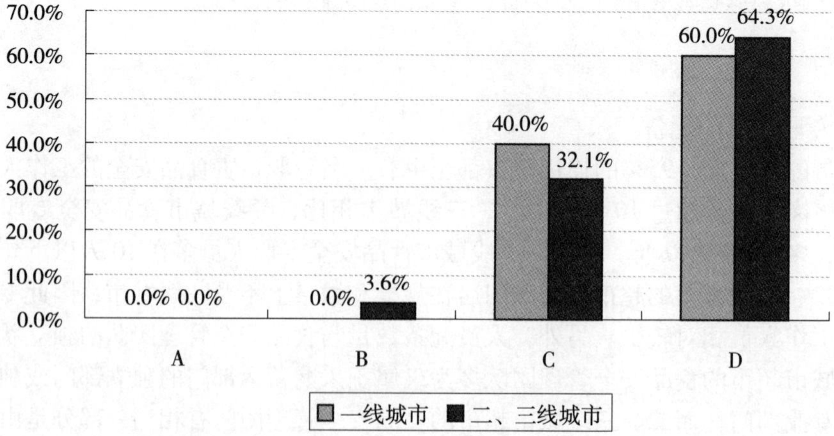


**图 19　制定食品安全岗位职责情况**

选项：
A——在所有员工的工作职责中没有食品安全方面的要求；
B——仅专职团队的岗位职责描述中有食品安全的要求；
C——食品相关工作人员以及企业管理层的工作职责中都有明确的要求；
D——企业每个工作人员的职责中都有食品安全方面具体明确的要求；随政策法规的调整不断完善。

（5）管理规范

随着对食品安全重视度的提高，各连锁超市也都各自建立了明确的食品安全标准、制度和管理规范文件。过半数的一线城市连锁超市制定的管理文件较完善，且标准高于法律要求。而二、三线城市中只有 20.7% 的超市食品安全标准高于法律要求。国家法律及标准中的规定只是保证食品安全的最低限，高于法律要求的标准有助于更好地保证食品的安全性和品质，并且提高本企业在同业竞争中的优势。

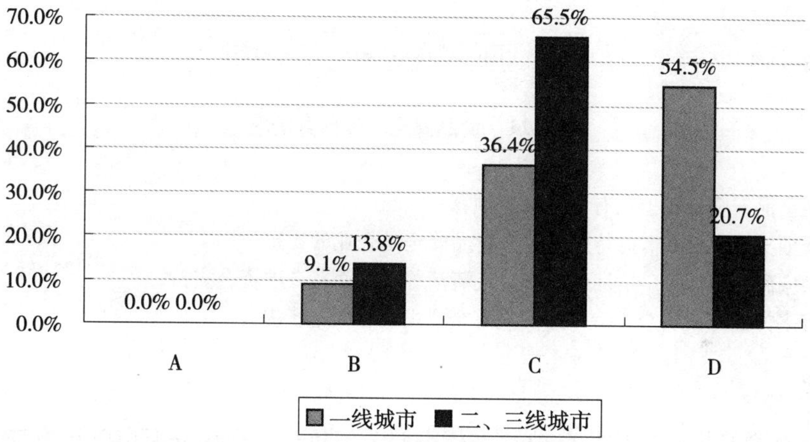


**图 20 管理规范**

选项：
A——没有明确的企业管理规范文件；
B——有食品安全方面的标准、制度和管理文件；
C——有符合法律要求的企业食品安全管理文件；
D——有完善的管理规范和标准；标准高过法律要求。

（6）预算

虽然各超市对食品安全越来越重视，但用于开展食品安全相关工作的资金投入仍旧略显不足，尤其是二、三线城市的企业。10% 的企业表示没有食品安全工作的专项资金预算，27.5% 的企业食品安全专项资金有限，需要特别申请。一线城市连锁超市对食品安全工作的资金比二、三线城市充足。超过 81% 的一线城市连锁超市提供了供应商审核、员工培训、门店卫生清洁等多方面的专项资金以支持食品安全工作的开展，其中三分之二的企业该项经费随着企业发展壮大稳步提升。而二、三线城市中，只有 55% 的连锁超市提供审核、培训等多方面的专项资金，31% 的超市资金支持有限，尚有 13.8% 的企业在食品安全工作上没有专项资金。各连锁超市应合理提高用于审核、员工培训、门店卫生清洁等多方面的专项资金预算，以便更顺利、更好、更全面地开展食品安全工作，将食品安全工作真正落到实处。

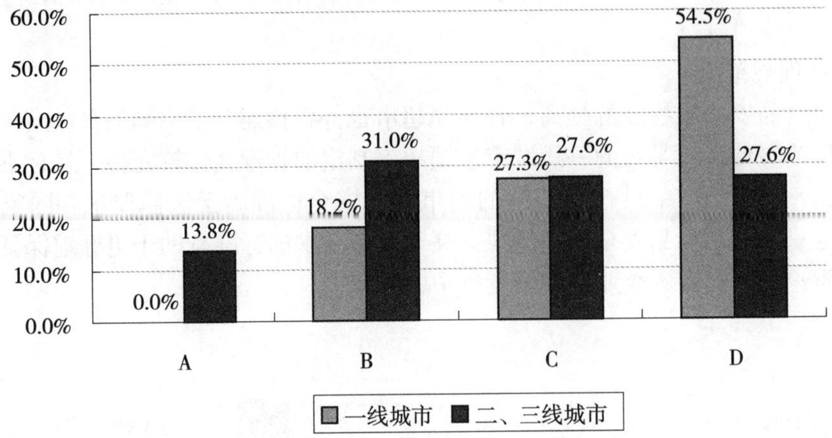


**图 21　食品安全工作预算情况**

选项：

A——在食品安全工作上没有专项资金预算；

B——资金支持有限，需要特别申请；食品安全是企业的支出；

C——供应商审核、员工培训、门店卫生清洁等多方面有专项资金支持；

D——有多方面专项资金支持；经费随着企业发展壮大稳步提升。

2. 员工情况

各超市就食品安全工作均已建立了标准并监督执行，大部分超市已将员工食品安全工作执行情况与激励机制挂钩。绝大部分超市已经对培训比较重视，对员工进行过食品卫生安全方面培训。在内部和外部的沟通上，各企业均建立了一定的沟通协调机制。对一线及二、三线城市连锁超市员工的执行力、激励机制、培训、沟通协调四方面的调查数据进行卡方检验得出，一线城市和二、三线城市的激励机制、培训、沟通协调差异没有显著性（$P>0.05$），但员工执行力方面差异极显著（$P<0.01$）。

（1）员工的执行力

调查结果显示，所有被调查企业均已建立了食品安全工作执行标准，由主管、内部监督员或第三方机构进行监督和评估。经过卡方检验，一线城市和二、三线城市员工执行力方面差异极显著（$P<0.01$）。一线城市和二、三线城市的连锁超市中，由主管监督食品安全工作的执行的分别为 9.1% 和 6.9%，差异并不是十分明显。这些超市监督和评估体系不是十分完善，员工的执行状况一般。一线城市中，54.4% 的连锁超市由第三方机构进行监督和评估，36.4% 的连锁超市有内部监督和评估机制，这些超市的执行标准明确并且统一，执行情况良好。二、三线城市中，第三方机构进行监督和评估的超市仅占 3.4%，高达 89.7% 的超市由内部进行监督和评估。由内部还是第三方来监督和评估是造成一线城市和二、三线城市企业员工执行力方面差异极显著的主要原因。一般，在监督和评估方

面第三方机构比内部更加客观、严格和完善，能够促使员工更加严格地遵守执行标准，提高执行力。可能由于资金有限或者有此方面监督评估资质的第三方机构较少，二、三线城市企业绝大多数选择进行内部监督和评估。

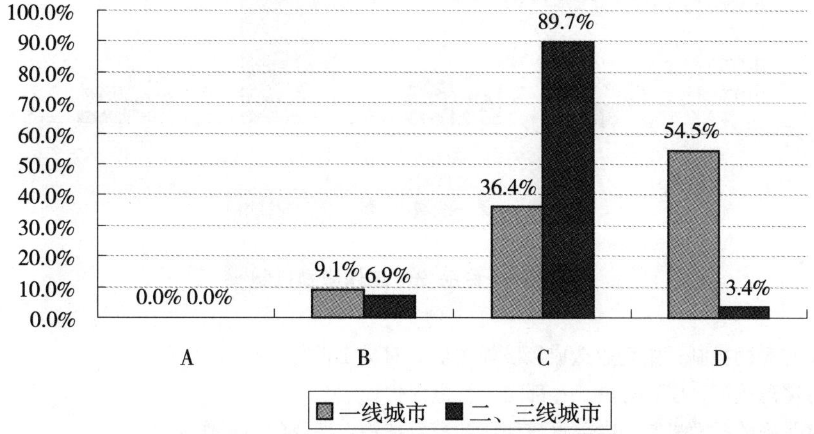


**图 22　员工对食品安全工作的执行力**

选项：

A——没有执行标准；有主管指导和监督员工工作；

B——有执行标准；有主管监督工作；员工执行状况一般；

C——有明确、统一的执行标准；执行情况良好；内部有监督和评估机制；

D——经费随着企业发展壮大稳步提升，有明确、统一的执行标准；员工严格执行；请第三方机构进行监督和评估；员工能快速熟悉并执行新标准。

（2）激励机制

将食品安全监管和员工激励机制进行有效结合，能够提高员工对食品安全的重视程度。从此次调查来看，近 80% 的企业都建立了激励机制。一线城市的企业激励机制的建立达到 100%。其中 8.3% 的企业有一定的仅针对员工的奖惩措施，由各部门主管评价；75% 的企业的激励机制涉及门店员工，由内部审核评估，和员工绩效挂钩；3.3% 的企业将涉及人员扩大至企业各层面工作人员，由第三方专业公司独立测评，激励机制执行得也更为严格。相比一线城市，二、三线城市的连锁超市在激励机制方面的工作需要进一步加强。其中 10% 的企业只对给企业造成经济损失的员工进行处罚，而并未建立激励机制。涉及员工、门店员工、企业各层面人员的企业比例分别为 16.7%、70%、3.3%。

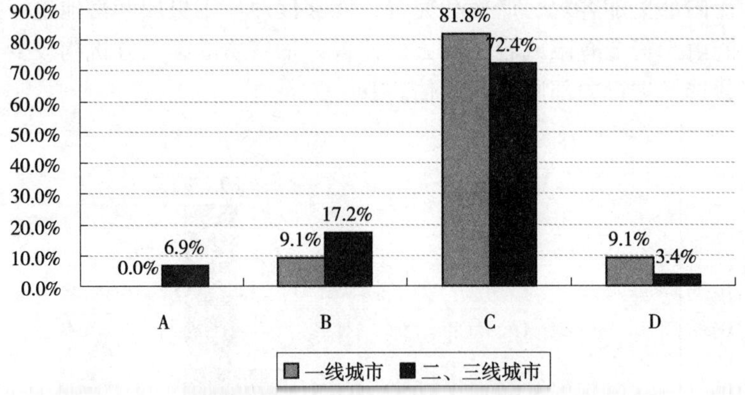


**图 23　食品安全工作激励机制**

选项：

A——没有激励机制；给企业造成经济损失后，对员工进行处罚；

B——有奖惩政策；仅针对员工；部门主管做评价；

C——有明确的激励机制，内部审核评估和绩效挂钩；涉及门店工作人员；

D——严格执行激励机制；第三方专业公司独立测评；涉及企业各层面工作人员。

（3）培训

对员工进行食品安全方面的培训有助于提升员工的食品安全和卫生意识。一线城市企业均有对员工进行食品安全培训的规定，其中超过 70% 的企业有规划地对不同层面的员工进行专业知识培训和现场操作培训并进行考核，近 30% 的企业定期进行理论培训并对培训效果进行跟踪且根据需要随时进行现场专业培训。二、三线城市企业中，能够有规划地对不同层面的员工进行专业知识和现场操作培训的企业不到六成，跟踪培训效果和进行现场专业培训的企业只有 20.7%，没有或只在入职时进行过食品安全培训的企业超过五分之一。虽然经过卡方检验，一线城市和二、三线城市在员工培训方面的差异未达到显著，但二、三线城市与一线城市企业提高对培训的重视程度差距较大，需要定期对不同层面的员工进行专业知识和现场操作培训以提高员工的食品安全意识。

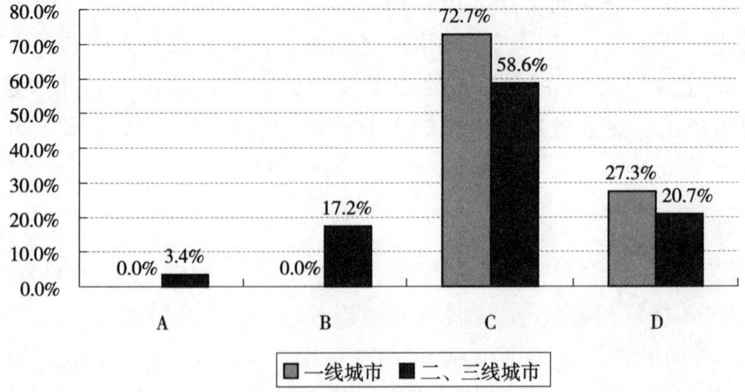


**图 24　食品安全相关培训情况**

选项：

A——没有食品安全专业培训；

B——入职时员工有理论培训；也参加政府部门组织的培训；

C——有规划地对不同层面的员工进行专业知识培训和现场操作培训，并进行考核；

D——定期进行理论培训；有培训效果跟踪；随时进行现场专业培训。

（4）沟通协调

超市内部间的沟通协调和与外部的沟通协调是保障食品安全的因素之一。内部间的沟通协调包括总部与门店、门店间的沟通协调，外部的沟通协调包括企业与政府、媒体、消费者间的沟通协调。本次被调查的超市都意识到了沟通协调的重要性，建立了相关机制。调查中涉及的所有的一线城市超市和97%的二、三线城市超市沟通协调机制比较完善、内部沟通良好，各方面均能够沟通顺畅的比例分别为63.%和58.6%。但也有个别二、三线城市内部沟通顺畅但缺乏明确的外部沟通协调机制，此部分企业需加强与外部的沟通交流。

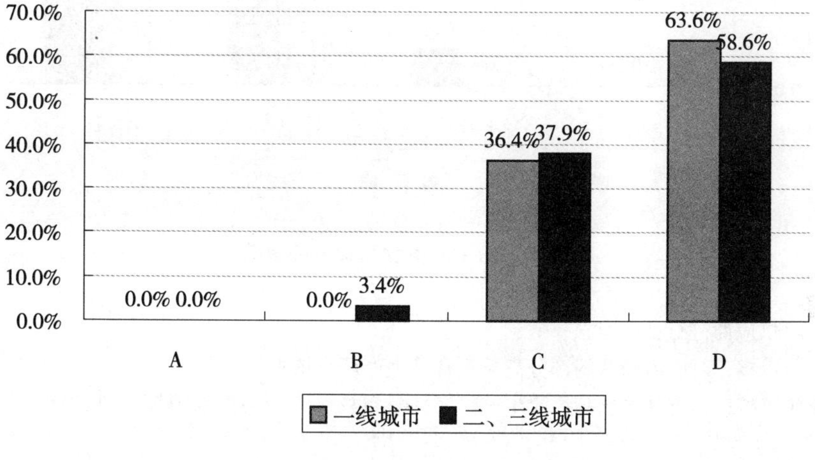


**图 25　沟通协调**

选项：

A——没有明确的沟通协调机制；

B——总部到门店沟通顺畅；与政府、媒体、消费者没有明确的沟通机制；

C——总部与门店、门店间都有良好的沟通；与政府、媒体、消费者都有明确的沟通机制；

D——有良好的内部和外部沟通协调机制；各方面的沟通顺畅。

3. 日常管理

日常管理包括供应商、卫生、信息记录、温度记录、宣传、突发事件和撤架召回等七个方面。分别对一线城市和二、三线城市连锁超市这七方面的数据进行卡方检验，这两类城市在卫生审核方面的差异达到了极显著（$P<0.01$），其他六个方面的差异均不显著（$P>0.05$）。但从数据可以看出，一线城市超市在日常管理方面总体表现良好，二、三线城市个别超市对日常管理工作重要性的认识不足。

（1）供应商审核

供应商审核制度是从供应环节保证食品安全的重要制度。本次调查涉及的超市都对供应商审核比较重视，除了对供应商进行证照审核外，还会对自有品牌和部分或全部高风险食品生产厂家审核。供应商审核制度的超市不仅审核自有品牌和高风险食品生产厂家，还会对其他食品生产厂抽检，采取此种审核制度的一线城市和二、三线城市超市分别占到了50%和42.9%。一线城市和二、三线城市企业中对自有品牌和高风险生产厂家审核、有“质量否决采购权”、不抽检其他食品生产厂的超市均占总数的一半。有7.1%的超市审核自有品牌和部分高风险食品生产厂家，建议其将审核范围扩至全部高风险食品生产厂家。

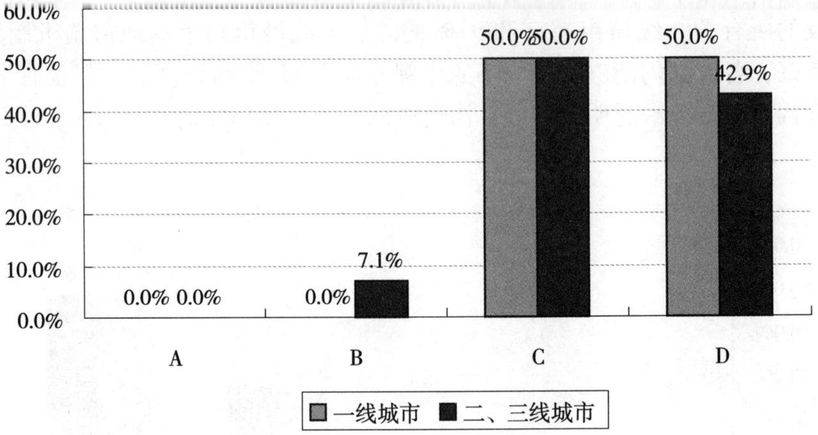


**图 26　对供应商食品安全的审核**

选项：

A——仅对供应商进行证照审核；

B——证照审核；对店内经营的部分高风险食品生产厂审核；

C——证照审核；自有品牌和高风险生产厂家部分审核，不合格厂商限期整改；有“质量否决采购权”；

D——证照审核；严格审核自有品牌和高风险食品生产厂家，对其他食品生产厂抽检。

（2）卫生

各超市均已建立卫生审核制度，但审核周期和审核机构有差别。一线城市和二、三线城市超市的卫生审核制度经卡方检验差异已达到极显著（$P<0.01$）。二、三线城市超市卫生审核均为内审或专业服务公司审核，定期审核的企业占55.2%，其余为不定期审核。一线城市中45.5%的超市选择定期审核，并将内审和第三方独立机构外审结合起来，审核过程更加规范、审核结果更加客观，能够更有效地促进超市卫生状况的改善。

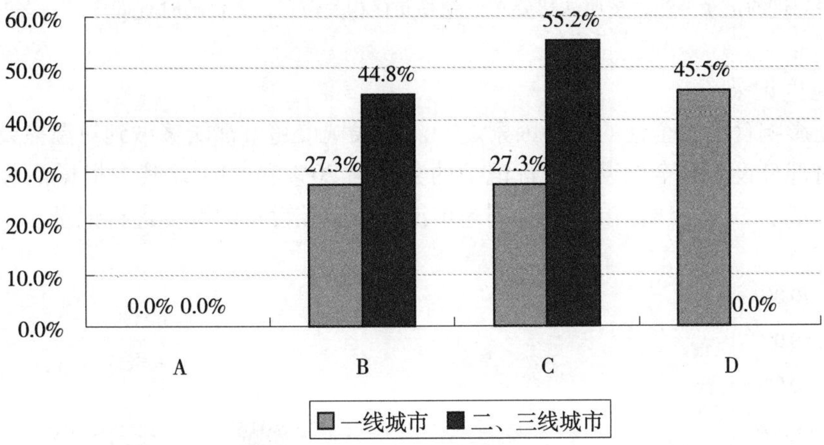


**图 27　卫生检验情况**

选项：

A——没有卫生审核；店长或主管不定期查看；

B——总部专职人员、店长、部门主管都会审核；没有固定的周期；

C——内审或请专业服务公司审核；有相对固定的周期；

D——定期进行内审和第三方独立机构进行的外审。

（3）信息记录

各超市已经意识到了信息记录的重要性，各企业都能够如实记录食品的详细信息及进货信息。一线城市的大部分企业采用先进的记录方法，按照法律要求记录并储存相关信息，方便随时查询。二、三线城市能够达到该标准的有 24.1%，48.3% 的企业尚未采用先进的记录方法。

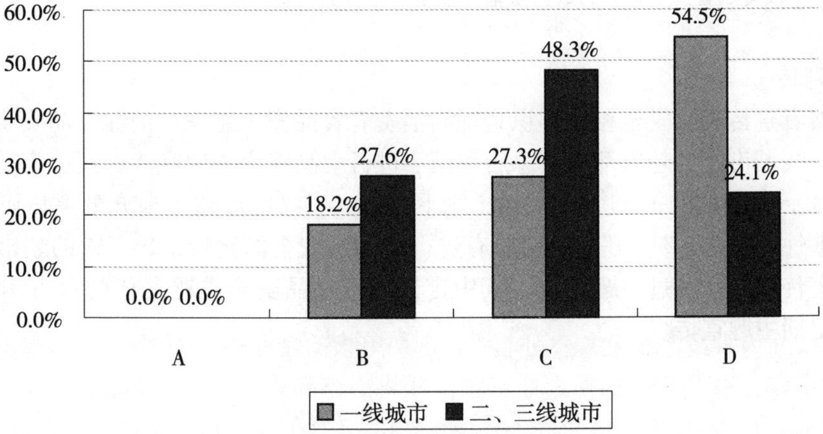


**图 28　食品安全相关的信息记录**

选项：

A——没有卫生审核；店长或主管不定期有供应商和产品的基本信息记录；

B——如实记录食品的名称、规格、数量、批号、保质期、供货者名称及联系方式、进货日期等内容；

C——按照法律全面、如实记录信息，并按照法律要求保存信息；

D——用先进的记录方法，按照法律要求记录并储存相关信息，方便随时查询。

（4）温度记录

温度是影响食品安全性的重要因素之一。一线城市超市都能够做到对温控设备进行数据记录，对部分设备和全部设备进行记录的分别为 20% 和 80%，其中根据汇总情况调整设备的占六成。二、三线城市中有个别超市没有对温控设备的温度进行记录。

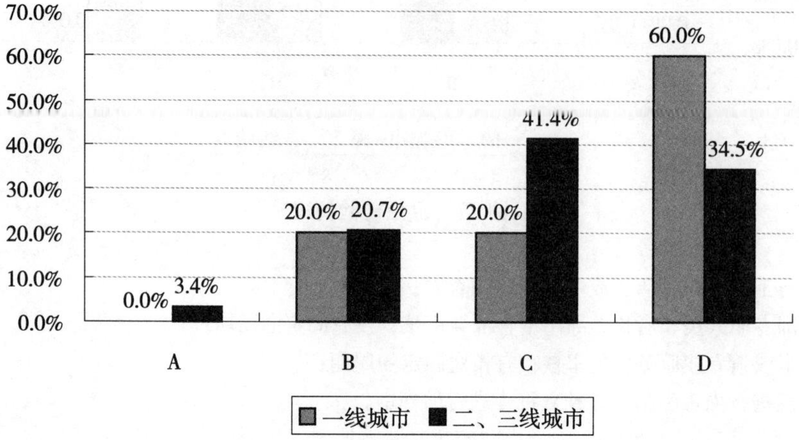


**图 29　温度记录**

选项：

A——没有冷柜或热柜温度、时间的数据记录；

B——部分设备设施耗材有数据记录；记录内容包括时间、温度、耗材状况、检查人等信息；

C——每个设备设施耗材都有数据记录，数据基本完整，定期总结汇总；

D——每个设备都有完整有效的数据记录；根据汇总情况调整设备。

（5）宣传

向消费者宣传食品安全相关知识是提高消费者食品安全意识、消除食品安全误区的有效方式。一线城市连锁超市都会在总店和门店进行食品安全主题宣传，其中定期进行宣传的为 36.4%，不定期的占 63.6%。相比之下，二、三线城市超市未充分意识到食品安全宣传的有效性，有 3.6% 的超市完全没有进行过食品安全的宣传，10.7% 的超市只在商品旁有知识宣传、未举办过主题宣传。其中定期进行食品安全主题宣传的只占 10.7%，大多数为不定期主题宣传。

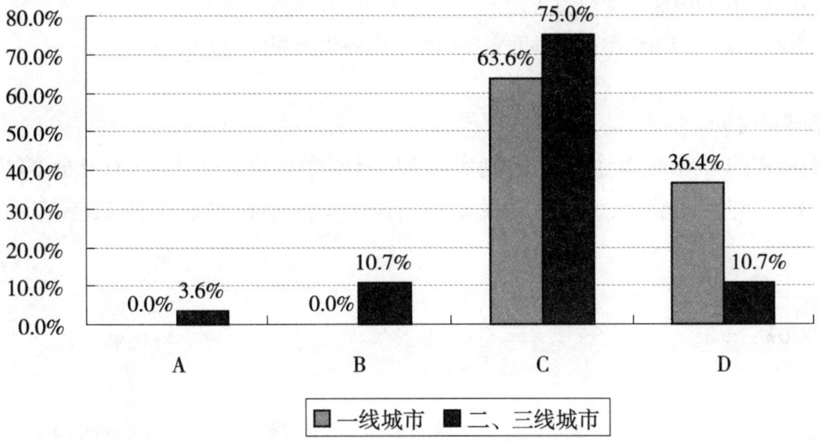


**图 30　食品安全的宣传情况**

选项：

A——除促销商品宣传外，没有其他宣传；

B——店内在商品旁边有食品安全宣传；

C——商品旁有知识宣传；不定期进行食品安全主题宣传；

D——商品旁有知识宣传；定期进行食品安全知识宣传。

（6）突发事件

本次被调查的一线城市企业都已有明确具体的管理办法和管理团队应对突发事件。其中 63.6% 的企业除了管理方法和管理团队外还制定了沟通机制，并且全体员工知道、了解。二、三线城市个别超市尚未意识到突发事件会对企业造成的严重后果，没有明确具体的管理办法，但表示会临时组建应急管理团队。

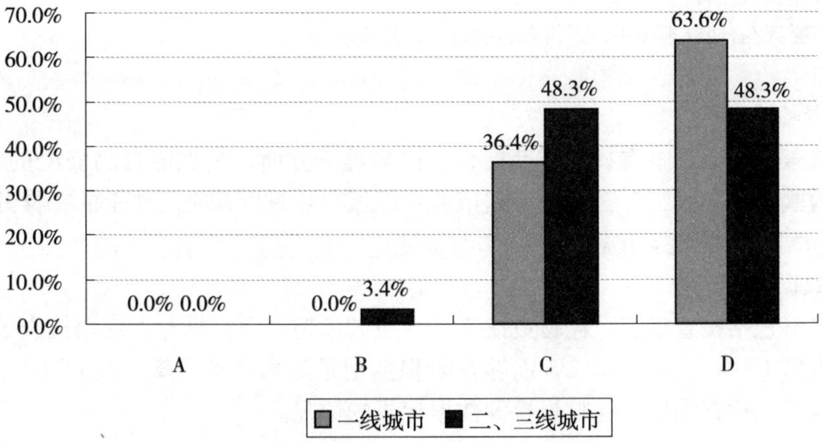


**图 31　对食品安全突发事件应对情况**

选项：

A——没有突发事件处理办法；参照其他企业；

B——没有明确具体的管理办法；会临时组建应急管理团队；

C——有管理办法和明确的管理团队；

D——有管理办法、沟通机制和明确的管理团队；全体员工知道、了解。

（7）撤架/召回

本次被调查的一线城市企业都已制定撤架/召回管理办法。其中 81.8% 的企业严格执行实施该办法，并定期验证。二、三线城市有 6.8% 的超市没有明确具体的撤架/召回管理办法。

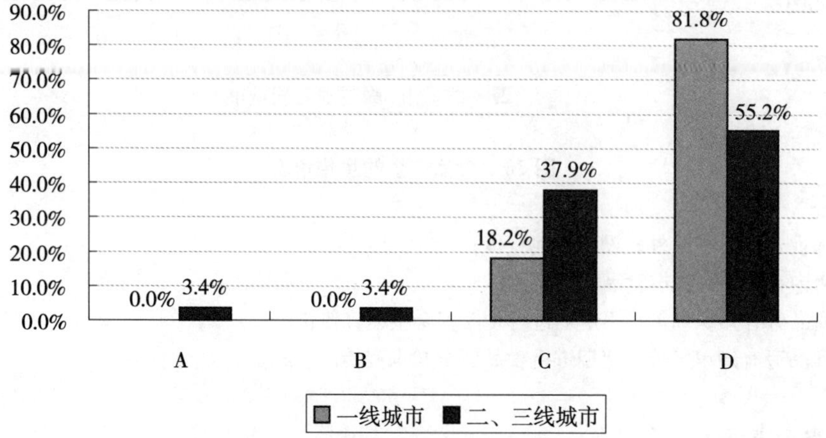


**图 32　问题食品撤架召回管理政策**

选项：

A——没有撤架/召回管理办法；发生问题，直接办理退货；

B——曾经实施过撤架以及召回工作；没有明确的管理办法；

C——有撤架/召回管理办法；

D——有撤架/召回管理办法，严格实施执行，并定期验证。

4. 监督检查

监督检查包括数据察看、保质期检查、检测等三方面，是保障食品安全的重要举措。虽然卡方检验结果显示二、三线城市超市和一线城市在进度检查工作上的差异并未达到显著（$P>0.05$），但是差异比较大。

（1）数据察看

数据察看包括检查温度、耗材更换等。一线城市超市中安排专人定期检查数据记录情况的比例占到 100%，其中 72.2% 能够及时根据记录数据调整设备。3.6% 的二、三线城市超市没有专人检查温度、耗材更换等数据记录的情况。

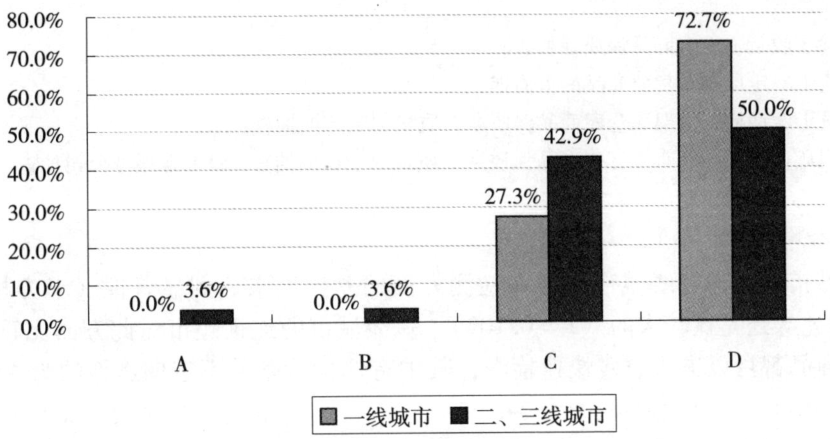


**图 33　数据检查**

选项：

A——没有专人检查温度、耗材更换等数据记录的情况；

B——有专人检查数据记录的情况；

C——有专人定期检查数据记录的情况；

D——有专人定期检查数据记录的情况；能够及时根据记录数据进行调整。

（2）保质期检查

检查商品保质期是保障食品安全的最简单有效的方法之一，对生鲜熟食等保质期较短食品尤为重要。一线城市超市均能做到员工定期检查商品保质期，其中由质量部和专业服务公司定期抽查的为36. 4%，由质量部不定期抽查的为63. 6%。二、三线城市有个别超市只做到员工不定期查看货架商品的保质期，由质量部和专业服务公司定期抽查、质量部不定期抽查的分别为75. 9%、20. 7%。

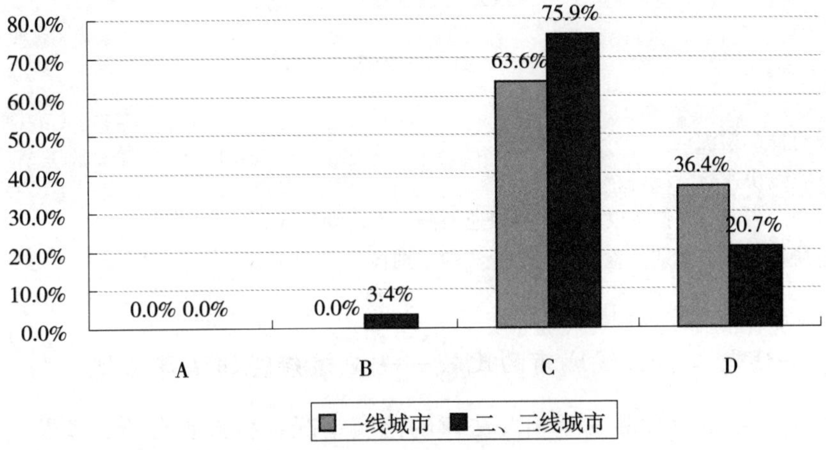


**图 34　保质期检查**

选项：

A——除了收货，没有商品保质期检查；

B——员工不定期查看货架商品的保质期；

C——员工定期检查货架和仓库商品保质期；质量部不定期抽查；

D——门店员工定期自查、互查商品保质期；质量部按比例抽查；请专业服务公司抽查。

（3）检测

一线城市和二、三线城市超市在检测方面的差异虽未达到显著性（卡方检验，P > 0.05），但差异还是比较大的（P = 0.102）。一线城市的连锁超市对此方面比较重视，每个门店的商品都可以进行农残快速检测，其中有快检设备并不定期送检的为 45.5%，定期送检并聘用专业实验室抽检的为 54.5%。二、三线城市超市在检测方面与一线城市相比差距较大，其中 14.3% 的超市不具备商品检测能力，每个门店都可以进行农残快速检测并不定期送检的不到三分之一，定期送检并聘用专业实验室抽检的不到三成。可能由于门店规模较小、资金有限、商品检测意识不强，造成二、三线城市超市在检测方面与一线城市超市差距较大。

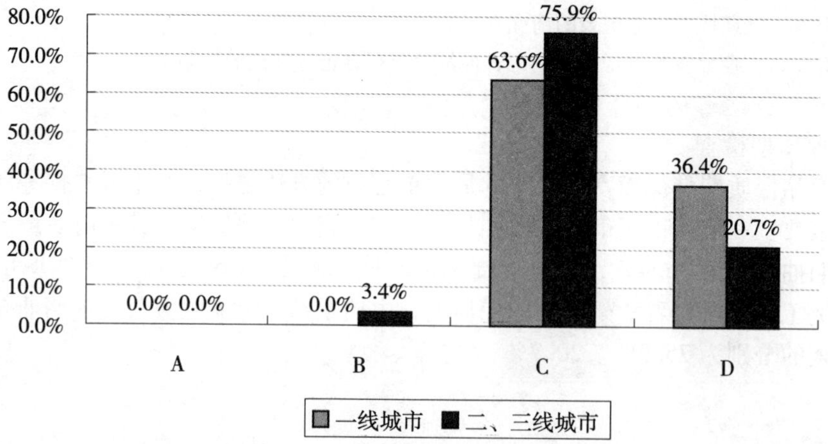


**图 35 检测**

选项：

A——没有商品检测；

B——有农残快速检测设备；

C——每个门店的商品都可以进行农残快速检测，不定期送检；

D——有快检设备，定期送检，聘用专业实验室抽检。

## （四）一线与二、三线城市的比较——应该知晓的法律法规

本部分是对各企业食品安全相关法律的落实情况进行调查分析，涉及《食品安全法》、《食品安全法实施条例》、《产品质量法》、《农产品质量安全法》、《动物防疫法》、《预包装食品标签通则》、《食品标识管理规定》、《产品标示标注规定》、《公共场所卫生管理条例》及《流通环节食品安全监督管理办法》等十部法律。一线城市和二、三线城

市超市关于这十部法律的落实情况虽有一定差异，但差异均未达到显著（卡方检验，P > 0.05）。下面按照各法律总体落实情况及一线城市和二、三线城市超市落实情况将法律法规分为三类进行分析。

1.《产品质量法》、《预包装食品标签通则》、《食品标识管理规定》及《产品标示标注规定》落实情况良好，且一线与二、三线城市差异较小

80%以上的企业已经完全落实，且一线与二、三线城市超市落实情况差异较小的法律包括《产品质量法》、《预包装食品标签通则》、《食品标识管理规定》及《产品标示标注规定》。

《产品质量法》是为了加强对产品质量的监督管理、提高产品质量水平、明确产品质量责任、保护消费者的合法权益、维护社会经济秩序而制定的法律。适用于在中华人民共和国境内从事产品生产、销售活动，包括销售进口商品，其适用主体包括生产者、销售者、用户和消费者以及监督管理机构，适用范围广泛。一线和二、三线城市均已完全或部分落实本法，完全落实率均达到80%以上，落实情况良好。

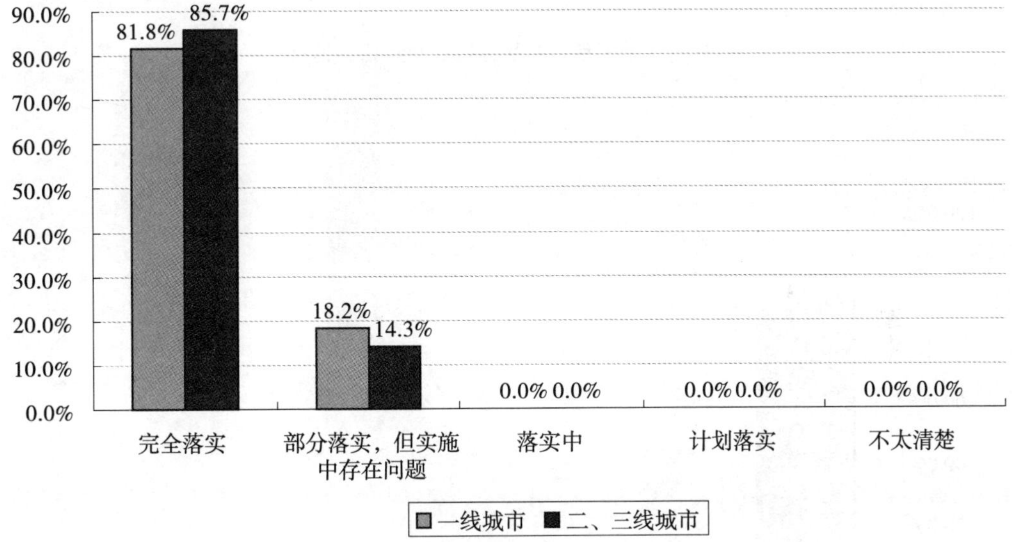


**图 36　《产品质量法》落实情况**

《预包装食品标签通则》、《食品标识管理规定》及《产品标识标注规定》都是为加强对产品标识的监督管理、规范产品标识的标注、明示产品质量信息而制定的法律。《预包装食品标签通则》适用于直接提供给消费者的预包装食品标签和非直接提供给消费者的预包装食品标签，不适用于为预包装食品在储藏运输过程中提供保护的食品储运包装标签、散装食品和现制现售食品的标识。《食品标识管理规定》是为了加强对食品标识的监督管理、规范食品标识的标注而制定的规定，凡在我国境内生产（含分装）销售的食品的标识标注和管理均需遵守本规定。《产品标识标注规定》的适用范围更为广泛，在中华人民共和国境内生产、销售的产品标识的标注都应当遵守本规定。这三部法律在一线城市超市的完全落实率均超过90%，二、三线城市超市的完全落实率均超过80%，落实情况

比较好。

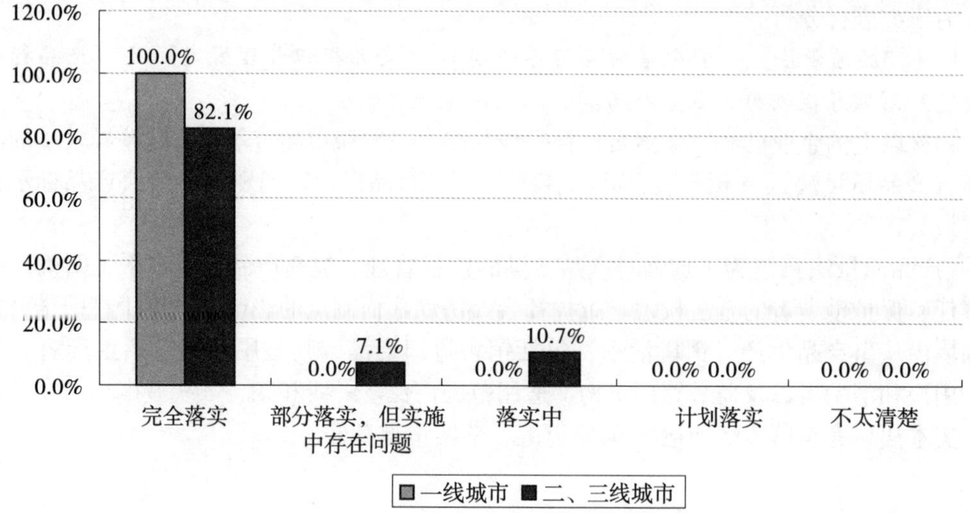


**图 37 《预包装食品标签通则》落实情况**

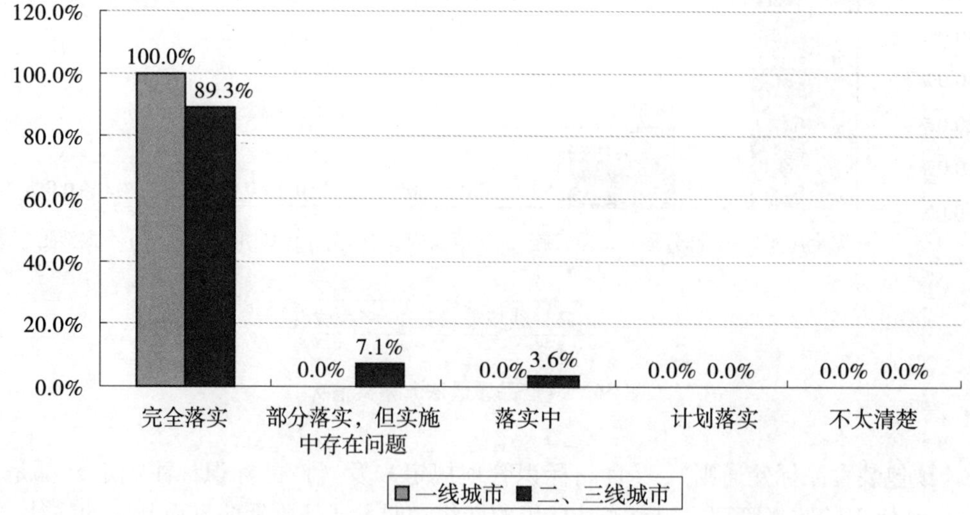


**图 38 《食品标识管理规定》落实情况**

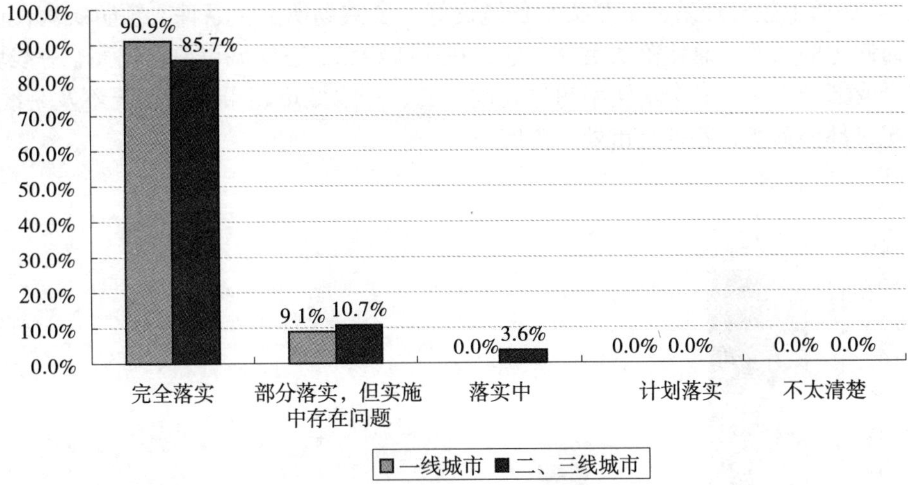


**图 39　《产品标识标注规定》落实情况**

*2.《食品安全法实施条例》、《农产品质量安全法》、《流通环节食品安全监督管理办法》落实情况一般，且一线与二、三线城市有一定差异*

《食品安全法实施条例》是《食品安全法》的配套条例，进一步明确了企业、食品监管部门的责任，并将《食品安全法》确定的较为原则的制度加以具体化，增强制度的可操作性。《农产品质量安全法》是为了保障农产品质量安全、维护公众健康、促进农业和农村经济发展而制定的法律，适用于来源于农业的初级产品——在农业活动中获得的植物、动物、微生物及其产品。《流通环节食品安全监督管理办法》对流通环节食品经营作了规定。上述三部法律在一线城市超市的完全落实率为 72% ~82%，其余超市均为部分落实、但实施中存在问题；在二、三线城市超市的完全落实率为 65% ~70%。二、三线城市尚有个别超市对《农产品质量安全法》不清楚或计划落实，相关部门应在二、三线城市加强对该法律的宣传和监督，超市也应对食品安全方面的各项法律有所知晓和了解。

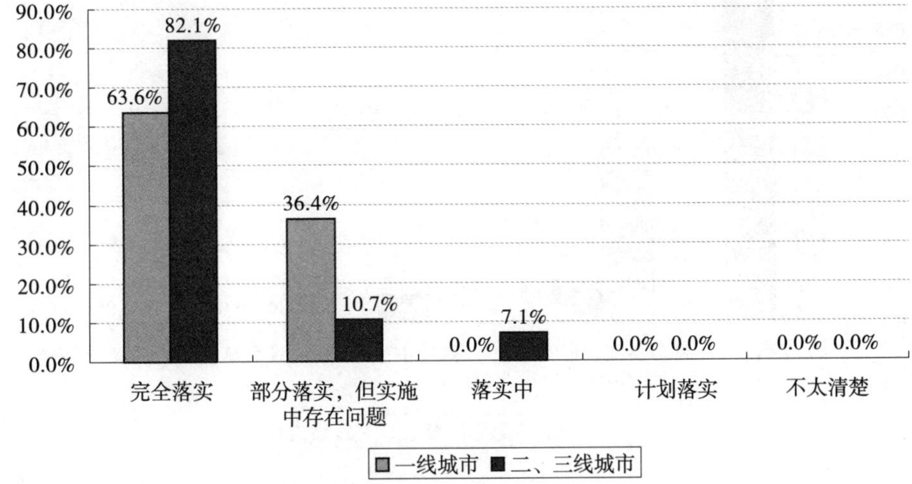


**图 40　《食品安全法实施条例》落实情况**

《公共场所卫生管理条例》是为了创造良好的公共场所卫生条件，预防疾病，保障人体健康而制定的条例。总体落实情况一般，在一线和二、三线城市差异较大。一线城市超市已完全或部分落实，完全落实率超过九成。二、三线城市超市落实情况不及一线城市，22%的超市部分落实，各别超市处于落实中。

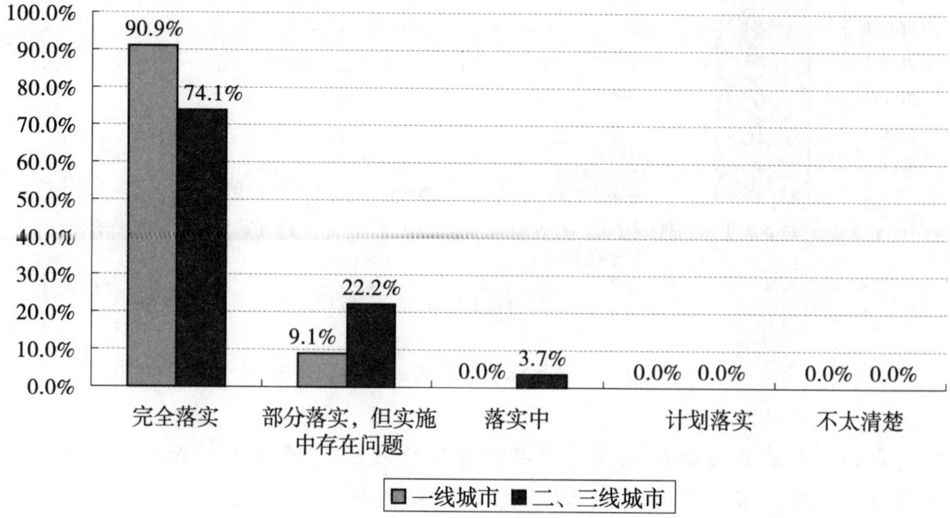


**图 41 《公共场所卫生管理条例》落实情况**

3.《食品安全法》一线与二、三线城市落实情况差异较大

《食品安全法》是适应新形势发展的需要，为了从制度上解决现实生活中存在的食品安全问题，更好地保证食品安全而制定的，已实施一年多。二、三线城市超市《食品安全法》落实情况比一线城市要好，完全落实率已超过80%。一线城市中完全落实《食品安全法》的超市只有63.6%，其余为部分落实，需尽快将本法律完全落实。

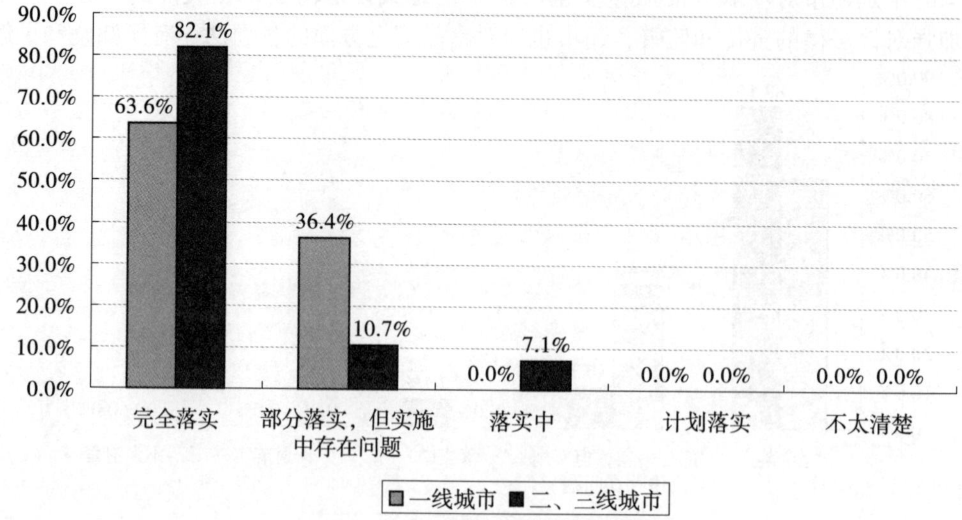


**图 42 《食品安全法》落实情况**

《动物防疫法》适用于在中华人民共和国领域内的动物防疫及其监督管理活动，其中对超市的畜禽和畜禽产品做了规定。一线和二、三线城市超市相比，落实本法的情况差异较大。一线城市超市本法落实较好，九成超市已完全落实。但剩下10%的超市对本法不清楚，可见超市间对本法的了解差异巨大。《动物防疫法》在二、三线城市落实情况不理想，只有不到60%的超市完全落实了本法律，对本法律不了解的超市有7.4%。应加强《动物防疫法》的宣传，尤其是对二、三线超市的宣传和贯彻。

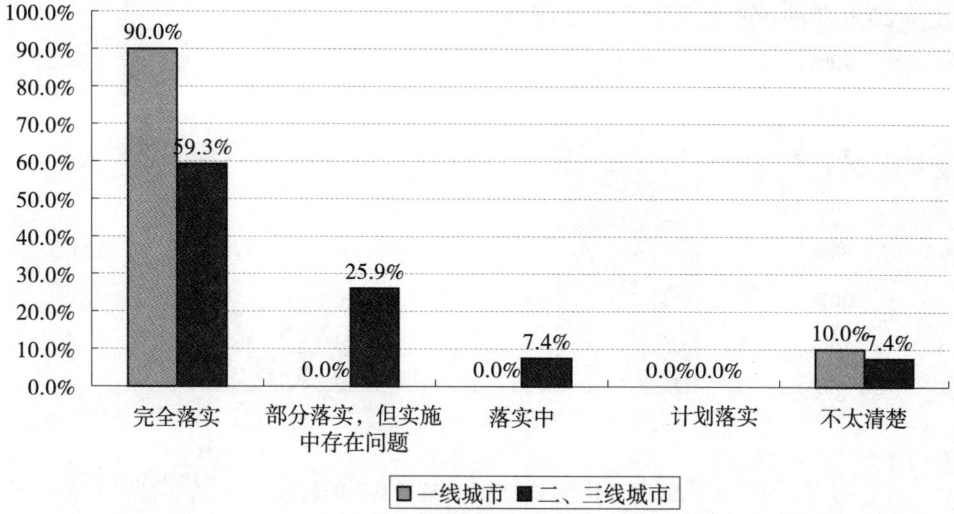


**图43　《动物防疫法》落实情况**

## （五）与上年的分析比较——管理层对食品安全管理的认识

2009年在全国范围内开展超市食品安全调查，以探索《食品安全法》对超市食品安全管理带来的影响。《食品安全法》施行至今已有一年时间，与2009年相比各超市食品安全管理的重点是否有所偏移，食品安全管理状况是否有所改善？因此运用统计学原理，将2010年的调查结果与2009年进行计算、分析、比较，以得出近年来超市食品安全管理是否发生变化，并预测将来超市食品安全管理的新模式。

在管理层的认识中，超市食品安全管理要点有哪些变化？调查中管理层对食品安全管理的要点涉及到供应商和产品管理、卫生管理、冷链管理、法律法规和对消费者宣传等五个方面。本章节采用符号秩和检验和百分率的假设检验两种统计方法对2009年和2010年各要点进行分析，初步探讨以下几个方面：①安全管理的重点是否发生偏移；②超市对各要点的重视程度是否发生改变；③超市可能存在的管理盲点是否有所不同；④超市的管理方式是否有所改善。

### 1. 供应商和产品管理

各超市对供应商的管理项目和方式包括：供应商证照、资质、管理体系审核；供应商和产品信息记录；产品的抽检和质量监控；商品运输条件和收货标准管理；不合格商品的处理；相关制度的建立、执行与检核、责任的落实和培训等。与2009年相比，2010年超市对该要点的管理改变甚微。这表明超市对供应商和产品的管理模式已经日趋成熟，目前所采用的管理方法可以将供货过程中可能发生的食品危害因素降到最低。

2. 门店卫生管理

卫生管理的内容包括：清洁消毒、保质期管理、员工个人卫生、虫害控制。包括制度的建立、执行与检核、责任的落实和培训等。

53% 的超市认为卫生管理是危害食品安全最严重的因素之一，这一数据相比 2009 年调查结果的 70% 略有降低。30% 的超市认为当前最需要改善的是卫生管理状况，这一结果相比于 2009 年的 66% 显著降低，如图所示。

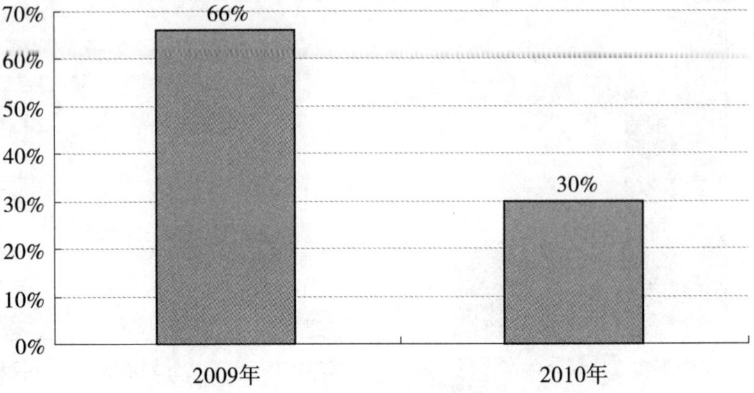


**图 44　认为改善卫生管理最紧迫的超市**

如图所示，近一年来超市采取了各项有效的措施以提升卫生管理的水平，使由于卫生管理不当给超市食品安全带来的危害逐步降低。

3. 冷链管理

冷链管理包括运输、装卸、存储、货架等环节中温度和时间的控制，包括制度的建立、执行与检核、责任的落实和培训等方面。冷链管理中出现的严重性危害略有降低，从 44% 降低至 33%；急于需要改善冷链管理现状的超市由 2009 年的 40% 降低至 28%。说明超市冷链管理水平正在逐步改善，但仍有一定的发展提升空间。2011 年各超市应加大投入，确保冷链食品的安全性。

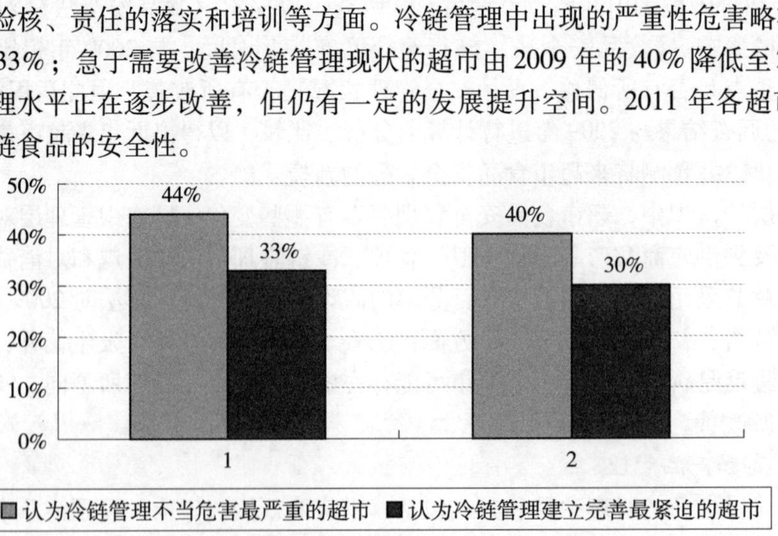


**图 45　认为改善卫生管理最紧迫的超市**

4. 法律法规

管理要点包括给员工培训最新的法律法规、政策标准、规范等；积极配合政府执法；推进法律法规的落实；法律法规中尚未明确的部分进行讨论分析并组织落实方案等各方面。

认为不熟悉法律法规是对食品安全威胁最大的因素占总体的 17%，这一结果相比 2009 年的 46% 显著降低，具有统计学意义。认为急需要加强法律法规管理的超市略有降低，从 46% 降低至 17%，如图 46 所示。

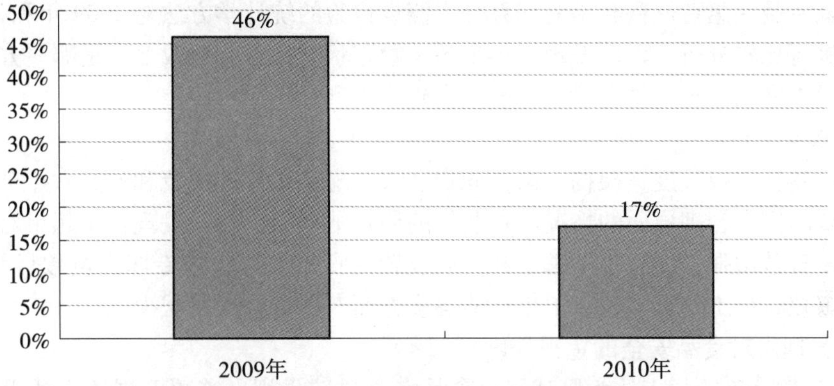


**图 46　认为不熟悉法律法规危害最严重的超市**

由图可见，说明超市已通过员工培训等方式普及了法律法规教育，并推进了法律法规在超市食品安全管理中的落实，切实有效地降低了危害的发生。

5. 消费者的宣传

向消费者宣传的内容包括文明消费的理念以及食品安全知识。2009 年针对消费者宣传的危害严重性和紧迫性调查结果分别是 23% 和 29%，2010 年调查结果分别是 10% 和 13%；将两年调查结果相比较没有统计学差异，但预示 2010 年超市对消费者宣传的投入有所增大，加大文明消费和食品安全知识的宣传有助于降低超市食品安全事件发生的可能性。

通过符号秩和检验发现：超市食品安全管理的框架、管理侧重的方向以及危害超市食品安全的因素构成等方面改变甚微。

6. 小结

纵向比较两年的调查结果，发现有以下几点良好的改变：

（1）近年来超市对卫生管理的投入逐渐增强，清洁消毒、保质期、员工个人卫生和虫害控制等管理水平逐渐提升；包括制度的建立、执行与检核、责任的落实和培训在内的管理模式日趋成熟。

（2）自 2009 年《食品安全法》施行一年以来，随着超市对法律法规的普及力度不断增大，促进了法律条例在食品安全管理中的落实，有效地降低了食品不安全因素发生的可能性。

（3）超市对食品安全管理方式日益多元化。调查显示，超市通过加强消费者文明理性消费和食品安全知识的宣传，在一定程度上降低了食品不安全因素发生的可能性。这种管理方式的成效将会在未来几年逐步显现。

### （六）2010 年与 2009 年的分析比较——超市管理状况部分

为全面深入了解各超市食品安全管理状况，调查内容涵盖管理层面情况、员工情况、日常管理和监督检查四大方面。要求调查对象充分阅读 A、B、C、D 选项后，选择最符合本超市实际情况的选项。2010 年调查问卷中“超市食品安全管理状况”包含的调查内容和选项设置与 2009 年完全一致，可以将两年的调查结果进行统计分析。在本章节将采用维尔克森－曼－惠特尼秩和检验和百分率假设检验的统计学方法对 2009 年和 2010 年的调查结果进行比较分析，以期发现一年来超市管理状况是否有所改变，是哪些方面发生了改变，并对未来几年超市将会采取的改善措施作预测。

1. 管理层面情况

调查问卷从重视程度、架构、岗位职责、人员配备、管理规范和预算六点全面深入地调查超市食品安全管理层面的情况。将两年的调查结果相比较，发现：①超市对食品安全的重视程度日益增强；②超市的总部和门店设置的食品安全管理专职人员数目明显增加；③供应商审核、员工培训、门店卫生清洁等多方面专项资金支持减少。

（1）管理层对食品安全的重视程度

2009 年 12.5% 的超市认为管理层对食品安全“较重视；着手开展体系建设和资金落实的具体工作”，而 2010 年这一项调查结果为 0%，置信水平 a = 0.05 时，差别显著；调查结果还显示：40% 的超市董事会下设专业管理委员会，并且认为食品安全是企业发展战略，这一结果相比 2009 年的 30% 显著性增加。

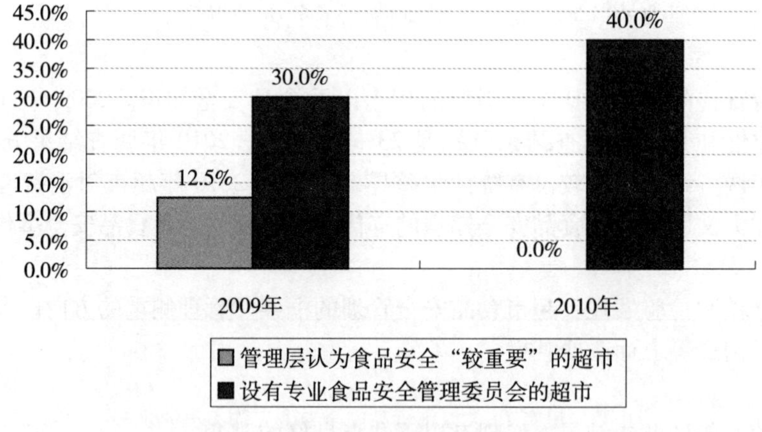


**图 47 管理层对食品安全的重视程度**

近一年来各超市着力于建立并完善食品安全控制体系，并有近半的超市设立了专业的食品安全管理委员会。由此可见，企业对安全问题的重视程度提高到一个新的高度，它已经成为企业制定未来发展战略的一个核心问题。

（2）岗位职责的设置

63% 的超市认为：企业每个工作人员的职责中都有食品安全方面具体明确的要求；随着政策法规的调整不断完善。这一结果与 2009 年相比，显著增加，如图 48 所示。

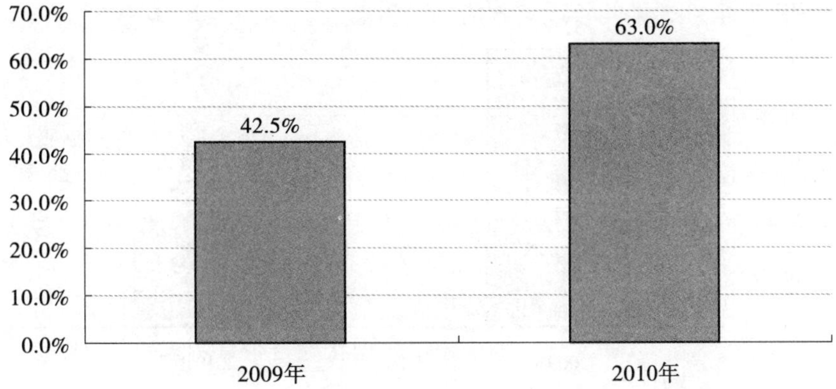


**图 48　食品安全是所有工作人员的职责**

由此可见，食品安全正逐渐成为企业的一种全员意识，保障食品安全管理不仅仅是上层管理人员的责任，也逐渐成为全体工作人员的职责。

（3）人员配备上的改变

超市对食品安全的重视程度日益增强，体现之一便是从事食品安全的专职人员数量的改变。2009 年仅有 25% 的超市总部和门店设有 10 位以上专职工作人员，而 2010 年这一比例翻了一番，达到了 50%，说明近年来，超市对食品安全的投入增多、自我监督的力度增大。

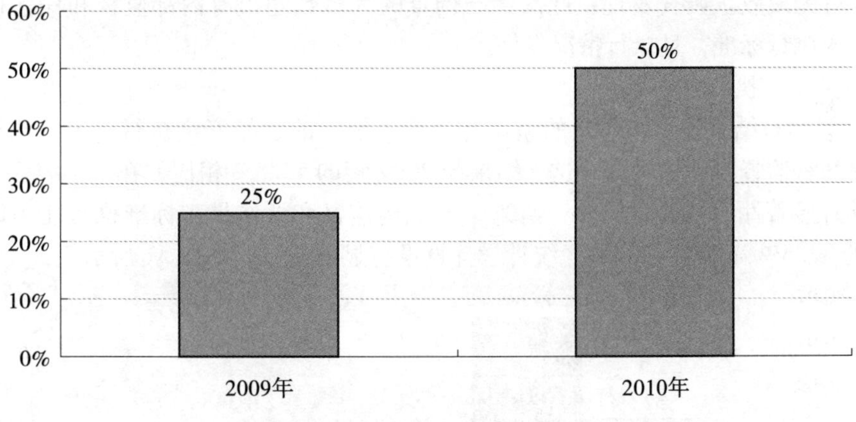


**图 49　设有 10 人以上食品安全专业工作人员的超市**

（4）预算的改变

2009 年有 52. 5% 的超市在供应商审核、员工培训、门店清洁等方面有专项资金支持，而 2010 年这一结果降低至 27. 5%，置信水平 a = 0. 05 时，具有显著性差异，如图 50 所示。

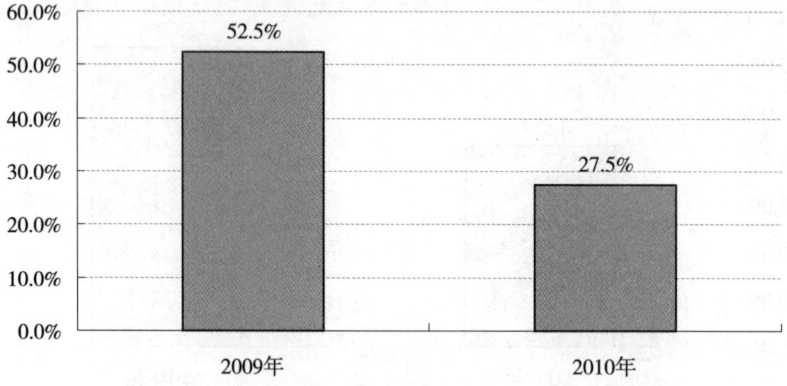


**图 50　供应商审核等方面有专向资金支持的超市**

说明超市在用于供应商审核、员工培训和门店清洁等方面的资金投入有所降低。但亦有数据显示：35%的超市“有多方面专项资金支持；经费随着企业发展壮大稳步提升”，这一结果比2009年的25%偏高，虽然统计学分析显示差异不显著，但暗示超市在食品安全管理上资金投入面逐步扩大、投入数额也是逐年增加。

2. 员工情况

该项调查就执行力、沟通协调能力、激励机制和培训四个方面对超市员工的食品安全的认知程度和操作能力进行全面的考察，并且能有效反映食品安全监管的各项措施是否落到实处、有无成效。调查发现：此次参与调查的大多数超市有内部监督和评估机制和明确、统一的执行标准，且执行情况良好。

（1）员工的执行力

2010年调查结果显示，70%的超市有明确、统一的食品安全执行标准，执行情况良好，且内部有监督和评估机制；这一结果与2009年的52.5%相比，在a＝0.05的置信水平下，具有显著性的差异。此外，请第三方机构监督和评估员工标准执行能力的超市由2009年的32.5%降低至17.5%，统计学计算没有显著差异。如图51所示。

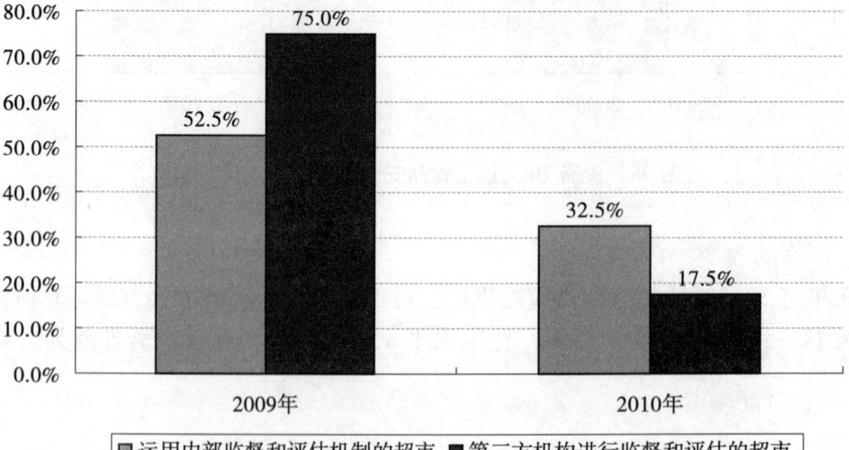


**图 51　员工的执行力**

对2010年调查结果的分析显示，一线城市和二、三线城市员工执行力方面差异极其显著，而采取什么样的监督、评估方式是导致该差异产生的原因之一。调查显示，第三方机构评估比内部监督评估更加客观、严格和完善，能够促使员工更加严格地遵守标准，提高执行力。将两年的调查结果比较发现，2010年采取第三方机构监督评价的超市所占比例略有下降。分析其原因是因为2009年和2010年调查对象不同所导致。2009年接受调查的40家超市中20家来自北京、上海和广州等一线城市，其中有8家超市采用第三方机构的方式，占总数的40%；而2010年调查对象中11家来自一线城市，其中54.4%的连锁超市由第三方机构进行监督和评估。

说明，在一线城市中采用第三方机构实行评估的超市逐年增加，超市内部员工的工作能力有了较为明显的促进作用；但这种评估机制在二、三线城市的超市的运用还鲜见，2010年仅有3.4%，而高达89.7%的超市由内部进行监督和评估。

（2）对员工的激励机制的改变

调查结果显示：75%“有明确的激励机制，内部审核评估和绩效挂钩；涉及门店工作人员”，这一数据与2009年的调查结果57.5%相比有一定的增加，但经统计学分析差异不显著。但是“严格执行激励机制；第三方专业公司独立测评；涉及企业各层面工作人员”方面由25%降低至5%，降幅明显，如图52所示。

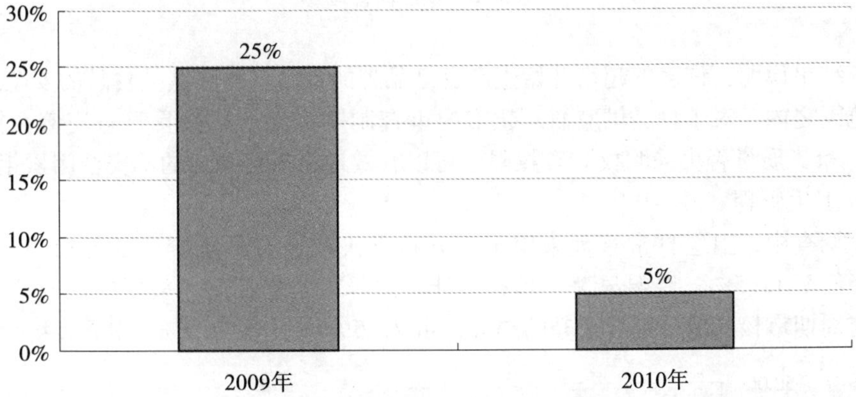


**图52 奖励机制运用第三方测评，涉及各层面人员的超市**

造成以上差异的主要原因是两年调查对象的不同。2009年来自一线城市的20家超市中有6家超市，即30%的超市采用第三方独立测评的方式，而2010年该比例为18%，变化不显著。但结果表明，“内部审核评估和绩效挂钩”是大多数超市所采用的激励机制，并且近年来运用更加广泛，其受益人员大多是门店工作人员。

3. 日常管理

日常管理涵盖供应商、卫生、信息记录、温度记录、宣传、突发事件和撤架/召回等7个方面。这两年来食品安全日常管理情况发生的变化很大，主要体现在以下几个方面：①对供应商的管理更加严格；②卫生审核逐渐由第三参与转变成内部审核的方式；③超市对供应商和产品的基本信息记录更加明确；④超市逐渐注重食品安全的宣传；⑤超市应对突发事件的能力增强；⑥明确并严格执行撤架/召回管理办法。

（1）供应商管理

2010 年，50%的超市“对供应商证照审核；自有品牌和高风险生产厂家部分审核，不合格厂商限期整改”；有“质量否决采购权”，仅有 5%的超市“证照审核；对店内经营的部分高风险食品生产厂审核”；2009 年这两项调查结果分别是 22.5%和 20%，两者相比，在 a = 0.05 的置信水平下差异显著，如图 53 所示。

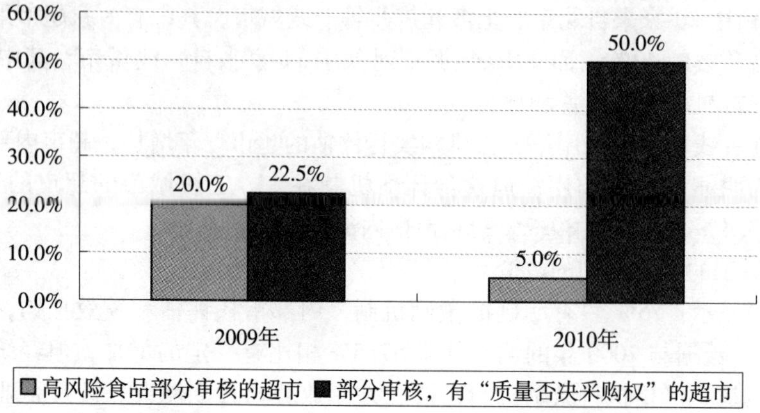


**图 53　供应商管理**

调查结果说明：许多的超市开始生产自己品牌的食品，并将这类食品的安全纳入日常审核的范围之内；对于食品供应商，超市的审查制度更加严格并且日益完善，拥有“限期整改”和“质量否决采购权”等权限，可以有效地将来自源头的不安全因素拒之门外。

（2）卫生管理

本次调查中，卫生日常管理采用第三方独立机构进行外审方式的超市由 2009 年的 32.5%降低至 12.5%，降幅显著，具有统计学差异。与之相反，采用内审或请专业服务公司固定周期审核的超市则有上升的趋势，由 27.5%增长至 47.5%，如图 54 所示。

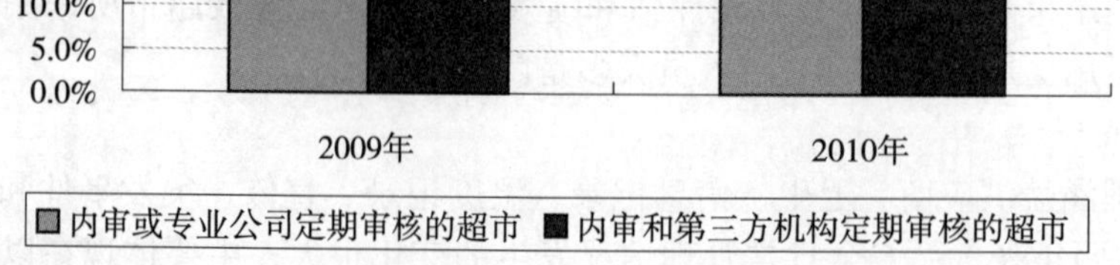


**图 54　卫生管理**

以上结果是由于 2009 年和 2010 年参与调查的超市构成造成的：来自一线城市的超市

分别有 20 和 11 家。深入分析 2010 年调查结果发现：一线城市中 45.5% 的超市选择定期审核，并将内审和第三方独立机构外审结合起来。二、三线城市超市卫生审核均为内审或专业服务公司审核，定期审核的企业占 55.2%。

（3）信息记录

2009 年 7.5% 的超市对供应商和产品仅记录基本信息，2010 年调查结果显示为 0%，虽没有统计学差异，但预示详细记录产品信息的重要性已逐渐被认识并接受，25% 的超市都能如实地记录产品的详细信息，42.5% 的超市按照法律要求如实记录并保存信息，且有 32.5% 的超市采用先进的记录方法，记录并存储信息，方便随时查询。

（4）日常宣传

调查显示：8% 的超市内在商品旁边有食品安全宣传，2009 年该项调查结果为 25%，两者差异显著。会不定期地开展食品安全主题宣传的超市从 55% 增长至 72%，有一定的增长趋势，但不具有统计学差异，如图 55 所示。

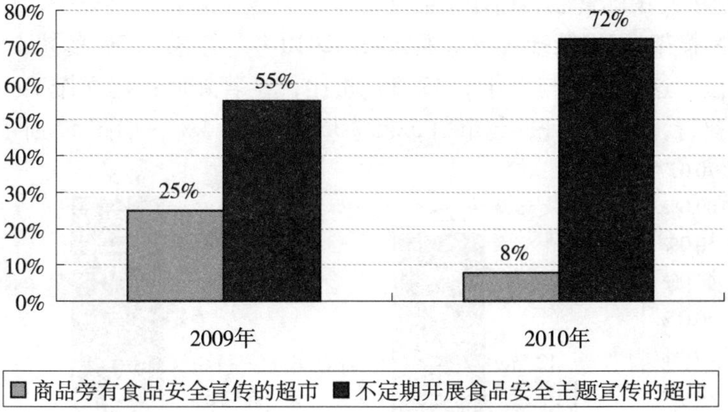


**图 55 日常宣传**

这一年来，超市对消费者宣传的投入有所增大，从商品旁边提示牌这种宣传力度有限的方式逐渐转变成有意识的食品安全主体宣讲，这样可以让更多的消费者受益，并参与到维护食品安全的队伍中来。

（5）突发事件的日常管理

一直以来，突发事件的日常管理工作是超市日常管理中比较薄弱的环节。2009 年 12.5% 的超市没有明确具体的突发事件管理办法，42.5% 的有管理办法和明确的管理团队，全体员工知道、了解；2010 年这两项调查结果分别是 2.5% 和 52.5%。前组数据（12.5% 和 2.5%）相比，在 a＝0.05 的置信水平下，有统计学差异，如图 56 所示。由此可见，绝大部分超市都已经建立突发事件管理办法，具备有一定的应对突发事件的能力。

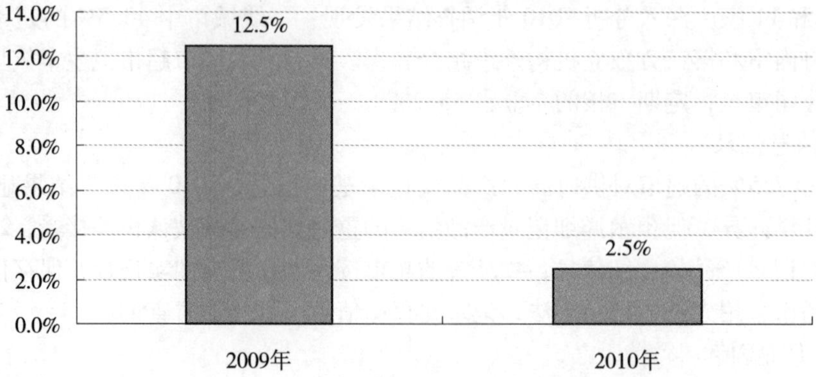


**图 56　没有明确的具体突发事件管理办法的超市**

（6）撤架/召回管理

《食品安全法》中就食品召回作了明确的规定，该法施行一年以来，作为食品经营方的超市对于食品撤架/召回管理日益重视起来。2010 年，仅有 2.5% 的超市没有明确撤架/召回的管理办法，这一数据与上年的 12.5% 相比，显著降低；建立撤架/召回管理办法，并且严格实施执行，定期验证的超市由 52.5% 增长至 62.5%，如图 57 所示。

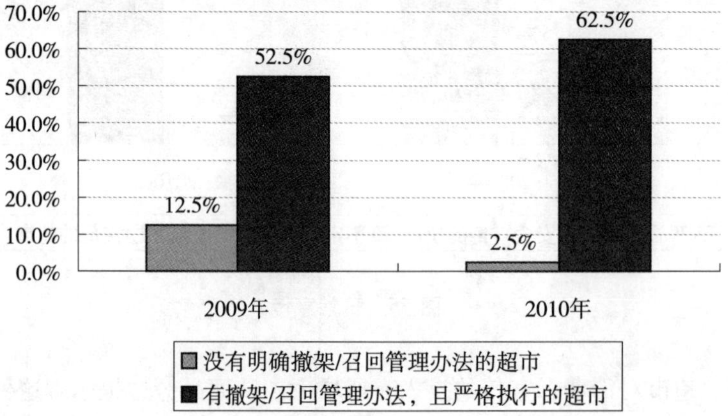


**图 57　撤架/召回管理**

4. 监督检查管理

监督检查管理主要包括数据察看、保质期和检测 3 个方面。通过两年的数据比对发现超市在这方面改变很小，说明超市已经拥有了丰富的日常监督检查经验、并形成了成熟的日常管理模式。

5. 小结

采用维尔克森－曼－惠特尼秩和检验和百分率假设检验的统计学方法，对 2009 年与 2010 年调查结果进行分析比较，综合而言主要有以下几点变化：

（1）超市管理层对食品安全予以更高的重视。40% 的超市董事会下设有专业管理委员会；从事食品安全工作的人员数量和专业素质均提高，50% 的超市设有 10 人以上专业专职人员。

（2）食品安全逐渐成为一种全员的意识。63%的超市将食品安全纳入每个工作人员的职责中；各企业除了是食品安全保障者外，也逐渐扮演着“宣传者”的角色，向更广泛的人群宣传文明理性消费和食品安全的理念。

（3）越来越多的来自一线城市的超市采用第三方机构审核评估的方式来激励内部工作人员，而在二、三线城市的超市中绝大多数仍然采用内部的审核、评估机制。75%的超市采用内部审核评估和绩效挂钩的方式来激励工作人员；47.5%的超市定期内审或请专业服务公司审核日常卫生情况。

（4）企业内部将《食品安全法》的精神贯彻施行到日常的食品安全管理中。超市对进货渠道要求更加严格，50%的超市规定供应商要求不合格厂商限期整改，并适当采用“质量否决采购权”；绝大部分超市已建立撤架/召回管理办法，62.5%的超市表示能按该规则严格执行，并定期验证。

（中国连锁经营协会）

# 2010 年中国零售业 生鲜经营状况调查报告

根据中国连锁经营协会 2010 年度连锁零售企业生鲜经营状况调查统计，连锁超市生鲜经营具有如下特点：

## 一、连锁零售企业生鲜经营业绩进一步提高

2010 年，连锁零售企业生鲜类商品平均销售额为 10.89 亿元，其中 12 家企业的生鲜销售额过 20 亿元，80% 的企业生鲜销售额过亿元。生鲜类商品销售额占总销售额的比例平均为 24.48%，较 2009 年的 19.33% 提高了 26.6%。生鲜类商品销售占比超过 20% 的企业数从 53% 增加到 61%，但也有 17% 的企业生鲜类商品销售占比不足 10%。企业生鲜经营区域的平效平均为 2.43 万元/年 · $m^2$。

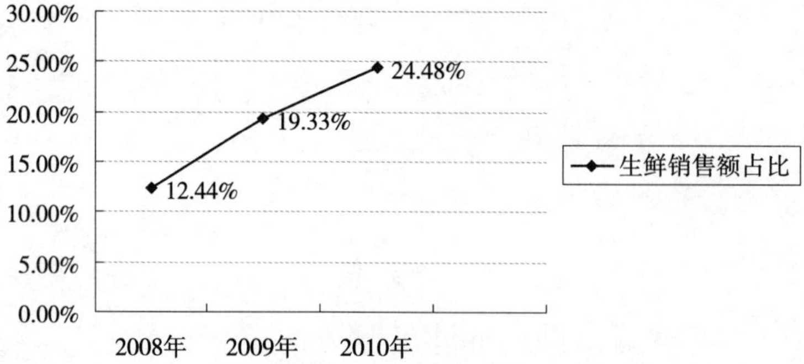


**图 1　2008－2010 年生鲜类商品销售额占总销售额比例**

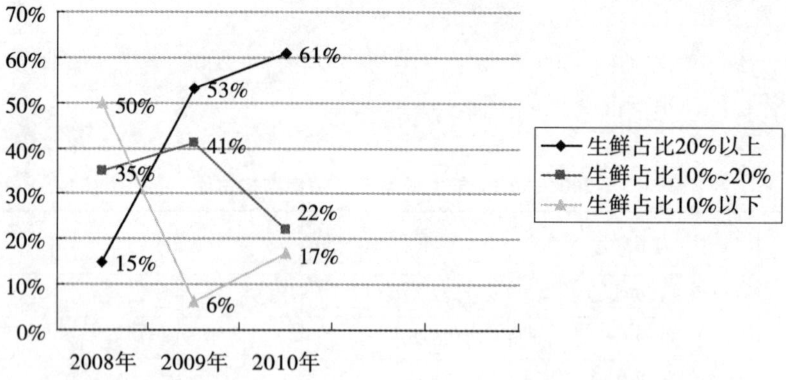


**图 2　2008－2010 年不同生鲜类商品销售占比区间的企业分布**

## 二、生鲜类商品多数采用总部统一采购模式，果蔬采购主渠道变更

调查显示，2010 年有 91.3% 的零售企业实行总部统一采购为主的模式，占比进一步提高，而以门店自行采购为主的零售企业占比仅为 4.3%。显然，大多数连锁零售企业越来越注重采购规模效应，并从中受益。

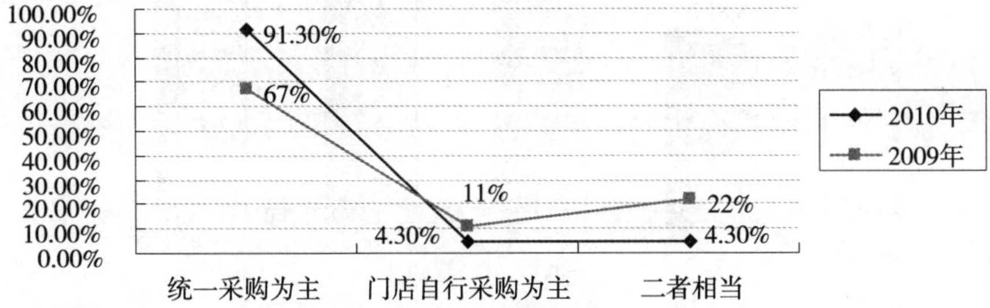


**图 3　2009、2010 年不同采购模式的企业分布**

合作社果蔬采购比例首次超过批发市场采购比例，达 38.44%。平均每个企业的生鲜采购人员为 24.6 人。专业化采购队伍是深入产地源头的基础。

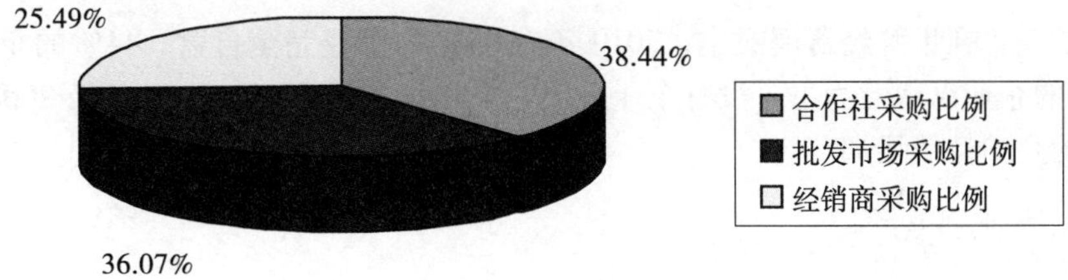


**图 4　不同渠道采购占比情况**

## 三、不同生鲜类商品销售占比变化不大，水果毛利贡献最高

2010 年，不同生鲜类商品的销售额占比与 2009 年和 2008 年相比整体变化不大，其中蔬果类微幅上升，水产品类微幅下降（见下表）。

**2008－2010 年生鲜类商品销售结构占比**

| 年份 | 肉蛋禽 | 水果 | 蔬菜 | 水产 |
|---|---|---|---|---|
| 2010 年 | 40.29% | 27.32% | 23.09% | 9.30% |
| 2009 年 | 39.60% | 26.70% | 23.60% | 10.10% |
| 2008 年 | 41.25% | 23.66% | 22.13% | 12.96% |

调查显示，不同生鲜类商品的销售占比中，肉蛋禽类销售占比最高，但就各类生鲜商品创利而言，水果类的毛利贡献最高，蔬菜其次，肉蛋禽类最低。各类别平均毛利率见图 5。

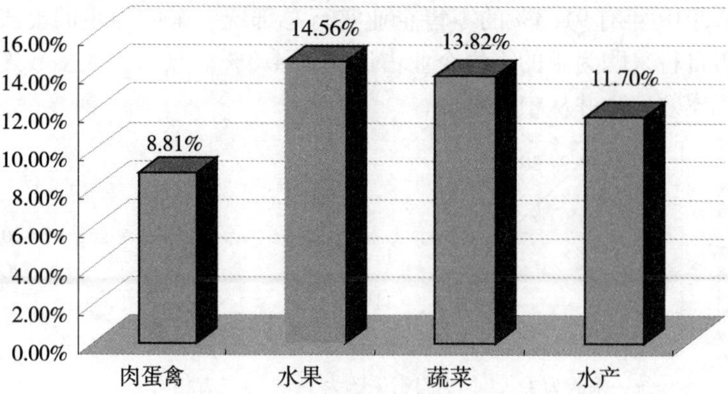


**图 5　不同生鲜类商品平均毛利率情况**

## 四、完全自营的企业持续增加，多数门店都有保鲜措施

调查发现，在生鲜经营模式中，2010 年有 48% 的企业完全自营，44% 的企业以自营为主，8% 的企业以联营为主，没有企业采用完全联营的模式。与 2009 年及 2008 年对比，完全自营的企业持续增加。

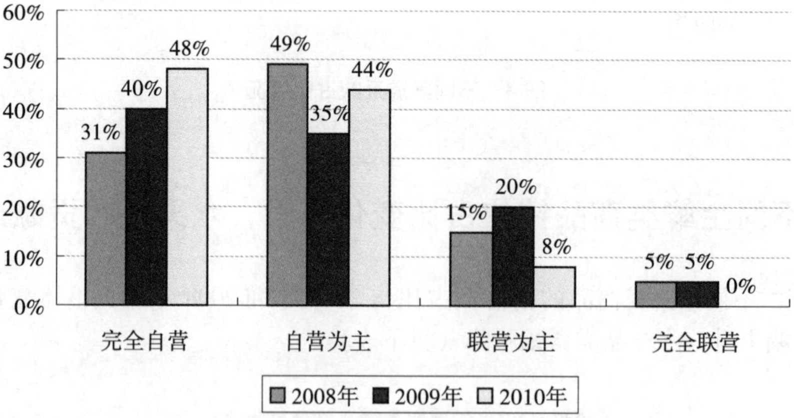


**图 6　2008 -2010 年不同生鲜经营模式零售企业占比**

同时，大部分零售企业采取各种保鲜措施降低生鲜商品损耗，其中 87.5% 的企业门店有果蔬保鲜措施，主要措施包括：自动加湿、人工加湿、速冻库、冷藏库、保鲜柜等。不同生鲜类商品损耗率见图 7。

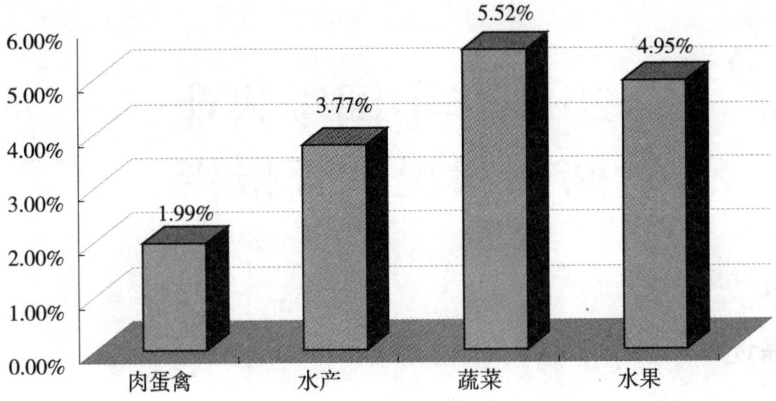


**图 7　生鲜各类别商品损耗率对比**

## 五、生鲜配送加工中心效率提高

2010 年，58.3% 的连锁零售企业有独立的生鲜配送加工中心，8.3% 的企业正在建设中，16.7% 的企业考虑近期自建。

企业现有的生鲜配送加工中心平均配送单品 831 种，其中加工型商品 350 种，配送半径平均为 99 公里；43% 的生鲜配送加工中心配送频率为每天 1 次，57% 的配送频率为每天 2 次，而 2009 年只有 20% 的生鲜配送加工中心配送频率达到每天 2 次。

调查显示，2010 年生鲜配送中心面积平均为 6630$m^2$，50% 的生鲜配送中心面积在 5000 $m^2$ 以下，与 2009 年、2008 年基本相同；冷冻及冷藏库面积平均占比为 30.6%，比 2009 年的 26% 略微提高，加工区面积平均占比为 22%。

2010 年，配送中心平均拥有运输车辆 22.2 辆，比 2009 年提高了 41%，冷冻冷藏车占 47%，与 2009 年的 50% 基本一致，但 33% 的企业运输车辆没有温度检测装置，48% 的车辆为租用或第三方，而 2009 年绝大多数为企业自有。

综上所述，2010 年连锁零售企业对消费者需求的研究越来越深入，同时在企业自身的不断努力以及优秀企业的示范带动下，采购、销售、物流等生鲜经营的各个方面，都取得了长足的进步，已成为连锁零售企业的核心竞争力。

**（中国连锁经营协会　2011 年 11 月）**

# 2011 年中国零售业防损状况调查报告

## 一、综述

继 2010 年之后，2011 年毕马威中国与中国连锁经营协会（CCFA）资产保护（防损）专业委员会再次合作，对中国零售企业的防损状况进行了联合调研。共有 66 家代表性零售企业参与了调研，其中 56 家企业在 2011 年 4－5 月间参加了问卷调查，10 家零售企业参加了防范损耗的访谈。参与调研和访谈的企业包括国有、民营和外资企业，业态包括超市、百货、专业卖场和连锁便利店等，问题涉及损耗率指标、损耗的主要原因、团伙盗窃、防损投入等多个方面。

参加问卷调查的零售企业，其 2010 年的销售额涵盖从 5 亿元以下，到 25 亿元以上的全部区间。另外，如图 1 所示，此次调查较为均匀地涵盖了不同销售规模的企业。

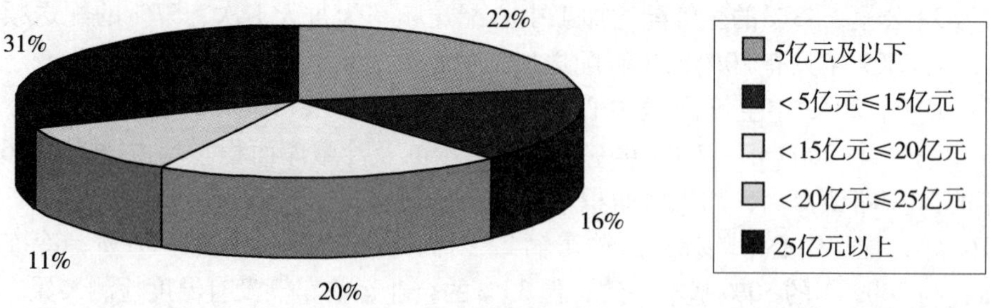


**图 1　参与调查企业 2010 年销售额分布情况（人民币，元）**

调查显示，各零售企业对本公司在防损措施的自我评价上各不相同。总体而言，95% 的企业认为企业的防损措施处于行业的平均水平或较为可靠；只有 5% 的企业认为自身的防损措施是最优方法。这说明，绝大多数的企业认为其防损措施还未达到最优化的状态，存在提升的空间。

本次零售行业防损调研的主要发现有：

1. 高损耗商品的定义标准不一致，对其保护不够充分。
2. 损耗率指标较严格，但不同门店损耗率差异较大。
3. 团伙盗窃现象较严重，外盗造成的损耗有所增加。
4. 大部分企业持续加大防损投入，且日益重视技术防损。
5. 防损人员的专业培训被认为是零售企业效益最高的防损投入。
6. 民营企业的供应商相比零售商处于最弱势的地位。

## 二、零售行业发展特点

自2004年年末零售行业开放以来，中国零售业一直处于高速发展期。2010年，中国连锁百强销售规模达到1.66万亿元，同比增长21.2%①。除了行业的高速发展外，零售行业的发展特点还包括：

1. 并购重组成为零售企业扩张的重要手段

进入21世纪以来，中国零售业的并购无论从并购的数量、频次还是从并购涉及的金额来看都在急剧增加。尤其近年来，由于资本市场对零售行业的看好，大量资本开始进入零售行业，大型零售企业开始进行跨区域的并购重组，以实现在全国范围内的战略布局。这方面的例子包括：2011年华润万家斥资36.9亿元收购江西区域龙头零售企业洪客隆百货及超市100%股权②。海航商业控股有限公司完成了对广东梅州乐万家超市51%股权的收购，曲线进入华南市场；在此之前，海航正式收购湖南家润多超市80%的股权。③

2. 零售行业业态呈多元化发展趋势

随着消费者需求的不断增长与变化，近年来，零售业在业态上发生了明显的改变。从中国连锁经营协会连锁百强的统计数据来看，2009年，百强中百货加超市的经营企业达到47家，超市加便利店的有15家，多业态经营企业首次过半。以华润万家为例，它目前拥有大卖场、综合超市、社区超市、OLE高端超市、Vango24小时便利店以及社区购物中心等11种业态。行业的细分化、专业化已成为零售行业内的共识。消费市场的不断扩大与各业态设定目标人群的逐渐缩小形成了非常鲜明的对比。因此，未来零售市场应该是大中小不同类型门店共存以满足不同消费需求的状况。越来越多的零售企业开始对目标客户进行细分和精准的定位，并相应提供差异化的产品和服务，用零售的多元化满足不同层次消费者差异化的需求。

3. 网上零售初具规模

由于互联网的迅速普及，中国网民规模迅速扩大，网络消费市场空间巨大。顺应发展趋势，目前传统商业零售企业“鼠标加水泥”这一真正的电子商务模式正在启动当中。数据显示④，2010年，我国网上购物交易总额已经超过5000亿元，占社会消费品零售总额约3.5%。网购用户以每年48.6%的速度增长，已达1.61亿。在如此强大的市场推动力下，传统零售商纷纷加入网络零售业务。根据中国连锁经营协会的统计，包括苏宁电器、国美电器、银泰百货在内的52家2010年连锁百强企业均已开展了网络零售业务。

4. 经营成本大幅上涨，利润压力加剧

2010年，零售企业面临的最大困难是经营成本的提高，包括租金成本和人工成本。对优质网点资源的竞争、房地产价格飙升带来房租的大幅度上涨，企业租金成本明显提高，有限的利润被租金吞食，也造成企业新开门店数量的减缓。人工成本上升的直接体现

---

① 中国连锁经营协会，2011年5月《2010年中国连锁百强》。

② 华润万家官网 http://www.crvanguard.com.cn/ 2011年7月29日《华创收购江西洪客隆 扩展华润万家新版图》。

③ 中国经营报：2011年4月22日《海航并购乐万家 零售业“斥资”凶猛》，徐春梅。

④ 中国连锁经营协会，《2011传统零售商开展网络零售业务研究报告》。

是员工工资和福利的增长。此外，人员流失率高以及由此造成的招聘、培训等方面的投入也明显增加。

此外，2011 年以来的物价普遍上涨使得为零售企业提供大量现金流的中低端消费者的支出开始收缩，以及目前舆论对零售行业推高物价上涨的诸多误解，将给零售行业的未来增长带来变数，加剧零售企业的利润压力。

## 三、零售行业防损调研的主要发现

1. 高损耗商品的定义标准不一致，对其保护不够充分

在高损耗商品的范围方面，有 39% 的受访企业只定义 10 种以内的商品为高损耗商品，而 12% 的企业则将超过 100 种的商品定义为高损耗商品，这反映出各个企业在定义高损耗商品时标准并不一致。在我们的访谈中也发现，有些企业的高损耗商品的定义是“单位价值较高、体积较小，易于偷盗的商品”，而有些企业的定义则是“损耗率或损耗额度同时排前三的商品”，“ 盘点中位居损耗前列的商品”等。

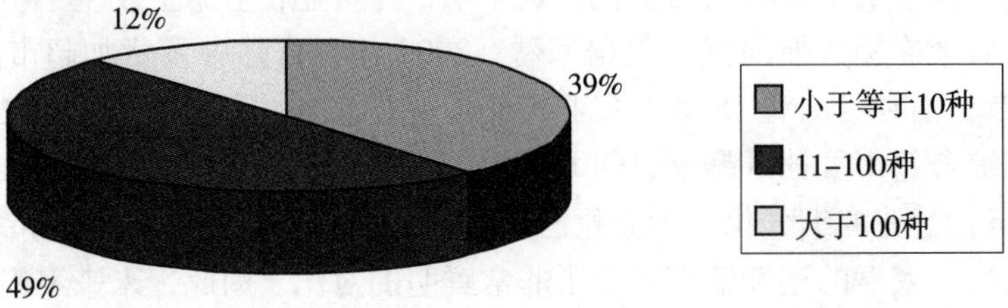


**图 2　高损耗商品定义数量分布情况**

而在高损耗商品的保护方面，只有 56% 的企业将超过 75% 的高损耗商品纳入防损保护的范围。因此可以说，相当一部分企业虽然认识到哪些商品存在高损耗，却由于各种原因，未将大部分的高损耗商品纳入防损工作的保护范围。此外我们的调查还发现损耗最多的前三种商品分别是：洗发水，口香糖和奶粉。

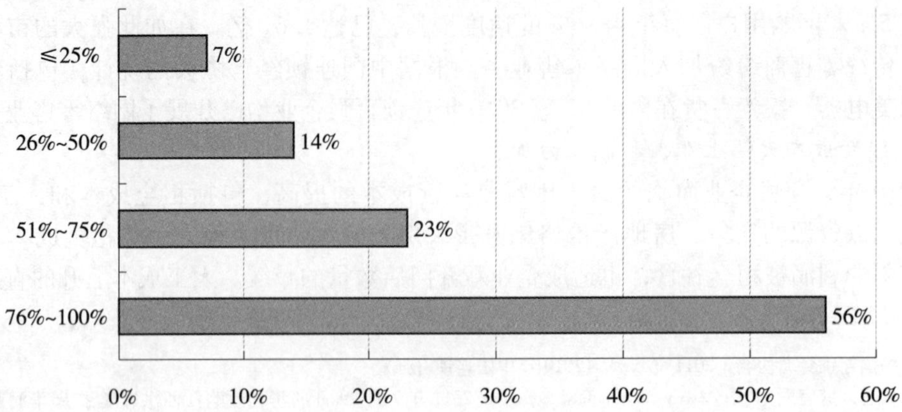


**图 3　参与调查企业中受保护的高损耗商品占比及分布**

高损耗商品应该是零售企业改善其损耗水平的重点。对不同的高损耗商品，企业应采取有针对性的多样化的防损措施来加以保护。

2. 损耗率指标较严格，但不同门店损耗率差异较大

调查显示，14%的受访企业表示最近一次大盘点的全公司平均损耗率在0.5%以上，而只有4%的公司内部规定的损耗率指标大于0.5%，说明即使存在供应商补损，仍有部分企业未达到其内部设定的损耗率指标。

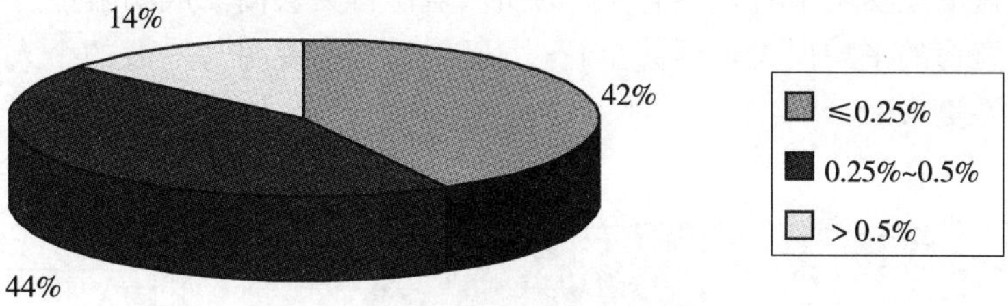


图4　最近一次大盘点的平均损耗率

各企业的损耗率指标设定得均较严格，接近97%的企业损耗率指标在0.5%以下，其中近54%的企业的损耗率指标更是设定在0.3%以下，反映出企业对防损工作的高度期望。这与2010年亚太区损耗率的数值（1.16%）[①] 相比，其损耗率指标无疑远低于全球乃至亚太区的零售行业的损耗水平，其中的一个重要原因是供应商补损在相当程度上降低了零售企业的损耗率。

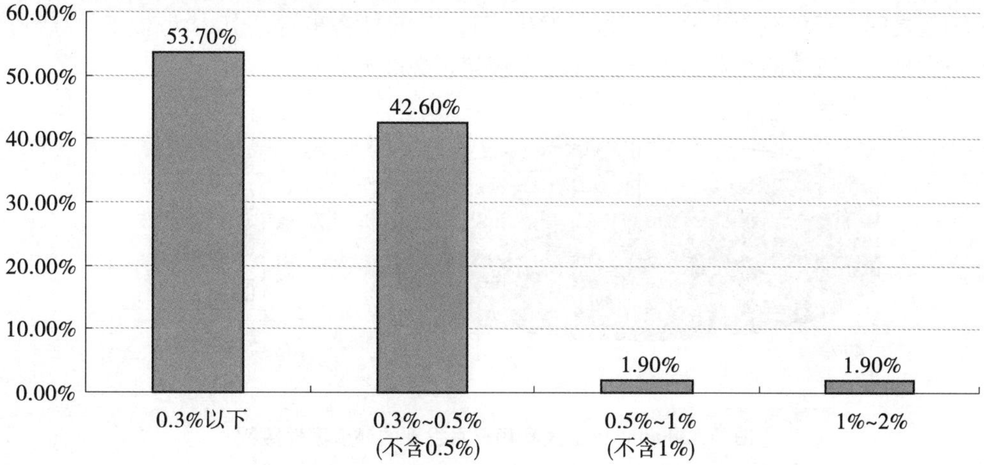


图5　参与调查企业内部规定的损耗率指标

而考虑不同业态的平均损耗率，46%的企业表示其超市的平均损耗率在0.5%以下，而只有36%的企业表示其大卖场的平均损耗率低于0.5%，说明超市的损耗率低于大卖场的损耗率。

① 英国诺丁汉零售研究中心《全球零售盗窃晴雨表2010》。

有接近 8 成的企业表示损耗率最小的门店其损耗率小于或等于 0.25%，而 49% 的企业表示损耗率最大的门店其损耗率高于 0.5%，说明不同门店之间的损耗率之间存在较大差异。

3. 团伙盗窃现象较严重，外盗造成的损耗有所增加

调查显示，只有 15% 左右的企业表示未遭遇过团伙袭击，而 24% 的受访企业表示单个商场平均每月遭遇团伙袭击的次数超过 1 次，说明零售行业遭遇团伙袭击的情况比较普遍。从盗窃团伙的成功率来看，只有 9% 的团伙盗窃行为被商家成功阻止。有 12% 的企业表示每次团伙盗窃的平均损失金额甚至超过 1000 元。这说明与一般的个人盗窃相比，团伙盗窃的危害性更大。

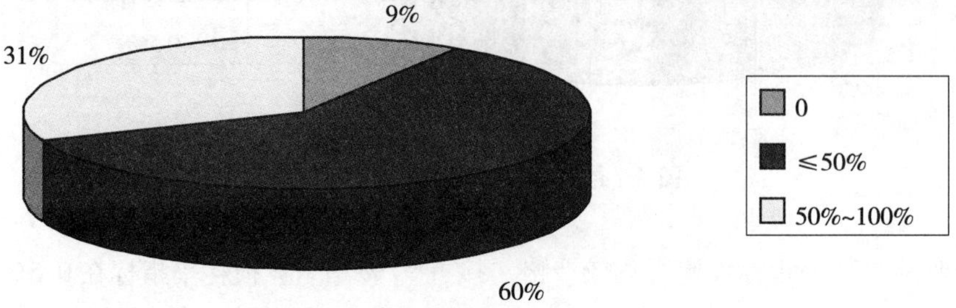


**图 6　团伙盗窃成功比率**

调查发现，在 3000 平方米以上的大卖场中，有近一半的企业每月发生外盗的次数在 11－50起之间，13% 的企业报告其每月发生超过 50 起外盗事件。其中大部分（77%）是由人防发现的，22% 的企业每次外盗平均金额超过 200 元。

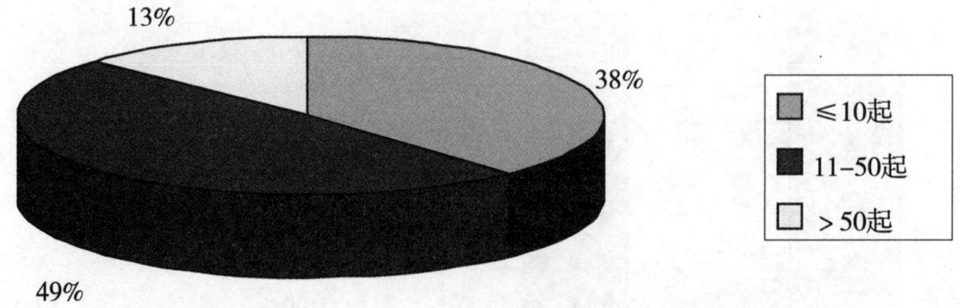


**图 7　3000m² 以上大卖场每月发现的外盗案件数额**

调查显示，在 3000 平方米以下的大卖场中有超过 2/3 的企业每月发生外盗少于 10 次，而报告其每月发生超过 50 起外盗事件的企业只占 5%。同样，这其中大部分（64%）是由人防发现的。18% 的企业每次外盗平均金额超过 200 元。不论是外盗发生次数，每次外盗平均金额，大卖场的损失明显高于小卖场，因此预防团伙盗窃应重点关注大卖场。

团伙盗窃是目前零售行业防损面临的一个难题，依靠单个企业的力量很难有效防范团伙盗窃，而需要国家有关部门、行业协会、企业协同合作才能建立起针对团伙盗窃的“立体防护网”。国家需在立法方面重视商业损失、完善公民信用体系，行业协会和零售

企业携手合作，就团伙盗窃的相关信息充分进行定期沟通。

调查还显示，受访企业认为65%的损耗来源于盗窃，其中外盗占损耗的比例为35%，较2010年的外盗所占比例有明显上升。而其他损耗的原因例如营运及流程损耗、供应商欺诈等则变化不大。

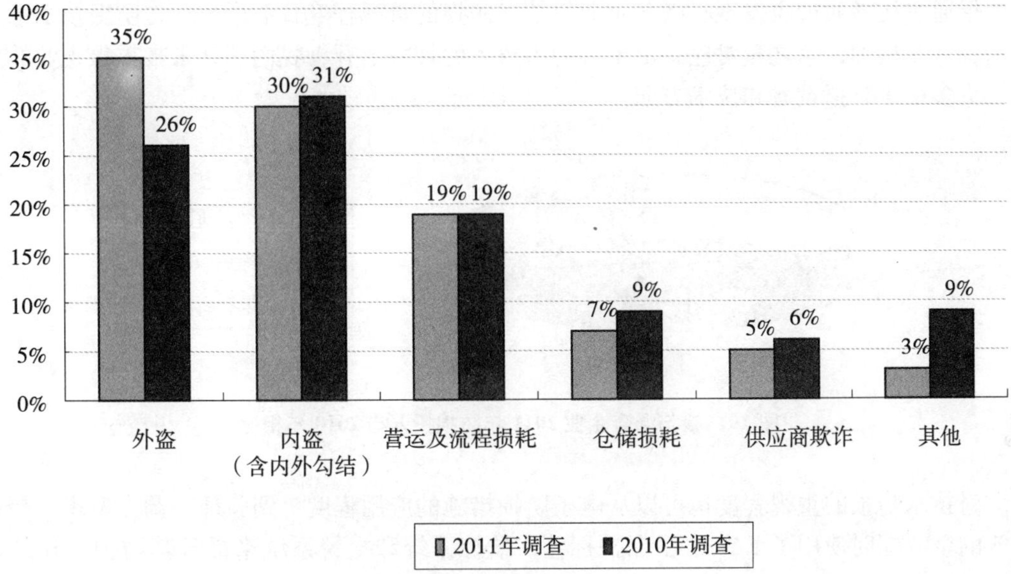


**图8　损耗构成比例**

从损耗的地域分布来看，调查结果显示，华北、华东和西南三个地区处于损耗最严重的地区。当被问及哪个地区的外盗现象最严重时，同样，华北、华东和西南地区也是排名前三位的地区。这也从一个侧面说明，外盗是损耗的一个重要原因。

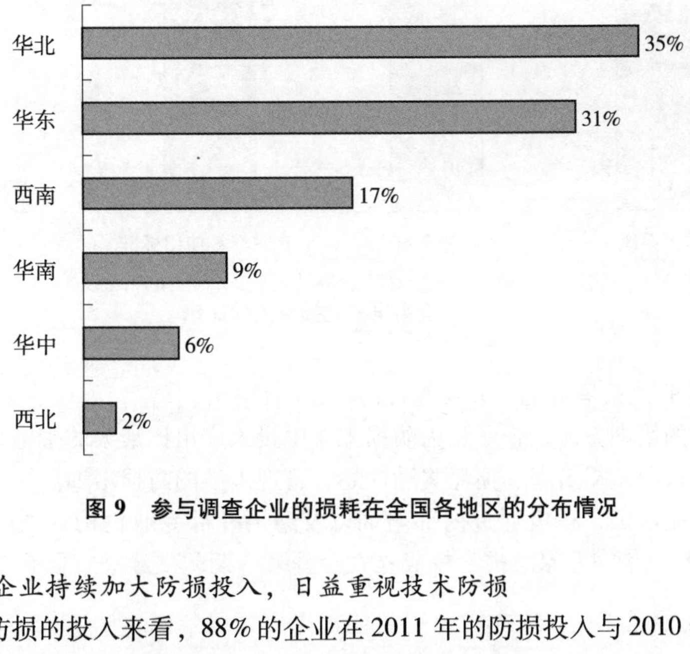


**图9　参与调查企业的损耗在全国各地区的分布情况**

4. 大部分企业持续加大防损投入，日益重视技术防损

从企业对防损的投入来看，88%的企业在2011年的防损投入与2010年持平或者有所

增加，36%的企业加大了在防损方面的投入，增加的比例平均达到12%，显示出零售企业对防损工作的重视程度正在增加。此外，调查发现，企业在防损人员上的投入稍高于其在防损技术上的投入（56%对44%），显示出由于较低的劳动力成本，零售企业天然地倾向于更多采用"人防"。

但通过访谈我们也发现，随着企业对技术防损的重视程度日益增加，在防损技术上的投入也日益增加，与之相对应，由于劳动力成本的日益上升，我们预计未来零售企业的投入将更多用于防损设备和技术方面。

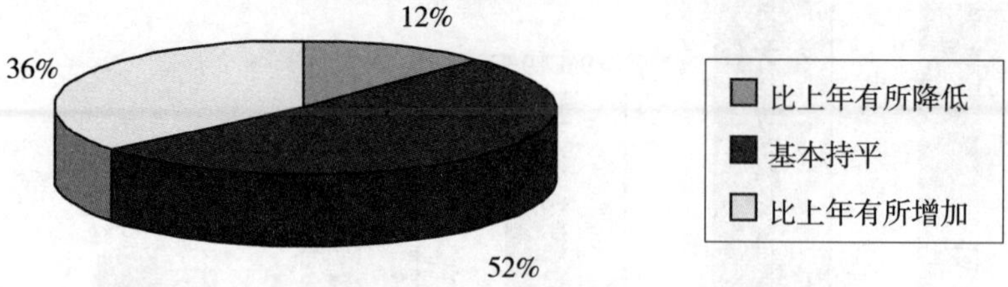


**图 10　参与调查企业 2011 年防损投入与 2010 年相比**

对技术防损的重视程度也可以从电子防损措施的应用程度得到验证。调查发现，超过71%的企业同时使用了 EAS 电子保护标签、监控系统和报警系统来提升其防损工作的绩效。

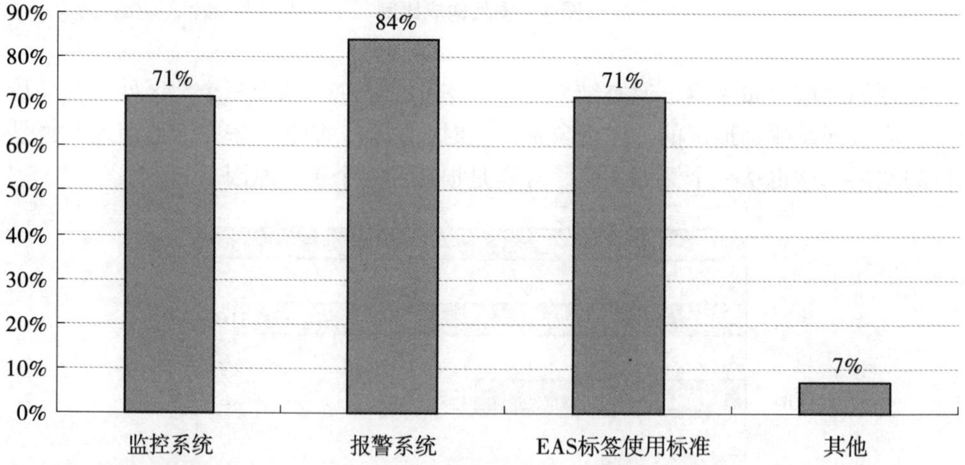


**图 11　运用电子防损措施的比率**

5. 防损人员的专业培训是企业效益最高的防损投入

在防损团队的培训方面，企业认为防损工作中投入产出比最大的措施分别是：防损专业培训、新员工入职防损培训、损耗奖励计划、管理人员的防损培训。零售企业也日益重视防损人员的专业培训，积极通过内部培训以及邀请外部专业机构开展防损培训。例如2010 年 3 月 19 日，华润万家防损学校成立大会暨第一期防损经理 – 防损主管晋升培训班启动会在深圳召开。[1]此外，在我们的访谈中也发现，一家大型零售企业通过防损专业培训，其内盗的比例大幅下降，减少了30%。

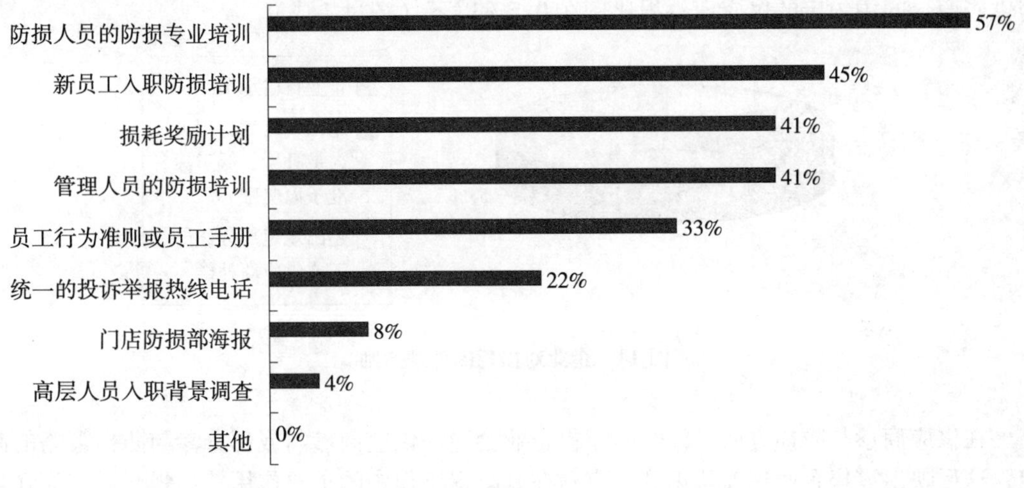


**图12　企业各种防损工作投入产出比（效益）情况**

而防损人员入职培训，员工行为准则和防损专业培训是企业采用最多的培训方式。两者对比，可以发现，企业虽然认为管理人员的防损培训的效益较高，但重视程度不高，仍有待改进。

只有35%的企业表示其所有部门均接受过防损培训，采购和物流部门进行培训的企业比例分别为31%和33%。这一结果虽然较2010年的调查比例有所上升，但仍说明零售商的防损培训不够充分。

6. 民营企业的供应商相比零售商处于最弱势的地位

在补损的供应商中，主要以民营企业居多，占59%，其次是合资和国有企业，而外资企业的比例最小。这反映出，民营企业的供应商与零售商相比，其处于最弱势的地位。

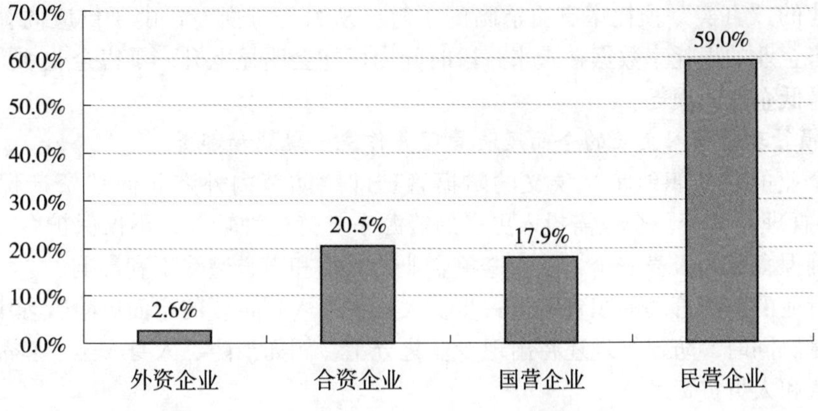


**图13　提供主要补损的供应商类型**

① 华润万家网站 http：//www. crv. com. cn。

超过半数的企业选择由公司来承担损耗，这与我们2010年调查的结果相比有所增加，同样仍有44%的损耗由员工或供应商来承担。在与供应商共享损失的零售企业中，其在与供应商合同中约定的供应商补损比例在0.5%以下（超过7成）。

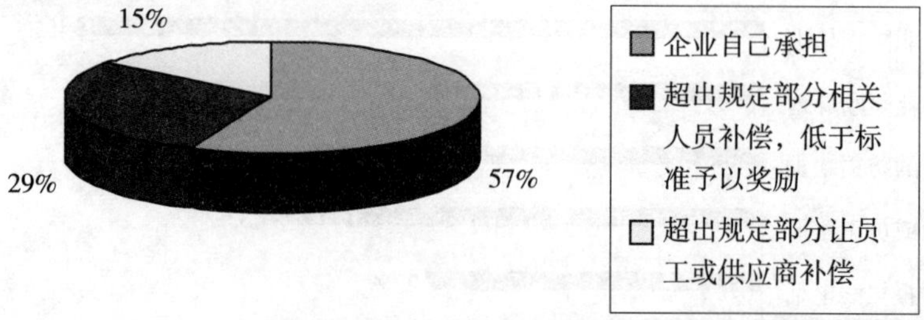


**图14　企业对损耗的处理原则**

在供应商参与防损方面，63%的零售企业会邀请供应商参与或部分参与防损策略的制定，这反映出零售企业逐渐认识到供应商在其防损工作中的重要作用，加强与供应商在包装、物流、运营计划和采购腐败等方面的合作可以有效降低损耗。

## 四、零售行业防损管理的趋势

1. 供应商补损将日趋透明和规范，零售企业将面临更大的防损压力

商务部于2011年2月17日表示，正委托中国连锁经营协会起草制定有关零售商、供应商商品购销合同规范，内容会涉及扣点、收费、账期、损耗、风险管理等多项零供矛盾中的敏感问题。此外，根据我们的访谈，部分大型品牌连锁零售企业也意识到“供应商补损”的不可持续性，已经自觉主动地在合同中明确规范供应商补损的范围和比例等。

虽然规范的执行情况还有待观察，但从长期看我们认为，随着新的合同规范的出台，供应商的补损情况将日趋透明和规范，零售企业将更容易追踪供应商的“补损”数据，从而对企业的“真实”损耗率有更清晰的了解。从另一方面看，由于供应商补损因素的剔除，零售企业的损耗率数据在未来一段时间内可能会明显上升，零售企业须更加重视防损工作以降低企业的损耗。

2. 防损管理将纳入企业的全面风险管理并作统一规划和部署

零售企业的防损职能将从狭义的防损管理即“防范内外盗”向“资产保护”以及“全面风险管理”转变。企业需投入更多的资源来支持这种转变，不仅保护企业的有形资产，也要确保食品和人身安全，从而避免企业的品牌和声誉遭受不利影响。

零售行业的防损管理的职责将进一步扩大，将纳入到企业的全面风险管理中作统一的规划和部署。同时，防损管理还将出现专业化分工，例如消防、人身安全、食品安全等将由专业团队和人员负责。

随着国家对食品安全、公共安全的日益重视，针对零售行业的政策法规会陆续出台。例如北京市从2011年8月开始实施的《大中型商场超市治安防范规范》对大中型商场超市的监控设备的“人员识别”的技防标准、食品销售区的视频监控，以及不同的预警等级都做了明确的规定。这就要求零售企业在防损管理和规划工作中充分考虑合规经营的因

素。

3. 零售企业将加强在生鲜环节的防损力度

零售行业生鲜环节由于生鲜产品的自然属性例如保质期短、品质差异大等造成其损耗一般大大高于普通日杂产品，也是零售企业较难控制损耗的环节。但我们也应看到生鲜环节往往也是企业集聚人流，扩大销售额的一个重要手段。因此，在扩大生鲜销售额的同时，做好生鲜环节的防损将直接带来企业利润的增加。在生鲜防损方面，一些领先企业采用以下方法来有效控制其损耗：

（1）参考历史销售记录、消费习惯等制定合理的订货计划。

（2）在收货环节制定统一标准，加强对货品的验收。

（3）加强生鲜产品在陈列、整理和冷藏方面的技术处理。

（4）在库存管理环节采用先进先出的原则。

（5）对称重产品，加强对偷换标签的预防以及收银员的培训和防损意识。

（6）对生鲜环节设置毛利率考核指标。

4. 零售企业将部分防损工作外包给专业的第三方供应商

在国外，零售企业将防损工作部分或全部外包给专业防损服务提供商比较常见，但这种情况在中国并不多见。近年来，在发达地区如上海、广东等也出现了专业的防损服务供应商，此外部分国外防损专业服务公司也开始进入中国市场。我们也注意到已有部分零售企业有计划将部分防损工作外包给供应商。将防损工作外包的好处主要有以下几点：

（1）供应商的专业服务可帮助企业进一步改善企业损耗。

（2）用于防损方面的支出趋于固定。

（3）通过有效的"知识转移"，零售企业可获得先进的防损知识和技能。

（4）零售企业无需招募和保持专业的防损人才。

（5）对通过并购重组实现快速扩张的企业，专业防损服务供应商可帮助其整合防损体系。

如同企业其他职能的外包一样，防损工作的外包预计将进一步发展。零售企业可根据自身情况选择市场上信誉好的专业服务提供商开展合作，在合作之前进行充分的尽职调查十分必要，有助于双方建立充分的信任。

## 五、防损工作建议

零售行业如欲改善防损绩效，提升企业盈利能力，依据本次防损调研的收获，本次联合调研提出如下建议供零售企业参考：

1. 加强对高损耗商品的保护

高损耗商品是指那些单位价值较高且易被盗窃的商品，常见的高损耗商品包括洗浴用品、口香糖、奶粉、服装等。有些产品如名烟名酒等，虽然单位价值很高，但通常不易被盗窃，损耗的金额在总体损耗中占比很小，因此并不能认为是通常意义上的高损耗商品。企业在对高损耗商品进行保护之前，需要对损耗进行充分的数据分析，设置高损耗商品的判定标准，明确对本企业而言哪些商品是高损耗商品。不同的零售企业由于其业态和商品类别的不同，不同业态和门店的高损耗商品可能也存在差异。此外，对高损耗商品应根据损耗的变化进行动态管理，适时调整高损耗商品的清单。

零售企业对高损耗的保护可以采用以下多样化的手段：

（1）在销售或收银环节，设置单独的柜台。

（2）设置专门的高损耗商品仓库和货架区域。

（3）加强技术防损的力度，例如采用源标签技术，重点区域设置闭路监控等。

（4）通过便衣（人防）和全员防损来保护高损耗商品。

（5）加强对高损耗商品的日和月滚动盘点。

2. 加强不同门店之间的防损经验分享和人才交流

目前大型零售商的经营业态较多，不同业态之间，甚至同一业态的不同门店由于防损的管理水平存在差异，导致不同门店的损耗率相差较大。我们在访谈中发现，部分零售企业不同门店之间的损耗率水平最多可相差 10 倍以上。因此，加强不同门店之间的防损经验交流就十分必要。在与零售企业的访谈中，企业也提到了很多有益的方法，比如定期（每月、季度、半年）召开整个公司范围内的防损研讨会；建立共享的内外盗数据库；由表现优秀的防损团队分享成功经验；以及利用技术工具在门店之间传递预防团伙盗窃的预警信息等。

此外，有必要加强防损人才在不同门店间的合理流动，这样既能实现将成功的防损经验在不同门店间传播，又能在不同的经营环境下很好地锻炼防损人才的能力。

3. 在区域和行业内以及与公安部门建立信息共享机制

零售行业的团伙盗窃近年来呈现高发且不易根治的特点，影响了企业的正常运营和盈利能力。在我们与零售企业进行的访谈中，目前几乎所有的零售企业都迫切希望通过建立信息共享数据库来防范内外盗和团伙盗窃。共享信息资源库的信息既包括零售行业从业人员的信用和背景记录，也要对已犯罪人员和团伙建立档案。由于大部分团伙盗窃是在本地或区域内作案，因此建立区域内的信息共享机制就显得尤为必要。2011 年 8 月，包括沃尔玛、家乐福、华润万家、屈臣氏等零售巨头宣布成立广东零售业防损联盟。① 此外，加强与公安部门如社区民警的信息联动，也能从一定程度上遏制内外盗和团伙盗窃的发生。

4. 加强对新的防损技术的关注，适当应用新的防损技术

随着人力成本的逐渐增加，企业尤其是大型零售企业越来越注重技术防损的应用。考虑到部分防损技术日益成熟，成本逐渐降低，企业应逐步引入技术防损的设备和手段加强防损工作。

除了传统的 CCTV，EAS，Alarm 等技术，源标签作为一种新的技术手段正在为越来越多的零售企业应用。源标签技术是指零售商与产品制造商通力合作，由制造商在商品的生产、包装过程中加上电子防盗标签，改变以往防盗标签在商场内上架时粘贴的做法。这样，防盗标签可以放置得更加隐蔽，不易被发现和破坏，从而减低商品损失；而且，那些原来不适合开架销售的商品因使用了防盗标签受到保护而可以进行开架销售，提高了顾客的购买欲，从而促进销售额的大幅增加，使零售商与制造商共同获益。尤其对于那些利润较高但不适合开架销售的商品，采用源标签技术将显著零售企业的利润率。欧洲、北美及亚太区，分别有 69.3%、68.7%及 47.3%的受访大型零售商，期望于 2010 年的年底前采

---

① 羊城晚报：2011 年 8 月 11 日《广东零售业每年盗损超过 10 亿 巨头抱团防损》，孙晶。

用源标签计划。而现时只有 45.2% 的北美零售商、39.7% 的欧洲零售商及 27.4% 的亚太区零售商（包括 40% 的澳洲零售商）采用源标签计划。相比之下，可见源标签计划增长的比例非常快速。[①] 根据我们的访谈，一家国际零售巨头在采用源标签技术后成效显著，商品损耗率下降约 50%，销售收入增加约 300%。

此外，RFID 技术即 Radio Frequency Identification（射频识别）是一种非接触式的自动识别技术，通过射频信号自动识别目标对象并获取相关对象。相对于 EAS 对偷盗现象发生之后才进行阻止，RFID 技术可以真正实现实时监控商品的异常状况，预防盗窃的发生。此外，RFID 的物理跟踪特征也可为商家证明商品的盗窃提供有力的证据。RFID 技术不仅能有效改善零售企业的防损工作，也可以改善零售供应链的运作。沃尔玛和麦德龙等大型企业已在部分门店应用了此项技术，预计未来随着成本的降低，RFID 技术将会更多地应用于零售防损。另外，有些领先的零售企业还应用了人像识别技术，例如对惯偷（或黑名单上的人）的头像进行识别，加强提前预防。

① 英国诺丁汉零售研究中心《全球零售盗窃晴雨表 2010》。

# 2011 年中国零售企业财务状况研究报告

## 第一部分　概述

### 一、研究背景

2008 年下半年国际金融危机累及中国经济，国内零售业同样深受影响，行业内许多零售企业面临严峻的财务危机。在这样的背景下，商务部市场体系建设司于 2009 年初委托中国连锁经营协会，并由协会和普华永道会计师事务所共同进行了针对中国零售企业财务资金状况的专项调查研究，以便为金融危机期间的零售业相关政策的制定提供参考依据。此后，该项研究转变成一项零售企业财务状况常规性的年度调研，2011 年是连续第三年开展此项研究。

前两年，研究报告主要从财务角度入手，持续跟踪和分析了中国零售企业自金融危机爆发至初步恢复的全过程。2009 年的报告分析了零售企业财务风险的形成因素及在金融危机影响期间的发展，并提供了零售企业财务风险监控指标的参考体系框架。2010 年的报告则通过从根源上分析零售企业的发展模式对形成中国零售企业特有的盈利模式和融资模式的影响，探讨了我们看到的中国零售企业普遍面临的一系列的问题和困难的成因以及相应对策。

2011 年的报告继续关注中国零售企业在后金融危机时代的发展和变化，并分析了中国零售企业在盈利和融资模式上的新动向。同时作为零售企业融资和扩张的重要方面，报告对中国零售业的并购和资本市场进行了单独分析，并将其列入报告的第二部分。

### 二、研究结果概述

中国零售业在克服金融危机影响实现恢复性增长后，于 2010 年步入稳步发展的阶段。国民消费水平在结构上的升级和地域上的普及是中国零售业持续发展的驱动力。以销售非生活必需品的时尚日用消费为主的百货业态受益于此，将成为危机后乃至未来零售行业及消费市场发展升级的主力。我们的数据显示，在其他业态的增长率尚未完全恢复的情况下，百货业态的增长率已超过危机前的水平并后来居上高于其他业态。在地域方面，现代零售业向中小城市和农村市场渗透也是重要趋势，而居民收入不断提高下的区域消费力的释放是其基础。我们观察到虽然农村居民可支配收入总量仍然相对较低，但其增速在危机后的 2009 年下半年已经开始超越了城镇居民收入。

零售行业的恢复同样带来了零售企业扩张和融资活动的升温。在我们对2010年的分析中发现，国内零售业的并购活动正在恢复到危机前的水平，而战略投资者仍然是并购市场中的主角。证券市场的上市活动同样恢复活跃，连同持续高位的企业并购交易估值（2010年平均并购交易市盈率达29倍），体现了业内投资者和资本市场对于国内零售行业增长的乐观预期。而中国零售行业企业集中度低、市场竞争日趋激烈也使通过并购和融资快速扩张成为大势所趋。我们特别注意到专业店业态在扩张、并购及上市活动方面都十分地活跃，这一方面反映了专业店快速发展态势，同时也是该业态竞争日趋激烈的体现。在此我们需更多注意其中结构性的变化，充分关注与房地产相关的专业店子业态的风险，以及与消费升级相关的子业态的发展前景。虽然并购重组是零售行业发展的重要趋势，企业在考虑通过兼并收购扩展企业规模时应充分识别和评估并购重组中可能的风险，采取有效的措施尽可能地将风险降低至企业可接受的水平。

在看到行业整体恢复的同时，我们同样应该注意到中国零售企业在现阶段面临的挑战。

——宏观经济层面，消费者信心指数在2010年下半年开始下降，而社会消费品零售总额的增速也出现了回落，在2011年一季度一度甚至高于国内生产总值（GDP）的增长，是近年来的首次。这不仅反映了当下持续通货膨胀对于消费信心的打击，但更是投资拉动型的经济结构未能改变的结果。在我们的调研中，零售企业对于未来预期的乐观度普遍有所下降。

——企业层面，往年报告中分析的零售企业的盈利模式和融资模式的各项结构性问题，特别是在盈利和融资模式方面对于供应商的依赖，在短期内没有根本的变化。由此牵涉到的零供关系问题也依然存在，随着中小供应商的资金和盈利状况在宏观调控下变得相对艰难，零供问题再次部分凸显。

——零售企业的外部融资渠道仍然相对单一，银行金融机构融资仍然是零售企业外部融资的最主要方式。近期持续的信贷紧缩政策对零售企业特别是中小零售企业的融资扩张造成较大影响。问卷调查中反映零售企业感觉融资环境变得更加不利的比例明显上升。公开市场上市融资虽然日趋活跃，但总量较其他行业仍然较低，从我们调研来看大部分零售企业仍未能将其视为主要考虑的融资渠道。

——盈利状况方面，特别值得注意的是在整体利润水平恢复到金融危机前的情况下，主要成本（租金/人力/物流等）的上升成为经济恢复后通胀压力背景下零售企业最主要的挑战，尤其是租金成本的持续上升对零售企业的营业利润形成较大的压力。我们的分析显示零售企业主要固定费用的成本比例都有明显上升，也是2010年下半年经营利润率下降的主要原因。

对于上述盈利和融资模式问题的解决，本年我们重点关注两大趋势：其一，以经营创新和管理提升应对成本压力；其二，零售金融的规范和发展。

——前者，我们认为面对成本压力，简单压缩成本或转嫁供应商都非治本之策，通过经营形式创新和内部管理细节提升是创造性解决问题的方向，也是利于企业和行业长期发展的方向。我们看到了零售企业许多的努力和创新。在资金使用上，虽然开设新店仍是最主要的用途，但改造物流和供应链等支出已经超过购建商业物业成为紧随其后的用途，直接反映了零售企业经营战略的转变。

——后者，我们认为最近有关第三方支付牌照发放和规范商业预付卡的措施应结合来看，是对零售金融的系统性的规范和引导。我们的研究显示，事实上作为传统零售企业第三方支付最主要形式的购物卡，其带来的资金占零售企业资金来源的比例在近年来逐年上升，这一趋势甚至未受金融危机太大的影响。购物卡的发放在 2010 年上升幅度则更为明显，超过以往任何一年。而以电子商务为基础的网上支付平台，在新兴在线零售商与传统零售企业间，已经由当初的合作探索进入互相竞争发展的新阶段。网上支付平台与预付卡和其他第三方支付平台的整体融合并创新衍生是零售金融未来发展的方向。零售金融是基于零售企业业务特点和网络优势诞生发展出的业务和融资的创新结果，它的快速发展将是大势所趋。从长远来看，我们相信零售金融对中国零售业在融资模式和业态发展上都将影响深远。

我们预计，中国零售业及其融资并购活动在 2011 年继续蓬勃发展：

——尽管面临许多挑战，但随着中国经济持续发展和居民收入稳定增加，各层次居民消费力仍将不断释放，在扩大消费政策和转变发展方式的方针引导下，中国零售业整体仍将继续保持较快增长。

——并购融资方面，零售企业的战略投资者仍然是零售业并购的主角，但是私募股权基金作为资本提供者的重要性将逐步显现，尤其对于私营企业，其对 IPO 融资渠道的重视更为明显。

——在中国“走出去引进来”的战略支持下，国内零售企业的海外扩张活动将会受到更多关注。

## 三、研究方法

本次研究主要通过以下方式进行：

国内上市零售企业，采集公开数据并分析；

国内主要零售企业，通过问卷调查获取数据；

国内主要零售企业管理层，通过访谈获取相关资讯。

上市公司数据：我们的财务指标等定量分析，主要以国内上市零售企业的公开数据为基础，研究中的国内上市零售企业样本共 68 家。业态主要包括：百货店类、超市类、专业店类。其中，专业店又以电器专业店为主。

调查问卷：以中国连锁经营协会会员为基础，协会向国内主要的零售企业发放了调查问卷，其中有 74 家企业提供了有效回复。

企业访谈：本次研究中采用了协会于 2010 年年末至 2011 年年初走访会员企业的访谈结果。

# 第二部分 中国零售企业并购和证券市场融资回顾与前瞻

## 一、零售业并购概况

1. 2010 年，零售企业并购及私募投资交易活动总量正逐步恢复到金融危机前的水平

2010 年，中国零售行业全年并购总量达到了 77 宗，较 2009 年增长了 10%，披露金额超过 26 亿美元。在 2010 年中国零售行业并购交易的单笔投资规模持续保持较大规模，其中有 6 宗交易的金额超过 1 亿美元。2011 年上半年，并购交易数已达 46 宗。

**表 1　　　　中国零售业的并购数量及金额（2008 年 –2011 年上半年）**

| 百万美元 | 2008 年 | | 2009 年 | | 2010 年 | | 2011 年上半年 | |
|---|---|---|---|---|---|---|---|---|
| | 数量 | 金额 | 数量 | 金额 | 数量 | 金额 | 数量 | 金额 |
| **战略投资者** | | | | | | | | |
| 国内 | 57 | 1117 | 55 | 1123 | 57 | 1779 | 34 | 1434 |
| 国外 | 9 | 232 | 7 | 840 | 9 | 247 | 9 | 16 |
| 战略投资者总和 | 66 | 1350 | 62 | 1963 | 66 | 2026 | 43 | 1450 |
| **财务投资者** | | | | | | | | |
| 国内 | 5 | 54 | 6 | 660 | 2 | 43 | 2 | 384 |
| 国外 | 9 | 202 | 1 | – | 6 | 493 | – | – |
| 财务投资者总和 | 14 | 256 | 7 | 660 | 8 | 536 | 2 | 384 |
| **战略和财务投资者** | | | | | | | | |
| 国内 | 62 | 1172 | 61 | 1783 | 59 | 1822 | 36 | 1818 |
| 国外 | 18 | 434 | 8 | 840 | 15 | 740 | 9 | 16 |
| 战略和财务投资者总和 | 80 | 1605 | 69 | 2623 | 74 | 2563 | 45 | 1834 |
| 海外投资 | 2 | 30 | 1 | 8 | 3 | 48 | 1 | 111 |
| 合计 | 82 | 1635 | 70 | 2632 | 77 | 2611 | 46 | 1945 |

资料来源：汤森路透及普华永道分析

表 2　　　　2008－2010 年中国零售业前十大并购交易

| 序号 | 宣布日期 | 收购公司 | 目标公司 | 目标公司业务类型 | 交易金额（百万美元） | 交易状态 | 持有股份% | 投资类型 |
|---|---|---|---|---|---|---|---|---|
| 1 | 2010－11－04 | 上海友谊集团股份有限公司 | 上海百联集团股份有限公司 | 百货店 | 716 | 完成 | 100 | 战略投资 |
| 2 | 2009－10－20 | 乐天集团 | 时代零售集团有限公司 | 超市 | 635 | 完成 | 100 | 战略投资 |
| 3 | 2008－07－24 | 新华百货商店股份有限公司/华平投资集团/中信产业基金 | 物美商业集团股份有限公司 | 超市 | 496 | 完成 | 40.8 | 战略投资 |
| 4 | 2010－06－19 | 复兴集团渤海产业基金 | 红星美凯龙集团股份有限公司 | 专业店 | 381 | 完成 | n.a | 财务投资 |
| 5 | 2009－06－22 | 贝恩资本有限责任公司 | 国美电器有限责任公司 | 专业店 | 233 | 完成 | 11.3 | 财务投资 |
| 6 | 2009－08－12 | TPG/弘毅投资/联想控股 | 物美商业集团股份有限公司 | 超市 | 200 | 完成 | 10.9 | 财务投资 |
| 7 | 2010－01－04 | 山东九羊集团有限公司 | 泰安市泰山祥盛技术开发有限公司 | 专业店 | 198 | 完成 | 100 | 战略投资 |
| 8 | 2009－02－10 | 百思买企业集团 | 五星电器 | 专业店 | 185 | 完成 | 25 | 战略投资 |
| 9 | 2010－09－29 | 中升集团控股有限公司 | B&L 汽车 4S 连锁店 | 专业店 | 165 | 完成 | 50 | 战略投资 |
| 10 | 2010－10－11 | 海航商业控股有限公司 | 家得利超市有限公司 | 超市 | 135 | 完成 | 100 | 战略投资 |

资料来源：汤森路透及普华永道分析

2. 战略投资者并购交易仍然是中国零售业并购交易的主角，交易金额创历史新高

战略投资者仍然是中国零售业并购交易的最大组成部分。2010 年战略投资者并购交易活动数量为 66 宗，交易总额达 20 亿美元，达到历史最高水平。在零售企业的问卷调查中，有 11% 的企业将引入战略投资者作为其 2011 年计划的外部融资举措，该比例较 2010 年有所上升，详见第三部分。

金融危机后，境外战略投资者开始缓慢回归中国市场，但国内的战略投资者仍然是战略投资者并购交易的主角，交易活动数量为 57 宗，交易金额大幅上升，达到了 18 亿美元，较 2009 年的 11 亿美元增长了 58%。2010 年国内战略投资者单笔投资规模达到 3100 万美元，较 2009 年的 2000 万美元增长了 53%。

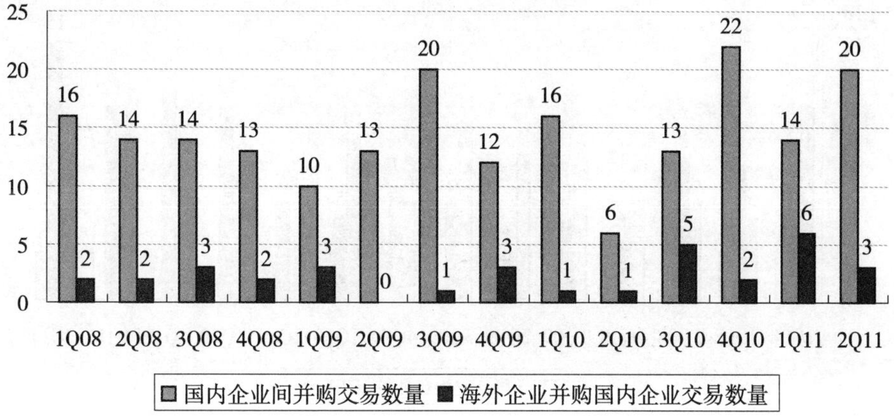


**图1　战略投资者并购交易数量（2008年-2011年上半年）——按并购交易类型**

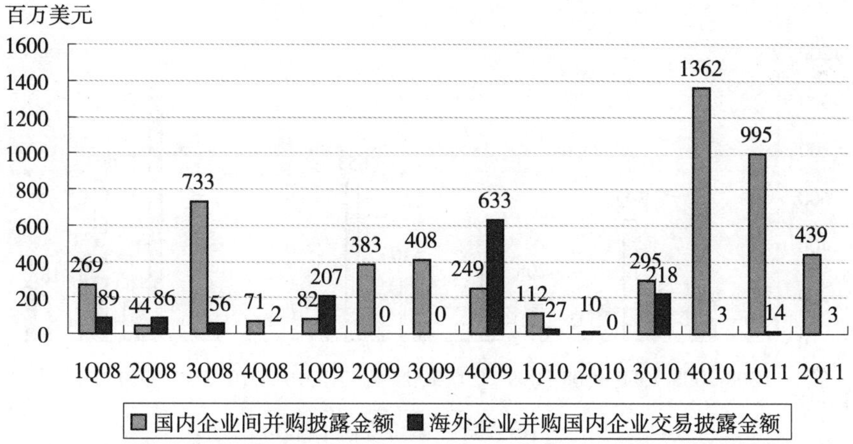


备注：2010年第四季度披露金额大幅上涨，主要是由于上海某大型股份公司吸收合并的交易，交易金额约达7.16亿美元。

资料来源：汤森路透及普华永道分析

**图2　战略投资者并购交易金额（2008年-2011年上半年）——按并购交易类型**

在2010年，国内及境外的战略投资者重点关注对专业店公司的投资，在总体的66宗战略投资者交易中，共有36宗交易的目标公司为专业店公司，占比达55%。

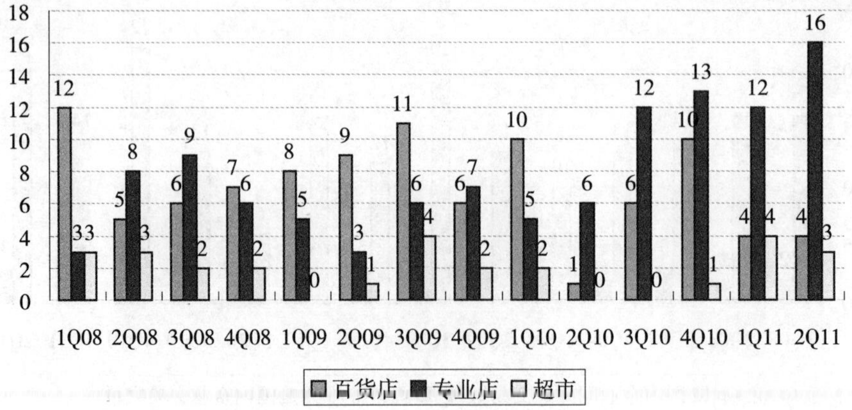


**图 3　战略投资者并购交易数量（2008 年 –2011 年上半年）——按细分行业**

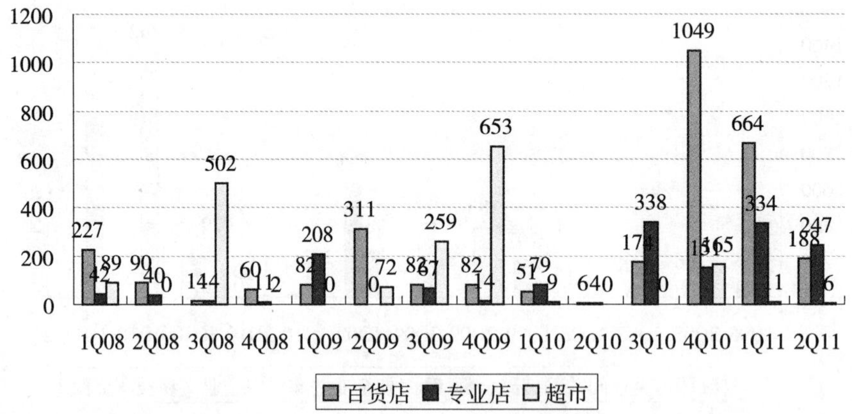


备注：2010 年第四季度披露金额大幅上涨，主要是由于上海某大型股份公司吸收合并的交易，交易金额约达 7.16 亿美元。

资料来源：汤森路透及普华永道分析

**图 4　战略投资者并购交易金额（2008 年 –2011 年上半年）——按细分行业**

3. 2010 年专业店开始成为中国零售业并购的主角

2010 年，中国零售行业的战略和财务投资者继续热衷于专业店和百货店类企业，在已披露的 74 宗国内及入境并购交易中，共有 42 宗专业店和 29 宗百货店类企业。其中，专业店开始成为并购交易的新主角，交易数量占比达 57%。在对零售企业的财务状况分析中发现，2010 年专业店的扩张支出和门店增长速度都高于百货和超市业态，详见第三部分。

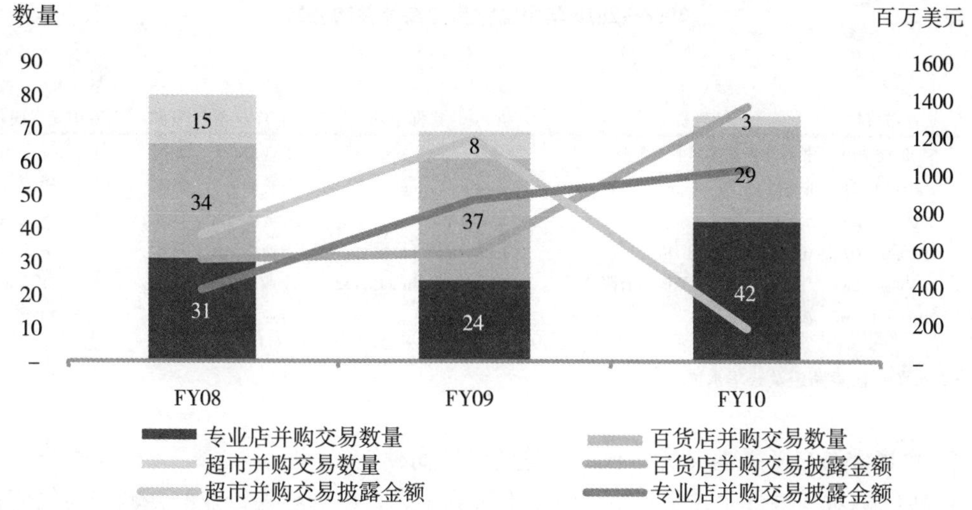


资料来源：汤森路透及普华永道分析

**图 5　中国零售业并购数量及金额（2008－2010 年）——按目标公司行业分类**

在 2010 年的专业店的并购交易中，经营汽车、服饰、医疗保健用品以及食品饮料的专业店零售企业成为并购交易的主要对象，其交易数量占据专业店并购交易的 76%，达到 32 宗。

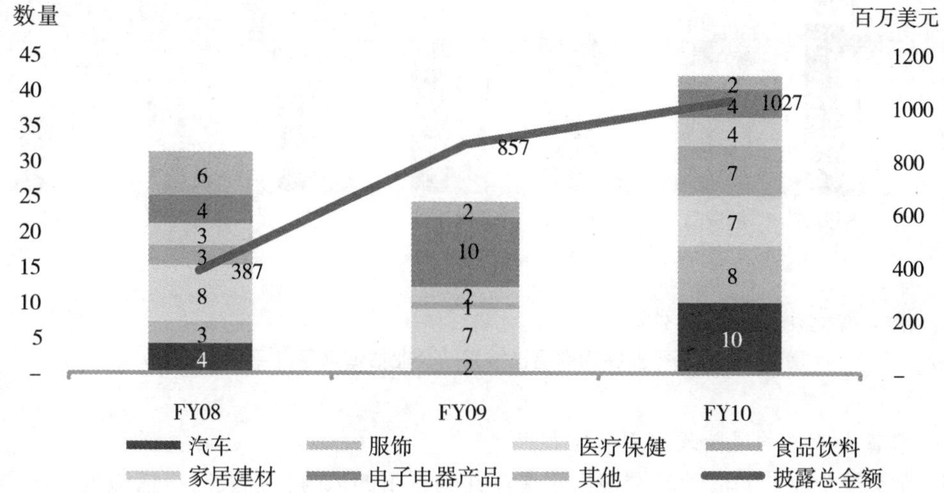


资料来源：汤森路透及普华永道分析

**图 6　专业店并购交易数量及金额（2008－2010 年）**

4. 中国零售企业的海外并购有所发展

中国零售企业的海外并购事件近三年来仅有六起，披露交易金额达 8600 万美元，分别占近三年零售业并购交易总量的 3% 和总金额的 1%。相对而言，消费品、食品和农业的交易并购更多。

**表 3　　2008－2010 年中国零售业海外并购交易**

| | 宣布日期 | 投资方 | 目标公司 | 主营业务 | 国家 | 交易金额/百万美元 | 持有股份% |
|---|---|---|---|---|---|---|---|
| 1 | 2008-05-20 | 长春永新迪瑞药业有限公司 | NutraDyne Group, Inc | 专业店 | 美国 | n.a | 100 |
| 2 | 2008-11-21 | Everbright Development Overseas Ltd | Gottschalks Inc. | 百货商场 | 美国 | 30 | n.a |
| 3 | 2009-06-25 | 苏宁集团等 | Laox Co Ltd | 专业店 | 日本 | 8 | 27 |
| 4 | 2010-08-03 | ABLE SUCCESS LTD | Hokkoku Co Ltd | 专业店 | 日本 | 4 | 14 |
| 5 | 2010-01-28 | 大连天宝绿色食品股份有限公司 | Hokudai Trading Co Ltd | 专业店 | 日本 | 21 | 100 |
| 6 | 2010-08-16 | 苏宁集团等 | Laox Co Ltd | 专业店 | 日本 | 23 | 5 |

资料来源：汤森路透及普华永道分析

5. 中国零售行业并购交易估值水平持续保持高位

金融危机对零售行业并购交易估值水平影响不大，中国零售行业的并购交易估值持续保持高位，2010 年已公布的并购交易平均市盈率（P/E）达到了 29 倍。买方企业和私募基金投资者给予零售行业企业较其他行业更高的估值，这充分显示了投资者对于中国经济增长基本面保持乐观。同时，随着政府“十二五规划”将收入分配机制改革纳入工作重点，未来居民总体收入的显著提升和城乡居民收入差距的缩小将会刺激消费品行业持续快速发展。

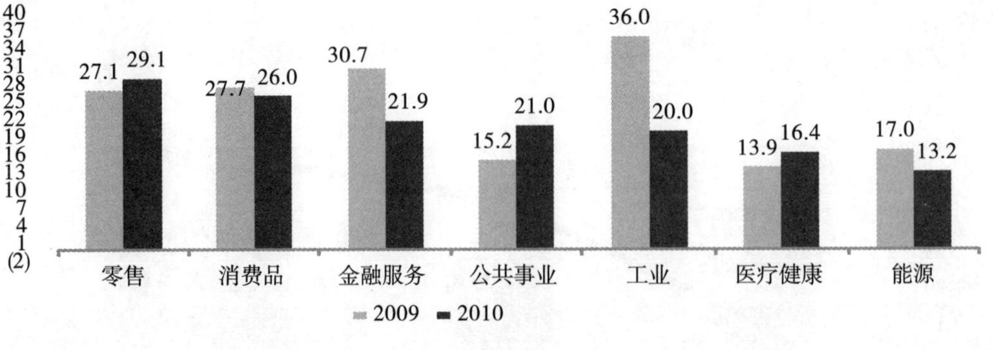


资料来源：汤森路透及普华永道分析

**图 7　消费品行业并购交易已披露的企业估值水平（平均市盈率）**

6. 零售企业并购风险逐渐引起重视

随着零售企业并购活动的增多，零售业并购重组的风险识别及防范措施也逐渐引起业内的重视。例如，潜在并购对象的评估风险、并购后的整合风险（包括文化、人事、管理系统、制度等）以及杠杆收购的偿债风险等都是企业并购重组风险管理的重要方面。

## 二、零售业证券市场融资概况

2008 年 1 月 1 日至 2011 年 7 月 28 日于上海证券交易所、深圳证券交易所（包括中小板和创业板）和香港证券交易所首发上市的零售企业共 75 家，其中内地上市公司 26 家，香港上市公司 49 家。上市企业的详细信息见表 4、表 5 所示。

**表 4　　内地首发上市零售企业**

| | 上市时间 | 公司名称 | 证券交易所 | 主营业务 | 发行数量（万股） | 发行价格（人民币元） | 筹资金额（人民币万元） |
|---|---|---|---|---|---|---|---|
| 1 | 2008－3－6 | 东华能源 | 深交所中小板 | 专业店/能源 | 5600 | 5.69 | 31864 |
| 2 | 2008－6－19 | 步步高 | 深交所中小板 | 专业店/家电 | 3500 | 26.08 | 91280 |
| 3 | 2008－7－23 | 恩华药业 | 深交所中小板 | 专业店/医药 | 3000 | 5.68 | 17040 |
| 4 | 2008－7－31 | 新华都 | 深交所中小板 | 百货 | 2680 | 12 | 32160 |
| 5 | 2008－8－28 | 美邦服饰 | 深交所中小板 | 专业店/服饰 | 7000 | 19.76 | 138320 |
| 6 | 2009－7－17 | 阿波罗 | 深交所中小板 | 百货 | 5000 | 19.58 | 97900 |
| 7 | 2009－10－30 | 探路者 | 深交所创业板 | 专业店/服饰 | 1700 | 19.8 | 33660 |
| 8 | 2009－10－30 | 吉峰农机 | 深交所创业板 | 专业店/农机 | 2240 | 17.75 | 39760 |
| 9 | 2010－1－13 | 人人乐 | 深交所中小板 | 百货 | 10000 | 26.98 | 269800 |
| 10 | 2010－6－1 | 天虹商场 | 深交所中小板 | 百货 | 5010 | 40 | 200400 |
| 11 | 2010－7－6 | 众业达 | 深交所中小板 | 专业店/家电 | 2900 | 39.9 | 115710 |
| 12 | 2010－8－18 | 嘉事堂 | 深交所中小板 | 专业店/医药 | 4000 | 12 | 48000 |
| 13 | 2010－11－2 | 九州岛通 | 上交所 | 专业店/医药 | 15000 | 13 | 195000 |
| 14 | 2010－11－17 | 搜于特 | 深交所中小板 | 专业店/服饰 | 2000 | 75 | 150000 |
| 15 | 2010－12－15 | 永辉超市 | 上交所 | 超市 | 11000 | 23.98 | 263780 |
| 16 | 2011－3－2 | 三江购物 | 上交所 | 超市 | 6000 | 11.8 | 70800 |
| 17 | 2011－3－2 | 辉隆股份 | 深交所中小板 | 专业店/农机 | 3750 | 37.5 | 140625 |
| 18 | 2011－3－3 | 徐家汇 | 深交所中小板 | 百货 | 7000 | 16 | 112000 |
| 19 | 2011－3－11 | 森马服饰 | 深交所中小板 | 专业店/服饰 | 7000 | 67 | 469000 |
| 20 | 2011－4－28 | 庞大集团 | 上交所 | 专业店/汽车 | 14000 | 45 | 630000 |
| 21 | 2011－5－20 | 好想你 | 深交所中小板 | 专业店/餐饮 | 1488 | 46 | 68448 |
| 22 | 2011－5－30 | 九牧王 | 上交所 | 专业店/服饰 | 9600 | 21.3 | 204480 |
| 23 | 2011－6－3 | 文峰大世界 | 上交所 | 百货 | 8800 | 18.05 | 158840 |
| 24 | 2011－6－10 | 瑞康医药 | 深交所中小板 | 专业店/医药 | 1904 | 20 | 38080 |
| 25 | 2011－7－28 | 以岭药业 | 深交所中小板 | 专业店/医药 | 5200 | 34.56 | 179712 |
| 26 | 2011－7－28 | 龙力生物 | 深交所中小板 | 专业店/餐饮 | 3760 | 21.50 | 80840 |

**表 5　　香港首发上市零售企业**

| | 上市时间 | 公司名称 | 证券交易所 | 主营业务 | 发行数量（万股） | 发行价格（港币元） | 筹资金额（港币万元） |
|---|---|---|---|---|---|---|---|
| 1 | 2008－5－2 | 雅天妮 | 香港交易所主板 | 专业店/服饰 | 28000 | 2.22 | 62160 |
| 2 | 2008－5－5 | 茂业国际 | 香港交易所主板 | 百货 | 86300 | 3.10 | 267530 |
| 3 | 2008－5－21 | 特步国际 | 香港交易所主板 | 专业店/服饰 | 55000 | 4.05 | 222750 |
| 4 | 2008－5－26 | 宝胜国际 | 香港交易所主板 | 专业店/服饰 | 82338 | 3.05 | 251130 |
| 5 | 2008－6－2 | 小肥羊 | 香港交易所主板 | 专业店/餐饮 | 24519 | 3.18 | 77970 |
| 6 | 2008－6－30 | 英皇钟表珠宝 | 香港交易所主板 | 专业店/珠宝 | 135000 | 0.43 | 58050 |
| 7 | 2009－4－8 | 银基集团 | 香港交易所主板 | 专业店/酒类 | 30000 | 3.45 | 103500 |
| 8 | 2009－6－22 | 兴利集团 | 香港交易所主板 | 专业店/家具 | 5000 | 1.02 | 5100 |
| 9 | 2009－6－30 | 361 度 | 香港交易所主板 | 专业店/服饰 | 50000 | 3.61 | 180500 |
| 10 | 2009－9－23 | 国药控股 | 香港交易所主板 | 专业店/医药 | 54568 | 16.00 | 873087 |
| 11 | 2009－9－25 | 中国利郎 | 香港交易所主板 | 专业店/服饰 | 30000 | 3.90 | 117000 |
| 12 | 2009－9－29 | 匹克体育 | 香港交易所主板 | 专业店/服饰 | 41958 | 4.10 | 172028 |
| 13 | 2009－11－3 | 利邦控股 | 香港交易所主板 | 专业店/服饰 | 45194 | 1.65 | 74570 |
| 14 | 2009－11－19 | 通天酒业 | 香港交易所主板 | 专业店/酒类 | 41396 | 1.25 | 51745 |
| 15 | 2009－12－15 | 春天百货 | 香港交易所主板 | 百货 | 150000 | 1.95 | 292500 |
| 16 | 2009－12－24 | 洪良国际 | 香港交易所主板 | 专业店/服饰 | 50000 | 2.15 | 107500 |
| 17 | 2009－12－29 | 谭木匠 | 香港交易所主板 | 专业店/小型工艺品 | 6250 | 2.58 | 16125 |
| 18 | 2010－2－1 | 美克国际 | 香港交易所主板 | 专业店/服饰 | 28750 | 1.43 | 41113 |
| 19 | 2010－2－19 | 瑞年国际 | 香港交易所主板 | 专业店/家具 | 34500 | 3.00 | 103500 |
| 20 | 2010－3－25 | 汇银家电 | 香港交易所主板 | 专业店/家电 | 36777 | 1.69 | 62153 |
| 21 | 2010－3－26 | 中升集团 | 香港交易所主板 | 专业店/汽车 | 32908 | 10.00 | 329084 |
| 22 | 2010－3－29 | 飞克国际 | 香港交易所主板 | 专业店/服饰 | 20000 | 1.90 | 38000 |
| 23 | 2010－4－9 | 敏华控股 | 香港交易所主板 | 专业店/服饰 | 24732 | 6.80 | 168177 |
| 24 | 2010－5－7 | L'Occitane International S. A. | 香港交易所主板 | 专业店/化妆品 | 40514 | 15.08 | 610947 |
| 25 | 2010－6－11 | 国际泰丰 | 香港交易所主板 | 专业店/服饰 | 28000 | 2.06 | 57680 |
| 26 | 2010－9－24 | 畅丰车桥 | 香港交易所主板 | 专业店/汽车 | 23000 | 4.00 | 92000 |
| 27 | 2010－9－28 | 康哲药业 | 香港交易所主板 | 专业店/医药 | 22358 | 5.06 | 113133 |

续表

| | 上市时间 | 公司名称 | 证券交易所 | 主营业务 | 发行数量（万股） | 发行价格（港币元） | 筹资金额（港币万元） |
|---|---|---|---|---|---|---|---|
| 28 | 2010-9-29 | 博士蛙 | 香港交易所主板 | 专业店/服饰 | 57500 | 4.98 | 286350 |
| 29 | 2010-10-5 | 福源集团 | 香港交易所主板 | 专业店/服饰 | 11800 | 0.60 | 7080 |
| 30 | 2010-10-21 | 华地国际 | 香港交易所主板 | 百货 | 71875 | 5.93 | 426219 |
| 31 | 2010-11-4 | 长兴国际 | 香港交易所主板 | 专业店/服饰 | 27218 | 4.60 | 125201 |
| 32 | 2010-11-17 | 岁宝百货 | 香港交易所主板 | 百货 | 62500 | 2.20 | 137500 |
| 33 | 2010-11-24 | 好孩子 | 香港交易所主板 | 专业店/服饰 | 34500 | 4.90 | 169050 |
| 34 | 2010-11-25 | 金活医药 | 香港交易所主板 | 专业店/医药 | 17250 | 1.60 | 27600 |
| 35 | 2010-12-10 | 正通汽车 | 香港交易所主板 | 专业店/汽车 | 54602 | 7.30 | 398596 |
| 36 | 2010-12-21 | 中国动物保健品 | 香港交易所主板 | 专业店/医药 | 903 | 2.48 | 2243 |
| 37 | 2010-9-29 | 中国汽車内饰 | 香港交易所创业板 | 专业店/服饰 | 5000 | 0.93 | 4650 |
| 38 | 2010-10-14 | 富誉控股 | 香港交易所创业板 | 专业店/餐饮 | 16000 | 0.25 | 4000 |
| 39 | 2010-11-25 | Brillance Worldwide Holdings Ltd | 香港交易所创业板 | 专业店/服饰 | 17300 | 0.23 | 3979 |
| 40 | 2011-1-12 | 开易控股 | 香港交易所主板 | 专业店/服饰 | 10000 | 1.33 | 13300 |
| 41 | 2011-4-19 | 唐宫（中国） | 香港交易所主板 | 专业店/餐饮 | 10000 | 1.65 | 16500 |
| 42 | 2011-4-20 | 泰凌医药 | 香港交易所主板 | 专业店/医药 | 35703 | 4.54 | 162093 |
| 43 | 2011-5-20 | 上海医药 | 香港交易所主板 | 专业店/医药 | 66421 | 23.00 | 1527692 |
| 44 | 2011-5-23 | 米兰站 | 香港交易所主板 | 专业店/服饰 | 16250 | 1.67 | 27138 |
| 45 | 2011-6-16 | 新秀麗國際 | 香港交易所主板 | 专业店/行李箱 | 69590 | 14.5 | 1009055 |
| 46 | 2011-6-24 | PRADA S. p. A. | 香港交易所主板 | 专业店/时装及奢侈品 | 48677 | 39.5 | 1922742 |
| 47 | 2011-7-4 | 现代教育 | 香港交易所主板 | 专业店/教育 | 11600 | 1.3 | 15080 |
| 48 | 2011-7-15 | 青蛙王子 | 香港交易所主板 | 专业店/健康护理 | 30000 | 2.6 | 78000 |
| 49 | 2011-7-27 | 高鑫零售 | 香港交易所主板 | 超市 | 114300 | 7.2 | 822960 |

1. 2010 年零售企业通过国内证券市场首发上市的数量和规模已超越金融危机前的水平

（1）零售企业首发上市数量分析

2008 年和 2009 年通过国内证券市场（包括香港证券交易所，上海证券交易所和深圳证券交易所）首发上市的零售企业数量分别为 11 宗和 14 宗。而 2010 年通过国内证券市场首发上市零售企业数量达到了 29 宗，较 2009 年增长了约 100%。2011 年 1 月至 7 月期间，通过国内证券市场首发上市零售企业数量亦达到了 21 宗。

**表 6　　零售企业首发上市数量（2008 年 –2011 年上半年）**

| | 2008 年 | 2009 年 | 2010 年 | 2011 年上半年 |
|---|---|---|---|---|
| 上交所 | – | – | 2 | 4 |
| 深交所中小板 | 5 | 1 | 5 | 7 |
| 深交所创业板 | – | 2 | – | – |
| 香港交易所主板 | 6 | 11 | 19 | 10 |
| 香港交易所创业板 | – | – | 3 | – |
| 合计 | 11 | 14 | 29 | 21 |

（2）零售企业首发上市融资规模分析

2008 年和 2009 年通过国内证券市场（包括香港证券交易所，上海证券交易所和深圳证券交易所）首发上市的零售企业融资规模分别约为人民币 109 亿元和 183 亿元。2010 年的融资金额约为人民币 392 亿元，2009 年的融资金额约为人民币 209 亿元。2011 年 1 月至 7 月，零售企业上市筹资金额已达到了人民币 682 亿元，达到 2010 年全年零售业融资总额的 1.7 倍。此外，2010 年零售企业首发上市的平均单笔融资规模较 2009 年增加，其中有 8 宗首发融资的金额超过人民币 20 亿元。

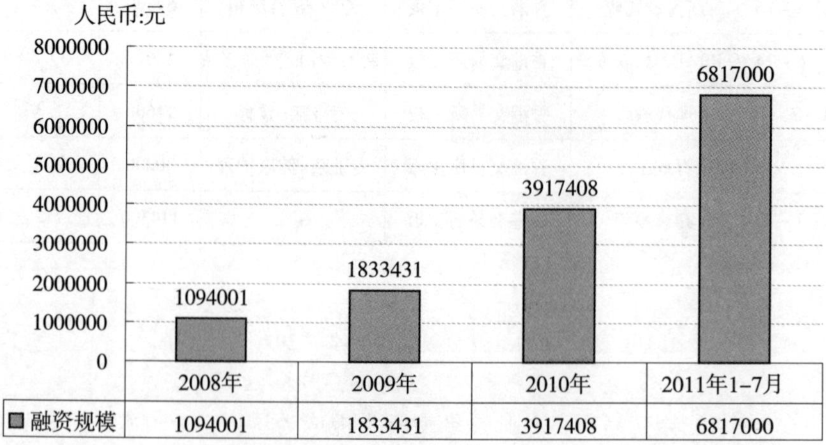


**图 8　首发上市零售企业融资规模**

2. 香港证券交易所成为零售企业首发上市融资的首选

根据以上数据分析表明，2008 年至2011 年7 月通过国内证券交易所上市的75 家零售企业中，通过香港证券交易所上市的零售企业 49 家（主板上市数量为46 家，创业板为3 家），占上市公司总数量的65%；通过深圳证券交易所上市的有20 家（创业板上市数量为2 家，中小企业板为18 家），占上市公司总数量的27%；而通过上海证券交易所上市的零售企业共6 家，仅占上市公司总数量的8%。

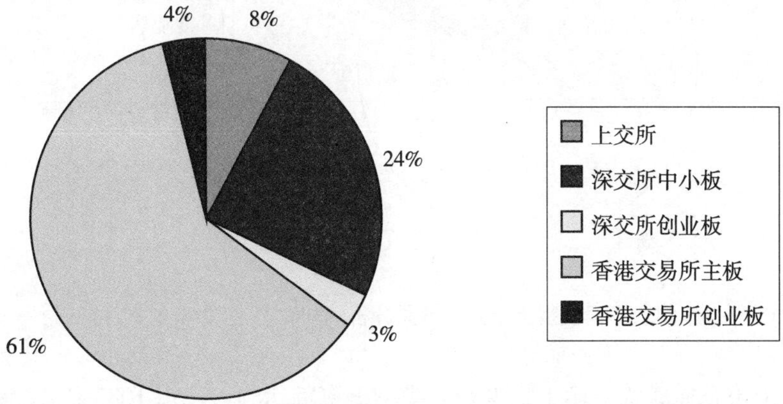


**图 9　上市公司数量（2008 年 –2011 年 7 月）**

2008 年至2011 年7 月通过国内证券交易所上市的零售企业通过首发上市共筹得资金人民币1366 亿元。其中通过香港证券交易所首发上次筹集资金约港币1174 亿元，折合约人民币978 亿元，占总融资额的72%；深交所筹集资金约为人民币235 亿元（中小企业板筹资金额为人民币228 亿元，创业板筹资金额为人民币7 亿元），占总融资额的17%。而公司通过上证所上市集资共筹得约人民币152 亿元，占总融资额的11%。

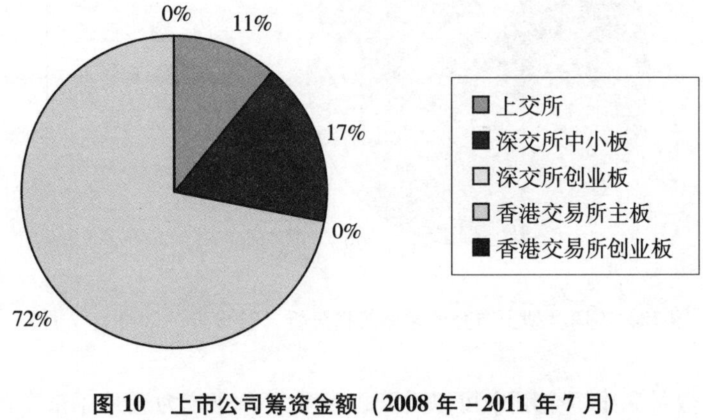


**图 10　上市公司筹资金额（2008 年 –2011 年 7 月）**

由此可见，香港证券交易所，尤其是港交所主板成为零售企业首发上市融资的首选。

3. 专业店类型企业成为零售企业首发上市融资的龙头企业

2008 年至2011 年7 月，零售企业通过国内证券市场首发上市共75 家，其中百货类公司有 10 家，占近年来零售类上市公司数量的 13%；超市类有 3 家，占到 4%；而专业店类上市达到 62 家，占总数的 83%，其中服饰类企业为主力军，上市数量达 25 家，医药类有 11 家上市。

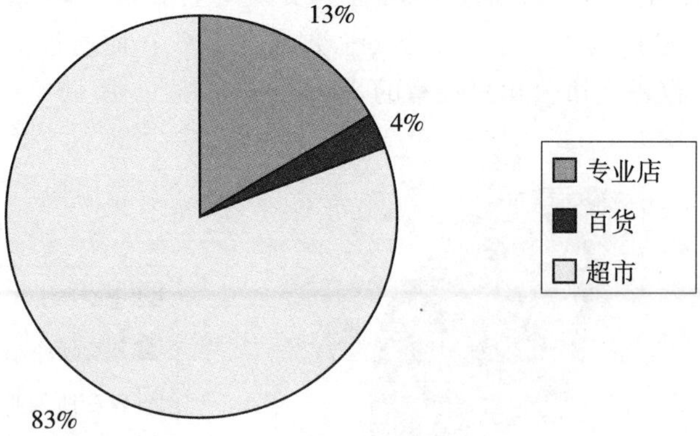


**图 11　不同类型上市企业数量分析（2008 年 –2011 年 7 月）**

在 75 家上市企业融资金额上，专业店类型融资额达到人民币 1083 亿元，依然占据总融资量的近 79%，其中服装、医药和汽车类企业为专业店中融资规模最大的企业，融资额分别达到人民币 277 亿元、人民币 273 亿元和人民币 131 亿元。百货类企业融资额近人民币 181 亿元，占据总融资额的 13%。超市类企业上市数量较少，但由于某大型零售企业在香港上市，其融资额也达到了人民币 102 亿元，占总融资额的 8%。

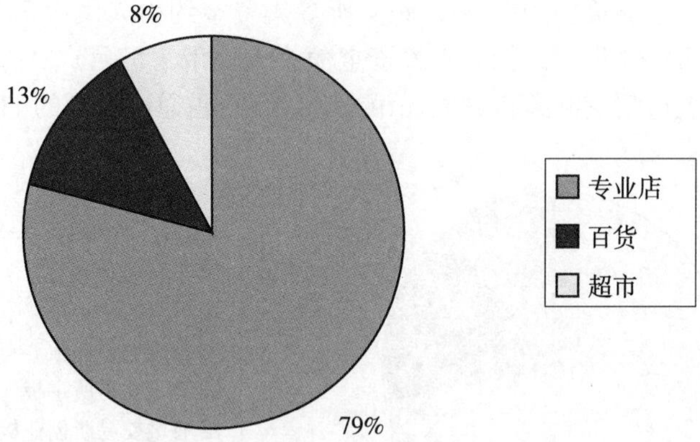


**图 12　不同类型上市企业融资规模分析（2008 年 –2011 年 7 月）**

从上市企业数量和融资金额中可以看到，专业店企业成为近几年来零售类上市融资的龙头企业，而服饰和医药类企业上市集资情况尤为突出。

## 三、零售业并购和证券市场融资主要动因

1. 我国高速增长的消费支出和不断提高的GDP正成为我国零售业快速发展的主要推动力

自2000年至2010年，中国的社会消费品零售总额在最近10余年实现了快速增长，其增速超过了同期GDP的增速。从2000年到2010年，中国的社会消费品零售总额年均复合增长率（CAGR）达到了14.7%，超过同期GDP年均复合增长率（CAGR）13.5%。

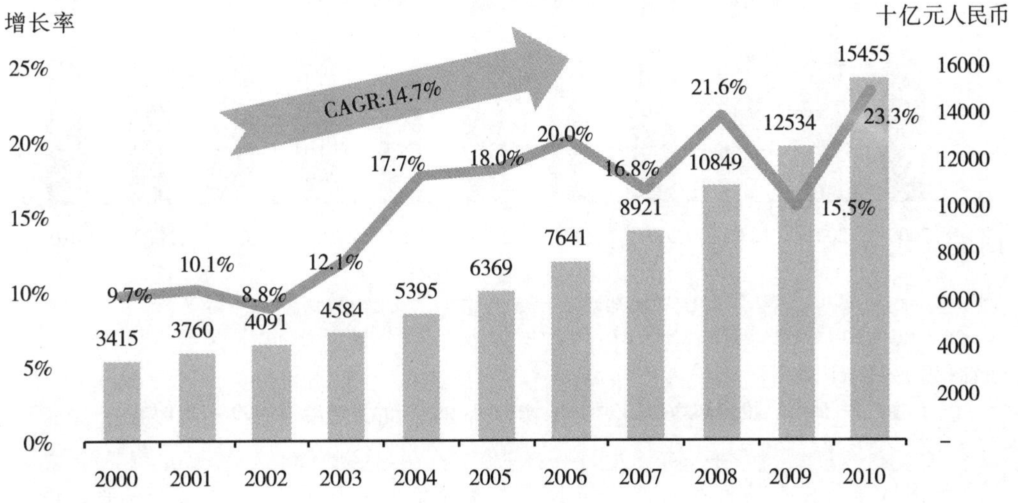


资料来源：国家统计局

**图13 中国社会消费品零售总额（2000-2010年）**

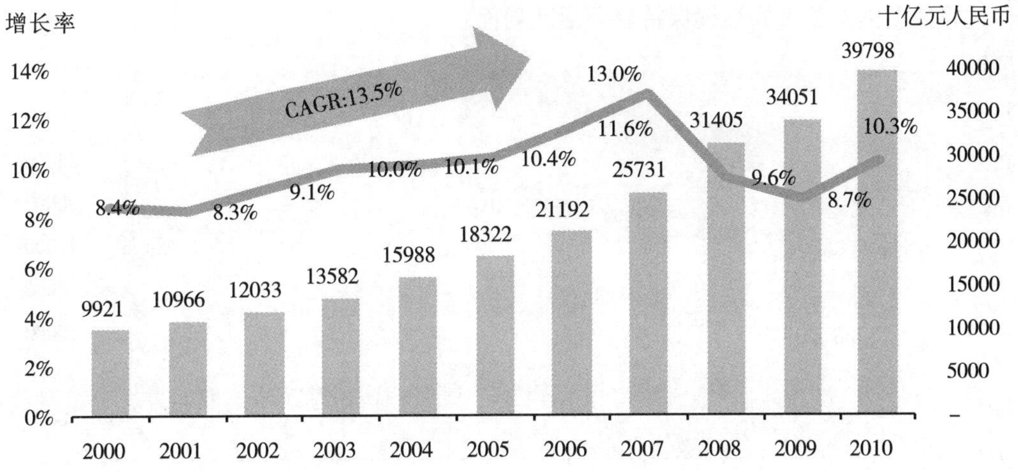


资料来源：国家统计局

**图14 中国国内生产总值（2000-2010年）**

2. 经济发展方式的结构性转变是“十二五规划”的重中之重

2011年是“十二五”规划的开局之年，将给经济增长注入新的动力，经济结构调整和消费升级将使内需进一步扩大，经济增长的动力将转向内需特别是国内消费，降低对出口的依存度。“十二五”规划将转变经济发展方式和扩大消费上升到战略高度，通过工业化、城市化带动消费规模的扩大和消费结构升级，使我国由生产大国、工业大国逐步转变为消费大国。

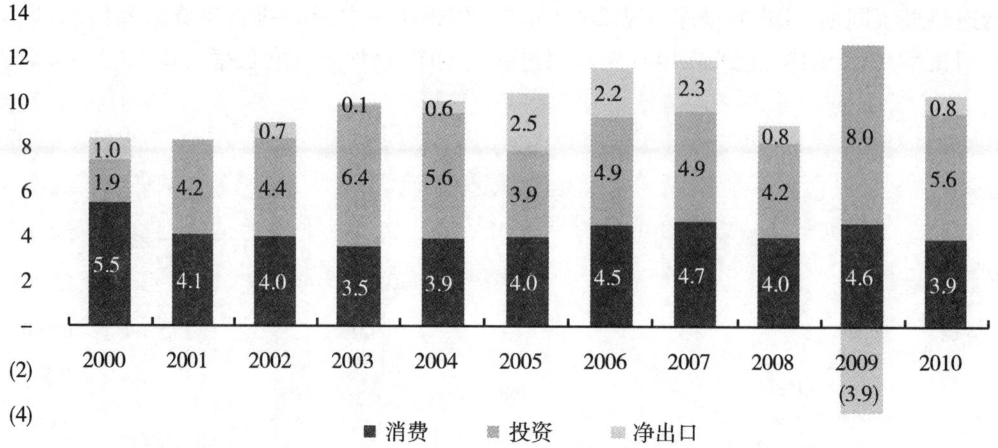


资料来源：国家统计局

**图15 消费、投资和净出口对 GDP 增长率（%）的贡献度（2000－2010年）**

3. 中国城镇居民人均收入的持续增长，尤其是低收入阶层收入的显著提高，促进了国内消费需求的大幅增加

从2000年到2010年，中国城镇居民收入年均复合增长率（CAGR）达到了10.6%，随着国民收入分配改革的不断推进，收入分配格局不断向有利于居民、劳动者的方向调整，这将推动消费品市场继续保持繁荣活跃局面。

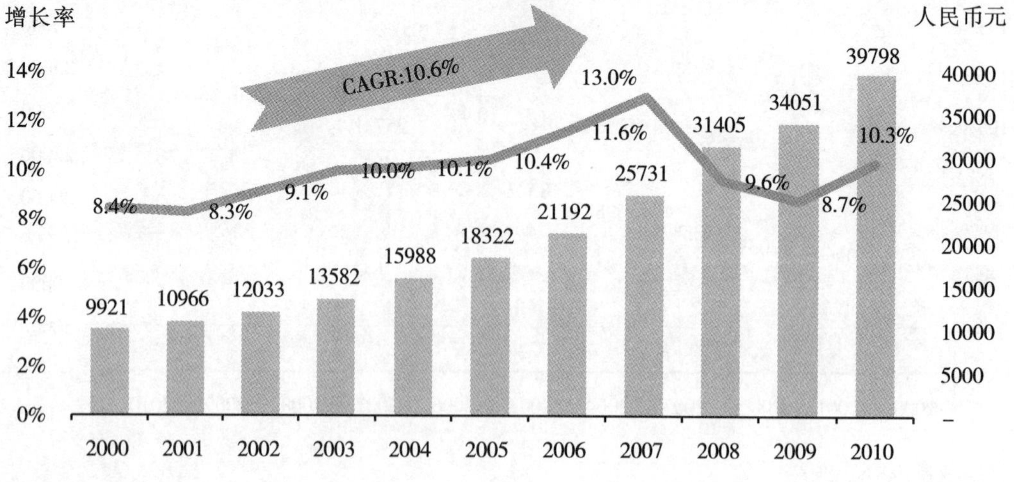


资料来源：国家统计局

**图16 中国城镇居民人均可支配收入（2000－2010年）**

4. 内资企业拥有的店铺位置是零售行业的核心稀缺资源

对于零售行业来说，店铺位置是稀缺资源。网点的选择已经成为企业经营成功与否的决定性因素之一。而目前来说，店铺这种稀缺资源很难有明显增长，已经出现的这些资源大多掌握在内资企业手里。为了抢占这些资源，惟一的途径就是并购那些持有这一稀缺资源的企业，特别是对于外资企业，它们要想抢占中国市场就必须获得这些网点，因此它们往往愿意花费很大的投资对国内的企业进行兼并收购，这也是促成我国零售业并购热潮的重要原因之一。

5. 中国零售企业行业集中度不高，面临日趋激烈的市场竞争，企业通过并购及融资来快速扩张已成为大势所趋

目前我国的零售行业正是处于企业数量多、规模小、产业分散的状况，如果要使零售行业得到进一步的发展，就必须使之产生规模效应，真正达到资源的整合。因此对这些数量众多的中小企业进行合并重组，减少重复建设，是很有必要的。在全面开放零售业之后，整个行业内的竞争更加激烈，沿海的公司要向内地扩展，内地的要向沿海扩展，而且还有一大批来自海外的世界 500 强的大公司，也想来抢占一份市场。在这样激励的竞争下，通过兼并重组来实现组织优化，就成为一个壮大自身的有效方法，也是一条必要的途径。

# 第三部分 2010 年中国零售企业财务状况

## 一、宏观经济数据与消费者信心

1. 社会消费品零售总额的同比增长率在经济低迷时期始终高于国内生产总值同比增长率，显示了零售行业对整体经济的稳定及恢复不可忽视的贡献。即使剔除 CPI 因素的影响，2010 年社会消费品零售总额增速依旧超过 2009 年。随着消费品价格指数（CPI）的快速上涨，加之新一轮房地产调控政策出台等影响，消费者信心受到一定程度抑制（另见后续分析），社会消费品零售总额的同比增长率在 2010 年后期开始出现明显回落，2011 年一季度，甚至首次低于国内生产总值同比增长率。

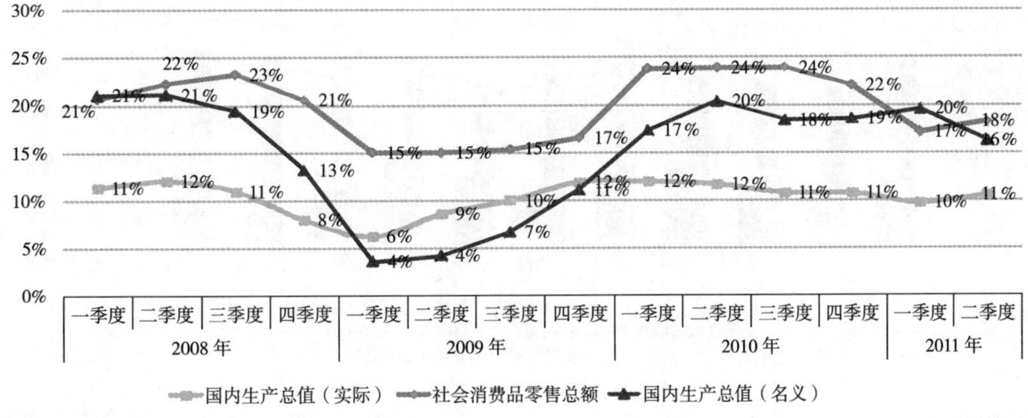


数据来源：国家统计局

图 17 宏观数据同比增长率分析

2. 消费者信心指数从2009年初起至2010年上半年持续上升，使2010年全年平均水平高于2009年3.5%。然而2010年下半年开始，消费者信心随CPI指数不断上升受到打击，社会消费品零售总额增速也从2011年2月开始放缓。

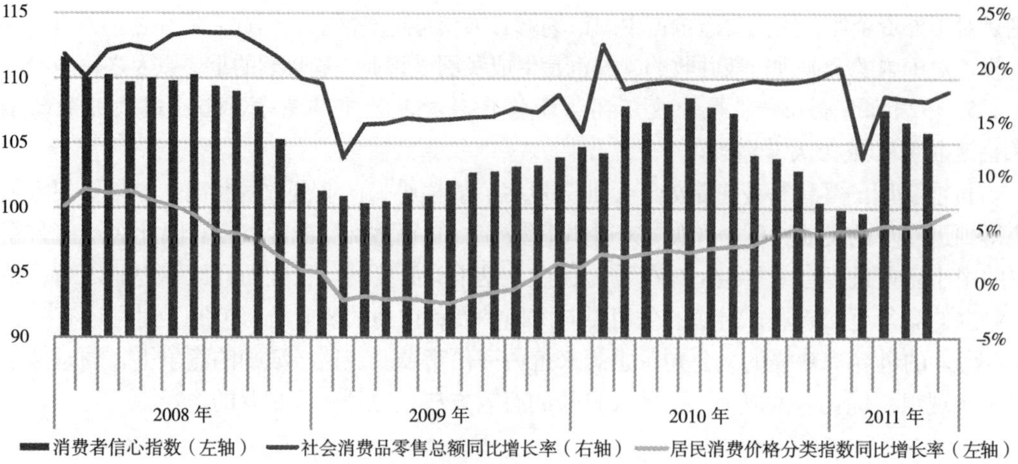


数据来源：国家统计局

**图18　消费者信心指数、居民消费价格分类指数和社会消费品零售总额变化情况**

3. 消费者信心和居民可支配收入增速变化是衡量零售行业未来趋势的主要因素。在考虑剔除物价上升因素的情况下，我国城乡居民实际收入仍保持较高增速。为了改善收入分配体制，政府采取有力措施缓解城乡收入差距，从2009年下半年开始农村居民可支配收入增速超过城镇，这为促进农村消费、转变农村经济发展方式提供了基础。而零售企业也看重由此得到释放的市场潜力，纷纷加大了在国内三级、四级城市和农村市场的渗透力度。

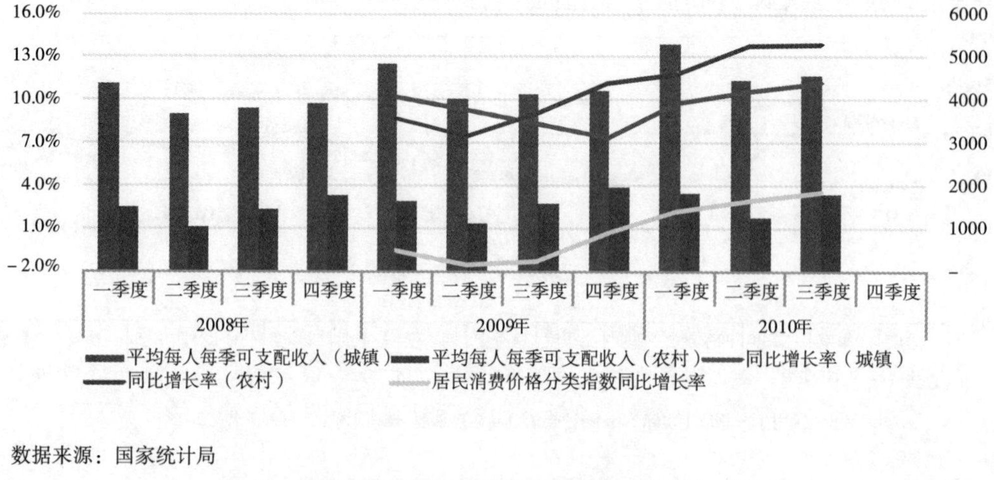


数据来源：国家统计局

**图19　城镇及农村居民平均每人每季可支配收入（元）**

## 二、零售企业盈利能力分析

### （一）零售收入

1. 随着经济指标逐步向好，中国宏观经济触底逐渐成为共识，消费者信心得到恢复，在 CPI 上升和低基数效应下，2010 年零售企业收入同比增长率达到 20.0%，已经超过 2008 年全年增速，但未超过 2008 年上半年（金融危机前）。行业在 2009 年经历了恢复性增长后，将进入稳步发展的阶段。

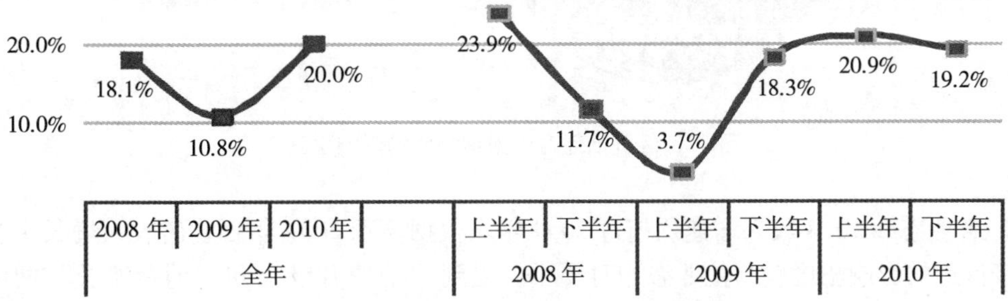


**图 20　零售企业收入同比增长率分析**

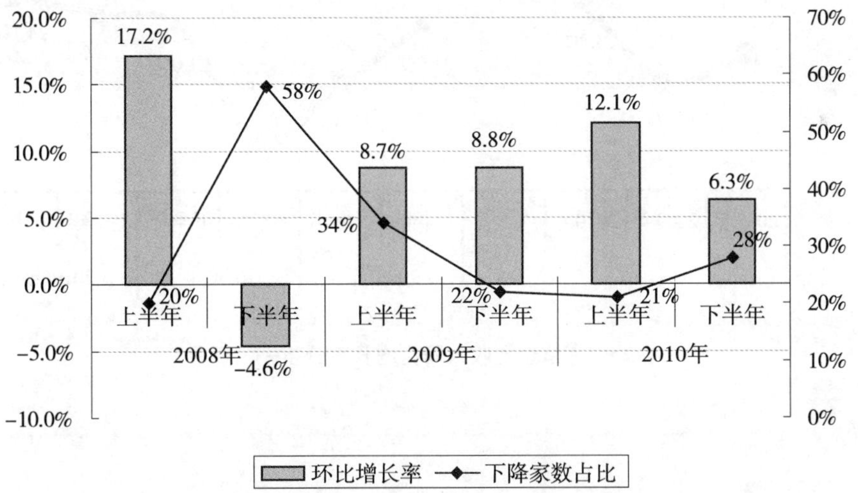


**图 21　零售企业收入环比增长率分析**

（1）零售企业年度主营收入的增长率在 2010 年整体进一步加快增长。2010 年伊始，零售企业加快了扩张速度，以弥补经济危机时放缓的扩张步伐。同时将注意力放到提高单店收入，增强经营效率和提升品牌形象等方面，以期获得差异化和领先的市场定位。

（2）通过对每半年度收入数据的分析得出，由于 2009 年上半年的低基数效应，2010 年上半年增速超过 20%，2010 年下半年依然能保持 19.2%。

（3）通过对每半年度收入增长率环比分析，我们发现 2010 年上半年的环比增长率达到 12.1%，下半年的增速有所减缓，且收入环比增长率下降的零售企业也有所上升。

（4）问卷调查显示，仅 8% 的受访零售企业认为企业尚未从经济危机中恢复。

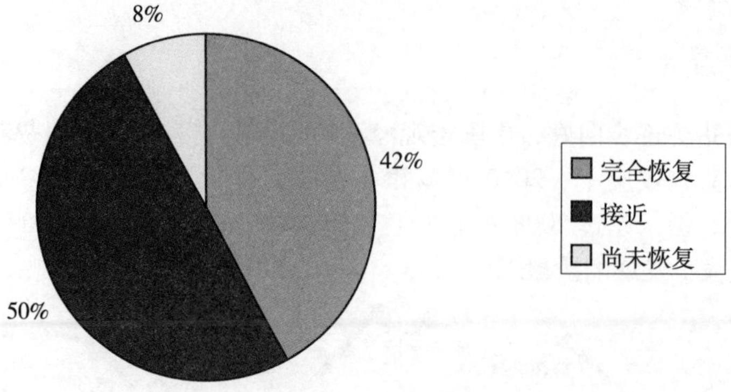


图 22　经济低迷对中国零售业的影响程度

2. 各业态 2010 年收入增速均超过 2009 年。数据显示 2009 年百货店收入增长率受宏观经济低迷的影响幅度较其他业态相对要小。受到“消费升级”和“消费普及”两大利好的影响，2010 年百货业依旧是发展的主力军。与一般情况不同，2010 年下半年百货收入增速超过上半年。

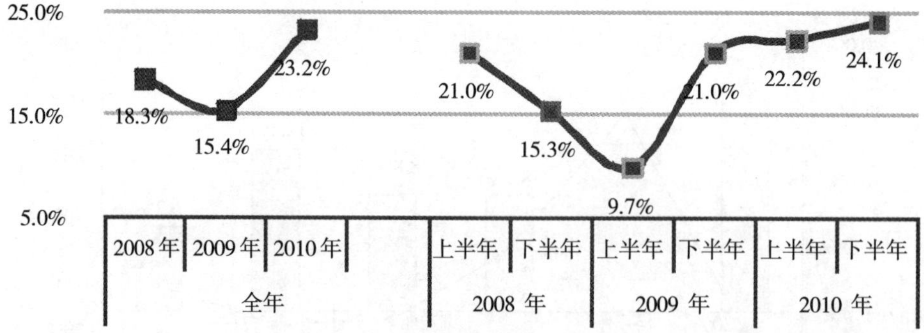


图 23　零售企业收入同比增长率分析——百货

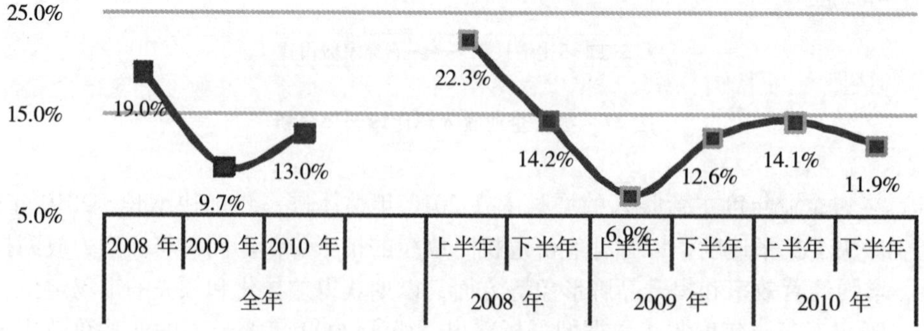


图 24　零售企业收入同比增长率分析——超市

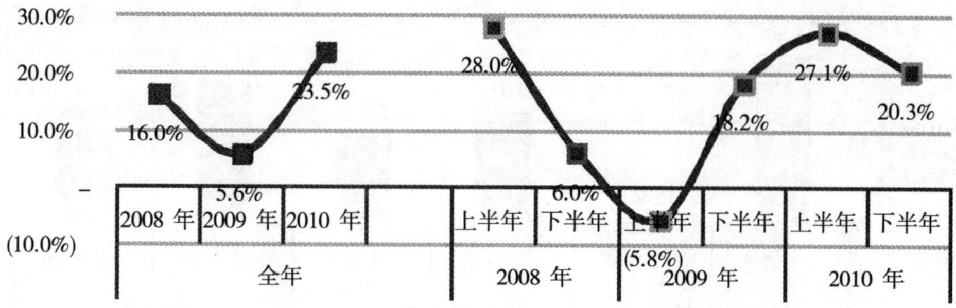


**图 25 零售企业收入同比增长率分析——专业店**

（1）我国零售业收入增长的动力主要来自两个方面。其一，“消费普及”：提升生活质量的消费向中小城镇和农村居民的普及。在农村居民收入提高、城镇化和中央支农政策的推动下，中小城镇和农村居民的生活水平将显著提高，从而增加对服装、家电、交通和通讯类产品的消费。其二，“消费升级”：居民消费结构的升级。随着收入的提升，居民的消费结构将向品牌消费品、个性化和特色化服务、提升购物体验等领域升级。

（2）百货店收入增长率较 2009 年又有所提高。通过半年度收入同比增长率分析，我们发现，百货 2010 年上、下半年的收入增长率均高于危机复苏后的 2009 年下半年，特别是 2010 年下半年，更是达到了我们观察期内的较高水平。

（3）问卷调查发现，百货业态企业在评估经济危机对零售企业的影响时也更为乐观。有 55% 的受访企业表示已完全恢复，其他的受访企业均表示基本恢复，企业发展速度已接近危机前发展水平。

（4）专业店中超过 95% 的收入来自于家电企业。2010 年国家延续 2009 年所实施的积极的财政政策，更加注重扩大内需。通过“家电下乡”、“以旧换新”以及“节能惠民工程”等财政政策，提升了居民的消费需求。消费升级、更新换代趋势明显，彩电行业和白色家电中高附加值产品（如变频空调、滚筒洗衣机、三门冰箱等）产品增长快速；3G、智能手机普及较快。另外，研究表明房地产销售拉动家电消费有半年到一年的滞后期。受惠于 2009 年依旧较热的房地产销售情况，家电零售业在 2010 年上半年取得了 27.1% 的增幅。但随着国家 2009 年 12 月开始出台一系列房地产调控政策，2010 年下半年家电零售收入增速有所放缓，但仍达到 20.3%。

（5）相比而言，超市业态在金融危机后的增长则相对弱于百货店和专业店业态。但我们注意到超市企业特别是跨区域的大型超市企业正逐渐更多关注改变经营结构和提升管理。

3. 环比分析显示，零售业收入 2010 年上半年的环比增长率均已超过或接近 2009 年上半年水平，但尚未恢复到 2008 年上半年的增速。2010 年下半年，受到季节性因素和消费者信心走低的双重影响，各业态环比增速放缓，而超市受季节性因素影响更大。

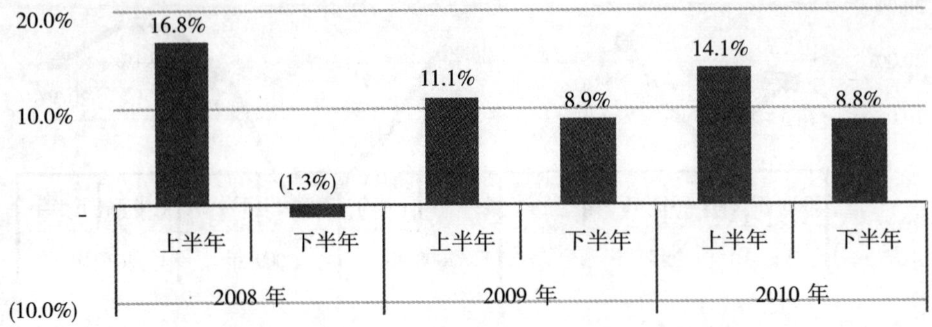


**图 26　零售企业收入环比增长率分析——百货**

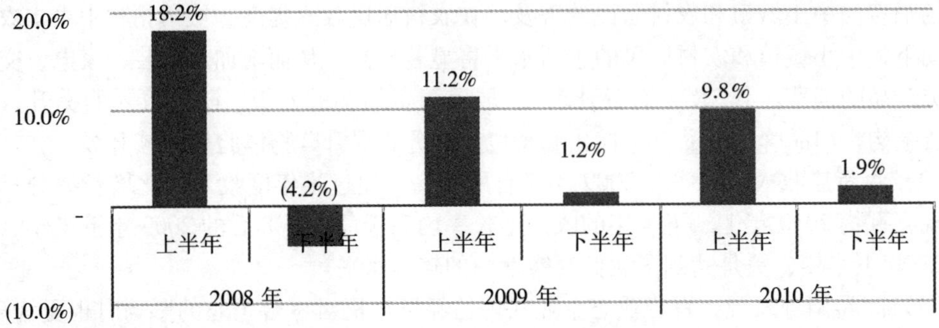


**图 27　零售企业收入环比增长率分析——超市**

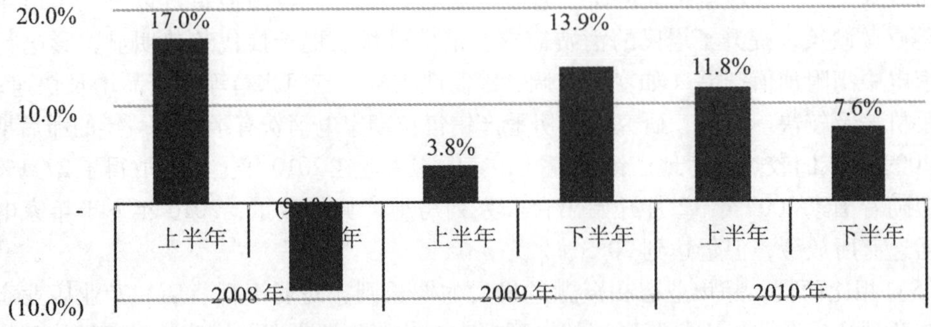


**图 28　零售企业收入环比增长率分析——专业店**

（1）从环比分析中看，以家电为主的专业店收入增长率 2010 年下半年的增速虽然相较上半年有所放缓，但仍保持在 7.6% 的水平。主要家电企业将其零售业务中心和渠道建设向外延伸，在门店布局上推进渠道下沉，加速在三、四级城市的扩张。

（2）2009 年年底起，国家为抑制房价的过快上涨，制订了一系列的措施，包括收紧房屋贷款银根、制定限制房产投资的政策以及加强税赋等，在一定程度上打击了房地产市场的活跃程度。这对以家电为主的专业店的收入增长势必造成一定的影响。由于滞后效应，影响主要从2010年下半年开始体现。同时，随着“以旧换新”政策和“节能惠民工程”于2010年5月底到期，“家电下乡”政策将于2012年底到期，这对以家电为主的专业店的收入增长造成多大程度的影响有待进一步观察。

4. 各地区百货店营业收入增长率均超过2008年水平，其中沿海地区的百货店收入增长率的恢复更为强劲。2010年受到上海世博会和广州亚运会的利好影响，该地区百货企业业绩尤为突出。随着百货业的加速扩张，并购活动增加。

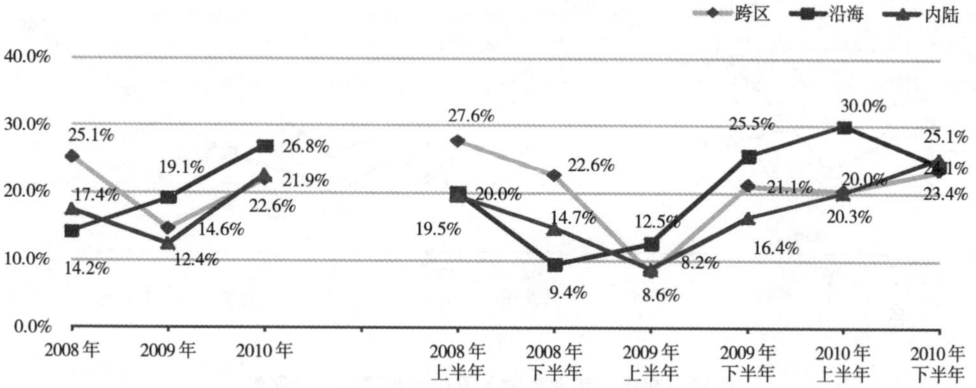


**图29 百货店零售业务收入同比增长率——分区域**

（1）沿海地区百货店在2009年营业收入增长率上升至26.8%，而同时跨区域及内陆型同行的收入增长率也都在22%。

（2）2010年我国的重大活动均推动了百货店收入的增长，尤其是以华东、华南为战略中心的沿海百货业。上海世博会从2010年5月1日开始，历时6个月，超过7000万人次的客流量，构成了2010年上海及周边地区零售业的巨大需求，为该地区百货商场和超市企业带来了商机。据统计，上海世博会实际新增购物消费超过400亿元左右。另外，第16届亚运会2010年11月在广州成功举行，接待国内外游客超过70万人，亚运会拉动的旅游、零售等相关产业收入超过80亿元。

（3）沿海型百货业往往占据了当地的主要商圈或在当地拥有较为完善的商业布局，因而形成了很强的地缘优势，同时它们了解当地的消费文化，拥有较好的品牌形象和顾客基础以及成熟的业务形态。这些因素使沿海型百货业的发展速度比跨区型和内陆型更快。

（4）“消费升级”和“消费普及”形成的多层次市场和区域差异带来的消费阶梯效应为百货业多元化创造了条件，以区域发展为主的市场结构为企业提供了扩张空间。尽管增速低于沿海百货企业，但跨区型百货企业和内陆型百货企业在二、三线城市的快速发展拉动了公司整体收入增长率，市场规模也不断扩大。

（5）我国零售市场处于区域控制的格局，上市的百货企业大多是区域内具有强势地位的企业，为保持其领导地位，2010年企业都将通过新设或收购等方式积极拓展市场空间。同时将提高经营效率、精细化管理、创新营销模式、加强消费者体验、提升客户价值、强调错位经营作为发展重点。

总体来看，我国百货业已基本从经济危机中恢复，增速均已超过危机前水平。新兴业态不断出现和市场格局不断变迁，将是行业未来发展趋势。

5. 2010 年沿海型超市从经济危机中恢复过来并加快了发展步伐，以完善其主要发展地区的商业布局。受到城乡居民收入保持较高增速的影响，内陆型超市依旧保持较快的增长速度。跨区域型超市的自生性简单增长放缓，转而将发展集中在门店整合、提升单店业绩和经营效率。

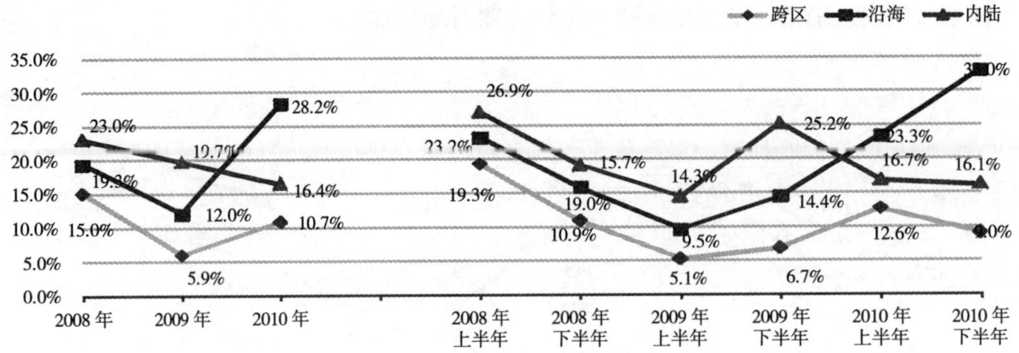


**图 30　超市零售业务收入同比增长率——分区域**

（1）沿海型超市均为区域超市龙头企业，占据当地的主要商圈。2010 年，企业为保持其所在区域的领先优势，更加关注完善其在该地区的商业布局，门店数量上升超过 35%。

（2）在经济低迷时期，内陆型超市零售收入增长率所受到的影响程度也较小。危机后增长虽不如沿海型区域超市，但随着中国内陆城市化进程增速加快，2010 年仍继续保持 16.4% 的同比增长。

（3）跨区域型超市的自生性简单增长相对放缓，而将发展集中在提升门店销售业绩和效率。特别是经历了重大收购并购的企业，将注意力集中在现有门店的整合和经营性梳理，加上很多城市市政工程导致门店动迁等影响因素，直接使这些企业的新开门店总数下降，也使其 2010 年的收入增长率普遍低于区域型同行。

6. 零售企业纷纷涉足电子商务，其中机遇和挑战并存，对零售企业的业务发展的影响值得关注。

中国连锁经营协会统计数据显示，截至 2010 年 5 月，连锁百强企业中有 31 家企业开展了网络零售业务，近一半的企业为近两年上线，有些还处于实验性阶段。2009 年是中国网络购物的“爆发年”，无论是网购用户数量、交易规模以及电子商务网站数量都是急剧增长。据 CNNIC 数据显示，2009 年中国网络购物市场交易规模达 2483.5 亿元，占社会消费品零售总额 1.98%，同比增长 93.7%，预计 2013 年网购交易规模有望突破 1 万亿元。电子商务的蓬勃发展使得传统零售商纷纷涉足电子商务，虽然它们具有一定的天然优势，例如稳定的进货渠道、完善的物流体系、强大的品牌影响力等，但也存在一些劣势，包括技术水平不足、专业团队欠缺、营销经验不足。如何在战略和战术上抓住电子商务的发展机遇需要零售企业深入研究和良好规划。此外，结合第三方支付的多平台零售业务整合，也是零售业发展的方向，电子商务和网络零售是零售业重要的组成部分和增长点。

### （二）经营利润及费用

1. 2010 年，零售企业整体经营利润率略有上升，恢复到 2008 年上半年的水平。然而，2010 年下半年，由于营业费用占比的上升和其他业务利润的下降，整体经营利润率有所回落，在费用控制方面零售企业仍面临较大挑战。

（1）零售企业整体经营利润率在较高的毛利率的推动下小幅上升，超过了 2008 年及 2009 年的水平。这反映了零售企业盈利模式的进一步转变，在减少向供应商的收费以改善合作关系的同时，调整自身盈利模式。通过提高产品售价和优化产品结构，提升毛利率，从而拉升整体营业利润。零售各业态的毛利率随着 CPI 上升而有所提升，除了反映管理层为提高经营效率而做出的努力外，也反映了零售企业具备一定的成本转嫁能力。

（2）财务上看，其他业务利润率（主要为供应商费用支持）维持在 2009 年的水平。在既往的研究报告中我们深入研究了零售企业的融资模式，以及产生向供应商收费的根本性原因及风险问题。从国际上来看，无论是发达或发展中国家零售商都不同程度地存在其他业务收入，但长期过分依赖向供应商收费会导致零售企业出现多方面的问题，如缺乏核心竞争力、企业内部的管理漏洞增加等。2010 年，政府有关部门和零售企业都在努力缓解零供关系的紧张局面，但各业态的效果有所不同。

（3）2010 年，零售企业营业费用的上升明显。租金、人工等固定成本占比较高并持续增长是零售企业当前的巨大挑战。同时，管理费用（主要为固定费用）上、下半年均维持在 3.8%，较 2009 年略有下降，反映了同店收入上升后固定费用有所摊薄。

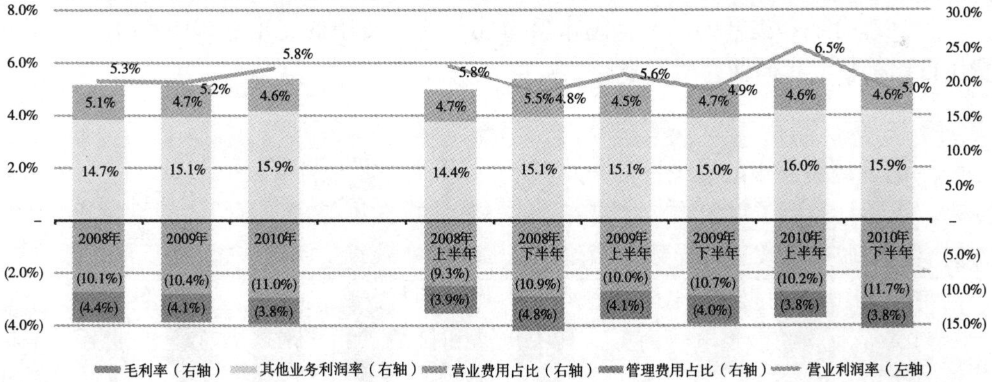


**图 31　零售业经营利润率分析**

2. 2010 年，百货店综合毛利略有上升，同时管理费用占比下降，使得整体经营利润率较 2008 年和 2009 年出现上升。

（1）2010 年，百货店业态在提升销售收入的同时更为重视提高自身的营业利润水平。百货店企业通过经营定位的提升、调整产品结构、增加毛利较高的直接销售比重、提高专营销售佣金费率等手段促成了毛利率的上升。2010 年，许多百货店通过提高租金费率或者加大配套项目，例如增加餐饮娱乐休闲区面积等举措，使租金收入也有所上升。

（2）三大业态中，百货店管理费用占比最高。2010 年，百货店继续采取管理集约化并加紧预算等措施以控制费用的增长。

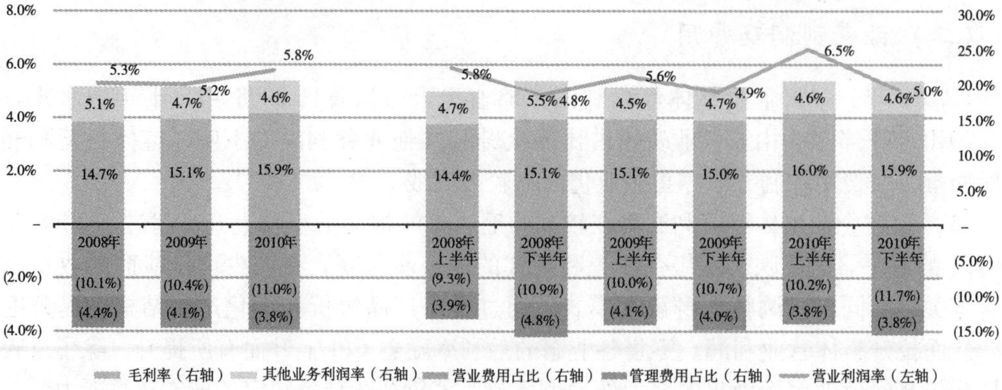


**图 32　百货店经营利润率分析**

3. 2010 年，超市利润结构有明显的变化，在毛利率的提升和以供应商费用为主的其他业务收入率下降的综合作用下整体营业利润率小幅攀升。

（1）2010 年，除了物价上涨因素的部分影响外，超市企业通过优化商品结构、品牌结构和供应商结构，利用全国性采购供应链，增强生鲜食品经营能力以及加大区域差异化等方式帮助超市企业提升了自身的毛利润水平。

（2）从样本公司披露信息中了解到，部分超市在持续推进与供应商合作模式的简单化，通过降低收费以获取更低的采购成本，相应地其他业务利润率较 2009 年整体回落。

（3）在综合毛利提升的同时，超市努力控制营业费用的支出，2010 年上、下半年营业费用占比都较上年同期有所下降。

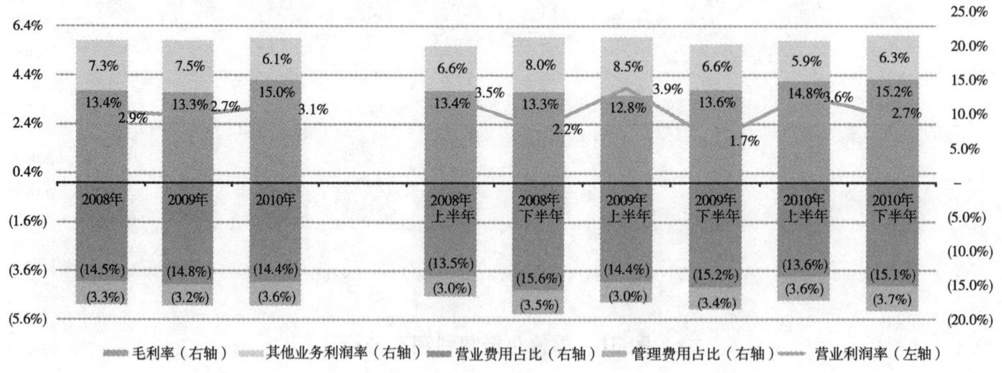


**图 33　超市经营利润率分析**

4. 2010 年，家电为主的专业店样本企业的利润结构承袭了 2009 年的变化：毛利率升高而供应商费用为主的其他业务收入率下降，反映专业店与供应商合作模式的优化。

（1）数据显示 2010 年专业店其他业务利润率下降 0.6% 的同时，毛利率上升了 1.6%。除了继续优化与供应商的合作模式外，我们从样本公司年报中了解到，家电企业在逐步改变购销模式并发展毛利率较高的增值服务。以家电为主的专业店开始更多地采用

OEM、ODM、定制及全渠道包销等采购方式以降低成本，使毛利率得到提升。

（2）部分专业店通过与中国主要电信运营商的代理合作、成立业务中心，加大了3C产品的销售。专业店通过产品的差异化销售、推进独家首销、增加对高毛利单品的包销推广等方式提升毛利率水平。

（3）2010年，专业店营业费用小幅上升。为应对新兴消费模式的竞争，许多专业店企业加大了品牌宣传投入和促销活动力度。另外，当年新增门店带来的固定费用也有所增长。

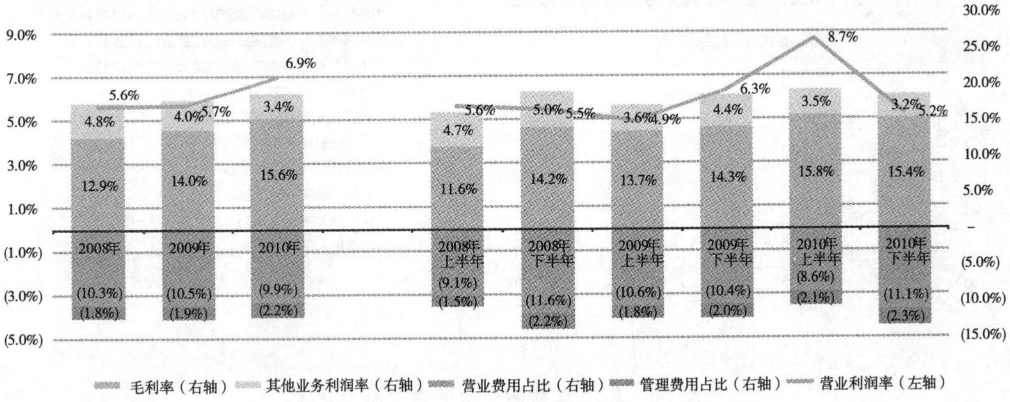


**图34　专业店经营利润率分析**

5. 支付高比例的固定成本仍是零售企业2010年所面临的首要问题之一；特别是超市在居高不下的房租和员工成本持续攀高的情况下面临巨大挑战。

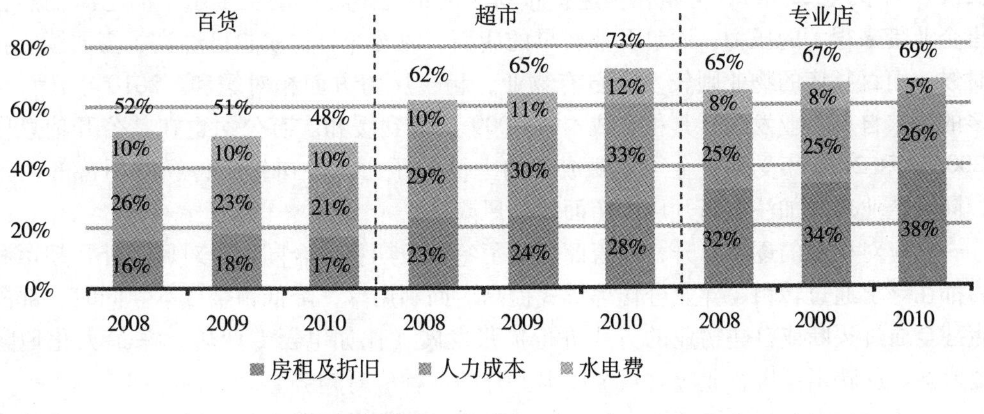


**图35　固定费用占比分析（占总费用比例）**

图 35 显示，由于较多的租赁物业和较高的一线员工比例，超市受到租金上涨和员工成本的攀升影响较大。2010 年超市的固定费用占比较 2009 年上升 8%。

在问卷调查中（见图 36），54% 的受访零售企业认为支付固定成本（工资、租金等）是 2010 年公司所面临的最大挑战。相应地，延伸问题如降低员工流动率、招聘管理人才等也是零售企业需要解决的主要问题之一。

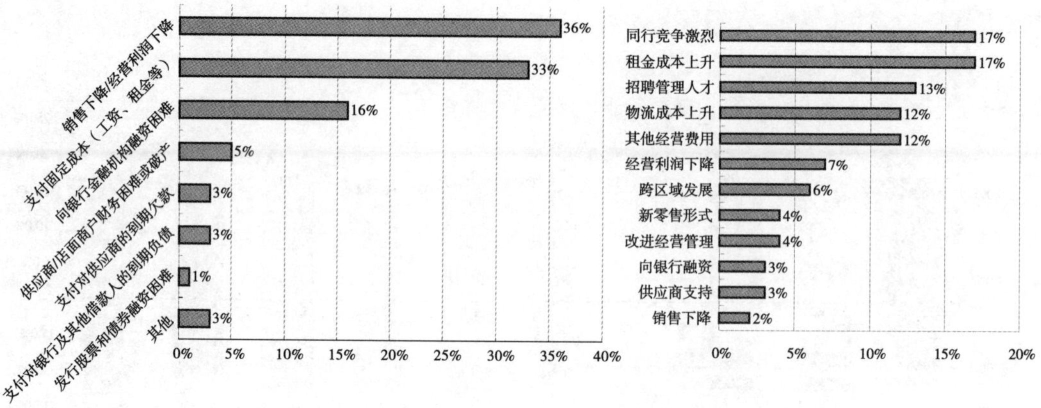


**图 36　2009 年零售企业面临的最大挑战**

（1）租金成本

——在问卷调查中，租金成本的上升与同行竞争并列成为受访零售企业认为在 2010 年面临的最大挑战。既往报告指出，许多零售企业反映房租居高不下，且每年不断递增，企业承受了很大的支付压力。超市和家电专业店较多以租赁物业经营，虽然租赁期一般都较长（10 年甚至 20 年），但是在快速扩张新店的情况下，市场租金水平的上涨仍然会给零售企业带来很大的压力；而且开业较早的店面，时至今日许多也已经到了需要续签租约的时候。而百货店的物业则较多是自有物业，租金压力方面相对缓和。2010 年，百货店更多的寻求自有物业发展，其租金成本较 2009 年得到缓和。有公司也在其公开信息中披露 2009 年和 2010 年受到租金等主要成本的上涨的压力，公司先后将经营不善的店铺关闭，同时企业也更加注重新开店的店面评估风险。

——应对租金的逐年上升，零售商们除了签订长期租赁合同以应对风险外，超市和专业店都在寻求通过转租、异业合作等形式提高店面利用率，降低租金成本。同时，部分专业店甚至通过买断或自建物业的方式进行扩张发展（比如电器专业店）来最大化地降低租金成本。反映出零售企业应对租金成本上升的一种应对趋势。

——从一些大型超市了解到，公司通过提高经营数据的管理和分析，更加注重顾客群分析，根据不同的商圈配置不同的商品结构和卖场布局规划。部分零售企业专门成立了商品和货架布局小组，通过一定的调研来优化商品结构和货架的摆设，以此来提高店铺单位面积的经营效率。

（2）人工成本

——人工成本的上涨预期也是零售企业无法回避的重要问题之一。2010 年各地纷纷出台政策提高最低工资标准。为了防止员工流失，有些企业也主动提高了工资标准，在此环境下，零售企业只有不断提高经营效率才能保证经营利润率的稳定。相比其他业态，超市由于一线简单工种的劳动力（如收银员）结构比例相对较高，最低工资标准提高对其成本的影响更大。国内百货业由于主要采用收取专柜佣金的方式，能一定程度地抵御人工成本的上涨压力。

——应对固定成本的上升，零售业态引入外包服务的趋势更加凸显。随着企业规模逐步增大、异地省份的扩张，物流外包成为许多零售商的选择。然而，完善的物流供应链信息化建设是选择物流外包的前提，只有供应链管理足以支撑零售流通业大量的信息传递需求，才能避免配送环节出现问题。除此之外，软件外包、第三方盘点外包等服务也呈发展之势。

（3）水电费用

——2010 年，虽然各大城市的水电费单价均有所上涨，但水电费占总体费用的比例较 2009 年仍呈现较为乐观的变化。专业店有大幅下降、百货店基本持平、超市略有上升，这种变化主要受益于零售企业深入开展的“节能降耗工程”。随着商务部等有关部门的政策推进，节能减排的理念和实战正在逐步深入。中国连锁经营协会调查显示，大型零售企业已纷纷行动，运用 LED 灯、冷冻水泵变频、EMS 智能控制系统等先进的技术手段和设备，对既有门店进行节能改造，并对新建门店进行节能设计，从而提高门店的节能环保效率。根据商务部“零售业节能行动”问卷调查统计，相对于 2009 年，2010 年不同业态门店的单位面积耗电量均有一定幅度的下降，其中专业店降幅 3.3%，大型超市 3.0%，百货业态门店 1.1%。

——虽然财务数据显示出节能减排工作已取得一定效果，但节能减排在具体实施过程中也存在一些困难，如技术和管理水平较低导致节能缺乏持续动力，节能减排设备初期购置成本由企业直接投资，缺乏其他融资渠道，制约节能改造步伐，要继续推动这项工作，需要政府、企业、协会等多方的共同努力才能带动整个零售行业的节能环保。

### （三）零售企业对今后收入盈利状况预期

问卷调查显示，零售企业对 2011 年的收入增长率和预期经营利润率的乐观度较 2010 年有所下降，零售企业未来发展仍面临挑战。

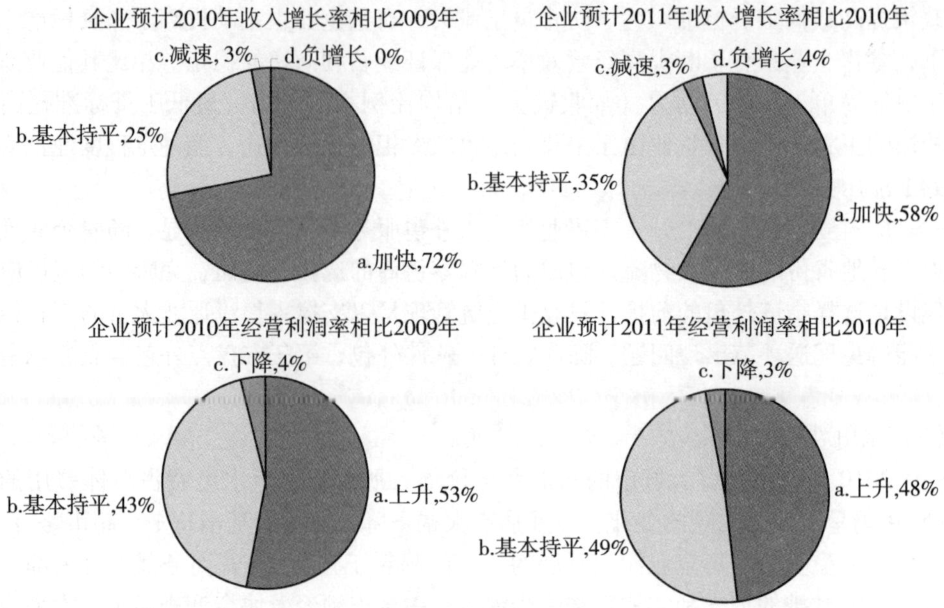


**图 37 零售企业对收入及盈利状况预期**

## 三、零售企业偿债及融资能力分析

1. 零售企业资金来源结构基本没有变化，截至 2010 年年底，供应商账款占总资金来源的 25%，仍旧是零售企业最重要的资金来源。

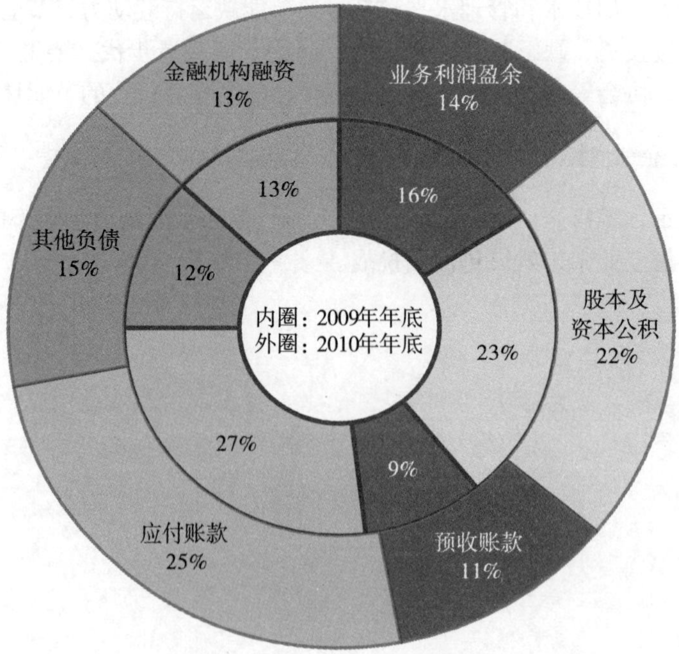


**图 38 零售企业资金来源构成**

既往研究报告显示，企业的资金来源主要由股权融资（股本及资本公积）、带息贷款（金融机构融资，包括银行借款及债券融资）、营运负债（应付账款、预收账款及其他负债）和业务利润盈余构成。

2010 年年底的资金构成与 2009 年年底相比并没有太大的变化。但值得注意的是，中国零售企业从供应商账款中所获得的资金仍旧是企业最重要的资金来源，其在 2010 年所占比例略微下降了两个百分点，占总额的 25%。供应商的平均账期没有很大变化。我们发现，大型专业店通过银行票据来支持其支付供应商账款的方式在 2010 年略有下降，显示出在 2010 年总体信贷收紧的大环境下，通过金融机构融资仍为零售企业的重要挑战之一。

另外，部分商业银行推出了针对大型超市供应商的一年期信用贷款产品。这些创新的贷款产品，不采用传统贷款的抵押和担保方式，而是依据供应商与超市间真实的交易，其资产状况、信誉状况和经营的持续性作为贷款发放的前提。额度一般在 200 万－500 万元，一定程度解决了超市供应商的营运资金缺口。

此外，零售企业从金融机构融资的比例保持在 13% 的水平。在零售企业销售和运营规模普遍回升的情况下，由于受制于银根紧缩的大环境，零售企业的融资环境在 2010 年并没有明显的改善，这与我们问卷调查的结果也是一致的。

2. 零售企业较高的负债率在 2010 年未有明显变化。其中，专业店的负债率略有下降，体现了股权融资带来的资产增加。

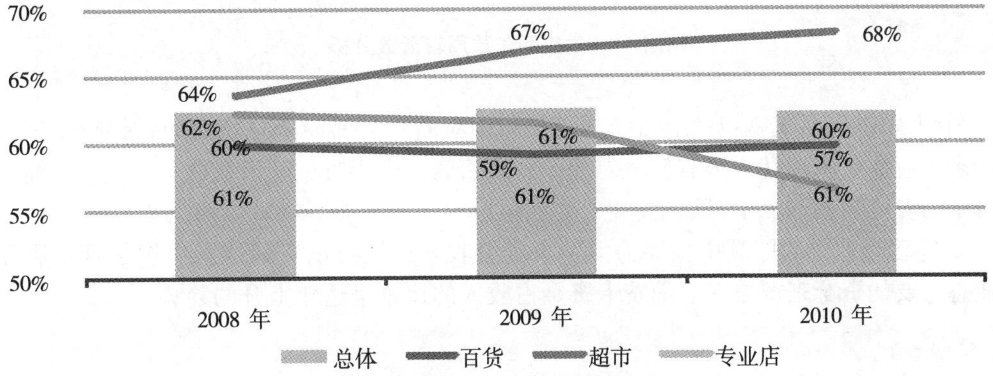


图 39 零售企业资产负债率分析

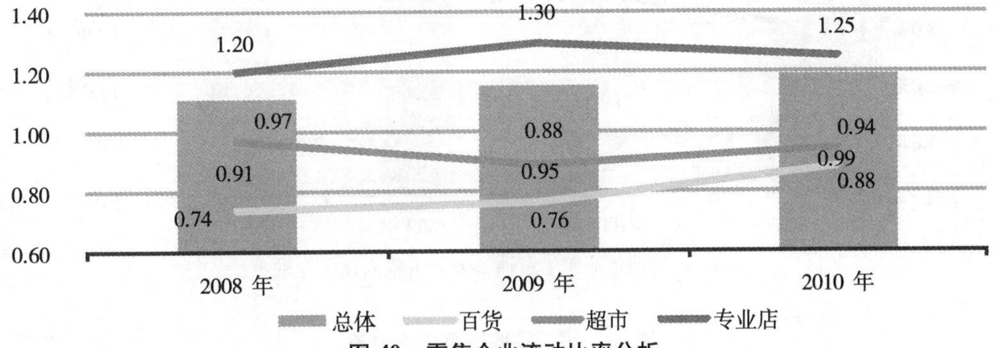


图 40 零售企业流动比率分析

总体来说，零售企业资产负债率在最近三年基本稳定在61%左右。

2010年，某电器专业店回购可转股债券转换为约16亿股股份，资产负债率从而下降了8%。同时其他的电器专业店的资产负债率也略有下降。这使专业店总体负债率下降至57%，偿债能力有所提高。

## （一）营运负债

1. 2010年，零售企业的供应商账期与2009年比较未有明显变化；百货的应付账款周转天数略有下降。

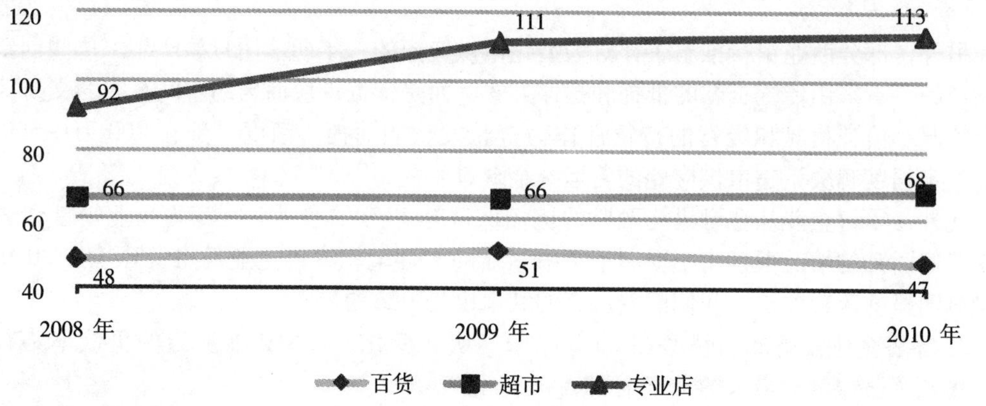


**图41　供应商欠款周转天数分析**

图41中供应商欠款包括应付账款以及向供应商开具的尚未兑现的应付银行票据。三大业态供应商欠款周转天数有较大差异，百货店为一个半月，超市在两个月左右，而以家电为主的专业店则达三个月以上。

2. 零售企业预收账款中主要为消费卡资金收入；发行消费储值卡仍然是百货店和超市业态重要的资金来源之一。消费卡资金占收入的比重呈逐年上升的趋势。

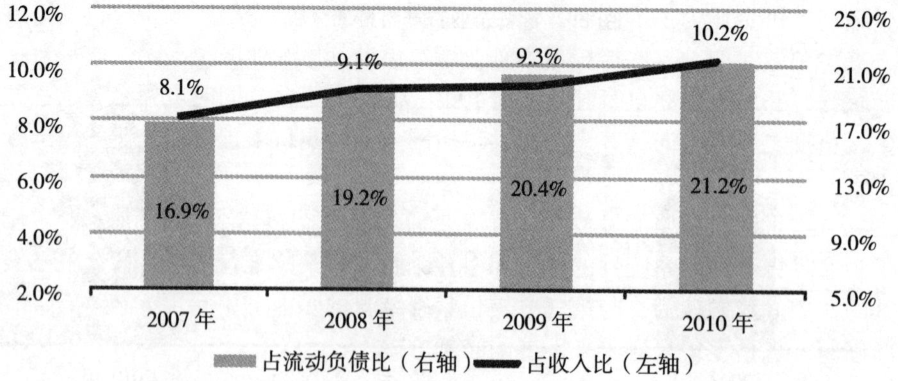


**图42　百货预收账款占比分析**

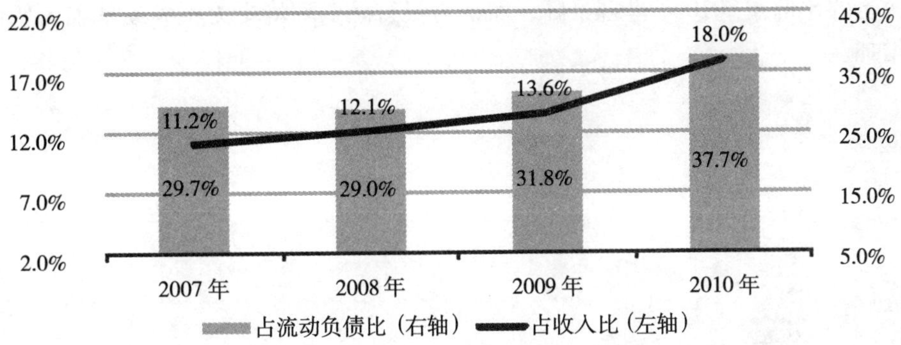


**图 43　超市预收账款占比分析**

既往研究已发现，发行消费储值卡不仅是零售企业的促销手段之一，更是一些大型百货店及超市的重要资金来源。由于专业店商品类别相对单一，消费卡使用受限，此类融资途径一般较少。近年来消费卡预收款的增幅呈现逐年上升的趋势。

消费储值卡仍在被越来越多的零售企业所采用，包括过去使用并不多的专业店（2010 年预收账款占流动负债 6.3%，占收入 2.6%）。在带来无息资金的同时，过度依赖这项资金来源的长期风险也逐渐呈现。2011 年 5 月 26 日，国务院办公厅转发七部门联合下发的《关于规范商业预付卡管理的意见》（国办发〔2011〕25 号，简称《意见》），明确提出购买购物卡要实名制、非现金购卡制和限额发卡等措施。《意见》的出台对于规范国内购物卡管理起到了一定的规范作用，也给较多依赖购物卡融资的零售企业带来了挑战。

此外，中国人民银行 2010 年 6 月 21 日出台的《非金融机构支付服务管理办法》（简称《办法》）已于 2010 年 9 月 1 日起施行。《办法》规定，非金融机构提供支付服务，应当依据规定取得《支付业务许可证》，成为支付机构。值得注意的是，《办法》所规范的不仅包括网络支付，也包括预付卡的发行和受理，以及非金融机构在收付款人之间作为中介机构提供的资金转移服务。2011 年 5 月 26 日中国人民银行向 27 家企业及单位颁发了非金融机构支付业务许可证，在首批 27 家企业中，主要以支付宝、银联商务等传统的互联网型或金融型支付企业为主。同时我们也了解到，部分大型零售行业企业也开始或准备进军第三方支付领域。如，有些传统零售企业原本借助其他专业网上支付企业平台，但许多都于近期解约，并出资建立自身独资注册的第三方支付平台，同时申领有关第三方支付的许可牌照，获批之后即可向其客户群提供包括网上交易支付、预付费卡业务等全方位的第三方支付服务。

从第三方支付许可牌照的发放和规范商业预付卡的措施相结合情况来看，一疏一堵，可将其视为对零售金融的系统性的规范和引导，希望政策的推行能对零售金融发展形成鼓励和提升的作用。我们认为，与第三方支付紧密结合的多业务平台（包括电子商务在内）的融合、创新，将是零售金融未来发展的必然方向。

### （二）金融机构融资

2010 年信贷环境趋紧，信贷管控进一步趋严。问卷调查显示，零售企业认为银行融资环境改善的比例在2010年呈现下降，而认为银行融资环境更为不利或基本无变化的比例大大增加。

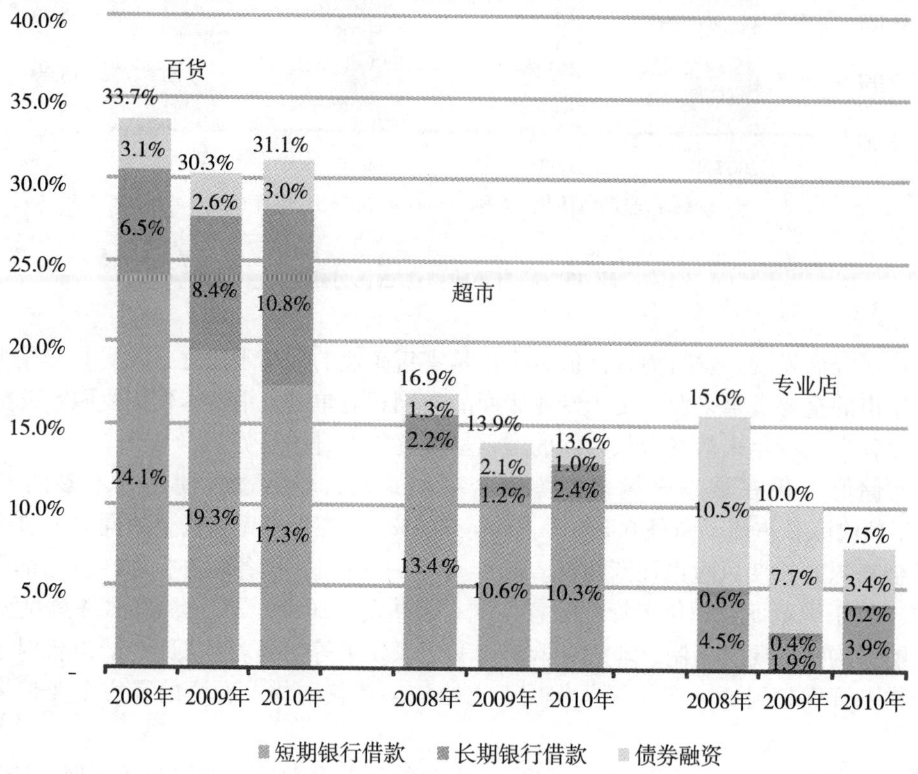


**图 44 金融机构融资占总负债比分析**

相比信贷政策较为宽松的2009年，2010年在面对全球流动性过剩和国内物价上涨的压力下，信贷政策趋紧。2010年金融机构本外币新增贷款8.4万亿元，较2009年的9.4万亿元明显下降。问卷调查结果也体现了零售行业对信贷环境乐观的比例明显下降（见图45）。

中国零售企业相比其他行业因缺少可抵押资产，金融机构融资一直较难，金融机构融资占比最高的百货店也不到总负债的三分之一。

数据分析显示超市和专业店的金融机构借款占总负债的比例在2010年均有所减少，而百货在2010年通过金融机构借款略有上升。借款上升主要集中在长期借款，这部分与百货业调整自身运营模式，增加了自有物业和土地使用权等可抵押资产有关。

2010年，有大型专业店样本公司回购可转股债券，导致专业店债券融资占总体负债比例下降至3.4%。

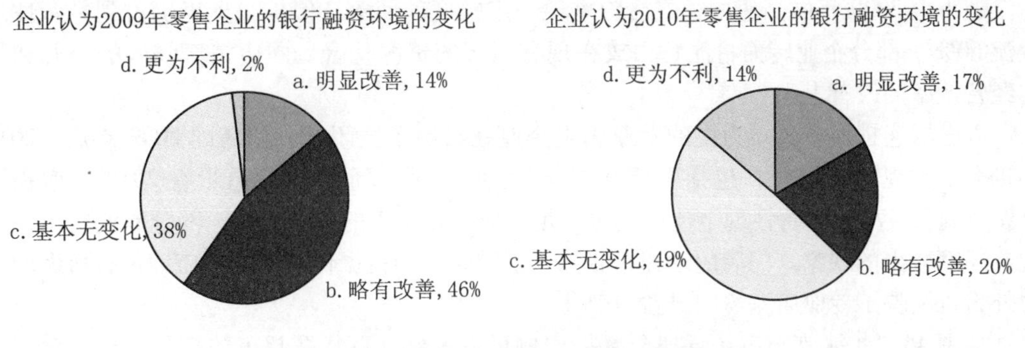


**图 45　零售企业认为金融机构融资环境变化情况**

## 四、零售企业资金用途分析

1. 2010 年，百货店和超市类零售企业的扩张支出都有明显收缩，但扩张支出仍占其经营性现金流 60% 以上。专业店在 2010 年恢复了其大规模的扩张，并消耗了 85% 的经营性现金流，管理好企业现金流对于零售企业快速扩张意义重大。

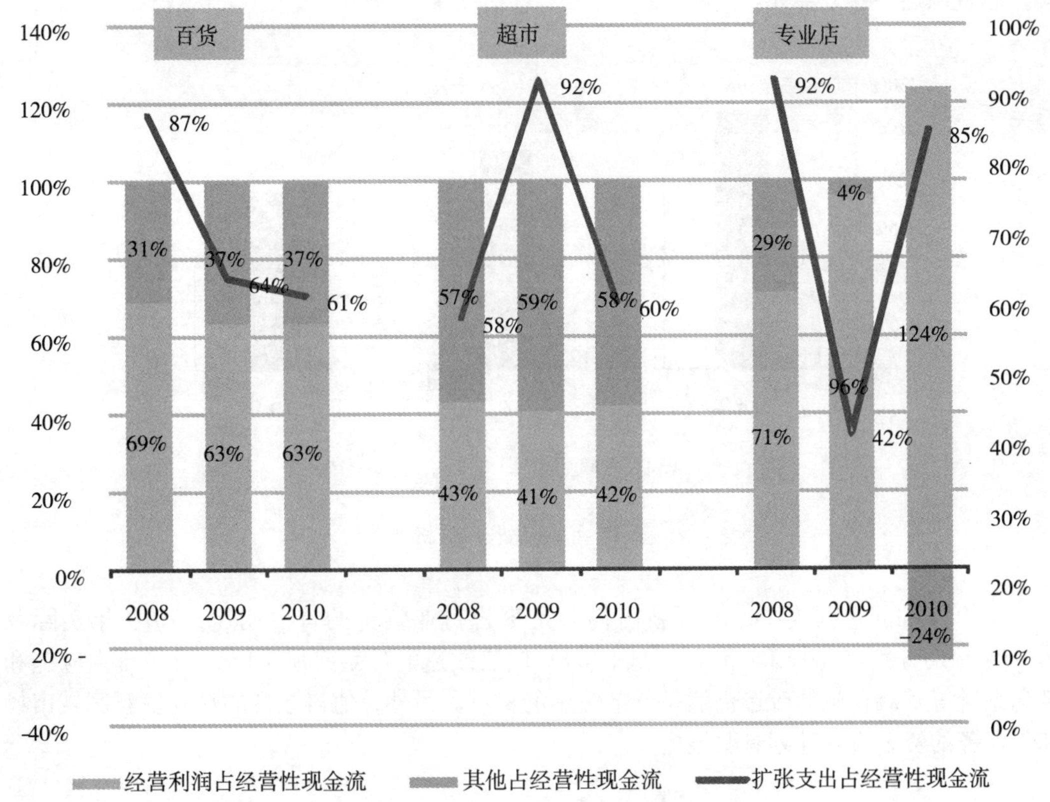


**图 46　扩张支出占经营性现金流分析**

超市继2009年的高速增长之后皆呈现一定幅度的回落，但扩张支出仍占到经营性现金流60%。部分企业转而将注意力放在现有门店的资源整合、同店销售收入的提升和整体经营效率的改善上。

以电器连锁样本公司为主的专业店类企业在经历了关闭部分门店的2009年后，2010年进行了大规模的扩张，包括新店和并购活动。专业店企业门店数量在2010年增长了31%（见图47），经营性现金流已无法满足相应扩张支出的资金需求。部分专业店出现了现金净额减少的现象。门店的迅速扩张除了反映企业为占据优质商圈的店铺位置所做的努力外，也反映了专业店竞争的日益白热化。

从图46“扩张支出占经营现金流”比例可以看到，百货及超市的扩张支出消耗了近60%从经营活动中获得的资金，而专业店更是高达85%。在没有有效的长期外部融资可以利用的情况下，这样大规模的扩张将给企业带来较大的资金压力。如何管理好企业现金流以支撑企业持续快速扩张并规避资金链不续的风险将是众多快速拓展零售企业需特别予以关注的课题。为实现对企业资金的有效规划与管理，强化企业的财务职能尤其是资金管理职能至关重要。为帮助企业对公司财务职能的有效性形成初步的认识，随本报告的附件，我们提供了《零售企业财务职能自评表》，供企业参考。

除中国本土零售企业外，外资企业在2010年也积极拓展在中国的业务，包括在二、三线城市开设门店，并通过股权收购进行扩张。2010年国外投资者进行了15宗并购活动，总金额达740万美元。

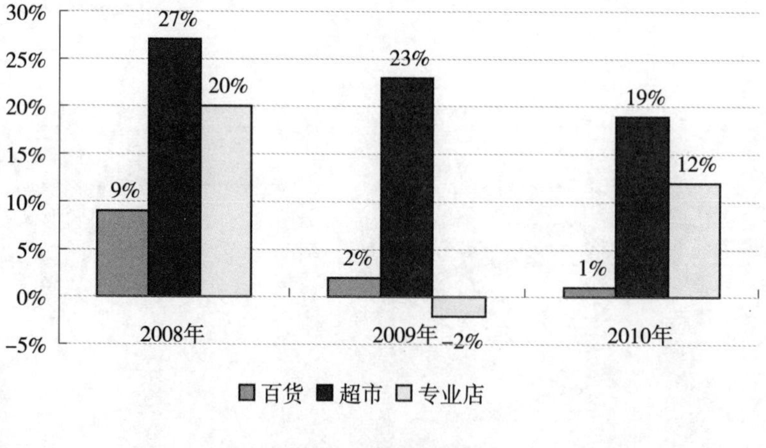


**图47　门店增长率分析**

2010年的问卷调查中，增开新店仍旧是零售行业资金的首要用途，2010年实际及2011年预期分别占25%和23%（见图48）。门店改造的计划有所下降，但物流供应链和信息系统等基础设施的改造仍然是资金使用的重点。另外，值得注意的是开发新区域市场和新业务的资金投入计划有明显增长。

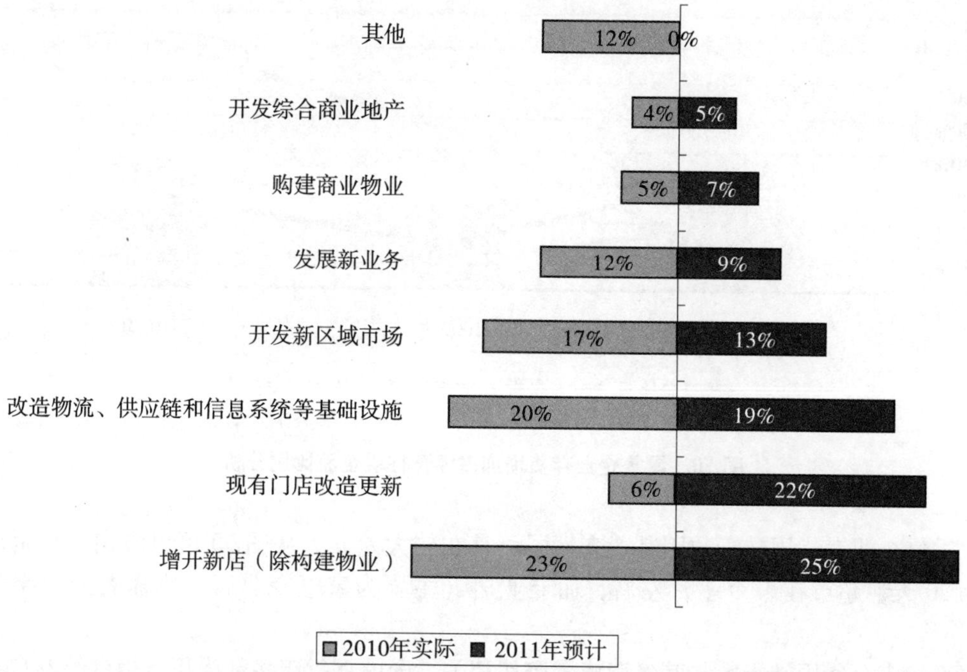


**图 48　零售企业 2010 年资金主要用途及 2011 年计划的资金用途**

零售行业 2010 年存货周转速度有所放缓，其中专业店的资金更多被大量的备货库存所占用。

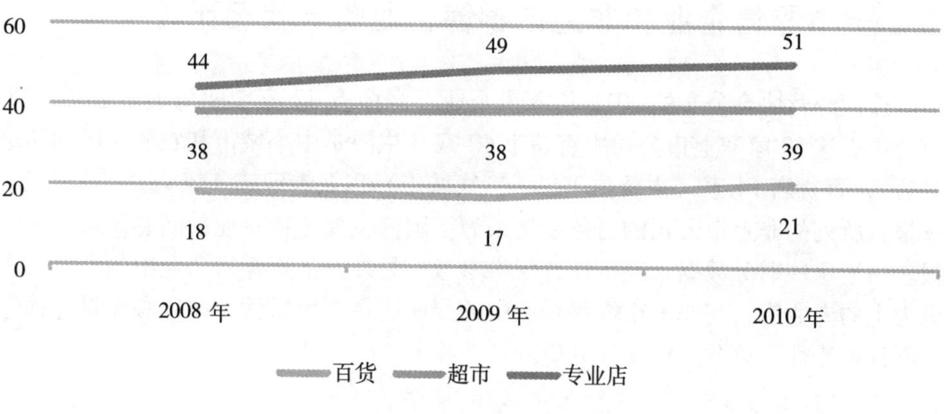


**图 49　存货周转天数分析**

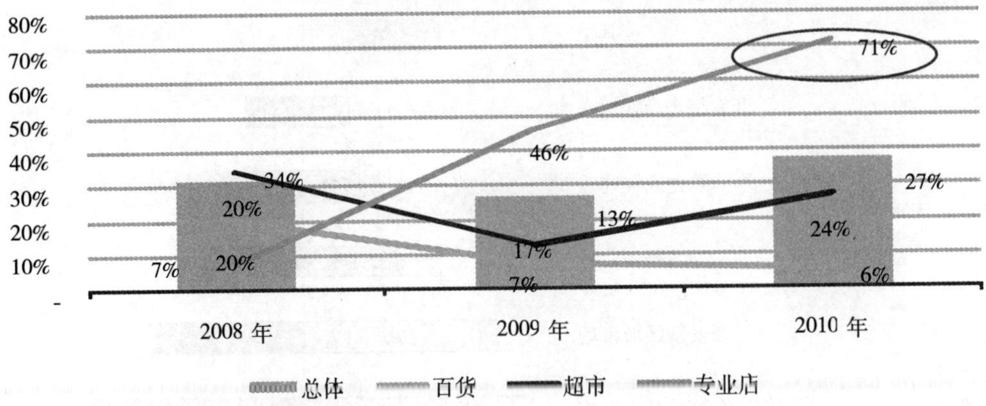


**图 50　零售企业存货增加占经营性现金流比例分析**

零售企业存货周转天数因其业态不同而存在较大差异。从图 50 可以看出，百货店大约为 20 天，超市在 1 个多月左右，而专业店（主要为家电专业店）则需要一个半月左右。

百货店存货周转天数与其经营模式密切相关，国内百货店多数为租赁柜台给商户经营并收取一定比例的佣金，因而百货店自有库存相对较少，周转天数较短。

专业店存货周转速度有所放缓，据部分企业年报的披露，2010 年专业店新店扩张规模加大，考虑到大规模的扩张约消耗 85% 的经营性现金流，因此专业店的资金压力较往年更加严峻。

## 五、上市零售企业和非上市零售企业财务状况比较

中国连锁经营协会公布的 2011 年零售企业百强中有 42 家企业为上市公司，58 家为非上市公司。这 58 家非上市公司中有超市 40 家（主要是中小城市和农村地区的超级市场及便利店），百货店 14 家（主要位于二、三线城市）以及专业店 4 家。

本报告所列的非上市公司的财务数据来源于国内主要零售企业的问卷调查，由公司自行填报。由于这些财务数据未经审计，仅供参考。另外，上市零售企业中的专业店主要是以家电为主的专业店，与非上市零售企业中的专业店主要为餐饮、酒店和建材连锁等业态不同，不具可比性，故此未作比较分析。

### （一）毛利率分析

2010 年，上市零售企业和非上市零售企业毛利率均呈上升趋势。非上市零售企业与上市零售企业相比，由于其相对更多面向中低端市场，产品附加值较低，导致非上市零售企业毛利率较低。

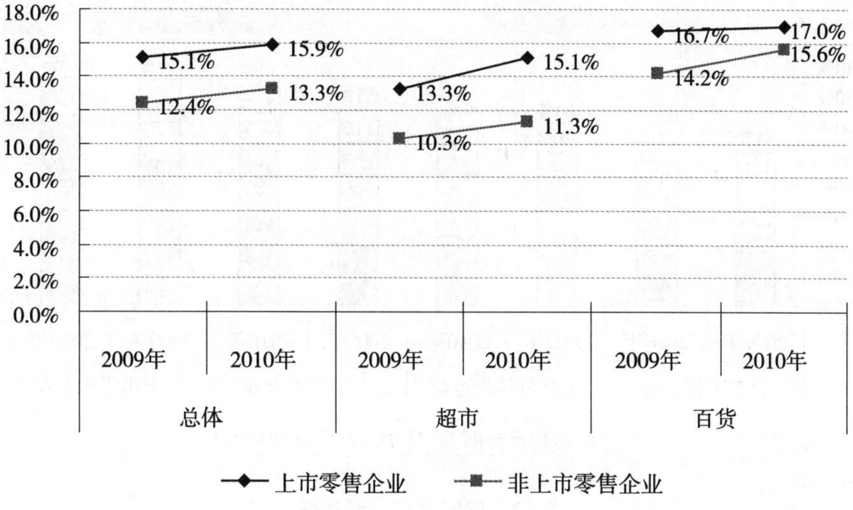


**图 51　毛利率分析**

## （二）营业利润率分析

2010 年，上市零售企业和非上市零售企业的营业利润率均呈上升趋势。然而，非上市零售企业的营业利润率与上市零售企业仍存在较大差距。

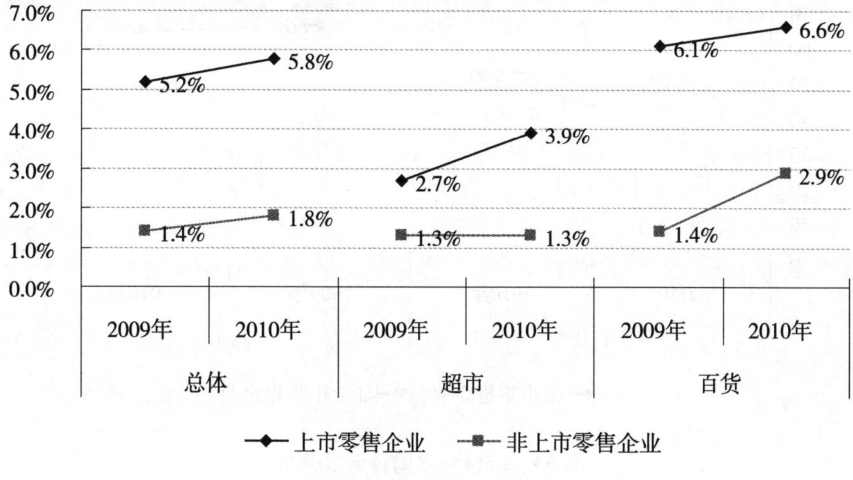


**图 52　营业利润率分析**

## （三）固定费用占比分析

非上市零售企业与上市零售企业相比，其固定费用占比更大，经营风险更高。由于非上市零售企业规模、知名度、竞争力均不及上市零售企业，故通常情况下非上市零售企业只能通过以更高的价格来获取租约或招聘员工。

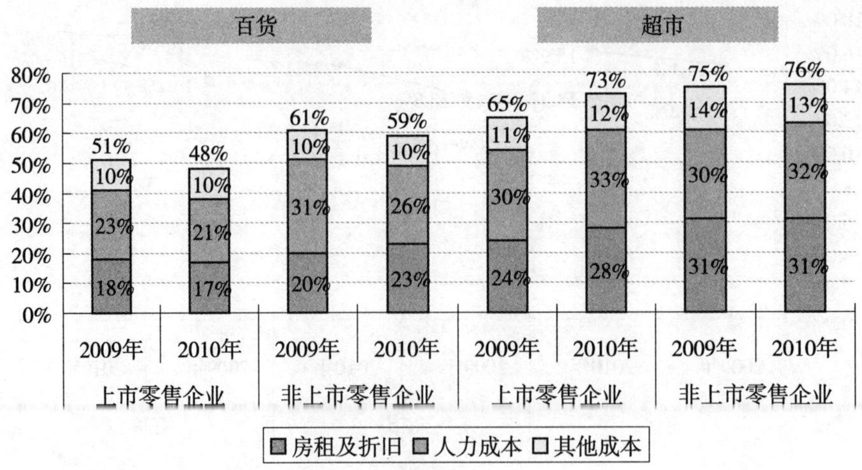


**图 53　固定费用占比分析**

## （四）应付账款周转天数分析

非上市零售企业应付账款周转天数为一个月至一个半月左右，与上年相比周转速度有所放缓，可见非上市零售企业随着规模不断扩大，从供应商处获得的信用期也有所延长。上市零售企业具有更强的议价能力，故其应付账款周转速度也较慢。

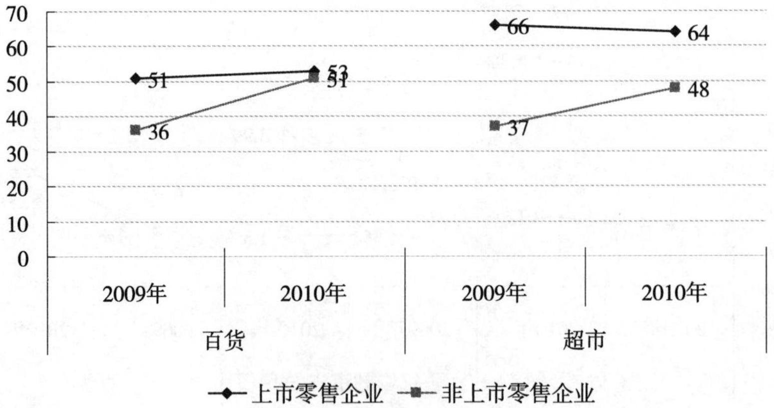


**图 54　应付账款周转天数分析**

## （五）存货周转天数分析

由于业务模式的不同，非上市百货企业存货周转天数高于上市百货企业。大型百货业更多的采用出租专柜收取佣金作为主要收入来源，故自有存货比重较低。超市业态，由于中小超市更依赖于食品类商品的销售，所以非上市超市企业的存货周转率反而更快。

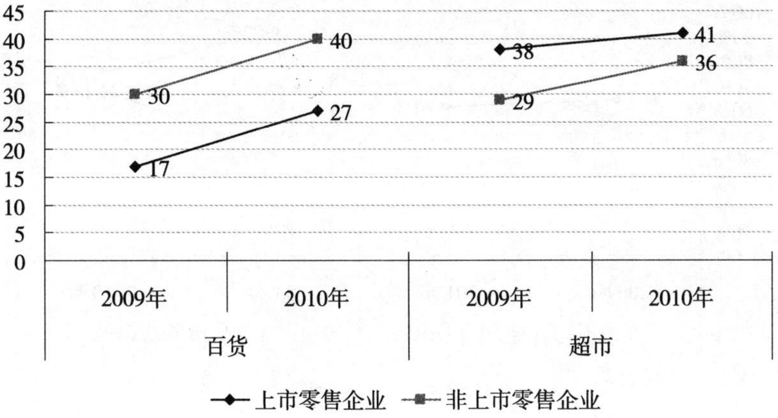


**图 55　存货周转天数**

## （六）金融机构融资占总负债比分析

与上市零售企业相比，非上市零售企业从金融机构获取借款更加困难，故金融机构融资占总负债比更低。

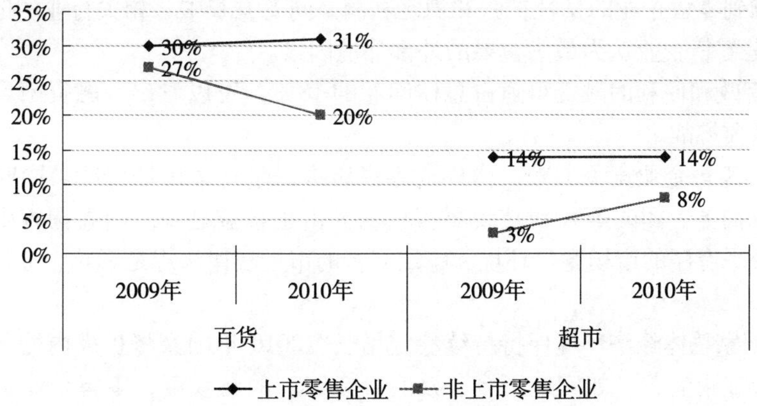


**图 56　金融机构融资占总负债比**

## （七）扩张支出占经营性现金流比分析

从图 57 可以看出，非上市零售企业扩张支出占经营性现金流之比呈上升趋势，已高于上市公司扩张支出占经营性现金流的比例，反映出非上市零售企业为扩大其销售规模所做的努力以及其融资渠道较上市公司更加有限。

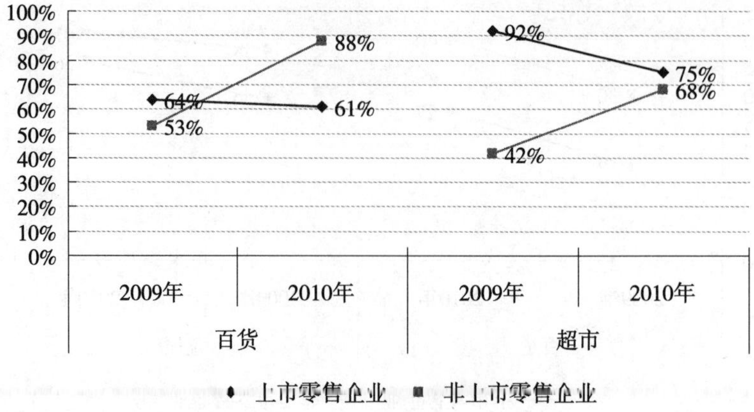


**图 57　扩张支出占经营性现金流比例**

## （八）外部环境对企业发展的重要性调查

调查问卷显示，相关行业的发展、有效便利的融资渠道和国家政策的扶植是零售业认为对企业发展最为重要的外部因素。

1. 零售企业和相关行业如商业地产、物流、下游供应商合作紧密。相关行业的健康发展直接影响到零售企业的良性扩张和稳定利润。问卷调查中，相关行业的健康发展占总体的 19%，是零售企业认为最为重要的外部环境因素。

2. 更为有效和便利的融资渠道占总体问卷的 18%。可以看出，融资困难依然是零售行业面临的重要挑战之一。

3. 2010 年零售企业竞争不减，内外资零售店进一步竞争市场份额。同时，新兴零售形式（如电子商务、团购等）对传统零售店的冲击也日益显现。问卷调查中，26% 的零售企业认为公平有序的市场竞争环境和稳定完善的市场法律法规是影响企业发展的重要外部因素。

4. 随着国家总体经济环境保持持续稳定增长，2010 年国家将扩大内需列为重点，政府出台了部分鼓励消费（如家电下乡、以旧换新等）的新政策，零售企业也希望更多的得到政府的政策扶持。同样，调查问卷和企业访谈显示，零售企业希望政府在落实政策时应具体采取如下措施：建立消费者购物补贴；加大供应商扶持力度，拓宽中小企业融资渠道，降低中小企业税负；减免计划经济时期留下的行政收费项目，如价调基金；水电单价给予优惠等。

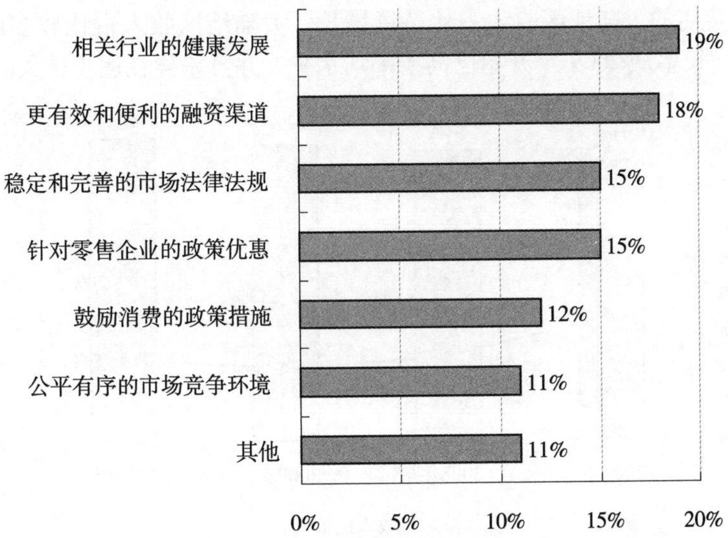


**图 58 2010 年零售企业认为外部环境对企业发展的重要性排序**

# 第四部分 国内外零售企业比较

## 一、经营业绩比较

1. 中国大陆零售企业收入增长率与香港和世界 500 强中的零售企业相比，在经济危机时跌幅较为缓和，2010 年又呈现出最快的发展势头。世界 500 强企业中的零售企业，拖累于国际债务危机、地缘政治危机等各种的对世界经济发展不利因素，2010 年收入增长率较 2009 年更低，而超市和专业店已为负增长，百货业也已接近零增长。

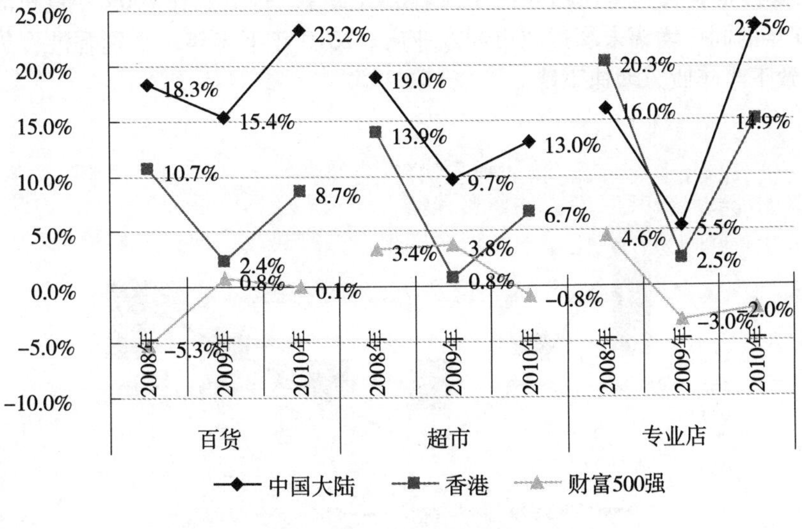


**图 59 销售增长比较分析**

2. 香港百货店的大陆地区收入占比持续增长。大陆地区收入占比较多的香港百货店企业，其收入增长率从2009年开始已高于平均水平，并且差异在逐步扩大。

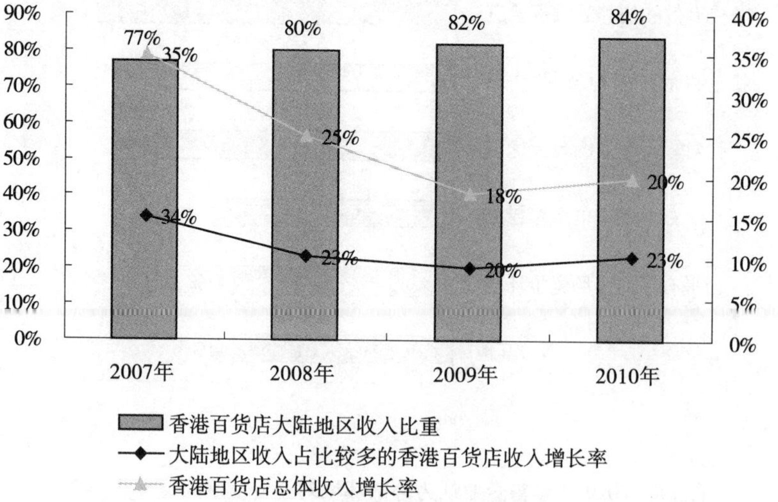


**图60　香港百货业收入占比及增长率分析**

从图60中看到，香港百货店来自于大陆地区的收入占总收入的比例逐年上升，已从2007年的77%上升至2010年的84%，显示出大陆地区市场不仅是香港百货店最大的区域市场，并且日趋重要。

2007－2008年，大陆地区收入占比较多的香港百货店收入增长率均低于香港百货店总体收入增长率，说明其他区域（主要为香港地区）的收入增长率要高于内地。而2009－2010年，受益于中国大陆地区的消费增长，大陆地区收入占比较多的香港百货店收入增长率超过了香港百货店总体收入增长率，而且差距在2010年有所扩大。

3. 香港零售企业收入增长趋势正在逐渐走出低谷。百货业在2009年危机时受影响较小，但2010年的同比增幅未超过超市和专业店。2010年下半年，个别香港百货企业关店和迁址，导致下半年收入增速下降。

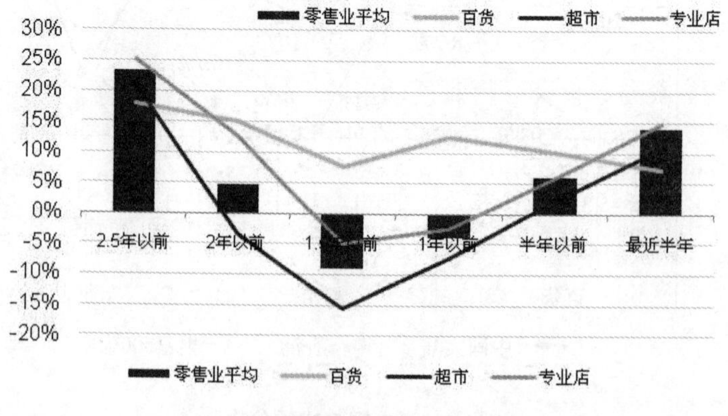


**图61　香港零售业同比销售增长分析**

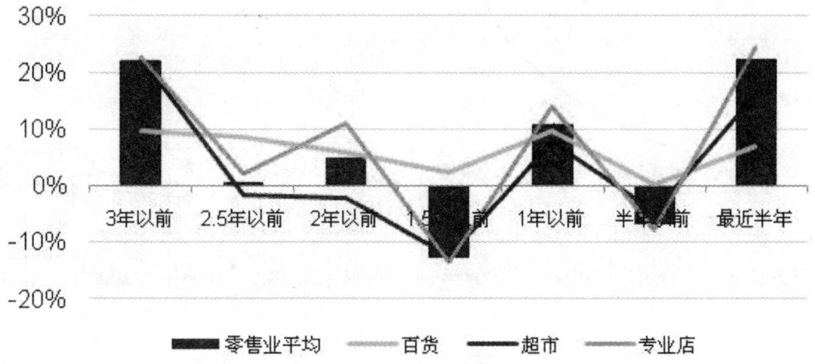


**图 62 香港零售业环比销售增长分析**

4. 2010 年，中国大陆样本企业采取多种手段使毛利率较往年有所上升，但毛利率水平仍然大大低于香港及世界 500 强样本公司。大陆零售企业利润并不主要依靠商品销售毛利。

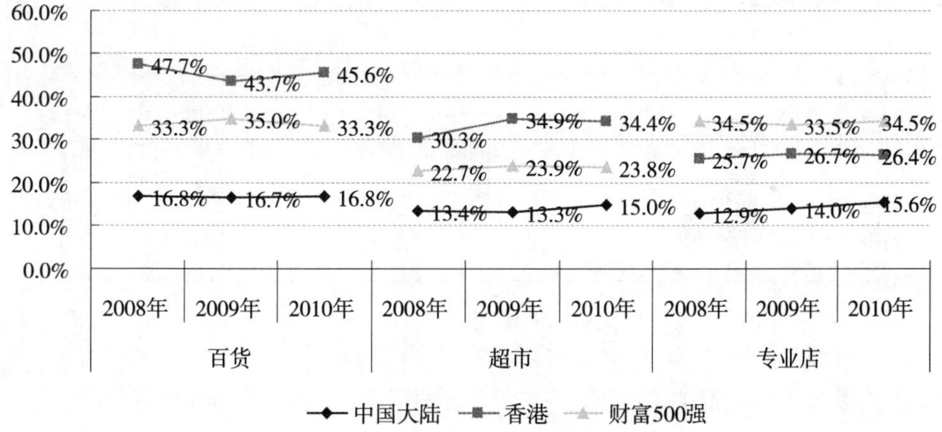


**图 63 毛利率比较分析**

5. 百货业态中，得益于投资性物业近两年的升值，香港地区样本公司总体账面盈利持续上升。剔除投资性物业公允价值的升值外，香港地区样本公司总体的盈利能力在 15% 左右，依然明显高于中国大陆及世界 500 强企业；而在超市业态中，2010 年各地区样本公司盈利能力比较接近；专业店业态中，香港地区样本公司盈利能力也稍强。

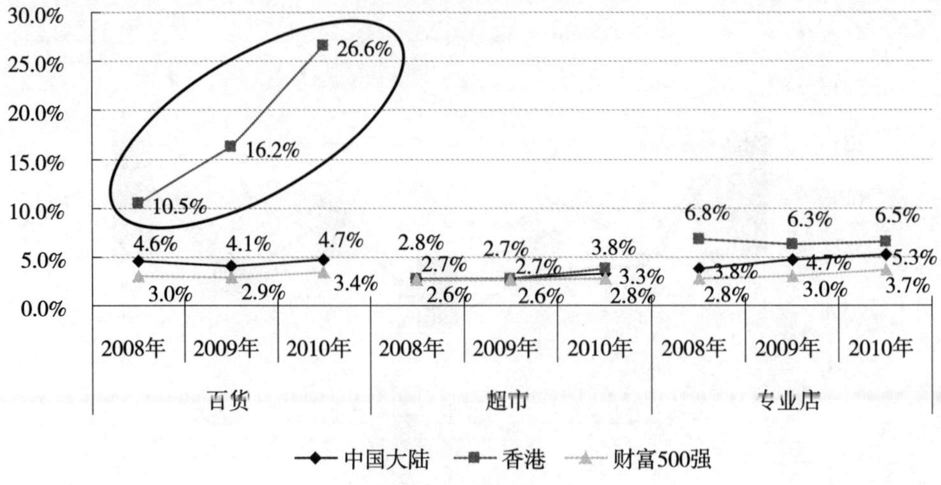


**图 64　净利率比较分析**

6. 2010 年世界 500 强零售企业遭受亏损的比例与 2009 年整体相仿，但 2010 年都集中于超市企业，亏损企业比例仍大于其中国大陆及香港地区的同行，近两年的典型案例有德国零售巨头 Arcandor 公司的破产退市。

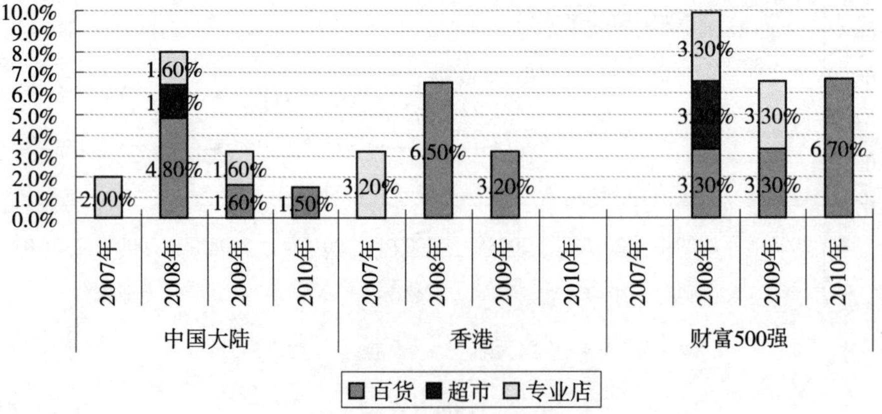


**图 65　亏损占比分析**

## 二、资产负债状况比较

1. 中国大陆的供应商账期整体上仍高于香港和世界 500 强样本公司，而中国大陆的专业店企业，其应付账款周转天数明显较高。

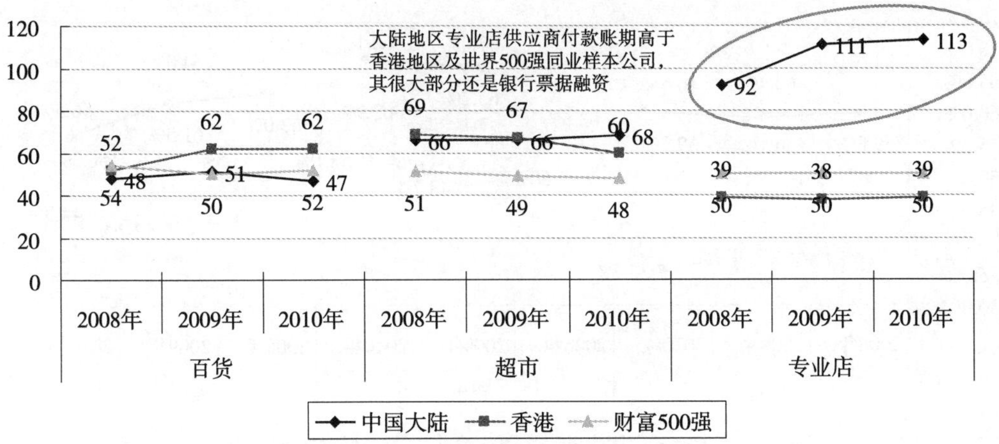


图 66　应付账款周转天数比较

2. 世界 500 强样本公司的周转天数均高于中国企业，更多的是反映了不同业态模式和商品结构。2010 年没有结构性变化。

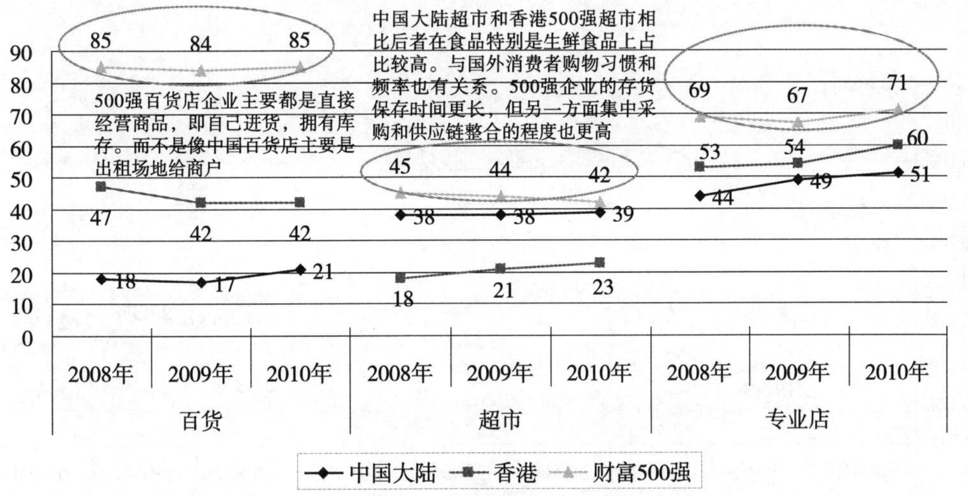


图 67　存货周转天数比较

3. 香港地区样本公司负债率水平相对较低；大陆地区样本公司负债主要由营运负债构成。而世界 500 强样本公司负债主要由向金融机构融资形成，2010 年其负债比例在各业态均有所下降。

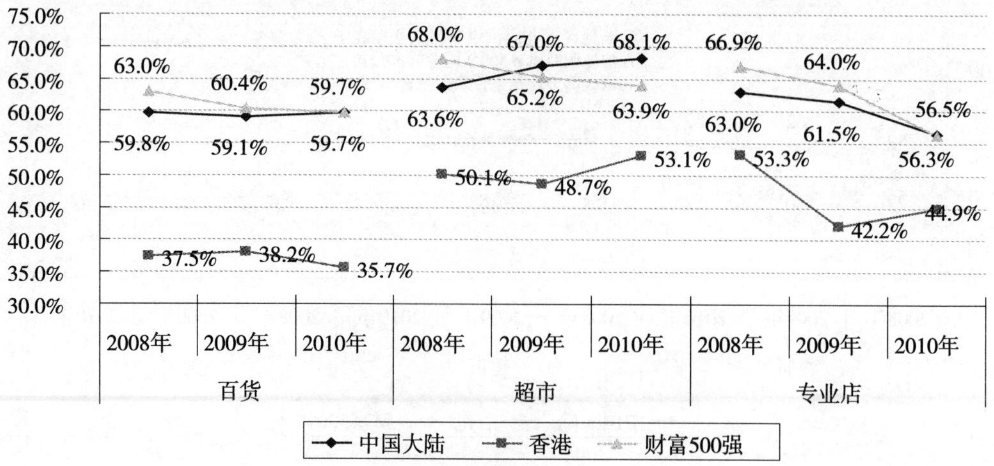


**图 68　资产负债率比较分析**

4. 经济危机后香港和世界 500 强公司都放缓了扩张的速度，中国大陆样本公司在 2010 年则加速扩张，但是其负债结构以短期营运负债为主，资金来源的结构性问题仍然比较突出。

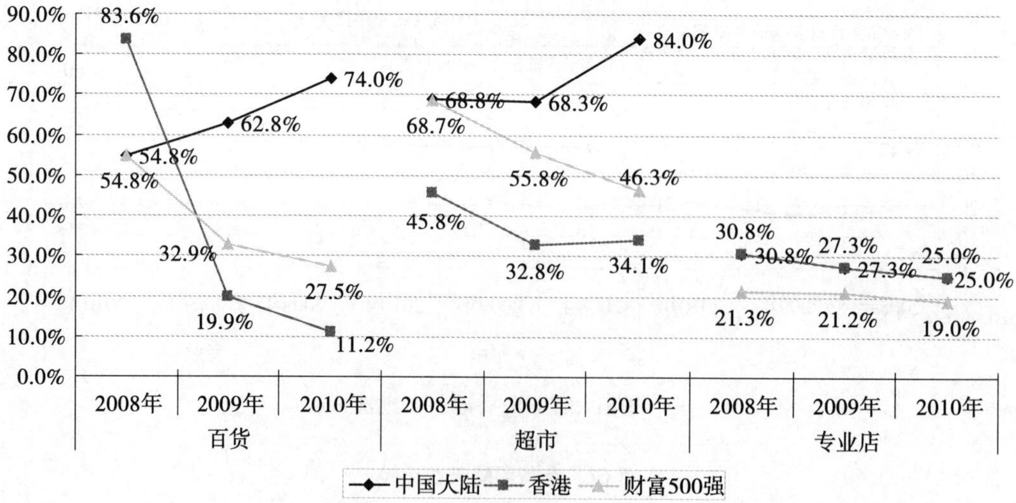


**图 69　扩张支出占息税折旧摊销前利润比例分析**

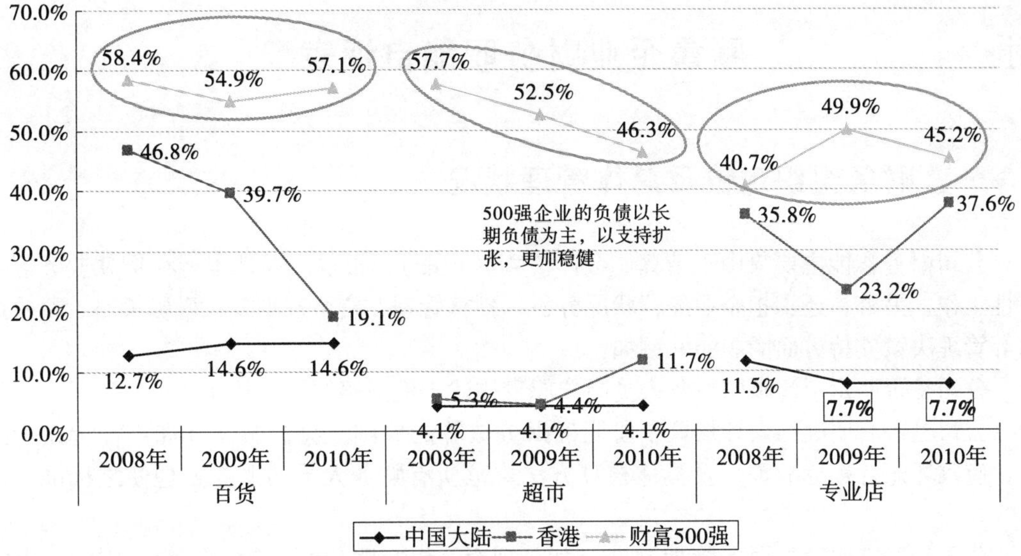


**图 70　负债构成——长期负债占比**

5. 世界500强样本公司现金持有量较中国企业低，中国大陆零售企业现金持有量普遍较高，降低了相应的现金资产的使用效率及回报率。

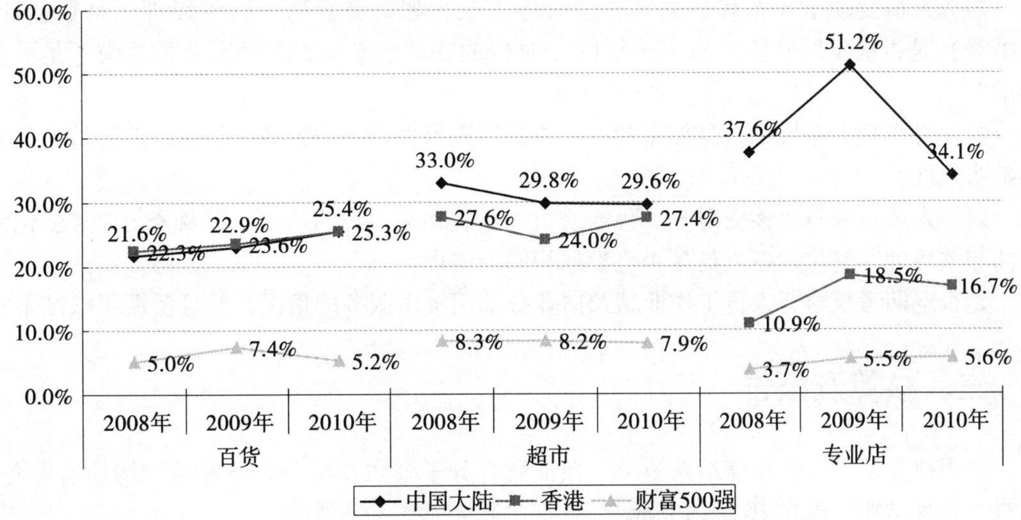


**图 71　现金占总资产比重**

# 附：　　零售企业财务职能自评表[①]

## 一、财务组织定位及总体管理状况

公司财务职能主要集中于结算、会计核算（记账）、报税、办理银行存贷款业务等事务性工作；另外，还承担企业经营状况分析、预算管理、资金规划及投融资策略、税收策划等管理决策支持方面的职能。例如：

公司是否制定了清晰的财务人员岗位职责描述、汇报路线以及技能要求？

公司是否有明确的会计核算手册明确财务核算的原则，会计假设（如：存货跌价准备，应收坏账计提标准等）及具体核算方法规范所有财务人员的账务处理使之标准、统一？

公司是否有明确的财务管理制度（如：现金，银行账户和存款，存货，应收，固定资产，费用报销，投资决策，对外担保等）以规范相关资产与重要经营活动相关风险的管理与控制？

## 二、财务人员

财务人员变动率（尤其是关键岗位财务人员，如财务总监、财务经理、总账会计、出纳等）是否被定期监控，并且过去 12 个月内的变动水平是否在现有公司规模下是可接受的？

公司是否拥有系统的人员储备和发展机制以确保关键岗位财务人员储备能支持公司业务扩张发展？

财务人员是否每年接受财务、税务或财务系统相关知识的培训，以及公司业务变化涉及的相关培训？岗位后备人员是否也参加相同的培训？

是否定期考核财务人员工作业绩及向业务部门提供服务的情况，并且反馈考核结果？

## 三、核算及报告

是否建立了月度及年度结账清单，保证所有分子公司在母公司结账前结清所有账务？同时，每月结账可以在 10 天内完成？

是否定期分析财务关账情况，查找问题根源，以持续提高财务管理质量及工作效率？

是否所有未决/记账待定科目事项每月被单独审阅，并且与支持性文档核对？

是否存在关账后差错调整事项？例如，更正发现的差错、调整会计估计、冲销等？

对于关键会计科目的变动如销售收入、毛利、返利、存货、应收、应付等是否每月进

① 资料来源：普华永道。

行分析以保证其真实准确反映企业经营状况?

是否能按时完成所有外部报告?例如,政府机关要求的报告、行业要求等。

## 四、预算与资金计划

是否存在正式的预算编制及管理流程,说明所有的工作、相关人员的职责及分工?

公司制订的预算是仅包括损益的预算还是综合包括损益、资产、人员及资金规划的全面预算?公司是否经常突发性地面临资金紧张的窘境?

经营计划中的内容是否反映在了下一年度预算及长期预算中,如在制订预算时是否充分考虑企业经营上准备采取的举措,如大规模地在某一区域扩张而在资金、人员和固定资产方面的需要?经营计划的变化及预算的调整是否经过高级管理层的批准?

公司除编制年度预算外,对于资金规划,公司是否会制订中长期计划,并每月根据业务实际运作状况编制滚动资金计划以确保公司资金的安全与提高资金的使用效率?

公司在预算制定时是否考虑各项影响收益及成本因素?例如,行业及经营趋势、公司组织结构、财务政策变化、销售季节性/地域性/消费能力等因素。是否编制关键假设及变化情况的敏感性分析,以应对市场的不断变化?

是否定期编制预算/经营分析报告,分析预算与实际的偏差率及原因,并推动业务部门及时采取有效的措施以确保预算的实现?

## 五、技术及数据管理

公司财务系统与业务系统是否自动连接,并且两个系统中的各品类关于销售、存货、毛利、返利等信息是一致的;或即使有差异也是可以清楚解释的差异?

现有财务系统是否可以支持所有财务处理?包括合并财务报表、自动处理公司内部结转和调整、存货系统等?

是否所有财务人员均非常熟悉目前的系统功能,他们是否在过去的 12 个月内接受了解系统更多功能的培训?

财务系统是否仅有财务人员可以进入,并且不同岗位财务人员在系统中权限设定时充分考虑了不相容岗位权限分离的要求,以确保财务系统数据的保密性及不可人为篡改?

财务系统及核心业务系统的开发、变更是否有完备的开发、变更流程,尤其是有效的用户验收测试以确保开发、变更后的系统功能与财务业务提出的系统需求一致,系统在不同业务场景下均能正常运转且数据处理正确?

# 2011 年中国零售业 IT 基准（Benchmark）研究报告

## 一、调研背景

经过十多年的发展，中国零售业的 IT 应用价值越来越被重视，应用水平已经有了较大的提升，但真正对其价值的认识大多停留在概念层面。由于 IT 应用的投入与产出评估模型尚不完善，在没有参考基准的条件下，很多零售企业在实际考虑 IT 投资的引进时也就缺少参照、犹豫不决，难以及时付诸实施。另外，作为 IT 部门的负责人，CIO 们往往面临着没有"标准"的窘境，在 IT 应用可行性评估上，只能给管理层呈报愿景式的描述，而缺乏实质、有说服力的内容。

基于上述现实需求，中国连锁经营协会（CCFA）与埃森哲公司（ACCENTURE）自 2009 年度发起了中国零售业 IT 应用基准研究，旨在为国内零售企业提供以指标数据分析为依据的中国零售业 IT 应用基准，为零售企业的 IT 建设提供参考。

2009 年 6 月，中国连锁经营协会与埃森哲第一次共同发布的《中国零售 IT 基准（Benchmark）研究报告》，在行业内产生了广泛的影响。报告对零售企业 IT 的投入与应用起到了一定的参考价值。特别是 2010 年以来，随着零售企业房屋租金和劳动力成本的不断攀升，企业规模的扩张和经营遇到了瓶颈，迫切需要在效率提升和运营精细化方面实现突围，而信息化建设在这其中也就发挥着举足轻重的作用。2011 年为第三次发布。

为便于比较，本报告在各项指标的后面，用【】标示出 2010 年相对应指标的数值，未加【】标注的，表明上年没有进行这一指标分析。

因本报告样本企业均为行业内的领先企业，故各项指标均处于行业中较好的水平。

## 二、报告的主要发现

### （一）从 IT 支出看

#### 1. 2010 财年 IT 支出相对销售收入比例

$$2010\text{ 财年 IT 支出相对销售收入比例} = \frac{\text{零售业务总 IT 支出}}{\text{销售收入}} \times 100\%$$

总 IT 支出包括软件、硬件、人员等方面的支出。样本企业平均为 0.46%【0.41%】（与样本企业销售规模有关）。数据显示，企业 2010 年 IT 的投入较以往有一定的增长，这和 IT 在企业经营中发挥越来越重要的作用和逐渐被企业重视有关。

2. IT 资本性支出

指用于购买使用年限在一年以上的耐用品所需的支出，包括设备、长期服务等。计算公式为：

$$\frac{\text{零售业务的资本性支出}}{\text{零售业务中 IT 总支出（资本性支出 + 营运成本）}} \times 100\%$$

平均支出比例为 57.6%【55%】。表明 2010 年在零售企业的总 IT 支出中，用于设备和长期服务等方面的费用占据了 IT 支出的大部分且较上年增加了 2.6%。

3. IT 资本性支出的构成

首先，硬件在 IT 资本性支出中占据绝大部分，比例为 52.0%【51.5%】（包括门店 POS 及外围设备等占 15.9%【17.2%】，数据中心的硬件/处理设备占 14.0%【12.7%】，总部硬件/处理设备占 12.0%【14.7%】，门店的其他硬件/处理设备占 10.1%【6.9%】），硬件投入的增加与 2011 年零售企业的扩张和对 IT 的重视有关。

其次，项目人力资源相关费用占 10.1%【8.9%】，软件开发费用占 15.2%【12.8%】，软件许可证及基础设施费用占 12.0%【11.6%】，电信通讯及网络费用支出占 7.0%【9.2%】，其他费用支出占 3.7%【6.0%】。

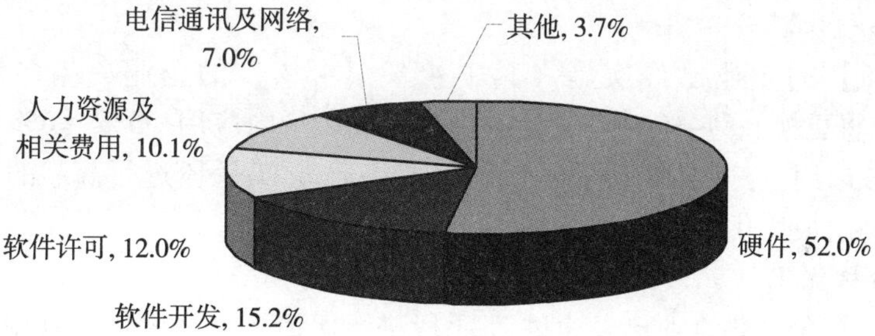


4. 外包支出占总 IT 支出的比例

外包支出占总 IT 支出的比例计算公式为：

$$\frac{\text{零售业务的外包服务支出}}{\text{零售业务的总 IT 支出}} \times 100\%$$

在采用外包的企业中，55.6%【62.5%】的企业外包支出占总 IT 支出的比例在1% ~ 10%，而其余 44.4%【30%】的企业外包支出比例超过 10%，而外包比例小于 1% 的为零【7.5%】。这说明，企业外包的比例有较大幅度的增长，这与企业 IT 人工成本增长和追求专业化分工有关。

## （二）从 IT 机构看

1. 从事项目维护/支持的 IT 人员比例过大

72.7%【78%】的企业其 IT 人员中从事项目维护/支持的人员比例在 30% 以上；27.3%【22%】的企业，该部分人员占比在 30% 以下。这说明，日常 IT 维护/支持工作，在 IT 部门的工作中占据了相当大的比例，但和往年相比略有下降。

2. 外包的IT人员占总体IT人员比例

外包的IT人员占总体IT人员的比例平均为26.2%【17.2%】，有54.5%【25.0%】的企业超过这一平均值，较上年有较大幅度的提高。说明自己培养IT人员队伍的企业已超过半数。

### （三）从应用软件/技术基础设施蓝图看

1. 采购管理

92%【90%】的企业已经实施采购管理应用（其中78%【75%】的企业在一年前实施，14%【15%】的企业正在实施）。其余企业表示，2年内将添加该系统，没有企业在2年内不采用。这充分说明采购在零售企业的重要地位及企业在采购管理IT技术应用上的重视。

2. 商品/财务计划

96%【95%】的企业已经实施该应用（其中66%【65%】的企业在一年前就已实施，16%【15%】的企业已实施并正在更换新系统，14%【15%】的企业正在实施）；其余的企业表示，在未来2年内，处于评估阶段。这说明，目前商品/财务计划在企业中的IT应用也得到了重视。

3. 空间/品种计划

78%【78%】的企业已经实施（其中45%【43%】的企业一年多前实施，16%【18%】的企业将更换）；14%【11%】的企业考虑2年内应用；3%【6%】的企业表示近期不会进行该应用。表明大部分企业都通过或将通过IT手段进行商品的空间管理，以便使卖场空间利用最优化，提高单位空间的产出率。

4. 促销/价格优化

82%【73%】的零售企业已经通过IT手段进行促销及价格优化（其中，55%已在一年前开始实施，9%去年实施并开始使用，18%处于实施阶段），18%的企业处于评估阶段，考虑2年内进行实施。这说明，IT技术应用在促销、价格管理方面扮演越来越重要的角色，尤其在及时性和准确性要求更高的条件下，企业依赖于IT技术的应用。

5. 商品运营管理

商品运营管理包括：主数据维护、成本/价格/促销管理、订货、分配、库存管理、发票核对、库存分类账等。

100%【90%】的企业已应用IT技术来进行商品运营管理，其中64%的企业已在1年前实施，27%的企业上年实施并开始使用，只有9%的企业处于更新实施阶段。这表明，IT技术在企业商品运营管理上得到了广泛的应用，并发挥着越来越重要的作用。

6. 批发管理

88%【86%】的企业已经实施了批发管理应用（其中62%【58%】的企业在一年前就已实施，17%【18%】的企业上年实施并已应用，7%【5%】的企业正在更换，2%【5%】的企业2年内将更换），还有10%的企业正在实施该应用，2%的企业考虑两年内进行实施。

7. 库存计划与补货

已实施库存计划与补货管理应用的企业占82%【80%】，另有18%【20%】的企业正在实施。这种状况反映了零售企业对库存计划与补货的重视与关注，也表明企业在这一领域的 IT 应用已经相当普遍。

8. 需求预测

82%【72%】的企业已经实施了需求预测管理应用，18%【16%】的企业考虑在 2 年内使用，本年度没有【12%】企业表示 2 年内不会采用，这反映在以市场需求为导向的经营中需求预测的重要性及 IT 技术在该项目应用的广泛性。

9. 客户订单管理

91%【92%】的企业已经采用 IT 技术进行客户订单管理，反映出企业对客户需求和顾客服务的重视程度，以及 IT 手段在该项目中的重要作用。

10. POS 系统及加标签系统

100%【91%】的企业已采用 POS 系统及加标签系统管理技术（其中 72%【76%】的企业已于一年以前实施，18%【15%】的企业在上年实施并已开始使用，10% 的企业处于更新实施阶段），没有企业【9%】表示会在未来 2 年内进行评估。这表明，POS 系统已经在企业得到了广泛应用，成为企业日常运营管理中不可或缺的设备。

11. 电子商务（涉及交易）

电子商务已经在 27%【25%】的企业实施，20% 的企业正处于实施阶段，38%【29%】的企业表示在未来 2 年内进行评估，14% 的企业表示未来 2 年内不考虑采用，只有 1% 的企业尚未明确。这反映出随着 IT 技术的提升和消费习惯的变化，网络零售将成为一种重要的渠道和经营方式，企业对其关注度越来越高。但是由于电子商务对人才、资金、营销和创新方面的要求比较高，是一种不同于传统零售的经营模式，持观望态度及等待可借鉴模式的企业也不在少数。

12. 数据仓库

46%【57%】的企业已经实施数据仓库管理应用，28%【20%】的企业正在实施，19%【13%】的企业表示未来 2 年内进行评估，7%【10%】的企业表示未来 2 年内不考虑。反映出企业对这一技术的需求或认识不同，这也与企业规模有一定的关系，目前还没有得到广泛的应用。

13. 人力资源及员工管理

78%【76%】的企业已经实施人力资源及员工管理应用，15%【14%】的企业正在实施（更换新系统），7%【10%】的企业表示会在未来 2 年内进行评估。这说明在人力资源管理上 IT 正发挥着重要的作用，尤其是随着劳动力成本的不断攀升，人力资源及员工管理已成为企业竞争力的关键环节，企业也都比较重视。

14. 财务管理

财务管理应用上，所有（100%）的企业均已经在一年以前进行了应用，一方面表明了企业对财务管理工作的重视，另一方面也表明了财务工作对 IT 技术的依赖性。

### （四）各类 IT 技术应用程度

1. 条码在仓储、运输及门店运营技术方面的使用

条码在仓储、运输及门店运营技术等方面的使用上，77%【75%】的企业已经应用 1 年以上，其余 23%【25%】的企业（主要是餐饮连锁企业）正在实施或在未来 2 年内处

于评估阶段。

2. 无线射频技术的应用

在无线射频技术应用方面，有 31%【42%】的企业在未来 2 年内不会采用，9%【10%】的企业已经处于实施或使用状态，另外 60%【48%】的企业在未来 2 年内会对此技术进行评估。

3. 网络技术应用

在网络技术应用方面，有 82%【63%】的企业已经使用网络技术相关的软件及其基础设施，其余的企业正处于实施或评估阶段。

### （五）与外部各方交换数据的方式

传真使用率 100%，电子邮件使用率 100%，通过标准传送协议（网络上传、文件传送协议（FTP））传送文件则有 64%【63%】的企业已开展。

通过 EDI 网络实现 EDI 信息交换的企业占 31%【29%】，15%【14%】的企业正处于实施阶段，28%【29%】的企业会在未来 2 年内进行评估，还有 26%【28%】的企业不会采用 EDI。

### （六）项目交付

1. 2010 财年按时交付的项目

2010 财年按时交付的项目比例是：93. 3%【93. 0%】。即：

$$\frac{\text{能在预计的时间内完成交付的项目数目}}{\text{总完成交付的项目}}\times 100\%$$

2. 2010 财年整体完成的项目

2010 财年整体完成的项目进度表现指标是：92. 6%【92. 0%】。即：

$$\frac{\text{总实际实施项目的时间}}{\text{总预计项目的时间}}\times 100\%$$

3. 2010 财年按预算成功交付的项目

2010 财年能按预算成功交付的项目比例是：90. 0%【95. 0%】。即：

$$\frac{\text{能按预算成功交付的项目数目}}{\text{总完成交付的项目}}$$

4. 2010 财年成功交付项目的总体成本绩效

2010 财年成功交付项目的总体成本绩效指数是：94. 9%。即：

$$\frac{\text{项目的实际使用时间（以天计算）}}{\text{项目总预计所用的时间（以天计算）}}\times 100\%$$

5. 2010 财年的项目总体交付质量

2010 财年的项目总体交付质量为：85. 7%【88. 0%】。即：

$$\frac{\text{交付后得到用户认可的“功能点”}}{\text{项目范围内所包括的功能点总数}}\times 100\%$$

## （七）服务效率及稳定性

1. 2010 财年门店内 POS 机的相对数量

门店总面积（以 1000 平方米为核算单位）所拥有 POS 机的平均数量，超市为 3.12 台/千平方米【3.06 台/千平方米】，百货为 2.36 台/千平方米【2.48 台/千平方米】，家电零售为 1.81 台/千平方米【1.78 台/千平方米】，平均为 2.71 台/千平方米【2.72 台/千平方米】。

2. 2010 财年 POS 的效率

2010 财年 POS 的效率（购物小票，张/台·天），超市为 161 张/台·天【156 张/台·天】，百货为 99 张/台·天【106 张/台·天】，家电为 123 张/台·天【111 张/台·天】。平均每台 POS 机每天出票 141 张/台·天【124 张/台·天】。计算公式为：

$$\frac{\text{每年的交易小票数量}}{（365\text{天}）\times（\text{POS 机总数}）}$$

3. 2010 财年各服务项目的服务水平

2010 财年下列各方面的服务水平的计算公式为：

$$\frac{366\text{天}\times 24\text{小时}\times 60\text{分钟}-\text{宕机时间（分钟数）}}{366\times 24\times 60}\times 100\%$$

（1）硬件平均得分：92%【87%】。

（2）局域网平均得分：89%【85%】。

（3）广域网（包括门店网络）平均得分：88%【82%】。

（4）应用软件服务平均得分：86%【87%】。

（5）邮件服务平均得分：89%【87%】。

4. 2010 财年 IT 部门的服务比率

2010 财年 IT 部门的服务比率（每百万元收入需全职人员数量），超市为 0.013【0.015】，百货为 0.011【0.012】，家电为 0.009【0.009】。平均水平为 0.012【0.013】。计算公式为：

$$\begin{matrix}\text{2010 财年 IT 部门的服务比率}\\ \text{（每百万元收入需全职人员数量）}\end{matrix}=\frac{\text{零售业务的 IT 全职人员数目（内部和外部）}}{\text{销售收入}}$$

# 2011 年中国传统零售企业开展网络零售[①]业务研究报告

伴随我国经济的快速增长，国内零售市场规模迅速扩大，新兴业态不断出现，企业经营理念、营销方式、管理手段和管理技术不断更新。在“转变经济发展方式，调整经济结构”战略和“促进消费、扩大内需”的政策背景下，零售业再次成为推动我国经济持续稳定健康发展的热点和重点行业。2010 年我国连锁百强企业销售规模达到 1.66 万亿元，增长 21%。国内巨大的消费市场潜力为零售业的发展奠定了坚实的基础。

同时，我们也看到，面对租金不断上涨、人力成本上升的压力，零售企业盈利空间日渐微薄，行业竞争越加激烈。零售企业普遍采取完善供应链、建设物流配送中心、优化人力资源、合理降低损耗、压缩开支、降低成本等措施，以提高企业的市场竞争力。而互联网的迅速普及、消费者人口结构的变化和消费行为的转变也给传统零售业带来了冲击。传统零售企业是否应该“触网”，成为摆在每个零售企业面前的现实问题。

截至 2011 年 6 月，连锁零售百强企业中已有 52 家开展网上零售业务。为了考察传统零售商开展网络零售的现状、与纯粹电子商务企业相比的优劣势、存在的主要问题以及解决方案，中国连锁经营协会 2010 年首次开展了《传统零售商开展网络零售研究报告》，本年为第二次发布。

## 一、当前我国网络零售的发展现状及趋势

### （一）网络零售的发展现状

1. 行业呈现爆发式增长

从 1999 年的 8848、当当网等第一批中国 B2C 企业诞生算起，B2C 在中国已走过了 11 个年头。10 多年来，随着国内网络购物监管环境逐渐规范，物流配送体系逐步完善，以及购物网站服务质量的提高和网民网购接受度的增强，国内网络购物环境日趋成熟，网购行业将进入高速发展期。

2010 年，B2C 网上零售市场规模已突破 1000 亿元大关，环比增长 373%；B2C 网站数从年初的 1.01 万个增长到年末的 1.18 万个，增长率达到 20.45%，超过了电子商务全行业的增长速度。

中国 B2C 企业迎来资本扩张的高潮。麦考林、当当网等中国的 B2C 概念登陆纳斯达

① 网络零售：本文所指的“网络零售”，主要是指由企业开办的网络零售业务，是电子商务中 B2C 的一种重要形式，也被称为“网上零售”、“电子零售”、“线上销售”等。而由个人开设的“网店”等形式的网络零售未列入本文范畴。

克和纽交所；“京东商城”实现第三轮1.5亿美元的融资，打破了国内B2C的融资纪录；梦芭莎和凡客诚品等融资也在5000万美元以上。全年国内电子商务领域实现24起融资，金额超过6.1亿美元①，超过2006－2009年4年的投资金额总和。B2C行业无论从行业规模、资本市场的集中爆发，还是总网商对物流体系建设和供应链管理以及对客户体验的重视上都显示出中国B2C行业的成熟期或将到来。

近几年，电子商务快速发展，特别是网络零售增幅迅速，已成倍速增长态势。2008－2010年更是网络购物的爆发阶段，从网购用户规模、交易规模以及电子商务网站规模都急剧增长。据CNNIC②数据显示：2008年，网购市场交易总额为1208亿元，占全年社会消费品零售总额的1.1%；2009年，网购市场交易总额为2500亿元，占社会消费品零售总额的比例上升到2%；到2010年，网购市场继续保持快速发展的势头，交易总额达到5231亿元，占社会消费品零售总额的比例提升至3.5%。网络购物市场在我国社会消费品市场中的地位持续攀升。

2. 网购市场基础坚实

2011年7月，中国互联网信息中心第28次《中国互联网络发展状况统计报告》显示：2011年6月底，我国网民规模继续稳步增长，网民总数达到4.85亿；互联网普及率攀升至36.2%，较2010年底提高1.9个百分点。网络基础环境的持续优化和网民规模的加速扩张，为网络购物市场的发展奠定了坚实的基础。

3. 网购政策环境逐步完善

2010年，商务部颁布了《关于促进网络购物健康发展的指导意见》，在完善服务与管理体制、健全法律与标准体系、改善交易环境、培育市场主体、拓宽网络购物领域、规范交易行为等方面提出了新的要求。国家工商总局出台了《网络商品交易及有关服务行为管理暂行办法》，实施网店经营行为人实名登记制度，同时加强了电子合同的管理，强调了消费者权益保障。中国人民银行出台了《非金融机构支付服务管理办法》，规定非金融机构和个人从事支付业务需要由央行批准。《中共中央关于制定国民经济和社会发展第十二个五年规划的建议》提出，要积极发展电子商务，加强市场流通体系建设，发展新型消费业态，拓展新兴服务消费。国家相关政策在继续扶持网购市场发展的同时，通过设置准入机制，提升行业门槛，加大了网络购物市场相关环节和领域的规范力度。与此同时，各地也更加重视电子商务在转变经济发展方式中的作用，对电子商务发展的扶持力度不断加大。

4. 网购市场吸引力提高

随着电子商务企业服务能力和影响力不断提升，网上商品的价格优势深入人心，网购的优势进一步突显，促使更多的用户被吸纳到网购消费者的队伍。

截至2011年6月底，网络购物用户规模达到1.73亿，年增长35.6%，半年时间用户增长7.6%。传统市场竞争的激化也加快企业利用互联网进行营销和推广工作，从事流通领域电子商务的企业和从业人员迅速增加，网络购物市场供给能力快速增长；57.2%的中

---

① 数据来源于易观。易观是中国信息化、互联网和新媒体以及电信运营行业规模最大的中国科技市场领先的研究和咨询机构之一。

② CNNIC：中国互联网络信息中心（China Internet Network Information Center，简称CNNIC）。

小企业利用互联网与客户沟通并为客户提供咨询服务。

5. 网购生活化趋势明显

网购市场商品生活化趋势明显。服装、家居等生活用品的网购消费群体继续扩大，网购用户购买频次显著提升。同时，支付、配送及售后配套服务更加齐全，服务类型区域多样化。网络购物逐渐成为网民常态消费方式，网络零售也成为流通市场日益重要的组成部分。

6. 网购市场经营多元化

网络购物市场上的各种经营形式向成熟化发展，团购、秒杀等新型营销模式加速涌现。大部分购物网站的品牌转化率不断提升，转化率最高的是淘宝商城。

B2C 在市场上的主流地位进一步巩固，《2010 年中国网络购物市场研究报告》显示，淘宝商城占 B2C 市场交易金额的 40.8%，京东商城占 17.6%，当当网为 4.3%，卓越网为 4.1%。

C2C 领域，淘宝网依然一家独大，其占据 C2C 市场交易金额的 95.5%。

各类购物网站中，淘宝网的用户规模高居第一位。用户新增率最高的是凡客诚品，其次是京东商城；用户流失率最大的是易趣网，其次是红孩子和拍拍网；用户流失率最低的是淘宝网，其用户整体满意度不断提升，网络购物整体质量继续优化。

### （二）行业发展的主要趋势

1. B2C 行业竞争升级，将呈现“两极分化”趋势

价格战作为产业初级阶段的核心竞争模式，在 2011 年将依旧是 B2C 市场的常态。争夺市场份额依然是市场追逐的第一要素。随着更多的 B2C 企业跨过 IPO 门槛，差异化的服务与产品将成为厂商竞争的新模式。凡客诚品和好乐买在终端服务方面做出的尝试，已经收到成效。快书包、维棉网在细分领域的创新是 2010 年 B2C 市场的亮点，也是 2011 年的趋势。专业化的服务能力是综合 B2C 的短板，也是创新厂商在 B2C 市场生存的惟一砝码。

2011 年，B2C 竞争将由初期的价格竞争转向包括质量、服务和顾客体验在内的，以提高顾客满意度为目标的全面竞争，B2C 企业间的竞争也将全面升级。

在 B2C 市场，已经呈现两极分化趋势。有实力或显示出强劲发展潜力的电子商务企业通过上市融资、战略投资资本或风险投资资本，实现了飞跃式的发展，呈现繁荣景象；另外，也有一些企业由于市场定位、营销等问题举步维艰，倍感压力。B2C 网络购物市场已经出现了行业的领头者。《2010 年中国网络购物市场研究报告》① 显示，淘宝商城目前已经占据 B2C 市场交易金额的 40.8%，成为 B2C 领域的领头羊。B2C 领域竞争的加剧，价格战是主要竞争手段，也是近期竞争的常态，竞争的激化意味着一些缺乏竞争力的厂商将面临淘汰。2010 年千寻和米粒商城由于资金链断裂、商业模式不清晰、领先厂商的压迫式竞争等被迫退出。

2. B2C 替代 C2C 成网购主流是行业发展的必然趋势

中国 B2C 市场与 C2C 市场同时起步，但前者的发展速度却远落后于后者，C2C 对国

① 《2010 年中国网络购物市场研究报告》，中国互联网络信息中心（CNNIC）2010 年 11 月发布。

内网络购物市场的培育贡献巨大。但随着网购市场的逐步完善，B2C 在商品质量、服务保障方面的优势愈加凸显，网民对 B2C 网购的认可程度相对更高，导致 B2C 转化率缓步趋高。目前，虽然 C2C 占据绝对优势，但随着 B2C 电子商务市场的逆势崛起，不仅涌现了众多纯线上业务的 B2C 网站，而且各大传统企业也纷纷涉足 B2C 领域。B2C 电子商务市场呈现逆势爆发，越来越多的 B2C 网站出现在我们的面前，并有替代 C2C 成为网购第一大主流的趋势。C2C 与 B2C 的此消彼长，使得“电子商务发展的未来在 B2C，而不是 C2C”的观点正不断被企业所接受和采纳，并随着网购的逐步发展与成熟得到消费者的拥戴。

3. 传统零售商进入网络零售领域速度加快

随着电子商务硬件条件日趋成熟，消费者网购习惯逐步形成，传统零售业凭借其成本控制能力、财务运作能力、品牌价值、营销技术、供应体系、分销渠道等各方面的先天优势发展电子商务是其自身创新发展的必然选择。在电子商务被忽视数年之后，近年来传统零售商开始大举进入网络零售领域。在纯粹电子商务企业大兴土木之时，传统零售商也暗中发力。

截至 2011 年 6 月，中国连锁百强企业中，已有 52 家企业开展了网络零售业务。52 家企业中，有 21 家企业为新上线企业，有一些还处于实验性阶段。可以预见，传统零售商将投入更多的资源应用于未来在线零售业务的开展。

4. 网络零售商之间将进行市场重组和资源整合

未来，中国网络零售市场将会发生许多公司购并行为。其中，资金、物力等无以为继的公司将因购并而消失；另有把握市场增长热点，适应网购市场发展的公司将进入这个领域并获得竞争优势。资金运转的困难将导致一些公司退出市场，市场中将形成一些独占市场份额的巨无霸。

在网络零售市场发展的增长阶段，市场秩序频繁调整的状况同样会在中国发生，尤其是在国内 B2C 零售商的经营规模都较小、不能充分利用规模效益、消费群体分散、不能获得较好的第三方配送网络的状况下，会重复建设配送库存体系，增加额外的成本。因此，部分资源可以互补的在线零售商将考虑合作甚至合并的可能性。

5. B2C 企业将持续重金打造供应链管理体系

随着电子商务的发展，对物流的配送需求与日俱增，如何使物流企业保持优质而高效的服务，并且控制和降低物流成本成为企业关注的热点。目前，电子商务物流企业中尚未形成大型的、有实力的、拥有跨地区甚至全国性网络的物流骨干企业和龙头企业，仍普遍存在“小、散、乱、差”现象，缺乏现代物流管理理念，服务及管理水平普遍较低。网商在拓展业务保持业务量增长的同时，还要面对客户对递送延迟、损坏和丢失、低效的退货程序，以及无法提供诸如简单的安装或“试用”之类的购物体验的抱怨。物流市场的发展相对滞后远远不能满足电子商务所要求的配送流程，加之配送的时效性较低，已成为网购发展的瓶颈。特别是在过去的几年的元旦和春节期间，一些 B2C 网站已经出现了无力应对的爆仓问题。

如何克服物流困扰，提高供应链管控水平是网商面临的共同问题。作为互联网产业，对于前端的服务，B2C 企业具有丰富的经验，但是 B2C 企业供应链管理等方面仍然欠缺。电子商务的本质不在“电子”，而在于“商务”；其竞争力不在于“网店”，而在于“供需链”。京东商城、凡客诚品、阿里巴巴、唯品会等网商开始大手笔投入物流建设，构建自己的物流体系，提高后台物流系统的保障能力。“不得已而为之”是电商大佬们涉足物流配送领域的“不得已”行动。表面上是国内第三方物流的发展跟不上电子商务发展的要求，其实是中国电子商务发展的内在必然。其本质是解决资源、速度和服务的关联性问题，是电子商务的流程再造，也是为了提高供应链环节的运转效率。

6. 线上线下、网站与店面结合趋势明显

2010 年，在超 5000 亿元的网上零售规模中，平台类购物网站和自主销售类 B2C 购物网站的发展并驾齐驱。零售网商经过近几年的快速发展，市场布局基本完成。业内专家预测，在未来两年内网上零售市场交易规模将会步入全新台阶，突破 1 万亿元大关，占全年社会商品零售总额将达 5% 以上。在趋势上，网络购物市场呈现出以传统向线上市场开拓，垂直向平台化发展的特点。线上自营的网购企业经过近几年的迅速发展呈现平台化的趋势。当当网、京东商城和麦考林都先后开始了第三方联营的方式，通过差异互补、丰富产品线向平台、半平台化过渡。同时，传统的平台商和自营商不断加入线上市场。如中粮旗下的我买网，富士康的飞虎乐购，苏宁的苏宁易购，以及沃尔玛加快在线上市场布局等。百货、家电、服装等行业的流通领域也加速从线下向线上发展，网购市场上不断涌现从传统市场向网络领域开拓的新生力量。

一些实力较雄厚的电子商务网站可在一些客户规模较大的地区适当建立分销店面。一方面，可以利用分销店面提供较好的配送和售后服务；另一方面，可以实现经营模式的多样化，降低风险，同时也可以利用分销店面辅助广告营销。

7. VC 后续投资持续度决定 B2C 行业走向

电子商务模式对于资金的需求较高，对供应链管理能力的考验也很严格，尤其是 B2C 的发展始终离不开资本的助推作用。2009 年和 2010 年的投资热潮让很多厂商争先恐后地投入进来。然而，后期的投入是否稳固，以及是否能够保证对供应链系统的控制，将影响电商企业未来的走向。麦考林、当当网先后上市，京东商城大规模融资并开放平台，卓越亚马逊部署增至 9 大运营中心等标志性事件，推动了 B2C 行业整体竞争环境更为激烈。

随着网络零售行业竞争的全面加剧，缺乏竞争力的厂商将被淘汰。中国电子商务研究中心研究发现，B2C 企业为占据市场领先地位，通过不断融资或上市来推动其自身的发展，“烧钱”已是行业司空见惯之事。统计数据显示：2010 年中国电子商务行业累计融资 55 笔，涉及 40 多家企业，融资金额超过 10.6 亿美元。而此时未获得融资的大部分中小 B2C 网站仍处于生死存亡的状况，2010 年千寻和米粒商城的破产退出就是警示。

## （三）B2C 行业面临的主要问题

1. 网络基础设施及制度建设仍不完善

虽然我国经济发展迅速，但很多基础配套设施尚不健全。目前，在国内许多配套环节不足的大环境下，网络零售已走在其他设施发展的前面，但国情的限制致使 B2C 的经营模式甚至遭遇质疑。

在法规方面，尽管国家工商总局出台了《网络商品交易及有关服务行为管理暂行办法》，但总体上制度的规范性要求仍跟不上行业发展的需要。

2. 企业间竞争手段单一

竞价是 B2C 发展初级阶段的主要标志。价格竞争必然导致供应商、网购平台、用户等多环节受伤。只有网购成为习惯，网购用户不再担忧诚信问题，不再担心商品的品质问题，竞价也就不再是决定性因素。因此，放弃价格的比拼，回归到商业竞争的本质上来，通过增加电子商务基础设施的建设，优化用户购物体验，提供更好的网购服务则是塑造电子商务口碑和品牌的关键。中国 B2C 行业的竞争由价格战转向服务竞争是未来发展的关键，也是 B2C 行业能够真正步入成熟的标志。目前，网商开始关注物流供应链建设和服务品质建设，从整个产业的发展周期看，中国 B2C 市场处于向成熟期转化的过渡阶段。

3. 物流基础依然脆弱

完善的物流系统不仅包括能够在正确的时间以正确的价格向正确的顾客提供正确的产品，还应该包括顾客要求退换产品时及时畅通的售后物流服务，这是电子商务模式在零售业中发展的软肋。在网上购物，买方不能在购物之前接触到商品，买卖双方也不能见面，彼此原本就缺乏信任，如果顾客拿到的商品达不到预期的效果，商家物流系统又不能及时地传送退换物品，时间的推延势必会降低商家信用和顾客的忠诚度。

### （四）典型企业与事件分析

1. 典型企业

国内电子商务经历十余年的发展后，迎来了爆炸式增长时期。据艾瑞市场咨询[①]预测，2011 年中国互联网 B2C 在线零售总额达到 1444.7 亿元。目前，中国电子商务的倍速增长正在颠覆传统零售业的商业理念和商业模式，越来越多的传统企业纷纷涉足。

在网络购物中，家电网购业也取得快速发展，面对线上多形态的 3C 家电网络营销模式与网购主流化趋势，越来越多的企业介入该领域。家电网购从淘宝 C2C 小卖家，到京东商城、世纪电器网、新蛋中国、新七天等 B2C 网上商城模式的涌现，再到以海尔、创维等品牌家电厂家为代表的网络直销模式的崛起，以及近期以苏宁、国美为代表的渠道商战略布局电子商务“制高点”，其纷纷自建网购平台，凸显了中国家电网购市场诱人的前景。

在京东商城挟资本和低价优势掀起扩张狂潮的冲击下，传统家电零售商开始发力。

2010 年初，苏宁电子商务平台苏宁易购上线，仅一年即实现销售额 20 亿元。2011 年 2 月，苏宁电器宣布本年度将重点发展电子商务，组建 6000 人的电子商务团队，并将全面推进大家电中心仓、10 个小件商品自动库和 1000 个转配点的建设工作。10 年后，苏宁易购的年销售规模将达到 3000 亿元，实现再造一个与苏宁实体店等量齐观的网上苏宁。

由于国美长达一年的控股之争，致使国美电子商务滞后于苏宁。2010 年 11 月，国美电器以 4800 万元收购库巴购物网 80% 的股权，从而涉足电子商务领域。2011 年 4 月 20 日，国美电器对外公布，旗下电子商务网站 www.gome.com.cn 上线。由此，一直未被纳入正轨的国美电器电子商务发展战略得以重启，并以同时经营 coo8.com 和 gome.com.cn 双品牌战略支撑其电子商务的发展。国美电器相关人员表示，电子商务的本质不是将产品

① 艾瑞市场咨询（iResearch），是一家专注于网络媒体、电子商务、网络游戏、无线增值等新经济领域，研究和了解消费者行为，并为网络行业及传统行业客户提供市场调研和战略咨询服务的专业市场调研机构。

转移到网上去销售，而是要探索一种虚实相融的商业模式，其本质不在于“电子”，而在于“商务”，其竞争力不在于“网店”，而在于“供需链”。在未来3年，国美将在全国建立以16个区域中心为核心的网络运营体系，并根据细分的区域，更加细致地觉察和反应市场变化；在全国建立112个大家电物流仓，620个分拨配送点；自有物流配送将会覆盖70%的订单；建立超过2000人的自有配送员队伍。

2. 典型事件

物流配送服务质量被诟病一向是B2C企业的心头之痛。2011年1月24日，消费者“胡先生”在网上发帖《谁动了我的鞋子?》，称他1月19日在某网站订了一双阿迪达斯的鞋子，24日收到货签收后，打开却发现盒子是空的。气愤的他将此事发布在自己的微博上：收到你们寄过来的空鞋盒子……关注客服解决方法。这条微博广受网友关注。而当事网站负责人回应称，该公司每个库房全天候摄像监控，库房不会出问题，并会拿出录像作证明；但因此单由某快递公司负责送货，言称将追查此事。

业内人士评论认为，目前配送快递业的服务能力和水平与B2C市场急速发展之间确实不匹配，物流业亟待快速发展并在充分竞争中提升服务意识和管理水平来弥补这些差距。目前，物流业的发展水平和服务能力明显滞后于B2C市场的爆发式发展，物流配送已成为B2C行业发展的瓶颈也是B2C行业目前最痛苦的事。现阶段，物流业已成为电子商务重点关注的新增长领域，近日阿里巴巴启动了庞大的物流业布局计划，但行业整体发展与提升仍有待时日。我们现在必须耐心等待，只有竞争充分、服务能力明显提升之后，配送服务的质量才会真正提高。

## 二、国外网络零售的发展情况

2010年，英国B2C业务的市场份额占零售总额的8.2%，比2009年的7.4%有明显提高。

2010年美国互联网用户达到2.05亿，占总人口的66%。其中60%的消费者通过宽带方式接入互联网，只有5%的人通过拨号方式接入。2011年，美国的网络用户将达到2.3亿，占总人口数的70%。预计2011年网络零售消费额将达到1700亿美元。2010年统计显示，50%的网络用户和58%的在线消费者为女性。服装和珠宝是女性消费者最喜爱的品类。美国最大的网络零售商是亚马逊公司，2009年销售额为240亿美元。

2007年，加拿大仅有1900万网络用户，占总人口的73%；2009年，网络用户达到2200万，占总人口的80%。2009年，大约40%的加拿大人（约1000多万人）在网络上花费了150亿加元。平均来说，在线消费者平均每年订单数量为10单，平均每单价值约为150加元。有84%的消费者直接在网上支付。2009年最受欢迎的网络零售产品包括旅游相关产品、媒体类产品（如书籍）、服装等。在加拿大，最成功的网络零售商是亚马逊公司，其占B2C市场份额的40%。

另一个值得关注的趋势是手机移动商务。2009年，美国有7%的消费者通过手机购物或通过手机进行转账业务；2010年，有860万消费者通过手机进行消费，实现销售额24亿美元。2010年，英国有10%的人通过手机上网，欧洲平均为7%。2011年，预计有32%的美国人使用手机进行消费。预计到2013年，通过手机上网实现的销售将翻一番。

艾瑞咨询调查显示，2011 年第二季度中国移动互联网市场规模达 77.9 亿元，手机电商增势明显。2011 年中国手机电子商务的发展已显示出加速发展的趋势，未来手机电子商务规模所占比例还将继续提升。

全球网络零售的典范是亚马逊公司。近年，其在欧洲的业务量呈现明显增长。1997 年亚马逊进入英国后开始在线销售图书，目前在欧洲在线零售市场有很高的市场份额（占欧洲前 300 家在线零售企业销售总额的 16.3%）。主要原因是，它在欧洲已建立起强大的基础设施，包括在英国、法国、德国、爱尔兰等地的配送中心，以及在德国的顾客服务中心和在英国的研发中心。并购也加快了亚马逊的发展，2011 年 2 月它刚并购了一家总部位于伦敦的音像租赁公司。

## 三、传统零售商开展网络零售的发展现状和面临的挑战

### （一）发展现状

2010 年，国内电子商务继续高歌猛进，市场交易额已达 4.5 万亿元，同比增长 22%；网上零售市场交易规模超过 5000 亿元，占全年社会消费品零售总额的 3.5%，较 2009 年翻了近一番。另外，国内电子商务服务企业已达 2.5 万家，网络团购企业数量达 1880 家。以电器、百货和品牌类为主的传统零售连锁企业纷纷加入电商浪潮。

互联网改变着零售业的传统运营模式，越来越多的传统零售企业已开始高度重视搭建网上销售平台。拥有自主品牌，并以电子商务平台作为打造品牌和销售主渠道的网店货品受到越来越多人的青睐，包括几十元的护肤品、几百元的景泰蓝瓷器、几千元的钻石……这些网店货品以价廉物美吸引着越来越多的消费者。

目前，我国传统零售业已认识到网络零售的发展前景和趋势，但拓展速度依然迟缓。当前，按销售收入计算，中国最大的 30 家电子商务企业中，有 26 家是纯粹的互联网企业。与此形成鲜明对比的是，美国最大的 30 家电子商务企业中，只有 5 家是纯粹的互联网企业。虽然中国零售商对互联网的观望态度正在改变，但是许多大型传统零售商对于网络模式仍然有诸多疑惑。传统零售商的线上销售规模尚小，但未来，传统零售商网上销售渠道的开拓将是新的突破口。

实体零售商进军网络零售市场是开辟新兴市场、变革零售业态、创新经营方式的新的发展机遇。从零售整个行业来说，是继连锁经营之后的又一次世界性的零售革命。电子商务对这些传统企业已经不只是一种潮流、一个新的渠道和新的商业模式，它正逐渐成为这些企业未来竞争力的重要因素。电子商务不是颠覆，而是解放。

### （二）面临的挑战

#### 1. 意识和体制

面对网络零售的迅猛发展，传统零售商对网络零售的心理状态十分复杂，主要有以下 4 种观点：

一是“不屑一顾”。认为中国实体零售业的发展空间还很巨大，对发展网上零售不屑一顾。

二是“畏难不做”。认为一些已经触网的实体零售商，经过一段时间的发展没有什么效果，感到网上商店的开设完全不同于实体零售店的开设，其难度远远超出想象，所以不打算进入这一领域。

三是“盲目投入”。认为网上销售太重要了，可能会替代传统零售，因此大规模投入，但效果不佳。

四是“谨慎进入”。认为网络零售业务是重要趋势，并且传统与网络在一定程度上可以互补。

在运营体制上，网络部门到底是传统零售企业的一个分支还是独立的运营主体？传统零售业对网络销售管理还没有明确的定位，缺乏准确的管理运作模式和架构。成立网络零售部门还需要对原管理架构做出合理调整，以及业务流程再造，这些可能会打破原来熟悉的运营框架。另外，运营网上销售还要解决线上业务是补充还是与传统零售并驾齐驱的渠道，要有一个明确的定位问题。

2. *左右手互搏*

这实际上是两种进货渠道、两个价格体系、两套考核体系间的问题。

对传统零售商来说涉水电子商务面临两难问题。网络拥有独特的营销魅力与庞大的市场潜力，如果不发展电子商务很可能被对手甩在后面；但是传统的线下竞争已经很激烈，再发展线上渠道会对它们安身立命的线下渠道造成冲击。所以，传统零售商要做电子商务，最纠结之处莫过于：如果线上线下的价格一致，在网上就不具竞争力；如果网上的价格具有竞争力，则其价格势必低于线下，这无异于左右手互搏。开展电子商务将面对价格体系上难以调节和来自供应商的双重价格体系的压力。此外，由于电子商务和实体店铺共用同一个品牌，采用同样的进货渠道，但两者分属不同部门，考核时将使两个部门的矛盾趋于激化，而线上线下送货配合也存在诸多矛盾。

3. *供应链和物流配送*

我国电子商务在经历 10 多年的飞速成长后，供应链和物流成为限制其发展的瓶颈之一。每逢节假日、网商店庆、“秒杀”促销时，快递“最后一公里”的问题更是以快递“爆仓、延误”的形态出现。

对于经营实物产品的 B2C 企业来说，需要将成千上万的商品快速、准确、安全地送达分布在全国甚至全球的数以万计的终端消费者手中，同时又要控制物流成本，保障服务质量，这些都是巨大的挑战。B2C 电子商务需要整合整个供应链，需要与成百上千的生产商、供应商进行合作和沟通，需要对数以万计的商品进行展示、宣传促销、物流配送、售后服务，需要为每一个消费者提供一对一的服务，这些都无法在短时间内通过技术创新来获得，而必须经过一定的时间积累来逐步解决。虽然传统零售商在开展网络零售时可以充分利用现有的物流网络和现有的供应渠道，但传统零售商、传统渠道商更多的是品牌的组织者，单品管理的能力和大规模经销的能力还较弱，这对我国传统零售商进军网店是难以补救且重要的硬伤。况且，目前传统零售商已有的物流体系尚不能完全满足网上零售对配送速度的要求。

4. *实体营销与网络营销*

传统零售业务与网络零售业务在营销方式上有着明显的差异，尤其是在网站推广、商品展示和促销、顾客服务细节等方面均有明显的不同。其实，作为商业运营的个体，无论是实体商城还是电子商务网站，都必须投入一定的人力和精力去运营，必须学习理解和掌握网络市场环境的特征和网络营销的模式。而传统零售商的网络零售业务在营销手段、经验积累等方面尚存在较大不足，尤其是在客户服务方面，营销手段和创新精神尤为缺乏。另外，对网上消费者的消费特点和习惯等购物行为更缺少分析和研究。

5. 投入成本和盈利预期

一般而言，要建设一个覆盖全国、达到亿元销售规模的网络零售业务，初始投入应在3000万元以上（目前我国稍有规模的B2C企业的投入均已达到数亿元、甚至数十亿元）。如果这样的投资放到一家卖场，它三年后盈利的可能性很大，而投到B2C业务，它只是开始，至于能否盈利、何时盈利、还需追加多少投入？基本上都是未知数。

6. 专业团队与人才

随着越来越多的消费者加入网络购物大潮，电子商务人才变得越来越抢手，众多电商企业纷纷招兵买马。此外，不仅传统电子商务企业大肆招募人才，许多顺应潮流开展电子商务的传统零售企业，也加入到抢人大军。

发展网络零售对技术的要求很强，在网络建设、营销手段、消费者分析和数据挖掘等技术环节都有着与传统零售商不同的做法。因此，对网络销售人员的需求，传统零售企业难以从内部培养，这也造成传统零售商开展电子商务所面临的专业人才匮乏。特别是网络技术开发人员，包括网页制作与维护、数据库、客户管理、订单管理等，以及相关软硬件支持、系统维护等专业人员；还包括网站推广人员，以保障运营维护和网络营销等业务。目前，大量的传统零售商开网店，认为是IT部门的职能，致使大多网络销售的人才都是以原班IT部门为主，专业性及复合型人才必然匮乏。数据显示，未来5年，我国3000多万家中小企业中，将有半数企业在经营中尝试或运用电子商务工具，国内对电子商务人才的需求量将达到300万人以上。

尽管传统零售企业一般都建立并健全了企业内部的信息化管理系统，但这和网上零售系统所要求的技术条件有很大的不同。目前，传统零售商一般都缺乏专业网络销售团队。传统零售企业一般把最优秀的人才投入到店铺营运或商品管理中去，但对网络零售人员的投入和配备明显不够，这也造成了网络营销短板，在网站推广、商品展示和促销、顾客服务细节等方面均有明显的不足。

## 四、传统零售商和纯粹网络零售企业的差异和优劣势比较

### （一）传统零售商和纯粹网络零售企业的差异

1. 物理特征

传统零售：实体店铺、实物商品、有限货架、有限营业时间、覆盖有限半径，顾客来店购物，有店铺租金、物业及店内运营人员成本等。

电子商务：虚拟店铺（商品通过图片、文字展示）、配送能力决定覆盖半径、无穷货架、长尾商品皆可销售，24小时服务、送货上门，有包装材料和配送成本。

2. 商品展示

传统零售：按照顾客逛店及购物习惯摆放商品，走货量大、品牌知名度高的商品以及

促销商品被放置于显眼位置和顾客容易拿到的货架上。

电子商务：按关键词、类别、价格区间等搜索，图片内容一体，给顾客提供多种购物决策支持（包括：热销产品排行榜、相关产品推荐等）。

3. 市场手段和营销策略

传统零售：DM/广告，店铺场所环境及声、光、味等直接冲击购买欲望；销售人员与顾客面对面交流推介产品。

电子商务：SEO/SEM、EDM、网盟、门户网站广告、SNS 合作等大量的顾客搜索、收藏、购买、关联商品的销售数据信息。

4. 供应链架构和管理

传统零售：库存、配送、仓库货物摆放、立体库。

电子商务：只需要考虑仓库库存的管理，做好最后一公里的配送，以及为便于商品畅销和吸引消费者购买欲望而进行的仓库货物摆放（以平面布设为主）。

5. 人才结构

传统零售：有丰富零售经验的人才，大量的店内运营人员。

电子商务：IT 人才及懂得网络营销人才非常重要，大量的仓储物流人员。

## （二）传统零售商和纯粹网络零售企业的各自优劣势

1. 传统零售业优劣势

（1）传统零售业优势

一是商品品类优势。传统零售企业在商品品类及货源供应方面拥有较大优势，尤其是大型连锁卖场，由于覆盖面广、规模大，商品品类数量和品质等方面都更有保障，其中大部分是与老百姓日常生活息息相关的商品。对于中小型零售企业来说，它们的区域优势更为突出。通过区域采购，能以较优的价格、区域性的供货渠道获得独特产品的经营权。

传统零售企业的商品品类优势是纯网络型 B2C 企业无可比拟的。更丰富的商品品类和更有保障的商品品质，能为网络购物人群提供丰富的商品选择，加快促进 B2C 电子商务的发展。

二是价格成本优势。规模采购和高效的商品流通周转是零售商获得供应商较高折扣的最重要因素。传统企业通过这两点能在与上游供应商的谈判过程中获得更大的议价权力，甚至直接获得商品销售的定价权。而在这方面纯网络型 B2C 无法与传统企业相比。

三是渠道网点优势。以大型连锁零售企业为例，由于其网点布局广，供应链管理较成熟，仓储及配送体系也相对完善，而且这些资源都是既有的。充分发挥这些优势，能为众多网络购物人群提供高效、低成本的物流配送服务。

类似当当、卓越，它们要从零起步，集中建设大型仓库和物流配送体系，无疑是拿自己的短处和别人的长处相比较，优劣对比一目了然。

四是品牌及顾客群体优势。传统零售企业从事实业运营，从资金规模、品牌诚信、社会知名度等方面都拥有先天优势。而且通过较长时间的运营和会员管理运作，积累了大量的会员数据，这些数据对拓展网上商城核心用户帮助巨大。而当这些区域性或是全国性的零售企业品牌进入电子商务领域，它们的推广和渗透都将拥有强大的线下品牌支持。相对而言，更容易突破诚信障碍，获得高速发展。

（2）传统零售业劣势

相对网上零售业，传统零售业的局限和不足表现在以下几个方面：

一是销售活动受时空的限制。传统零售商业是以固定不变的零售地点即商店和固定不变的零售时间为特征的店铺式销售。随着人们需求及作息时间的活跃与变化，传统零售商因连锁商店的开设而难以打破零售空间的僵化，或以“7－11”的方式来满足消费者不同消费时间的需求。传统零售业的时空、方位客观上限制了其销售活动的时间和空间范围，无法满足不同消费者的各样需求。

二是产品展示的空间局限性。受传统零售业店铺大小的约束，零售商产品展示的种类受到限制，无法像网络店铺一样进行海量商品展示。并且受服务人员数量和专业水平以及工作时间的约束，顾客对展示商品的了解不够充分、详尽，顾客无法像网络展示的商品那样进行充分地了解。

三是商品信息传递限制。随着社会分工日益细化和专业化，对于一些耐用大件商品以及高技术含量商品，消费者缺乏足够的专业知识对产品进行鉴别与评估。尽管消费者得到的各种指标、数据、说明书很多，但对于这些信息内涵缺乏必要的了解。而传统的信息传递模式远不如网络的方便、快捷、低成本。

四是客户关系管理局限性。传统零售商业中优秀的售货员很会注意顾客的一丝一毫反应，从而反馈给制造商。但心理学证明，大多数消费者在表明他们意见时往往是留有一定余地的，这就是所谓的心理隔阂。在客户关系管理上，传统零售商相对网络零售商在客户反应和信息管理方面处于明显的劣势。

五是成本劣势。传统零售需要店面，店面需要装潢、货架、商品摆放及营业服务人员等。店面租金、装修、货架、水电使用以及人员等费用增加了运营的成本。相对于网络零售，这是一笔不少的开支，在销售成本上处于劣势。

六是需要保有存货。传统零售商为了正常销售需要持有一定合理的库存，而网络零售商可以在接到用户的订单后，再向生产厂家订货，可以实现无库存运营。因此，传统零售商相对网络零售在库存上处于劣势。

2. 网上零售业优劣势

（1）网上零售业优势

一是不受时空限制。互联网上的零售活动没有时间限制，全天24小时营业，零售时间由消费者自己决定。因此，网上零售商相对于传统的零售商具有全新时空优势，这种优势可在更大程度、更大范围满足网上用户及消费者的需求。此外，网上销售可以随着互联网在全球开展，不存在地理障碍。网上销售面对的是全球市场，在无须花费昂贵的国际营销费用的条件下，就可能打造一个国际品牌，以最少的成本把商品或服务推向全世界。网络分销商凭借其较高的知名度、信誉度和信息量，可以使更好的商品参与国际竞争，这对于处在积极成长中的生产企业具有很大的吸引力。

二是全方位商品展示和服务优势。网上零售可利用多媒体全方位展示产品或服务的外观、性能、品质以及产品或服务功能的内在，从而有助于消费者完整认识所需商品或服务后，才去购买。

三是信息和比较优势。网络提供的信息全面、具体、实效性强、信息成本低，还可利用方便实用的检索技术和快速的传输过程，简单地获得需要的信息。

四是密切用户关系优势。互联网具有即时互动式沟通功能。在互联网上沟通，可以不受外界干扰真实地表述自己的感受，使得产品或服务的消费者更易表达出自己对产品或服务的评价。这种评价一方面使网上的零售商们可以更深入地了解用户的内在需求，另一方面与零售商们的即时互动式沟通，促进了两者之间的密切关系。

五是低成本优势。互联网的网上零售商是一个虚拟的中介机构，不需要店面、装潢、实物商品及货架，以及营业服务人员等，其成本主要涉及网站建立、软硬件配置、网络使用和维持等费用。如果网上零售商直接向网络服务供应商租赁“店面”，其成本将更低。而且互联网的双向信息沟通功能，使商品的广告宣传、促销和销售都统一到网上进行，节省了大量的宣传、促销和交易费用。

六是无存货优势。网上零售商一方面与生产厂家进行网络链接，另一方面通过网络直接面对用户，与买卖双方都保持着快捷方便的信息传递。在交易过程中，它可以在接到用户的订单后，再向生产厂家订货，不需要把商品一一陈列出来，而只需在站点上列出出售商品的目录和一些商品图样，以方便顾客选择。因此，网上零售商不需要提前进货，也不会出现库存积压的情况，从而最大限度地控制库存，可实现无库存经营。

（2）网上零售业劣势

网上零售业尽管有其先天的优势，但相对传统零售业也存在一些明显的劣势，主要有以下几个方面：

一是缺少购物感觉和人性化的沟通。在传统销售状态下，顾客通过看、听、闻、摸等多种感觉对商品进行判断和选择。网络购物只提供了看和听，对消费者的综合刺激大大减弱。对于相当一部分人而言，身临其境的购物是一种社会实践，是一种接触社会的机会，是一种享受。网上购物相对传统购物失去了悠闲逛店的乐趣，购物过程缺少热烈的现场气氛，使购物乐趣大打折扣。传统店面销售所营造出的友好与和谐的购物环境，销售人员塑造的良好形象，以及对于消费者购买心理产生的影响、刺激作用也因为网络购物的虚拟性而不复存在。因此，人际化沟通与切身感受的缺乏是网上购物的不足之处。

二是心理满足程度低。在我国，上街购物仍然是许多居民主要的休闲方式之一。在传统购物过程中，由于群聚关系的影响，人们喜欢在服饰、化装等方面展示自我的个性和生活的状况，享受别人的欣赏与羡慕。出入高档商店，在高档商品柜台前享受细致入微的服务，看着人们羡慕的眼光，都会给人们的心理带来极大的满足感。而在网络购物方式下，没人知道你的长相、穿着打扮、富裕程度，所以这种购物心理上的满足感是无法达到的。

三是适用范围有限。虽然从理论上讲任何商品都可以进行网上交易，但在实际操作中，仍有许多产品不适合网络销售，这涉及到产品的属性与特点。如：布匹的质感很难用文字恰当地描述，更何况这种感觉还因人而异。目前在线销售最成熟的实物商品包括计算机硬件、音像制品、家用电器以及书刊等。因为这些商品的物理性质决定其在配送过程中不易破损，有些还可在网上免费试用。另外，长期以来，人们已习惯于这类商品的邮寄购买与配送过程。

**传统零售业与网络零售业优劣势比较**

| | 优势 | 劣势 |
|---|---|---|
| 传统零售 | 商品品类丰富<br>品质有保障<br>价格成本低<br>渠道网点多<br>供应链管理成熟<br>资金规模大<br>品牌诚信度高<br>社会知名度高 | 店铺位置区域性<br>辐射范围有限<br>销售时间一定<br>商品展示受限<br>信息传递不充分<br>客户信息管理难深入<br>经营成本高<br>持有存货 |
| 网络零售 | 不受空间制约<br>不受时间限制<br>全方位展示商品<br>商品信息传递充分<br>深度挖掘客户信息，提高客户管理水平<br>低成本<br>无存货 | 缺少感觉和人性化沟通<br>诚信不足<br>购物心理满足较难<br>经营产品范围有限<br>物流滞后，存在瓶颈 |

此外，从成本角度考虑，某些商品在网上购买的成本要比传统购买成本高出很多，这在一定程度上缩小了消费者选择产品的范围。上网作为一种消费行为，用户必须为此支付一定的费用。对于众多上网用户来说，由于目前的环境与技术的不完善，上网仍是一件耗时的事。一方面，带宽不足导致网速较慢；另一方面，网上提供的精彩内容与便捷服务常使网民的购买注意力下降，网民容易沉溺于网络之中。消费者选定商品之后，除了其实际价格以外，还要给付商品邮寄、传递的费用，这中间还不包括购物的精神成本。尽管互联网给人们带来了休闲、轻松的体验，人们仍需要承受一定的精神压力和代价。例如，人们必须耗费精力去判断网上信息的真实性、判断网络交易是否安全等。

### （三）传统零售业介入电子商务带来的影响

通过传统零售业和网上零售业的优劣势分析可以看出：在目前条件下，网上零售业和传统零售业都由于其客观条件的约束和自身条件的限制具有相对的优势与劣势。尽管网络零售业近几年发展迅猛，成倍数增长，但传统零售业依然是我国零售业的主体，其地位短期内无法撼动。不过，网络零售业发展迅猛的势头也显示出未来我国零售业的发展方向。

随着网上零售环境的逐渐成熟，网上零售业将会对传统零售业的许多方面形成很大冲击，传统零售业需要不断调整其经营的范围和方式，努力参与并融入竞争。从目前情况看，网上零售与传统零售已出现融合的趋势。传统零售商为了增强竞争力，吸引更多顾客，提高销售额的需要，与网上零售商合作，开展网上销售业务，并利用已有配送网络开展配送成为零售业发展的必然趋势。整体上看，传统零售商介入电子商务将在以下几方面对我国网上零售产生积极影响。

1. 突破 B2C 发展瓶颈

基于传统零售企业长年商业运营的积累，其对商业运营的精髓了解得更透彻，对于如何提升单店销售额，如何通过折扣、折上折、现金券、返现、运营积分、捆绑销售等销售内涵和促销手段来提高顾客的消费频次和客单价，有着更丰富的实战经验。传统零售业丰富的商务运营经验，正是纯网络型 B2C 企业最欠缺的。传统零售企业大规模地进入网络零售能帮助我国 B2C 突破发展的瓶颈，促进我国 B2C 电子商务的进一步发展。

2. 提供更多的增值服务，改变现有网络购物模式

传统零售企业尤其是区域性的零售企业，掌握大量的属地资源，能为顾客提供除商品销售以外的更多增值服务。而纯网络型网上商城没有相关资源，而就目前的资源状况而言也无法为顾客提供更多的增值服务。这是网络型电子商务企业短期内无法掌控的资源。

3. 传统零售业业态丰富，对 B2C 电子商务带来创新和革命

无论是超市业态模式抑或专卖业态模式，传统零售企业确定经营模式是根据商品特性、目标消费人群、供应链实际状况等多方面进行考量，并经过反复的市场验证后做出的适合性的选择。2007 年以后，超大型购物中心的发展速度减缓，大型百货店发展速度提升，这些现象都很好地证明了这一点。

随着零售企业与电子商务的融合，各种业态的零售企业发挥各自的优势，为 B2C 电子商务带来形式丰富的电子商务化的零售业态，也必定会为 B2C 电子商务带来更多的创新和革命，将各种业态的特点和优势在网络平台上发挥出来。

## 五、传统零售业开展电子商务的建议

互联网改变着零售业的传统运营模式，越来越多的传统零售企业已开始高度重视搭建网上销售平台。拥有自主品牌，并以电子商务平台作为打造品牌和销售主渠道的网货受到越来越多人的青睐，这些网货以价廉物美吸引着越来越多的消费者。随着网购用户的发展，更多的零售业和品牌商考虑发展线上业务。传统零售业电子商务领域也从以前单一淘宝店尝试到今天百花齐放的 B2C 繁荣局面。

当前，整个商业环境都在发生着变化：你的客户在上网，你的合作伙伴在上网，你的竞争对手也在上网……这些都在逼迫着传统零售企业更快地适应新的环境，而不是充耳不闻，被新的环境逐步淘汰。

传统零售企业基于严酷的市场竞争，已经建立起一整套相对完整和具有较强竞争力的传统商务运作体系，包括渠道体系和客户关系。当其进入 B2C 领域时，最为纠结、无法回避的问题莫过于：传统零售企业将面临如何克服“左右手互搏”的尴尬；如何调整经营理念，改变对 B2C 的认识误区。要知道，电子商务不是简单地“将商品搬到互联网上销售”。实际上，电子商务与传统商务，并非纯粹的竞争关系，处理得当则会协调发展，甚至互为补充，发挥出 1 +1 >2 的整合效应，实现传统渠道与电子商务的“和谐”发展。针对传统零售企业开展 B2C 业务，我们建议：

## （一）线上线下的区隔与协调发展

### 1. 品牌区隔模式

品牌区隔模式的核心是为网络销售设立全新的品牌、产品和服务等，使消费者无法与原有品牌的产品和服务进行对比，实现电子商务与传统品牌的并举发展。

### 2. 产品区隔模式

产品区隔模式则是采取线上和线下渠道分别销售不同产品的模式，通过差异化产品实现线上和线下渠道的区隔。如，李宁公司在进行网络销售时，就是将其网络销售与线下渠道采取产品差异化的策略，最大程度上发挥传统渠道和电子商务的优势，避免冲突。

### 3. 订单区隔模式

订单区隔模式主要是根据订单的大小进行线上线下的区隔，线上处理小笔订单，如果遇到大订单还是让相应的（比如就近）经销商处理。这样能在较好平衡经销商利益的同时，充分发挥电子商务的优势。

### 4. 区域区隔模式

区域区隔模式的核心在于以区域进行线上线下的区隔，线上只接受传统渠道无法覆盖的区域客户。尤其在企业成长阶段或地面渠道覆盖能力有限时，此种模式是最佳选择。

### 5. 交易环节区隔、协同模式

交易环节区隔、协同模式是典型的强强联手的模式，可以实现传统门店与电子商务的协同和互补——线上下订单，传统渠道完成订单。网站主要进行产品、品牌的宣传和获取订单；如有订单，根据消费者所在区域自动分配给对应的线下门店，为门店带来收益。

## （二）组织模式和体制变革

### 1. 明确上线路径

许多实体零售企业发展网络零售业务时一般都设立了企业内部的电子商务事业部或独立成立电子商务公司。不管采用什么样的组织模式，其核心是要明确上线的路径，并依据上线需求实行组织模式的体制变革。

### 2. 实施回归零售业本质的自主经营体制

由于大多数零售企业经营方式的原因，相比虚拟的网络零售商而言，除实体店作为其地理上的销售站点外，实际上的优势还未得到充分发挥。网上商店就是销售商品，而实体零售商的商品相比虚拟网络零售商来说缺乏自主经营所能带给消费者的比较利益。因此，实体零售商进军网络零售市场，实施回归零售业本质的自主经营体制是无法逾越的。

### 3. 采用不同于实体零售的业务管理模式和营销方式

网上零售的方式方法与实体零售店有着很大的不同，这需要零售企业更努力地学习和发明创造新的业务管理模式和营销方式，大胆探索并充分运用信息技术给网络零售带来的新的销售形式，如网络视频技术带给消费者的三维及多维商品展示、功能演绎、使用模拟等，使消费者的购买活动成为真正的活生生的购物体验，也使网络零售能够成为传输高品质生活质量和健康生活方式的教育平台。

### （三）加强服务体系建设

1. 重视消费者行为研究

网络零售不仅是信息技术发展的结果，也是消费者购买行为与心理变化的结果。实体零售商在消费者研究等诸多方面存在某些缺失和空白，了解消费者的变化尤其是网购顾客的变化是非常重要的。目前在超市中销售的快速消费品、食品和杂货等商品是网上销售的一大难点，而消费者行为研究不但对调整实体超市商品品类结构，同时对在网上如何销售超市商品提供了依据。因此，必须将消费者行为与心理变化的研究作为发展网络零售业务中首要的基础性工作。

2. 提供以人为本的个性化服务

零售业通过网络向顾客提供服务，是以直接的商业信息联络为先导的，了解每个顾客的特殊需求，加强与顾客的联系，才能赢得市场。在成本和技术支持的情况下，最大限度地为顾客提供个性化服务，是今后零售企业生存的根本。

商家和顾客的远距离互动是电子商务售后服务一个很大的障碍。但零售商家可以改变传统零售售后服务的模式，利用网络的优势建立起电子商务独有的售后服务模式。零售商可通过在线交流和问题解答为客户提供售后商品详细使用和故障排除服务；还可以通过客户建档，为顾客提供终生售后服务。而这些是传统零售企业受地域、时空限制无法做到的，并使其服务滞后。

3. 增强顾客体验

线上销售最重要的是客户体验，而客户体验涉及到很多方面，是一整套综合的体验过程，包括产品丰富度、价格吸引力、网上购买过程顺畅度、送货及时度、售后服务优良率等，它是顾客对企业产品和服务的综合考量。

### （四）加强物流体系建设

建立科学、完善的物流系统，不仅是传统零售模式的重要环节，也是电子商务模式能否成功的关键。电子商务模式与传统零售模式很大的不同点就是，前者在销售之后还要重点考虑怎样把物品送到消费者手中，物流系统的表现就显得至关重要。

零售企业物流环节可以采用自有物流和第三方物流两种方式。比较大的连锁零售商家自身覆盖面广，有形销售网点比较多，一般采用自有物流系统，这是自身实力的表现，也是大型传统零售企业发展到巨大规模后改变零售模式的最大优势。通过现代化管理信息系统的建立，在正确分析的基础上对获得的信息快速反应，为整个物流运作提供支持，将其转化为企业的收益。

但是，大多数零售企业的规模较小，店面覆盖面也很小，基本上未能形成自己的配送中心，这就要考虑采用第三方物流来完成自身的商品派送。然而，这也降低了自建物流系统的资金压力，可轻装上阵，专心经营网上销售。所以第三方物流行业的发展对整个商业企业的盈利和效率都有着至关重要的意义。

总之，物流体系建设的强化需要以信息技术为核心，强化资源整合；自建物流体系需要尽可能控制投入，加快运营资金周转。同时，还需要在政府相关部门的引导下建立电子商务物流标准化体系，尽快促进物流体系的规范发展。

### （五）发挥政府的宏观规划和指导作用

发挥政府的宏观规划和指导作用，制定相应的电子商务发展规划。通过规划，协调、组织和引导电子商务发展；制定电子商务政策、法律法规和各种标准，保持其一致性和连续性，并监督相关政策的贯彻与执行。要大力开展电子商务宣传教育活动，普及电子商务知识，提高全民电子商务意识，同时还要重点进行电子商务人才的培养。各个电子商务零售企业都应该在特色经营和增值服务上下功夫，以避免同业、同质竞争，并作为生产商和上游供应商与终端消费者之间不可或缺的角色。

**参考资料：**

1. 《2010 年中国网络购物市场研究报告》，中国互联网络信息中心，2011 年 2 月。
2. 《第 28 次中国互联网络发展状况统计报告》，中国互联网络信息中心，2011 年 7 月。
3. 《浅议传统零售业与网上零售业》，致信网，http：//www. mie168. com/read. aspx。
4. 《传统零售业发展 B2C 电子商务的策略》，中国电子商务研究中心，http：//b2b. toocle. com/detail－5322946. html。
5. 《2010 年传统零售商开展网络零售研究报告》，中国连锁经营协会，2010 年 6 月。

附件一：

# 国内传统零售商开展网络零售网站综合排名

## （根据网站的点击量排名）

**2011 年百强开展网上零售排名（截至 2011 年 6 月）**

| 序 | 公司简称 | 网店名 | 网 址 |
|---|---|---|---|
| 1 | 苏宁电器 | 苏宁易购 | http：//www. suning. cn |
| 2 | 国美电器 | 国美网上商城 | http：//www. gome. com. cn |
| 3 | 银泰百货 | 银泰精品网上购物 | http：//www. yintai. com |
| 4 | 百联集团 | 百联 E 城 | http：//www. blemall. com |
| 5 | 家乐福 | 家乐福在线商城 | http：//e – shop. carrefour. com. cn/cn/index. do |
| 6 | 天虹商场 | 网上天虹 | http：//www. myrainbow. cn |
| 7 | 沃尔玛 | 山姆会员网上商店 | http：//www. samsclub. cn/sams/homepage. jsp |
| 8 | 大商集团 | 大商网上商城 | http：//www. 66buy. cn |
| 9 | 宏图三胞 | 宏图三胞网上商城 | http：//www. pcarm. com |
| 10 | 东莞美宜佳 | 美宜佳生活馆 | http：//www. myj. com. cn |
| 11 | 海王星辰 | 星辰商城 | http：//www. star365. com |
| 12 | 宁波三江 | 三江购物网 | www. sanjiang. com |
| 13 | 百佳超市 | 百佳网上超级市场 | http：//www1. parknshop. com/WebShop/LoginPage. do |
| 14 | 王府井集团 | 劲购网 | http：//www. goonow. com |
| 15 | 大中电器 | 大中电器网上商城 | http：//www. dazhongdianqi. com. cn |
| 16 | 欧尚（中国） | 欧尚网购 | http：//www. auchan. com. cn |
| 17 | 利群集团 | 利群商城 | http：//www. liqunshop. com |
| 18 | 迪信通 | 迪信通商城 | http：//www. dixintong. com |
| 19 | 金鹰商贸集团 | 时尚金鹰网 | http：//www. goodee. cn/eshop |
| 20 | 银座商城 | 银座小红帽 | www. yinzuo100. com |
| 21 | 农工商 | 便利通商城 | http：//www. chblt. com |
| 22 | 山东潍坊百货 | 中百便利网上商城 | http：//zbbl. zhong100. com |
| 23 | 浙江人本超市 | 人本网上超市 | http：//www. rbcs. cn |
| 24 | 徽商集团 | 徽之尚网上商城 | http：//www. hzsmall. com |
| 25 | 易初莲花 | 卜蜂莲花购物网站 | http：//www. ourlotus. com |

续表

| 序 | 公司简称 | 网店名 | 网 址 |
| --- | --- | --- | --- |
| 26 | 西单友谊集团 | 西单 igo5 | http：//www. igo5. com |
| 27 | 青岛维客 | 点点网 | http：//www. weeklydd. com |
| 28 | 广百股份 | 网上广百 | http：//eshop. grandbuy. com. cn/index. jsp |
| 29 | 五星电器 | 五星商城 | http：//www. five－star. cn/template/menu06/shop. jsp |
| 30 | 津工超市 | 津工网购 | http：//www. jgls. cn |
| 31 | 全福元商业 | 全福元商业集团 | http：//www. sgbhdl. com：8080/ehdshop/webshop |
| 32 | 华润万家 | 万家摩尔 | http：//www. crvmore. com |
| 33 | 中央商场 | 中央商场 | http：//www. njzysc. com/shop. php |
| 34 | 友谊阿波罗 | 商虎网 | http：//www. 9448. net/jrdshop |
| 35 | 北京翠微大厦 | 网上奥特莱斯 | http：//cwjt. com |
| 36 | 广州友谊集团 | 广州友谊商店 | http：//121. 8. 125. 2：6080 |
| 37 | 唐山百货大楼 | 唐山百大网上商城 | http：//www. tbdjt. com/sc/Html/ProductList. asp |
| 38 | 唐山市金客隆 | 金客隆网上商城 | http：//shopping. jkl315. com |
| 39 | 哈尔滨中央红 | 哈尔滨中央商城 | http：//www. zysc. com |
| 40 | 成都伊藤洋华堂 | 伊藤网络超市 | http：//shop. iy－cd. com |
| 41 | 中百集团 | 中百网 | http：//www. zon100. com |
| 42 | 成都红旗 | 红旗网上购物系统 | http：//www. hqls. com. cn/netshop/webindex. asp |
| 43 | 东方家园 | 东方家园电子商城 | http：//shop. dfjy1997. com |
| 44 | 新一佳 | 新一佳网上商城 | http：//www. abest－xyj. com |
| 45 | 石家庄北国人百 | 如意购物 | http：//www. ruyigou. cn |
| 46 | 海航商业 | 民生 e 购网 | http：//www. msegou. com |
| 47 | 中商集团 | 中商购物网 | http：//www. aizsw. com/zs/default. html |
| 48 | 文峰大世界 | 文峰网上商城 | http：//www. wfdsj. com. cn/shop |
| 49 | 话机世界 | 手机世界 | http：//www. 3chot. com |
| 50 | 邯郸市阳光百货 | 阳光天天购 | http：//www. 365sunshop. com |
| 51 | 北京首航国力 | 首航超市团购网 | http：//www. bjshgl. cn/index. jsp |
| 52 | 秦皇岛市家惠 | 家惠网上商城 | http：//www. jia－hui. net/wssc. asp |

附件二：

# 欧洲前十大网络零售企业

| 序 | 网站名称 | 2010 年销售额（亿欧元） | |
|---|---|---|---|
| 1 | Amazon. com | 93. 6 | 2009 年为 67 亿欧元 |
| 2 | Otto Group | 38. 3 | 旗下有多个电子商务品牌 |
| 3 | Tesco Stores | 31. 5 | 英国连锁超市企业 |
| 4 | Staples Inc. | 28. 3 | 办公用品服务商 |
| 5 | PPR SA | 23. 0 | 是 Redcats 的母公司 |
| 6 | Home Retail Group | 14. 1 | 家装和一般商品连锁零售商 |
| 7 | 3 Suisses | 11. 8 | 服装和饰品的直销商 |
| 8 | CDDiscount. com | 11. 8 | 法国的在线零售商 |
| 9 | Neckermann Gruppe | 11. 0 | 德国的一家直销企业 |
| 10 | Dixons Stores | 10. 9 | 英国 IT 产品和消费电器连锁零售商 |

数据来源：Internet Retailer

附件三：

## 2010 年中国 B2C 在线零售商交易额前 10 名

| 序 | 网站名称 | 总部所在地 | 2010 年交易额（亿元） |
|---|---|---|---|
| 1 | 淘宝商城 | 杭州 | 300.0 |
| 2 | 京东商城 | 北京 | 102.0 |
| 3 | 卓越亚马逊 | 北京 | 30.0 |
| 4 | 当当网 | 北京 | 22.6 |
| 5 | 凡客诚品 | 北京 | 18.5 |
| 6 | 新蛋网 | 上海 | 18.0 |
| 7 | 麦考林 | 上海 | 12.1 |
| 8 | 苏宁易购 | 南京 | 10.0 |
| 9 | 一号店 | 上海 | 8.1 |
| 10 | 易迅网 | 上海 | 8.0 |

注：凡客诚品包括电话渠道销售部分；麦考林包括目录销售部分；一号店包括企业客户部分。
数据来源：艾瑞咨询。

附件四：

# 2010 年电子商务十大事件

电子商务是传统行业向新经济领域转型的桥梁，相信在政府相关法规细则陆续出台的大力支持下，电子商务行业必将更加健康地发展。

1. 电子商务“十二五”规划初稿已草拟完毕

由国家工信部牵头、发改委等 9 部委联合制定的《电子商务“十二五”规划》已经草拟完毕。“十二五”期间，电子商务也将被列入战略性新兴产业的重要组成部分。“十二五”规划纲要重点描述了电子商务，并将其列为战略性新兴产业。

2. 商务部发布开展电子商务示范工作通知

2010 年 11 月 2 日，商务部发布《关于开展电子商务示范工作的通知》，明确表示将加大电子商务等现代流通方式和新型流通模式推广的应用力度，并通过筛选电子商务骨干企业引导行业发展。此次目标是力争用 3 -5 年，培育 50 -70 家网络购物平台、行业电子商务平台和电子商务应用示范骨干企业。

3. “网店新规”出台推动网络购物健康发展

2010 年 7 月 1 日，国家工商总局最新出台的《网络商品交易及有关服务行为管理暂行办法》正式实施。《办法》共涉及四类对象：工商行政管理部门、网络商品经营者、网络服务经营者、消费者。规定个人在网上开店应实名注册，具备条件的还应该办理工商登记注册；提供网络交易平台服务的经营者应当对通过网络交易平台提供商品或者服务的经营者，及其发布的商品和服务信息建立检查监控制度，发现有违反工商行政管理法律、法规、规章的行为的，应当向所在地工商行政管理部门报告，并及时采取措施制止，必要时可以停止对其提供网络交易平台服务。

4. B2C 领域 2010 年融资总额高达 10 亿美元

根据第三方机构最新发布的数据显示，我国电子商务行业 2010 年的融资总额已高达 10 亿美元，目前的电子商务是一个疯狂烧钱的行业。其中较为典型的投资项目有，京东商城在 1 月宣布融资 1. 5 亿美元；百度乐天也在 1 月宣布，双方将在未来 3 年投资 5000 万美元打造乐酷天；6 月，红孩子徐沛欣透露，红孩子第四轮融资基本落实；9 月，麦包包叶海峰宣布获得来自 DCM 和联想创投合计 3000 万美元投资；10 月上线的银泰百货旗下银泰网，其于 2010 年上半年开始筹建，投资金额超过 1 亿元人民币。

5. 首批 29 家团购网站获电子商务信用认证

2010 年 3 月 4 日，国内第一家团购网站美团网上线，短短几个月，中国的团购网站就迎来炙手可热的夏天，其标志不仅是 120 天的时间诞生出 400 多家团购网站，而后一些大型社交网站、门户网站、信息分类网站等也加入其中。相关报告显示，截至 2010 年 8 月底，国内初具规模的团购网站已达 1215 家。

6. 发力海外“跨国交易”成新趋势

2010 年 5 月，淘宝网与日本软银集团控股的雅虎日本共同宣布，双方 6 月 1 日将同时上线淘宝网“淘日本”和雅虎日本“中国商城”，合建跨国网购平台。2010 年 7 月，李宁产品将通过 eBay 平台销往海外。

7. 平台类商城上线，自主类商城开放平台

2010 年 10 月 19 日，日本电子商务公司乐天与百度合资开设网购商城“乐酷天”。11 月 1 日，淘宝网宣布淘宝商城启动独立域名，同时宣布在 2010 年 11 月至 2011 年 1 月期间，将投入 2 亿元人民币推广淘宝商城品牌。自主销售类平台当当网于 2010 年 2 月在京召开首次百货招商大会后，又积极筹备在上海、杭州两地启动新一轮百货招商大会。当当网联合总裁李国庆表示，吸纳更多联营商户是因某些品类上，选择联营方式比当当网自营卖得更好。另京东商城开放平台于 9 月 15 日上线测试，部分品牌商和供应商已经可以通过该平台在京东商城出售商品。

8. 中国网络购物行业“第一股”频遭诉讼

2010 年 10 月 26 日麦考林登录纳斯达克，成为“中国 B2C 上市第一股”。然而随着 11 月底公司发布上市后的首份财报，这家被光环笼罩的企业就迅速由天堂坠入地狱。公司股价重挫，同时还遭遇美国当地的五起集体诉讼，被指控报告虚假，有过度包装之嫌。

9. 京东商城和当当网掀起“图书价格大战”

事件概述：2010 年 12 月 14 日，以买卖数码产品为主的京东商城和当当网一直以来的竞争对手卓越亚马逊先后对刚上市的“当当网”悄然打响了一场图书价格战。京东商城 CEO 刘强东还公开称“当当网上市后公开羞辱京东，且威胁出版社立即停止向京东供货”。对于“向出版社群发封杀令”一说，当当网回应无此事。

12 月 15 日，卓越宣布将对旗下数十万种畅销书在全网络最低价的基础上再降 20%，并保持全场免运费。12 月 18 日，竞争到了白热化阶段。当当网宣布将斥资 4000 万元进行 3C、图书等产品的大幅促销降价活动。当天下午，京东商城即宣告对图书、3C、日用百货等 11 大类的商品展开总金额 8000 万元的年底大促销。

10. 阿里巴巴推国内首个电子商务营销师证书

相关统计数据显示，未来 5 年，我国 3000 多万家中小企业中，将有半数企业在经营中尝试或运用电子商务工具，国内对电子商务人才的需求量将达到 300 万以上。电子商务人才的普遍匮乏已成为阻碍企业电子商务应用和发展的重要因素。

全球领先的小企业电子商务公司阿里巴巴推出了电子商务（外贸）网络营销师培训和考试。在通过考试后，这些外贸人员将获得“阿里巴巴电子商务（外贸）网络营销师”资格证书。

**（中国连锁经营协会　2011 年 7 月）**

# 2011 年中国零售与快速消费品行业工商协作调查报告

## 一、调研综述

### （一）调研背景

自 2003 年开始，中国连锁经营协会（CCFA，简称协会）就协同相关单位连续每年开展“中国零售与快速消费品行业工商协作调查”，如今在业界已形成积极的影响。

2011 年，零供矛盾频发。一方面，由于通货膨胀使生产商成本上升，盈利空间不断压缩；另一方面，随着竞争日益激烈，零售商面临越来越大的生存压力。从卡夫与联华的冲突，到康师傅、中粮以及九三粮油与家乐福的不断摩擦，接二连三的零供矛盾事件，刺激了零供关系原本脆弱的神经。同时，由此引出的通道费问题，更是成为社会关注的焦点。

随着人工、租金、原材料的不断上涨，通货膨胀的压力正影响着零售企业供应链上的各个环节，发生着连锁反应；同时，随着经济的发展，零售业面临规模向效益的转变，零供关系也面临新的挑战。在各方都感受到各自压力的环境下，零供双方更需要理智和冷静，共同寻求协作，并着眼于提高供应链效率的解决方案的研究上，以此来尽量缓解冲突，避免零供关系加速恶化。为此，零供应加深沟通对话，共同营造和谐的零供合作氛围，通过建立战略合作关系，信息共享，共同提高供应链管理技术，向供应链要效益，实现零供双方互利共赢。

在上述背景下，协会连续第九次开展工商关系的研究，以探寻零供关系的发展状况、改善途径及正确走向，而这些也是协会在该项研究中不断面临的新课题、新挑战。

### （二）样本情况

#### 1. 企业规模情况

本次问卷调查样本企业共计 30 家，其中超过 100 亿元的样本企业占总样本的 7%，50 亿 -100 亿元的样本企业占总样本的 13%，30 亿 -50 亿元的占 7%，10 亿 -30 亿元的占 30%，1 亿 -10 亿元的占 43%。

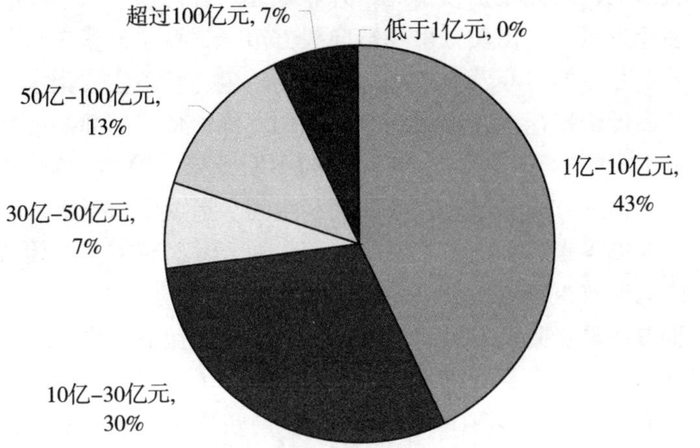


**图 1　样本企业规模结构**

2. 企业资产属性及调查方式

国有企业占 10%，外商独资企业占 3%，民营企业占 87%。本次调查采取问卷调查结合部分企业实地走访的方式进行。

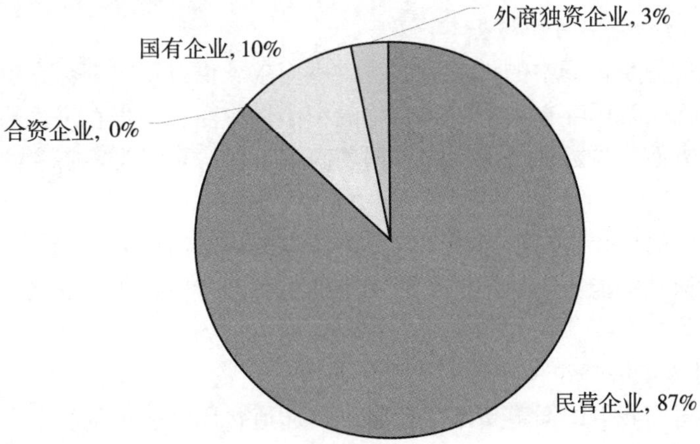


**图 2　样本企业属性结构**

## 二、工商关系面临新课题、新挑战

### (一) 零供关系面临新的课题

我国零售业的连锁经营模式虽然起步较晚，但发展迅速。连锁零售企业为扩大规模，纷纷进行了扩张，不断扩大自己的连锁店铺数量。许多企业发展时只注重门店数量扩张，出现了重扩张、轻管理，重速度、轻效益的现象，未把功夫下在商品经营和管理上，没有形成自己独特的经营技术优势。靠门店数量扩张来增加销售额在连锁企业发展初期有一定的规模效益，但企业的发展完全依赖于此，并非长远之计。

零售业经过多年发展，已由卖方市场转向买方市场，竞争已呈白热化。但是目前绝大多数零售企业经营商品雷同，经营方式相似，缺乏特色，竞争主要集中于商品价格和购物环境两个方面，依靠低价招徕顾客，销售收入急剧下降；依靠店面的装修和添置服务设施吸引顾客，经营成本大幅攀升；再加上新商场的不断开张，顾客分流，房租和工资高涨，企业利润不断下滑。另一方面则压缩供应商利润空间，造成矛盾升级。随着消费者需求的不断升级，当前，中国零售业已进入重要的转型时期，其经营方式开始从追求规模数量外延的扩张方式，向追求效益、效率、质量和内涵转变。

零售卖场逐步由规模效益转为精细化运作、向单店效益的转变，中国零售业在迎来新的发展机遇的同时，也面临着若干瓶颈，尤其是在经历了多年的迅猛发展后，下一步将如何进一步提升，成了零售企业普遍面临的难题，同时也给工商关系带来新的课题，企业规模向效益的转变，需要以消费者需求为核心的经营模式转变，传统的合作方式也已经不适应时代的发展，需要相互战略高度的协作，借助信息技术来帮助企业进行业务创新，做到在不同的门店配置不同的品类组合，知道卖什么样的产品、怎样去卖产品等。如何提升单店经营的效率，增强零售核心竞争力，成为零供在新形势下面临的新课题。

## （二）通道费成为工商关系的突出矛盾

### 1. 供求是市场经济中的一对基本矛盾

零售商和供应商是市场中的供求双方，供不应求、供过于求都会在价格和交易方式上有所体现。一方面，我国存在大量的同质化的中小供应商，使得在进入超市渠道上的竞争尤为激烈；另一方面，少数的奢侈品牌占据着高端市场，百货类零售商面临极为不利的地位。

供求双方力量的变化也在不断改变着交易的方式。年销售额 3、5 亿和 30、50 亿的零售商，与供应商谈判的能力自然不同，谈判条件也必然有所变化。反之，在相关行业中具有领先优势的品牌生产商，在合作中也会表现得比较强势。

### 2. 通道费用是零供合作和舆论关注的焦点问题

目前国内零售商收取的通道费用名目繁多，通道费用结构混乱。为了能从供应商处收取更多费用，国内大超市设置了名目繁多的通道费，各家超市的规矩与收费项目也不尽相同。零供也因此频频爆出矛盾引发社会高度关注。

通道费不是中国的发明和特例，早期英、美等发达国家的一些生产企业为了进入有利的零售渠道，采取了向零售商支付费用的方式，统称为“通道费用问题”（slotting fee）。即使到现在，通道费用仍然是这些国家零供关系中不可回避的问题，并且在特定的时期也有激化的现象。《零售商供应商公平交易管理办法》（商务部 2006 年第 17 号令）列举了 6 项“零售商不得收取或变相收取的费用”，但对其他费用收取并没有任何法律明令禁止。

征收通道费一方面是因为商品占据了货架资源，另一方面，商超需付出人力、物力、财力进行有效管理与积极运营，通过提供各种周到服务，吸引消费者；通过聚集消费人流，才能拉动商品的销售，从而实现产供销的各方盈利。此外，一直以来，商超征收进场费被认为有其存在的社会经济根源。商务部发言人姚坚就表示：“进场费问题是中国零售行业、百货行业持续存在的现象，在一定程度上有它的合理性，是市场化进程中的一个现象。中国制造业能力不断扩张，生产能力远远大于消费能力，使供过于求的现象较为突出。进场费是在这种背景下出现的。”

### （三）研究工商关系的重要性和必要性

要在行业发展中，特别是提高供应链效率中解决问题。零供矛盾，有一定的系统性。实践已经证明，单纯依靠法律约束不能很好地解决问题，更为重要的，是要在行业发展和效率提升中解决问题。

多年来，行业一直提倡零供双方要建立“战略合作伙伴关系”，现在到了“战术伙伴关系”的层面上了，包括在消费者研究、新品开发、品类管理、客户服务能力、采购、物流、库存管理、信息化建设等方面的协作。这些协作，将大大提高供应链的效率，降低双方的合作成本，从而拓展更广阔的利润空间。

中国连锁经营协会在促进零供健康发展方面做了大量的工作，包括开展年度系统工商协作研究、配合商务部和发改委起草合同规范、发布相关倡议等，为零供关系的改善起到了重要作用。

## 三、2011 年工商关系的关注度和满意度

### （一）工商关系合作领域的关注度情况

营销合作成为工商关系领域的第一关注度。传统连锁零售企业经营注重从供应商获得利润，将市场竞争压力传递给供应商，压价的同时提高交易成本，在获得利益的同时，也增加了许多摩擦，这些摩擦产生的成本最终还是会转嫁给消费者。例如，一些零售企业利用掌握的终端资源，接近消费者的优势向供应商压价，收取诸如通道费等费用作为自己的利润来源，与此同时，供应商为了生存和获取利润也变相提价，双方不停地做价格博弈。一些零售企业在选择供应商时，会选择多家，促成供应商之间的竞争以降低价格，因此供应商销售数量虽然增加，成本和费用也在大幅攀升，利润在减少，导致零售业与供应商之间的利益对立关系日渐恶化。虽然现实的一些不和谐事件都表现了零供双方的当前对立态度，但本次调查四个领域指标的平均关注度来看，零供双方意识正逐渐从相互挤压挣利的博弈转变到零供协作，包括战略层面、营销合作层面、服务客服及供应链合作方面都表现出相当的意愿。

2011 年零售商在工商合作的各个领域的关注度较 2010 年有所下降，平均关注度从 2010 年的 86.6% 降低至 2011 年的 80.5%，但整体依然保持较高的关注度，重点由上年关注供应商服务客户的能力指标转变到营销合作，反映出零售商对营销合作的关注度更加重视，对联合调研消费者，把握消费者动态，共同分享数据并分析研究等方面都表现出较为强烈的合作意愿。

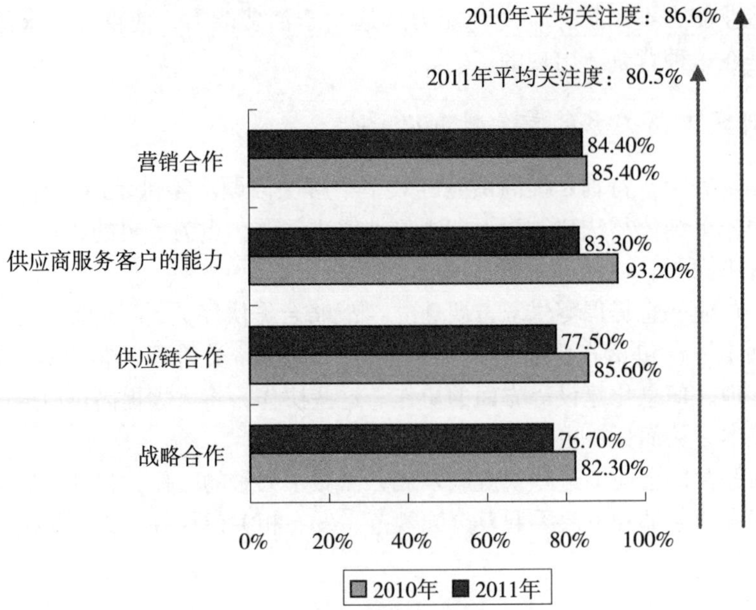


注：参与调研的零售企业被要求针对每个指标作出重要性评价，即：很不重要/不重要/一般/重要/非常重要。调查中，“关注度”指标采纳选择“重要/非常重要”的问卷选项进行统计，以下凡涉及关注度的指标皆与此标准相同。

**图 3　工商关系各合作领域关注度**

## （二）工商关系合作领域的各项指标关注度解析

### 1. 工商关系各指标及描述

**表 1　　工商关系指标及描述**

| 指标分类 | 指标 | 指标描述 |
|---|---|---|
| 供应链合作 | 改进物流技术提高效率 | 不断改进物流方面的技术应用，提高整体物流效率 |
| | 及时沟通和处理问题 | 对供货中出现的问题（缺货、交货延误、退货）及时与零售商进行沟通并提出解决方案 |
| | 共同预测销售确保足额交付 | 共同进行销售预测，确保准确、足额地交付商品 |
| | 控制物流、周转等成本 | 共同制定库存周转、缺货率、物流成本的控制目标 |
| | 信息同步 | 即时提供完整的商品信息，实现信息的一致性和同步性 |
| | 联合控制商品质量 | 联合控制商品质量，确保质量 |
| | 拥有高效流程防损毁 | 拥有高效流程避免货物毁损，共同制订“防损保护”计划 |
| | 新产品合作 | 与零售商在新产品开发方面紧密合作 |
| 供应商的服务客户能力 | 促销员有效促销 | 促销员能有效地促销商品，服务顾客，并遵循规章制度 |
| | 销售团队敬业精神 | 销售团队具有高度敬业精神和职业道德 |
| | 销售团队与各部门协调能力 | 销售团队能够与企业各部门进行协调，确保零售商的利益 |
| | 销售团队有专业素养 | 销售团队有专业素质和知识 |

续表

| 指标分类 | 指标 | 指标描述 |
|---|---|---|
| 营销合作 | 提供吸引客流建议 | 提供吸引客流和提高顾客忠诚度的建议，制定品牌互动计划 |
| | 促销员有效管理 | 对促销员进行有效管理，以提高销售 |
| | 及时分享新品推出 | 及时分享新品推出 |
| | 联合调研消费者 | 联合对消费者需求进行调研分析，及时把握消费动态 |
| | 数据共享 | 数据共享，共同分享研究成果并提供建议 |
| | 在品类管理上合作 | 与零售商在品类管理方面紧密合作，不断优化商品品类 |
| 战略合作 | 积极开展合作 | 积极开展合作，如消费者研究、品类管理等 |
| | 依业态配合营销策略 | 针对不同零售业态，配合实施不同的营销策略 |
| | 按零售商需求提供产品和服务 | 能够根据零售商的需求，提供产品和服务的解决方案 |
| | 与高层沟通了解企业战略 | 了解贵公司的业务战略，与公司高层进行定期沟通 |
| | 共同制定业务发展计划 | 共同制定业务发展计划 |
| | 共赢合作创造价值 | 关心双方的赢利情况，采取有效措施创造共同价值 |

2. 营销合作，数据信息共享是主要关注度

数据共享，共同分享研究成果并提供建议成为营销合作领域的最高关注指标，达93.3%。信息数据共享会对零供双方带来诸多好处，如降低库存成本，缩短提前期与增加库存周转次数，降低供应链总成本，有利于资源的调配，有效管理工作流程，提高整体信息系统能力，提高整体利润和服务水平，并通过长期的合作信任关系加强用户的忠诚度，增强企业竞争力与应对市场变化的灵活性等。在消费者需求日益变化的今天，零售市场想要取得积极的市场表现，把握消费者是各个商家面临的新课题。在此背景下，零供双方的数据合作、信息共享，对于研究市场、研究消费者有着极为重要的作用。

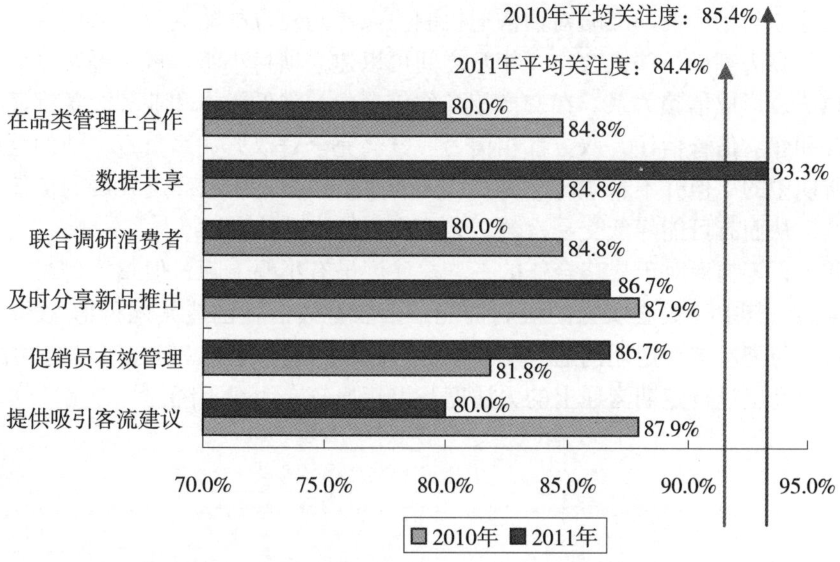


**图 4 营销合作各指标的关注度**

3. 建立长期的战略合作关系，共同打造双赢的零供环境

建立战略合作关系，是个长期的艰难工程，需要零售商开放的心态和零供双方的共同努力。

第一，选择合适的战略合作伙伴。对于供应商的选择，需从多方位考量，对供应商提供产品的质量提出较高的要求，还要从除质量、价格外的其他因素评估供应商的可持续发展能力。考核供应商能力的标准，大体来讲可以将供应商的财务状况、主营业务的变化、技术创新能力、企业的核心竞争力作为一个整体进行综合考察，确保能有长期的合作保证。

第二，建立信息系统。借助当今的信息技术、卫星技术和先进的数据库，建立店铺网络的销售数据、库存数据、配送中心数据、在途运输数据、退货数据及补货订货数据，用于实时管理和分析，提高供应链效率。

20 世纪 80 年代，美国零售商和制造商很少信息共享，双方关系和现在中国零供关系非常相似。宝洁公司和沃尔玛通过合作改变了这一局面，开辟了一个新的局面。双方企业通过网络技术和卫星通讯实现联网，借助信息系统，宝洁公司能迅速了解沃尔玛物流中心内的产品库存情况，同时也能及时了解产品在沃尔玛店铺的销售量、库存量、价格等数据。宝洁公司通过这些信息传递，能及时制定符合市场需求的生产和研发计划，同时也能对沃尔玛的库存进行单品管理，做到连续补货，防止出现商品结构性缺货的机会成本。同时沃尔玛从原来繁重的物流作业中解放出来，专心于零售经营。在通过电子数据交换从宝洁公司获得信息的基础上，及时决策商品的货架和进货数量，并由制造商管理库存系统实行自动进货。这种合作方式大大缩短了商品从订货经过进货、保管、分拣到补货销售的整个业务流程的时间。

第三，与供应商共享信息数据。分析商品的流行趋势，不同地区顾客的偏好，了解滞销商品和畅销商品种类等信息，与供应商开放和共享这些信息，可以及时做出产品的配送、生产、开发、营销等各种决策。

第四，建立与供应商的战略对话沟通机制。以参与对方战略会议，共同制定业务发展等方式，以共赢为基础，深入合作。相互之间可以建立项目小组，成员经常见面，一起交换各自的想法，形成信赖关系。在交换相互的信息中，降低成本和业务改革都显得较为容易。寻求合和建立信誉信任，双方都相信另一方会完全对双方关系负责，他们会愿意做出超过契约所期望的事但并不希望因此得到优先和直接回报。所以高度发展的信任水平影响着交易成本，从而有可能降低交易次数，减少供应链中的浪费。

本次调查，零售商对于战略合作的平均关注度虽有小幅下降，但整体仍对战略合作表示出合作意愿。其中“关心双方的盈利情况，采取有效措施创造共同价值”和“了解公司业务战略，与高层进行定期沟通”方面，两年皆为主要关注，但在了解公司战略业务战略，与公司高层进行定期沟通上的关注度与上年比较有明显下降。

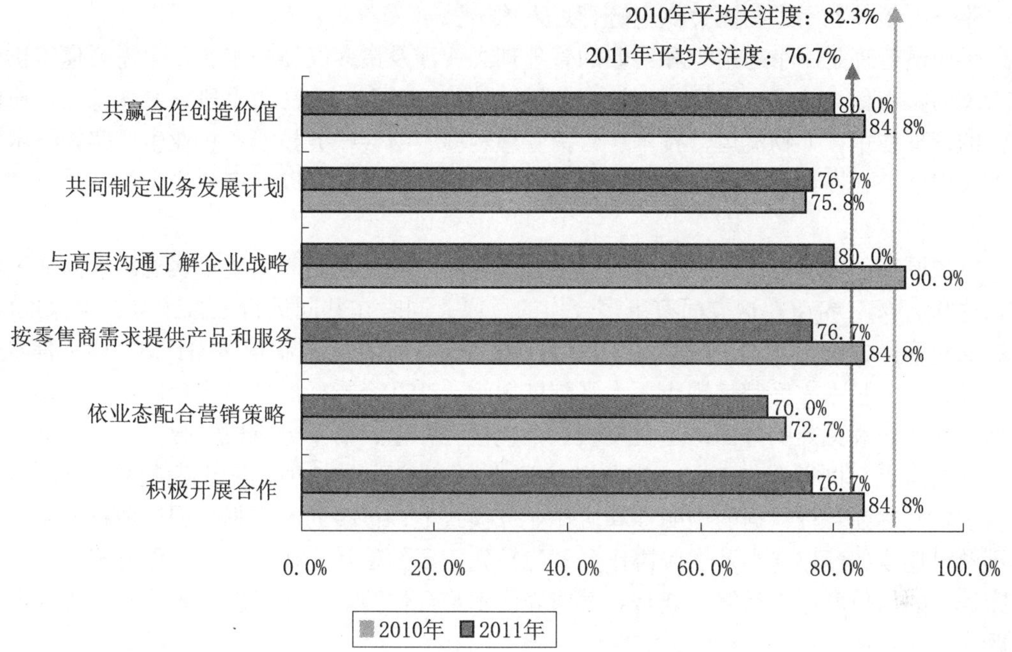


**图 5 战略合作各指标的关注度**

4. 加强供应链管理是提高供应链协作效率的核心

每个企业分别处于供应链中的一个阶段，而每个企业都有自己相对独立的目标，这些目标与其上下游企业往往存在着一些冲突。在零供关系中，零售商要求供应商能够根据自己的销售需求灵活并且充分百分百地保证商品供应，供应商则希望零售商能够以相对固定的周期大批订购，即稳定的大量需求，这就在两者之间产生了目标的冲突。这种目标的冲突无疑会大大增加供应链的整体成本。在这种情况下，供应链合作管理就成为改善零供关系的有效模式。

第一，以供应链管理思想为基础

供应链管理是一种有效的管理理念和管理技术，但其实施要求零供双方摈弃传统关联，具备统一的供应链管理思想，以统一的思想建立合作平台，在双赢基础上，培养协作精神，明确自己的战略发展目标，把握核心优势，建立合作伙伴关系，共同承担风险与利益。合作方之间还应建立充分的信任和信息共享机制，克服因信息不对称而使零供双方企业互相封锁的风险。

第二，建立安全高效的供应链信息平台

信息已成为零售商和供应商企业生存和发展的最重要的资源之一。建立供应链管理的信息系统是有效解决零供冲突的前提和保证，零供之间的种种冲突，主要是成员间缺乏有效沟通、信息没有充分共享所致，建立供应链信息技术系统，关键是实现零供双方信息的集成和共享，确保零供之间的充分沟通和信息共享。网络和信息技术的发展为零供关系这一运作模式提供了良好的技术基础。通过网络和信息化运行，可以共同进行销售预测，确保准确交付商品，联合控制商品质量，对供货中出现的问题及时与零售商进行沟通并提出解决方案，可以有效实现不同地域企业间的协作，提高供应链的协同性。

第三，培养和引进物流、供应链管理人才

供应链管理是一个跨组织和行业的管理理念，涉及诸多高新技术，不但需要懂得供应链管理的核心信息技术，了解供应链上各行业的管理理念、方法、手段，又熟悉与供应链有关的管理技术，如物流运营技术、营销管理经验、财会账务技能、企业生产实操技术等方面知识的综合性人才。这样的人才需要长期的培养和引进，以提高整个供应链的管理水平。

本次调查，供应链合作领域的指标中，零售商对联合控制商品质量表现出较高的关注度，达 93.3%，希望在这方面有更多合作的意愿；同时在共同进行销售预测，确保准确、足额交付商品方面也表现了较高的关注度，为 90%。而在共同制定防损计划，商品信息的同步性，物流技术方面都表现出不太强烈的关注，这几个指标的选择也反映出零售商更关注能更易操作和见效的方面。这也反映在供应链合作上，需要分阶段、分层次，从几个更易入手的重点上进行合作，在一定基础上逐步深入展开。在中国市场目前的供应链协作上，主要问题在各种数据的透明性和协作业务模式上，很多的问题都是因为数据的不透明和不及时造成的。建立和谐供应协作关系，首先需要的是从合作心态和合作方式上，如果大家彼此的信任度还不足够，老是对立博弈而不是合作的话，那可能很难谈到真正和谐的问题。

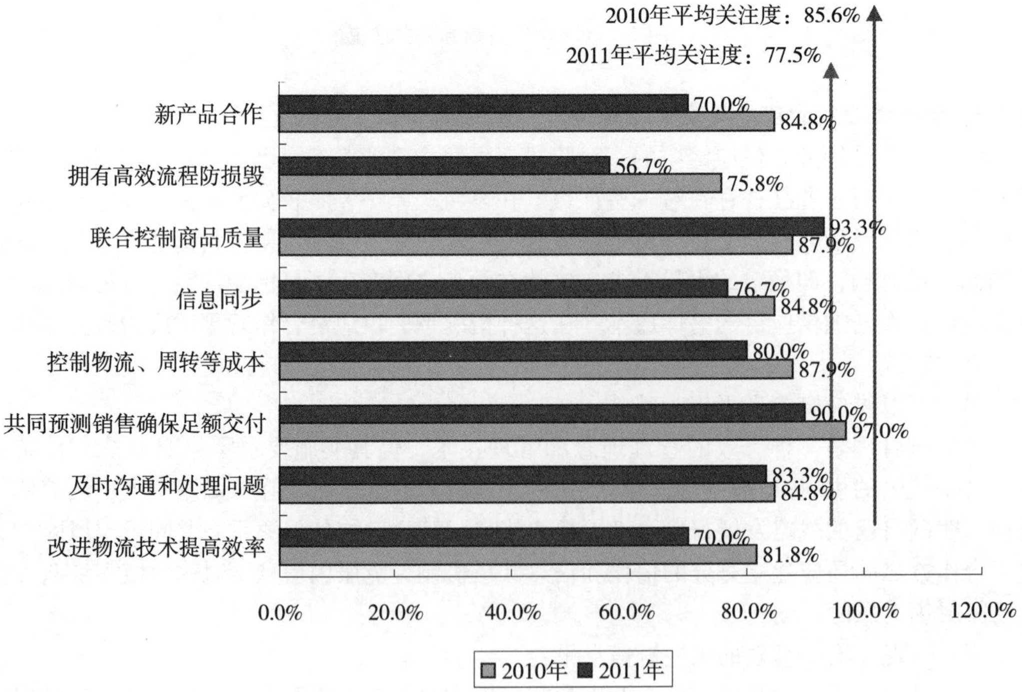


**图 6　供应链合作各指标的关注度**

5. 提高供应商的销售团队专业素质，减少零供摩擦

供应商服务客户的能力，主要体现在销售团队上，供应商的销售团队与各零售商正面相接，其专业团队的素质和知识，与各部门的有效沟通和协调能力，直接影响零供关系的好坏。供应商在加强与零售商协作的同时，需要不断的培训，培养高素质团队，共同维护

零供平台。

供应商服务的客户能力方面，本次调查相对于2010年有所下降，但仍保持了较高的关注度。从四个指标的表现来看，销售团队能够与企业各部门进行协调，确保零售商的利益排在所有指标首位，一方面说明目前零供双方在不同部门协作沟通上面不够，造成信息不畅，对零供关系产生负面影响；另一方面，零售商也表现出双方全面沟通，多部门合作，信息共享的意愿。

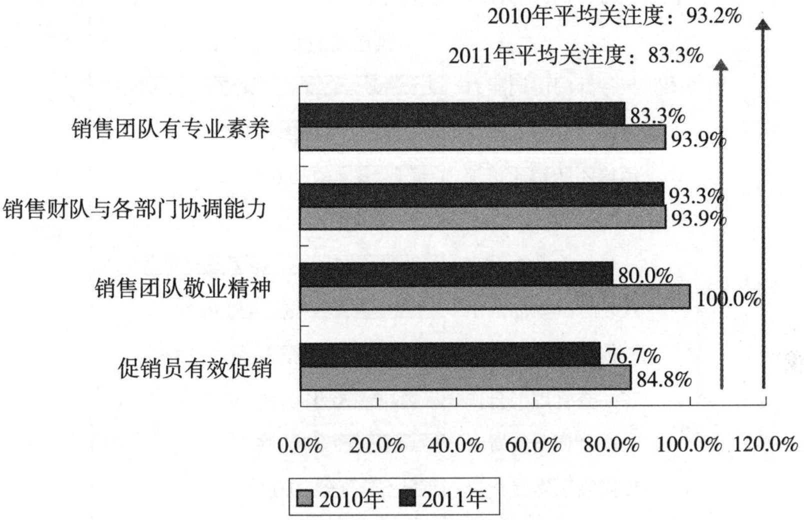


**图 7　供应商服务客户各指标的关注度**

6. 工商合作各指标平均

高于/低于平均关注度的指标如图8，图9所示。

高于平均关注度的指标中，供应链合作领域的联合控制质量，共同进行销售预测，确保足额交付，供应商服务客户领域的销售团队与各部门的协调能力，营销领域的数据共享这几个指标的关注度较为突出，关注度均超过90%。这几项指标的核心：信息共享，联合协作，充分沟通，也是零供协作的基础。另一个侧面也反映出，零供协作，建立信息共享平台是当前亟待解决的问题，在信息共享平台基础上，加强各部门的合作协调，联合预测，共同解决供应链节点上出现的问题，提高供应链效率是零供共同的心愿。除此以外，及时沟通和处理问题，控制物流、周转成本，及时分享新品推出，促销员的有效管理均有较高的关注度。

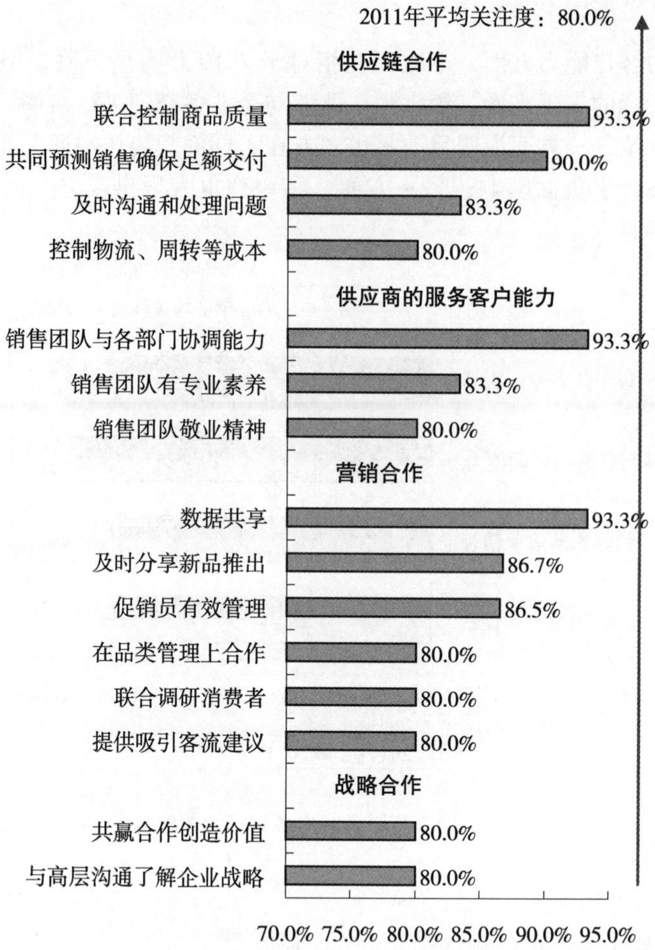


**图 8　大于平均关注度的指标**

低于平均关注度的指标中，在营销合作领域的拥有高效流程防损毁上的关注度最低，仅为 56.7%。可以看出，拥有高效流程防损毁，还不是零供双方关注的重点，高效流程需要建立零供双方充分沟通和信息共享基础上，当前阶段，零供需要解决更为核心的问题。此外，依业态配合营销策略，新产品合作，改进物流技术等指标都低于平均关注度，但均有 70% 以上的关注度，需要零供双方有层次、有主次地开展合作。

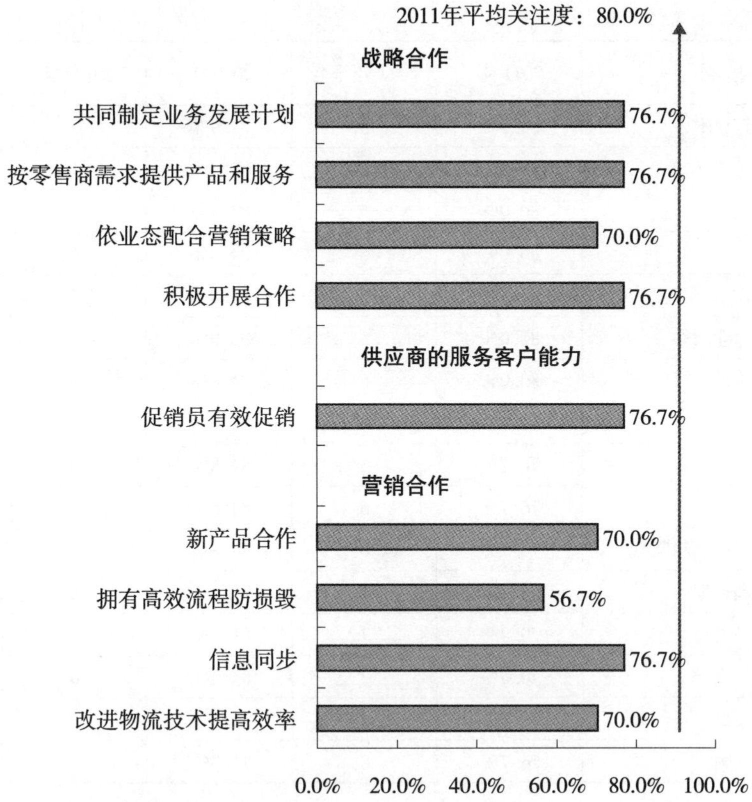


**图 9　小于平均关注度的指标**

7. 工商合作各指标平均

零供关系各指标关注度的排名中，变化较大的指标有数据共享，由 2010 年的第 6 名变为 2011 年的第 1 名，排名上升 5 位；联合控制质量，由 2010 年的第 5 名到 2011 年的第 1 名，上升 4 个排位；而销售团队的敬业精神，则由 2010 年的第 1 名下降为 2011 年的第 5 名，其余指标的排名变化均在两名以内。

**表 2　　零供关系各指标关注度排名及变化**

| 指标描述 | 2011 年 | 2011 年排名 | 2010 年 | 2010 年排名 | 变化情况 |
|---|---|---|---|---|---|
| 联合控制商品质量 | 93.3% | 1 | 87.9% | 5 | 4 |
| 销售团队与各部门协调能力 | 93.3% | 1 | 93.9% | 3 | 2 |
| 数据共享 | 93.3% | 1 | 84.8% | 6 | 5 |
| 共同预测销售确保足额交付 | 90.0% | 2 | 97.0% | 2 | 0 |
| 促销员有效管理 | 86.7% | 3 | 81.8% | 7 | 4 |
| 及时分享新品推出 | 86.7% | 3 | 87.9% | 5 | 2 |
| 及时沟通和处理问题 | 83.3% | 4 | 84.8% | 6 | 2 |
| 销售团队有专业素养 | 83.3% | 4 | 93.9% | 6 | 2 |

续表

| 指标描述 | 2011 年 | 2011 年排名 | 2010 年 | 2010 年排名 | 变化情况 |
| --- | --- | --- | --- | --- | --- |
| 控制物流、周转等成本 | 80.0% | 5 | 87.9% | 5 | 0 |
| 销售团队敬业精神 | 80.0% | 5 | 100.0% | 1 | -4 |
| 提供吸引客流建议 | 80.0% | 5 | 87.9% | 5 | 0 |
| 联合调研消费者 | 80.0% | 5 | 84.8% | 6 | 1 |
| 在品类管理上合作 | 80.0% | 5 | 84.8% | 6 | 1 |
| 与高层沟通了解企业战略 | 80.0% | 5 | 90.9% | 4 | -1 |
| 共赢合作创造价值 | 80.0% | 5 | 84.8% | 6 | 1 |
| 信息同步 | 76.7% | 6 | 84.8% | 6 | 0 |
| 促销员有效促销 | 76.7% | 6 | 84.8% | 6 | 0 |
| 积极开展合作 | 76.7% | 6 | 84.8% | 6 | 0 |
| 按零售商需求提供产品和服务 | 76.7% | 6 | 84.8% | 6 | 0 |
| 共同制定业务发展计划 | 76.7% | 6 | 75.8% | 8 | 2 |
| 改进物流技术提高效率 | 70.0% | 7 | 81.8% | 7 | 0 |
| 新产品合作 | 70.0% | 7 | 84.8% | 6 | -1 |
| 依业态配合营销策略 | 70.0% | 7 | 72.7% | 9 | 2 |
| 拥有高效流程防损毁 | 56.7% | 8 | 75.8% | 8 | 0 |

### （三）供应商在工商关系合作领域的各项指标的表现评价

零售商对工商合作领域中供应商的表现评价，两年数据对比来看，均处于较低水平，该评价也反映了当前零供协作的现实状态，最近的一些零供冲突矛盾，也说明了零供双方协作上的差强人意。虽然双方对各协作方面的指标均表现出较高的关注和合作意愿，都有协作产生效益的共识，但实际合作上，由于各种因素的影响，仍然保持较低的协作水平，仍然有较大的提升空间。图 10 取各合作领域评价前十名的供应商进行两年数据对比，两年排名靠前厂商无明显变化，如宝洁、可口可乐、联合利华等。

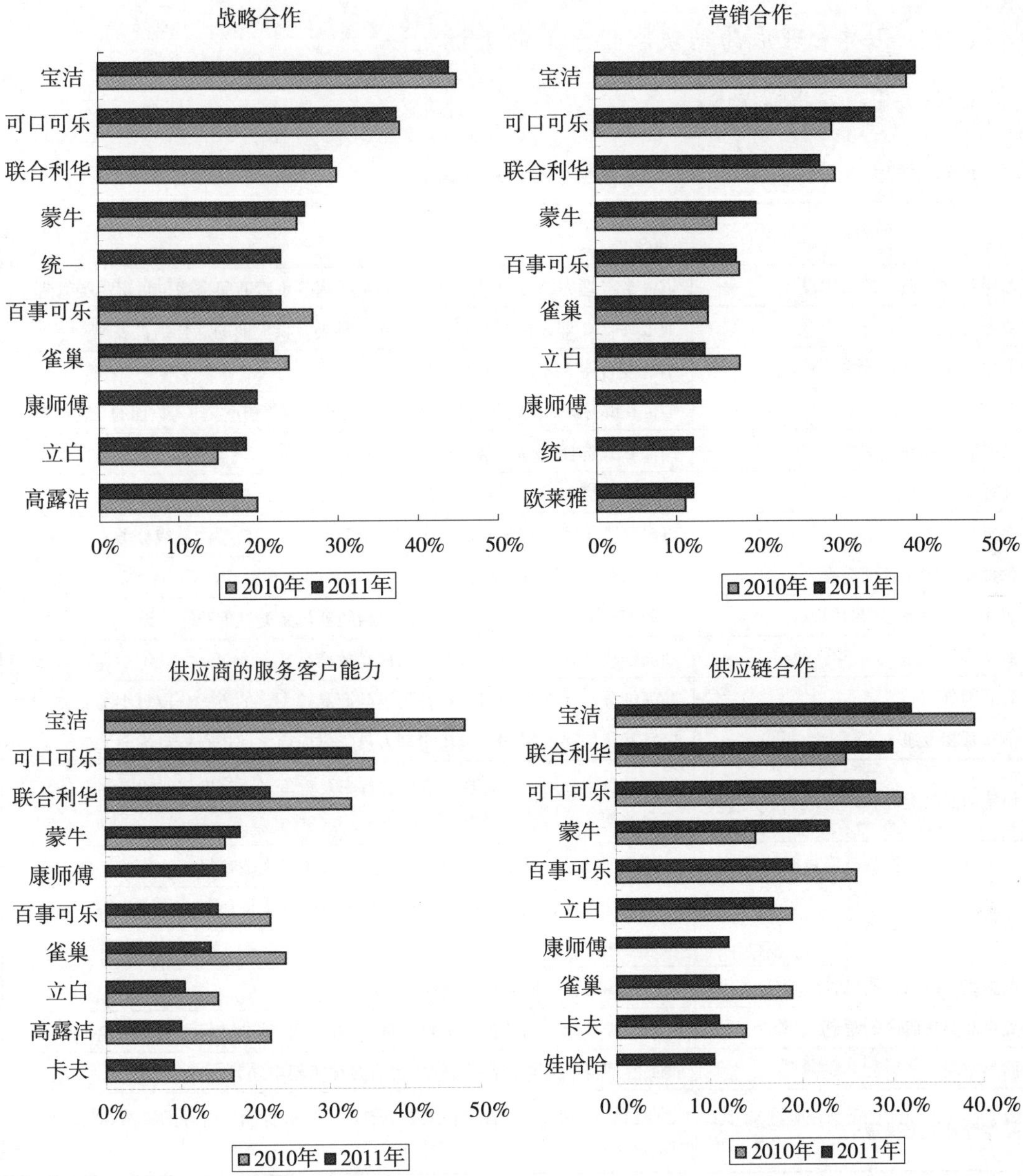


注：参与调研的零售企业被要求针对每个指标作出满意评价（问题：针对每一个指标，如果贵公司对列出的供应商在该项指标上表现满意，请打钩）。

**图 10　零售商对供应商在工商合作领域的表现评价**

## （四）品类管理成为解决零供矛盾的关键之一

### 1. 品类管理各指标描述

表 3　　品类管理指标及描述

| 指标 | 指标描述 |
|---|---|
| 品类经理为核心的组织设计 | 以品类经理为核心的组织设计，品类经理既负责商品采购也负责品类管理 |
| 业务评估 | 业务评估（即评估一个商品、品牌、品类及供应商的综合销售表现） |
| 人才引进 | 引进复合型人才，培训品类管理人员 |
| 多方面互利合作 | 零供在市场调研、联合品牌开发、渠道专供和销售信息共享等方面的互利合作 |
| 商品款式选择 | 商品款式选择（即应摆放什么商品在货架上） |
| 加强零供关系 | 加强零售商和供应商之间的联系 |
| 界定品类界限 | 界定品类界限（即零售商所经营的商品种类，一般按产品线分类） |
| 设计品类优化管理进程 | 设计品类优化管理进程 |
| 职能划分为核心的组织设计 | 以职能划分为核心的组织设计，采购经理与品类经理职能分设 |
| 商品摆放方式 | 商品摆放方式（即应在货架上怎样摆放商品） |
| 商品细分 | 商品细分（即商品分组，将各品类的商品按一定的方式分成更小的品类） |
| 信息互相传递 | 信息互相传递（采购、现场管理人员、供应商之间进行信息沟通） |
| 评定商品品类综合效能 | 通过品类指标对销售表现、市场占有率及竞争对手等进行评估以评定品类的综合效能 |
| 品类管理成为实现战略目标的工具 | 品类管理作为零售企业战略经营单元，成为实现战略目标的管理工具之一 |
| 落实日常品类管理责任 | 品类管理中进行的日常工作，包括开展品类管理过程中的系列活动、方法和责任落实 |
| 调整组织结构、明确管理责任 | 调整组织结构、明确管理责任 |
| 界定品类在店内的角色 | 界定品类在店内的角色（即目标性、一般性、季节性、方便性角色等） |
| 商品空间 | 商品空间（指每个商品/品牌应占有多少货架空间） |
| 品类管理数据决策 | 企业信息系统为品类管理提供数据仓库，以确保品类管理的决策和管理以数据为基础 |

### 2. 品类管理可以成为解决零供矛盾的一把钥匙

中国零售业已经进入精耕细作和深挖特色的阶段，在品类管理中坚持大同、强调小异，不要对大品牌供应商做太大改变，加强与中小供应商展开合作，同时放宽门店采购权，使门店根据不同的地段和时间，采购到有特色的商品，做出有特色的卖场，也就是要以消费者为中心。

从这个角度讲，品类管理也可以成为解决零供矛盾的一个关键。进场费、促销费、端架费等各种费用让供应商怨声载道，如果零售商能够通过品类管理对顾客进行分析，把这些数据分析结果传递给供应商，并与供应商共同开发适合市场的商品，在合适的情况下适当收取一定的费用，对供应商有所帮助的条件下，供货商也愿意为此付出一定的代价。同时零售商也可以把货架自主权发挥到最大化，这样才是双赢的模式。

重点品类整体保持较高的关注度，特别是在零售商战略上，品类管理已经作为零售企业战略经营单元，成为实现战略目标的管理工具之一被零售企业高度关注。品类管理是企业实现其战略目标的重要管理工具之一。消费者眼前看到的门店就是单品、品类、品类组合，这些单品、品类、品类的组合能否吸引消费者，使消费者购买最大化，是决定其门店目标进而公司战略目标可否实现的关键。企业应以消费者需求为指导，根据企业战略目标，确定门店定位、品牌、业态，明确品类角色，确定品类组合、品类和单品。因此，实施品类管理之前，零售商应该有一个明确定义且充分沟通过的战略。品类管理在实现企业战略目标中的作用主要体现在以客户为中心，关注目标消费群需求，用数据决策，系统化的商品管理、优化、经营工具，与供应商进行战略合作。

另外品类评估，品类管理流程方面，关注度高达 90% 以上。而在合作关系，品牌优化管理上表现出相对较低的关注度。

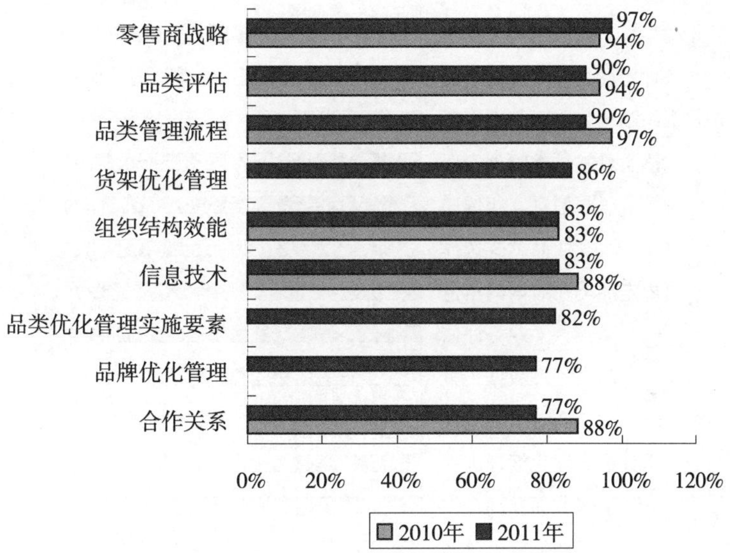


**图 11　重点品类各指标的关注度**

“以品类经理为核心的组织设计”，“品类管理作为零售企业的战略经营单元，成为战略目标的管理工具之一”，“商品空间”，“通过品类指标对销售表现，市场占有率及竞争对手进行评估以评定品类综合管理效能”，“调整组织结构，明确管理责任”，“品类管理工作中的信息传递”6 个指标的关注度均大于或等于 90% 。

与品类管理相匹配的组织设置是成功的关键要素之一。因为品类管理承担了实现战略目标的作用，品类经理应成为经营决策者。品类划分依据消费者需求。品类经营者的评价考核指标应依据品类角色和策略而有所侧重。企业在进行组织设计时关注的重点是明晰品类经理的作用、责任、决策内容；与品类经营相关的工作，如品类分析、空间管理、品类规划管制、品类营销，职能的划分；品类经理的评价指标与业绩考核；基于按品类经营的门店、营运组织划分等。

以品类经理为核心的采购组织设计，更易将品类管理的思想贯彻落实到商品上，组织相对简单，管理成本低。以品类经理为核心的按职能划分的采购组织设计，分工专业化，同属一个部类品类经理管理，品类管理专业人员能很好地为本部类品类服务。品类管理专业化组织设计，分工更细，专业管理能力更强。营运组织的品类化设计，以品类经营为导向的划分，管理职能以品类经营为核心。

加强品类管理对提升零售业的业绩、增加顾客认可度和降低零售业管理难度都将起到重要的作用，它将成为零售企业未来制胜的重要手段。中国连锁经营协会在品类管理上也作了多年研究，2011 年，由中华人民共和国商务部提出，中国连锁经营协会牵头，联合华润万家有限公司、金佰利（中国）有限公司、宝洁（中国）有限公司、埃森哲（中国）有限公司共同起草《零售业品类管理指南》，旨在提高我国零售业品类管理的能力，最终实现提升企业竞争力的目的。

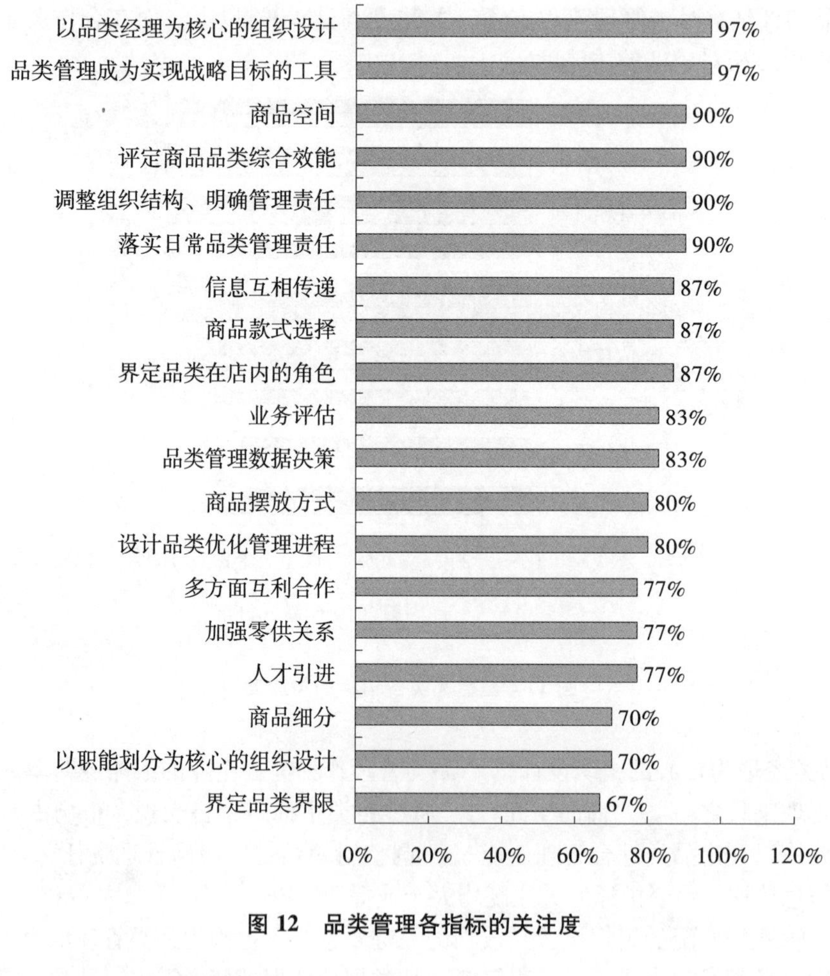


**图 12　品类管理各指标的关注度**

尽管对重点品类各个领域的指标都抱有较大的关注度，但从实际运作效果来看并不理想，如图 13 所示。

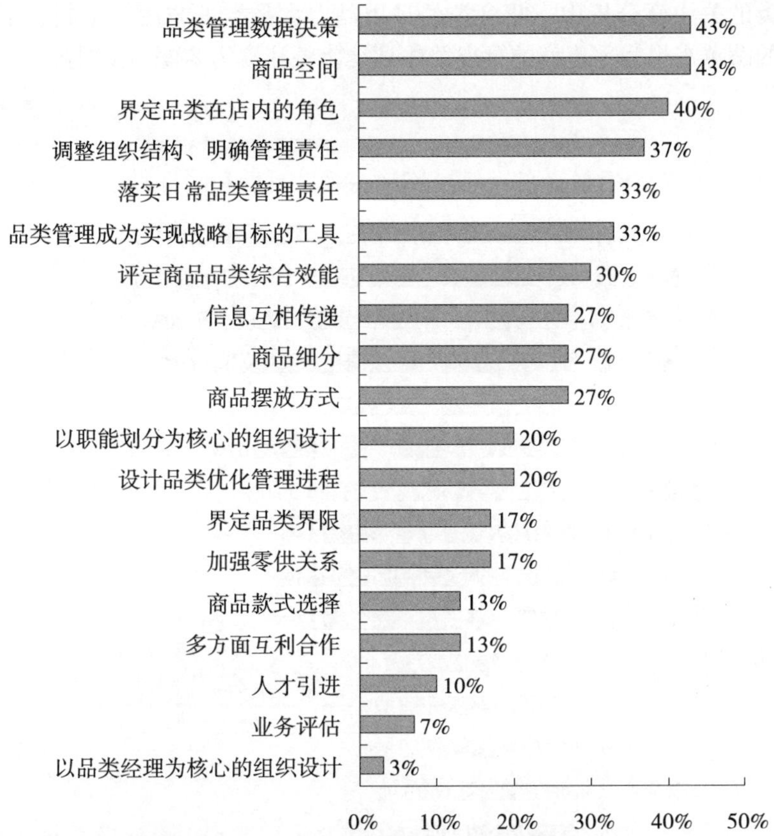


注：参与调研的零售企业被要求针对以上要素在品类管理中选出表示满意的项。

**图 13　重点品类各指标的满意度**

3. 日常经营品类的重要性

两年数据对比来看，日常经营品类关注的先后顺序没有变化，排序为食品类、生鲜类、非食类，最后为家电类，但各自的关注度有所变化，食品类的关注度较 2010 年上升，而生鲜、非食、家电类的关注度均有下降。

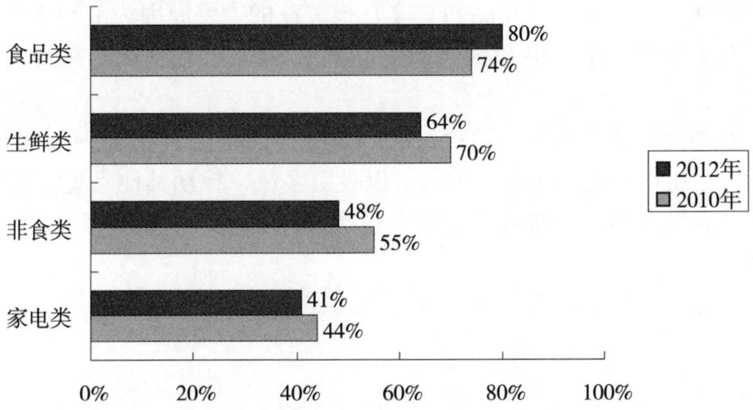


**图 14　日常经营品类的关注度**

详细品类的关注度分析中，非食类的日用品，食品类的非酒精饮料、烟酒、包装食品、生鲜类的蔬菜水果为零售商的重点关注品类，关注度为80%及以上。

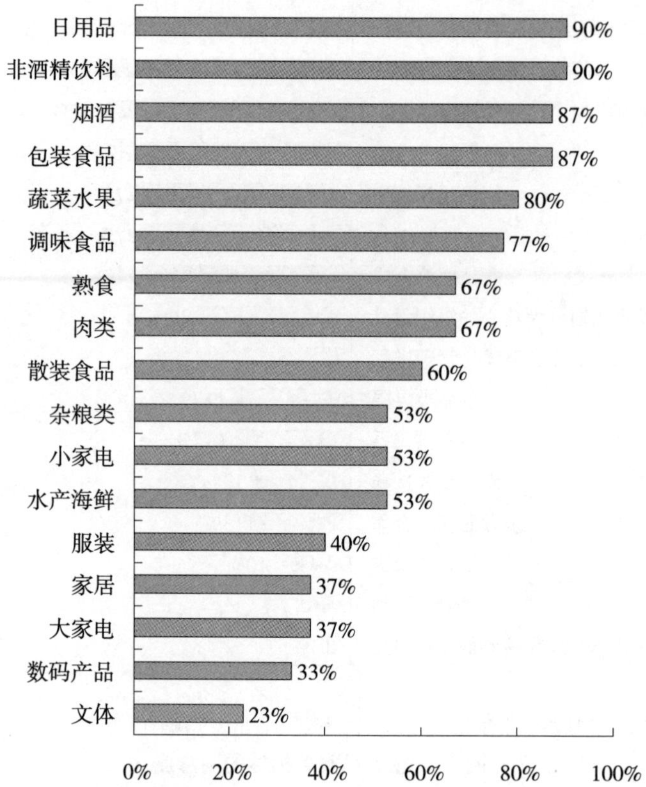


**图15　日常品类关注度（详细品类）**

4. 关注日常经营品类的原因

日常经营品类重要性的原因中：

非食类（指服装，家居，日用品和文体）被关注的主要原因为毛利率高，销量大。

家电类（指大家电，小家电和数码产品）主要因为毛利率高，销量大，退换便利，售后好。

生鲜类（指肉类，蔬菜水果，熟食，水产海鲜，杂粮类）主要因为能拉动主力消费品销售和销量大。生鲜类毛利率低，但其可以吸引客流，拉动其他品类的销售。

食品类（指包装食品，调味食品，非酒精类饮料，散装食品，烟酒）主要因为销量大，毛利率高。

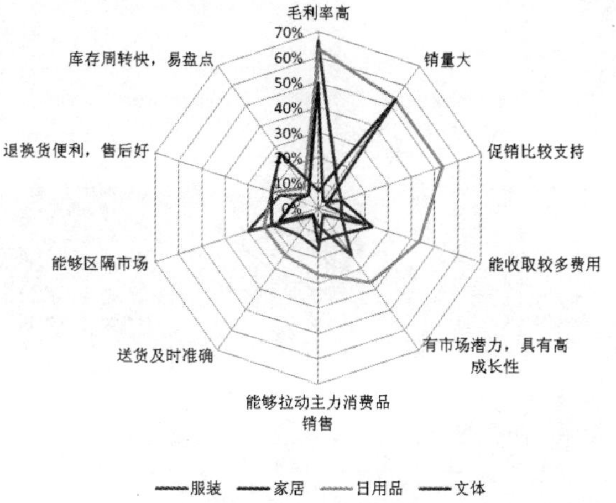


**图 16　非食类被关注的原因分析**

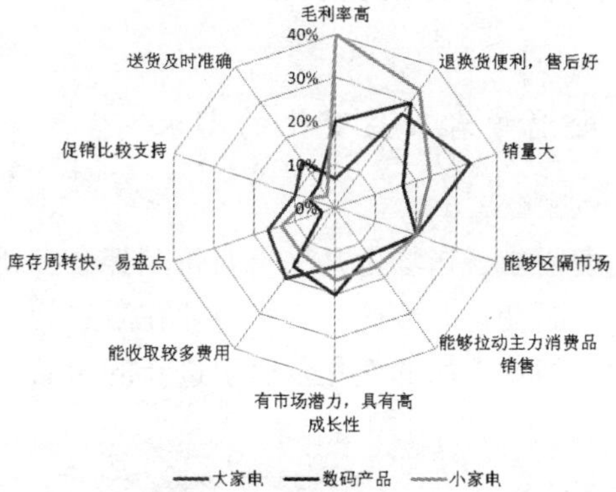


**图 17　家电类被关注的原因分析**

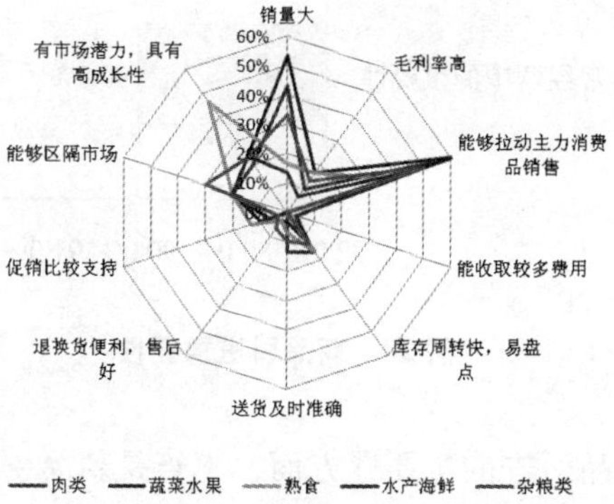


**图 18　生鲜类被关注的原因分析**

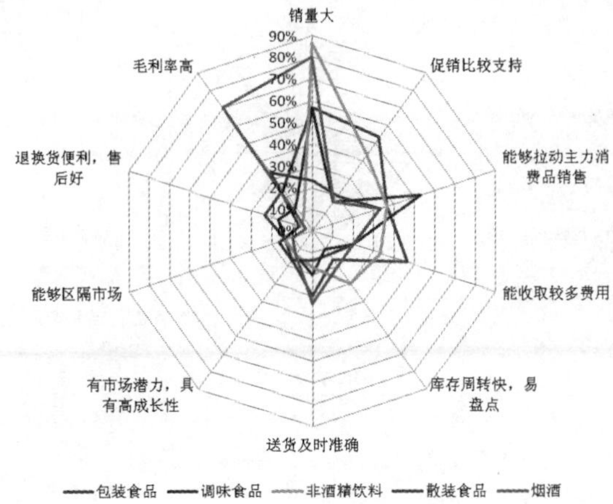


**图 19　食品类被关注的原因分析**

## （五）新品引进，满足消费者日益变化的需求

### 1. 新品引进重要性

为了满足日益变化的消费需求，市场上几乎每时每刻都会有新的产品出现，人们的消费喜好和市场消费热点都在不断变化。因此，零售企业在激烈的市场竞争中，经常需要调整品类结构或开发新的品种，根据市场的变化及时引进新的商品。

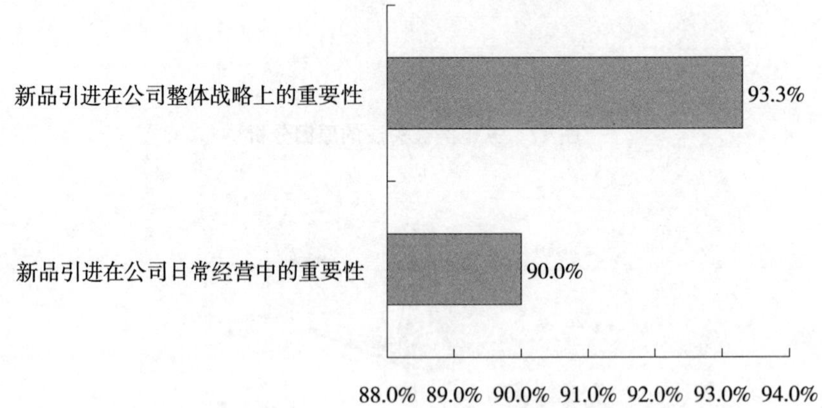


**图 20　新品引进重要性**

本次调查显示，在新品引进的重要性方面，不管是新品引进在公司战略上还是日常经营中均占据较重要的位置，企业均表现出相当高的关注度。

### 2. 新品引进方面与供应商之间的合作项目评价

在企业对引进新品表现出高度关注的同时，零售商对与供应商在新品引进方面的合作却表现出较低的满意度，说明双方的合作还有进一步深化和加强的空间，特别是对新品引进前的调研，引进后续观察分析方面。

**表 4　　　　新品引进指标**

| 指标分类 | 详细指标 |
|---|---|
| 公司新品引进整体情况 | 公司新品引进整体情况 |
| 供应商新品研发和预测能力 | 供应商新品研发和预测能力 |
| 供应商新品引进方案和符合企业销售目标的客户需求 | 供应商新品引进方案和符合企业销售目标的客户需求 |
| 联合调研分析把握消费者能力 | 联合调研分析把握消费者能力 |
| 新品定期销售分析和评估 | 新品定期销售分析和评估 |
| 新品评估和全面引进 | 给各门店前置时间做新品引入准备 |
| | 评估试销阶段的销售表现 |
| | 引进后续观察分析 |
| 新品引进标准和试销 | 完善明确的引入标准，审核新品引入资格 |
| | 选择部分门店进行试销 |
| 新品引进的消费者参与平台的提供 | 新品引进的消费者参与平台的提供 |
| 新品引进符合公司战略 | 新品引进符合公司战略 |
| 新品引进规划和市场调研 | 定期制定新品引进计划和系统性规划 |
| | 确认商品定编表 |
| | 新品引进卖场布局和陈列规划 |
| | 新品引进市场调研 |
| 新品引进推广活动 | 新品引进推广活动 |
| 新品引进在公司日常经营中的重要性 | 新品引进在公司日常经营中的重要性 |
| 新品引进在公司整体战略上的重要性 | 新品引进在公司整体战略上的重要性 |

注：参与调研的零售企业被要求针对每个指标作出满意评价（即用 1－5 分别表示：很不满意/不满意/一般/满意/非常满意），CCFA 以选择较为满意/非常满意的问卷比例为该指标的满意度。

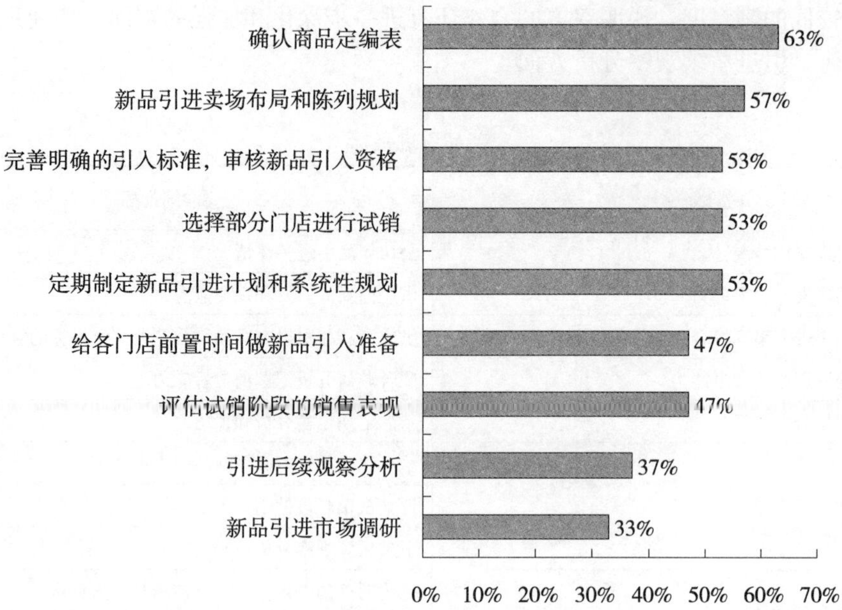


**图 21　与供应商在新品引进方面合作的满意度**

3. 新品引进的流程与控制运营情况

从新品引进的流程与控制运营情况来看并不理想，满意度分值处于较低水平，并且各项指标均低于 2010 年的水平。

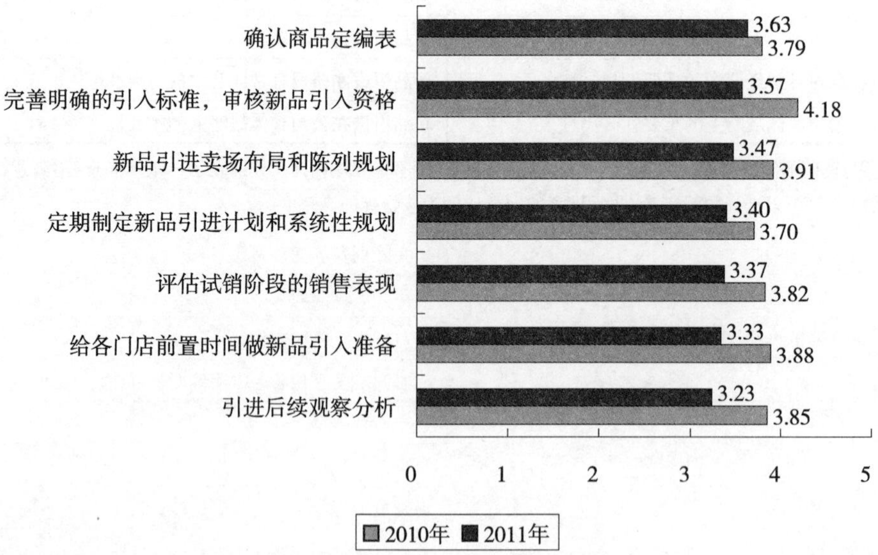


注：参与调研的零售企业被要求针对每个指标作出满意评价（即用 1－5 分别表示：很不满意/不满意/一般/满意/非常满意）。

**图 22　新品引进各指标的满意度**

## （六）多部门合作以促进供应链效率的提高

### 1. 多部门合作的重要性

零售业的发展，单纯的采购与销售之间合作转向多部门之间的协作，高效供应链是核心，企业通过对信息流、物流、资金流的一体化协作，将供应商、制造商、零售商，和最终用户连成一个整体，因此供应链是跨行业、跨部门，涉及产品生产、供应到最终消费者的所有活动，需要一条市场消费者驱动的无缝信息流，即在从零售商向上游的传输过程中要求迅速，要求链中节点企业共享需求信息、存货情况、生产能力计划、生产进度、促销计划、需求预测、数据分析、商品安全管理、商品质量控制和装运进度等。供应链伙伴必须协同工作，以便产品的需求与生产高度同步，供应链上的企业应该更加注重企业之间的合作，组织之间必须是紧密的组织关系，供应链伙伴需要设立沟通平台，建立沟通渠道，这些都涉及多个部门的协同合作，包括与信息部门建立和分享各种数据，与业务部门联合进行销售管理，与营运部门建立执行监管制度，与采购部门建立各种标准化制度，风险共担，利益共享。与企业间的高层加强交流，建立战略合作伙伴关系，共同打造一个高效运作的供应链。

本次调查了解到，零供双方对于多部门合作有较为强烈的诉求。从危机处理、数据分析管理、促销、商品质量控制、防损等各个实际操作层面上均表现出较强的合作意愿。但对于减少进场费用，涉及到零售商自身利益减少时，表现出相当低的关注水平。零供双方多部门的合作，想要建立高效供应链，需要企业间站在互利共赢的高度，互相做出适当的让步和妥协。

**表 5　　多部门合作指标**

| 指标分类 | 详细指标 |
|---|---|
| 与采购部门建立风险共担利益共享机制 | 标准化合同协议 |
| | 标准化谈判流程 |
| | 订退货流程设计 |
| | 减少进场费等固定费用 |
| | 扩大陈列费等变动费用 |
| 与高层加强交流扩大共识战略合作 | 每年开展供应商大会 |
| | 应对危机上密切合作 |
| | 战略制定上互相参与，明确对方战略 |
| 与信息部门建立数据共享 | 分享库存数据 |
| | 分享销售数据 |
| 与业务部门联合进行销售管理 | 促销员管理 |
| | 分析有效数据优化品类管理 |
| | 联合分析顾客需求 |
| | 适时促销活动 |
| 与营运部门共同建立执行监管机制 | 商品安全管理建立联合防损计划 |
| | 商品质量控制建立多级监管体制 |

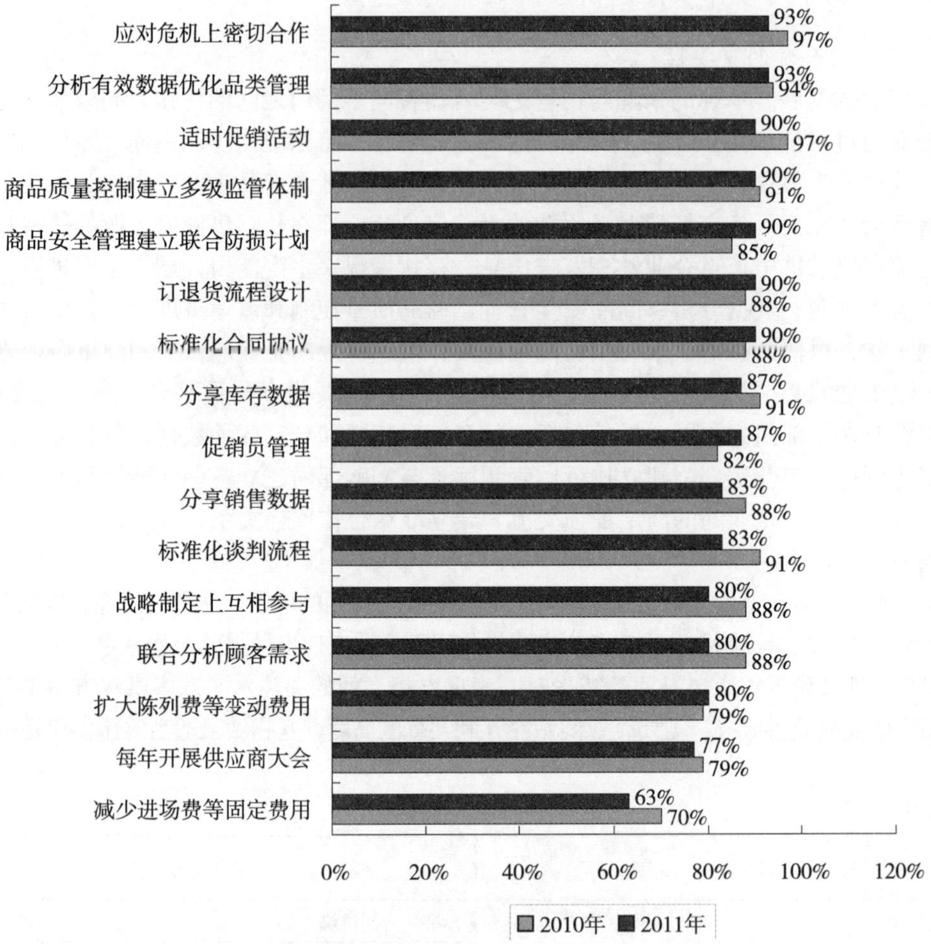


**图 23 多部门合作各指标的关注度**

2. 多部门合作模式的认可情况

在具体合作模式上，零售商均表现出较低的关注度，如供应商建立联盟组织负责与零售商各部门沟通，大型商业公司供货商替代单个供应商，双方各部门平行沟通合作，双方互派观察员的模式，均只有不到 60% 的关注度，这一现象说明零售商虽然对多部门合作表示较高关注，但对于具体实施模式上仍需近一步探索，找到一条适合双发共赢互利的道路。

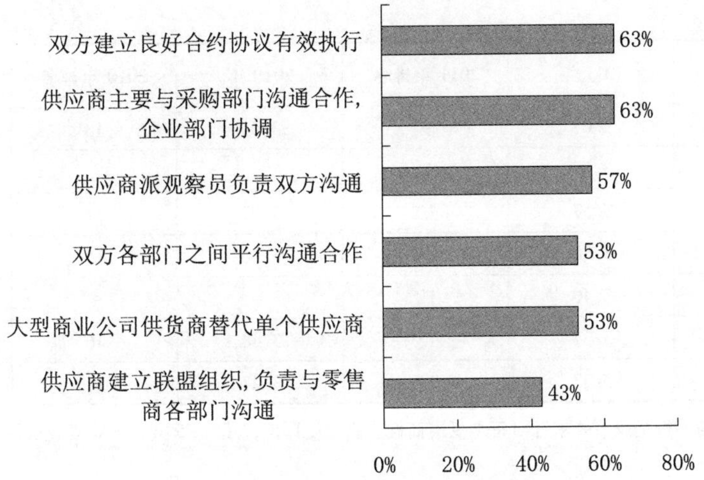


**图 24　多部门合作模式的关注度**

## （七）供应商合作的总体评价

2011 年供应商合作的满意度评价排名前 2 位的依然是宝洁和可口可乐，前 10 名变化较大的主要有蒙牛、雀巢和立白，蒙牛上升 5 位跻身前 5，雀巢上升 4 位，立白上升 5 位。除此以外，2010 年排名靠后的卡夫、欧莱雅、金百利等排名均有 4 个排位的变化。

**表 6　　对供应商的满意度评价**

| 品牌 | 2011 年 | 2011 年排名 | 2010 年 | 2010 年排名 | 排名变化 |
|---|---|---|---|---|---|
| 宝洁 | 4.10 | 1 | 4.52 | 1 | 0 |
| 可口可乐 | 4.03 | 2 | 4.45 | 2 | 0 |
| 蒙牛 | 4.03 | 2 | 3.98 | 7 | 5 |
| 百事可乐 | 3.93 | 3 | 4.18 | 5 | 2 |
| 高露洁 | 3.93 | 3 | 4.35 | 3 | 0 |
| 雀巢 | 3.90 | 4 | 3.96 | 8 | 4 |
| 统一 | 3.90 | 4 | – | – | – |
| 强生 | 3.87 | 5 | 4.12 | 6 | 1 |
| 汇源 | 3.83 | 6 | – | – | – |
| 联合利华 | 3.83 | 6 | 4.29 | 4 | –2 |
| 农夫 | 3.83 | 6 | – | – | – |
| 立白 | 3.80 | 7 | 3.77 | 12 | 5 |
| 康师傅 | 3.80 | 7 | – | – | – |
| 恒安 | 3.77 | 8 | 3.83 | 10 | 2 |
| 哇哈哈 | 3.77 | 8 | – | – | – |

续表

| 品牌 | 2011 年 | 2011 年排名 | 2010 年 | 2010 年排名 | 排名变化 |
| --- | --- | --- | --- | --- | --- |
| 卡夫 | 3.67 | 9 | 3.65 | 13 | 4 |
| 王老吉 | 3.67 | 9 | – | – | – |
| 欧莱雅 | 3.57 | 10 | 3.57 | 14 | 4 |
| 金佰利 | 3.50 | 11 | 3.56 | 15 | 4 |
| 玛氏 | 3.40 | 12 | – | – | – |
| 费列罗 | 3.37 | 13 | 3.48 | 16 | 3 |
| 尤妮佳 | 3.33 | 14 | 3.27 | 17 | 3 |

注：参与调研的零售企业被要求针对每个供应商做出满意度评价，用 1 - 5 共 5 个等级表示很不满意/不满意/一般/满意/非常满意。

## 四、加强工商协作，减少零供协作障碍，提高供应链效率

### （一）加强工商协作以提高供应链效率

调查显示，2011 年工商协作各指标相对于上年虽有一定幅度的下降，但整体仍保持较高的关注度。在零供协作的大趋势下，零供相互挤压，零售商通过压低进货价格，同时收取通道费，这样的盈利发展模式是不可持续的。尤其在通货膨胀、零供双方都感受较大压力的背景下，通过零供协作，在营销合作方面联合对消费者的需求进行调研分析，及时把握消费动态；在品类管理方面紧密合作，不断优化商品品类，数据共享，共同分享研究成果并提供建议，及时分享新品推出、促销计划、价格变化；共同对促销员进行有效管理，以提高销售、减少人力和管理成本；在服务客户上，培养和建立具有高度敬业精神和职业道德，能够与企业各部门进行协调，确保零售商利益的销售团队；在供应链合作上，共同制定库存周转、缺货率、物流成本等控制目标，及时提供完整的商品信息，实现信息的一致性和同步性，对供货中出现的缺货、交货延误、退货等问题及时沟通，建立高效管控流程，共同制订“防损保护”方案，减少或避免货物毁损，通过联合控制并确保商品质量，不断改进物流技术应用，提高整体物流效率等全方位的协作，从共同协作中寻求效率。

### （二）改善通道费机制

1. 收取通道费的主要问题

（1）通道费用名目多。国内大超市设置了诸多名目的通道费，各家超市的收费规则和收费项目也不尽相同。

（2）收取通道费用随意性大，无固定标准。由于通道费多为事先收取，金额较大，对于资金实力有限的小生产商，会因无力支付相关费用而难以进入零售领域，特别是难以进入大零售商的销售渠道，导致不公平竞争情况。

（3）盲目收取通道费，导致商品结构扭曲问题。如连锁超市对通道费过度依赖，将导致商品结构脱离市场需求，可能带来经营弱化，导致门店竞争力下降等危害。

2. 收取通道费用的影响

（1）高额通道费增加生产企业生存压力。面对各大商超收取高额通道费，使生产企业受到严重挤压，在高通胀下生产企业难以承受。

现代大型零售企业的利润来源主要为四个方面：商品进销差价、降低供应链成本、优化管理成本、向供应商收取进场费以及各种销售返佣折扣。而超市零售费用包括两块，一块是前台费用，即合同中规定的扣点；另一块是后台费用，在合同中没有规定，在实际商业活动中产生，这部分因其不规范性和收取数额较大，增大了供应商的生存压力，也提高了中国社会的流通费用率。

零售领域激烈的竞争，尤其是以价格竞争为主的模式，使得零售商不断压低进价，进入微利时代，多数零售商为了提高盈利，选择通过收取各种费用和占用供应商资金的方式挤占上游利润。零售企业挤压供应商，供应商同时又面临市场的各种竞争和压力，长此下去，将严重削弱生产企业的竞争力，使其在生命线上挣扎；而从长远看，如此盈利模式不会很好满足消费者不断变化和提升的消费需求。

（2）征收进场费无助于零售商的发展。商场进场费，是在我国市场经济不完善、零售业不发达、产业成长尚处初级阶段状况下出现的一种特殊现象，其产生原因是商品生产过剩而渠道建设滞后所导致。商品过剩而渠道资源不足的失衡状态下，谁拥有渠道，谁就把握了更多话语权，在这样的背景下，零售商得以利用这种话语权对供应商收取通道费。如此，一方面提高了商品的销售成本，也提高了国内商品的销售价格；另一方面，因零售商注重在通道费上获得利益，阻碍了零售商对自身零售技术和经营水平的提高。

（3）征收进场费无助于零供关系的改善。零供关系的改善需要多方面的努力：首先要有充分而多元化的商品流通渠道，使渠道保持充分的竞争而且畅通；其次，供应商通过联合、联盟等多重途径提升自身的谈判能力和渠道影响力；再次，零售业须主动回归零售主业，做好自主采购、自主经营和自有品牌，提升自己的持续竞争力。

## 五、建议：改善工商关系，提高供应链效率

### （一）供应商角度

1. 实现产品升级，改变市场竞争格局

零售商收取通道费的根本原因在于供大于求。因此，应积极主动采取产品创新策略，以消费者需求为导向，实现产品差异化竞争，改善供求关系。

（1）应实现与行业竞争对手的产品差异化，包括产品功能和服务的差异化。在激烈的市场竞争中几乎每个行业都已涌现出一大批知名企业及著名品牌，在商品严重供大于求的市场环境下，品牌繁多，产品丰富，使消费者在购买时，已经不仅仅局限于对产品质量的需求，而开始转向追求个性和更加优质的产品和服务上。产品功能差异化，才能满足客户的个性化需求。另一方面，随着竞争的日益加剧，产品差异化进一步发展的空间越来越窄，而服务则是千差万别。将关注重点放在服务上，服务更能形成差异化。可以在服务内

容、服务渠道和服务形象等多方面采取有别于竞争对手而又凸显自己特征的服务策略和措施，以战胜竞争对手，满足每个用户的不同需求。

(2) 加强品牌营销。现代商业竞争中，产品已严重同质化，使竞争不仅仅是产品的竞争，更是品牌的竞争。在实现产品和服务差异化的同时，加大力量实施品牌建设，提高品牌知名度，提升消费者对品牌的忠诚度，特别是在各领域安全隐患频出的今天，通过不断加强品牌建设以增进消费者对企业的信赖，是一个难得的契机。

2. 拓宽销售渠道

供应商应该拓宽销售渠道，改变对零售商的渠道依赖，形成较强的议价能力。特别是随着互联网的发展，消费者消费习惯发生了巨大改变，供应商可以考虑采取网络销售方式，与终端顾客进行直接对话、沟通和交易，增加销售渠道的同时直接与消费者接触，时时把握消费者需求。

### （二）零售商角度

1. 改善通道费制度

通道费是目前零售连锁企业的主要收入来源之一，其在高通胀经济环境下更加凸显了零供矛盾，其所涉及的双方利益较为深刻，关系也错综复杂。零售商可采取积极有效措施，对现有混乱的通道费进行规范，从地方经济发展水平、产品种类、零售商成本等角度出发，对通道费制定相应的收费标准，以零供双方互利双赢为基础，进行相关制度的规范，积极改善零供相互挤压的现状，从合作效率上要收益。

2. 加强运作管理

加强运作管理，降低商品流通成本。通过流程再造、加强供应链管理等措施积极降低商品在零售环节的分销成本，为整个价值链的利润水平维系起到积极作用。

3. 整合供应链，实现业务战略转型

零售企业依托网络渠道优势，根据消费需求向上游制造商提出产品研发设计要求，上游制造商根据需求进行产品开发，从而生产出更加符合消费者需求的高品质产品。

4. 开发自有品牌

开发自有品牌有利于提升零售企业的利润空间，有利于保证商品质量和稳定货源供应，有利于增强与供应商共同协作的关系，也有利于实现零售品牌的差异化。

数据显示，欧洲零售企业自有品牌的销售额平均占到企业总销售额的30%以上，其中位列前三名的分别是瑞士47%、英国43%和德国37%。美国排前三名的食品零售商（沃尔玛、克罗格和塞夫韦）自有品牌的销量均超过企业销售额的20%，自有品牌单品数在5000个左右。日本零售企业自有品牌的比例也达到6%。

与发达国家相比，我国连锁企业自有品牌的开发还处于起步期，目前自有品牌的销售规模仅占企业总销售的1%~2%，且以外资企业为主，自有品牌的开发还有较大的发展空间。

5. 加强企业自采和直采

在商品采购方面，零售企业的农超对接和直采直营等措施，减少了环节，缩短了流程，加快了周转，降低了损耗，提高了毛利。

农超对接是零售企业改善生鲜经营的有效模式，企业可以尝试自建基地，即自己投资或与当地相关机构合资，作为基地的经营主体。或组建专业队伍，对农民进行生产指导，提供种子化肥，培育长期稳定的货源基地。步步高、武汉中百、城市超市等企业都建立了具有一定规模的农业基地。

对于全国性快销品生产企业产品分销的多层代理、区域分割，企业通过尝试买断式采购，正逐步摆脱生产企业分销模式对零售企业跨区域开店形成的制约。

### （三）政府政策角度

作为管理和规范市场的主体，政府应通过政策发挥其重要的规范、引导和协调作用。国际上许多发达国家很早就对供应商与零售商之间存在的摩擦出台政策，规范其市场交易行为。如，2001 年法国通过颁行《新经济调整法》来维护零供公平交易，2005 年日本出台了《大规模零售商与供货商交易中的特定不公平交易方法》等，这些法律法规都对零售商收费时应当遵循的原则做出了明确规定。

2006 年，我国商务部、发展改革委、公安部、税务总局、工商总局等五部门联合颁行了《零售商供应商公平交易管理办法》，规定零售商不得借由自身的强势地位，向供应商收取所谓的六类收费，如“通道费”、“入场费”等。而对“促销服务费”，在认可其合法性的同时也对其收取行为的整个程序做了严格规定。但由于该办法的可操作性不强，对零售商的影响力十分有限，需要进一步地立法规范和完善。然而，对通道费的管控、治理应兼顾效率与公平的原则。包括：商品的生产效率和销售效率，对最终消费者利益公平和影响等方面的考虑，实施管制要以增进社会福祉为基础；对通道费的管制不能“一刀切”，要根据不同的司法案例，具体情况具体分析；最终，应努力营造相对公平、健康有序的竞争环境，逐步减少对零售业的临时性介入管制。

# 2011 年餐饮连锁企业管理现状及趋势调研报告

在 2011 年“第十届餐饮业连锁经营研讨会”上，中国连锁经营协会与德勤中国共同发布了《餐饮连锁企业管理现状及趋势调研报告》。该报告以访谈与问卷调查的方式，对餐饮连锁企业的经营状况、管理的重点与难点以及未来的发展对策进行了较全面的分析和描述。

参与本次调研的餐饮连锁企业共 50 家，50 家企业的基本情况如下：

**表 1　　参与调查企业 2010 年店铺数量**

| 2010 年总店铺数 | 50 家以下 | 50 - 100 家 | 100 - 300 家 | 300 - 500 家 | 500 家以上 | 合计 |
|---|---|---|---|---|---|---|
| 所占比例 | 55% | 12.5% | 14.5% | 10% | 8% | 100% |

**表 2　　参与调查企业 2010 年销售规模**

| 2010 年销售规模 | 10 亿元以下 | 10 亿 - 20 亿元 | 20 亿 - 50 亿元 | 合计 |
|---|---|---|---|---|
| 所占比例 | 82% | 12% | 6% | 100% |

**表 3　　参与调查企业业态分布**

| 业态 | 中式正餐 | 中式快餐 | 西式正餐 | 西式快餐 | 火锅 | 休闲餐饮 |
|---|---|---|---|---|---|---|
| 所占比例 | 28% | 24% | 10% | 10% | 18% | 10% |

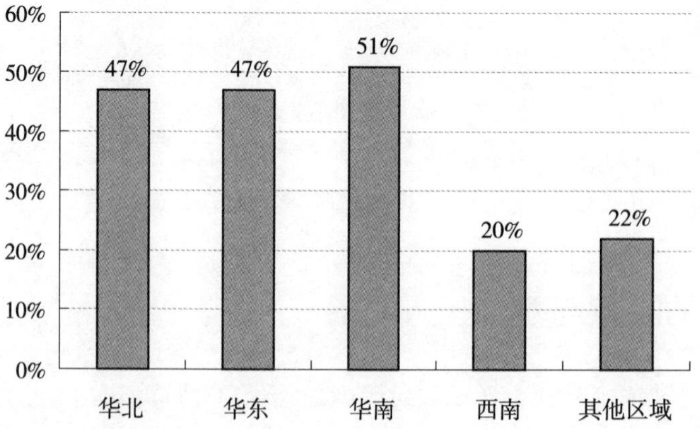


**图 1　被调查企业的主要经营区域**

## 一、餐饮连锁企业2010年经营状况

表4　　参与调查企业2010年销售增长率

| 2010年销售增长率 | 10%以下 | 10%～20% | 20%～30% | 30%～40% | 40%以上 | 合计 |
|---|---|---|---|---|---|---|
| 所占比例 | 6% | 22% | 25% | 25% | 22% | 100% |

表5　　参与调查企业2010年毛利率

| 2010年毛利率 | 10%以内 | 10%～20% | 20%～30% | 30%～50% | 50%以上 | 合计 |
|---|---|---|---|---|---|---|
| 所占比例 | 2% | 8.5% | 8.5% | 26% | 55% | 100% |

表6　　参与调查企业2010年毛利率变动情况

| 2010年毛利率变动 | 同比下降5%以上 | 同比下降5%以内 | 保持不变 | 同比增加5%以内 | 同比增加5%以上 | 合计 |
|---|---|---|---|---|---|---|
| 所占比例 | 21% | 16% | 33% | 16% | 14% | 100% |

表7　　参与调查企业2010年净利润率

| 2010年净利润率 | 10%以内 | 10%～20% | 20%～30% | 30%～50% | 50%以上 | 合计 |
|---|---|---|---|---|---|---|
| 所占比例 | 6% | 28% | 40% | 19% | 6% | 100% |

表8　　参与调查企业连锁发展模式

| 连锁发展模式 | 全部直营 | 直营+加盟，以直营为主 | 直营+加盟，以加盟为主 | 直营+加盟+合资，以加盟为主 | 合计 |
|---|---|---|---|---|---|
| 所占比例 | 45% | 26% | 19% | 10% | 100% |

表9　　参与调查企业多品牌经营情况

| 现拥有品牌数 | 1个 | 2个 | 2-5个 |
|---|---|---|---|
| 所占比例 | 37% | 42% | 21% |

## 二、管理的重点与难点

调查显示，目前连锁餐饮企业发展过程中面临的主要问题包括人力资源匮乏、经营成本高涨、标准化难度大、加盟商管理难度高及政策支持等问题。如图2所示，随着企业规模扩张、发展日趋成熟，企业对人力资源的需求日益增大，不仅是普通的劳动力，企业现

在更需要高素质高水平的专业管理人才，以配合企业更好地发展。此外，近年来，食品安全问题凸显，餐饮企业如何保证食品品质，提高消费者满意度成为其关注的焦点。

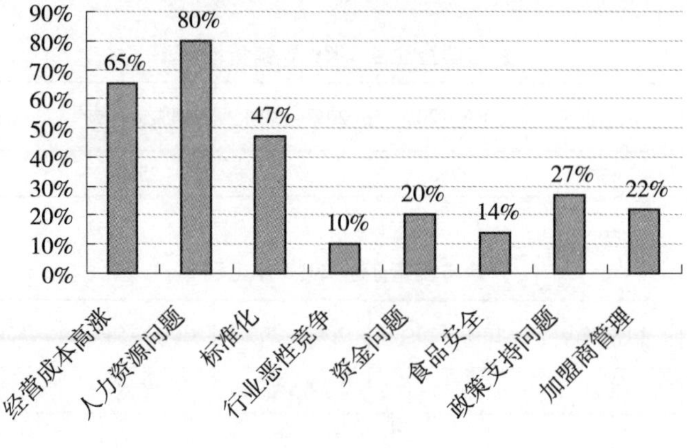


**图 2　企业发展面临的问题**

## （一）人力资源

餐饮企业服务员由于待遇相对较低，导致稳定性差，流失率高。由于目前的劳动力主要是由 80 后、90 后等新一代年轻人组成的。这代人多数追求个性与理想。对于一线的服务员职位来说，保证不了 80 后、90 后对理想中公司、职位的追求。

对于厨师的培养和流失，由于整个餐饮行业成长迅速，优秀的厨师在市场中供不应求。目前，企业面临的主要问题是如何留住专业的厨师。厨师的培养和流失问题直接影响企业的发展以及其实施产品差异化战略。

## （二）经营成本高涨

65%的企业认为经营成本高涨仍然是制约企业发展的普遍问题。餐饮业的经营成本高涨主要表现在原材料、劳动力成本和房租这三个方面。

通胀则是影响中国经济的不确定因素。随着物价日益上涨，中国政府必将持续实施稳健、甚至较为紧缩的货币政策以控制通货膨胀问题，这就会提高企业的融资成本，也会影响到股市和房产的价格，减少中国消费者的可支配收入，加上通胀导致的工资水平的上涨，都给企业的利润空间带来影响。

**表 10　参与调查企业 2010 年原材料、劳动力、房租占营业成本的比例**

| 占营业成本的比例 | 原材料 | 劳动力 | 房租 |
|---|---|---|---|
| 10%以内 | 0% | 0% | 17% |
| 10% ~20% | 19% | 14% | 57% |
| 20% ~30% | 11% | 69% | 23% |
| 30%以上 | 70% | 17% | 3% |
| 合计 | 100% | 100% | 100% |

表 11 参与调查企业 2010 年原材料、劳动力、房租增长率

| 2010 年各项增长率 | 原材料 | 劳动力 | 房租 |
|---|---|---|---|
| 10% 以下 | 30% | 9% | 24% |
| 10% ~20% | 30% | 44% | 37% |
| 20% ~30% | 24% | 32% | 21% |
| 30% 以上 | 16% | 15% | 18% |
| 合计 | 100% | 100% | 100% |

## （三）食品安全问题

14% 的被调查企业认为食品安全是制约企业发展的普遍问题。而近年来，食品安全问题日益严重，且涉及范围不断扩大。毒奶粉、染色馒头、瘦肉精等严重威胁消费者的身体健康及消费信心。餐饮连锁企业应从自身做起，充分严把食品安全质量关。只有让消费者满意，企业才能长远持续发展。

表 12 2010 –2011 年餐饮业食品安全事件

| 时间 | 事件 |
|---|---|
| 2010 年 7 月 | 真功夫排骨门（原料问题） |
| 2011 年 3 月 | 火锅老油 |
| 2011 年 7 月 | 味千拉面骨汤门（涉嫌欺诈） |
| 2011 年 7 月 | 肯德基豆浆门（涉嫌误导消费者） |

## （四）政策支持问题

27% 的被调查企业认为政策支持是制约企业发展的普遍问题。它们普遍认为，目前政府对连锁餐饮业的发展重视程度不够，支持不足，并且政府机构本身对连锁餐饮业缺乏深入了解，在制定相应政策过程中没有考虑餐饮行业自身的特点，未充分听取企业意见，这些都给餐饮行业的健康快速发展带来很大障碍。因此，大部分企业表示希望龙头企业及行业协会能尽量多与政府沟通，以争取使政府制定的相关政策符合企业的发展需要及行业基本情况。主要问题包括：中央厨房向门店配货的增值税问题，餐厅与后厨的面积配比问题，外地务工人员的社保管理问题等。

## (五) 加盟商管理

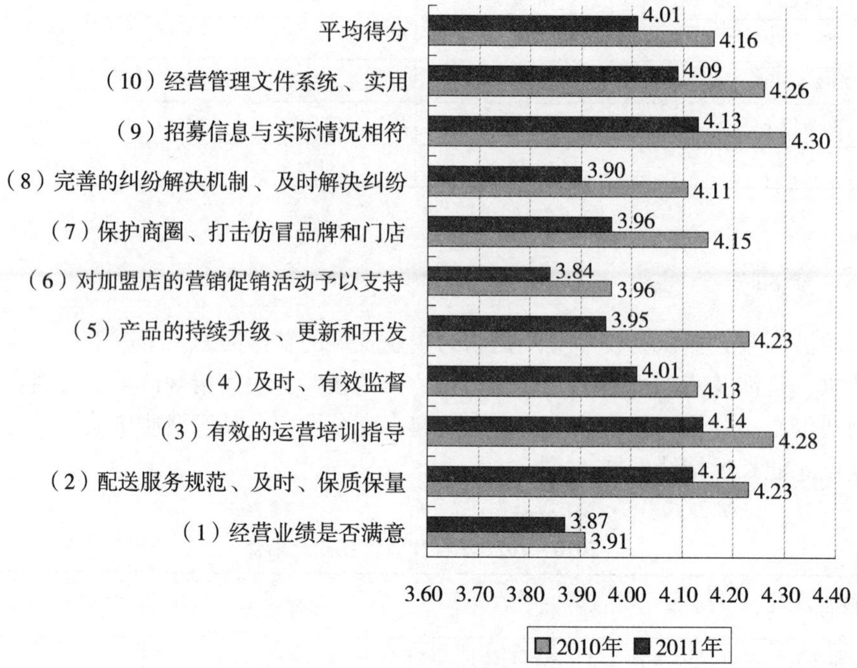


**图 3 加盟商调查结果**

# 三、连锁餐饮企业下一阶段发展策略

## (一) 餐饮企业的市场焦点向二线城市转移

大部分餐饮企业都计划继续开拓一、二线城市的市场，而二线城市将成为市场开拓的焦点。被调查的企业中，53%的餐饮企业计划未来重点扩张一线城市市场，而61%的企业认为未来二线城市市场是其开发重点（如图4所示）。目前，中国零售企业主要关注于一线城市的餐饮市场，但这一市场将逐渐趋向饱和，网点资源将越来越稀缺，为了维持高增长，企业正在计划逐步向潜在需求巨大的二线城市，乃至三、四线城市扩张。

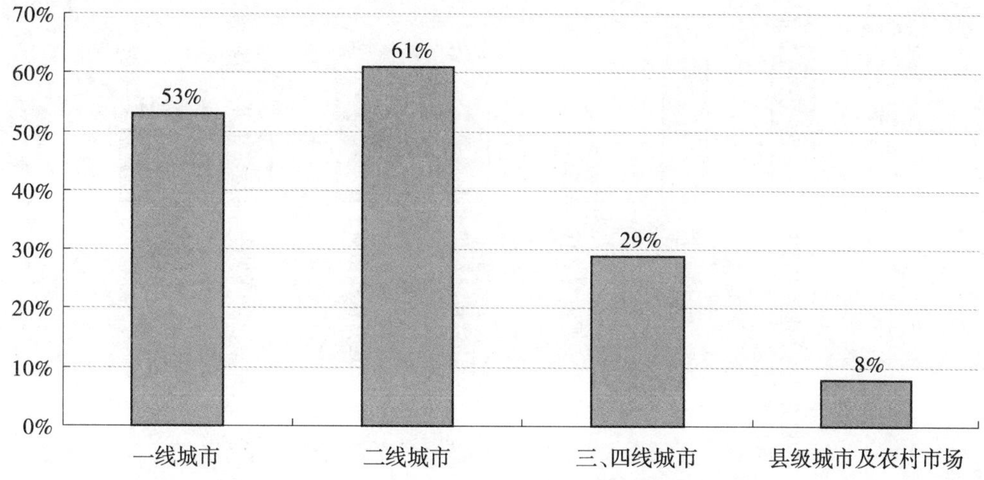


**图 4　企业未来重点扩张区域**

## （二）连锁餐饮企业在未来 1～2 年的运营管理中的关注重点

其关注重点包括成本管理、内部控制、物流供应链建设、食品安全、流程优化、标准化、提升单店效益和建设中央厨房。而它们在未来 3－5 年的战略规划中将主要考虑：提升品牌或建立多品牌、规模扩张、加盟管理、建立生产/采购/供应链体系、运营模式创新、战略联盟和拓展中央厨房。这些主要是基于餐饮业目前存在的问题和未来的发展所考虑到的。

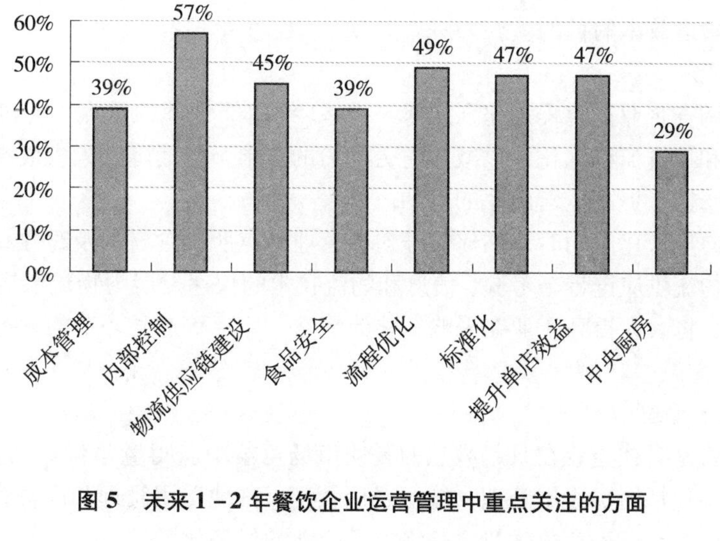


**图 5　未来 1－2 年餐饮企业运营管理中重点关注的方面**

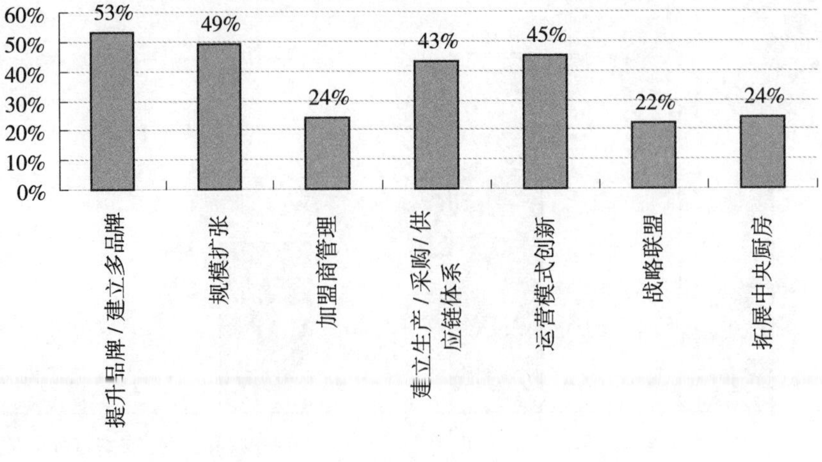


**图 6　未来 3 – 5 年公司战略中主要考虑的方面**

## （三）运营管理方面

未来 1 – 2 年，餐饮企业在运营管理方面将重点关注：内部控制、流程优化、标准化、提升单店效益、物流供应链建设、成本管理、食品安全和建设中央厨房。其中物流供应链和中央厨房的建设也是餐饮企业在未来 3 – 5 年的战略规划中将主要考虑的。

1. 强化内部控制

调查显示，57% 的企业认为内部控制将是它们未来 1 – 2 年在运营管理中着重关注的方面。通过强化内部管理，加强企业经营各环节的控制与协调，如完善销售与收款控制制度、健全购货与付款控制制度、健全固定资产及存货控制制度等，降低餐饮企业运营风险，达到提高营运效率的目的。

2. 流程优化

49% 的被调查企业把流程优化列入未来 1 – 2 年内部管理的重点。通过有效的项目过程组织，主导和推进流程优化，以减少对劳动力的需求，进而降低人力成本，并达到减少业务流程中的摩擦、提高运营效率的目的。

在企业走向规模化的同时，如何保证对各营业网点所供食材的及时性和安全性就更加突出，给企业物流供应链带来考验，信息和物流技术的快速发展为物流供应链的信息化管理提供了条件，将大大提高企业在采购、物流配送、库存等运营环节的管理效率，降低运营成本。

3. 关注成本管理

成本管理将是餐饮企业在日趋激烈的餐饮市场竞争中获得竞争优势的重要方法之一。有效的成本管理包括厨房成本管理、能源费用管理、其他费用管理和设备管理等，有利于控制企业运营成本，获得竞争优势，最终提升企业的经济效益。

4. 关注中央厨房的建设

餐饮企业规模不断扩大，建设中央厨房成为了餐饮企业转型的最佳选择。通过中央厨房集中规模采购、集约生产来实现菜品的质优价廉，将餐饮的复杂的选拣、洗净、切配、烹饪等加工要素在工业化中实现标准化，并运用食品冷冻冷藏技术使菜点半成品、成品保持新鲜，为连锁经营门店提供标准化、统一化的食物。

### （四）公司战略方面

未来3－5年，在制定公司战略时，餐饮企业将更加看重：提升品牌或建立多品牌、规模扩张、运营模式创新、建立生产/采购/供应链体系、加盟管理、拓展中央厨房和战略联盟。

#### 1. 提升品牌或建立多品牌

被调查的企业中，53%的企业表示将在未来3－5年的公司战略规划中考虑品牌提升与多品牌的建立工作。一方面，中国消费者消费不断升级，将促使餐饮企业进行品牌提升。另一方面，中国消费者需求将越来越多样化、个性化，这给餐饮企业实施多品牌的战略创造了条件。设立多品牌满足不同收入消费群体、不同偏好的消费群体的不同需求，最大程度地抢占市场份额。

#### 2. 规模扩张

未来几年，餐饮企业规模扩张趋势不变。调查显示，计划在战略规划时将规模扩张视为重点的企业占49%。

附：中国餐饮业连锁经营发展历程回顾

附：

# 中国餐饮业连锁经营发展历程回顾

通过对餐饮连锁企业及业内人士的访谈交流，并参考相关文献资料，中国连锁经营协会与德勤中国研究人员对上世纪90年代以来餐饮连锁的发展进行了系统梳理，从餐饮连锁企业经营管理的角度，将上世纪90年代至今中国餐饮业连锁经营的发展历程划分为三个阶段，即连锁导入期（1993－1999年）、规模扩张期（1999－2007年）和管理转型期（2007年至今）。

1. 中国餐饮业连锁经营的发展经历了三个阶段

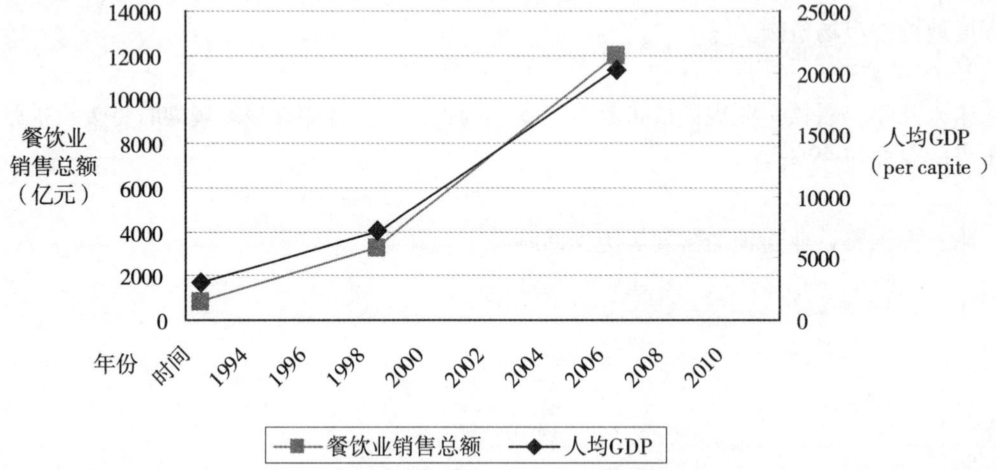


**图1　中国餐饮业连锁经营发展三个阶段示意图**

2. 连锁导入期的发展特点（1993－1999年）

**表1　　代表性企业的重要事件**

| | |
|---|---|
| 1987年11月 | 肯德基在中国的第一家餐厅在北京前门开业 |
| 1990年 | 麦当劳在深圳开设了中国的第一家餐厅，由此引入连锁经营概念 |
| 1991年12月 | 荣华鸡成立，但后在2000年退出北京市场 |
| 1992年 | 狗不理集团正式组建 |
| 1993年 | 全聚德集团成立，开始发展加盟店 |
| 1994年6月 | 小天鹅开始发展加盟店 |
| 1995年 | 马兰拉面成立 |
| 1995年 | 红高粱快餐连锁店在郑州开业，1999年初因“非法集资”被告上法庭 |
| 1996年6月 | 肯德基第100家餐厅在北京开业 |
| 1997年 | 新亚大包在上海创建 |

表 2　与行业发展相关的重要事件

| | |
|---|---|
| 1995 年 | 部分省市连锁经营工作会在上海召开 |
| 1997 年 | 中国连锁经营协会成立 |
| 1997 年 | 商业特许经营管理办法（试行）开始实施 |
| 1998 年 | 全国连锁经营工作会议在北京召开 |

该阶段的发展特点：

（1）国有餐饮企业在导入连锁模式中扮演主要角色，在 1996 年至 1999 年餐饮企业开始大规模运用连锁经营模式扩张，其间涌现出谭鱼头、小天鹅、德庄、仙踪林、东来顺、德克士、永和豆浆、小肥羊、小土豆等全国性餐饮连锁企业。

（2）加盟以品牌输出为主，标准化缺失，总部对加盟店的支持和控制力不足，连锁体系缺乏可持续性。

（3）连锁经营的基础理念开始在业内广泛传播。

3. 规模扩张期的发展特点（1999—2007 年）

表 3　代表性企业的重要事件

| | |
|---|---|
| 1998 年 8 月 | 小肥羊公司创立，次年开始发展加盟，2004 年店铺数突破 700 家 |
| 1998 年 | 星巴克进入中国，2005 年在上海成立中国总部 |
| 2003 年 | 香港大家乐收购新亚大包 |
| 2004 年 | 肯德基在中国的店铺数达到 1000 家 |
| 2004 年 | 菲律宾快乐蜂收购本土中式快餐永和大王，2008 年收购本土餐饮企业宏状元 |
| 2004 年 | 1994 年海底捞在简阳成立，2004 年进军北京火锅市场 |
| 2007 年 | 肯德基在中国的店铺数达到 2000 家 |

表 4　与行业发展相关的重要事件

| | |
|---|---|
| 1999 年 | 首届中国特许加盟展览会在北京举行，有 40 家企业参展 |
| 1999 年 | 烧鹅仔的品牌之争 |
| 2002 年 | 首届中国餐饮业连锁经营研讨会在成都举办 |
| 2003 年 | 在重庆正式成立中国连锁经营协会餐饮连锁委员会 |
| 2004 年 | 协会开始组织年度特许经营优秀品牌评审，每年有近 40 家餐饮企业参加评审 |
| 2005 年 | 《中国特许经营发展状况蓝皮书》发布，中国成为世界特许经营体系最多的国家（1900 个） |
| 2005 年 | 台湾快餐品牌万兔速丽在大量招募加盟店后“人间蒸发” |
| 2005 年 | 上岛咖啡品牌之争 |
| 2005 年 | 苏丹红事件 |
| 2006 年 | 中国餐饮住宿消费突破 1 万亿元 |
| 2007 年 | 重庆火锅底料事件 |
| 2007 年 | 《商业特许经营管理条例》出台，“两店一年”的准入门槛和备案、信息披露等规定对特许企业规范运作提出更高要求 |

该阶段的发展特点：

（1）在这一阶段，快速发展期以特许经营模式发展的餐饮连锁企业规模迅速扩大，跨越区域扩张加快，这是企业开店数最多的时期。过快发展也带来诸多隐患，企业逐渐暴露出品牌管理缺失、加盟商纠纷增多、人力资源匮乏、培训力量薄弱、配送技术落后、体系、产品标准化难等内部问题，再加上火锅底料、苏丹红等外部食品安全危机问题的困扰，迫使餐饮连锁企业在困境中放慢脚步，寻求解决方案。

（2）与此同时，直营与特许加盟并存。真功夫、味千、吉野家、大娘水饺、面点王、西贝、顺风、眉州东坡等企业坚持走直营化道路，虽然规模不大，但保持了企业发展后劲。

（3）随着市场竞争加剧，原材料、人工、房租等经营成本持续上升，优质商业网点越来越稀缺，消费者观念和行为开始转变，企业盈利模式正在悄悄地发生变化。

（4）在这一阶段，企业考虑的问题是特许经营的品牌风险、连锁发展的速度和质量平衡、中式正餐的标准化难题、业态创新、资本运营等。

4. 管理转型期的发展特点（2007 年至今）

**表 5　　代表性企业的重要事件**

| | |
|---|---|
| 2007 年 3 月 | 味千拉面在香港联交所主板上市 |
| 2007 年 11 月 | 全聚德在深圳中小板上市 |
| 2008 年 6 月 | 小肥羊在香港联交所主板上市 |
| 2009 年 11 月 | 湘鄂情上市 |
| 2010 年 9 月 | 重庆乡村基在美国 A 股上市 |
| 2010 年 11 月 | 85 度 C 在台湾上市 |
| 2010 年 6 月 | 肯德基第 3000 家店开业 |
| 2011 年 3 月 | 俏江南申请 A 股 IPO |
| 2011 年 8 月 | 麦当劳全面开放加盟业务 |
| 2011 年 11 月 | 百胜餐饮集团收购小肥羊成功 |

**表 6　　与行业发展相关的重要事件**

| | |
|---|---|
| 2007 年 2 月 | 美国次贷危机引发全球性金融危机 |
| 2008 年 11 月 | 政府出台 4 万亿拉动经济计划 |
| 2009 年 6 月 | 正式实行《食品安全法》和食品安全相关管理 |

该阶段的发展特点：

（1）资本运作成为餐饮连锁企业家主动思考和采取的战略，它为企业长远发展奠定了更大的后劲。受国内市场因素影响，部分企业谋杀求海外上市。

（2）企业大量应用先进信息化设备，组织构架更加完备，连锁体系管理不断完善，多品牌、多业态发展趋势明显。

（3）为控制经营成本，企业纷纷采取各项措施，包括与社会专业化合作、建设中央厨房、原产地采购、建立人才战略、介入商业地产、进入产品零售市场等等。

（4）人工成本上升、员工就业观念改变，引发企业以员工为中心的人力资源战略。

（5）消费者健康观念和消费习惯改变，对企业的经营管理和社会责任提出更高要求。

# 2011 年中国零售业节能环保状况调查报告（摘要）

中国零售业通过外资代表性零售企业将国外先进的节能环保理念和经验不断引入国内，内资零售企业也不断了解并加深了节能环保对企业发展的重要性和紧迫性认识，在“十一五”期间，内资零售企业与外资企业的差距不断缩小。同时，中国零售业的节能环保工作已从理念宣传、培养层面逐渐转化为企业切实的实践行动，并逐步扩展成为越来越多的企业发展战略的构成部分，得以不断深化。

为持续跟踪我国零售业节能环保工作的最新进展，深入挖掘零售业节能环保空间，探索“十二五”期间零售业节能环保的新方向，2011 年，商务部流通业发展司继续委托中国连锁经营协会组织撰写《2011 年中国零售业节能环保绿皮书》。为此，2011 年 4 - 9 月，中国连锁经营协会结合商务部“零售企业节能环保情况调查”，对中国零售企业的节能环保情况进行了调查，共有 21 个省、市、自治区的商务主管部门提交了 129 家企业及其下属的 106 家门店的基本信息，调查覆盖了大型超市、便利店、专业店、百货店等业态，调查内容包括能耗水平、节能环保关键点、绿色供应链的建设和管理、节能设备技术应用、节能改造实施的难点、相关法规标准的学习和实施情况等。同时，调查分析中也采纳了中国连锁经营协会开展的“2010 年中国连锁百强”调查的相关数据。

本次调查在总结零售业节能环保工作进展的基础上，提出了现阶段零售业节能环保进度模型，并从创新角度分享企业最佳实践，分析了零售业节能环保的发展瓶颈与障碍，提出了相应政策建议，探讨了“十二五”期间零售业节能环保的可持续发展之路。同时，调查显示，近三年来零售业整体能耗水平呈稳步下降趋势，企业对环保的关注度越来越高，环保措施更全面、更深入。

本次调查报告的编撰工作，由中国连锁经营协会节能环保工作小组与中国人民大学环境学院合作完成，同时得到 TESCO 中国、华润万家有限公司、沃尔玛（中国）、山东银座商城股份有限公司、家乐福（中国）、百安居（中国）、武汉中百仓储超市有限公司、北京王府井百货（集团）股份有限公司、宜家（中国）投资有限公司、永旺商业有限公司、大连三洋冷链有限公司、松下电工（中国）有限公司、特灵空调系统（中国）有限公司、艾默生环境优化技术有限公司、霍尼韦尔朗能电器系统技术有限公司和清华大学建筑学院建筑节能研究中心的大力支持。

2011 年中国零售业节能环保调查呈现如下主要特点：

## 一、大部分零售企业尚处节能环保基础期，少数企业已迈入成熟期

我国零售企业能耗呈现总量大、能耗点多、节能技术涉及面广、节能量认定难度大等特点。由于区域、业态、发展阶段等差异，零售企业节能环保实施处于不同的水平和阶

段。本次调查中，我们根据所调查企业的节能环保实施进度，将其汇总分类为三个层级，即基础层、发展层和深化层，参见表 1。

**表 1　　　　零售企业节能环保实施程度分类**

| | 节能管理 | 技术设备应用 | 面向上下游的带动作用 |
|---|---|---|---|
| 基础层 | 1. 知晓适用法律法规及相关标准要求<br>2. 决策层重视节能环保工作，设立年度节能目标<br>3. 定期开展多种形式员工培训和宣传 | 1. 在销售场所的基础设施建设中应用节能产品<br>2. 对门店照明系统等主要耗能点进行节能改造，充分利用自然光源，减少照明灯光的使用 | 1. 关注商品的减量包装<br>2. 在社区推广环保购物袋的使用 |
| 发展层 | 1. 符合基础层要求<br>2. 严格遵守国家相关法律法规及标准要求<br>3. 制定企业能源管理制度和流程，提高员工节能意识<br>4. 设置专业人员进行节能设备管理，加强能耗数据分析<br>5. 门店设专人负责回收废弃物 | 1. 符合基础层要求<br>2. 对门店空调、制冷等系统进行节能改造<br>3. 门店安装实时监控计量表，以手工抄写等传统方式对能耗数据进行统计<br>4. 安装感应器、节能阀等节水装置，减少水资源浪费 | 1. 符合基础层要求<br>2. 制定零供协议或守则，要求供应商遵纪守法，鼓励供应商重视环保节能；要求一定比例的供应商运送商品到配送中心，尽量减少运输环节上对环境的影响，节约物流成本<br>3. 面向社区和消费者定期举办节能环保产品主题销售，组织公益宣传活动 |
| 深化层 | 1. 符合发展层要求<br>2. 制定符合或严于国标的企业标准和管理制度<br>3. 将节能环保纳入企 业发展战略，设定可持续评价指标体系<br>4. 设有专职的节能工作管理机构，有定性或定量考核指标，定期对门店的节能减排工作进行审计<br>5. 打造节能示范店，持续降低门店的能耗水平<br>6. 建设智能化能源管理控制中心或能源管理数据平台。连锁总部通过平台实现对门店的能耗即时管理 | 1. 符合发展层要求<br>2. 持续对既有门店进行各主要能耗关键点的节能改造，同时重视对新开门店实施整体节能系统应用<br>3. 不断改善可再生能源利用占比<br>4. 积极采用中水回收、废弃热水循环利用等措施<br>5. 引入新技术新设备，对果蔬、生鲜等有机垃圾进行可循环再利用处理 | 1. 符合发展层要求<br>2. 自建节能绿色环保物流配送中心<br>3. 与绿色供应商合作，对供应商进行引导和培训，帮助供应商提高能效<br>4. 企业网站设有“企业社会责任”或“可持续发展”相关版块，通过网络平台，介绍企业环保节能实践，倡导低碳经营的生活方式 |

零售业的节能可划分为节能管理、节能技术和带动供应链上下游节能三个方面。零售业的环保工作还处于初级阶段，主要集中于废弃物回收利用、商品包装减量化以及商品绿色运输环节等方面。调查显示，近 80% 的企业节能环保实施进度处于基础层，14% 的企业处于发展层，约 7% 的企业处于深化层；从地域分布看，处于深化层和发展层的企业多分布于东部沿海地区，中部内陆和西部边远地区的企业多处于基础层阶段。

处于基础层的节能环保措施多数属于低投入的方案，这些方案在实施初期会显现明显的节能环保效果。随着节能环保的逐渐深化，零售企业应不断加大其投入，进一步采纳发展层、深化层的方案，高投入会带来更大的经济效益和社会效益。

## 二、节能减排见成效，能耗稳步下降

调查显示，2011 年中国零售业的节能环保在总体能耗水平呈现稳步下降趋势的前提下，突破传统思维模式，实现了诸多方面的创新：能源管理系统的引入，提高了总部对连锁门店的能效管理水平；二氧化碳等新型环保制冷剂的应用，进一步有效降低了氟利昂的使用量和温室气体的排放量；能源审计作为科学化、规范化的能源管理手段，助力企业提高能源管理状况和用能水平；面向消费者宣传渠道的创新，多角度展现着企业的公民形象；绿色物流中心的建设，使得节能减排走向全程化；节能概念店的打造，树立起零售业节能减排的标杆……除了深化企业自身节能环保实践外，零售业还积极发挥窗口作用，带动上游供应商和下游消费者，携手致力于可持续发展之路。

1. 万元营业额能耗量——2011 年各业态均呈下降趋势

节能环保不仅是企业的社会责任，同时也是零售企业深入挖掘利润空间的需要。根据商务部“零售企业节能环保情况调查”显示，从不同业态来看，与专业店相比，百货、超市和大型超市的万元营业额能耗量①较大。2010 年百货业态万元营业额能耗量区间为 110 - 480kwh/万元，超市为 200 - 390kwh/万元，大型超市为 130 - 550kwh/万元，专业店为 70 - 150kwh/万元。

相比于 2010 年，2011 年四个主要业态的万元营业额能耗量均有所下降，其中专业店的万元营业额能耗量下降幅度最大，由平均 130.0kwh/万元降至 87.3kwh/万元，降幅 32.8%；百货和大型超市的万元营业额能耗量降幅较小，均为 7.8%。如图 1 所示。

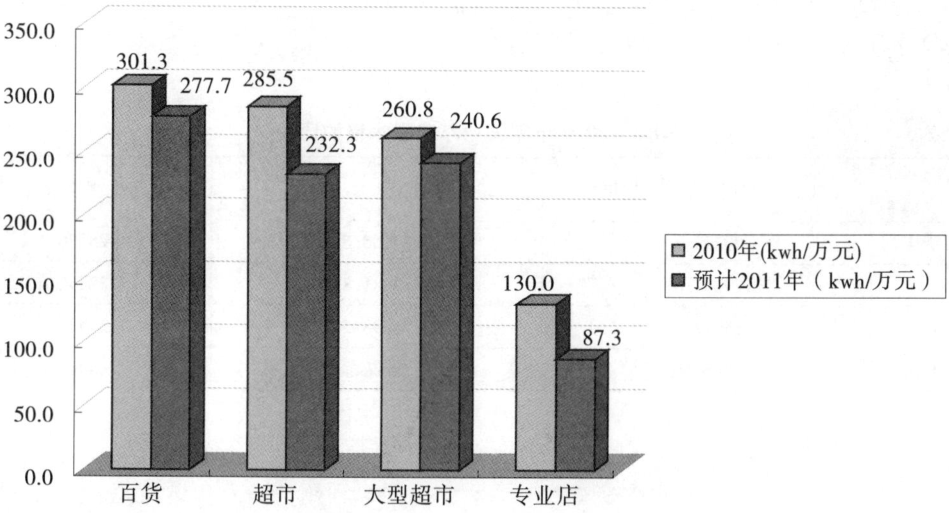


**图 1 不同业态万元营业额能耗量对比**

① 此处的能耗量包括耗电量、耗油量和耗气量，均统一转换为耗电量计算。

2. 单位营业面积耗电量——各业态变化趋势不同，总体降幅有限

表2列举了2008－2010年我国不同业态零售企业的耗电强度的变化①。需要说明的是由于调查范围和选取数据的局限性，数据具有一定的差异。其总趋势呈能耗强度下降，但下降幅度有限。有别于其他业态，生鲜经营是超市和大型超市耗电量的特有构成部分，同时也是超市和大型超市耗电量的潜在下降空间，对生鲜经营的耗电量加以控制，则超市和大型超市的耗电量会进一步下降。

**表2　　2008－2010年零售业的耗电强度比较**

| 不同业态 | 2008年单位营业面积耗电量（kwh/$m^2$） | 2009年单位营业面积耗电量（kwh/$m^2$） | 2010年单位营业面积耗电量（kwh/$m^2$） |
|---|---|---|---|
| 百货店 | 248.2 | 263.9 | 246.7 |
| 超市 | 270.6 | 316.9 | 312.1 |
| 大型超市 | 327.6 | 307.9 | 279.0 |
| 便利店 | 240.3 | 279.1 | 278.6 |
| 专业店 | 285.6 | 204.0 | 194.2 |

3. 年度用水量——近三年连续下降

零售企业的节水措施包括重点部门安装了分表、安装节能阀和感应装置。调查显示：54%的企业在重点部门安装了分表，46%的企业安装了节能阀，36%的企业已安装感应装置。除此之外，少数企业还采用节水龙头、变频调速给水设备、使用污水回收利用装置等措施。

越来越多的零售企业将节约用水贯穿其节能环保的战略理念中，在员工中积极开展节约用水宣传教育，同时注重用水监管。从2008年起各业态的年度用水量均有不同程度的下降，见表3。

**表3　　2008－2010年零售业年度用水量的比较②**

| | 2008年度用水量（$m^3$/年） | 2009年度用水量（$m^3$/年） | 2010年度用水量（$m^3$/年） |
|---|---|---|---|
| 百货店 | 29299.3 | 29200.6 | 28756.4 |
| 超市 | 29644.6 | 23381.8 | 22352.6 |
| 大型超市 | 25017.6 | 26298.5 | 24593.4 |
| 专业店 | 3997.9 | 2557.7 | 2064.5 |

① 数据来源：2009年及2010年中国连锁百强企业典型门店反馈数据。

② 数据来源：2009年及2010年中国连锁百强企业典型门店反馈数据。

## 三、2011 年零售企业节能环保新突破

2011 年，中国零售企业的节能环保发展在摸索中不断前进，曾在《2010 年中国零售业节能环保状况调查报告》中所提到的几大发展趋势，如今许多已变为现实。

1. 引入能源管理系统，总部对连锁门店的能效管理水平明显提高

目前，很多零售企业对门店进行节能改造，但由于各节能设备之间的分散管理，节能效果受到制约。而能源管理系统（EMS 系统）能将各自独立运行的设备（冷冻、空调、照明等系统的节能设备）结成相互关联的系统，从而更好地帮助零售企业降低能耗和减少运营成本。EMS 通过精确控制温度、优化机组运行参数和先进的管控方案，以及根据事先安排的时间表和实际环境变化调整设备的运行，根据需求进行系统自动调整设置，从而为客户降低设备电量消耗，提高设备使用寿命，并适时提供各类预警信息。

同时，零售企业还可以建立监控呼叫中心，利用相关软件对门店实施远程监控与管理。这些软件不仅能实时接收各个门店的报警，还能实现对门店的冷冻、空调及照明系统中不同设备的参数及运行日程表进行设定与更改。如家乐福的节能工程较早引入了先进的信息管理控制系统，门店的节能设施均由位于上海的中央监控中心（COS）监控。COS 可以通过设在各门店的监控系统，对所有冷冻冷藏、照明以及空调的运行状态进行即时监控。监视系统可自动设置日间模式和晚间节能运行模式，自动按时开启和关闭所有的照明等。

2. 提高环保贡献度，体现企业社会责任

调查显示零售企业在深化节能的同时，迎合消费者不断提升的环保需求，积极承担其社会责任，不断加大对环保的深入挖掘。在倡导减少使用塑料购物袋、回收利用包装废弃物、循环利用有机垃圾、使用清洁能源、应用环保制冷剂、销售环保产品等方面进行积极有效的探索和实践。

（1）减塑行动持续推进，企业配套服务悄然跟进

塑料袋从免费到收费，作为塑料袋使用的主要场所——超市大卖场，在服务上也有了悄然跟进的举动。如开辟“无塑料袋快速通道”、提供购物篮租用服务、采取换购环保袋等。如图 2 所示，2011 年商超的塑料袋销售数量继续下降，其中超市下降 12.7%，估算每家超市塑料袋月均销售数量将减少 3500 个左右。但专业店的塑料袋销售数量有上升趋势，2011 年上升 4.8%。

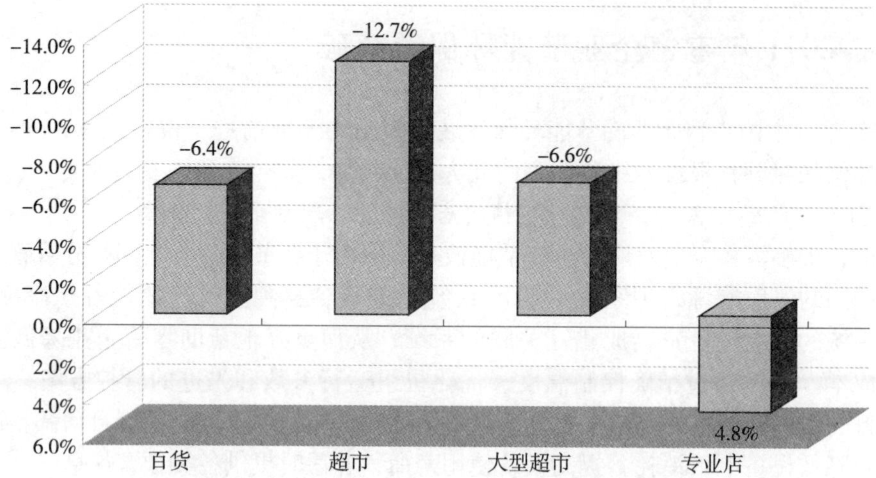


**图 2　2011 年比 2010 年塑料袋销售量下降比率**

（2）包装废弃物的“瘦身”与回收利用

调查显示：超过 34% 的企业关注包装环节的减量化，2010 年实现多个品项的减量包装，每家门店年平均节约包装材料 6.8 吨。欧尚中国将关注减量包装作为其可持续发展实践的一部分，2009 年对 80 个品项进行减量包装，节约了近 19.4 吨包装材料。

除了“瘦身”外，包装废弃物的高效回收利用也能省下不少资源，在做好企业内部包装废弃物回收利用的基础上，有些企业还提供面向消费者的废弃物回收服务，引导消费者加入环保行列，如华润万家曾在中秋节推出月饼盒换环保袋的活动。

零售企业面向消费者的回收服务包括旧家电、纸张等可回收物，其中 50% 的企业会对淘汰的家电进行回收，而只有 35% 的企业会面向消费者进行纸张的回收，参见图 3。

对于易于回收的纸箱包装物，零售企业或作为废品出售，或返回配送中心和供应商，其中用作废品出售的比例高达 72%，而返回配送中心再利用和返回供应商再循环的占比依次为 13%、15%。

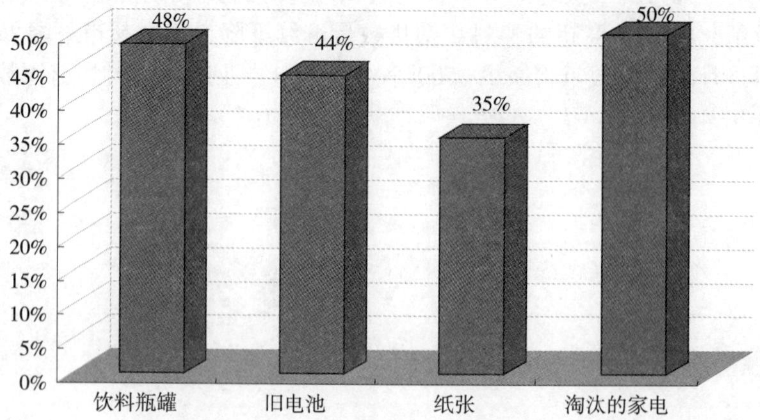


**图 3　零售企业面向消费者进行废弃物回收的情况**

（3）变废为宝，有机垃圾的再循环处理

随着居民生活水平的不断提高以及农超对接的逐步实现，超市和大型超市中餐厨类有机垃圾的数量在不断增加，如何有效妥善处理逐渐成为零售业又一新的环保关注点。目前，大多企业将有机垃圾交给市政做统一回收处理，而有些企业已开始尝试采用新工艺，对有机垃圾进行处理。欧尚（中国）秉承“垃圾分类 = 节约 + 可循环材料 = 环境保护”的理念，引入餐厨垃圾处理机，采用新技术实现有机循环，并定期对员工进行相关培训；北京沃尔玛商场与生物科技公司合作，将废弃的熟食、海鲜、肉类、面包、饼干等进行处理，作为饲料、肥料、土壤的改良剂，应用于农业、畜牧业等产业，实现有机循环，该项目也使其北京的 10 家商场每天减少 2 – 3 吨垃圾填埋。

（4）应用清洁能源，注重废弃能源，降低碳排放

调查显示，37% 的企业在新开门店中引入了自然光照系统、太阳能热水器等节能环保设施，改变传统的单一能源依赖，利用建筑自身的特点，如采用玻璃幕墙、顶棚采用玻璃光棚等减少白天的用电，此外还通过技术手段，如采用智能感光控制系统在满足购物条件下减少冗余的能耗。

废热的回收利用也将有效降低碳排放。如乐购上南店利用 PEX 管热回收水循环代替电为冷冻库地坪加热，减少能耗。一些零售企业在过渡季节使用换新风代替空调制冷，既节约了能源又提升了购物环境的舒适度。

（5）采用环保型制冷剂，减少环境影响

调查显示，45% 的企业已开始采用 R134a 和 R404a 环保型制冷剂，并设有防止制冷剂泄露的管理措施，如增加防漏阀门、定期检查管道密封性、发现问题及时维修等措施。根据蒙特利尔协定规定，发展中国家 2015 年将削减氟利昂使用 10%，2030 年完全淘汰。我国目前仍有不少企业仍在使用对臭氧层造成破坏的 R22 型制冷剂，削减淘汰氟利昂的任务依然很艰巨。

由于氟利昂及其替代产品产生的温室气体效应远远大于二氧化碳，所以零售业制冷剂的应用及其泄露控制也越来越受到关注，一些企业开始使用温室气体效应较小的环保型制冷剂，而国际上已经开始研究 $CO_2$ 替代制冷剂以进一步减少环境影响。国内的乐购上海莘东店创新性地采用二氧化碳环保制冷剂，使得制冷剂的充注量从 1500kg 骤减至 120kg，大大降低了氟利昂的使用量和温室气体的排放量，有效降低了对臭氧层及大气的潜在危害。

（6）扩大绿色环保产品经营范围，引领健康低碳生活方式

目前，国内零售企业所经营的绿色环保产品品类不多，以节能家电和可降解的塑料包装制品为主。消费者对绿色环保产品的认知程度有限，根据中国连锁经营协会“2011 年绿色消费专题调查”显示，超过 52% 的消费者希望商家建立绿色产品专柜，得到零售企业绿色消费引导，研发、销售绿色产品将成为零售企业未来环保的关注方向。

## 四、突破思维局限，创新管理模式

据问卷调查统计，受访企业对于节能重点工作的认识，选择“完善创新管理手段”的占 78%，排在首位；其次是选择“在门店内扩大节能新技术和设备的应用范围”，占

60%。调查显示，零售行业在节能理念上不断进步，许多企业经过多年的实践发现，仅仅依靠单一的好产品或好技术，而缺少创新的管理手段和运作模式，也难以达到理想的节能目标，难以有效提高能效管理水平。借助创新理念，通过管理节能与技术节能的并重应用，成为推动企业可持续实施节能环保的主要推动力。为开拓更广阔的节能环保空间，零售企业纷纷出招，试图突破传统思维，引领节能环保的新时尚。

1. 完善流程制度，强化节能减排监督检查

（1）管理架构的完善

为了实现企业的可持续发展，提高企业竞争力，部分大型零售企业逐步建立健全环保节能管理制度并细化流程，使其在整体把握企业平稳运行情况下，不断探寻企业节能环保改进措施，保证节能环保行动的落实，切实降低零售企业的能耗。调查显示，截至 2010 年，94%的企业完成节能工作专职部门或人员的设置，如工程、物业和行政等部门。

如华润万家一直对相关法律法规、政策以及节能技术市场和门店的用能设备进行跟踪调研；成立节能减排委员会，在其各大区设专职能源管理经理；制订《能源综合管理三年规划》，编制《节能减排指导手册》，建立能源考核评价指标体系，以便于全系统分业态、分区域执行和落实节能减排目标。

银座商城也设有专职节能部门，对节能减排工作进行专项调研；其建立的能源消耗数据库，能对数据和费用进行分析，测算节能重点和制定运行能耗标准，找出能耗异常原因并提出解决方案；其注重节能环保细节管理，如根据客流状况，调整设施设备运行时间，开展各项活动提高员工节能环保理念等。

沃尔玛（中国）不仅搭建有完整的管理制度框架，还有多种针对性很强的具体配套管理制度和管理措施，从而有效降低了能耗，减少了浪费。如根据时间、客流进行灯光控制管理；非高峰期控制空调温度；严格控制冰鲜产品陈列的覆冰率；安装分水表，控制部门用水；大量采用自动感应水龙头等。

（2）能源审计——节能管理迈向科学化的一着好棋

能源审计作为一项重要的科学化、规范化的能源管理手段，赢得了多数企业的青睐。通过能源审计可以掌握企业能源管理状况及用能水平，排查节能障碍和浪费环节，寻找节能机会与潜力，降低成本，提高能效。调查显示，78%的企业对门店节能设备的运行情况进行效益考评，有些企业还引入了第三方专业审核公司进行审计。

宜家集团要求所有的大型卖场每年至少进行一次能源审计。宜家自行研发的能源审计标准包括八个方向的 56 个项目，每个项目都有具体说明，涉及到管理、照明、空调、通风、建筑维护与保温、电气设备、二氧化碳等多个方面。同时，宜家每次邀请第三方专业公司进行审计时都要求审计公司提供一份详细的审计报告，指出商场需要改进和优先去做的环节，并提出具体限制期限建议。宜家还委派专人负责跟进该项目的落实。能源审计项目促使宜家的各大卖场持续进行节能改进，不断降低店内能耗。表 4 列出了宜家“能源审计标准”中管理部分的具体内容。

表 4　　宜家家居能源审计标准部分摘选

| 管理内容 | 达标标准 |
| --- | --- |
| 专人负责节能减排工作，需权威、受过专门培训、有足够工作时间 | 20%时间花费在节能减排行动，有技术操作知识，符合本表其他要求，所有部门需与之配合 |
| WebEss 记录每栋建筑能耗、排放量、性能及花费等 | 1 月的数据应于 2 月底前输入完毕，类推 |
| 连续记录用电量、供热能耗数据及其影响因素 | 每周评价能源节能状况，方便得到至少 3 个月的数据 |
| 年度业务计划（包括业务目标和投资） | 商业计划有节能目标和相关行动计划，需每年更新并获得店长认可。至少每四个月需形成能耗和成本的图表 |
| 积极采取措施鼓励员工节能减排 | 呈现奖励办法取得的成效。有奖励人名册等例子 |
| 长期对内对外宣传节能减排成绩 | 每年必须在单位公告板与国家社会环境部和设备协调员沟通，在 IGR 内部交流论坛交流至少 3 个案例分析 |
| 主要负责人接受足够培训以胜任节能减排工作 | 设施经理和社会事务和环境的协调人员及各单位业务调控经理、营运经理和设计部经理应具有相关技术工作知识 |
| 开业或大修 12 个月后进行正式的节能减排审计工作，在之后每 5 年进行总结 | 12 个月后完成上次提出整改项目并制定方案解决实际偏差问题；正式执行节能审计 5 年后，分析供热、通风、空调和照明系统当前能效，并与成本进行比较 |
| 在高能耗机组和设备上安装独立计量装置，并定期对数据进行评估 | 冷水机组、锅炉、通风、照明和功率超过 100kW 设备都安装独立计量表，绘能耗分布饼图并监控设备性能 |

2. 创新传递渠道，倡导绿色消费理念

零售企业大多遍布于商业区和生活区，是推广全民绿色消费的最佳途径。近年来，许多企业一直积极尝试采取丰富多样的宣传方式，向社区、顾客、商场员工推广环保节能理念：如通过开展“地球月”、回收月饼盒、开设节能环保产品专区、设置环保宣传栏、举办“环保低碳”社区公益教育等活动，在传递理念的同时，也全面展现了企业公民形象。但面向消费者的宣传方式宽广无限，可探索的创新思路和解决方案永无止境。

如新世界百货 K11 北京环保体验馆，是其环保行动的主打牌，通过场馆免费参观展览，向公众宣传低碳环保的全新生活方式。如此，通过企业自身的引领，让环保意识及危机理念等信息传播给更多的人，同时呼吁更多的大众一起参与环保工作，以行动实践人与自然和谐共处。

3. 建设绿色物流中心，节能减排全程化

根据“2010 中国连锁百强”调查显示，物流能力越来越成为连锁企业的核心竞争力之一。由于企业的网点数量增加，覆盖面增大，更加需要统一的物流来提高经营效率，保证商品的供应，而建设物流配送中心是近几年零售企业的发展热点。截至 2009 年年底，中国连锁百强中有 90 多家企业建立了自己的独立配送中心。

如 TESCO 立足于绿色物流，2011 年在国内首家购地自建浙江嘉善绿色物流中心，采用多种先进的节能技术和手段，与传统物流中心相比节能45%，节水40%，并减少35%的碳排放。同时，TESCO优化物流配送的车辆和路径，减少物流配送过程中的能耗和环境影响。

4. 打造节能概念店

目前，随着企业各项节能环保行动的日益深入，零售业在全社会节能环保中的贡献度不断提高。自2010年，中国连锁经营协会在全行业启动“百家低碳示范商店”项目活动，旨在通过评选零售业优秀节能环保低碳示范店，为行业树立典范，为其他企业提炼打造低碳店的“秘诀”，同时敦促零售企业在不同领域广泛开展节能环保实践活动，持续推动并实现零售业节能降耗的目标。低碳示范店以单位面积的耗电量、万元营业额的能耗量、耗水量、节能照明器具应用范围以及门店所经营的环保节能产品种类和员工培训次数等方面为主要考核指标，选出最佳实践门店，树立中国零售业节能减排标杆企业。

据中国连锁经营协会对“百家低碳示范商店”数据统计，不同业态低碳门店经过改造后，年平均节能量均在10%以上，其中大型超市年平均节能水平为16.8%，百货店为20.1%，专业店为18.9%，可见低碳示范门店通过节能改造已经收获巨大节能效益。2010年不同业态的单位面积耗电量区间为：大型超市250－460kwh/$m^2$，百货店200－530kwh/$m^2$。2011年度首批低碳示范店中，大型超市的单位面积平均耗电量为276 kwh/$m^2$，百货店的单位面积平均耗电量为259kwh/$m^2$。由此可见，低碳示范店的节能成果明显。特别是参照国际研究成果来看，本年度首批低碳示范店的能耗量远低于国际零售企业。由此可见，低碳示范店取得了巨大节能效果，不仅成为国内零售业翘楚，也已经赶超国际的先进水平。

低碳示范门店能够取得巨大节能环保效果的“秘诀”是：其一，照明方面。根据客流量，采用分时段降低照度的自动调光装置，以及根据需要采用人体感应等方式自动开关灯设备。其二，冷冻冷藏。通过对冷冻冷藏陈列柜的监测与控制，定期进行设备和配件的维修、保养、更换。其三，用水管理。卫生间安装感应式水龙头，建立用水统计及用水管理规章制度和奖惩措施。其四，循环再利用。倡导适度包装，建立物品回收利用的相关管理制度并对废弃产品进行回收再利用。其五，清洁能源。采用太阳能、风能等可再生能源。其六，宣教示范，以点带面。在立足门店节能减排基础上，低碳示范店同时也注重与社区消费者交流，定期举办多种形式的节能环保宣传活动，倡导树立低碳消费理念。

## 五、零售业节能环保发展瓶颈与障碍

尽管节能环保理念已经逐渐被更多的企业所认识，但不可否认的是零售业的节能环保发展历程仍然步履维艰，存在诸多的障碍和困难：如多数零售企业的环保节能停留在低成本投入的基础层阶段、投资回报期较长的节能环保技术还得不到企业认可、零售业节能环保缺乏有效的制约和激励机制等等。因此，需要政府、企业、协会等多方的共同努力才能持续推动零售行业的节能环保。

与发达国家相比，中国零售业的节能环保还处于初级探索阶段，节能环保的发展历程仍然步履维艰，存在诸多障碍和困难。

首先，多数零售企业的环保节能停留在低成本投入的基础层阶段。虽然简单技术应用在实施节能环保初期会起到非常明显的效果，但节能环保的深化意味着更复杂的技术支持、更高的整体性要求、更大的投资介入方案，零售业节能环保的可持续发展有待技术、资金、政策等方面更雄厚、更稳定的支持和提高。因为节能可为企业带来更直接的经济效益，因此，零售企业节能多、环保少。根据中国连锁经营协会在2009－2011年三年间对零售业节能情况的调查发现，近几年零售业的环保还仅仅停留在节水、包装物回收、购物袋的减量化方面。此外，对于零售业环保和节能如何深化，如何建立行之有效的评价体系还缺乏系统的研究，企业的环保节能缺失标准和参照，因此摸着石头过河成为常态。如何将全球零售最佳实践经验转化为符合中国国情和发展阶段的理论指导，助力本土零售业的长期可持续发展将是企业界和学术界共同努力的方向。

其次，零售企业能够接受的投资回报期通常在3年左右，这制约着投资回报期较长的节能环保技术的应用。国家在“十二五”期间将进一步推动合同能源管理（EPC）在商业领域的应用，以有效解决投资回报期限对节能环保的制约。目前企业对合同能源管理的认识不尽相同，华润万家在这方面做了有益的尝试。

第三，目前零售业的节能环保缺乏有效的制约和激励机制。我国还没有针对零售业节能环保的强制性法规标准，零售业缺乏持续改进的强制性机制。零售业的节能环保目标是降低运营成本，提升企业效益。与国外零售企业相比较，中国企业关注更多的是直接经济效益，而国外企业更注重社会责任的体现。

国家对零售业的激励机制也多集中于补贴等经济手段，这些手段在一定程度上刺激了企业的节能环保行动，但补贴的负面效果也显而易见。强化企业社会责任，提升企业形象，使企业获得更多社会认可，对于中国零售业节能和环保的长远发展有着更重要的意义。

## 六、零售业节能环保发展趋势

1. 向上游供应链延伸，进一步深化与供应商的节能环保合作

节能环保工作涉及产品整个生命周期全过程的持续性改进，深化零售业节能环保必须沿供应链延伸。调查显示，61%的企业自建有物流中心，26%的企业表示未来1－2年有自建物流中心的计划。过半数的企业设定了物流环节的节能目标，2011年这一节能目标的平均值为13.5%。为减少商品运输过程的碳排放，46%的企业关注本地产品的销售，2010年参与调查企业的本地产品销售额占总销售额的平均比率为38.9%，2011年这一比例会提高到44.1%。

超过半数的企业对供应商提出了节能环保方面的要求和限制，主要包括：

（1）合规要求：严格审查供应商是否符合国家相关环境保护的法规要求；

（2）培训指导：开展供应商能效提升项目，从培训、现场指导等方面帮助供应商提高能源使用效率，减少能源成本；

（3）设备与技术：推荐供应商使用节能设备及相关技术；

（4）减量包装：要求供应商在不影响商品质量的前提下，减少包装材料，限制使用过度包装，推荐采用可回收利用的包装材料；

（5）绿色产品：引导供应商投入研发绿色环保产品，要求供应商持有绿色环保认证

证书；

（6）优化运输：商品配送由公司统一安排车辆，集中配送到各分店，为减少车辆拥堵能耗，选取夜间运输送货。

从外资企业的领先实践看，与供应商合作，实现上游供应链的节能环保是中国零售业节能环保未来发展的必然趋势，绿色供应链将带来新的商业革命，在不久的未来，谁在可持续发展领域拔得头筹，谁就很可能是下一场竞争的真正赢家。

2. 引领绿色消费，为顾客创造新的价值

据“绿色消费专题调查”显示，中国消费者的绿色消费观念已然形成，并正在逐步提高：74%的消费者在购买商品时会注意商品上的环保标识；当消费者选购商品时，56%的消费者希望商品上有明显的环境标志并注明益处；52%的消费者表达了希望零售企业设立绿色产品专柜的愿望。调查还发现，零售企业的积极环保形象对消费者的购买欲望是有影响的，见图4。

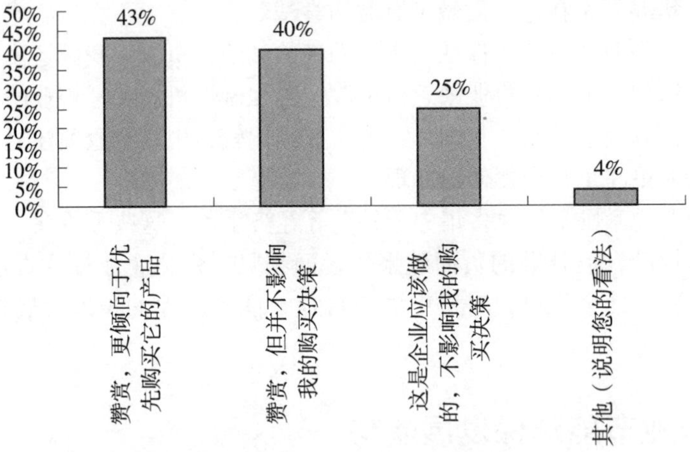


**图4　零售企业的积极环保形象对消费者购买决策的影响**

随着消费者绿色消费意识的增强，零售企业对绿色消费引领也需不断深入。TESCO已在英国推出200种“Green Living”系列品牌商品，包括节能灯泡、纸制品和厨房用品，帮助顾客做出更环保的选择。同时与供应商合作，利用价格、促销以及产品推广等措施突出环保，促进顾客的低碳生活方式。

消费者与零售业的密切相关性决定了零售企业对消费者的影响力不容忽视。零售企业可以通过多种方式进行宣传和引导消费者绿色消费、低碳生活，为消费者创造新的价值。

3. 低碳示范企业的示范引领作用

低碳不仅仅是节能，还包括采纳其他的环保措施后降低碳排放，因而低碳示范店的意义比节能示范店更为深远。行业组织积极响应国家节能减排的政策号召，推动零售业低碳环保迈出更大的步伐。

2011年中国连锁经营协会推出首批中国零售业低碳示范店，低碳示范店的能耗水平低于国内的总体平均水平，这也说明零售业可以采取管理和技术手段实现较大空间的节能降耗。

许多企业有自己的节能示范店，连锁企业根据示范店的运行模式和节能环保效果进行旧店改造或新店设计。商务部会同连锁协会陆续在全国范围内推出具有环保节能示范效果的低碳示范店，低碳示范店不仅在减少碳排放方面效果显著，而且持续细化管理，不断深入挖掘节能环保的空间，为中国零售企业树立标杆。中国零售企业可以从低碳示范店的实践中获得宝贵的经验。

例如，2011 年 TESCO 在上海新开的莘东店成为国内首家采用二氧化碳（$CO_2$）冷冻系统的零售门店，大大降低了制冷剂的温室气体排放量。沃尔玛的低碳示范店不仅提出节能 40% 的目标要求，同时也提出在此基础上还要减少 20% 的碳排放。

4. 国外零售业节能环保经验对中国零售业的启示

国外零售业节能环保开展的比较早，节能环保的理念不仅深入消费者，更为重要的是已经融入企业的文化和经营理念中。由于各国政策和侧重点不同，在节能环保的宣传或测算方面也有所不同：欧洲的环境标准日益严格、环境税已经普及，所以英国零售业比较侧重低碳或零碳排放；美国相对比较注重绿色供应链和可持续发展。但无论怎样，其节能环保的宗旨不变。现阶段在我国提高能效是最直接有效的节约能源的途径，因而我国的重点是节能降耗。

多年来，国外零售业的节能环保实践给予我们许多启示：

（1）技术手段与管理手段需双管齐下

技术手段和管理手段在零售业的节能环保中举足轻重，技术手段是驱动器，管理手段是其方向盘，单一依靠技术或管理手段都不能达到最佳的节能环保效果，要依靠管理手段不断审核企业的节能环保现状和潜力，寻找新的节能环保点，然后借助技术手段予以实现。一般的国内零售企业相对比较注重技术，而对管理还多数仅仅停留在基础层面上，尤其是企业的能源环保审计和长远目标的设立及其考核远较国外企业薄弱。以香港又一城为例，通过清华大学对其不间断的能源跟踪和审计等节能管理，其用电量从 2006 年的 34.5 百万度/年，下降至 2010 年的 2.51 百万度/年，而且持续的节能管理还会让其能耗有下降的空间。

（2）节能环保是一个长期持续改进的过程，不能一蹴而就

零售业的节能和环保点较多，只有不断深入挖掘细节才能真正实现其深化。例如国内大部分冷冻冷藏设备技术源于日本，而日本对于卖场和便利店的环境温度有很严格的控制，一般是冬季温度 25℃，湿度 60%；夏季温度 27℃，湿度 70%。稳定的环境温度，对于冷冻冷藏设备的性能稳定起到了至关重要的作用，更关键的是冷柜的使用效率是最高的，节能降耗也是最明显的。就好比大部分汽车在 90 公里/小时等速行驶时，油耗最低一个道理。目前在国内，还很少有大卖场和超市会注意到上述问题。

只要在节能环保的道路上深入探索，就能不断发现新方向。如西尔斯在商店内回收塑料衣架，其中 75% 的衣架将会被循环再用，损坏或过时的衣架则被用于生产新产品，2008 年西尔斯回收了 2250 吨衣架。此外，西尔斯还通过闭环回收系统对 97% 的铅酸电池进行了回收。

（3）积极承担企业社会责任，提升品牌形象

国外零售企业同样也追求利益最大化，在节能环保投资中需进行投资收益分析。但国外企业不仅仅关注直接的经济收益，还同样关注由此所带来的提升企业形象、良好的社会

影响等间接收益。外资企业无论在其本国还是中国，其节能环保投资的力度远远高于中国本土零售企业。不是因为外资有钱或财大气粗，其实是中外企业在节能环保理念上的差距。如沃尔玛在其美国本土的亚利桑那州和加利福尼亚州的一些城市的超市大量投资使用太阳能薄膜板技术，预计每年可以生产 22.5million kwh 的清洁能源，减少 11650 吨的二氧化碳排放；德国阿尔迪南北商业集团（ALDI），为了保护生态环境，在澳大利亚已逐步放弃使用含有磷酸盐的洗衣液，因为磷酸盐会促进蓝绿色藻类的生长，污染水源，危害海洋生物。

（4）与时俱进，不断探索节能环保的新方向

伴随着零售业迈入网络零售的全新时代，国外零售企业充分发挥其网络优势，借助互联网的平台，打造全新的节能环保宣传渠道。如 2009 年 9 月，TESCO 在英国推出"Greener Living"网站，为顾客提供节能环保的小建议，倡导低碳生活方式，增加与顾客的互动，自开放以来网站的访客数量上升了 56%。2010 年世界零售百强排名前 15 位的企业中，有 13 家企业的网站主页上设立了与企业可持续发展目标和节能环保实践相关的版块，主要包括门店节能环保建设、推广节能环保产品、倡导低碳生活方式等内容。相较而言，国内零售企业的网页，有关企业社会责任方面，更多集中在参与公益慈善活动的介绍上，少有企业或门店节能环保实践的宣传。为顺应新生代消费者对环境影响的关注和需求，国内零售企业应该尽快完善网络宣传渠道的制高点。

## 七、着眼未来，配套政策需跟进

企业环保节能工作实施得顺利与否以及实施效果的显著与否与政府的支持是紧密相连的，为推进零售业节能环保工作的持续发展，建议相关政府部门完善以下配套政策体系的建设：

1. 建立健全的零售业节能环保法律体系和标准体系。我国目前的环保和能效法规标准大多数针对工业领域，我国零售业节能环保的测量方法标准和管理标准还几乎处于空白，企业都是根据各自的特点自行执行一套规范。

零售业的节能环保缺乏有效的法律和标准体系规范，这就无法约束企业达到最低的环保节能标准，对于我国零售业的节能环保可持续发展非常不利。英国政府就明确规定 $1000m^2$ 以上的零售企业必须进行建筑的 Energy Performance Certificate，达到最低的能效要求，至 2015 年扩展到 $500m^2$ 以上。

2. 加强符合零售业特点的绿色供应链研究，推进零售业绿色供应链建设，为进一步深化零售业节能环保奠定基础。尽管目前绝大多数零售企业的节能环保还是局限于营业场所，对于供应链上游的供应商和下游消费者的影响力不够大，但随着节能环保的逐步深入，绿色供应链的建设将逐渐提到日程。对于零售业绿色供应链的研究还不多，企业无法获得有利的理论指导和政策支持。

3. 完善绿色补贴和税收政策，进一步提升企业节能环保的积极性。绿色补贴和绿色税收制度从不同的角度用经济手段鼓励了企业的节能环保行为，让节能环保的先进企业不仅仅获得社会效益，同时得到更大的经济效益。此外，绿色税收和补贴还会给更多的企业以政策导向，鼓励更多的企业进行节能环保。

4. 通过示范、认证、奖励等多种手段，强化对零售企业节能环保的宣传，深化消费者对企业节能环保的认知和认可程度，提升企业的社会影响力和消费者影响力，从而进一步刺激企业节能环保的积极性。

5. 积极稳健地推进合同能源管理在零售领域的应用。合同能源管理被企业的认知程度还远远不够，甚至一些知名的企业也不看好。合同能源管理既解决企业的节能环保投资问题同时又能够弥补零售企业对于节能环保的整体性把握困难，但是目前适合零售业的合同能源管理模式还没有完全成熟，ESCO 公司也是良莠不齐，因而在积极推进合同能源管理时既需符合零售业的特点和实际状况，又需政府规范能源服务市场，避免合同能源管理走入歧途。

6. 目前各地政府对于节能改造补贴和奖励的门槛较高，主要针对大型的工业企业及国有大型企业，连锁零售企业在门店较少的城市，很难达到申请奖励的 300 - 500 吨标准煤的要求。零售企业的节能与工业节能有很大的差别，其节能点多、单个节能点的节能量小，但节能效果和辐射面大，建议政府在进行节能奖励时灵活运用并配套出台相关政策，使更多的零售企业能够享受节能奖励和补贴，进一步提高企业节能环保的积极性。

# 2011 年中国购物中心发展状况及主要特点

最近几年，随着我国城镇化进程的不断推进以及城市开发步伐的不断加快，中国城市的商业设施建设，特别是购物中心开发取得了明显进展，尤其值得高兴的是，中国各级城市已经相继涌现出一批又一批的、备受商业品牌和政府主管部门和规划部门关注的优秀综合体、购物中心项目，这些项目对改善城市面貌、搞活城市流通、提升城市活力产生了积极的影响，全行业的综合实力、社会贡献度、城市推动力等现实影响也因此而得到显著提升，商业综合体和购物中心在城市发展中的引导效应、战略地位、完善机能得到不同程度的提高。

## 一、购物中心面积规模明显放大，成为各类商业设施中最抢眼的商业形态

截至 2009 年年底，中国购物中心累计商业建筑面积已经突破 12000 万平方米；预计 2011 年年底有望超过 17000 万平方米，购物中心成为各类商业设施中最为抢眼的商业形态。

从增长进程上看，中国购物中心每年商业建筑面积的新增量基本在 500 万平方米到 2500 万平方米，总体增长相对平稳；也就是说中国购物中心虽然发展迅速，但是面积增长基本保持着较为稳健的态势，行业成熟度有所提高，购物中心面积增长与市场需求之间对应的规律性逐步形成。

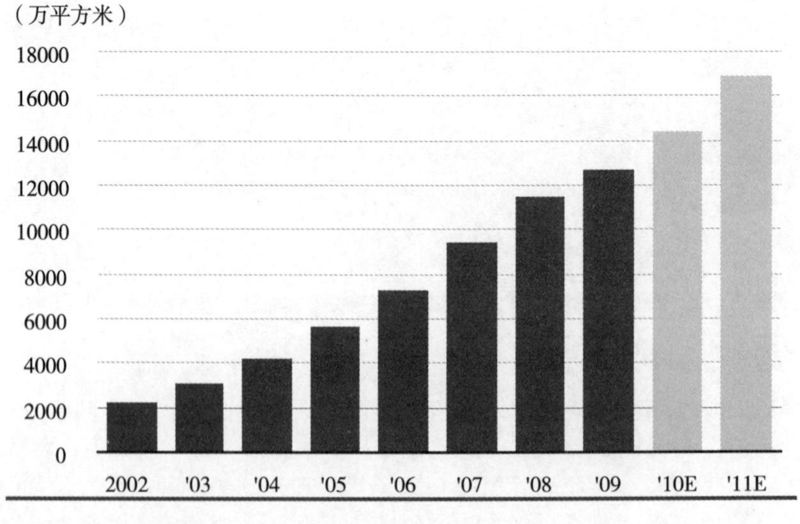


数据来源：中国购物中心产业资讯中心，中购联购物中心发展委员会

**图 1　中国购物中心年累计商业建筑面积情况**

## 二、购物中心新增商业建筑面积增长势头强劲，受宏观经济和政策环境影响极为明显

2007 年以前，中国购物中心年新增商业建筑面积一直呈现逐年增长趋势，即从 2002 年的 536.2 万平方米增长到 2007 年的 2195.7 万平方米，平均增长速度达到 33.5%。2008 年 –2009 年新增商业建筑面积呈现下降走势，特别是 2009 年该指标降至 1170.2 万平方米，与上年相比，降幅达到 42.9%。

出现这种震荡局面与全球金融危机和中国经济较大波动有着直接关系，受经济增长减缓的影响，中国购物中心的投资热情有所降低。而中国政府快速出台的启动投资和扩大消费政策，对近两年购物中心开发形成了新的支撑，使中国购物中心在 2010 年和 2011 年迎来新的更大增长。

结合全国目前未开业项目数量来看，我们预计 2011 年的新增商业建筑面积将会创出新高；2010 年全国购物中心新增商业建筑面积达到 1727.0 万平方米，逐渐接近于 2007 年新增水平，中国购物中心有可能再次走上放量增长通道。

2010 年美国购物中心可出租面积为 65032.1 万平方米，中国购物中心可出租面积达到美国的 20%，甚至更高，这样的产业规模理当引起零售品牌商对购物中心渠道的高度关注。由于目前中国消费率约为 35%，而美国已经达到 70%，未来中国消费率具有很大的增长空间，从这个角度上看，中国购物中心面积增长依然具有很大成长空间。

## 三、社区型购物中心继续保持最高占比，邻里型购物中心有待加快发展

中国购物中心的主体类型为社区型购物中心，所占比例约为 49.3%。这一结果表明，中国购物中心行业在 20 年的发展历程中，正在结合市场需求逐步融入到社区生活和社区服务。社区型购物中心占比接近 50% 的比重，是中国购物中心总体发展理性和健康发展的重要标志。

邻里购物中心占比为 16.5%，远远低于社区型购物中心，也揭示出中国购物中心发展的一个重要特殊性，即邻里购物中心便利性要求目前在市场似乎还并不十分迫切，特别是城市规划尚未对其形成足够的支撑力度，同时由于商家资源导入邻里购物中心的紧迫性不够明显，因此邻里购物中心尚未被购物中心开发商所重视，使中国邻里型购物中心始终处于不温不火的发展状态。但是从长期趋势上看，邻里购物中心将是中国购物中心发展的不可忽视的重要力量，并且对行业发展和现实生活的影响将更为深远。

## 四、购物中心为更多的商业品牌开店拓展和渠道开发提供了新的物业和空间

中国购物中心开始与众多商业品牌形成良性的发展协同关系。我们认为，随着多元化消费和体验式消费趋势的日益明显，购物中心所具有的多业种、多业态、多品牌集合能力和认同度将进一步提高，商业品牌通过合理、共享和互动的业种组合与品牌组合实现经营带动的作用力也将逐步加强；特别是在网络购物对实体商业冲击不断加大的条件下，倡导“情境、体验、亲历、组合”的购物中心将在改变连锁品牌经营渠道方面发挥更大作用。

购物中心品牌招商租赁活动与商业品牌开店的渠道开发活动的双向作用将更加明显地改变连锁商业品牌在同业中的地位，影响到同业企业的竞争格局，甚至有可能形成优劣转换。一些与购物中心形成紧密联盟关系的商业品牌将伴随着购物中心的发展壮大，获得更多快速发展的机会。

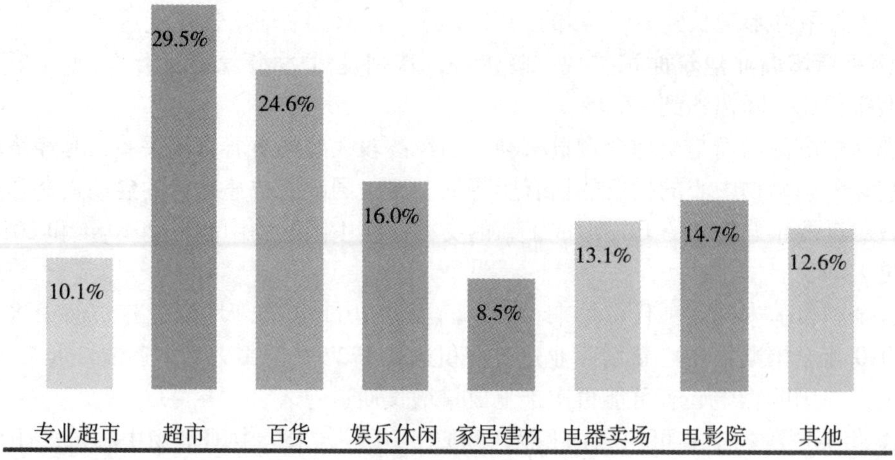


数据来源：中国购物中心产业资讯中心，中购联购物中心发展委员会

**图 2　中国购物中心各业态占比情况**

在《中国购物中心发展报告》采集的样本中，购物中心主力店主要以专业超市、超市、百货、电器专业店、影院和家居建材专业店为主。从目前最新的数据来看，主力店分布中以超市所占比例为最高，达到 29.5%，表明中国更多的购物中心具有典型的社区服务和区域性服务的特点。

百货与购物中心的合作在进入 21 世纪后出现了较为明显的增加。为寻求快速的规模化和连锁化，越来越多的百货店在向购物中心转型的同时，也加强了与购物中心开发商的紧密合作，百货主力店所占比例为 24.6%，比上年提高了 3.5 个百分点。受到购物中心深入区域发展以及开始关注社区和区域定位的影响，百货店也同步加紧进入到社区购物中心布局自身网点，为未来形成战略性竞争优势加快布局。

对购物中心而言，电器专业店的面积相对较为适中，与购物中心的合作具有一定优势。虽然目前电器专业店的独立开店形式还未被广为采用，但是 2009 年，电器店在购物中心达到 13.1% 的主力店占有比例显示出其与购物中心的合作的成长性。我们认为，电器专业店要与购物中心形成更为紧密的伙伴关系，需要根据购物中心的发展实际和购物中心定位的特点，逐步调整和深化内部结构、卖场面积和发展模式，逐渐形成更为精细和多元化的品牌定位，这样的调整有助于电器专业店与购物中心进行更为深入和持久的合作。

2009 年电影院在购物中心作为主力店的比例为 14.7%，比 2008 年提高了 6.3 个百分点，与我们的预期基本相当。借助电影院独特的功能定位和社会文化发展的推动，电影院成为与购物中心合作的典范业种，并且形成了相对稳定的发展模式。目前几乎全部电影院都在努力寻求与购物中心合作的机会点，电影院正在与其他配套性的商业服务性品牌达成特定的组合模型，并且已经成为最受购物中心欢迎的主力店业种之一。同时以电影院作为主导业种，丰富自身的多种配套服务功能，引入更多娱乐、休闲、教育等功能，实现电影院的更大集合能力和集客能力，将是未来两年电影院与购物中心合作的重大变化。

家居建材专业店作为购物中心主力店的比例依然较低，仅为8.5%，结合具体购物中心样本分析后，我们认为，家居建材专业店由于体量较大，与购物中心合作的空间相对受到一些限制，所以独立开店和进入购物中心两种形式依然是其拓展店铺的主要方式。未来家居建材企业必须加大改良力度，才能更好地适应购物中心的发展需要。家居建材店将有可能出现“分裂”，一是着力发展以购物中心物业资源为主渠道的店中店形式，二是进一步拓展家具建材店自身作为主力店的优势，引入更加丰富的业种和品牌，向购物中心方向转型。

## 五、二、三线城市购物中心增长迅猛，成为行业新增项目的主力

如果以经济和购物中心的发展程度划分城市等级，可将中国主要城市划分为一线、二线强、二线中、二线弱、三线强、三线中和三线弱等7个不同层次。

截至2011年年底，预计中国开业购物中心将达到2795家，其中一线城市拥有821家，二线强城市仅次于一线，累计开业购物中心达到752家。值得关注的是，三线城市购物中心累计开业量将达到544家。与一、二线城市相比，我国三线城市数量更多，商业发展程度相对较低，购物中心这种新型商业形态更是在2002年以后才在少数三线强城市有所发展，甚至有大量的三线中、三线弱的城市还是购物中心行业的空白市场。

受一线城市购物中心数量逐渐趋于饱和、市场竞争日益激烈、投资成本逐年加大等因素的影响，越来越多的开发商、零售商把目光放到了二线和三线城市，而与二线城市相比，三线城市的市场机会更大。2009－2011年，三线城市购物中心商业建筑面积增速最快，二线城市保持30%以上。

2003年（含2003年）之前，三线城市购物中心开业量仅为42家，而二线城市为415家，一线城市为218家。2004－2010年，中国购物中心无论是在开业量还是开发体量以及投资额方面，这七年内都得到了快速的发展，与2003年之前相比，一线与二线城市的增幅差距不大，分别为2.5倍和2.2倍。而三线城市的增幅非常明显，2004－2010年期间购物中心累计开业的数量是2003年之前开业量的11.8倍，由于三线城市购物中心起步较晚，虽然近年来放量较之过去明显，但开业总量上依然低于二线城市。考虑到三线城市购物中心数量较多，在一个较长的时期内，三线城市的购物中心发展潜力巨大并且有持续大幅增长的可能性。未来两年，一线城市购物中心增速将有所降低，增长动力有所减弱，更多的开发投资机会将转向二、三线城市。

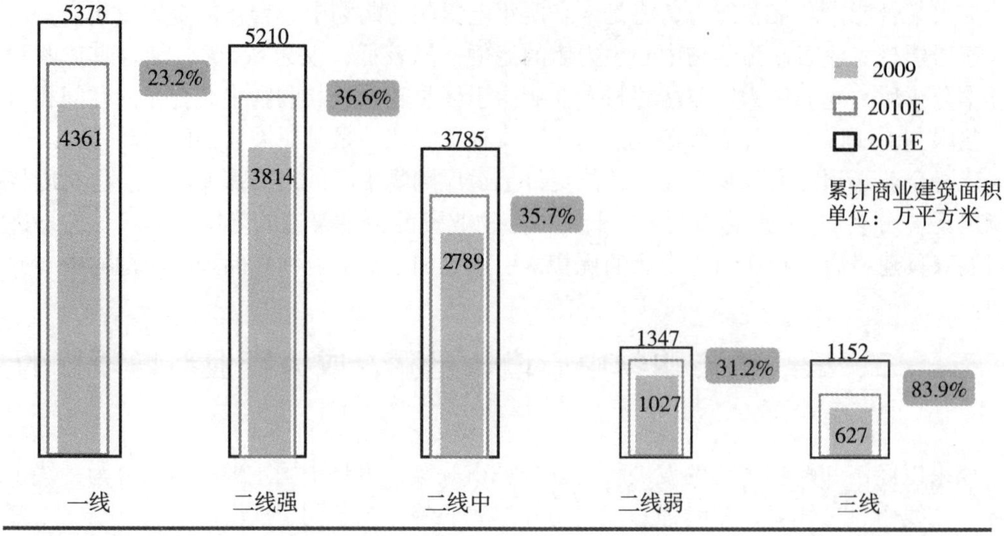


数据来源：中国购物中心产业资讯中心产业研究部

**图 3 预计 2009－2011 年，一、二、三线城市购物中心商业建筑面积及增速**

## 六、轨道交通建设推动交通枢纽型购物中心快速增长

购物中心的发展与城市开发紧密联系，是相互影响、相互促进的战略关系；因此购物中心的发展必须要做到与时俱进，才能更好地扮演城市推动者的角色。2009 年以来，中国已经有 33 个城市规划建设地铁，轨道交通的快速发展将使购物中心、综合体迎来一次全新并且巨大的发展机会。以中国香港特区为例，60 余家都市购物中心和商业综合体几乎全部分布于地铁站点，其中仅港铁公司旗下的地铁商场和综合体就多达 12 家，可见地铁与商业结合的紧密程度。

到 2020 年，我国 28 个城市建成运营轨道交通线路将达到 177 条，总里程将达 6100 公里。以平均每条线路 15 个站点计算，至少将会有 2000 多个具有地铁客流支撑的商业项目诞生。这是地铁商业和地铁商业综合体未来发展的重要基础。

**备注：**

1. 报告中，“中国购物中心”系指列入“中购联购物中心数据库”的全部购物中心项目。

2. 报告数据来源于中国购物中心产业资讯中心，中购联购物中心发展委员会《中国购物中心发展及预测报告 2009－2011》。

3. 报告作者，郭增利，系中国购物中心产业资讯中心主任、中购联购物中心发展委员会秘书长、亚洲购物中心协会轮值副主席、中国城市商业网点联合会学术委员会主任。

# 2011 年经销和代理制度研究报告

## 一、研究综述

自 20 世纪末以来，以连锁经营为代表的我国现代零售业快速发展，原有计划经济体制下的三级批发体系被打乱，原有的经销和代理体系也受到冲击，发展缓慢。在经济快速发展背景下，国内批发业和批发商[①]逐渐萎缩，甚至还有人主张“批发无用论”、“消灭中间商”等论断。

到底批发业和批发商的地位如何？市场是否需要经销和代理环节？为探讨这些问题，中国连锁经营协会会同香港利丰研究中心于 2011 年共同开展了“经销制度和代理制度专项研究”，力求探寻正确的答案。

研究发现，造成批发业萎缩的原因，有宏观因素和微观因素。宏观因素主要表现为生产商和零售商或消费者绕过批发环节而直接接触，导致分销渠道扁平化，批发业萎缩，而且现代通讯、交通、互联网等技术进步更加快了这一革命性趋势。然而，导致批发业和经销代理萎缩更重要的原因在于，批发商面对宏观环境的变化，没能与时俱进地实现制度创新，仍然固守传统批发制度不思进取，以至于无法适应大生产、大流通的需要。

在改革开放后的一段时期，由于市场供给不足，生产商和批发商在分销渠道上居于主动和强势地位。当时的批发制度主要表现为三点：第一，批发商和生产商之间没有或很少有合同约束，其交易都是采用现场、现货、现金方式进行，具有一定偶然性，工商关系不固定、不稳定；第二，批发商多为坐商，即批发商足不出户，生产商和零售商主动上门，而且回报相当丰厚；第三，尽管批发商是用自己的真金白银买进货物，但由于市场供不应求，批发商没有或少有滞销风险，所以不存在制度创新的激励。兵无常势，水无常形。随着生产能力的扩大，卖方市场开始向买方市场转变，面对宏观环境的根本性的转变，批发商反应迟钝，踟蹰不前，最终导致批发业功能被束缚，以至于被认为“无用”和“多余”，发展陷入困境。

需要澄清的是，在商品流通中，批发商具有减少交易频次、降低交易成本、提高流通效率等天然职能，其存在具有一定的合理性和必然性。在欧盟、美国、日本等发达国家，尽管批发业的发展都经历了一个沉浮过程，但无一例外的是，目前批发业都实现了复兴，在各自的国民经济中都占有举足轻重的地位。所以，解决批发业发展问题，主要是从体制和机制上解决批发业转型问题，而不是其存亡问题。

---

① 根据美国定义，批发商分为商业批发商、代理商/经纪商和委托经销商、生产商的销售分支机构和办事处三种（见图 2）。

相对于传统的批发制度而言，经销制度和代理制度在稳定工商关系、扩大营销网络、反馈市场信息等方面具有很大优势，也被发达国家广泛采用。因此，深刻认识经销商和代理商在商品流通中的重要作用，深入研究经销制度和代理制度建设的现状和问题，并提出相应政策建议，对于重振我国批发业具有十分重要的现实意义。

## 二、经销制度和代理制度的基本理论

### （一）相关概念界定

目前，在中西方主流经济学和营销学教材中，关于批发商、经销商、代理商等概念的界定和划分不尽相同。因此，在开展研究之前，有必要界定本报告所使用的相关概念及其逻辑关系。

1. 分销渠道和批发商

消费品①由生产商转移至消费者所经过的路径通常被称为分销渠道。按照生产商和消费者之间是否存在中间商，可以简单地将其分为直接分销渠道和间接分销渠道。直接分销渠道的主要特点是商品交易不借助任何中间商而直接在生产商和消费者之间完成；间接分销渠道的主要特点是生产商先与中间商进行交易，然后由中间商再转卖给消费者，或者由中间商帮助生产商与消费者完成交易。在间接分销渠道中，按照销售对象不同，可以把中间商划分为批发商和零售商两种类型，前者以零售商或其他类型的转售者为销售对象，后者以消费者为销售对象，在商品流通路径上，批发商位于零售商的上游（见图 1）。

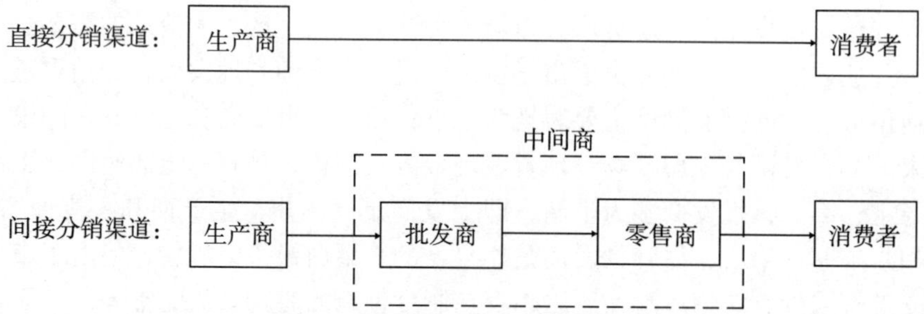


**图 1　分销渠道的两种基本类型**

本报告的主要研究对象是批发商，研究内容是批发商与生产商和零售商之间的合作制度，即批发制度。关于批发商的分类，本报告借鉴美国商务部每五年公布一次的《批发贸易调查》（Census of Wholesale Trade）的分类方法，将批发商分为商业批发商、代理商/经纪商和委托经销商、生产商的销售分支机构和办事处三种（见图 2）。其中，前两种批发商为独立批发商，分别对应本报告中的经销商和代理商。这种分类方法通常被誉为最全

① 本研究基于消费品视角，相关论述均以消费品为例。

面、最常用的分类标准[①]，为国内外经典营销学教材所常用。

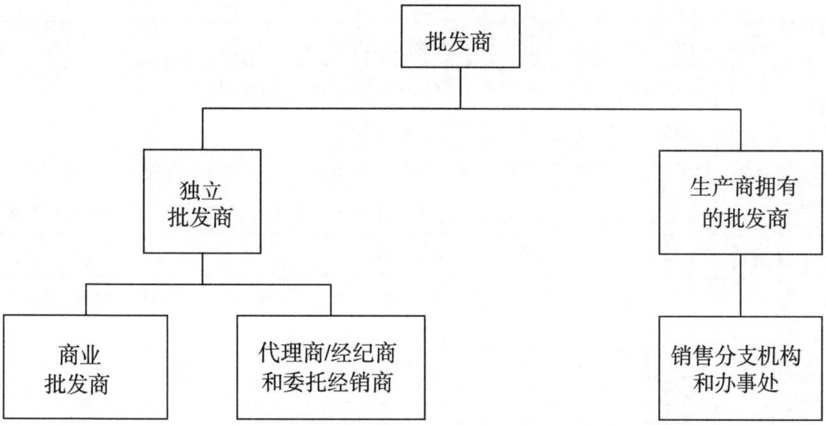


资料来源：《营销渠道——管理的视野》，伯特·罗森布洛姆著，宋华等译，中国人民大学出版社，2006 年第 7 版。

**图 2　批发商分类示意图**

2. 经销和代理

独立批发商之所以被分为经销商和代理商，主要源于批发商和生产商之间两种不同类型的商务活动，即经销和代理。经销是指在合同或协议的约定下，批发商向生产商购买商品，取得商品所有权，然后再转售给其他批发商或零售商的商务活动。代理[②]是指在不取得商品所有权的条件下，批发商按合同约定接受生产商委托代其销售商品的商务活动。

经销和代理的共同点在于都是以合同或协议为前提从事商务活动，供应链关系相对稳固。但二者也存在明显的区别：第一，经销方式中，生产商与批发商之间发生了商品所有权转移，而代理方式则没有；第二，经销是商品购销活动本身，对象是商品，而代理则属于一种为购销活动服务的活动，对象是购销活动，二者属于不同类型的商务活动。

需要说明的是，经销和代理是批发商和生产商之间正式的合作方式，除此之外，批发商和生产商还可能采用简单的、非正式的合作方式，即偶然性的“随遇随买”或称“一锤子买卖”式的批发方式。为了便于区别，本报告称这种批发制度为传统批发制度，称采用传统批发制度的批发商为传统批发商。这种批发商在经济转型国家普遍存在，是批发业转型的关注重点。另外，经销和代理也可能为零售商采用，但不是本报告研究的重点。

根据批发商经营活动的不同特征，经销方式和代理方式可以分为多种类型，而且二者的划分方法十分相似（见表 1）。

① 《营销渠道——管理的视野》，伯特·罗森布洛姆著，宋华等译，中国人民大学出版社，2006 年第 7 版。

② 报告中的代理专指商品销售代理。

**表 1　　经销和代理的类型**

| | 分类依据 | 主要类型 | 说明 |
|---|---|---|---|
| 经销 | 按批发商的销售范围 | 全国经销 | 可以在全国范围内销售 |
| | | 区域经销 | 可以在省域或跨省的区域范围内销售 |
| | | 区域以下经销 | 可以在市县范围内销售 |
| | 按批发商是否拥有专营权 | 独家经销 | 也称包销，中间商在协议期和地域内享有独家专营权 |
| | | 一般经销 | 也称定销，中间商不享有独家专营权，其他中间商也可以经销 |
| | 按批发商的层级数 | 单层经销 | 只设一个销售层次 |
| | | 多层经销 | 可以分为多个层次，如，总经销\一级经销\二级经销\三级经销等 |
| 代理 | 按批发商的代理销售范围 | 全国代理 | 可以在全国范围内代理销售 |
| | | 区域代理 | 可以在省域或跨省的区域范围内代理销售 |
| | | 区域以下代理 | 可以在市县范围内代理销售 |
| | 按批发商是否拥有独家代理权 | 独家代理 | 中间商在合同期和地域内拥有独家代理权 |
| | | 一般代理 | 中间商不拥有独家代理权，其他中间商也可以代理 |
| | 按批发商的层级数 | 单层代理 | 只设一个代理层次 |
| | | 多层代理 | 可以分为多个层次，如，总代理\一级代理\二级代理\三级代理等 |

资料来源：根据公开资料收集整理。

3. 经销制度和代理制度

经销制度是指在生产商和批发商之间以经销方式为核心确立的长期稳定的各种约定和制度安排。它是经销活动成为社会活动一种既定的方式，是经销活动的制度化结果。经销制度的基本特征有：第一，生产商和批发商之间存在合同或协议约定。这是经销制度区别于一般的购销活动的关键。因此，严格意义上讲，偶然性的“随遇随买”或称“一锤子买卖”式的批发制度并不能视同于经销制度。第二，生产商和批发商之间的关系长期稳定，责权对等；第三，在经销制度下，生产商和中间商之间是买卖关系，买卖差价是批发商追求的目标。

代理制度是指在生产商和批发商之间以代理方式为核心确立的长期稳定的各种约定和制度安排。它是代理活动成为社会活动一种既定的方式，是代理活动的制度化结果。代理制度的基本特征有：第一，生产商和批发商之间存在正式的合同或契约，受法律保护，因而存在稳固的业务关系；第二，生产商和批发商权利不对等，一般情况下，生产商拥有更大的决策权（比如定价、促销、广告等）；第三，生产商和批发商之间是委托－代理关系，而不是买卖关系，获取代理费是批发商的目的。

关于经销制度和代理制度孰优孰劣的问题，历史上曾有过争论。实际上，经销制度和代理制度并不存在绝对的优劣之分，某种商品分销究竟是选择经销制度还是代理制度，是由产品特征和需求特征共同决定的（见表 2）。

表 2　　选择经销制度或代理制度的影响因素

| | 影响因素 | 适用经销制度 | 适用代理制度 |
|---|---|---|---|
| 产品特征 | 产品标准化程度 | 高 | 低或订制 |
| | 产品生命周期 | 成熟期 | 介绍期 |
| | 产品技术性 | 复杂 | 简单 |
| | 产品毛利 | 相对较高 | 较低 |
| 需求特征 | 客户数量 | 很多 | 少 |
| | 客户集中度 | 分散 | 集中 |
| | 客户采购频率 | 高 | 低 |
| | 客户对交货期限的要求 | 短 | 长 |

资料来源：《市场营销学》，小查尔斯・W・兰姆等著，时启亮等译，上海人民出版社，2010 年版。

4. 经销商和代理商

经销商是指采用经销制度进行商品购销活动的批发商，其本质特征是拥有所经营商品所有权，并以进销差价作为收入的主要来源。代理商是指采用代理制度完成商品购销活动的批发商，其本质特征是不享有所经营商品的所有权，起中介作用，代理费为其主要收入来源。

经销商和代理商的共同点是，二者与生产商和零售商的关系比较稳定，有利于分销渠道的管理。除此之外，经销商和批发商之间的联系还有：第一，批发商可能同时兼有经销商和代理商双重身份，这是现代商品分销中常有的现象。第二，经销商和代理商之间还可能相互演化，即经销商可能会转变为代理商，代理商也可能转变为经销商。第三，在消费品批发体系中，无论是在发达国家还是在发展中国家，一般情况下，经销商是批发商的主体，代理商处于辅助和补充地位。

尽管批发商和代理商表面上常常“合二为一”，但实质上，这两种身份在商品所有权、收入来源、经营权限等方面存在明显的区别（见表 3）。

表 3　　经销商和代理商的区别

| 经销商 | 代理商 |
|---|---|
| 从事商品买卖活动，对象是商品 | 为商品买卖提供服务，对象是商品买卖活动 |
| 拥有所转售商品的所有权，自己买卖商品 | 不拥有商品所有权，仅为中介，受委托买卖商品 |
| 与生产商之间是买卖关系 | 与生产商之间是委托－代理关系 |
| 进销差价是主要收入来源 | 代理费是主要收入来源 |
| 与生产商责权对等 | 生产商权力较大 |
| 经营活动不受或很少受生产商限制 | 经营活动需要得到生产商允许 |
| 保持一定库存，需要大量资金投入 | 多数只有样品而无存货，不需要大量资金投入 |
| 以自己的名义签订销售合同 | 多以委托人的名义签订销售合同 |
| 承担生产商承诺外的售后服务和赔偿 | 售后服务和赔偿一般由生产商承担 |

资料来源：根据公开资料收集整理。

## （二）经销商和代理商在商品流通中的职能

经销商和代理商的存在具有一定的科学性和合理性，是劳动分工和专业化、减少交易费用、实现规模经济的必然结果。在生产和消费日益扩大的当今，批发商职能不能被忽略，更不可能被消灭，相反会发挥越来越重要的作用。

1. 中间商存在的理论依据

第一，劳动分工和专业化。亚当·斯密早在《国富论》中就用“制针工厂”的例子论述了分工提高效率的基本原理。这一原理不但适用于生产领域，而且还适用于分销领域，不但适用于单个企业内部，而且还适用于多个企业之间（见图 3）。在生产和消费日益扩大的背景下，大部分商品越来越难以实现生产商和消费者直接交易，所以必然有市场主体从生产部门或消费群体中独立出来，从事专业化的交易活动，而且随着生产和劳动的复杂化，分销不断发展壮大，尤其是对于种类繁多、购买频次较高、需求分布广而散、单位价值较低的快速消费品而言，中间商的存在更为必要。

第二，减少交易费用。中间商的存在能明显地减少交易费用，提高商品流通效率。如图 4 所示，在有 4 个生产商（只生产一种产品）和 4 个零售商（销售 4 个生产商的四种产品）的情况下，如果不存在批发商，商品要完成充分供给需要生产商和零售商之间的 16 次交易；如果存在两个批发商，并且各自供应两个零售商，交易次数就可以减少为 12 次。在单笔交易费用一定的情况下，批发商的存在为经济运行减少了 25% 的交易费用。在庞大的生产和消费系统中，生产商和零售商数目巨大，批发商作为节点存在，降低了网状交易结构的复杂度。尽管批发商利润追加到了物价中去，但就整个经济社会而言，因批发商的存在而减少的交易费用远远大于因批发商的存在而增加的渠道成本。

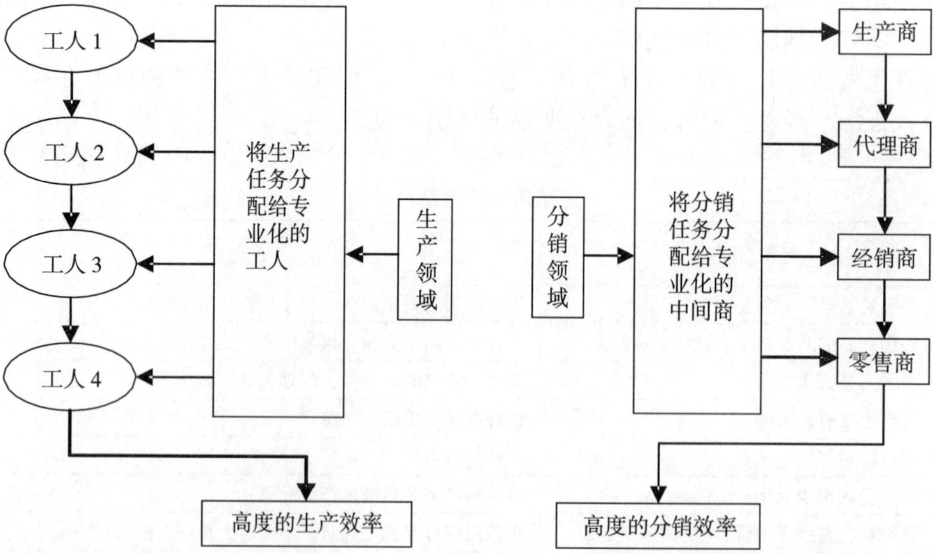


资料来源：《营销渠道——管理的视野》，伯特·罗森布洛姆著，宋华等译，中国人民大学出版社，2006 年第 7 版。

**图 3　专业化与劳动分工示意图**

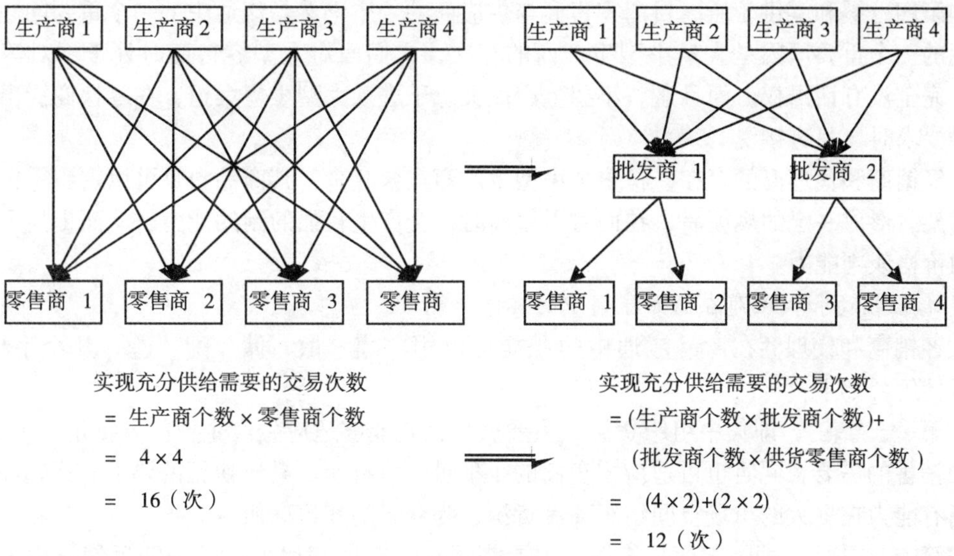


**图 4　批发商存在可以减少交易次数**

第三，实现规模经济。批发环节具有商品集散地的功能，能聚拢生产商的多种产品，同时实现集中销售。而且，一般而言，规模越大经济效率越高，即规模经济。仍沿用上例，在有两个批发商各自供应两个零售商的情况下，实现充分供给的交易次数为 12 次，比不存在批发商的情况节约了 25% 的交易费用。假设其他条件不变，这两个批发商合并为一家，同时为 4 个零售商供货，那么，实现充分供给的交易次数就减少为 8 次（见图 5）。如果单笔交易费用不变，那么其交易费用也同样减少了 25%，比不存在中间商的情况减少了 50%。由此看出，批发商规模扩张所带来的经济效益十分明显。

当今，科学技术日新月异，现代通讯、互联网、管理等技术进步为批发商规模扩张实现规模经济提供了条件和基础。目前，美国、日本等发达国家批发商都朝向规模化方向发展。日本的综合商社是日本批发体系的核心和支柱，有力地支撑着日本批发业的发展。

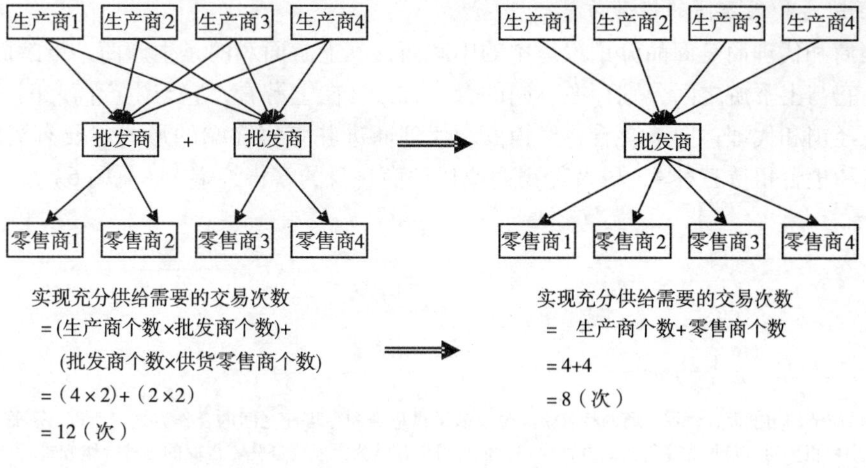


**图 5　批发商的规模效应**

第四，缓和零供矛盾。目前零售商与供应商的矛盾仍然是流通中的一个重要问题，其产生的一个重要原因是大量小型生产商的存在，它们面对大型零售商时处于不对等的地位，完全没有话语权。而且这些小型生产商又急于进入大型零售渠道，在零售商提出进场费等要求时，只有接受。

经销商和代理商的存在，将多个小型生产商集合起来，其商品数量可以占到零售商几个货架。形成一定的规模后，在面对零售商时，会产生较强的制约能力，从而提高了整体上的价格谈判能力。

2. 经销商和代理商在商品流通中的具体职能

经销商和代理商在商品流通中的职能可以用“集、散、储、配、递”几个字概括，其具体解释如下：

第一，“集”，即集中组织货源。主要表现在它能够适应生产企业的大批量、少批次、集中销售的需要，同时也可适应零售商的小批量、多批次、勤进快销的要求。经销商和代理商有能力在更大的市场空间组织商品货源，为众多的零售商服务。

第二，“散”，即组织商品扩散。主要表现在经销商和代理商的深购远销能力上，它们可以通过零售网络迅速将商品向广阔的市场空间推广。

第三，“储”，即商品储运吞吐。经销商是商品流通的大动脉，是关键性的环节，它是调节商品供求的蓄水池，是沟通产需的重要桥梁，可以起到满足市场需求、稳定市场供应的双重作用。

第四，“配”，即商品整理编配。主要表现在批发商从货物数量、批量、品种上适应零售商采购特点，对商品进行包装、整理、加工、配送。

第五，“递”，即传递市场供求信息。协调供需双方在交易时间、地点、价值评估等方面的信息差异，使商品从生产领域向消费领域顺利转移；同时，从消费领域反馈需求信息，促进发挥消费对生产的引导作用。

目前，批发商在中国依旧是销售渠道中十分重要的一环，即使在未来也不可能被现代渠道（如直销等）所湮灭。相反，随着社会分工的深化和消费需求的高级化，批发商更可能发挥越来越重要的作用。

3. 经销商和代理商的经营方式

经销商和代理商是商品分销渠道中的中间商，其上游面对的是生产商，下游面对的是零售商，它与上下游之间分别存在不同的合作方式。向上游看，它与生产商之间的合作方式主要是经销和代理；向下游看，经销商和代理商进驻零售终端的形式主要有买断经营、联营扣点和柜台租赁三种①，以及经销商或代理商自身的零售终端②（见图6）。

① 从供应链的角度而言，零售商的经营模式也反映了供应商和零售商之间的合作方式。所以，尽管买断经营、联营扣点和柜台租赁通常被称为零售商的经营模式，但也可以被认为批发商进驻零售商的三种合作方式。

② 除独立零售店和经销商或代理商开设的零售店之外，零售店还可能为生产商所开设，但生产商开设的零售店不属于经销商或代理商的经营模式，故图中用虚线表示。

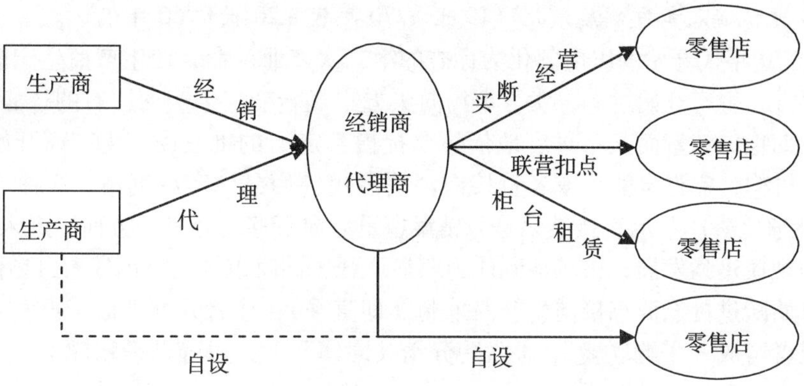


**图 6 经销商和代理商的盈利模式**

## 三、经销制度和代理制度的产生与发展

作为批发制度的核心，经销制度和代理制度与批发业发展相生相伴，因此可以从批发业发展的历史沉浮中追溯其演变过程。

### （一）西方国家批发业的历史沉浮及其制度变迁

1. 批发业兴起及批发制度诞生（18 世纪 60 年代 – 19 世纪 70 年代）

始于 18 世纪 60 年代的以机械化为标志的第一次产业革命，使工业生产走向规模化、专业化，商品交易量大幅增加。此时，原本附属于生产企业的销售部门和从事零售贸易的小商贩已经不能满足社会生产和居民消费的要求，市场对专业的、独立的贸易商的需求增加。于是，部分生产企业的销售机构和零售商贩开始独立出来，专门从事批发贸易，并借助于卖方市场的大好机遇而蓬勃发展。随着第一次产业革命的深化，生产的扩大以及交通、运输、通讯和仓储条件的改善，批发商获得了充沛货源、大量资本、先进技术和广阔市场，自身规模快速扩张，风险承担能力也大大加强，直至 19 世纪 60 – 70 年代，批发业蒸蒸日上，批发商在流通渠道中占重要地位。

在这一时期，批发制度以经销制度为主，代理制度兴起。在第一次产业革命开始不久，西方国家仍处于供不应求阶段，卖方市场条件下批发商很少考虑销路问题，更多的是考虑如何解决货源问题，只要有货，就“皇帝的女儿不愁嫁”，批发商货物积压的风险很小，对买断式的经销制度信心十足。再加上生产企业因扩大规模而对资金需求的急切心理，也更倾向于采取无后顾之忧、结算简单的经销制度。

到 19 世纪初，由于供求趋于平衡，库存积压的风险开始加大，美国一些棉花批发商人宁愿收取更保险的佣金，代替他人销售，而不愿意买进商品，自己承担市场风险。这一方式在其他国家、其他领域的推广和长期化，标志着代理制度的产生。因为当时多数产品处于其生命周期的初期阶段，标准化程度普遍较低，尤其是农产品全面实行经销制确有困难，代理制度得到了较快的发展。因此可以说，代理制度是经销商规避风险的结果，是经销制度的进一步演化，在理论上它的产生晚于经销制度。

2. 批发业低迷及批发制度演化（19 世纪 70 年代 -20 世纪 60 年代）

19 世纪 70 年代开始的以电气化为标志的第二次产业革命，使生产商生产能力有了更大幅度的提升，生产开始过剩，卖方市场向买方市场转变，生产商原有的核心地位下降。为了确保长期稳定销量而又不过度地依赖“捉摸不定”的批发商，生产商开始直接开办或并购销售机构，实行自营，或者直接向消费者销售商品，实行直销。这种“纵向一体化”和“精细化耕作”的直接结果是分销渠道重心向下移动。另一方面，进入 20 世纪以来，零售商规模迅猛发展，市场谈判能力明显增强，同时市场竞争也进入白热化状态，于是零售商开始跃过批发商直接向生产商采购（即直采），或者开办类似于批发商的物流配送中心，或者组成“采购联盟”、“联购分销共同体”等，以降低采购成本，赢取市场竞争优势，增强自己的市场地位。此外，金融、物流和广告业的发展也使制造商和零售商或消费者直接交易变得越来越容易。这样，生产商和零售商的直接接触使批发商处于十分尴尬的境地，批发业发展步入困境。在 20 世纪 50 年代的日本，“批发店衰落论”、“批发店灭亡论”等唱衰批发业的论调曾四处弥漫。这一阶段，批发制度的演变特征是经销和代理的专业化。在整个批发业都处于不景气的背景下，经销商和代理商都纷纷转变了战略思路，即从原来的“粗而广”走向“精而深”思路转变，走精细化和专业化之路。首先，传统的涉及多种类型产品的“杂货批发店”快速消失，从事一类或几类商品批发的经销商开始兴起，专业化经销商强化了采购专业、服务精良、部类商品齐全的特点，把精力集中于特定市场或特定品类。其次，代理商也不断向专业化方向发展，并进一步细分为经纪商、佣金商、拍卖商、进口代理商等，其专业化特征十分明显。最后，批发商开始从“坐商”向“行商”转变，不但提供商品销售，而且也提供物流配送服务，甚至派生出了专业化的物流企业。

3. 批发业复兴及批发制度发展（20 世纪 60 年代以来）

20 世纪 50 -60 年代以来，以自动化为标志的第三次产业革命推动了经济社会迈向现代化。一方面，技术进步和管理创新导致社会分工更进一步深化，城镇化进程加快，生产与消费在时间和空间上的矛盾，使人们重新认识到批发商存在的必要性。再加上，批发业自身也开始走向一体化、自动化、规范化，大大增强了自身实力，以及运输、通讯、互联网等技术的应用，商品流通成本大大降低，都为批发业复兴提供了有利条件。

事实上，从第三次产业革命以来，发达国家的批发业也确实一步一步走向复兴。以美国为例，1958 年批发销售额为 2860 亿美元，到 1987 年这一数字扩大到 25240 亿美元，几乎相当于 1958 年的 9 倍（见图 7）。

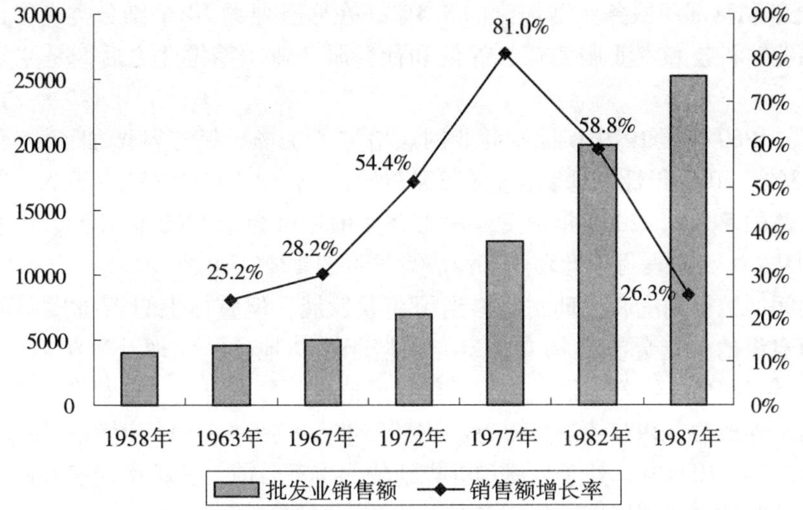


资料来源：根据《Statistical Abstract of the United States 1994》第 783 – 794 页数据整理。

**图 7　1958 – 1987 年美国批发销售额变化（亿美元）**

在随后的十年间，美国批发贸易增长态势也很明显。1987 年到 1997 年，批发贸易总额从 25247 亿美元扩大至 40597 亿美元，增长 60. 8% 。其中，商业批发商、生产商销售分支机构或办事处、代理商/经纪商和委托经销商批发销售额分别增长 57. 8% 、69. 7% 、50. 9% ，表现出了明显的复苏态势（见图 8）。

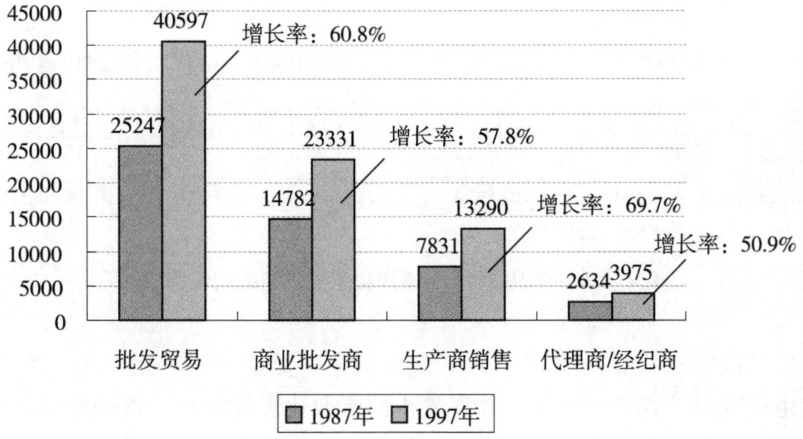


资料来源：《营销渠道——管理的视野》，伯特 · 罗森布洛姆著，宋华等译，中国人民大学出版社，2006 年第 7 版。

**图 8　批发贸易总额和不同类型批发销售额（亿美元）**

据美国商务部数据，最近几年美国批发业增加值在 GDP 中的比重保持在 5. 7% 左右。

2009 年占全部私营部门服务业增加值的 8.4%，在服务业约 14 个细分类别中，位于不动产业、金融业、科技和专业服务业、保健和社会服务业、零售业之后，是主要的产业之一①。

在日本，1960 年至 1979 年批发商业网点增加了 63%，销售额增加了 15 倍，从业人员增加了 63%。2007 年日本批发企业有 334799 家，就业人口为 352.6 万人，就业人数占全部就业人数的 5.5%。2008 年批发业法人企业增加值为 254860 亿日元，占全部法人企业增加值的 9.6%。这表明，批发业已经成为日本的重要产业之一②。

在此期间，经销制度和代理制度得到了蓬勃发展，但整体上自营批发制度（包括经销和生产商自设的销售分支机构或办事处）居于主体地位，代理处于附属和补充地位。图 9 为 1987 年和 1997 年美国批发业贸易额构成情况，可以看出，自营批发制度在美国批发贸易中的主导地位，1987 年占 90.2%，1997 年占 89.6%；而代理商贸易额 1987 年占 9.8%，1997 年占 10.4%，处于从属和补充地位。直至目前，这种格局已经趋于稳定。也就是说，经销制度和代理制度处于正常化、规范化发展阶段。

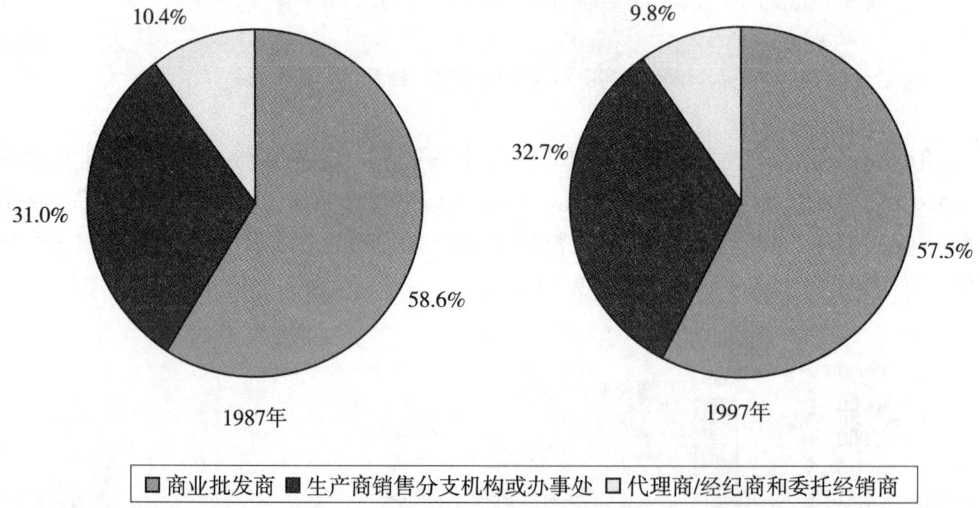


资料来源：《营销渠道——管理的视野》，伯特·罗森布洛姆著，宋华等译，中国人民大学出版社，2006 年第 7 版。

**图 9　1987 年和 1997 年不同类型批发商的销售构成**

总之，发达国家批发业发展都经历了“兴起——低迷——复兴”的沉浮过程，经销和代理制度也表现出了各自的特征，并逐步走向专业化和规范化。这种规律总结有利于认识和定位发展中国家批发业发展阶段，并为其明确未来发展方向提供了依据。

## （二）经销制度和代理制度在中国的发展

改革开放以来，随着流通体制改革的推进和市场供需结构的变化，我国批发业也表现

① 《国际商业发展报告 2009 - 2010》，朱桦主编，上海人民出版社，2011 年版第 100 页。

② 《国际商业发展报告 2009 - 2010》，朱桦主编，上海人民出版社，2011 年版第 102 页。

出了一个起伏过程。只不过这种起伏周期较短，起步较晚。与此过程相伴随，经销制度和代理制度也不断发展变化。

1. 批发体制改革初期的经销制度和代理制度（1978－1992 年）

批发业的兴起与批发体制改革是分不开的。在计划经济体制下，批发完全置于政府的控制之下，不存在市场的、独立的批发商和批发业。所以，经济体制改革中的批发体制改革首先从开放工业自销、恢复个体商业、取消国有批发企业的垄断经营权、实行国有批发企业政企分开等方面开始。随着体制改革的深入，原有的一、二、三级国有批发体系纷纷解体或转型，就标志着依靠市场机制运行的新的批发商和批发业的产生并不断发展，到 90 年代初，多渠道、多元化的批发格局基本形成。

在此期间，一部分市场意识强、信息渠道广的人员，凭着大胆、勤劳，从“小打小闹”快速成长为批发大户。由于当时供给短缺，属于典型的卖方市场，所以生产商相对于批发商强势，批发商相对于零售商强势，产品根本不愁销路，批发商只要有能力购进商品，总能迅速卖出，而且利润相当丰厚。这为批发业发展和批发商成长积累了第一桶金。事实上，尽管批发商业绩很好，但它们并没有真正地掌控和维护自己的渠道，因为在供不应求的时代，不存在构建稳定和谐供应链关系的必要和激励。批发商只是到处购买商品然后转售的“倒爷”，严格意义上说，这时的批发商还不是真正意义上的经销商，因为它们没有和生产商保持有稳定牢固的关系，没有合同或协议作为合作前提，受偶然因素影响较大。

在这一时期，代理制度也开始试水，代批代销就是其原型。但是，代批代销所涉及的商品大多为长线产品或工业自销困难的产品，发展并不景气。短线产品代理制仍处于萌芽之中，十分鲜见。在这一时期，主管部门还没有充分认识到代理制度的功能，代理制度的发展处于自然状态。再者，在供不应求的市场条件下，批发商没有滞销风险，采用经销制度能掌握更多的主动权，不受制于人。对资金短缺的生产商而言，经销制度也更受欢迎，代理制发展缓慢。

2. 批发业繁荣时期的经销制度和代理制度（1992－1997 年）

1992 年邓小平南方讲话使人们打消了疑虑，看到了政府实行改革开放的决心和信心。于是，国内生产能力进一步得到释放，产能扩大，消费需求也迅速膨胀。作为生产和消费的中间商，批发商遇到了发展的大好机遇，批发业进入繁荣时期。生产商和零售商对批发商的依赖导致批发商在分销渠道中的地位上升，一直到 1997 年我国告别短缺经济之前，批发商始终处于分销渠道的主导地位。

在此期间，经销制度得到了发展和规范。传统的“一锤子买卖”式的合作方式不能满足生产商和批发商的需要，以合同和协议为前提的经销模式成为主流，经销制度逐步走向正常化和正规化。渠道权力的增强使那些昔日东奔西跑的“倒爷”开始坐在自己店里、足不出户地完成交易，即所谓的“坐商”。

这一时期，代理制度也开始受到重视和推进。1995 年 12 月，国家经贸委会同有关部门下发了《关于鼓励和支持钢材、汽车代理制试点企业开展代理经营有关政策的通知》，肯定了代理制度的积极作用，并试点推进。《关于进一步推进商品销售代理制工作的若干意见》又将代理品种从生产资料（如钢材、水泥等）扩展到生活资料（洗衣机、冰箱、彩电、饮料、服装等）。至 1993 年年底，全国大约有 70% 的国有商业批发企业都有总代理业务，有的甚至占该企业批发总额的60%。

3. 批发业低迷时期的经销制度和代理制度（1997年至今）

1997年我国告别了短缺经济时代，从卖方市场进入买方市场，批发商“坐店收钱”的风光不在，批发业发展呈相对下滑趋势。首先，生产商生产能力的扩张使其不能仅仅依靠传统的批发商销售商品，而资金规模大、网络覆盖广的大型的批发企业暂未形成，所以只能自己开办销售机构，或者与零售商联合经营，减少对批发商的依赖。其次，自1992年零售业试点开放以来，沃尔玛、家乐福、麦德龙等外资零售巨头迅速抢占市场，占据零售高地，而这些零售巨头都是以直接采购为主的，根本无视中小型批发商的存在，能够满足其需求的大型批发商又寥寥无几，所以，批发商在大型零售商眼中也不受重视。再加上，连锁经营的全国铺开，全国统一采购、区域统一采购、联合采购的实行使一些连锁中小型零售商也试图绕过批发商。批发业发展陷入低迷阶段。

在此期间，生产商开始直接和零售商交易，经销商面临尴尬境地，不得不考虑转型。第一，提升自身内部经营管理能力，从“以量取胜”为核心向“以质取胜”为核心转变，更加重视渠道关系的建设和维护；第二，传统杂货批发店转向某一品类的专业经销店，从“广”向“深”的方向转变；第三，增加了服务内容，除了提供产品还要提供服务，如送货上门，“坐商”向“行商”转型。但是，截至目前经销商转型仍不尽人意，能够适应大流通需要的规模化、现代化的经销商成长缓慢，批发体系建设仍任重道远。

在这一时期，代理制度在挫折中发展。因为盲目夸大了代理制的作用造就了代理“满天飞”，而不健全的市场体系和信用体系无法为其保驾护航。2002年的乐华彩电代理之痛、2004年长城宽带代理危机、2005年奇瑞代理纠纷等都是典型的代理失败案例。在世界金融危机之时，《商务部关于进一步完善日用工业品流通体系的意见》（商商贸发〔2009〕515号）再次提出：“发展总经销、总代理，促进工商、零供关系的稳定和谐”，建设经销和代理制度再一次被提上日程。

## 四、经销制度和代理制度的新发展和新挑战

根据发达国家批发业发展的经验判断，我国批发业发展注定也要经历一个起伏过程。所不同的是，发达国家通过重新定位和整合已经度过了批发业发展的低谷期，走向了正常化，而我国批发业目前正处于起伏过程的谷底。尽管与改革开放之初相比取得了显著的成就，但在新的宏观经济背景下，批发制度建设仍面临种种新的挑战和困难。

### （一）经销商和代理商正遭到两头挤压

1. 生产商自营直销减少对批发商的依赖

由于经销商受个人经营思想、营销能力、资金实力以及文化价值观的局限，很难与生产商达成共识，在经销商和生产商之间更多的是相互猜忌，甚至有的经销商与生产商的战略目标背道而驰。在此背景下，生产商开始寻求自营、联营或直销模式，即使绕不过去也要尽量减少经销层次，压缩流通渠道长度，以减少对批发商的依赖。

家电是自营直销比例最大的商品。海尔、美的、格力等很多大型家电生产企业，在终端开设了自己的零售店铺，不仅形成了与其他家电零售商的竞争关系，也挤压了传统家电

经销商和代理商的市场。

服装鞋帽类商品厂家自营比例也很高。遍布城乡的专卖店很多是由生产厂家直接开出，或采取特许加盟方式经营。

另外，从直销情况看，2010 年全球前十位直销企业销售额合计达到 389 亿美元，从业人员达到 12 万人左右（见表 4）。天津的天狮（Tiens）也以 8.81 美元的销售额居全球百强第 16 位。截至目前，全国获得直销牌照的企业已有 27 家，其中仅 2007 年就批准了 16 家。直销、自营和联营模式的发展给批发业发展造成了一定的冲击，批发业发展空间被压缩。

**表 4　　2010 年全球直销前十名企业情况**

| 排名 | 直销企业名称 | 销售额（亿美元） | 员工人数（人） |
|---|---|---|---|
| 1 | 雅芳产品公司（Avon Products Inc.） | 109 | 42000 |
| 2 | 安利（Amway） | 92 | 14000 |
| 3 | Natura Cosmeticos SA | 30 | 5000 |
| 4 | Vorwerk & Co. KG | 29 | 23000 |
| 5 | 康宝莱（Herbalife Ltd.） | 27 | 4300 |
| 6 | 玫琳凯（Mary Kay Inc.） | 25 | 5000 |
| 7 | 特百惠（Tupperware Brands Corp.） | 23 | 13500 |
| 8 | 欧瑞莲公司（Oriflame Kosmetiek B. W.） | 22 | 8000 |
| 9 | Forever Living Products | 17 | 不详 |
| 10 | 如新（Nu Skin Enterprises Inc.） | 15 | 1200 |
| 合计 | —— | 389 | 116000 |

2. 大型零售商加大直接采购及统一采购对批发商的挤压

随着沃尔玛、家乐福、麦德龙等大型零售商的出现，经销商的命运遭到来自终端的挑战。据我们对主要 18 家零售商的问卷调查显示，大卖场依仗自己的品牌优势，不愿意屈从于从经销商手中进货，而是更倾向于直接从生产商手中进货，以获得更为优惠的价格。近 90% 的零售商预计未来直接采购的规模会扩大，增幅在 10% 以上（见图 10、图 11）。

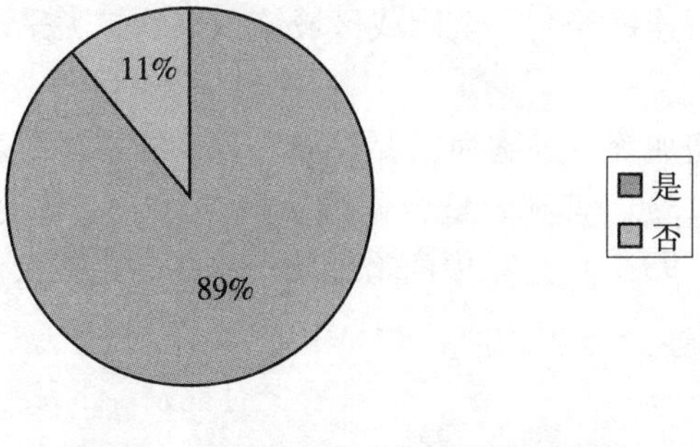


**图 10　计划于未来一年提升直采比例**

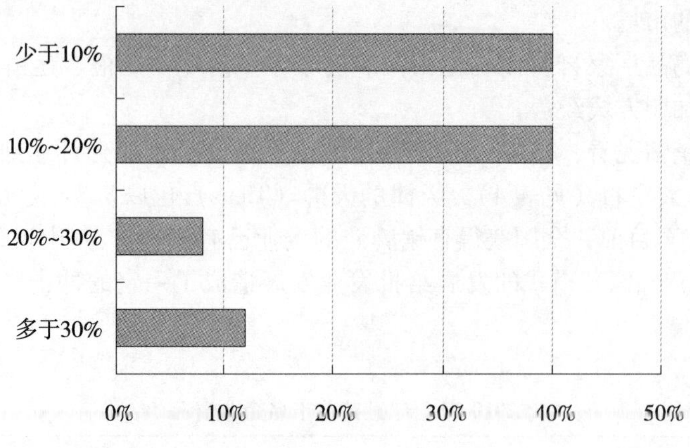


**图 11　计划增加直采的比例**

零售企业更加注重直采，主要原因包括提高供货效率（88%）、节省成本（81%）及更有效保障质量安全（63%）。（图 12）

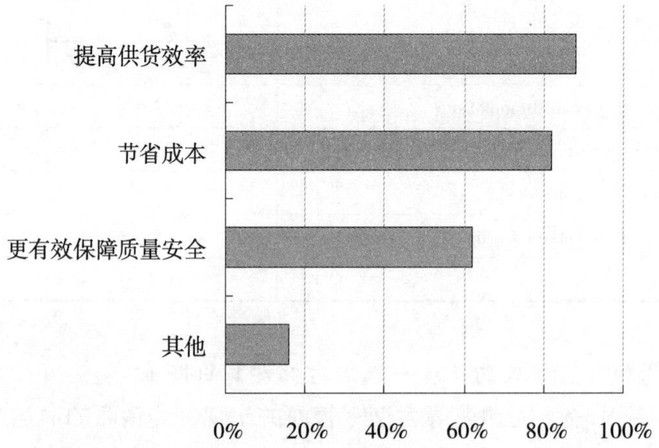


**图 12　计划增加直采的原因**

生产商和零售商的“去中介化”是导致“批发无用论”的主要原因。大型零售商都有自己的连锁系统，实行连锁经营，全国或区域统一采购扩大采购量，又为直采提供了条件。

调查发现，零售商增加统一采购为主要趋势。77%的零售商表示将于未来一年增加全国或区域统一采购（图 13）。有利于整合采购资源（100%），有利于供应链管理降低交易费用，节约采购成本（93%）是零售商增加统一采购的最主要原因（图 14）。

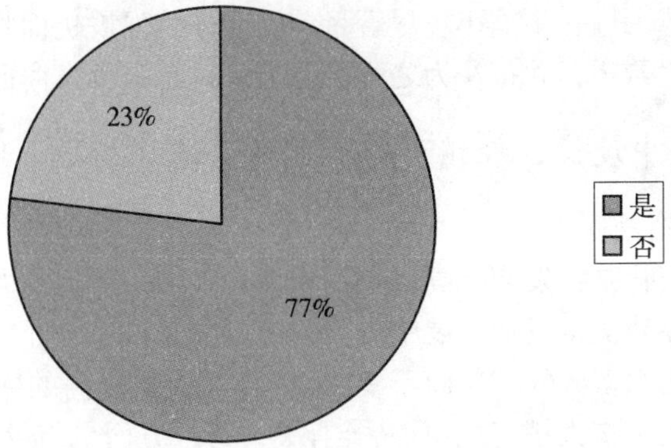


**图 13　是否计划增加全国/区域统一采购**

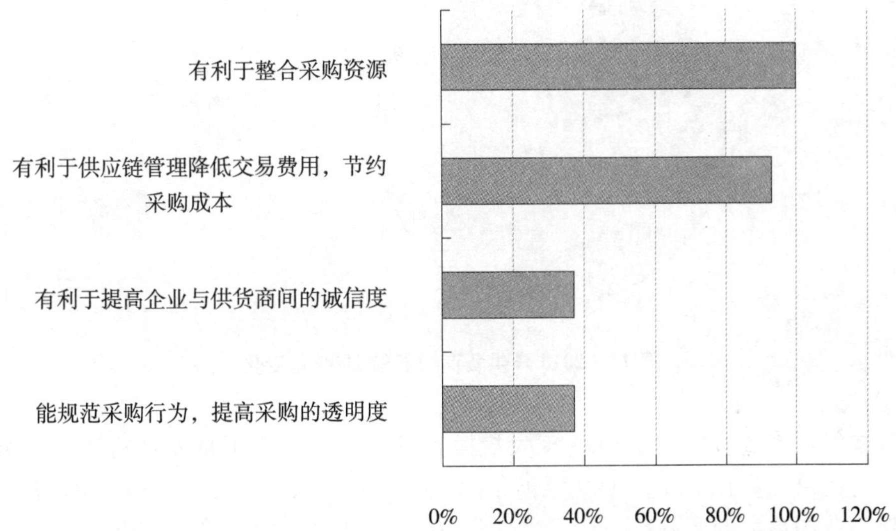


**图 14　增加全国/区域统一采购的原因**

还有，零售商还自己开发商品品牌，委托生产商加工生产，从而迈过经销商或代理商环节。问卷调查显示，60%以上的零售商均有自有品牌，某些零售商自有品牌商品数量已经占到其单品数量的11%。自有品牌商品主要集中在卫生巾、休闲食品、日用百货、糕点、日化用品等几类，其中销售比较好的自有品牌商品为休闲食品和日用百货。

在规模壮大和加大自采的过程中，有的零售商由于其在区域市场中的份额和影响力越来越强，开始演变为部分商品的区域经销商或代理商，当地原有的经销和代理体系重新组合。

3. 中小型零售商联合采购冲击批发体系

由于批发商整体规模偏小，且发展缓慢，近些年来批发商一直把中小型零售商作为主要的供货对象。但是，随着中小型零售商联合采购战略的出现，批发商的市场也将被压缩。本来，中小型零售商的联合是为了获取价格优势，与大型零售商共同参与市场公平竞争，但由于联合采购导致采购规模的扩大所以更倾向于直采，这势必对批发商造成挤压，使批发商传统的市场范围进一步缩小。尽管目前联合采购发展仍面临许多障碍，但各地中小型零售商对之抱很大希望，并正在为之积极努力。这也是批发商面临的潜在挑战。

## （二）批发业集中度低，经销商和代理商普遍规模小，服务功能弱

### 1. 经销商和代理商普遍规模小

如上文所述，规模化是批发商提高效率的重要途径之一。但与欧盟诸国、美国、日本等商业发达国家相比，我国批发业发展中最大的障碍在于批发企业规模较小，产业集中度低。我们的调查发现，大多数的零售商于2010年增加了供货商的数目，这一方面可能跟大部分中国零售企业仍在扩大销售规模/品类有关，另一方面也与供货商规模不大有关。

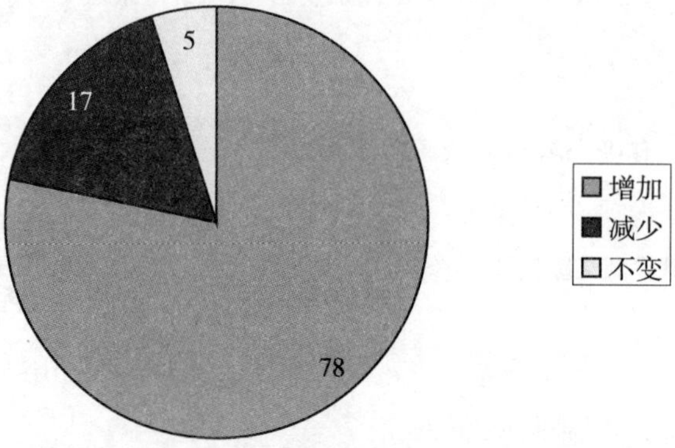


**图 15　2010 年供货商数量较 2009 年变化**

据日本经济产业省统计，2003年大规模批发商一度占全国批发销售额的三分之一，之后，尽管比重一直在下降，2009年仍保持在四分之一以上（见表5）。在欧盟，批发业是非金融商业中最大的产业之一，其产业发展主要依托大型批发商来支撑。

**表 5　日本大规模批发商销售额及其比重（10 亿日元;%）**

| 年份 | 大型批发商销售额 | 占批发总额比重 | 年份 | 大型批发商销售额 | 占批发总额比重 |
|---|---|---|---|---|---|
| 2000 | 118022 | 26.3 | 2005 | 114091 | 26.3 |
| 2001 | 108553 | 25.6 | 2006 | 121126 | 26.4 |
| 2002 | 115128 | 28.7 | 2007 | 126116 | 26.4 |
| 2003 | 125702 | 31.2 | 2008 | 128538 | 26.5 |
| 2004 | 119666 | 28.4 | 2009 | 92440 | 25.6 |

资料来源：《2010年世界商务发展动态》，上海市商务委、上海科学技术情报研究所编，上海科学技术文献出版社，2010年。

尽管最近几年的统计数据显示，我国批发商正在从低谷中恢复，呈现出经营规模不断扩大、批发渠道多元化、批发形式多样化等特点，但从总体上看，规模仍然偏小，从2005年至2009年，限额以上单位批发商销售额大约只相当于单个零售商的3倍稍强，二

者的差距不是十分明显（见图16）。也就是说，一个批发商大约相当于3个零售商，或者说，一个批发商最多只能供应3个零售商。而中国大量小型甚至超小型零售商（如夫妻店）的事实，更说明了中国批发业规模之小，集中度之低。如果仅考虑消费品批发，这种现象更加明显。在这种现实背景下，越来越多的批发商为了继续生存，无奈地扩大零售业务，或者直接转行至零售业。据统计数据计算，2008年，限额以上批发企业零售额为5229.9亿元，占批发企业销售总额的3.1%。

表面上看，这是批发业灵活经营的表现，实则是失去产业地位的无奈之举。同时，零售企业也在抢占批发企业市场，挤压批发环节。2005－2008年间，零售企业批发销售额占其销售总额的10%以上，2005年最高，达到16.4%，2008年最低，为10.5%。

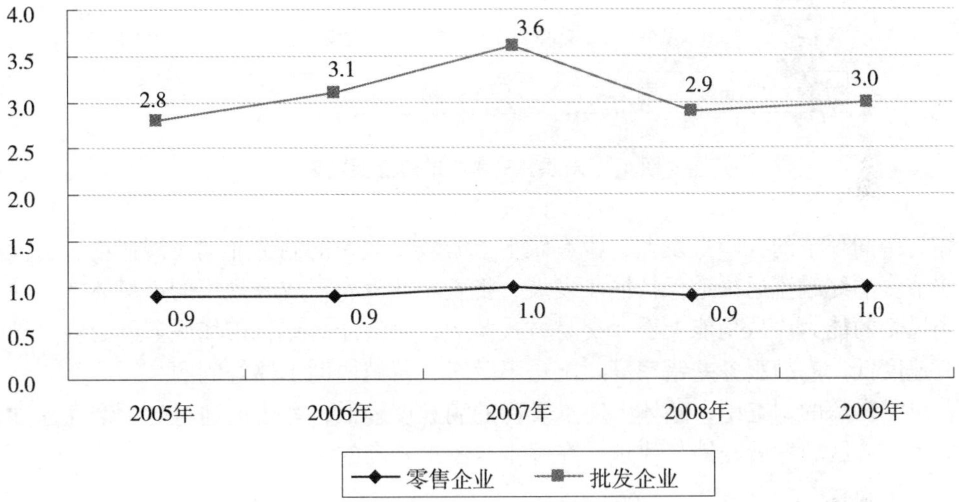


资料来源：根据2006－2010年统计年鉴数据计算整理。

**图16　批发和零售法人企业的单位销售额比较（亿元/个）**

2. 经销商和代理商普遍功能弱，服务效率低

调查发现，总体上看，零售商对供应商（批发商、经销商、代理商）进行考核的主要因素中（图17），质量问题排在绝对重要的地位，这是供应商综合能力的最集中表现。

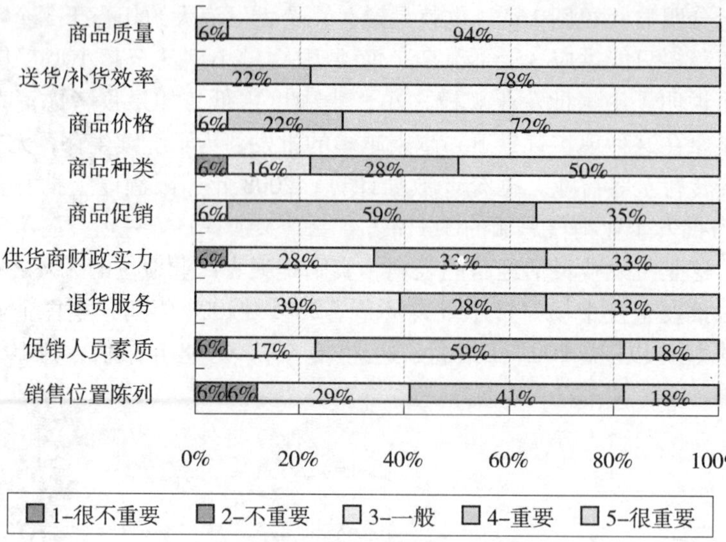


**图 17 对供货商考核的最重要因素**

作为中间环节的我国批发业，没有跟上上游较高效率的制造业的发展速度，也没有与下游快节奏的终端流通渠道保持同步发展，批发企业没有形成有规模的市场体系，缺乏抵御市场风险的能力。从功能上看，交易方式落后，物流能力差，市场服务能力弱，导致客户响应速度低、商品服务差错率高、配送不及时、营销协助不够等问题。

在对零售商的调查中，整体上对批发商的满意度较低，零售商通过与生产商建立直接采购关系、或区域发展经销与代理，在逐步摆脱批发商的制约。

## （三）批发市场环境亟待改善，物流配送水平低

作为批发商和代理商的主要交易平台，批发市场在批发业发展中的积极作用不可否认。但是，在发展大流通的背景下，我国批发市场建设相对落后，而且管理水平较低，不能满足现代商品流通的要求。主要表现在：

### 1. 布局不尽合理

很多批发市场是经过一定的历史积累形成的，随着城市化的发展，当前批发市场物流与商流矛盾突出，与城市交通和城市建设之间的矛盾也十分突出。批发市场往往成为一个城市中最为混乱的区域之一，外来人口多，治安条件差。特别是节假日前期，批发市场所在区域往往成为城市最拥堵的区域。这些问题严重地影响了批发市场的进一步发展和壮大。

### 2. 基础设施简陋

许多传统的批发市场的选址与开发建设缺乏科学、统一的规划，乱搭乱建、违规建设等现象较为严重。批发市场内基础设施简单，甚至有的还是露天市场，在一些重要功能方面，如储存保鲜、物流配送功能、电子交易、加工包装、商品检测、展示功能等方面相对缺乏。

### 3. 交易方式初级

据统计，目前在批发市场内的从业者主要是个人，个体工商户和公司仅占 30% 左右，

由于批发市场大都是从小市场发展起来的，以进城农民、摆摊出身的小商贩为主流，文化程度偏低是他们的一个共同特点，加之管理等原因，缺乏现代经营观念和经营模式，交易形式以简单的对手交易为主。

4. 管理水平低

大部分批发市场内部管理机构不健全，管理人才缺乏。这给了那些法制观念淡薄、道德信誉差的经营者以可乘之机，致使假冒伪劣商品乘虚而入，扰乱了市场秩序，伤害了消费者利益，毁坏了批发市场的声誉。

5. 第三方物流发展缓慢

第三方物流具有减低成本、灵活、可靠、快捷等优点，相对于中小型经销商和代理商的自有配送方式效率明显较高，而且第三方物流与批发市场相辅相成、相得益彰。但是，由于基础设施、经营理念等方面的障碍，第三方物流在批发市场中的功能不能充分发挥，也制约着批发市场的发展壮大。

### （四）经销商和代理商综合素质偏低，管理落后

在渠道制胜的大流通时代，供应链管理在控制经营风险、提升流通效率、维护市场秩序等方面具有重要作用。但原有的批发体系已不复存在，原有的国有渠道目前只有很少的企业在开展业务。目前，市场上大量的中小型经销商大多由传统的夫妻店或家族企业演化而来，他们在经营思想、营销能力、资金实力、文化价值观等方面普遍落后，综合素质较低。虽然很难正面地判断经销商和代理商的综合素质和管理水平高低，但可以用全行业就业人员的受教育程度和工资水平来间接说明。

根据统计数据计算，从2002年到2008年，约75%的批发零售业就业人员只受过中等教育，其中初中文化程度的就业人员约占50%，受过高等教育的就业人员比重不足10%。

另外，在如今劳动力自由流动的社会，从行业工资水平也可以大致了解就业人员的综合素质状况。根据《中国统计年鉴2010》计算，2009年批发零售业就业人员平均工资仅为29139元，在19个行业中居第13位；而工资水平最高的金融业就业人员平均工资的60398元，是批发零售业就业人员平均工资的1.87倍。

### （五）外资批发企业进驻带来的竞争压力

按照WTO规则，我国于2004年年底已经取消对外资批发业存在形式的限制，即不再限制外资进入的地域、数量、股权比例等。以此为契机，外资批发企业大量涌入国内市场。资料显示，2005年商务部批准入华的外商批发企业多达571家，其中消费品批发企业为268家，约占47%①。从销售额方面看，尽管外资批发企业销售额占批发业销售总额的比重较小，2009年仅为7.9%（见图18），但外资批发企业呈现快速增长的势头，在2005年至2009年间，平均每年增长33%，其中最快的是2008年，年增长超过90%，由于全球金融危机的影响，2009年呈负增长（见图19）。

① 洪涛：《中国流通产业改革30年——实践与理论创新》，经济管理出版社，2009年版。

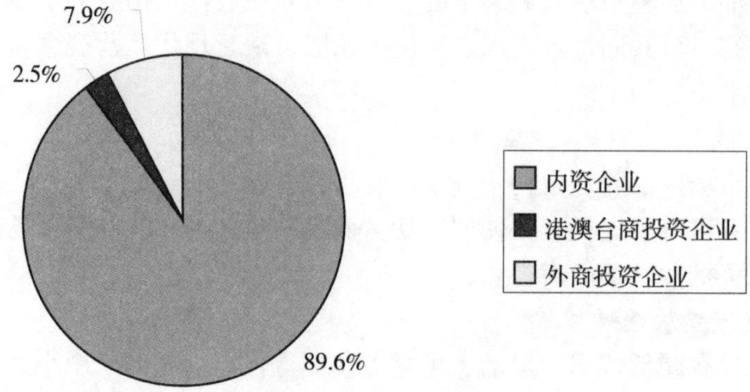


资料来源：根据《中国统计年鉴 2010》数据计算整理。

**图 18　不同类型的限额以上批发企业销售比重**

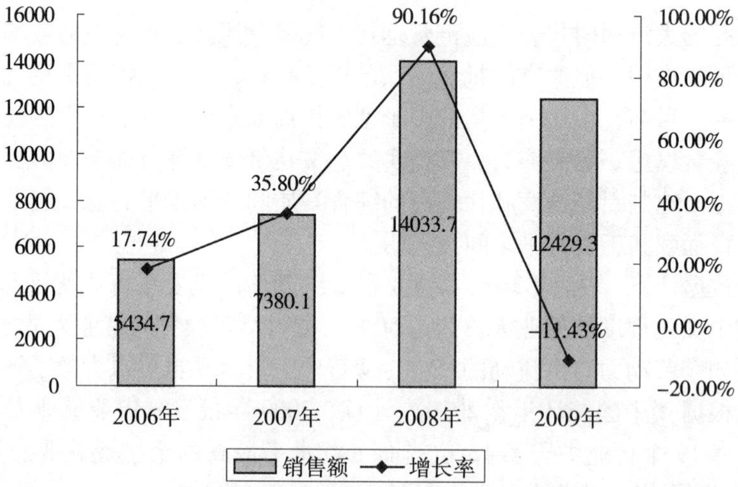


资料来源：根据 2007－2010 年统计年鉴数据计算整理。

**图 19　限额以上外资批发企业销售情况**

外资批发企业对国内批发业发展既有正面效应，同时也有负面效应。正面效应主要体现在资金、技术、管理等方面，负面效应主要体现在对本土企业的排挤、就业的挤出、产业控制力的减弱等。在中国本土批发企业规模较小、管理落后的情况下，负面效应可能会大于正面效应。按照国际经济学理论，跨国投资如果满足了：从较发达国家进入较不发达国家、以并购投资方式为主、东道国反垄断执法体系不完善等三个条件，那么其对东道国经济产生反竞争效应。而实际上，外资批发企业进驻中国也基本满足了以上条件。所以说，外资批发企业进驻是对我国本土批发企业的新挑战，对我国批发业产生了不小的冲击。

### （六）批发交易的相关法律法规体系不健全

提高市场竞争力，必须遵守市场规则，虚假、伪劣、坑蒙拐骗等手段必然影响批发市场的发展。而目前批发市场已经成为食品安全、商业纠纷等事件多发地。这说明我国批发市场的法律体系建设和执法情况仍比较落后，无法可依、执法不严等问题依然严重。另外，在代理方面，代理尽管原本是一个法学上的概念，《中华人民共和国民法通则》和《合同法》都有相关规定，但对于商业代理的规范和管理，仍需要进一步对此补充或出台独立的法律。否则，代理制度的推进仍将举步维艰。

## 五、推进经销制度和代理制度建设的建议

与发达国家相比，现阶段我国批发业发展比较落后。我们认为，其根本原因在于经销制度和代理制度没能得到全面推广，以至于也没有形成以大型批发商为引领、综合批发市场为支撑的批发体系。在搞活流通、扩大内需的新的历史时期，批发业振兴势在必行，所以应当有目的、有针对性地积极推进经销制度和代理制度的建设。

### （一）对政府部门的建议

1. 加强宣传，正确认识批发商和批发业的市场地位

多年来，“重生产、轻流通”、“重零售、轻批发”、“批发无用论”等思想印迹一直没有得到彻底清除，再加上最近爆出的“批发商是推高物价的黑手”、“批发业是暴利行业”等论调，对批发业发展造成了十分不利的影响，需要政府部门加强宣传正确思想，尽快扭转社会关于批发商和批发业的不良观念。

首先，在社会化大生产的今天，批发商和批发业具有减少交易次数、节约交易成本、提高流通效率的积极作用，是连接生产和消费的必不可少的环节。如果没有批发业的存在，增加的社会交易成本绝不是今天所看到的在物价上表现出来的数字，就会大得难以计数，很可能会导致经济根本无法运行。其次，流通渠道的长短通常是由供求特征和客观条件决定的，短期内很难以主观意志为转移，试图人为地通过减少批发环节来减少流通成本，往往事倍功半。最后，批发业绝非暴利行业，而是最底层、最辛苦的微利行业和弱势行业之一。批发业是竞争最为激烈的行业之一，任何高于平均利润的机会都随着竞争者的加入而消失殆尽。经销商或代理商融资困难、融资成本高也是最好的反证。

2. 扶植和培育大型经销商或代理商，提高行业集中度

规模经济是批发企业实现其基本职能的前提条件之一。从国外批发业发展的经验来看，现阶段我国批发业发展重点应当从降低进入门槛增加批发商数量向重视培育大经销商、大代理商转变，提高市场集中度，从外延数量扩张向内涵质量发展。第一，重点培养在原国有企业基础上转制的批发企业，此类企业一般规模较大，有的已经上市，具有雄厚的实力和完整的网络，更容易发展壮大。第二，重视中外合资批发企业的发展。外资批发企业具有资金和管理优势，对本土企业的积极效应比较明显，在把握产业安全的前提下，可以给予中外合资企业一定的优惠和帮助。第三，积极发现具有发展潜力的民营批发企业。改革开放以来，民营资本在流通领域发展十分迅速，表现出极强的生命力，应给予积

极关注。当然，在培育和支持大型经销商或代理商的同时，不能忽略中小企业的发展，还应该考虑结构问题，在人口居住分散、需求多样化的国情下，中小型批发企业仍将是我国批发业的重要力量。

3. 改建和新建大型综合批发市场，优化商品批发平台

批发市场在经济转轨过程中能起到巨大作用，它有助于提高流通效率、建立发现价格机制、实现资源合理配置、带动统一大市场的形成等，而且在未来一段时期，批发市场仍将是批发商生存的主要平台。从公共经济理论角度考虑，批发市场还具有公共产品性质，政府参与建设提供便利名正言顺。因此，在新时期政府应加大批发市场建设投资，改建、扩建、升级传统的批发市场，使其尽快适应现代批发业发展需求。在提升批发市场内部的硬件建设的同时，还应该提高管理和服务水平为批发市场建设提供更好的服务和支持，不要涸泽而渔，而是要放水养鱼。

4. 完善相关法律法规，优化制度环境

首先，建立健全社会信用制度。经销制度和代理制度都是生产商和批发商之间基于平等自愿和诚实信用的原则而建立的一种合作关系，本质上要求双方遵守良好的信用。因此，要在全社会强化信用观念，健立健全社会信用制度，培育形成诚信的市场环境。比如，建立社会信用信息征信体系、建立健全法律约束制度和信用保障机制、建立健全道德约束制度等。在市场打破垄断局面，形成竞争氛围，通过竞争把不讲信用的人或企业排除到经济活动之外，而使诚信成为一种商业价值，在交易主体之间相互制约。

其次，完善经销制度和代理制度相关法律法规。目前世界范围内很多国家都专门为商业代理立法，如英、美等国也都先后制定了《商人代理法》、《特别公司》等商业事务代理专门政策法规等。我国也应该尽快制定《代理法》，从而对委托方、代理方的权利与义务，代理方、委托方与交易的第三方的权利和义务关系，代理方实施行为的法律效果，代理方、委托方的违约处理，以及代理中的连带责任等方面进行明确的法律规范，以促进我国商业代理制的健康发展。另外，针对批发市场秩序混乱的事实，建议出台像《批发市场法》和《公平贸易法》之类的相关法律，规范批发市场交易行为。

5. 完善物流规划及配套，降低行业经营成本

我们访问了一些国内的经销及代理商，企业均表示物流成本近年不断上升，对它们构成很大的经营压力。此外，一些城市为解决交通拥堵问题，实施了如限行管理等行政措施，使企业不能最高效地使用车队等资源。我们建议政府应继续完善物流规划及配套，如建立公开的交通信息平台，让批发企业可提高物流效率，降低行业经营成本。

## （二）对经销商或代理商的建议

正如报告前言部分所说，制约批发业发展的因素除了宏观因素之外，更重要的是批发主体之微观原因。因此，在政府积极改良外部环境的同时，更需要经销商和代理商从自身做起，完善内部管理、调整发展战略、改进经营策略等。

1. 大胆引入外来人才，提高管理水平

中小型经销商或代理商多为家族企业，对外来人才具有一定的防范心理，很难完全相信“外脑”，因此也很难聘请到既有能力又对企业忠诚的管理人才。实际上，人才缺乏也是抑制大多数家族企业，即使是那些资金充裕、设备先进的家族企业发展的障碍。面对未

来，经销商和代理商能否转型成功就意味着其能否继续生存，其中，能否引入外来专业人才是极其重要的一方面。经销商和代理商在面临挑战的同时又面临着机遇，应积极引入“外脑”，加快实施转型。首先，放开心胸和眼界，消除对外来人才的提防心理，破除家族与非家族成员内外有别的价值判断标准。其次，管理中淡化血缘、亲缘关系，建立业缘、事缘理念，按照公平、公正的原则聘用人才，构建以非家族成员为主的科层体系，将能力较低职位较高的家族成员转换为优秀的社会经理人。最后，树立“尊重人、关心人”的观念，从物质、精神等各个角度去满足员工不同层次的要求，设计出多样化、多层次的激励措施，如参与管理、分享决策权、提供学习深造机会等，充分发挥员工潜能和积极性。

2. 做专业化批发商，突出批发优势

在批发主体多元化的当今，从事批发业务的市场主体除了独立批发商之外，还包括大型零售商、生产商自设的销售机构、展销会等。在竞争激烈的市场环境中，批发商只有实行专业化和规模化才可能突出批发优势，在批发领域站稳脚跟。首先，经销商和代理商要果断放弃“大杂烩”经营方式，走专业化之路，只精选一个或少数几个相近品类，并把品类内商品根据市场需求尽量做全、做深、做大。这一点是零售商和生产商无法做到而批发商最容易做到的，也是批发商强化自身优势的必然路径。其次，经销商和代理商应减少在零售领域人力、物力的过多投入，回归主业。实际上，批发商投资零售领域是维持生存的权宜之计，并非长久之策。社会分工的基本规律表明，在分工极其细化的当今，批发商不可能在零售领域“插柳成荫”，同时，对零售领域的过多投资必然会分散经销商或代理商的精力，不利于自身的专业化和规模化。而没有批发优势，批发业也就失去了其产业特征，在现代商品流通体系中就难以准确定位。

3. 紧跟时代步伐，积极参与交易方式转型

改革开放以来，尽管我国批发业在投资多元化和市场化方面取得了明显进步，但批发业的交易方式仍比较落后。那种传统的以“现场、现金、现货”为特征的交易方式弊端日益显现，与生产商和零售商之间的信息化、现代化步骤明显不一致，无法满足现代商品流通的需要。随着竞价拍卖、网上交易等现代交易方式的成熟和推广，经销商和代理商应积极推行竞价拍卖、网上交易等先进交易方式，实现由传统交易方式向现代交易方式的转变。

当前，最需要积极关注和参与的是 B2B 电子商务模式。近些年来，基于互联网的 B2B 的发展速度十分迅猛。根据中国电子商务研究中心发布的《2010 年度中国电子商务市场数据监测报告》显示，2010 年我国电子商务市场交易额已达 4.5 万亿元，同比增长 22%。其中，B2B 电子商务交易额达到 3.8 万亿元，占全部电子商务交易额的 84%。因此，经销商和代理商应借此东风，通过阿里巴巴、环球资源、中国制造网、网盛生意宝等知名交易平台开展垂直式 B2B 模式，尽快赶上生产商和零售商的信息化步伐。

4. 依托第三方物流，提高配送水平

目前，我国批发企业的大多数物流配送由自有物流配送体系完成，批发商功能“大而全”、“小而全”的现象普遍存在。这导致批发业配送成本较高，尤其是“小而全”企业效率更低。而第三方物流具有更专业化、综合成本更低、配送效率更高的优势，已经成为国际物流业发展的趋势、社会化分工和现代物流发展的方向，在美国、欧盟国家、日本

等发达国家已经得到成功运用。在批发业面临转型的今天，批发商应有选择地使用自有配送模式，依托第三方物流或共同配送模式，减低配送成本，提高批发效率。

5. 提高供应链效率，完善相关功能

目前，生产商和零售商都面临着较大的成本压力，对于中间商来说，价格空间越来越小。而通过提高供应链效率，改善资金利用效率和商品周转率，则可在毛利率水平不变的情况下，获取更大的收益。提高效率的手段无外乎提高信息化水平、采取标准化操作和更多利用先进设备，实现机械化。同时，有能力的企业应强化其仓储功能，拓展加工功能，探索物流配送功能，在传统的经销代理中，获得更多的增值收益。

6. 学习国外经验，成立批发联盟

大型批发商的培育和发展不是一朝一夕所能完成的，即使有了大型批发商，中小型批发商仍然将是批发业发展的重要力量。对于大量的中小型批发商而言，为了争取供应链地位，最好、最快的方式就是，像零售商的连锁经营一样成立批发联盟或其他自愿组织，采取联合行动。这一做法，在美国等发达国家已成功应用。例如，北美最大的分销联盟之一——分销商联合会，包括 350 个独立批发商，总销售额超过了 180 亿美元。联盟的形式既可以大型批发商为领导，又可以大型生产商为领导。联盟的成立，既可以区域为单位，又可以批发商品的品类为主线。

总之，批发商和批发业在未来经济发展中的功能是不可忽略的，更是不可能被消灭的。中国市场腹地庞大，越来越多的生产商和零售商希望深耕中国市场，我们相信中间商会发挥越来越重要的作用。解决批发业发展难题，关键是解决经销制度和代理制度的建设发展问题，也就是批发业转型问题，而不是讨论批发业的存亡问题。在扩大内需、促进消费的当今及未来，批发业发展既面临挑战，又充满机遇。当然，经销制度和代理制度建设也不可能一蹴而就，而是一个长期的战略转型，需要政府、企业和理论界等多方共同努力。尽管如此，从发达国家批发业复兴的事实和经验来看，只要我们思路正确、方法得当有效，我国批发业一定能够摆脱困境，走向繁荣，为扩大内需、促进消费保驾护航。

附：样本企业基本情况

附：

# 样本企业基本情况

在本次“经销制度和代理制度专项研究”中，我们对18家连锁零售企业进行了问卷调查。样本企业基本情况如下：

1. 发展区域

18家企业中，全国范围经营的有4家，占22%；在本省及周边省市发展的有5家，占28%；省内经营的有9家，占50%（见附图1）。

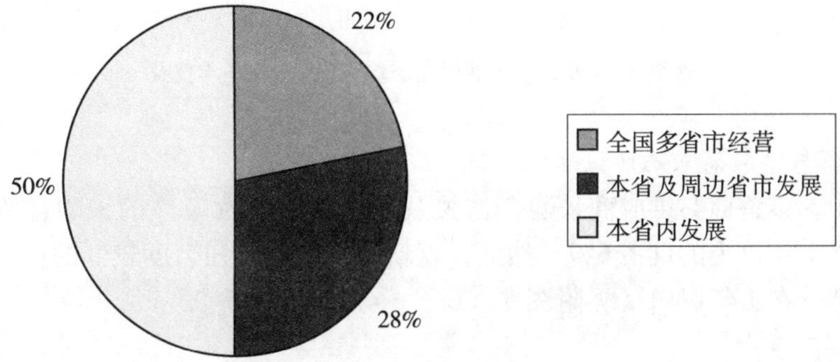


**附图1　零售商连锁经营方式构成**

2. 销售规模

年收入在30亿元以下的企业占半数以上（1亿－10亿元和10亿－30亿元的企业均占28%），100亿元以上的企业占22%，30亿－100亿元的企业仅占23%。

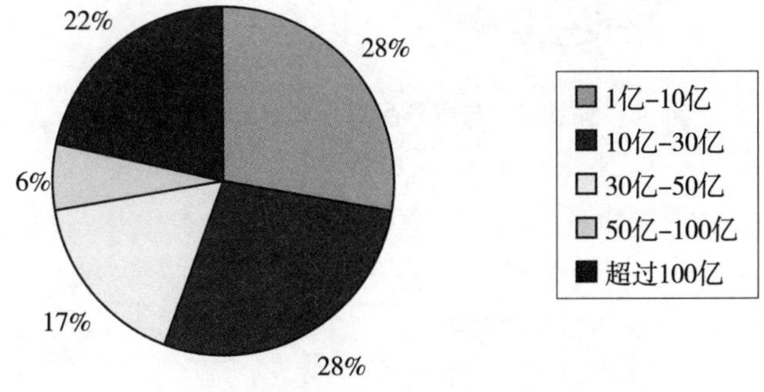


**附图2　企业年度收入**

3. 与供应商结算周期

与2009年比较，71%的样本企业2010年与供应商的结算时间基本无变化，只有12%的企业结算周期延长。

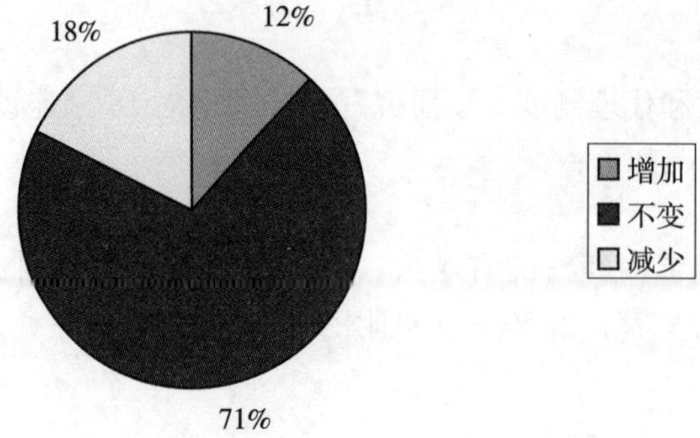


**附图3　2010年与供货商结算天数较2009年变化**

4. 零售商与供应商采购协议年限情况

调查显示，零售商与供应商采购合作关系总体稳定，约71%的采购合约年期在3年以上，年期在1年以内的仅占6%。然而，就新品牌商品或知名度较低的商品品牌，双方合约年期大部分在1年以内（见附图5）。

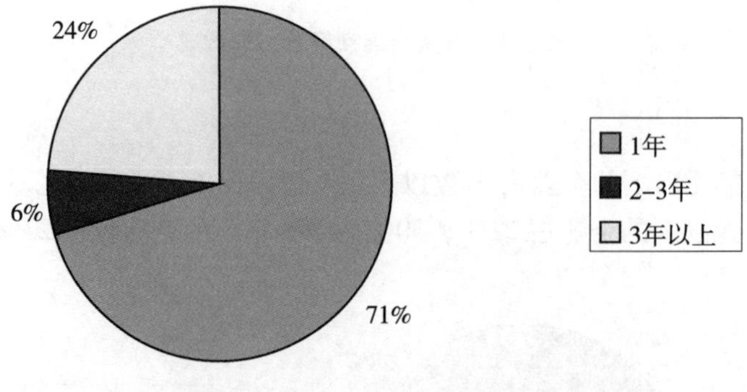


**附图4　与成熟品牌采购协议年期**

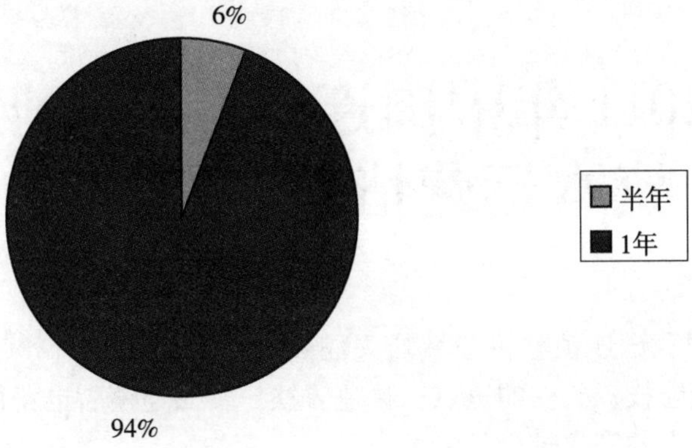


附图 5　与新品牌/知名度较低的品牌采购协议年期

# 2011 年中国连锁零售企业资本运营情况分析报告

2011 年，资本对我国连锁零售领域的关注热度不减。电子商务、团购网站、奢侈品 B2C 网站等依然是风险投资关注的焦点；特色餐饮、食品连锁店也获得资本追捧；但传统超市和餐饮连锁对资本的需求较少。

IPO① 层面，区域型传统零售商成为该领域的主力军。在渠道下沉、消费升级背景下，区域零售商的盈利能力获得资本市场的认可。另外，2011 年连锁领域 IPO 事件中，服装服饰连锁占到了三成，服装服饰连锁的 IPO 也值得关注。

企业间的并购、整合在传统零售商中表现突出。华润万家、海航商业通过并购布局全国市场的战略清晰可见；百联集团、西单商场等国字号商业企业，依托国企背景做大做强的愿望强烈。

总体而言，2011 年风险投资对电子商务等新经营模式的热衷度超过了传统零售商，这与上一年度投资状况基本保持一致。在私募股权融资方面，电子商务等新经营模式一枝独秀，而在企业间的并购、整合层面，传统零售商仍独领风骚。

## 一、私募股权融资：电子商务仍是最热门领域

据不完全统计，2011 年连锁零售领域私募股权融资案例为 27 例，其中包括传统零售 B2C、奢侈品零售 B2C 以及团购网站在内的电子商务网站融资为 17 例，占到了 6 成以上。事实上，2009 年以后，这一趋势逐渐形成，在 2011 年融资的多家电子商务企业中，有不少是继 2009、2010 年融资之后，风险投资机构继续跟踪投资的（见表 1）。

**表 1　2011 年 VC/PE 投资连锁零售企业案例**

| 项目方/卖方 | 投资方/买方 | 披露投资金额 | 投资时间 | 所在行业或细分市场 |
|---|---|---|---|---|
| **电子商务** | | | | |
| 京东商城 | 俄罗斯投资集团 DST | 5 亿美元/D 轮 | 2011 年 1 月 | 综合类商品 B2C |
| 美团网 | 阿里巴巴、北极光、华登国际、红杉资本 | 5000 万美元/B 轮 | 2011 年 7 月 | 团购网站 |

① IPO（Initial public offerings，首次公开募股），是指某股份有限公司（或有限责任公司）首次向社会公众公开招股的发行方式。

续表

| 项目方/卖方 | 投资方/买方 | 披露投资金额 | 投资时间 | 所在行业或细分市场 |
|---|---|---|---|---|
| 拉手网 | Milestone Capital（麦顿投资）、Richemont（历峰集团） | 1.1 亿美元/C 轮 | 2011 年 4 月 | 团购网站 |
| F 团 | 包括腾讯在内的四家公司 | 6000 万美元/B 轮 | 2011 年 9 月 | 团购网站 |
| 尚品网 | 成为资本 | 5000 万美元/B 轮 | 2011 年 7 月 | 奢侈品 B2C |
| 尚品网 | 晨兴创投、思伟投资 | 5000 万美元/C 轮 | 2011 年 7 月 | 奢侈品 B2C |
| 走秀网 | 凯鹏华盈 | 2000 万美元/A 轮 | 2011 年 3 月 | 奢侈品 B2C |
| 走秀网 | 华平投资 | 1 亿美元/B 轮 | 2011 年 8 月 | 奢侈品 B2C |
| 佳品网 | 英特尔投资金沙江创投、泰山天使基金、力天融金、华光资本等 | 数千万美元/D 轮 | 2011 年 9 月 | 奢侈品 B2c |
| 钻石小鸟 | 方源资本、联创策源、今日资本等 | 5000 万美元/C 轮 | 2011 年 3 月 | 奢侈品 B2C |
| 酒仙网 | 未公布 | 2000 万美元/A 轮 | 2011 年 4 月 | 酒水 B2C |
| 酒仙网 | 未公布 | 5000 万美元/B 轮 | 2011 年 10 月 | 酒水 B2C |
| 买买茶 | 鲁信创投、深创投等 4 家国内投资机构 | 近 1 亿元人民币/A 轮 | 2011 年 10 月 | 茶叶 B2C |
| 凡客诚品 | 未公布 | 2.3 亿美元/F 轮 | 2011 年 12 月 | 服饰类 B2C |
| 优购网 | 百丽集团、百度 | 数亿美元 | 2011 年 7 月 | 服饰类 B2C |
| 乐淘网 | 联创策源、德同资本、老虎基金 | 2 亿元人民币/C 轮 | 2011 年 1 月 | 服饰类 B2C |
| **餐饮、食品** | | | | |
| 心品印象 | 启明创投、和通投资、三井物产环球投资 | 2000 万美元/B 轮 | 2011 年 10 月 | 餐饮连锁 |
| 绝味鸭脖 | 九鼎投资、复星集团 | 2.6 亿元/C 轮 | 2011 年 6 月 | 食品连锁 |
| 周黑鸭 | 天图创投 | 6000 万元 | 2011 年 12 月 | 食品连锁 |

续表

| 项目方/卖方 | 投资方/买方 | 披露投资金额 | 投资时间 | 所在行业或细分市场 |
|---|---|---|---|---|
| **母婴用品** | | | | |
| 天天加分 | SBI 集团、三井物产环球 | 1000 万美元/A 轮 | 2011 年 11 月 | 母婴用品 |
| 十月妈咪 | 红杉资本、贝加资本 | 6000 万元/A 轮 | 2011 年 6 月 | 母婴连锁 |
| **医疗、美容** | | | | |
| 康复之家 | 未披露 | 未知 | 2011 年 8 月 | 医疗器械连锁 |
| 伊美尔 | 天图创投、联想投资 | 2 亿元人民币 | 2011 年 5 月 | 整形美容连锁 |
| **传统超市** | | | | |
| 华普超市 | 未公布 | 未知 | 2011 年 3 月 | 社区型超市 |
| 好立方 | 凯辉资本 | 3000 万美元 | 2011 年 7 月 | 传统超市 |
| **连锁书店** | | | | |
| 光合作用 | 未公布 | 未公布 | 2011 年 11 月 | 连锁书店 |
| **培训连锁** | | | | |
| 音之舞舞蹈培训机构 | 鼎聚投资 | 300 万元/A 轮 | 2011 年 6 月 | 连锁培训机构 |

上述统计数据显示，2011 年连锁零售领域私募股权投融资具有如下特征：

1. 资本继续追捧团购网站、奢侈品网购以及细分行业 B2C 网站

截至 2011 年年底，美团网、拉手网、F 团三家团购网站均获得了两轮以上的投资，其中拉手网经三轮融资，共筹集 1 亿 6600 万美元，成为众多团购网站中融资额最高的一家。

2010 年之前对奢侈品网站的投资相对较少，且以珠宝钻石类网站为主。自 2010 年开始，泛奢侈品网购行业融资规模出现爆发式增长，全年披露融资案例 12 起，融资 1.08 亿美元，远超以往数年总和。而进入 2011 年，对奢侈品网站的投资进入白热化阶段，根据 ChinaVenture 投中集团①统计，仅 2011 年上半年融资总额达 2.83 亿美元。

① ChinaVenture 投中集团：专注于中国投资市场的信息咨询机构，为中国市场的投资机构、投资银行与企业等客户提供专业的第三方信息产品及研究咨询服务。其 2005 年由陈颉先生创立，在北京、上海和深圳设有办事机构，目前已发展成中国私募股权投资领域的主要信息与数据提供商和投资银行。同时，其还运营着投资行业媒体平台 www.chinaventure.com.cn，并举办多种类型的投资会议。

包括酒水类、茶叶以及服饰等细分行业在内的 B2C 网站也颇受资本追捧。酒水类 B2C 以及团购网站酒仙网在 2011 年 4 月和 10 月分别获得 2000 万美元和 5000 万美元的投资。尽管受资方没有透露投资方的详细情况，但酒仙网已握有 7000 万美元。另外，专注于茶叶 B2C 网上交易平台的买买茶也获得近 1 亿元的投资。这说明，资本对综合类商品的 B2C 网站投资逐渐趋于理性；而针对细分行业的 B2C 网站，由于其管理难度小，货源及销售比较稳定，投资风险也相对较小。但是，百丽集团和百度联合投资于优购网说明，一些传统零售商正通过资本手段来获取对电子商务平台的支持。这些案例也反映出产业资本和金融资本携手投资的一大趋势。

另外，纵观 2011 年，尽管京东商城获得 5 亿美元的 D 轮投资，但综合类商品的 B2C 网站，获得风险投资的仅有京东商城一家，亦反映出投资界对综合类商品 B2C 网站的谨慎态度。这说明，经过几年的跑马圈地，综合类 B2C 网站已经出现寡头效应，能够吸引投资者的，也就是京东商城这样最早涉足电子商务，同时又是业内领先的 B2C 平台。

2. 传统餐饮让位特色食品

2010 年以前，餐饮是资本热逐的领域。统计分析 2010 年之前国内 VC/PE 机构投资餐饮连锁企业的案例可以发现：2007 年，VC/PE 机构投资的餐饮企业主要是火锅、包子、咖啡、休闲餐饮等一些易于标准化和复制的业态；而 2008 年，俏江南、菜根香等主营中式正餐的餐饮企业获得数千万美元的私募资金，表明当年中式正餐已成为 VC/PE 机构投资的热门餐饮业态。国内餐饮连锁业界知名人士、现从事投资和顾问业务、麦当劳中国区原高级副总裁赖林胜先生坦言："我现在主要在看中餐企业，中式正餐的市场空间在国内同样非常巨大"。即便是在 2010 年，获得风险投资的餐饮企业也有两家（其一，净雅餐饮连锁，获得九鼎的投资；另一，嘉和一品餐饮连锁，2010 年 10 月获得红杉资本和涌铧投资两家投资公司联合投资近 1 亿元人民币）。

但是到了 2011 年，随着俏江南等餐饮连锁企业在国内上市之路搁浅，资本投资餐饮连锁的退出渠道受到掣肘，使得资本对整个餐饮连锁的关注暂时降温。据统计，2011 年国内传统餐饮连锁只有心品印象获得了 2000 万美元的投资，而与之相对的，周黑鸭、绝味鸭脖等"自有品牌 + 自主渠道"的特色食品连锁开始受到资本追捧。

上述现象背后的产业背景是，作为劳动密集型企业，随着人力、房租以及水电费等成本的上涨，餐饮连锁企业近两年的盈利能力已大不如前。此外，随着消费者对食品安全日益重视，餐饮连锁受到了越来越大的挑战。而如周黑鸭、绝味鸭脖这样的特色食品连锁，因其口味独特、质量稳定、易于复制，故而受到资本青睐。

然而，需要投资者警惕的是，特色食品连锁因其工艺相对简单、易于复制，使其也容易被侵权仿制或假冒。况且，随着特色食品连锁特许加盟体系的不断扩张，其在品牌管理和加盟商管控等方面的难度会越来越高。因此，当此类品牌发展规模扩大之后，出现连锁店综合管控与规模扩张不同步、不协调的风险随之加大，就像之前的"掉渣馅饼"、"地瓜坊"等食品连锁，值得系统化地深究和思考。

3. 美容、医疗受关注，传统零售商投资热度降低

如今，美容医疗领域成为值得关注的市场。数据显示，2009 年我国从事医疗整形美容的专业技术人员和相关管理、服务人员达 20 余万人，以开展整形美容诊疗业务为主的医疗机构如医疗整形美容医院、美容诊所和科室超过 5 万余所，年营业收入超过 150 亿元

人民币。

与之相对的美容整形和医疗器械连锁成为投资热点。作为整形美容连锁的领先企业，2011 年伊美尔获得天图创投和联想投资共 2 亿元人民币的投资；医疗器械连锁机构康复之家获得投资机构数千万元人民币的第二轮投资。这反映出资本对这一新兴市场的看好。资本对产业发展的嗅觉是相当灵敏的，其背后的政策背景是，2000 年以来，国家曾多次发文鼓励社会资本进入医疗领域，比如“非公 36 条”。2010 年，卫生部、发改委等多个部门联合发文《关于进一步鼓励和引导社会资本举办医疗机构的意见》（58 号文），倡导社会资本进入医疗领域。随着民营资本涉足医疗领域政策不断放开，这一市场将进一步规范和扩大。

值得注意的是，传统的以实体店铺为主的零售商融资案例越来越少。2011 年，除北京华普超市和好立方超市之外，几乎没有私募股权基金进入传统零售商的案例。而前者是由于华普超市母公司华普集团进行管理层调整，引进了新的职业经理人并携带投资方进入华普超市，这与华普自身的经营情况有关；后者则是温州老板利用集装箱改造后经营连锁超市，其创始人对资本有着“天生的”亲和力。

据了解，风投进入传统超市案例较少的原因有两方面：首先，传统超市中的一些优质企业，比如物美集团、湖南步步高、永辉超市等，已经先后在国内外上市，再从区域型传统超市中去发掘那些可以成为一方诸侯或者扩张到全国的优质企业，已经比较难了；其次，传统超市的相当一部分实际控制人，在对接资本、上市的问题上还没有从战略上进行最终决策。

## 二、IPO（首次公开发行股票）：零售、服饰平分秋色

据统计，2011 年连锁商业领域成功 IPO 的企业有 14 家，其中较为显著的是以高鑫零售为代表的 4 家传统零售企业和 6 家服装服饰连锁企业。另外，还有 4 家其他细分行业的连锁企业，它们分别是以医药流通为主营业务的九州通、连锁茶叶店天福茗茶、珠宝连锁周大福以及特色食品连锁好想你（见表 2）。

**表 2　　2011 年中国连锁零售企业 IPO 情况**

| 证券代码 | 公司简称 | 上市时间 | 上市地点 | 募集资金 | 所属行业或细分市场 |
|---|---|---|---|---|---|
| **传统零售** | | | | | |
| 06808. HK | 高鑫零售（欧尚、大润发） | 2011 年 7 月 8 日 | 香港 | 10.6 亿美元 | 传统零售 |
| 601116. SH | 三江购物 | 2011 年 3 月 2 日 | 上海 | 7.08 亿元 | 传统零售 |
| 002561. SZ | 徐家汇 | 2011 年 3 月 3 日 | 深圳 | 11.2 亿元 | 传统零售 |
| 601010. SH | 文峰大世界 | 2011 年 6 月 3 日 | 上海 | 22 亿元 | 传统零售 |
| **服装、服饰连锁** | | | | | |
| 002640. SZ | 百圆裤业 | 2011 年 12 月 8 日 | 深圳 | 2.95 亿元 | 服饰连锁 |
| 002612. SZ | 朗姿股份 | 2011 年 8 月 30 日 | 深圳 | 8.5 亿元 | 服饰连锁 |

续表

| 证券代码 | 公司简称 | 上市时间 | 上市地点 | 募集资金 | 所属行业或细分市场 |
|---|---|---|---|---|---|
| 601566. SH | 九牧王 | 2011 年 5 月 30 日 | 上海 | 16. 47 亿元 | 服饰连锁 |
| 002563. SZ | 森马服饰 | 2011 年 3 月 11 日 | 上海 | 46. 9 亿元 | 服饰连锁 |
| 01028. HK | 鸿国国际（千百度国际） | 2011 年 9 月 23 日 | 香港 | 16. 2 亿港元 | 服饰连锁 |
| | 奥康鞋业 | 2011 年 9 月 23 日<br>已过会，尚未发行 | | | 皮鞋与皮具产品 |
| **其他** | | | | | |
| 600998. SH | 九州通 | 2011 年 11 月 2 日 | 上海 | 8. 988 亿元 | 医药流通 |
| 6868. HK | 天福茗茶 | 2011 年 9 月 26 日 | 香港 | 14. 8 亿元 | 特许连锁 |
| 01929. HK | 周大福 | 2011 年 12 月 15 日 | 香港 | 30 亿美元 | 珠宝连锁 |
| 002582. SZ | 好想你 | 2011 年 5 月 20 日 | 深圳 | 2. 86 亿元 | 食品连锁 |

上述统计数据显示，2011 年连锁零售领域 IPO 情况具有如下特征：

1. 区域零售商后劲十足

在 2011 年成功 IPO 的四家零售企业中，除高鑫零售之外，其他三家均为区域零售企业。三江购物立足宁波，向华南、华东辐射；徐家汇是上海本土的一家股份制商场；文峰大世界是江苏文峰集团旗下的商业集团，包含百货店、大卖场以及连锁家电三种业态。这三家区域零售商成功 IPO 反映出，经过与外资零售企业对抗的“与狼共舞”阶段后，能够生存下来的零售商已经具备了在区域市场领先的地位，从品牌效益、现金流量、供货商资源到盈利能力等方面均具有区域强势地位，也被资本市场看好。另一方面，这些企业急于上市也反映出它们对未来的隐忧。随着零售业的激烈竞争，渠道整合成为大势所趋，这些区域领先企业如果不依靠资本市场继续做大做强，即将面临掉队甚至被并购的风险。因此，IPO 可以解决其做大做强所面临的融资平台、激励机制等关键问题。

高鑫零售控股大润发和欧尚这两家全国性大卖场是一个特例。高鑫零售集团下属的大润发是近两年突起的业内黑马。2009 年大润发以 404 亿元的销售额首次超越家乐福，成为我国最大的外商投资的超市企业。随后，其和欧尚整合上市成为业内焦点。

事实上，自 2008 年湖南步步高商业集团成功登陆上交所后，人人乐、永辉超市等区域零售商业也纷纷成功 IPO，区域零售商上市成为业内一大趋势。不过，从一些区域零售商在资本市场的表现来看，企业能否成功 IPO 是一回事，但 IPO 之后企业如何利用好资源并稳定发展，还要考验企业家的眼光和魄力。

2. 服装服饰企业 IPO 冲击强劲，但审批通过率仅五成

《2011 年中国连锁零售企业 IPO 情况》（表 2）显示，成功 IPO 的服装服饰连锁企业有 6 家，占据了三分之一的数量。可以看出，服装服饰企业上市热度很高。

据统计，2011 年服装服饰行业的 IPO 通过率只有约 50%。深圳淑女屋时装、青岛亨达、福建诺奇、维格娜丝时装、珠海威丝曼、上海利步瑞服饰等 6 家企业首次申报过会，但未通过或被取消。当然，这些企业整改后还可再次申报（见表 3）。

表 3　　**2011 年国内 IPO 申请未获通过的服装服饰连锁企业**

| 公司名称 | 细分市场 | 过会情况 |
| --- | --- | --- |
| 淑女屋时装 | 流行时尚服装 | 2011 年 10 月 28 日上会未通过 |
| 青岛亨达 | 皮鞋 | 2011 年 08 月 12 日上会未通过 |
| 福建诺奇 | 男士服装 | 2011 年 10 月 20 日上会未通过 |
| 维格娜丝时装 | 中高档女装 | 2011 年 07 月 14 日上会未通过 |
| 珠海威丝曼 | 时尚女装 | 2011 年 04 月 29 日上会被取消 |
| 上海利步瑞服饰 | 服饰、电子产品销售 | 2011 年 04 月 18 日上会未通过 |

之所以服装服饰行业 IPO 通过率只有五成，其原因不在于“服装服饰”、而在于“连锁”，即管理审批机构更关注的是服装服饰连锁企业的真实性、规范性和持续盈利能力。这其中，申请 IPO 的服装服饰连锁企业在向中国证监会申报材料时需要认真对待以下几个问题：

第一，企业销售收入、净利润等经营业绩的真实性。销售收入中有多少是从工厂库存转为经销商（加盟店）库存——这需要仔细探究发行人（盟主）和经销商（盟商）的产品购销协议，尤其是销售模式是买断模式还是委托代销模式？双方退货退款条款是如何签署的？

第二，企业加盟商、库存等管理的规范性。在各项管理环节中，信息系统对于企业管理的规范性和效率提升有多大的支持力度？如果不规范，管理效率如何保障？

第三，企业稳定盈利能力的持续性。企业产品的市场竞争力、品牌影响力和管理执行力在同行业中所处位置如何？这些关键要素能否保障企业的持续盈利和稳定发展？

实际上，从发展趋势看，管理机构对服装服饰类企业的上市要求（标准）提高了。例如，2011 年 4 月和 6 月分别举办的两期保荐人代表培训会议上，监管机构相关人士就已对连锁经营类企业予以重点关注，对保荐机构涉及有较多经销商的，或跨区域且较分散的连锁经营企业，监管机构不仅关注其排列前 5 名的客户，而且要求通过企业的信息系统等方式，对 80% 以上的客户进行调查。其中，针对特许经营企业的加盟商，保荐机构被要求尽量对每一家加盟店进行核查，并关注其是否具有持续经营能力。

同时，未通过 IPO 的连锁企业经营状况的调查数据显示，其经营收入多在几亿至十亿元人民币之间，利润多为几千万元，因此，其规模并不很大。企业规模不够大，也许是它们被否的另一个原因。其实，对中低端价位、面向大众市场的服装服饰品牌，上市前的理想状况是：其一，上市前后有数亿或 10 亿元以上的销售规模，有 1 亿元以上的利润；其二，是跨区域的、相对于全国市场的品牌，网络覆盖足够广；其三，有较长且稳定的发展历史，能体现出企业文化与内涵，有保障企业运营效率持续提升的机制。

3. 餐饮、美容、健身等连锁业态 IPO 遇冷

与服装服饰行业类似，对餐饮、美容、健身等行业业态，申报 IPO 的审核也是严格把关。2011 年下半年，中国证监会加强了餐饮等连锁企业的上市监管，将拟上市餐饮企业的年利润标准，由 3000 万元提高至 5000 万元。2011 年 3 月，知名餐饮连锁企业俏江南向证监会递交了 A 股 IPO 申请，此后一直杳无音讯；而 2012 年 1 月 30 日证监会披露的信息

显示，俏江南的上市申请已被列入终止审核名单。

同时，由于相当数量的餐饮企业存在违规用工、偷漏开具发票等问题，因此很难符合A股市场IPO的相关规则。由此，也有投行业界人士建议，谋求上市的餐饮企业不妨借道海外寻求资本市场的接纳。

另外，美容、健身、房地产经纪、酒吧、KTV、足浴等现代服务业连锁机构也面临同样的问题。诸多美容企业已把IPO申报材料上报证监会，但始终没有回音。经了解，主要是监管机构已从严把控美容行业并至暂停上市。

上述行业企业上市受阻的原因与餐饮行业颇为类似。其收入主要为现金，难以准确核验真实收入；为数不少的美容美发企业还涉及预售卡，形成高额且大量的预收款问题；此外，美容美发行业被认为技术含量低，难以证明其持续盈利能力。

## 三、兼并与收购：传统企业唱主角

据统计，2011年在特许连锁领域发生的企业间并购、整合案例共有24起，主要发生在传统零售、服饰连锁、医药连锁、经济型酒店等行业（见表4）。

**表4　　2011年中国连锁零售企业主要兼并与收购事件**

| 时间 | 交易双方 | 交易要点 |
|---|---|---|
| **传统零售** | | |
| 2011年1月 | 大商股份、淄博商厦 | 大商股份6亿元收购淄博股份持有的淄博有限60%股份 |
| 2011年2月 | 友谊股份、百联股份 | 友谊股份吸收合并百联股份 |
| 2011年2月 | 友阿集团、中山集团 | 友阿控股公司承债式兼并中山集团公司 |
| 2011年4月 | 海航商业、梅州乐万家 | 海航商业收购广东梅州乐万家超市有限公司51%股权 |
| 2011年6月 | 三胞集团、南京新百 | 三胞集团受让金鹰系持有的南京新百17%股权成为第一大股东 |
| 2011年6月 | 西单商场、新燕莎 | 首旅集团旗下新燕莎控股的全部股权过户至西单商场名下 |
| 2011年7月 | 大商集团、呼伦贝尔友谊集团 | 大商收购呼伦贝尔友谊集团全部资产 |
| 2011年7月 | 日本罗森、上海罗森 | 日本罗森株式会社增持上海罗森股权至85% |
| 2011年7月 | 华润创业、江西洪客隆 | 华润创业以36.9亿元人民币的价格收购江西洪客隆百货 |
| 2011年11月 | 永辉超市、易买得 | 永辉超市400万元收购北京易买特商业有限公司100%股权 |
| 2011年11月 | 欧亚集团、郑州百货大楼 | 欧亚集团1126万元拍得郑州市百货大楼33.08%国有股权 |
| **服饰连锁** | | |
| 2011年11月 | 波司登、杰西女装 | 波司登8.925亿元收购JESSIE（杰西）七成股权 |
| 2011年3月 | 波司登、上海蓝博星 | 波司登1亿元人民币增持上海兰博星儿童用品51%股权 |
| 2011年10月 | 波司、迪晖公司及朗辉环球 | 波司登收购迪晖公司及朗辉环球70%权益 |
| 2011年12月 | 百丽、领跑体育 | 丽已完成领跑体育并购 |
| 2011年1月 | 波司登、上海旭高 | 波司登1亿元增持上海旭高时装56.04%股权 |

续表

| 时间 | 交易双方 | 交易要点 |
|---|---|---|
| **连锁药店** | | |
| 2011 年 3 月 | 国大药房、东南医药 | 国大药房收购东南医药 120 家直营店 51% 的股份 |
| 2011 年 5 月 | 华东医药、杭州武林药店 | 华东医药全资收购武林药店 |
| 2011 年 7 月 | 老百姓大药房、常州万仁大药房 | 老百姓大药房全资收购常州万仁大药房 |
| **家电、餐饮、酒店及其他** | | |
| 2011 年 6 月 | 苏宁电器、日本 Laox | 苏宁电器 62.73 亿日元（约合 5.03 亿元人民币）认购日本 Laox 株式会社定向发行 1.79 亿股股份 |
| 2011 年 5 月 | 如家、莫泰 168 | 如家 4.7 亿美元价收购莫泰 168 全部股份 |
| 2011 年 7 月 | 七天、华天之星 | 七天 1.36 亿元收购华天之星全部股权 |
| 2011 年 7 月 | 安佰深、金钱豹餐饮 | 安佰深（Apax Partners）15 亿元并购金钱豹 |
| 2011 年 12 月 | 瑞标集团、毛源昌 | 瑞标集团 7900 万购入浙江毛源昌 75% 国有股权 |

上述统计数据显示，2011 年连锁零售企业并购、整合显现如下特征：

1. 传统零售商并购风起云涌

表 4 显示，2011 年中国连锁零售领域主要兼并与收购案例共 24 件，其中传统超市、百货等企业间的并购、整合案例达 11 件，约占 46%，几乎近半。上述并购、整合案例有如下特征和趋势。

首先，华润万家、海航商业两大全国布点的零售巨头通过并购方式跑马圈地意图明显。2011 年，华润并购江西洪客隆，海航并购梅州乐万家，两者不相上下。华润万家在业内耕耘已久，背后有大型央企华润的支持，可以说自诞生之日便实力雄厚，具并购基础。其并购后，对被并购企业开展强势整合，从门店形象、商品陈列以及供应链等均进行大刀阔斧的改革。海航商业是后起之秀，其背拥海航集团的支持，为实现快速发展也在寻找适合的并购对象。可以说，两者的并购布局和风格较为接近。然而，华润并购江西洪客隆花费了 36.9 亿元人民币，是一笔不小的款项。之所以如此“阔绰”，分析认为与其意欲尽快全国布局，尽早甩开对手有关；另者，洪客隆拥有不少自有优质物业，要价偏高也属切合实际。

其次，以国有商业为背景的国字头零售企业打造“航母”之勇气一直坚定。百联集团的整合可谓历史性话题，而且在 2011 年获得飞跃性进展。一方面，百联旗下友谊股份和百联股份合并，解决了同属百联旗下两家百货业的同业竞争问题；此外，百联旗下超市系统，联华和华联的整合也已完成，随着百联将罗森便利股份转让给日本罗森，百联集团旗下百货、超市、便利店三大板块业务基本上理顺。西单商场与新燕莎的整合与百联类似，都是在当地国资委系统或是政府商业部门的主导下，完成的国有企业间的业务梳理。

2. 医改背景下，连锁药店并购加速

2011 年连锁药店的合并值得关注。连锁药店的并购可分为两类：一类是，大型医药集团为布局全产业链的需要，鼓励旗下的连锁药店与地方性药店品牌合作。比如，国大药房并购东南医药。国大药房隶属于国药控股，是与上药集团、华润医药齐名的三大药业巨头之一。另一类是，在医改背景下，民营药店出于自身做大规模的需要，展开的并购与合作。随着医改持续深化，多种药品进入基本药物目录之后，连锁药店的生存空间进一步受到压缩，只有做大规模，争取上游更低的进货价格才能保持合理的利润空间。

3. 中国连锁借并购走出国门

苏宁增资日本电器连锁 Laox，从而成为其控股股东。这从另一角度反映出，经过十多年的发展，中国连锁企业走出国门的意愿逐步增强，并且已在国内做大做强的企业已有能力跨出国门。随着我国连锁企业品牌价值、管理能力和国际化视角的进一步成熟，与华为、联想等制造企业一样，零售业走向世界的脚步也将逐渐显现于国人的视线。

**（长银资本投资合伙人　王方剑，中国经营报记者　赵向阳）**

# 第四部分　政策法规篇

# 商务部关于规范网络购物促销行为的通知

商商贸发［2011］3号

各省、自治区、直辖市、计划单列市及新疆生产建设兵团商务主管部门：

当前，随着网络购物快速发展，网络购物企业间竞争日益激烈，打折、秒杀、抢拍、返券、赠积分、免运费等促销手段渐趋常态化，活跃了市场，刺激了消费。但是，也出现了销售侵权盗版商品、以次充好、虚假打折、线下服务和线上促销承诺不一致、网络团购缺乏规范等问题。为规范网络购物促销行为，营造良好消费环境，促进网络购物持续健康发展，现就有关事项通知如下：

## 一、引导企业依法促销

要引导网络购物企业按照《反垄断法》、《消费者权益保护法》、《广告法》、《商标法》、《价格违法行为行政处罚规定》、《零售商促销行为管理办法》（商务部令2006年第18号）等有关法律法规，依法开展促销活动。遵循合法、公平、诚实信用的原则，遵守商业道德，不得开展违反社会公德的促销活动，不得扰乱市场竞争秩序和社会公共秩序，不得侵害消费者和其他经营者的合法权益。

## 二、保证促销商品质量

推动网络购物企业在促销活动中，事先向消费者说明促销商品或者服务的名称、种类、数量、质量、价格、运费、配送方式、支付形式、退换货方式等主要信息，采取安全保障措施，确保促销行为安全可靠，并按照承诺提供商品或者服务。

## 三、保护消费者合法权益

杜绝各种价格欺诈和虚假促销行为，严禁虚构原价打折、使用误导性标价形式或价格手段，欺骗、诱导消费者，不得降低促销商品（包括有奖销售的奖品、赠品）的售后服务水平，不得以促销为由拒绝退换货或者为消费者退换货设置障碍，不得以保留最终解释权为由，损害消费者的合法权益。

## 四、严厉查处不实宣传

加强与工商等部门配合协作，开展联合检查，要求促销广告内容真实、合法、清晰、易懂，不得使用含糊、易引起误解的语言、文字、图片或影像；明示促销活动的各种限制性条件，禁止各种迷惑欺骗消费者的不实宣传行为。

## 五、加强知识产权保护

结合打击侵犯知识产权和制售假冒伪劣商品专项行动，与工商、质检等部门开展联合督查，加强对网络购物平台及经营者监督力度，打击促销活动中侵犯知识产权和制售假冒伪劣商品行为。加强宣传教育，引导网络购物平台和企业履行社会责任，开展诚信促销、规范经营，自觉抵制侵犯知识产权和制售假冒伪劣商品违法犯罪行为。

## 六、引导科学合理消费

加强与新闻媒体沟通合作，引导网络购物企业在促销活动中倡导文明、绿色、低碳、安全、健康消费理念，推动建立可持续的消费模式。

## 七、建立长效机制

认真研究网络购物促销中存在的主要问题，提出解决方案，完善相关政策标准，建立网络购物促进消费的长效机制。支持相关行业协会和企业开展行业自律，健全商品（服务）先行赔付制度，研究制定符合网络购物特点的促销规范。网络购物平台要从自身特点和需求出发，健全相应的促销规则和售后服务保障措施。

促销活动已成为网络购物企业常规经营手段，关系到网络购物持续健康发展，关系到消费者切身利益，各地商务主管部门要高度重视，在鼓励网络购物企业开展促销扩大消费的同时，积极会同当地发展改革（价格）、公安、工商、质检等部门，加强宣传引导，开展监督检查，规范网络购物促销行为。对相关违法行为，要会同有关部门严肃处理；发生重大问题的，及时向商务部报告。

联系人：商贸服务管理司　祝斌
电　话：010 - 85093747
传　真：010 - 85093749
电子邮件：zhubinsm@ mofcom. gov. cn

商务部
二〇一一年一月五日

# 国家邮政局 工商总局关于印发《快递行业特许经营（加盟）合同》（示范文本）的通知

各省、自治区、直辖市邮政管理局、工商行政管理局：

为规范快递企业加盟行为，指导快递企业提高管理效率，节约交易成本，规避经营风险，平衡加盟双方权利义务关系，促进快递市场健康发展，国家邮政局与国家工商行政管理总局联合制定了《快递行业特许经营（加盟）合同》（示范文本）GF－2011－2511（以下简称“示范文本”）。现予印发，自2011年5月1日起施行。

各地邮政管理部门、工商行政管理机关要充分认识推行示范文本的重要意义，结合本地实际，指导快递企业做好施行工作。要密切注意施行情况，如有问题及时向国家邮政局、国家工商行政管理总局报告。

附件：《快递行业特许经营（加盟）合同》（示范文本）GF－2011－2511（2011年2月）（略）

国家邮政局 国家工商总局

二〇一一年二月九日

# 国家发改委办公厅 中国消费者协会 关于积极推进明码实价工作的通知

发改办价检［2011］854 号

各省、自治区、直辖市及计划单列市、副省级省会城市、新疆生产建设兵团发展改革委、物价局、消费者协会（委员会），深圳市市场监督管理局：

为了规范企业价格行为，引导企业依法诚信经营，维护公开公平公正的市场竞争秩序，营造放心省心舒心的和谐消费环境，今年 3 月 15 日，国家发展改革委和中国消费者协会联合发起“推进明码实价”活动，部分企业自愿作出《明码实价自律承诺》（附后），在社会各界产生了非常积极的反响。为此，国家发展改革委和中国消费者协会决定在全国范围内组织推进明码实价工作。现将有关事项通知如下：

## 一、推进明码实价具有重要的现实意义

2000 年，原国家发展计划委员会《关于商品和服务实行明码标价的规定》（第 8 号令）颁布以来，明码标价工作取得了很大进展，目前，广大经营者基本能够做到明码标价、一货一价签，既方便了消费，又提高了交易效率，对规范经营者价格行为，解决交易双方信息不对称，维护消费者利益起到了积极作用。但是，仍存在个别行业、领域明码标价工作不落实，标价不规范问题，有的虽有标价，但标价严重不实，甚至利用标价搞价格欺诈等，社会各界反映强烈。广大消费者、社会各界和相关企业希望价格主管部门，积极推进明码实价，促进社会诚信建设。经过多年明码标价工作的探索积累，推进明码实价的社会环境和条件已基本具备，社会主义市场体系基本完善，相关法律法规体系已经建立，企业的经营理念、消费者的消费观念渐趋成熟，推进明码实价有重要现实意义。

（一）推进明码实价是社会主义市场经济的必然要求。市场经济本质上是信用经济。市场经济条件下，绝大多数商品和服务的价格实行市场调节，经营者享有自主定价权，根据生产经营成本和市场供求状况，合理定价，诚信标价，明码实价，杜绝欺诈。

（二）推进明码实价是对传统美德的继承发扬。诚实守信是中华民族的传统美德，是企业安身立命之基、拼搏取胜之本、发展壮大之源。货真价实、童叟无欺是基本的商业伦理，是企业成长发育的道德基础。只有明码实价、诚信经营，企业才能在激烈的市场竞争中始终立于不败之地。

（三）推进明码实价有利于正确引导资源配置。价格是经济运行的温度计、晴雨表，只有明码实价、价格信号真实可靠，才能充分发挥市场配置资源的基础性作用，才能促进经济持续健康快速发展。

（四）推进明码实价有利于保护消费者合法权益。明码实价能够增强消费者的知情权、选择权、公平交易权和监督权，使消费者明明白白放心消费。同时减少消费者和经营

者之间、生产者和销售者之间的相互猜忌和不信任，降低交易活动的社会成本，构建和谐的消费环境。

## 二、推进明码实价的要求

各地价格主管部门、消费者协会要按本通知精神，根据当地各行业的不同情况，本着实事求是，先易后难，因势利导，循序渐进的原则，引导当地信用良好的企业自愿参与响应《明码实价自律承诺》，逐步推进明码实价工作。当前可以从以下四个方面入手，积累经验后，再逐步加大力度推广。

（一）居民用电、自来水、成品油、煤气、电信、公共交通、医药、教育、景点门票等主要实行政府指导价或政府定价的价格和收费。

（二）目前已经具备一定明码实价基础的大型商业连锁企业的品牌专柜、超市等领域，餐饮、理发、洗涤等服务行业，文艺演出行业等。

（三）在中心城市、经济发达地区和市场监管工作基础比较好的地区，可推广“明码实价一条街”等。

（四）在当地具有一定基础的其他领域。

各地还可以以“明码实价自律承诺”为基础，结合本地实际，开展形式多样的推进明码实价活动。例如：“我看明码实价”消费者调查、明码实价征文、明码实价社会监督评议、明码实价示范店（街）推选等活动，还可以组织“明码实价与消费者权益保护”座谈会、研讨会等。

## 三、高度重视，切实做好推进明码实价工作

各地价格主管部门和消费者协会要高度重视，积极工作，争取当地政府和相关部门的支持配合，把推进明码实价工作落到实处。

（一）实事求是。推进明码实价是一项长期任务，既要积极稳妥，又不能急于求成。有步骤、有重点地抓推广、抓落实。在尽可能多的行业和地区，尽可能多的市场和领域，尽可能多的商品和服务项目，尽可能多的企业推进明码实价。

（二）说到做到。坚持企业自愿原则，不得强迫企业参加。企业一旦做出明码实价自律承诺，就必须信守承诺，说到做到。各地价格主管部门要对企业兑现《明码实价自律承诺》的情况进行监督检查，充分发挥新闻媒体和12358价格举报热线、消费者协会投诉热线的作用，动员广大群众和社会各界力量积极参与监督。重点查处虚高标价、虚构原价、虚假打折、模糊促销、模糊赠与、胡乱标价、擅自涨价、价格欺诈等违法行为。

（三）加强宣传。各地价格主管部门、消费者协会要通过报刊、电视、广播、网络等传媒积极宣传推进明码实价的意义、作用和效果，形成正确的舆论导向，营造推进明码实价的良好舆论氛围和社会环境。一方面赢得广大消费者认可、欢迎，逐步转变讨价还价的消费习惯，自觉抵制虚高标价的商家；另一方面使企业真心诚意参与响应，从“要我明码实价”转变为“我要明码实价”，变被动为主动，把企业的内在动力挖掘出来，依靠货真价实，提高市场竞争力。

（四）密切配合。各地价格主管部门和消费者协会要密切配合，积极争取有关行业组织的支持，采取切实可行措施，加强对自律承诺企业的日常监管，同时要指导帮助企业践

行承诺。要引导企业珍惜机会、珍视信誉，加强内部价格管理，建立健全完善的价格自我约束机制，主动规范价格行为，真正做到明码实价。

各地推进明码实价工作的情况，在工作中遇到的问题、经验和建议，要及时报告国家发展改革委（价格监督检查司）和中国消费者协会。

附件：《明码实价自律承诺》

国家发改委办公厅中国消费者协会
二〇一一年四月十八日

附件：

## 明码实价自律承诺

为依法规范价格行为，树立诚实信用的良好企业形象，维护公开公平公正的市场竞争秩序，营造放心省心舒心的和谐消费环境，（企业）郑重承诺：

（一）坚持明码实价，价格公平合理。
（二）谢绝讨价还价，按照标价交易。
（三）建立交易台账，确保准确详细。
（四）价签商品对位，标示醒目清晰。
（五）降价原因明示，原价真实不虚。
（六）促销规范有序，明明白白让利。
（七）不做虚假宣传，杜绝模糊用语。
（八）不搞价格欺诈，做到童叟无欺。
（九）自觉接受监督，严格规范自律。
（十）依靠货真价实，提高竞争能力。

# 人民银行等7部门
# 关于规范商业预付卡管理的意见

国办发［2011］25号

近年来，适应信息技术发展和小额支付服务市场创新的客观需要，商业预付卡市场发展迅速。商业预付卡以预付和非金融主体发行为典型特征，按发卡人不同可划分为两类：一类是专营发卡机构发行，可跨地区、跨行业、跨法人使用的多用途预付卡；另一类是商业企业发行，只在本企业或同一品牌连锁商业企业购买商品、服务的单用途预付卡。总体看，商业预付卡在减少现钞使用、便利公众支付、刺激消费等方面发挥了一定作用。同时，商业预付卡市场也存在监管不严、违反财务纪律、缺乏风险防范机制、公款消费和收卡受贿等突出问题，严重扰乱了税收和财务管理秩序，助长了腐败行为。为规范商业预付卡管理、严肃财经纪律、防范金融风险、促进反腐倡廉，现提出如下意见：

## 一、明确职责，加强管理

强化对商业预付卡发卡人的管理，是规范商业预付卡管理的首要环节，必须进一步明确部门职责，落实分类监管。人民银行要严格按照《非金融机构支付服务管理办法》（中国人民银行令〔2010〕第2号）的规定，加强对多用途预付卡发卡人的监督检查，完善业务管理规章，维护支付体系安全稳定运行。未经人民银行批准，任何非金融机构不得发行多用途预付卡，一经发现，按非法从事支付结算业务予以查处。对商业企业发行的单用途预付卡，商务部门要强化管理，抓紧制定行业标准，适时出台管理办法。金融机构未经批准，不得发行预付卡。

## 二、健全制度，规范行为

规范商业预付卡的发行和购买，是防范利用商业预付卡洗钱、套现、偷逃税款以及行贿受贿的有效途径，必须进一步建立健全规章制度，加大执法力度。一是建立商业预付卡购卡实名登记制度。对于购买记名商业预付卡和一次性购买1万元（含）以上不记名商业预付卡的单位或个人，由发卡人进行实名登记。二是实施商业预付卡非现金购卡制度。单位一次性购卡金额达5000元（含）以上或个人一次性购卡金额达5万元（含）以上的，通过银行转账方式购买，不得使用现金；使用转账方式购卡的，发卡人要对转出、转入账户名称、账号、金额等进行逐笔登记。三是实行商业预付卡限额发行制度。不记名商业预付卡面值不超过1000元，记名商业预付卡面值不超过5000元。

严格发票和财务管理。发卡人必须严格按照《中华人民共和国发票管理办法》有关规定开具发票。税务部门要加强发票管理和税收稽查，坚决依法查处发卡人在售卡环节出具虚假发票、购卡单位在税前扣除与生产经营无关支出等行为。财政部门要加强财务管理，严厉查处挪用预算资金、利用购卡进行公款消费等行为。

## 三、坚决治理，防贿促廉

治理收卡受贿等违纪违法行为，是加强反腐倡廉工作的迫切要求和重要环节，必须进一步狠抓落实，加大查处力度。按照《中国共产党党员领导干部廉洁从政若干准则》和《中共中央办公厅国务院办公厅关于严禁党政机关及其工作人员在公务活动中接受和赠送礼金、有价证券的通知》（中办发〔1993〕5 号）的规定，严禁国家工作人员特别是领导干部在公务活动中收受任何形式的商业预付卡。凡收受商业预付卡又不按规定及时上交的，以收受同等数额的现金论处。对涉嫌受贿的，依法严肃查处。

## 四、防范风险，维护权益

加强预付资金管理，维护持卡人合法权益，是防范金融风险的重要手段，必须引起足够重视，进一步完善工作机制。多用途预付卡发卡人接受的、客户用于未来支付需要的预付资金，不属于发卡人的自有财产，发卡人不得挪用、挤占。多用途预付卡发卡人必须在商业银行开立备付金专用存款账户存放预付资金，并与银行签订存管协议，接受银行对备付金使用情况的监督。人民银行要加强对多用途预付卡备付金专用存款账户开立和使用的监管。商务部门要采取有效措施，加强对单用途预付卡预付资金的监管，防范资金风险。

人民银行、商务部要继续健全商业预付卡收费、投诉、保密、赎回、清退等业务管理制度，全面维护持卡人合法权益。为防止发卡人无偿占有卡内残值，方便持卡人使用，记名商业预付卡不设有效期，不记名商业预付卡有效期不得少于 3 年。对于超过有效期尚有资金余额的，发卡人应提供激活、换卡等配套服务。工商部门要进一步加强监督检查，加大消费维权工作力度，严厉打击侵犯消费者权益的不法行为，及时开展相关消费提示，营造良好的消费环境。

商业预付卡管理涉及部门众多，情况复杂，规范整顿的任务十分艰巨。各有关部门要各负其责，建立对商业预付卡的联合监督检查机制，进一步加强协调配合，齐抓共管，形成合力。2011 年年底前，人民银行、商务部等有关部门要联合开展一次商业预付卡市场专项检查，以检查促整改，促进商业预付卡市场规范发展。

人民银行　监察部　财政部　商务部　税务总局　工商总局　防腐局

二〇一一年五月二十三日

# 商务部“十二五”电子商务发展指导意见

## 商电发［2011］第375号

电子商务是网络化的新型经济活动，已经成为我国战略性新兴产业与现代流通方式的重要组成部分。为更好发挥电子商务的推动与引领作用，进一步加快商务领域发展方式转变和结构调整，构建搞活流通扩大消费长效机制，培育参与国际合作和竞争新优势，巩固和扩大应对国际金融危机冲击成果，维护国内外贸易和国际经济合作平稳较快发展，提升对外开放水平，根据《国民经济和社会发展第十二个五年规划纲要》、《2006－2020年国家信息化发展战略》、《国务院办公厅关于加快电子商务发展的若干意见》，提出以下意见：

## 一、我国电子商务发展现状和主要问题

### （一）电子商务发展环境不断完善。

截至2011年6月30日，我国互联网用户已达4.85亿，互联网普及率达36.2%。全社会电子商务应用意识不断增强，应用网络购物、网上支付和网上银行的互联网用户分别达到1.73亿、1.53亿和1.5亿，占用户总数的比例分别为35.6%、31.6%和31%。2010年，我国电子商务交易额达4.5万亿元人民币。推进电子商务发展的部门协同工作机制初步形成，电子商务相关政策、法律、规章和标准相继出台，电子商务市场逐步规范，电子商务支撑体系不断完善。

### （二）电子商务应用日益深化。

电子商务在我国各个经济领域的应用不断拓展，应用水平不断提高，正在形成与实体经济深度融合的态势。大型企业网上购销比重逐年上升，部分企业实现了在线交易、支付及物流局部集成应用。中小企业电子商务应用普及率迅速提高，2010年，应用网上交易和网络营销的中小企业比例达到42.1%。2010年，全国网络零售交易额达5231亿元人民币，约为社会消费品零售总额的3.3%，并呈现出加速增长态势，成为拉动消费需求、优化消费结构的重要途径。

### （三）电子商务服务业发展迅猛。

电子商务服务平台、信用保障、电子支付、物流配送和电子认证等电子商务服务业持续快速发展。2010年，我国电子商务信息、交易和技术服务企业达到2.5万家，第三方支付额达到1.01万亿元人民币，社会物流总额达到125.4万亿元人民币，全国规模以上快递服务企业业务量达23.4亿件，有效电子签名认证证书持有量超过1530万张。

### （四）我国电子商务发展中存在的主要问题。

1. 电子商务规制建设相对滞后，市场准入、服务监管体系、信用体系、统计监测体

系、产业投融资机制亟待建立。

2. 网络购物领域侵犯知识产权和制售假冒伪劣产品等违法犯罪现象时有发生，网络交易纠纷处理困难，可信、安全、便利的网络购物环境还不完备。

3. 电子商务应用在地区、城乡和企业间发展还不平衡，农村、中小企业和传统流通企业电子商务应用亟待扶持引导。

4. 电子商务服务业尚处成长期，商业模式、服务水平和服务范围有待拓展提高，技术和市场尚不成熟。

## 二、指导思想、基本原则和主要目标

### （一）指导思想。

以科学发展观为指导，以促进电子商务健康快速发展为宗旨，以应用电子商务推动现代商贸流通体系建设为出发点，完善发展环境，提高应用水平，加快产业带动，加强示范引导，走出一条既符合国际电子商务发展规律，又具有中国特色的发展道路。

### （二）基本原则。

促进融合。支持传统流通企业开展网上营销，推动线上、线下资源互补；鼓励网络零售平台企业拓展服务平台，建设物流基础设施，创新商业模式，促进电子商务服务业融合发展。

示范引导。创建电子商务示范城市、示范基地和示范企业，支持引导欠发达地区、行业和企业应用电子商务。

产业带动。鼓励电子商务产业链协同发展，促进企业应用电子商务开拓国内外市场，扩大对外贸易，拉动国内消费需求。

规范发展。建立完善符合我国发展实际的电子商务法规、标准和统计监测体系，规范电子商务健康有序发展。

政策支持。制定科学合理、符合本地区发展实际的电子商务行业管理政策，为支持电子商务健康快速发展创造良好环境。

### （三）主要目标。

到2015年，电子商务法规标准体系基本形成，协同、高效的电子商务管理与服务体制基本建立，规范、诚信的电子商务交易环境逐步完善；电子商务成为企业拓展市场、推动“中国制造”转型升级的有效手段、消费者方便安全消费的重要渠道；电子商务服务业规模化、规范化发展，成为我国现代商贸流通体系建设的重要组成部分。到2015年，我国规模以上企业应用电子商务比率达80%以上；应用电子商务完成进出口贸易额占我国当年进出口贸易总额的10%以上；网络零售额相当于社会消费品零售总额的9%以上。

## 三、工作任务

### （一）完善电子商务发展环境。

1. 完善电子商务政策支撑体系。支持各地结合本地区电子商务发展实际制订财政、税收政策，吸引电子商务企业聚集发展。

2. 建立电子商务法规标准体系。针对电子商务交易、信用、物流、供应链协同、融资服务等环节，制订一批具有前瞻性、可行性、开放性、兼容性的法规、规范、标准，维护电子商务交易秩序，防范交易风险。

3. 建立电子商务统计监测体系和统计监测网络。定期开展电子商务统计，建立信息发布制度，及时准确反映我国电子商务发展总体规模、结构变化、发展水平、发展趋势和存在问题，为政策制订提供可靠依据。

4. 建立电子商务信用体系。制订电子商务信用规范，指导建立电子商务纠纷投诉与调解机构，加强消费监督；支持建立覆盖电子商务经营主体的全国信用信息数据库，鼓励电子商务信用信息与其他领域信用信息共享；支持鼓励符合条件的第三方机构按照独立、公正、客观原则，对电子商务交易平台和经营主体开展信用评价与认证服务；支持开展行业自律。鼓励电子签名、电子发票在电子商务中的应用。

5. 完善电子商务物流体系。结合城市商贸流通体系建设、“万村千乡市场工程”配送体系建设、乡镇综合商贸服务中心建设，鼓励整合利用现有物流配送资源，建设物流信息协同服务平台和共同配送中心，完善电子商务物流服务体系。

6. 推动企业利用电子商务开展对外贸易，解决报关、结汇、退税等瓶颈问题，支持电子商务运营企业与国际接轨。

7. 加强电子商务国际交流合作。扩大电子商务对外交流合作渠道，参与亚太经合组织、上海合作组织、东盟等国际与区域组织中的电子商务工作，参与国际电子商务规则标准的研究制订，支持跨境合作区的电子商务应用。

### （二）重点鼓励发展电子商务服务业。

鼓励电子商务交易服务平台、技术服务平台、中介服务平台的发展，培育一批具有行业影响力，提供电子商务咨询、资讯、法律、信息技术、人力资源等专业服务的电子商务服务企业。支持已初具规模的、具有影响力并符合国内外市场需求导向的电子商务服务网站发展，积极推动高附加值的电子商务衍生品的开发与应用。鼓励电子商务服务企业开拓国际市场，加快与国际电子商务市场接轨。

鼓励电子商务服务技术创新和模式创新，推动商业模式、商业业态创新。加强产学研合作，依托高校、科研院所、国家级科研和产业基地等资源，激发企业创新活力。探索电子支付、物流、信用服务、安全认证等支撑体系建设与电子交易的集成创新，促进技术应用与商业模式创新的有机结合。引导鼓励中小企业应用第三方电子商务服务平台开拓国内外市场。鼓励第三方电子商务服务平台与有条件的省（自治区、直辖市）建立区域性电子商务服务平台。鼓励各地结合产业发展特色，建设行业电子商务服务平台，带动产业集群发展。鼓励第三方移动电子商务服务平台建设。

### （三）深化普及电子商务应用。

1. 应用电子商务促进商品流通和扩大消费。

应用电子商务促进传统流通企业转型升级。鼓励国内商贸集聚区、大型商场、批发市场、连锁超市和专业市场建立电子商务平台，开展网上交易；引导支持网络零售平台向中小流通企业开放；鼓励电子商务平台开展城市旧货交易，向城市社区提供家政与日用消费品服务，促进社区便利消费与循环经济发展。

鼓励电子商务企业到中西部等经济欠发达地区建立采购与物流基地，带动当地经济发展。

鼓励肉类蔬菜、酒类流通追溯体系建设试点城市和企业应用物联网、云计算等信息技术创新追溯模式和流程，提高追溯精度，增强食品安全保障能力。

稳定推动酒类、药品等特殊商品流通应用电子商务，保障消费安全。

2. 发挥电子商务优势，推动对外贸易与经济合作的稳步发展。

应用电子商务提高贸易便利化水平，大力推动主要贸易单证的标准化和电子化进程，支持地方建设“单一电子窗口”平台，促进海关、检验检疫、港口、银行、保险、物流服务的电子单证协同，提高对外贸易监管效率，降低企业成本。

支持跨境电子商务平台建设，鼓励中小企业应用跨境电子商务平台拓展海外市场，减少渠道环节，树立中国品牌形象，开展国际合作，解决跨境电子商务中存在的问题。

积极发展网上展会。鼓励会展企业依托实体展会，积极应用信息技术与互联网举办网上展会，创新服务形式和内容，走线上线下相结合的发展道路。实现网上招商招展，服务贸易洽谈与合作的一站式电子商务功能。大力发展贸易撮合、认证征信、网商供需见面会等电子商务增值服务，建立展会型电子商务平台。通过政策扶持，引导鼓励企业积极参加大型展会的网上展会。

充分发挥电子商务在扩大进口中的作用。支持建立服务进口企业的联合采购平台和进口产品分销与直销电子商务平台，进一步增强进口贸易企业的采购和销售能力。

3. 利用电子商务服务农业、农村和农民。

继续在全国推广农村商务信息服务试点，拓展农村商务信息服务平台功能，实现信息服务、交易撮合、在线支付、物流配送全流程服务；丰富充实新农村商网服务内容，拓展服务渠道，加强网上购销对接，提高信息服务成效；支持涉农电子商务平台与农村专业合作组织、产业化龙头企业开展合作，建设双向互动的综合信息服务平台；推动涉农电子商务平台与农业产业化基地、农产品营销大户、大型超市、农产品批发市场、加工企业、大型餐饮连锁企业及中高档酒店对接，促进大宗农产品网上交易；探索农村商务信息服务的新途径、新模式，加大对农村电子商务应用的支持力度。

加强“万村千乡市场工程”农家店、“农超对接”信息化建设，拓展商业服务、金融服务、通信服务。推动涉农流通龙头企业、农产品批发市场、配送中心和农资流通企业应用电子商务，提高协同效率，降低流通成本。支持涉农流通企业和批发交易市场的电子商务应用，提升农村商贸流通效率和管理水平，实现工业品下乡和农产品进城的双向畅通。探索农村商务信息服务的市场化运作机制，实现可持续发展。

4. 支持鼓励企业运用云计算、物联网等信息技术拓展电子商务应用。

积极推进新技术、新成果、新模式的应用转化，推动建立电子商务云计算公共服务平台，解决电子商务服务平台企业的计算能力、存储空间和带宽资源等瓶颈问题。建设电子商务与物联网商务整合应用示范平台，推进物联网技术与电子商务模式的融合创新。加快吸收和集成应用新兴移动通信技术、远程控制、无线网络等新型数字技术，发展各类“数字商业”。支持商业企业信息化改造，推广应用企业资源计划、供应链管理、客户关系管理、无线射频识别技术、自动化采购、自动化仓库等先进的信息管理技术。加快支持一些有条件的地区和企业发展数据产业、导航定位系统和商品服务追溯系统等电子商务创新应用。

## 四、重点工程

（一）电子商务示范工程。

创建电子商务示范城市和示范基地。选择电子商务发展快、当地政府积极性高、基础设施条件好的城市，开展电子商务示范城市和电子商务示范基地的创建工作，引导有条件地区加快完善电子商务在线交易、诚信体系、标准法规等支撑体系建设。

做好电子商务示范企业推广和电子商务产业基地建设工作。选择业绩好、信誉高、有发展前景、创新能力强的企业、电子商务产业基地、电子商务应用平台以及综合展会型电子商务平台，给予政策支持，推广成功经验，增强区域引导、行业辐射和产业带动能力。

向外贸企业重点推荐一批运作规范、诚信经营、效益良好、国内外影响力强的对外贸易电子商务平台。

（二）中小城市和中西部地区电子商务促进工程。

支持鼓励中小城市和中西部地区加强网络、物流等基础设施建设，加强电子商务宣传，促进电子商务应用，开展电子商务人才培养。

（三）传统流通企业电子商务应用工程。

支持鼓励、引导传统商贸流通企业通过自建、合资、合作等方式开展网络零售，探索应用新模式、放大示范效应。

（四）农村流通体系促进工程。

选取农村电子商务应用水平较高的省（自治区、直辖市）和重点企业开展农村流通电子商务应用示范工程。

（五）电子商务信用体系建设工程。

按照商务信用体系建设总体要求，选取电子商务交易与服务主体，在电子商务领域探索信用建设的有效模式，形成信用建设良好氛围和可持续保障机制。

（六）肉类蔬菜、酒类流通追溯体系建设工程。

结合肉菜、酒类流通追溯体系建设试点，选择信息化应用水平较高的试点城市和企业应用物联网、云计算等信息技术改造交易流程、创新交易模式，强化流通追溯体系实效。

（七）城市社区便利店电子商务促进工程。

支持有实力的大型商贸流通企业在城市社区设立综合性便利店，推动社区便利店信息化、标准化、连锁化和品牌化建设，运用电子商务与现代物流结合的发展模式，降低流通成本，提高流通效率，增强便利店的竞争能力。

（八）电子商务人力资源发展工程。

支持电子商务人才培训与研究基地建设，满足电子商务对专业人才的需求。

（九）国际电子商务交流合作工程。

建立跨境合作区电子商务服务平台，推动区域合作领域电子商务交流，探索境外电子商务服务企业利用我国电子商务平台服务其本国企业的有效途径。

## 五、保障措施

（一）加强组织领导，完善协调机制。

各地要建立健全促进电子商务发展的组织保障体系和工作机制，明确责任分工，落实目标任务。协调电子商务发展中的重大问题，强化商务主管部门对电子商务发展的宏观指导作用，完善部门间协调配合机制，及时解决出现的新情况、新问题。

（二）建立电子商务发展促进机制。

贯彻落实国家扶持电子商务发展的各项政策，研究制订促进电信、金融与电子商务企业互相支持、协同发展的政策，建立健全适应电子商务发展的多元化、多渠道的投融资机制。充分发挥政府投入的带动引导作用，加大对电子商务发展的支持力度，设立电子商务发展专项资金，向电子商务科研创新、模式创新、产学研成果转化、中小企业电子商务应用、中小电子商务企业融资、农村商务信息服务、电子商务公共服务提供资金支持。

（三）加强宣传教育与人才培训。

加大电子商务宣传力度，强化社会各界的电子商务应用意识、信用意识、信息安全意识。多层次、多渠道开展有针对性的培训，提高政府、企业等各行业人员应用电子商务的能力。积极推动和完善电子商务人才服务机制，引导高校电子商务专业学生向重点产业、重点项目及民营企业集聚。支持地方建立电子商务研究与培训基地，加强电子商务理论研究与人才培训。

（四）发挥电子商务中介组织与专家作用。

充分发挥各级电子商务协会、学会、产业联盟等中介组织作用，鼓励中介组织开展行业自律，支持中介组织提供电子商务政策与技术咨询服务、开展国内外电子商务学术与科研交流、帮助电子商务企业解决实际困难和问题。鼓励各地建立电子商务专家咨询机制，发挥电子商务专家的指导与咨询作用。

商务部

二〇一一年十月

# 商务部关于加强中小商贸流通企业服务体系建设的指导意见

商流通发［2011］399号

各省、自治区、直辖市、计划单列市及新疆生产建设兵团商务主管部门：

为深入贯彻落实党的十七届五中全会、“十二五”规划纲要关于加快服务业发展的精神，通过搭建平台、集成政策，优化服务资源配置，为中小商贸流通企业发展创造良好外部环境，现就加强中小商贸流通企业服务体系建设提出以下意见：

## 一、充分认识建设中小商贸流通企业服务体系的重要意义

改革开放以来，商贸流通业的快速发展有力地促进了经济社会平稳较快发展，已成为国民经济的先导性和基础性产业。中小商贸流通企业是商贸流通业的主体，占全行业企业总数的99%以上，主要集中在零售、餐饮、居民服务、商务服务等行业，是保持市场繁荣、吸纳创业就业、便利居民生活的主要力量。但是，近几年来中小商贸流通企业在资金、成本、人才、市场等方面面临诸多困难，中小商贸流通企业的作用和潜力受到抑制。加快建立面向中小商贸流通企业的服务体系，优化配置金融、技术、信息、人才等各类资源，从政策、资金、机制上为中小商贸流通企业发展创造良好环境，促进中小商贸流通企业又好又快发展，有利于推动流通业结构调整、发展方式转变，是“十二五”时期搞活流通、扩大消费、保障和改善民生的一项重要紧迫任务。

## 二、总体要求

（一）工作目标。用5年时间，分国家、省、市三级建设一批功能完备、运作规范的中小商贸流通企业公共服务平台，扶持一批特色突出、服务能力强的示范性专业服务机构和专业服务商，形成服务主体多元化、运营市场化、资源社会化、分布网络化、服务便捷化的服务体系，使中小商贸流通企业规模化、品牌化、网络化、信息化水平得到提升，竞争力有所增强，形成有利于中小商贸流通企业发展的环境。

（二）基本原则。一是坚持政府引导、社会参与、市场运作，发挥政府引导支持作用，调动社会各方面积极性，充分利用现有资源，形成公共服务与市场化服务相互结合、相互促进的服务体系。二是坚持服务共享、特色突出、逐步完善服务功能，优先解决中小商贸流通企业特有的问题和瓶颈，与现有中小企业服务系统有效衔接。三是坚持示范先行、逐步推广、长期服务，选择发展基础好、带动效应强的地区先行试点，在取得经验的基础上逐步推广，并探索建立相对固定的服务机构和长效工作机制。

## 三、主要任务

（一）建设公共服务平台。各级商务主管部门在现有资源基础上改建或新设中小商贸流通企业服务中心，并以此为依托整合行业协会、专业服务机构、专业服务商、高等院校、科研院所等各类服务资源，形成面向广大中小商贸流通企业的公共服务平台。2012年先期选择发展基础好、带动效应强的20个城市开展试点。加强对公共服务平台的支持，逐步形成以服务中心为核心，联结政府部门、中介组织、专业机构和服务商，为中小企业提供多元化、综合性服务的服务网络。对特色突出、服务完善、示范效应强的专业服务单位，要重点扶持，加强推广。

（二）完善服务内容，满足企业需求。引导中小商贸流通企业公共服务平台重点开展以下服务：

一是融资服务。建立企业信用档案，开展企业信用征集与评价服务，完善商圈融资、供应链融资配套服务，帮助企业获取银行直接融资；组织企业与担保、典当、融资租赁、商业保理、保险等机构对接并开展相关配套服务，帮助企业实现交易风险转移和无抵押融资。

二是市场开拓服务。加强市场信息网络建设，分行业、地域开展市场环境分析、发展趋势预测，为企业提供国内外市场供需信息服务，帮助企业掌握市场情况；举办或组织企业参加各类展览展销、贸易洽谈、节庆促销、跨产业对接等活动，帮助企业拓展经营领域；组织企业建立联合采购、共同配送等合作机制，降低经营成本。

三是科技应用服务。帮助企业开展信息化建设，利用信息技术优化业务流程和交易方式，提高管理、营销和服务水平；帮助企业应用电子商务，利用网络营销平台发展网络销售业务，拓展营销方式；帮助企业开展节能减排、提升效率等方面的技术改造，提升整体竞争力。

四是管理提升服务。推广应用特许经营、连锁经营等现代流通组织形式，提升企业组织化水平；提供品牌设计、品牌传播、品牌保护等服务，提高企业品牌影响力；开展对经营者、高级工商管理人才和专业人员的培训，提高企业人力资源水平。

（三）制订支持政策，优化发展环境。加快推动现有政策措施的贯彻落实，解决政策不平等问题，创造公平竞争环境，切实减轻中小商贸流通企业负担；完善行业监测和统计评价体系，开展中小商贸流通企业分类统计分析工作，提供市场分析和风险预警；加快推进标准化建设，深入开展标准推广，充分发挥标准在促进企业发展中的重要作用；细化商贸流通领域中、小、微型企业标准，增强支持政策的针对性和有效性；发挥公共财政资金的引导作用，对公共服务平台建设和相关服务项目给予引导支持；全面考虑我国经济社会发展需要和各行业特点，发布优先发展的行业目录，并在此基础上选择一批商业模式新、经营特色突出、发展潜力大、带动作用强的中小商贸流通企业进行重点培育，支持其做大做强。

## 四、保障措施

（一）高度重视，加强组织领导。各地商务主管部门要高度重视中小商贸流通企业发展，建立健全与财政、工业和信息化、科技、农业、工商、质检等部门以及供销社、工商联的工作联动机制，明确目标责任，推动工作落实。要及时掌握企业发展的新情况、新特点，注重解决发展中出现的新问题，努力为中小商贸流通企业发展创造良好条件。

（二）全面调研，制订工作规划。各地商务主管部门要根据本地区中小商贸流通企业发展特点和实际需求，会同有关部门研究制订与本地经济社会发展规划相衔接的具体规划，提出中小商贸流通企业服务体系建设的总体思路、目标和具体措施，细化服务体系建设规范，因地制宜，分类指导，有步骤、有重点地推进各项工作。

（三）加大支持，加强宣传指导。各地商务主管部门要充分运用各类财政资金，引导和带动社会投资，加大对中小商贸流通企业发展的支持。有条件的地区要积极争取设立支持中小商贸流通企业发展的专项资金。要加大对公共服务平台的指导和服务力度，及时了解建设运营情况，发现和解决出现的问题，引导公共服务平台规范运营，不断增强服务功能，提高服务质量，实现可持续健康发展。要充分发挥网络、报刊等媒体的作用，加大对公共服务平台的宣传，帮助中小商贸流通企业更好地利用服务平台实现又好又快发展。

商务部

二〇一一年十月二十七日

# 商务部关于"十二五"期间流通服务业节能减排工作的指导意见

商流通发［2011］468 号

各省、自治区、直辖市、计划单列市及新疆生产建设兵团商务主管部门：

为贯彻落实国家"十二五"规划纲要，按照《国务院关于印发"十二五"节能减排综合性工作方案的通知》（国发［2010］26 号）的要求，进一步做好流通服务业节能减排工作，现提出如下意见：

## 一、充分认识流通服务业节能减排的重要意义

坚持资源节约和环境保护是我国的一项基本国策。党的十七大提出要把建设资源节约型、环境友好型社会放在工业化、现代化发展战略的突出位置。流通服务业作为国民经济的重要组成部分，应在推动循环经济发展，缓解我国资源短缺，保护生态环境，转变经济发展方式，促进经济又好又快发展等方面发挥重要作用。

但是，我国流通服务业粗放型发展方式尚未根本改变，全社会绿色消费模式仍未形成，零售和物流企业能耗支出比重依然较大，过度包装现象时有发生，餐饮业浪费污染问题严重。再生资源回收、散装水泥推广等行业与发达国家相比仍有较大差距，流通服务业节能减排任务艰巨。

## 二、指导思想和工作目标

（一）指导思想。坚持以科学发展观为指导，转变流通服务业发展方式，开展技术创新和制度创新，健全法规，完善政策，加强管理，强化宣传，建立流通服务业节能减排长效机制，形成政府大力推进、市场有效驱动、企业充分发挥作用的流通服务业节能减排工作格局，不断提升流通服务业节能减排水平。

（二）工作目标。完善相关法规和标准，形成流通服务业节能减排政策促进体系；推动重点节能减排技术在流通服务业广泛运用，培育一批节能减排示范企业；"十二五"期间，争取在全国建成一大批节能型商场、超市和绿色饭店；加快形成有利于节约资源、保护环境的经营模式和消费模式，为实现"十二五"国家节能减排目标作出贡献。

## 三、主要任务

（一）推动商业企业（市场）开展节能技术改造。引导企业对现有商用建筑进行保温、隔热及采暖、通风、空调系统等耗能系统设施改造；重点推动企业做好照明、空调、电梯、冷藏及其他耗能设备的节能工作，严格控制商业建筑物装饰性景观照明能耗；开展合同能源管理，运用市场机制促进节能新技术、新产品、新工艺、新材料的推广应用。

（二）进一步做好抑制商品过度包装和限制使用塑料购物袋工作。加大工作力度，进一步规范商品包装，引导流通企业不采购、不销售过度包装商品。通过完善规章标准、督导检查、多种形式宣传等途径，扎实推进“限制使用塑料购物袋”工作。

（三）积极开展废旧商品回收体系建设。建立完整的先进的废旧商品回收体系，坚持多种渠道回收和集中分拣处理相结合，建设改造标准化居民固定或流动式废旧商品回收网点，试点建设一批废旧商品回收分拣产业园区，提高主要废旧商品品种回收率。推动报废汽车回收拆解企业达标升级，提高企业环保和资源利用水平。

（四）推进服务业节能减排工作。大力发展绿色饭店创建活动，鼓励企业节水节电，降低能耗。指导餐饮企业减少使用“一次性”筷子等一次性用品。严禁餐饮企业采购、使用“地沟油”和非正规来源食用油，配合有关部门做好餐厨垃圾的分类回收和集中处理，探索餐厨垃圾和“地沟油”资源化利用和无害化处理。推动洗浴、洗染、洗车、美容美发等行业广泛采用节水、节能环保技术和装备，降低水、电消耗。

（五）加快推广使用散装水泥。大力推进农村散装水泥和预拌混凝土工作，抓好农村散装水泥试点和示范项目，积极推进“散装水泥下乡”。加强城市禁止现场搅拌混凝土、砂浆工作的检查和督导，减少粉尘排放，合理利用资源。加快完善散装水泥综合配套体系。

（六）加快发展低碳物流。积极构建高效便捷的现代物流网络。大力推进物流模式创新，提高物流的组织化程度，减少运输车辆空驶率。大力发展第三方物流，实行城市共同配送和集中配送，提高物流配送效率。加大物流基础设施建设，引导企业采用先进、节能环保型物流设施和装备，降低物流能耗。

（七）积极促进绿色消费。充分发挥流通连接生产和消费的桥梁作用，引导制造企业生产节能产品、使用节能材料，限制生产和消费过程中耗能高、污染重的商品进入市场。倡导文明、节约、绿色、低碳的消费理念，鼓励零售企业向消费者推介节能新技术、新产品，引导消费者购买、使用节能节水产品，鼓励消费小排量等节能环保型汽车，加快淘汰高污染、高耗能老旧汽车、黄标车。推动形成与我国国情相适应的绿色生活方式和消费模式。

## 四、保障措施

（一）加强组织领导。各地商务主管部门要加强节能减排工作的组织领导和统筹协调，建立和完善节能减排工作机制，落实工作责任，积极争取有关部门政策支持，指导和推动流通服务业企业认真做好节能减排工作。

（二）制订法规和行业发展规划。研究制订相关法律法规，逐步将流通服务业节能减排工作纳入法制化轨道。要结合本地经济社会发展规划，研究制订流通服务业节能减排工作规划，提出流通服务业节能减排的总体思路、目标和具体措施，因地制宜，分类指导，有步骤、有重点地推进各项工作。

（三）健全行业标准体系和能耗指标体系。组织制订流通服务业节能国家、行业、地方、企业标准与规范。逐步建立流通服务业能耗统计、监测和分析指标体系，开展企业能耗评价工作。

（四）加强舆论宣传。利用报纸、电视、广播、互联网等宣传渠道，组织开展以节能减排为核心，以倡导绿色经营、绿色消费等为内容的多种形式宣传活动，努力营造流通服务业节能减排的良好氛围。

（五）发挥行业协会作用。支持行业协会参与行业节能减排标准制订、统计分析等工作，为企业提供节能减排信息咨询、宣传培训、国际交流与合作等方面的服务。

商务部

二〇一一年十二月十二日

# 商务部发布<br>新《商业特许经营备案管理办法》

## 商务部令 2011 年第 5 号

修订后的《商业特许经营备案管理办法》已经 2011 年 11 月 7 日商务部第 56 次部务会议审议通过，现予发布，自 2012 年 2 月 1 日起施行。《商业特许经营备案管理办法》（商务部 2007 年第 15 号令）同时废止。

部长：陈德铭

2011 年 12 月 12 日

## 商业特许经营备案管理办法

**第一条**　为加强对商业特许经营活动的管理，规范特许经营市场秩序，根据《商业特许经营管理条例》（以下简称《条例》）的有关规定，制定本办法。

**第二条**　在中华人民共和国境内（以下简称中国境内）从事商业特许经营活动，适用本办法。

**第三条**　商务部及省、自治区、直辖市人民政府商务主管部门是商业特许经营的备案机关。在省、自治区、直辖市范围内从事商业特许经营活动的，向特许人所在地省、自治区、直辖市人民政府商务主管部门备案；跨省、自治区、直辖市范围从事特许经营活动的，向商务部备案。

商业特许经营实行全国联网备案。符合《条例》规定的特许人，依据本办法规定通过商务部设立的商业特许经营信息管理系统进行备案。

**第四条**　商务部可以根据有关规定，将跨省、自治区、直辖市范围从事商业特许经营的备案工作委托有关省、自治区、直辖市人民政府商务主管部门完成。受委托的省、自治区、直辖市人民政府商务主管部门应当自行完成备案工作，不得再委托其他任何组织和个人备案。

受委托的省、自治区、直辖市人民政府商务主管部门未依法行使备案职责的，商务部可以直接受理特许人的备案申请。

**第五条**　任何单位或者个人对违反本办法规定的行为，有权向商务主管部门举报，商务主管部门应当依法处理。

**第六条** 申请备案的特许人应当向备案机关提交以下材料：

（一）商业特许经营基本情况。

（二）中国境内全部被特许人的店铺分布情况。

（三）特许人的市场计划书。

（四）企业法人营业执照或其他主体资格证明。

（五）与特许经营活动相关的商标权、专利权及其他经营资源的注册证书。

（六）符合《条例》第七条第二款规定的证明文件。

在 2007 年 5 月 1 日前已经从事特许经营活动的特许人在提交申请商业特许经营备案材料时不适用于上款的规定。

（七）与中国境内的被特许人订立的第一份特许经营合同。

（八）特许经营合同样本。

（九）特许经营操作手册的目录（须注明每一章节的页数和手册的总页数，对于在特许系统内部网络上提供此类手册的，须提供估计的打印页数）。

（十）国家法律法规规定经批准方可开展特许经营的产品和服务，须提交相关主管部门的批准文件。

外商投资企业应当提交《外商投资企业批准证书》，《外商投资企业批准证书》经营范围中应当包括“以特许经营方式从事商业活动”项目。

（十一）经法定代表人签字盖章的特许人承诺。

（十二）备案机关认为应当提交的其他资料。

以上文件在中华人民共和国境外形成的，需经所在国公证机关公证（附中文译本），并经中华人民共和国驻所在国使领馆认证，或者履行中华人民共和国与所在国订立的有关条约中规定的证明手续。在香港、澳门、台湾地区形成的，应当履行相关的证明手续。

**第七条** 特许人应当在与中国境内的被特许人首次订立特许经营合同之日起 15 日内向备案机关申请备案。

**第八条** 特许人的以下备案信息有变化的，应当自变化之日起 30 日内向备案机关申请变更：

（一）特许人的工商登记信息。

（二）经营资源信息。

（三）中国境内全部被特许人的店铺分布情况。

**第九条** 特许人应当在每年 3 月 31 日前将其上一年度订立、撤销、终止、续签的特许经营合同情况向备案机关报告。

**第十条** 特许人应认真填写所有备案事项的信息，并确保所填写内容真实、准确和完整。

**第十一条** 备案机关应当自收到特许人提交的符合本办法第六条规定的文件、资料之日起 10 日内予以备案，并在商业特许经营信息管理系统予以公告。

特许人提交的文件、资料不完备的，备案机关可以要求其在 7 日内补充提交文件、资料。备案机关在特许人材料补充齐全之日起 10 日内予以备案。

**第十二条** 已完成备案的特许人有下列行为之一的，备案机关可以撤销备案，并在商业特许经营信息管理系统予以公告：

（一）特许人注销工商登记，或因特许人违法经营，被主管登记机关吊销营业执照的。

（二）备案机关收到司法机关因为特许人违法经营而作出的关于撤销备案的司法建议书。

（三）特许人隐瞒有关信息或者提供虚假信息，造成重大影响的。

（四）特许人申请撤销备案并经备案机关同意的。

（五）其他需要撤销备案的情形。

**第十三条**　各省、自治区、直辖市人民政府商务主管部门应当将备案及撤销备案的情况在10日内反馈商务部。

**第十四条**　备案机关应当完整准确地记录和保存特许人的备案信息材料，依法为特许人保守商业秘密。

特许人所在地的（省、自治区、直辖市或设区的市级）人民政府商务主管部门可以向通过备案的特许人出具备案证明。

**第十五条**　公众可通过商业特许经营信息管理系统查询以下信息：

（一）特许人的企业名称及特许经营业务使用的注册商标、企业标志、专利、专有技术等经营资源。

（二）特许人的备案时间。

（三）特许人的法定经营场所地址与联系方式、法定代表人姓名。

（四）中国境内全部被特许人的店铺分布情况。

**第十六条**　特许人未按照《条例》和本办法的规定办理备案的，由设区的市级以上商务主管部门责令限期备案，并处1万元以上5万元以下罚款；逾期仍不备案的，处5万元以上10万元以下罚款，并予以公告。

**第十七条**　特许人违反本办法第九条规定的，由设区的市级以上商务主管部门责令改正，可以处1万元以下的罚款；情节严重的，处1万元以上5万元以下的罚款，并予以公告。

**第十八条**　国外特许人在中国境内从事特许经营活动，按照本办法执行。香港、澳门特别行政区及台湾地区特许人参照本办法执行。

**第十九条**　相关协会组织应当依照本办法规定，加强行业自律，指导特许人依法备案。

**第二十条**　本办法由商务部负责解释。

**第二十一条**　本办法自2012年2月1日起施行。2007年5月1日施行的《商业特许经营备案管理办法》（商务部2007年第15号令）同时废止。

# 财政部 税务总局关于免征蔬菜流通环节增值税有关问题的通知

财税［2011］137 号

各省、自治区、直辖市、计划单列市财政厅（局）、国家税务局，新疆生产建设兵团财务局：

经国务院批准，自 2012 年 1 月 1 日起，免征蔬菜流通环节增值税。现将有关事项通知如下：

一、对从事蔬菜批发、零售的纳税人销售的蔬菜免征增值税。

蔬菜是指可作副食的草本、木本植物，包括各种蔬菜、菌类植物和少数可作副食的木本植物。蔬菜的主要品种参照《蔬菜主要品种目录》（见附件）执行。

经挑选、清洗、切分、晾晒、包装、脱水、冷藏、冷冻等工序加工的蔬菜，属于本通知所述蔬菜的范围。

各种蔬菜罐头不属于本通知所述蔬菜的范围。蔬菜罐头是指蔬菜经处理、装罐、密封、杀菌或无菌包装而制成的食品。

二、纳税人既销售蔬菜又销售其他增值税应税货物的，应分别核算蔬菜和其他增值税应税货物的销售额；未分别核算的，不得享受蔬菜增值税免税政策。

附件：蔬菜主要品种目录（略）

财政部税务总局
二○一一年十二月三十一日

# 第五部分　附　录

# 附录一

## CCFA 2011 中国连锁年度人物
## 2011 CCFA People of the Year

**郑晓燕**　合肥百货大楼集团股份有限公司　董事长

**获奖理由：**作为全国人大代表，她除了带领合肥百大发展成为安徽省最大的综合性商业上市公司外，多年来，还从维护行业利益出发，一直为取消外资零售行业超国民待遇、降低银行卡刷卡手续费等提案呼吁，受到业内同行们的支持和尊重。2011 年，在各方努力下，银行卡刷卡手续费问题终于取得突破性进展，政府出台的降费政策为全行业带来积极的市场环境。

**卢代盛**　天津市津工超市有限责任公司　总经理

**获奖理由：**作为天津津工超市的掌门人，他坚持探索发展社区超市的实践经验，已成为众多零售企业学习的楷模，也为行业积累发展经验作出了突出贡献。天津津工超市坚决弃大做小，在经营思路上由顾客选择超市向超市走近顾客转变，观念上突破传统零售商的定位，打造“我是社区网络服务商”的新理念，成功探索出一条适合社区商业的复合型发展模式。

**张　勇**　四川海底捞餐饮股份有限公司　董事长

**获奖理由：**他用“双手改变命运”，缔造出充满激情、士气高昂的海底捞团队精神。他创造的海底捞文化诠释了以员工为本，将工作与“幸福”、“快乐”连在一起的新理念，不仅让全社会各行各业瞩目，而且大大提升了服务行业的社会地位。海底捞文化的影响力已超越行业差别，是对建设社会和谐文化的重要贡献。

# 2011 年度中国零售业员工最喜爱的公司

中国连锁经营协会与韬睿惠悦咨询公司于 2011 年 6 月至 10 月合作开展“2011 年度中国零售业员工最喜爱的公司”调查及评选活动。该活动已连续进行五年，在引导企业经营管理等工作中更加突出以人为本，更加重视人力资源发展，更加关注员工素质培养与权益保障等方面起到积极的促进作用，得到业内企业的广泛认可和支持，也使获奖企业的美誉度和凝聚力得到一定程度的提高。

本年度的调查与评选仍委托韬睿惠悦咨询公司作为第三方机构参与，并运用韬睿惠悦 WorkChinaTM 组织测评工具，以确保调查与评选的系统性、权威性和客观公正性。其中，对被调查企业的基本要求是：（1）在中国大陆地区经营 2 年以上、全职员工人数在 100 人以上。（2）准确提供公司信息，所有员工均有机会参加调查并鼓励员工真实发表意见，同时调查问卷回复率［回复率 =（完成问卷回答人数/员工总数或者总部人员）×100%］应符合下列标准：

| 员工总数或总部人员 | 回复率 |
|---|---|
| 100－500 | 60% |
| 501－1000 | 50% |
| 1001－2000 | 40% |
| ≥ 2001 | 30% |

此外，入围评选的基本条件是：（1）在工资和福利待遇方面高于所在地区的行业平均水平，使员工有较优厚的经济保障。（2）具备系统的培训制度和完善的晋升体系，使员工得以持续提升与发展。（3）拥有优秀的企业文化与理念，对员工有很强的凝聚力与吸引力。（4）通过承担社会责任、参与公益项目等活动，引领员工积极向上，不断提升企业荣誉。

根据上述要求和严苛评选，获选为“2011 年度中国零售业员工最喜爱的公司”名单如下：

苏宁电器股份有限公司

百胜餐饮集团中国事业部

内蒙古小肥羊餐饮连锁有限公司

锦江之星旅馆有限公司

## 2011 年度中国零售创新大奖

| 序号 | 公司名称 | 获奖案例名称 |
|---|---|---|
| 1 | 天津市津工超市有限责任公司 | 津工第二代便利店 |
| 2 | 汇银家电（控股）有限公司 | 开拓三四线家电市场 |
| 3 | 辽宁兴隆大家庭商业集团 | “功夫龙虎榜”以技能促销售的新营销模式 |
| 4 | 宏图三胞高科技术股份有限公司 | 基于零供新型产业链的自营直销经营模式 |

## 2011 年度中国零售创新奖

| 序号 | 公司名称 | 行业 |
|---|---|---|
| 1 | 联华超市股份有限公司 | 大型零售卖场供应商合同管理 |
| 2 | 华润万家有限公司 | 华润万家宝洁产品邮报预测模型 |
| 3 | 沃尔玛（中国）投资有限公司 | Work Smart 项目——建立有效资产保护新体系 |
| 4 | 北京超市发连锁股份有限公司 | 建立和谐的零供关系 |
| 5 | SPAR 中国 | SPAR 在线培训系统 |
| 6 | 江苏新合作常客隆连锁超市有限公司 | 村企挂钩，合作共赢 |
| 7 | 广州宝洁有限公司 | 创新的网络销售，满足网上购物者的需求 |
| 8 | 国美电器有限公司 | 颠覆传统运营模式——国美首开“新活馆”打造全体验型卖场 |
| 9 | 美延维修服务（上海）有限公司 | 服务创新——实现服务与利润的新模式 |

# 2011－2012 年度中国特许经营年度奖项说明

中国连锁经营协会通过组织专业的评审委员会，每年度对特许企业的品牌维护、体系建设、对加盟商的支持等多项指标进行考核，评选出年度中国优秀特许加盟品牌。其目的是宣传优秀特许企业及加盟商的创新意识和敬业精神，倡导诚信、自律、合作、双赢的理念，同时为广大投资者选择理想加盟项目提供资讯和借鉴。

**年度优秀特许加盟品牌**

获奖者能够恪守诚信精神和双赢理念，勇于创新。在过去一年中，特许体系的建设和运营水平明显提升，加盟商满意度显著提高或保持较高水准，品牌影响力和企业文化建设有新的突破。此外，参选企业开展特许经营的时间不能少于 2 年，加盟店数不能少于 30 家。

**中国特许奖**

作为特许经营行业中的最高奖项，获奖者须连续三年入选“年度中国优秀特许加盟品牌”，自愿申报并接受评审委员会实地考察。此外，获奖企业每年须按要求提交企业发展情况并由协会进行公示。

**最具成长力奖**

获奖者在本行业或业态率先导入特许加盟模式，在过去的一年中，快速扩张，大力创新，在消费者、加盟商和投资机构中的知名度快速提升，成为所在领域的领先品牌。

**社会责任奖**

获奖者一贯倡导诚信经营、回报社会的企业价值观和企业文化，并鼓励加盟商和员工自发参与公益活动。过去一年中，响应政府号召，在创造就业（特别是帮助大学生就业），扶危济困，促进总部和加盟商和谐共赢等方面有突出表现。

**优秀加盟商（单店）**

获奖者在过去一年中，能规范执行总部标准、维护品牌形象，同时发挥主观能动性，以诚信、勤奋与智慧，积极面对竞争，经营业绩突出，成为加盟商学习的榜样。

**优秀加盟商（区域）**

获奖者在过去一年中，以优秀的管理才能和强烈的进取精神，成功开发区域市场或使所拥有的区域市场取得骄人业绩。同时，在维护区域系统稳定、给予其他加盟商支持方面有突出贡献。

**大陆台商优秀连锁经营品牌**

基于海峡两岸经贸往来日益频繁，越来越多的台商连锁经营企业在大陆发展，已有相当杰出的成就。为表彰其中的优秀品牌企业，引领产业健康发展，2010 年由中国连锁经营协会和台湾连锁加盟促进协会共同推出“大陆台商优秀连锁经营品牌”推选活动。推选的基本标准是，企业规范经营、热心公益，连锁发展规模及品牌影响力俱佳、品牌信誉度获得业内和消费者普遍赞誉等。本年（2012 年）是第 3 次推选年度。

## 中国特许奖蝉联品牌

（已通过年审）

| 品牌 | 企业名称 | 业态 |
| --- | --- | --- |
| 全聚德 | 中国全聚德（集团）股份有限公司 | 中式正餐 |
| 肯德基 | 百胜餐饮集团中国事业部 | 西式快餐 |
| 福奈特 | 北京福奈特洗衣服务有限公司 | 洗衣 |
| 东易日盛 | 东易日盛家居装饰集团股份有限公司 | 家居装饰 |
| 仙踪林 | 上海仙踪林餐饮有限公司 | 休闲饮品 |
| 百　圆 | 山西百圆裤业连锁经营股份有限公司 | 服装专卖 |
| 联　华 | 联华超市股份有限公司 | 超市 |
| 德克士 | 天津德克士食品开发有限公司 | 西式快餐 |
| 桂花鸭 | 南京桂花鸭（集团）有限公司 | 食品专卖 |
| 小肥羊 | 内蒙古小肥羊餐饮连锁有限公司 | 火锅 |
| 迪　欧 | 苏州迪欧餐饮管理有限公司 | 咖啡馆 |
| 象　王 | 上海象王洗衣有限公司 | 洗衣 |
| 如　家 | 上海如家酒店管理有限公司 | 经济型酒店 |
| 苏　果 | 苏果超市有限公司 | 超市 |
| 美宜佳 | 东莞市糖酒集团美宜佳便利店有限公司 | 便利店 |
| 北大青鸟 | 北京阿博泰克北大青鸟信息技术有限公司 | 教育培训 |
| 业之峰 | 北京业之峰装饰有限公司 | 家居装饰 |

## 2011－2012 年度中国零售业优秀特许加盟品牌
## China Outstanding Retail Franchiser Brand 2011－2012

| 品牌 | 企业名称 | 业态 |
|---|---|---|
| 唐　久 | 山西省太原唐久超市有限公司 | 便利店 |
| 快　客 | 上海联华快客便利有限公司 | 便利店 |
| 金　虎 | 山西金虎便利连锁股份有限公司 | 便利店 |
| 绝　味 | 湖南绝味食品股份有限公司 | 食品专卖 |
| 吴裕泰 | 北京吴裕泰茶业股份有限公司 | 茶叶专卖 |
| 山国饮艺 | 厦门山国饮艺茶业有限公司 | 茶叶专卖 |
| 特百惠 | 特百惠（中国）有限公司 | 家居用品 |
| 富隆酒业 | 广州市富隆酒窖酒业有限公司 | 红酒专卖 |
| 晨　光 | 上海晨光文具股份有限公司 | 文具专卖 |
| 哎呀呀 | 广东哎呀呀饰品连锁股份有限公司 | 饰品专卖 |

## 2011－2012 年度中国餐饮与酒店业优秀特许加盟品牌
## China Outstanding Catering and Hotel Franchiser Brand 2011－2012

| 品牌 | 企业名称 | 业态 |
|---|---|---|
| 锦江之星 | 锦江之星旅馆有限公司 | 经济型酒店 |
| 速 8 | 速伯艾特（北京）国际酒店管理有限公司 | 经济型酒店 |
| 比　格 | 北京比格餐饮管理有限责任公司 | 西式快餐 |
| 百　富 | 新疆百富餐饮股份有限公司 | 西式快餐 |
| 东来顺 | 北京东来顺集团有限责任公司 | 火锅 |
| 快乐柠檬 | 上海快乐柠檬餐饮管理有限公司 | 休闲饮品 |

## 2011 -2012 年度中国服务业优秀特许加盟品牌
## China Outstanding Service Industry Franchiser Brand 2011 -2012

| 品牌 | 企业名称 | 业态 |
|---|---|---|
| 红黄蓝 | 北京红黄蓝儿童教育科技发展有限公司 | 儿童教育培训 |
| 植秀堂 | 青岛植秀堂养生养颜连锁有限公司 | 美容美体 |
| 翰　皇 | 北京翰皇伟业皮革清洁养护连锁服务有限公司 | 皮革清洗 |
| 小拇指 | 杭州小拇指汽车维修科技股份有限公司 | 汽车维修 |
| 273 | 福州车友网络科技有限公司 | 汽车后服务 |
| 华夏中青 | 北京华夏中青家政服务有限公司 | 家政服务 |
| 布兰奇 | 四川布兰奇洗业有限公司 | 洗衣 |

## 2011 -2012 年度中国特许经营最具成长力奖
## Best Growing Competence Award 2011 -2012

| 品牌 | 企业名称 | 业态 |
|---|---|---|
| 中　横 | 诸暨市中横窗业有限公司 | 门窗专卖 |
| 张一元 | 北京张一元茶叶有限责任公司 | 茶业专卖 |
| 名品世家 | 名品世家（北京）酒业有限公司 | 红酒专卖 |
| 名庄传奇 | 浙江名庄传奇葡萄酒有限公司 | 红酒专卖 |
| 辉　隆 | 安徽辉隆农资集团股份有限公司 | 农资连锁 |
| 一尊皇牛 | 陕西一尊餐饮管理有限公司 | 火锅 |
| 爱　君 | 上海爱君家庭服务有限公司 | 家政服务 |
| 小鬼当佳 | 小鬼当佳国际贸易（北京）有限公司 | 儿童摄影 |

## 2011 -2012 年度中国特许经营社会责任奖
## Corporate Social Responsibility Award 2011 -2012

| 品牌 | 企业名称 | 业态 |
|---|---|---|
| 超市发 | 北京超市发连锁股份有限公司 | 超市 |
| 雷　力 | 北京雷力绿色肥业连锁经营有限公司 | 农资连锁 |
| 锦江之星 | 锦江之星旅馆有限公司 | 经济型酒店 |
| 阿瓦山寨 | 陕西阿瓦山寨品牌投资有限公司 | 中式正餐 |
| 德　庄 | 重庆德庄实业（集团）有限公司 | 火锅 |
| 绿茵阁 | 广州市绿茵阁餐饮连锁有限公司 | 西式正餐 |
| 好月嫂 | 大连好月嫂家庭服务有限公司 | 家政服务 |

# 2011－2012 年度中国优秀加盟商（单店）
# 2011－2012 China Outstanding Unit Franchisee

| 行业 | 单店加盟商 | 加盟品牌 | 加盟企业名称 |
|---|---|---|---|
| 零售业 | 郑燕飞 | 晨　光 | 上海晨光文具股份有限公司 |
| | 项新娥 | 晨　光 | 上海晨光文具股份有限公司 |
| | 李　威 | 吴裕泰 | 北京吴裕泰茶业股份有限公司 |
| | 金松有 | 名庄传奇 | 浙江名庄传奇葡萄酒有限公司 |
| | 许丽波 | 富隆酒业 | 广州市富隆酒窖酒业有限公司 |
| | 王仲力 | 乐巢家居 | 上海乐巢家居用品有限公司 |
| | 于　慧 | 山国饮艺 | 厦门山国饮艺茶业有限公司 |
| | 贾全红 | 张一元 | 北京张一元茶叶有限责任公司 |
| | 张　平 | 百　花 | 北京百花蜂业科技发展股份公司 |
| | 宫兆刚 | KAKU | 北京卡酷全卡通动漫文化有限公司 |
| | 郝　勇 | KAKU | 北京卡酷全卡通动漫文化有限公司 |
| | 贾惠仙 | 唐　久 | 山西省太原唐久超市有限公司 |
| | 金　辉 | 绝　味 | 湖南绝味食品有限公司 |
| | 窦步朋 | 绝　味 | 湖南绝味食品有限公司 |
| | 黄士忠 | 苏　果 | 苏果超市有限公司 |
| | 严建莉 | 快　客 | 上海联华快客便利有限公司 |
| | 钱金兰 | 快　客 | 上海联华快客便利有限公司 |
| | 代淑芳 | 上　好 | 东莞市星瀚商贸有限公司 |
| | 朱仁贵 | 上　好 | 东莞市星瀚商贸有限公司 |
| 餐饮与酒店业 | 戴　峻 | 肯德基 | 百胜餐饮集团中国事业部 |
| | 田雅瑞 | 肯德基 | 百胜餐饮集团中国事业部 |
| | 许建斌 | 全聚德 | 中国全聚德（集团）股份有限公司 |
| | 汤慧妍 | 全聚德 | 中国全聚德（集团）股份有限公司 |
| | 赵顺国 | 东来顺 | 北京东来顺集团有限责任公司 |
| | 马利君 | 马　兰 | 马兰拉面快餐连锁有限责任公司 |
| | 莫　敏 | 德　庄 | 重庆德庄实业（集团）有限公司 |
| | 王大治 | 德　庄 | 重庆德庄实业（集团）有限公司 |
| | 张大好 | 速 8 | 速伯艾特（北京）国际酒店管理有限公司 |
| | 徐新农 | 速 8 | 速伯艾特（北京）国际酒店管理有限公司 |
| | 郭小军 | 一尊皇牛 | 陕西一尊餐饮管理有限公司 |
| | 洪　旸 | 一尊皇牛 | 陕西一尊餐饮管理有限公司 |
| | 聂志良 | 花之林 | 远见餐饮管理（上海）有限公司 |

续表

| 行业 | 单店加盟商 | 加盟品牌 | 加盟企业名称 |
|---|---|---|---|
| 餐饮与酒店业 | 罗福英 | 阿瓦山寨 | 陕西阿瓦山寨品牌投资有限公司 |
| | 胡玮静 | 阿瓦山寨 | 陕西阿瓦山寨品牌投资有限公司 |
| | 高 佩 | 如 家 | 上海如家酒店管理有限公司 |
| | 张培松 | 如 家 | 上海如家酒店管理有限公司 |
| | 谌 晖 | 便宜坊 | 北京便宜坊烤鸭集团有限公司 |
| | 杨 健 | 绿茵阁 | 广州市绿茵阁餐饮连锁有限公司 |
| | 金梅央 | 两岸咖啡 | 浙江两岸食品连锁有限公司 |
| | 季必胜 | 两岸咖啡 | 浙江两岸食品连锁有限公司 |
| | 戴响珍 | 世好吉祥 | 上海世好餐饮管理有限公司 |
| | 刘 春 | 比 格 | 北京比格餐饮管理有限责任公司 |
| | 耿伟杰 | 比 格 | 北京比格餐饮管理有限责任公司 |
| | 陈红斌 | 毛 家 | 湖南韶山毛家饭店发展有限公司 |
| | 胡广强 | 毛 家 | 湖南韶山毛家饭店发展有限公司 |
| | 何 鑫 | 惠美饺子 | 青岛远见服务管理有限公司 |
| 服务业 | 徐建利 | 小拇指 | 杭州小拇指汽车维修科技股份有限公司 |
| | 魏 铭 | 植秀堂 | 青岛植秀堂养生养颜连锁有限公司 |
| | 吕淑华 | 植秀堂 | 青岛植秀堂养生养颜连锁有限公司 |
| | 张 伟 | 康 洁 | 郑州市康洁洗涤有限公司 |
| | 杨晓君 | 华夏中青 | 北京华夏中青家政服务有限公司 |
| | 马立印 | 红黄蓝 | 北京红黄蓝儿童教育科技发展有限公司 |
| | 刘海云 | 培正逗点 | 上海培正教育投资管理有限公司 |
| | 徐 佩 | 培正逗点 | 上海培正教育投资管理有限公司 |
| | 赵宏征 | 福奈特 | 北京福奈特洗衣服务有限公司 |
| | 刘再强 | 翰 皇 | 北京翰皇伟业皮革清洁养护连锁服务有限公司 |
| | 曹 璐 | 小鬼当佳 | 小鬼当佳国际贸易（北京）有限公司 |
| | 蓝国顺 | 273 | 福州车友网络科技有限公司 |
| | 童庆华 | 273 | 福州车友网络科技有限公司 |
| | 王一力 | 尤 萨 | 北京尤萨洗涤设备有限公司 |
| | 王 惠 | 尤 萨 | 北京尤萨洗涤设备有限公司 |

# 2011－2012 年度中国优秀加盟商（区域）
# 2011－2012 China Outstanding Multi－unit Franchisee

| 行业 | 区域加盟商 | 加盟品牌 | 加盟企业名称 |
|---|---|---|---|
| 零售业 | 陶月文 | 联　华 | 联华超市股份有限公司 |
| | 谷　强 | 联　华 | 联华超市股份有限公司 |
| | 张利君 | 吴裕泰 | 北京吴裕泰茶业股份有限公司 |
| | 温　红 | 名庄传奇 | 浙江名庄传奇葡萄酒有限公司 |
| | 黄晓阳 | 富隆酒业 | 广州市富隆酒窖酒业有限公司 |
| | 张红兵 | 粮全其美 | 上海粮全其美食品有限公司 |
| | 黄烈胜 | 粮全其美 | 上海粮全其美食品有限公司 |
| | 王　敏 | 乐巢家居 | 上海乐巢家居用品有限公司 |
| | 沈雪芹 | 山国饮艺 | 厦门山国饮艺茶业有限公司 |
| | 王跃平 | 张一元 | 北京张一元茶叶有限责任公司 |
| | 王　刚 | 百　花 | 北京百花蜂业科技发展股份公司 |
| | 刘培君 | 苏　果 | 苏果超市有限公司 |
| | 卫建国 | 雷　力 | 北京雷力绿色肥业连锁经营有限公司 |
| | 吕纯生 | 雷　力 | 北京雷力绿色肥业连锁经营有限公司 |
| | 何玉强 | 百　圆 | 山西百圆裤业连锁经营股份有限公司 |
| | 徐跃胜 | 百　圆 | 山西百圆裤业连锁经营股份有限公司 |
| 餐饮与酒店业 | 王文磊 | 东来顺 | 北京东来顺集团有限责任公司 |
| | 于兰葳 | 亿百度 | 深圳市亿百度餐饮管理有限公司 |
| | 芦　萍 | 亿百度 | 深圳市亿百度餐饮管理有限公司 |
| | 黄东华 | 黄记煌 | 北京黄记煌餐饮管理有限责任公司 |
| | 梁俊龙 | 黄记煌 | 北京黄记煌餐饮管理有限责任公司 |
| | 吕永红 | 绿茵阁 | 广州市绿茵阁餐饮连锁有限公司 |
| | 王　璐 | 世好吉祥 | 上海世好餐饮管理有限公司 |
| | 陈　琨 | 快乐柠檬 | 上海快乐柠檬餐饮管理有限公司 |
| | 李　静 | 快乐柠檬 | 上海快乐柠檬餐饮管理有限公司 |
| 服务业 | 李启辉 | 小拇指 | 杭州小拇指汽车维修科技股份有限公司 |
| | 陈会言 | 康　洁 | 郑州市康洁洗涤有限公司 |
| | 赵培坤 | 华夏中青 | 北京华夏中青家政服务有限公司 |
| | 鲁骞远 | 业之峰 | 北京业之峰装饰有限公司 |
| | 魏　勇 | 业之峰 | 北京业之峰装饰有限公司 |
| | 茹名霞 | 东易日盛 | 东易日盛家居装饰集团股份有限公司 |
| | 张子喜 | 东易日盛 | 东易日盛家居装饰集团股份有限公司 |

续表

| 行业 | 区域加盟商 | 加盟品牌 | 加盟企业名称 |
|---|---|---|---|
| 服务业 | 戴永庆 | 昂　立 | 上海昂立教育投资咨询有限公司 |
| | 路　凯 | 昂　立 | 上海昂立教育投资咨询有限公司 |
| | 李红生 | 红黄蓝 | 北京红黄蓝儿童教育科技发展有限公司 |
| | 陈秀娟 | 福奈特 | 北京福奈特洗衣服务有限公司 |
| | 李倩玲 | 翰　皇 | 北京翰皇伟业皮革清洁养护连锁服务有限公司 |
| | 黄　芯 | 环球教育 | 北京环球天下教育科技有限公司 |
| | 任晓莉 | 环球教育 | 北京环球天下教育科技有限公司 |

# 2012 年度大陆台商优秀连锁经营品牌
# Outstanding Taiwan Chain Brand 2012

| 品牌 | 企业名称 | 业态 |
|---|---|---|
| 仙踪林 | 上海仙踪林餐饮管理有限公司 | 休闲饮品 |
| 象　王 | 上海象王洗衣有限公司 | 洗衣 |
| 永　和 | 永和食品（中国）有限公司 | 中式快餐 |
| 呷哺呷哺 | 呷哺呷哺餐饮管理有限公司 | 火锅 |
| 巴布豆 | 巴布豆（中国）儿童用品有限公司 | 服装零售 |

说明：基于海峡两岸经贸往来日益频繁，越来越多的台商连锁经营企业在大陆发展，已有相当杰出的成就。其中，很多优秀品牌企业不但成功开拓了自己的业务，同时也为推进两岸连锁经营事业发展做出了突出贡献。为表彰这些企业的典范作用，引领产业健康发展，2010 年由中国连锁经营协会和台湾连锁加盟促进协会共同推出“大陆台商优秀连锁经营品牌”推选活动，现已连续举办 3 年。

推选的基本标准是：大陆台商品牌企业规范经营、热心公益，连锁发展规模及品牌影响力俱佳，品牌信誉度获得业内和消费者的普遍赞誉。

# 2011 年度“CCFA 十佳金牌店长”

# TOP10 Store Manager

| 序号 | 姓名 | 企业名称 |
|---|---|---|
| 1 | 陈云夫 | 苏宁电器股份有限公司 |
| 2 | 倪　涛 | 步步高商业连锁股份有限公司 |
| 3 | 黄智萍 | 合肥百货大楼集团股有限公司 |
| 4 | 胡静春 | 长春欧亚集团股份有限公司 |
| 5 | 常　进 | 北京京客隆商业集团股份有限公司 |
| 6 | 季　丽 | 沃尔玛（中国）投资有限公司 |
| 7 | 张　敏 | 江苏汇银电器连锁有限公司 |
| 8 | 董国强 | 北京超市发连锁股份有限公司 |
| 9 | 陆梅香 | 安徽省徽商红府连锁超市有限责任公司 |
| 10 | 刘　虎 | 成都伊藤洋华堂有限公司 |

# 2011 中国零售业优秀 CIO 名单

| 序号 | 姓名 | 职务 | 单位 |
|---|---|---|---|
| 1 | 齐　磊 | 副总经理 | 上海元祖梦果子有限公司 |
| 2 | 侯　健 | 信息总监 | 山西美特好连锁超市股份有限公司 |
| 3 | 何灿辉 | 信息总监 | 屈臣氏个人用品有限公司 |
| 4 | 陈国栋 | 信息总监 | 福建捷龙商业有限公司 |
| 5 | 林　辉 | 信息部经理 | 秦皇岛市家惠商贸有限公司 |
| 6 | 龚光宇 | 资讯部部长 | 上海一茶一坐餐饮有限公司 |

## 2011－2012 年度“CCFA 行业防损之星”

| 姓名 | 职务 | 单位 |
|---|---|---|
| 白江峰 | 防损安保中心经理 | 宝商集团宝鸡商业经营管理有限责任公司 |
| 吴钧涛 | 内部控制与调查经理 | 锦江麦德龙现购自运有限公司 |
| 陈春生 | 科长 | 苏果超市有限公司 |
| 田君昌 | 计财部稽核经理 | 北京超市发连锁股份有限公司 |
| 熊　涛 | 高级经理 | 华润万家有限公司 |
| 苏　策 | 大兴店防损经理 | 北京物美大卖场商业管理有限公司 |
| 吴劲松 | 区域资产保护总监 | 沃尔玛（中国）投资有限公司 |
| 吴才华 | 防损监察部部长 | 安徽台客隆连锁超市有限责任公司 |
| 叶雪萍 | 经理 | 重庆商社新世纪百货连锁经营有限公司 |
| 王　振 | 门店防损监督部经理 | 北京易初莲花连锁超市有限公司 |

## CCFA 2011 年度购物中心金百合奖

为表彰购物中心在与连锁品牌合作发展中的突出表现，推进购物中心与连锁企业和谐共荣、携手发展，2011 年 9－11 月，中国连锁经营协会依托连锁品牌与购物中心合作委员会开展了“CCFA 购物中心金百合奖”年度推选活动，同时组织品牌、餐饮、零售、媒体、地产等业内相关机构的专家组成购物中心金百合奖评委会。经连锁品牌与购物中心合作委员会委员推选，以及评委会严格评审，确定授予如下 7 家单位“2011 年度购物中心金百合奖”（排名不分先后）：

北京西单大悦城
重庆龙湖北城天街
广州天河城
南京鹏欣水游城
上海五角场万达广场
深圳益田假日广场
永旺国际商城购物中心

# 附录二

## 2011 年中国连锁百强名单
（2012 年 5 月 7 日发布）

| 会员 | 序号 | 企业名称 | 销售规模（万元） | 门店总数（个） |
|---|---|---|---|---|
| ☆ | 1 | 百联集团有限公司 | 11820757 | 5604 |
| ★ | 2 | 苏宁电器股份有限公司① | * 11000000 | 1724 |
| ★ | 2 | 国美电器有限公司② | * 11000000 | 1737 |
| ★ | 4 | 华润万家有限公司 | 8270000 | 3977 |
| ★ |  | 其中：苏果超市有限公司 | 3300800 | 2001 |
| ★ | 5 | 康成投资（中国）有限公司（大润发） | 6156700 | 185 |
| ★ | 6 | 重庆商社（集团）有限公司 | 4780262 | 325 |
| ★ |  | 其中：重庆百货大楼股份有限公司 | 2995631 | 263 |
| ★ | 7 | 家乐福（中国）管理咨询服务有限公司 | 4519581 | 203 |
| ★ | 8 | 百胜餐饮集团中国事业部③ | 4340000 | 4450 |
| ★ | 9 | 沃尔玛（中国）投资有限公司 | * 4300000 | 271 |
| ★ | 10 | 物美控股集团有限公司 | 4107499 | 2609 |
| ★ | 11 | 大商股份有限公司④ | * 3560000 | 170 |
| ★ | 12 | 山东银座商城股份有限公司 | 3067037 | 93 |
| ★ | 13 | 农工商超市（集团）有限公司 | 3024551 | 3374 |
| ★ | 14 | 江苏五星电器有限公司（百思买） | 2748330 | 279 |
| ★ | 15 | 海航商业控股有限公司 | 2340000 | 468 |
| ★ | 16 | 宏图三胞高科技术有限公司 | 2321435 | 251 |
| ★ | 17 | 中百控股集团股份有限公司 | 2305342 | 838 |
| ★ |  | 其中：武汉中百连锁仓储超市有限公司 | 1468969 | 203 |
|  | 18 | 石家庄北国人百集团有限责任公司 | 2187276 | 133 |
| ☆ | 19 | 武汉武商集团股份有限公司 | * 2064129 | 92 |
| ★ |  | 其中：武汉武商量贩连锁有限公司 | * 1070940 | 85 |
| ★ | 20 | 永辉超市股份有限公司 | 2038000 | 204 |
| ★ | 21 | 北京王府井百货（集团）股份有限公司 | 2009393 | 25 |
| ★ | 22 | 长春欧亚集团股份有限公司 | 1990319 | 50 |
| ★ | 23 | 文峰大世界连锁发展股份有限公司 | 1945371 | 990 |
| ★ | 24 | 利群集团股份有限公司 | 1905687 | 838 |
| ★ | 25 | 天虹商场股份有限公司 | 1895938 | 51 |
| ★ | 26 | 特易购（TESCO） | * 1800000 | 121 |

续表

| 会员 | 序号 | 企业名称 | 销售规模（万元） | 门店总数（个） |
|---|---|---|---|---|
| | 27 | 烟台市振华百货集团股份有限公司⑤ | 1788360 | 106 |
| ★ | 28 | 新一佳超市有限公司 | 1753400 | 116 |
| ★ | 29 | 金鹰国际商贸集团（中国）有限公司 | 1642767 | 26 |
| ★ | 30 | 百盛商业集团有限公司 | 1642617 | 52 |
| ★ | 31 | 山东家家悦集团有限公司 | 1624500 | 573 |
| | 32 | 新世界百货中国有限公司 | * 1550000 | 39 |
| ★ | 33 | 乐天玛特 | 1541077 | 75 |
| ★ | 34 | 安徽省徽商集团有限公司⑥ | 1509734 | 2998 |
| ★ | 35 | 合肥百货大楼集团股份有限公司⑦ | 1480000 | 186 |
| ☆ | 36 | 北京首商集团股份有限公司⑧ | 1402992 | 18 |
| ★ | 37 | 人人乐连锁商业集团股份有限公司 | 1384204 | 126 |
| ★ | 38 | 锦江麦德龙现购自运有限公司 | * 1380000 | 54 |
| ★ | 39 | 银泰百货（集团）有限公司 | 1367318 | 29 |
| ★ | 40 | 好又多管理咨询服务（上海）有限公司 | * 1300000 | 99 |
| ★ | 41 | 欧尚（中国）投资有限公司 | 1269626 | 45 |
| ★ | 42 | 山东新星集团有限公司 | 1239079 | 652 |
| ★ | 43 | 北京京客隆商业集团股份有限公司 | 1221200 | 251 |
| ★ | 44 | 山东潍坊百货集团股份有限公司 | 1213215 | 417 |
| | 45 | 北京菜市口百货股份有限公司 | 1166196 | 12 |
| ★ | 46 | 武汉中商集团股份有限公司 | 1150060 | 46 |
| ★ | 47 | 辽宁兴隆大家庭商业集团 | 1126076 | 30 |
| ★ | 48 | 福建新华都购物广场股份有限公司 | 1099757 | 112 |
| | 49 | 郑州丹尼斯百货有限公司 | 1080000 | 27 |
| | 50 | 茂业国际控股有限公司 | 1042986 | 38 |
| ★ | 51 | 江苏华地国际控股集团有限公司 | 1017578 | 34 |
| ★ | 52 | 卜蜂莲花 | * 1001900 | 52 |
| ★ | 53 | 广州屈臣氏个人用品商店有限公司 | * 1000000 | 1100 |
| ★ | 54 | 广州市广百股份有限公司 | 930900 | 29 |
| ★ | 55 | 步步高商业连锁股份有限公司 | 843919 | 186 |
| ★ | 56 | 北京迪信通商贸有限公司 | 813912 | 1320 |
| ★ | 57 | 麦当劳（中国）有限公司 | * 810000 | 1400 |
| ★ | 58 | 伊藤洋华堂 | 748588 | 13 |
| ★ | 59 | 永旺 | 666170 | 30 |
| ★ | 60 | 成都红旗连锁股份有限公司 | 662388 | 1129 |
| ★ | 61 | 湖南友谊阿波罗控股股份有限公司 | 623351 | 11 |

续表

| 会员 | 序号 | 企业名称 | 销售规模（万元） | 门店总数（个） |
|---|---|---|---|---|
| | 62 | 宜家家居 | 571513 | 9 |
| ★ | 63 | 三江购物俱乐部股份有限公司 | 567143 | 151 |
| ☆ | 64 | 济南华联商厦集团股份有限公司 | 550493 | 24 |
| ★ | | 其中：济南华联超市有限公司 | 311029 | 19 |
| | 65 | 南京中央商场股份有限公司 | * 550000 | 8 |
| ★ | 66 | 北京翠微大厦股份有限公司 | * 540000 | 5 |
| ★ | 67 | 四川省互惠商业有限责任公司 | * 520000 | 1270 |
| ★ | 68 | 广州友谊集团股份有限公司 | 500000 | 6 |
| ★ | 69 | 阜阳华联集团股份有限公司 | 482158 | 603 |
| | 70 | 中国春天百货集团 | * 481000 | 17 |
| | 71 | 卓展集团控股有限公司 | * 480000 | 3 |
| ★ | 72 | 邯郸市阳光百货集团总公司 | 461000 | 121 |
| ★ | 73 | 山东威海百货大楼集团股份有限公司 | 456000 | 36 |
| ★ | 74 | 北京市顺义国泰商业大厦 | 450891 | 14 |
| | 75 | 长沙通程控股股份有限公司 | * 434952 | 69 |
| ★ | 76 | 百佳超市（中国内地） | 429853 | 46 |
| ★ | 77 | 青岛维客集团股份有限公司 | 421713 | 13 |
| ★ | 78 | 山东全福元商业集团有限责任公司 | 409200 | 125 |
| ★ | 79 | 上海如家酒店管理有限公司 | 396000 | 1426 |
| ★ | 79 | 东方家园家居建材商业有限公司 | 396000 | 27 |
| ★ | 81 | 北京超市发连锁股份有限公司 | 389824 | 119 |
| ★ | 82 | 山西美特好连锁超市股份有限公司 | 387772 | 58 |
| ★ | 83 | 浙江人本超市有限公司 | 377076 | 1028 |
| ★ | 84 | 湖南佳惠百货有限责任公司（集团） | 370920 | 231 |
| ★ | 85 | 广东大参林连锁药店有限公司 | 367000 | 1100 |
| ★ | 86 | 老百姓大药房连锁有限公司 | * 366000 | 590 |
| ★ | 87 | 深圳市海王星辰医药有限公司 | 362000 | 2883 |
| ★ | 88 | 加贝物流股份有限公司 | 348000 | 314 |
| ★ | 89 | 山西省太原唐久超市有限公司 | 307360 | 1106 |
| ★ | 90 | 中国全聚德（集团）股份有限公司 | 301743 | 87 |
| ★ | 91 | 广西南城百货股份有限公司 | 300353 | 27 |
| | 92 | 浙江华联商厦有限公司 | 296500 | 73 |
| ★ | 93 | 中山市壹加壹商业连锁有限公司 | 289652 | 44 |
| ★ | 94 | 雄风集团有限公司 | 286528 | 129 |
| | 95 | 重庆和平药房连锁有限责任公司 | 285000 | 2520 |

续表

| 会员 | 序号 | 企业名称 | 销售规模（万元） | 门店总数（个） |
|---|---|---|---|---|
| | 96 | 内蒙古民族商场有限责任公司 | 280783 | 4 |
| ★ | 97 | 汇银家电（控股）有限公司 | * 280000 | 164 |
| ★ | 98 | 青岛利客来商贸集团股份有限公司 | 270080 | 401 |
| | 99 | 南宁百货大楼股份有限公司 | 265907 | 9 |
| ★ | 100 | 心连心集团有限公司 | 252093 | 54 |
| | | 合 计 | 165073982 | 55407 |

注：1. ★ 示为中国连锁经营协会会员企业，☆ 表示其下属公司为协会会员企业。

2. 数字前面带 * 为估计值。

3. 百强统计采用销售规模的口径，包括含税的直营店、加盟店、输出管理等以公司品牌经营的所有连锁店的销售总额，以及对外批发的销售额，除此外的销售额不计入内。

4. 销售规模或门店数量中，以特许加盟为主的企业不列入本表，其将纳入“2011 年中国特许经营连锁百强”。

5. 部分企业数据说明：

① 苏宁电器股份有限公司销售额为含税的上市公司营业收入，其不含税年报数据为9388864.4万元。

② 国美电器有限公司销售额为含税的上市公司营业收入加上非上市部分的估计数。

③ 百胜餐饮集团中国事业部数据不含内蒙古小肥羊餐饮连锁有限公司数据。

④ 大商股份有限公司销售额为含税的上市公司营业收入。

⑤ 指烟台市振华百货控股济南人民商场。

⑥ 安徽徽商集团数据不含生产资料销售。

⑦ 合肥百货大楼集团股份有限公司数据不包括批发市场交易额。

⑧ 北京首商集团股份有限公司包含北京新燕莎控股（集团）有限责任公司和北京西单友谊百货集团数据。

另：欧尚（中国）投资有限公司所报数据为不含税数据。

卜蜂莲花数据为上市公司数据，不含非上市部分。

# 2011 年中国快速消费品连锁零售百强名单
（2012 年 5 月 7 日发布）

| 会员 | 序号 | 企业名称 | 销售规模（万元） | 门店总数（个） |
|---|---|---|---|---|
| ★ | 1 | 华润万家有限公司 | 8270000 | 3977 |
| ★ | 2 | 联华超市股份有限公司 | 6807630 | 5221 |
| ★ | 3 | 康成投资（中国）有限公司（大润发） | 6156700 | 185 |
| ★ | 4 | 家乐福（中国）管理咨询服务有限公司 | 4519581 | 203 |
| ★ | 5 | 沃尔玛（中国）投资有限公司 | * 4300000 | 271 |
| ★ | 6 | 物美控股集团有限公司① | 3303076 | 409 |
| ★ | 7 | 农工商超市（集团）有限公司② | 3024551 | 3374 |
| ★ | 8 | 永辉超市股份有限公司 | 2038000 | 204 |
| ★ | 9 | 特易购（TESCO） | * 1800000 | 121 |
| ★ | 10 | 新一佳超市有限公司 | 1753400 | 116 |
| ★ | 11 | 山东家家悦集团有限公司 | 1624500 | 573 |
| ★ | 12 | 乐天玛特 | 1541077 | 75 |
| ★ | 13 | 武汉中百连锁仓储超市有限公司 | 1468969 | 203 |
| ★ | 14 | 人人乐连锁商业集团股份有限公司 | 1384204 | 126 |
| ★ | 15 | 锦江麦德龙现购自运有限公司 | * 1380000 | 54 |
| ★ | 16 | 好又多管理咨询服务（上海）有限公司 | * 1300000 | 99 |
| ★ | 17 | 欧尚（中国）投资有限公司 | 1269626 | 45 |
| ★ | 18 | 山东新星集团有限公司 | 1239079 | 652 |
| ★ | 19 | 北京京客隆商业集团股份有限公司 | 1221200 | 251 |
| ★ | 20 | 福建新华都购物广场股份有限公司 | 1099757 | 112 |
| ★ | 21 | 武汉武商量贩连锁有限公司 | 1070940 | 85 |
| ★ | 22 | 卜蜂莲花 | * 1001900 | 52 |
| ★ | 23 | 广州屈臣氏个人用品商店有限公司 | * 1000000 | 1100 |
| ★ | 24 | 伊藤洋华堂 | 748588 | 13 |
| ★ | 25 | 永旺 | 666170 | 30 |
| ★ | 26 | 成都红旗连锁股份有限公司 | 662388 | 1129 |
| ★ | 27 | 山东潍坊百货集团股份有限公司（超市部分） | 609000 | 345 |
| ★ | 28 | 三江购物俱乐部股份有限公司 | 567143 | 151 |
|  | 29 | 石家庄北国人百集团有限责任公司（超市部分） | 561688 | 22 |
| △ | 30 | 武汉中商平价超市连锁有限责任公司 | 530243 | 35 |
| ★ | 31 | 四川省互惠商业有限责任公司 | * 520000 | 1270 |

续表

| 会员 | 序号 | 企业名称 | 销售规模（万元） | 门店总数（个） |
|---|---|---|---|---|
| ★ | 32 | 步步高商业连锁股份有限公司（超市部分） | 485303 | 167 |
| ★ | 33 | 阜阳市华联集团股份有限公司 | 482158 | 603 |
| ★ | 34 | 山东威海百货大楼集团股份有限公司 | 456000 | 36 |
| ★ | 35 | 百佳超市（中国内地） | 429853 | 46 |
| △ | 36 | 重庆商社新世纪百货连锁经营有限公司 | 417367 | 90 |
| ★ | 37 | 华联集团吉买盛购物中心有限公司 | * 410000 | 20 |
| ★ | 38 | 山东全福元商业集团有限责任公司 | 409200 | 125 |
| ★ | 39 | 东莞市糖酒集团美宜佳便利店有限公司 | 408473 | 3650 |
| ★ | 40 | 北京超市发连锁股份有限公司 | 389824 | 119 |
| ★ | 41 | 山西美特好连锁超市股份有限公司 | 387772 | 58 |
| ★ | 42 | 浙江人本超市有限公司 | 377076 | 1028 |
| △ | 43 | 武汉中百便民超市连锁有限公司 | 359392 | 584 |
| ★ | 44 | 加贝物流股份有限公司 | 348000 | 314 |
| ★ | 45 | 济南华联超市有限公司 | 311029 | 19 |
| ★ | 46 | 山西省太原唐久超市有限公司 | 307360 | 1106 |
| ★ | 47 | 中山市壹加壹商业连锁有限公司 | 289652 | 44 |
| ★ | 48 | 浙江供销超市有限公司 | 275284 | 2200 |
| △ | 49 | 安徽百大合家福股份有限公司 | 273960 | 142 |
| ★ | 50 | 心连心集团股份有限公司 | 252093 | 54 |
| ★ | 51 | 江苏新合作常客隆连锁超市有限公司 | 251053 | 980 |
|  | 52 | 易买得 | * 240000 | 16 |
| △ | 53 | 上海家得利超市有限公司（含江苏南通超越） | 233538 | 194 |
| ★ | 54 | 湖南家润多超市有限公司 | 209532 | 73 |
| ★ | 55 | 河北国大连锁商业有限公司 | 208650 | 873 |
| △ | 56 | 上海联华快客便利有限公司 | * 200000 | 2014 |
| ★ | 57 | 北京华冠商贸有限公司 | 195000 | 383 |
| △ | 58 | 陕西民生家乐商业连锁有限责任公司（含三棵树） | 188503 | 43 |
| ★ | 59 | 广西南城百货股份有限公司（超市部分） | 184567 | 27 |
| ★ | 60 | 上海良友金伴便利连锁有限公司 | 180000 | 525 |
| ★ | 61 | 浙江凯虹集团有限公司 | 167100 | 15 |
| ★ | 62 | 河南大张实业有限公司 | 147348 | 43 |
| ★ | 63 | 江苏欢乐买商贸股份有限公司 | 145000 | 17 |
|  | 64 | 重庆重客隆超市连锁有限责任公司 | 143318 | 112 |
| ★ | 65 | 河北惠友商业连锁发展有限公司 | * 141000 | 350 |
| ★ | 66 | 大同市华林有限责任公司 | 140000 | 10 |

续表

| 会员 | 序号 | 企业名称 | 销售规模（万元） | 门店总数（个） |
|---|---|---|---|---|
| | 67 | 上海福满家便利店有限公司 | * 139000 | 700 |
| △ | 68 | 安徽省徽商红府连锁超市有限责任公司 | 138902 | 29 |
| ★ | 69 | 东莞市嘉荣超市有限公司 | * 137000 | 35 |
| ★ | 70 | 天津市津工超市有限责任公司 | 129760 | 382 |
| | 71 | 上海华联罗森有限公司 | * 129000 | 354 |
| ★ | 72 | 山东奥德隆集团有限公司 | 128069 | 39 |
| ★ | 73 | 唐山瑞莎实业集团有限公司 | 127200 | 60 |
| ★ | 74 | 新疆好家乡超市有限公司 | 125596 | 7 |
| ★ | 75 | 联盛商业连锁股份有限公司 | 122377 | 17 |
| ★ | 76 | 山西吉隆斯商贸股份有限公司 | 121286 | 54 |
| ★ | 77 | 天津劝宝超市有限责任公司 | 121191 | 666 |
| | 78 | 黑龙江比优特商贸有限公司 | * 120000 | 50 |
| ★ | 79 | 许昌市胖东来商贸集团有限公司 | 118653 | 15 |
| ★ | 80 | 安徽省台客隆连锁超市有限责任公司 | 115200 | 36 |
| ★ | 81 | 山东长江汇泉集团有限公司 | 110171 | 248 |
| ★ | 82 | 安徽金华联投资股份有限公司 | 109469 | 49 |
| | 83 | 上海迪亚零售有限公司 | * 107000 | 214 |
| ★ | 84 | 江苏雅家乐集团有限公司 | 105000 | 433 |
| ★ | 85 | 胜利油田胜大超市 | 100000 | 121 |
| ★ | 86 | 浙江省舟山市民生商厦有限责任公司 | 99800 | 601 |
| | 87 | 天客隆集团有限责任公司 | * 97700 | 25 |
| ★ | 88 | 大连金玛超市连锁有限公司 | 97457 | 1016 |
| ★ | 89 | 上海捷强烟草糖酒（集团）连锁有限公司 | 92538 | 240 |
| | 90 | 湖北省十堰市寿康永乐有限公司 | 89521 | 172 |
| | 91 | 威海长江糖酒有限公司 | * 88000 | 250 |
| ★ | 92 | 唐山华盛超市有限公司 | 86705 | 31 |
| ★ | 93 | 北京首航国力商贸有限公司 | 84315 | 41 |
| △ | 94 | 邯郸市阳光超市有限公司 | 83412 | 19 |
| ★ | 95 | 佛山市顺德区乐从供销集团顺客隆商场有限公司 | 80021 | 218 |
| ★ | 96 | 秦皇岛家惠商贸集团有限公司 | 79983 | 35 |
| ★ | 97 | 唐山市金客隆超市有限公司 | 79286 | 57 |
| ★ | 98 | 唐山家万佳超市有限公司 | * 75400 | 40 |
| ★ | 99 | 宁波新江厦连锁超市有限公司 | 72879 | 38 |
| | 100 | 浙江家家福超市有限公司 | 70411 | 61 |
| | | 合 计 | 77066116 | 42936 |

注：1. ★ 表示为中国连锁经营协会会员企业，☆ 表示其下属公司为协会会员企业，△ 表示其母公司为协会会员

企业。

2. 数字前面带＊为估计值。

3. 百强统计采用销售规模的口径，包括含税的直营店、加盟店、输出管理等以公司品牌经营的所有连锁店的销售总额，以及对外批发的销售额，除此外的销售额不计入内。

4. 本表范围是以经营快消品为主的企业，一些企业同时也经营百货业务，这些企业的销售额中有些含部分百货的销售额。

5. 部分企业数据说明：

① 物美控股集团有限公司数据不含新华百货和浙江供销超市。

② 农工商（集团）有限公司数据含好德，可的便利店。

另：欧尚（中国）投资有限公司所报数据为不含税数据。

卜蜂莲花数据为上市公司数据，不含非上市部分。

# 2011 年中国主要连锁百货企业经营情况
（2012 年 5 月 7 日发布）

| 会员 | 序号 | 百强序号 | 企业名称 | 销售规模（万元） | 门店总数（个） |
|---|---|---|---|---|---|
| △ | 1 | | 上海友谊集团股份有限公司① | * 5500000 | 43 |
| ★ | 2 | 6 | 重庆商社（集团）有限公司 | 4780262 | 325 |
| ★ | 3 | 11 | 大商股份有限公司② | * 3560000 | 170 |
| ★ | 4 | 12 | 山东银座商城股份有限公司 | 3067037 | 93 |
| ★ | 5 | 21 | 北京王府井百货（集团）股份有限公司 | 2009393 | 25 |
| ★ | 6 | 22 | 长春欧亚集团股份有限公司 | 1990319 | 50 |
| ★ | 7 | 23 | 文峰大世界连锁发展股份有限公司 | 1945371 | 990 |
| ★ | 8 | 25 | 天虹商场股份有限公司 | 1895938 | 51 |
| | 9 | 27 | 烟台市振华百货集团股份有限公司 | 1788360 | 106 |
| ★ | 10 | 29 | 金鹰国际商贸集团（中国）有限公司 | 1642767 | 26 |
| ★ | 11 | 30 | 百盛商业集团有限公司 | 1642617 | 52 |
| | 12 | 32 | 新世界百货中国有限公司 | * 1550000 | 39 |
| ★ | 13 | 35 | 合肥百货大楼集团股份有限公司③ | 1480000 | 186 |
| ☆ | 14 | 36 | 北京首商集团股份有限公司④ | 1402992 | 18 |
| ★ | 15 | 39 | 银泰百货（集团）有限公司 | 1367318 | 29 |
| ★ | 16 | 44 | 山东潍坊百货集团股份有限公司 | 1213215 | 417 |
| ★ | 17 | 47 | 辽宁兴隆大家庭商业集团 | 1126076 | 30 |
| | 18 | 49 | 郑州丹尼斯百货有限公司 | 1080000 | 27 |
| | 19 | 50 | 茂业国际控股有限公司 | 1042986 | 38 |
| ★ | 20 | 54 | 广州市广百股份有限公司 | 930900 | 29 |
| ☆ | 21 | 64 | 济南华联商厦集团股份有限公司 | 550493 | 24 |
| | 22 | 65 | 南京中央商场股份有限公司 | * 550000 | 8 |
| ★ | 23 | 66 | 北京翠微大厦股份有限公司 | * 540000 | 5 |
| ★ | 24 | 68 | 广州友谊集团股份有限公司 | 500000 | 6 |
| | 25 | 71 | 卓展集团控股有限公司 | * 480000 | 3 |
| ★ | 26 | 72 | 邯郸市阳光百货集团总公司 | 461000 | 121 |
| ★ | 27 | 73 | 山东威海百货大楼集团股份有限公司 | 456000 | 36 |
| ★ | 28 | 74 | 北京市顺义国泰商业大厦 | 450891 | 14 |
| ★ | 29 | 84 | 湖南佳惠百货有限责任公司（集团） | 370920 | 231 |
| ★ | 30 | 91 | 广西南城百货股份有限公司 | 300353 | 27 |
| ★ | 31 | 94 | 雄风集团有限公司 | 286528 | 129 |
| | 32 | 99 | 南宁百货大楼股份有限公司 | 265907 | 9 |

续表

| 会员 | 序号 | 百强序号 | 企业名称 | 销售规模（万元） | 门店总数（个） |
|---|---|---|---|---|---|
| ★ | 33 | | 深圳岁宝百货有限公司 | 243092 | 17 |
| ★ | 34 | | 深圳市百佳华百货有限公司 | 215364 | 19 |
| ★ | 35 | | 唐山百货大楼集团八方购物广场有限责任公司 | 173466 | 8 |
| | | | 合 计 | 46859564 | 3401 |

注：1. ★ 表示为中国连锁经营协会会员企业，☆ 表示其下属公司为协会会员企业，△ 表示其母公司为协会会员企业。

2. 数字前面带 * 为估计值。

3. 采用销售规模的统计口径，包括含税的直营店、加盟店、输出管理等以公司品牌经营的所有连锁店的销售总额，以及对外批发的销售额，除此外的销售额不计入内。

4. 本表范围是以经营百货为主的企业，一些企业同时也经营超市业务，这些企业的销售额中有些含部分超市的销售额。

5. 部分企业数据说明：

① 上海友谊集团股份有限公司为百联集团有限公司下属子公司，其销售额为含税的上市公司营业收入。

② 大商股份有限公司销售额为含税的上市公司营业收入。

③ 合肥百货大楼集团股份有限公司数据不包括批发市场交易额。

④ 北京首商集团股份有限公司包含北京新燕莎控股（集团）有限责任公司和北京西单友谊百货集团数据。

# 2011 年中国主要连锁便利店企业发展情况
## (2012 年 5 月 7 日发布)

| 序号 | 公司名称/品牌名称 | 主要分布地区 | 门店总数（个） |
|---|---|---|---|
| 1 | 东莞市糖酒集团美宜佳便利店有限公司 | 广东省 | 3650 |
| 2 | 农工商集团便利店（好德、可的） | 上海市 | 2100 |
| 3 | 快客便利店 | 上海市/浙江省/江苏省 | 2014 |
| 4 | 苏果便利店 | 南京市 | 1446 |
| 5 | 东莞市星瀚商贸有限公司 | 广东省、湖北省、云南省 | 1400 |
| 6 | 四川省互惠商业有限责任公司 | 四川省 | 1270 |
| 7 | 成都红旗连锁股份有限公司 | 成都市/眉山市 | 1129 |
| 8 | 山西省太原唐久便利店 | 太原市/晋中市 | 1106 |
| 9 | 浙江人本超市有限公司之上便利店 | 温州市 | 892 |
| 10 | 河北国大 36524 便利店 | 河北省 | 840 |
| 11 | 青岛利群便利店 | 青岛市 | 800 |
| 12 | 7 - Eleven 便利店 | 广州市/北京市/天津市/成都市/上海市 | 798 |
| 13 | 全家便利店 | 上海市 | * 700 |
| 14 | 喜士多（C - store）便利店 | 上海市 | * 660 |
| 15 | 武汉中百便利店 | 武汉市 | 584 |
| 16 | 山西金虎便利连锁股份有限公司 | 太原市 | 537 |
| 17 | 上海良友金伴便利店 | 上海市 | 525 |
| 18 | 上海梅林正广和便利连锁有限公司 | 上海市 | * 400 |
| 19 | 北京物美便利超市 | 北京市 | 392 |
| 20 | 天津市津工超市有限责任公司 | 天津市 | 382 |
| 21 | 罗森便利店 | 上海市 | 354 |
| 22 | WOWO（中国）便利连锁管理有限公司 | 四川省 | * 295 |
| 23 | 万店通便利店 | 深圳市 | * 260 |
| 24 | 哈尔滨中央红集团小月亮便利店 | 哈尔滨市 | * 250 |
| 25 | 上海迪亚零售有限公司 | 上海市 | 214 |
| 26 | 北京好邻居便利店 | 北京市 | 186 |
| 27 | 北京京客隆便利店 | 北京市 | 161 |
| 28 | OK 便利店 | 广州市 | 95 |
| 29 | 太阳系便利店连锁经营有限公司 | 大连市 | 65 |
| 30 | 青岛迷你岛便利店有限公司 | 青岛市 | 29 |

注：数字前面带 * 为估计值。

# 2011年主要外资连锁企业经营情况

（2012年5月7日发布）

| 会员 | 序号 | 百强序号 | 企业名称 | 销售规模（万元） | 门店总数（个） |
|---|---|---|---|---|---|
| ★ | 1 | 5 | 康成投资（中国）有限公司（大润发） | 6156700 | 185 |
| ★ | 2 | 7 | 家乐福（中国）管理咨询服务有限公司 | 4519581 | 203 |
| ★ | 3 | 8 | 百胜餐饮集团中国事业部① | 4340000 | 4450 |
| ★ | 4 | 9 | 沃尔玛（中国）投资有限公司 | * 4300000 | 271 |
| ★ | 5 | 14 | 江苏五星电器有限公司（百思买） | 2748330 | 279 |
| ★ | 6 | 26 | 特易购（TESCO） | * 1800000 | 121 |
| ★ | 7 | 30 | 百盛商业集团有限公司 | 1642617 | 52 |
|  | 8 | 32 | 新世界百货中国有限公司 | * 1550000 | 39 |
| ★ | 9 | 33 | 乐天玛特 | 1541077 | 75 |
| ★ | 10 | 38 | 锦江麦德龙现购自运有限公司 | * 1380000 | 54 |
| ★ | 11 | 40 | 好又多管理咨询服务（上海）有限公司 | * 1300000 | 99 |
| ★ | 12 | 41 | 欧尚（中国）投资有限公司 | 1269626 | 45 |
|  | 13 | 49 | 郑州丹尼斯百货有限公司 | 1080000 | 27 |
| ★ | 14 | 52 | 卜蜂莲花 | * 1001900 | 52 |
| ★ | 15 | 53 | 广州屈臣氏个人用品商店有限公司 | * 1000000 | 1100 |
| ★ | 16 | 57 | 麦当劳（中国）有限公司 | * 810000 | 1400 |
| ★ | 17 | 58 | 伊藤洋华堂 | 748588 | 13 |
| ★ | 18 | 59 | 永旺 | 666170 | 30 |
|  | 19 | 62 | 宜家家居 | 571513 | 9 |
| ★ | 20 | 76 | 百佳超市（中国内地） | 429853 | 46 |
|  | 21 |  | 易买得 | * 240000 | 16 |
|  |  |  | 合计 | 39095955 | 8566 |

注：1. ★ 表示为中国连锁经营协会会员企业。

2. 数字前面带*为估计值。

3. 统计数据采用销售规模的口径，包括含税的直营店、加盟店、输出管理等以公司品牌经营的所有连锁店的销售总额，以及对外批发的销售额，除此外的销售额不计入内。

4. 企业数据说明：

① 百胜餐饮集团中国事业部数据不含内蒙古小肥羊餐饮连锁有限公司数据。

另：欧尚（中国）投资有限公司所报数据为不含税数据。

卜蜂莲花数据为上市公司的数据，不含非上市部分。

# 2011 年中国连锁零售企业主要业态门店基准情况表

（2012 年 5 月 7 日发布）

| 序 | 项目 | | 百货 | 大型超市 | 超市 | 便利店 |
|---|---|---|---|---|---|---|
| 1 | 营业面积（平方米） | | 39058 | 10073 | 2447 | 108 |
| 2 | 员工总数（人） | | 1344 | 332 | 83 | 9.3 |
| 3 | 正式工数（人） | | 424 | 215 | 52 | 6.5 |
| 4 | 销售额（万元） | | 122388 | 29630 | 4530 | 461 |
| 5 | 收银机数量（台） | | 52 | 39 | 8 | 1.7 |
| 6 | 平效（万元/平方米·年） | | 3.13 | 2.94 | 1.85 | 4.27 |
| 7 | 人均劳效 | 按总员工数（万元/人·年） | 91 | 89 | 55 | 49 |
| | | 按正式工数（万元/人·年） | 289 | 138 | 88 | 71 |
| 8 | 客单价（元/单） | | 385 | 78 | 62 | 16.4 |
| 9 | 毛利率（%） | | 14.0 | 12.9 | 13.0 | 19.1 |
| 10 | 收银机配置（平方米/台） | | 751 | 258 | 306 | 64 |
| 11 | 收银效率（元/台·天） | | 64236 | 20570 | 15510 | 7430 |

注：1. 以上均为门店指标。

2. 门店样本的选择原则：

（1）样本店的面积相对集中，大多在各业态平均值上下 25% 以内。

（2）店铺销售明显超出或低于平均值的未被纳入样本。

（3）样本店是各个企业中经营较好的门店，其代表行业较好水平。

# 附录三

## 连锁经营系列标准概览

为便于企业了解目前行业相关标准的制定情况，中国连锁经营协会对连锁经营相关标准进行了梳理，供业界参考。具体如下：

**零售业：**

| 职能分类 | 标准编号 | 标准名称 |
|---|---|---|
| 基础管理 | SB/T 10333 - 2000 | 连锁超级市场、便利店管理通用要求　术语规范 |
| | SB/T 10335 - 2000 | 连锁超级市场、便利店管理通用要求　门店管理规范 |
| | GB/T 18106 - 2004 | 零售业态分类* |
| | SB/T 10444 - 2007 | 商贸企业信用管理技术规范 |
| | SB/T 10429 - 2007 | 家电专业店经营规范 |
| | SB/T 10410 - 2007 | 特许经营管理体系指南* |
| | SB/T 10465 - 2008 | 连锁经营术语 * |
| | SB/T 10669 - 2012 | 连锁超市营运关键绩效指标（KPI）体系及考核评估 |
| 岗位职能 | GB/T 10372 - 2003 | 商业职业经理人职业资格认定规范 |
| | SB/T 10512.1 - 2008 | 零售业基层岗位技能要求　营业员 |
| | SB/T 10512.2 - 2008 | 零售业基层岗位技能要求　收货员 |
| | SB/T 10512.3 - 2008 | 零售业基层岗位技能要求　防损员 |
| | SB/T 10512.4 - 2008 | 零售业基层岗位技能要求　生鲜工 |
| | SB/T 10512.5 - 2008 | 零售业基层岗位技能要求　收银员 |
| | SB/T 10510 - 2008 | 商品陈列师专业技术要求 |
| | SB/T 10521 - 2009 | 超市防损经理岗位要求* |
| | SB/T 10568 - 2010 | 连锁店店长岗位技能通用要求 |
| | SB/T 10512.6 - 2010 | 零售业基层岗位技能要求　前台接待员 |
| 信息系统 | SB/T 10375 - 2004 | 零售业信息化指标 |
| | GB/T 18184 - 2008 | 商业自动化术语 |
| | GB/T 17917 - 2008 | 零售企业管理信息系统基本功能要求 |
| 生鲜采购及存储 | GB 18406.1 - 2001 | 农产品安全质量　无公害蔬菜安全要求 |
| | GB/T 18407.1 - 2001 | 农产品安全质量　无公害蔬菜产地环境要求 |
| | GB/T 19221 - 2003 | 农副产品绿色零售市场 |
| | SB/T 10395 - 2005 | 畜禽产品流通卫生操作技术规范 |
| | SB/T 10396 - 2005 | 生猪屠宰企业资质等级要求 |
| | GB/T 20402 - 2006 | 超市鲜、冻畜禽产品准入技术要求 |

续表

| 职能分类 | 标准编号 | 标准名称 |
|---|---|---|
| 生鲜采购及存储 | SB/T 10430 - 2007 | 食品冷冻真空干燥设备　间歇式 |
| | SB/T 10447 - 2007 | 水果和蔬菜 气调贮藏原则与技术 |
| | SB/T 10448 - 2007 | 热带水果和蔬菜包装与运输操作规程 |
| | SB/T 10449 - 2007 | 番茄 冷藏和冷藏运输指南 |
| | SB/T 10428 - 2007 | 初级生鲜食品配送良好操作规范 |
| | GB/T 22502 - 2008 | 超市销售生鲜农产品基本要求 |
| | GB/T 21721 - 2008 | 农副产品销售现场危害管理规范 |
| | SB/T 10481 - 2008 | 低温肉制品质量安全要求 |
| | SB/T 10482 - 2008 | 预制肉类食品质量安全要求 |
| | SB/T 10360 - 2008 | 安全肉制品质量认证评审准则 |
| | SB/T 10618 - 2011 | 超市收货规范* |
| | SB/T 10621 - 2011 | 超市鲜活农产品供应商评价指标体系 |
| | SB/T 10622 - 2011 | 超市现场加工食品经营规范* |
| | SB/T 10630 - 2011 | 豆制品现场加工管理技术规范 |
| | SB/T 10631 - 2011 | 马铃薯冷冻薯条 |
| | SB/T 10632 - 2011 | 卤制豆腐干 |
| | SB/T 10633 - 2011 | 豆浆类 |
| | SB/T 10664 - 2012 | 采购经理岗位要求 |
| | SB/T 10665 - 2012 | 零售商采购质量审核规范 |
| | SB/T 10666 - 2012 | 零售商问题商品管理规范 |
| | SB/T 10667 - 2012 | 零售商与供应商货款结算规范 |
| | SB/T 10668 - 2012 | 零售商与供应商供应链平台功能规范 |
| | SB/T 10678 - 2012 | 主食冷链配送良好操作规范 |
| | SB/T 10679 - 2012 | 主食加工配送中心良好生产规范 |
| | SB/T 10680 - 2012 | 肉类蔬菜流通追溯体系编码规则 |
| 商品管理 | SB/T 10135 - 1992 | 社会商业商品分类与代码 |
| | GB7718 - 2004 | 预包装食品标签通则 |
| | SB/T 10392 - 2005 | 酒类商品零售经营管理规范 |
| | SB/T 10454 - 2008 | 小商品分类与代码 |
| | GB 12904 - 2008 | 商品条码 零售商品编码与条码表示 |
| | SB/T 10472 - 2008 | 室内装饰类纺织商品验收通则 |
| | SB/T 10473 - 2008 | 婴幼儿服装商品验收通则 |
| | 2009 年 | 《零售企业实施问题食品撤柜和公众召回流程指引》* |
| | SB/T 10619 - 2011 | 零售业自有品牌开发与经营管理规范* |
| | SB/T 10620 - 2011 | 零售业品类管理指南* |

续表

| 职能分类 | 标准编号 | 标准名称 |
|---|---|---|
| 商品管理 | SB/T 10656 - 2012 | 猪肉分级 |
| | SB/T 10659 - 2012 | 畜禽产品包装与标识 |
| 设备设施 | GB/T 10001.5 - 2006 | 标志用公共信息图形符号　第 5 部分：购物符号 |
| | GB/T 15566.5 - 2007 | 公共信息导向系统 设置原则与要求 第 5 部分：购物场所 |
| | GB/T 17110 - 2008 | 商店购物环境与营销设施的要求 |
| | SBJ 16 - 2009 | 气调冷藏库设计规范 |
| | SBJ 17 - 2009 | 室外装配冷库设计规范 |
| 顾客服务 | GB/T 10382 - 2004 | 服务管理体系规范及实施指南 |
| | SB/T 10401 - 2006 | 商品售后服务评价体系 |
| | SB/T 10409 - 2007 | 商业服务业顾客满意度测评规范 |
| | GB/T 23650 - 2009 | 超市购物环境 * |
| | GB/T 16868 - 2009 | 商品经营服务质量管理规范 |
| 物流 | GB/T 19680 - 2005 | 物流企业分类与评估指标 |
| | GB/T 18354 - 2006 | 物流术语 |
| | GB/T 20523 - 2006 | 企业物流成本构成与计算 |
| | GB/T 21334 - 2008 | 物流园区分类与基本要求 |
| | GB/T 21735 - 2008 | 肉与肉制品物流规范 |
| | GB/T 22126 - 2008 | 物流中心作业通用规范 |
| | GB/T 22263.1 - 2008 | 物流公共信息平台应用开发指南　第 1 部分：基础术语 |
| | GB/T 22263.2 - 2008 | 物流公共信息平台应用开发指南　第 2 部分：体系架构 |
| | GB/T 23831 - 2009 | 物流信息分类与代码 |
| | GB/T 23830 - 2009 | 物流管理信息系统应用开发指南 |
| | GB/T 18127 - 2009 | 商品条码 物流单元编码与条码表示 |
| | GB/T 24358 - 2009 | 物流中心分类与基本要求 |
| | GB/T 24359 - 2009 | 第三方物流服务质量要求 |
| | GB/T 24616 - 2009 | 冷藏食品物流包装、标志、运输和储存 |
| | GB/T 24617 - 2009 | 冷冻食品物流包装、标志、运输和储存 |
| | GB/T 24661.3 - 2009 | 第三方电子商务服务平台服务及服务等级划分规范　第 3 部分：现代物流服务平台 |
| | SB/T 10623 - 2011 | 超市基地直采供应链建设规范 * |
| 供应商管理 | SB/T 10467 - 2008 | 零售商供应商公平交易行为规范 |
| | GB/T 23793 - 2009 | 合格供应商信用评价规范 |
| 食品安全 | 2006 年，商务部发 | 《超市食品安全操作规范（试行）》 * |
| | GB/T 22000 - 2006 | 食品安全管理体系 食品链中各类组织的要求 |
| | GB/T 22004 - 2007 | 食品安全管理体系 GB/T 22000 - 2006 的应用指南 |

续表

| 职能分类 | 标准编号 | 标准名称 |
|---|---|---|
| 食品安全 | GB/T 22003 - 2008 | 食品安全管理体系 审核与认证机构要求 |
| | GB/T 23811 - 2009 | 食品安全风险分析工作原则 |
| 节能环保 | SB/T 10427 - 2007 | 大型商场、超市空调制冷的节能要求 |
| | GB 21660 - 2008 | 塑料购物袋的环保、安全和标识通用技术要求 |
| | SB/T 10520 - 2009 | 超市节能规范 * |
| 电子商务 | GB/T 18811 - 2002 | 电子商务基本术语 |
| | GB/T 19256.1 - 2003 | 基于 XML 的电子商务　第 1 部分：技术体系结构 |
| | GB/T 19256.9 - 2006 | 基于 XML 的电子商务　第 9 部分：核心构件与业务信息实体规范 |
| | GB/T 20538.1 - 2006 | 基于 XML 的电子商务业务数据和过程　第 1 部分：核心构件目录 |
| | GB/T 19256.2 - 2006 | 基于 XML 的电子商务　第 2 部分：协同规程轮廓与协议规范 |
| | GB/T 19256.3 - 2006 | 基于 XML 的电子商务　第 3 部分：消息服务规范 |
| | GB/T 19256.4 - 2006 | 基于 XML 的电子商务　第 4 部分：注册系统信息模型规范 |
| | GB/Z 20539 - 2006 | 电子商务业务过程和信息建模指南 |
| | GB/T 20538.6 - 2006 | 基于 XML 的电子商务业务数据和过程　第 6 部分：技术评审组织和程序 |
| | GB/T 20538.7 - 2006 | 基于 XML 的电子商务业务数据和过程　第 7 部分：技术评审指南 |
| | GB/T 19256.5 - 2006 | 基于 XML 的电子商务　第 5 部分：注册服务规范 |
| | GB/T 19256.6 - 2006 | 基于 XML 的电子商务　第 6 部分：业务过程规范模式 |
| | SB/T 10469 - 2008 | 网络营销运营规范 |
| | GB/T 19256.8 - 2009 | 基于 XML 的电子商务　第 8 部分：报文设计规则 |
| | GB/T 24661.2 - 2009 | 第三方电子商务服务平台服务及服务等级划分规范　第 2 部分：企业间（B2B）、企业与消费者间（B2C）电子商务服务平台 |
| | GB/T 24661.3 - 2009 | 第三方电子商务服务平台服务及服务等级划分规范　第 3 部分：现代物流服务平台 |
| | GB/T 24662 - 2009 | 电子商务　产品核心元数据 |
| | SB/T 10518 - 2009 | 电子商务模式规范 |
| | SB/T 10519 - 2009 | 网络交易服务规范 |
| | GB/T 24663 - 2009 | 电子商务　企业核心元数据 |
| | GB/T 20538.2 - 2010 | 基于 XML 的电子商务业务数据和过程　第 2 部分：业务信息实体目录 |
| | GB/T 19252 - 2010 | 电子商务协议样本 |
| | SB/T 10693 - 2012 | 网络购物术语 |

**酒店、餐饮及服务业：**

| 职能分类 | 标准编号 | 标准名称 |
| --- | --- | --- |
| 酒店餐饮 | SB/T 10001 – 1993 | 酒店（饭店）服务规范 |
| | SB/T 10002 – 1993 | 酒家（饭庄）管理规范 |
| | SB/T 10189 – 1993 | 酒家（饭庄）服务规范 |
| | SB/T 10230 – 1994 | 酒店（饭店）管理规范 |
| | SB/T 10267 – 1996 | 餐饮业开业的专业条件和技术要求 |
| | SB/T 10264 – 1996 | 餐饮业计算机管理软件开发设计基本规范 |
| | SB/T 10376 – 2004 | 饼店分等定级规定 |
| | SB/T 10426 – 2007 | 餐饮企业经营规范 |
| | SB/T 10443 – 2007 | 早餐经营规范 |
| | SB/T 10506 – 2008 | 早餐工程食品 植物蛋白饮料 |
| | SB/T 10474 – 2008 | 餐饮业营养配餐技术要求 |
| | SB/T 10478 – 2008 | 餐饮业职业经理人条件 |
| | GB/T 27306 – 2008 | 食品安全管理体系 餐饮业要求 |
| | GB 18006. 1 – 2009 | 塑料一次性餐饮具通用技术要求 |
| | GB/T 23498 – 2009 | 海产品餐饮加工操作规范 |
| | GB/T 13391 – 2009 | 餐饮企业的等级划分和评定 |
| | SB/T 10531 – 2009 | 火锅企业经营服务规范 |
| | SB/T 10567 – 2010 | 餐饮企业品牌竞争力评估标准 |
| | SB/T 10559 – 2010 | 主食加工配送中心建设规范 |
| | GB/T 21084 – 2007 | 中国绿色饭店 |
| | SB/T 10268 – 1996 | 旅馆业　开业的专业条件和技术要求 |
| | SB/T 10265 – 1996 | 饭店业计算机管理软件开发设计基本规范 |
| | SB/T 10356 – 2002 | 绿色饭店等级评定规定 |
| | SB/T 10420 – 2007 | 饭店业星级服务人员资格条件 |
| | SB/T 10476 – 2008 | 饭店服务礼仪规范 |
| | SB/T 10479 – 2008 | 饭店业星级侍酒师条件 |
| | SB/T 10475 – 2008 | 经济型饭店经营规范 |
| | SB/T 10477 – 2008 | 饭店枕类产品技术要求 |
| | SB/T 10522 – 2009 | 饭店信息化设施条件与规范 |
| | 2007 年商务部、卫生部 | 住宿业卫生规范 |
| | SB/T 10654 – 2012 | 茶馆经营服务规范 |
| 其他 | SB/T 10455 – 2008 | 社区商业设施设置与功能要求 |
| | SB/T 10517 – 2009 | 商业街管理技术规范 |
| | SB/T 10270 – 1996 | 美容美发业　开业的专业条件和技术要求 |
| | SB/T 10328 – 1999 | 中国烹饪，摄影，美容美发名师大师评定条件 |

续表

| 职能分类 | 标准编号 | 标准名称 |
|---|---|---|
| 其他 | SB/T 10271 - 1996 | 洗染业　开业的专业条件和技术要求 |
| | SB/T 10624 - 2011 | 洗染业服务经营规范 |
| | SB/T 10625 - 2011 | 洗染业服务质量要求 |
| | GB 9666 - 1996 | 理发店、美容店卫生标准 |
| | 2007 年商务部、卫生部 | 美容美发场所卫生规范 |
| | SB/T 10437 - 2007 | 美容美发行业经营管理技术规范 |
| | SB/T 10442 - 2007 | 沐浴业经营技术规范 |
| | SB/T 10532 - 2009 | 沐浴企业等级划分技术要求 |
| | SB/T 10565 - 2010 | 沐浴业术语 |
| | SB/T 10566 - 2010 | 沐浴业态分类 |
| | SB/T 10509 - 2008 | SPA 经营技术规范 |
| | SB/T 10441 - 2007 | 足浴保健经营技术规范 |
| | SB/T 10540 - 2009 | 足浴保健企业等级划分技术要求 |
| | SB/T 10269 - 1996 | 照相业　开业的专业条件和技术要求 |
| | SB/T 10438. 1 - 2007 | 摄影业服务规范 第 1 部分：摄影服务规范 |
| | SB/T 10438. 2 - 2008 | 摄影业服务规范 第 2 部分：摄像服务规范 |
| | SB/T 10438. 3 - 2009 | 摄影业服务规范 第 3 部分：照片输出服务规范 |
| | SB/T 10504 - 2008 | 纺织服装专业市场建设及管理技术规范 |
| | SB/T 10653 - 2012 | 珠宝饰品经营服务规范 |
| | SB/T 10685 - 2012 | 皮革和毛皮服装专业店管理技术规范 |

* 每种类别中的标准均按发布时间先后排序并分类，无明确界限。
* 标“*”为中国连锁经营协会起草的标准。
* 标准编号前标“GB”为强制性国家标准，“GB/T”为推荐性国家标准，“SB/T”为推荐性行业标准。

附录四

# 中国连锁经营协会简介

中国连锁经营协会于1997年在民政部注册成立，是连锁经营领域惟一的全国性行业组织。目前，拥有企业会员1000多家，连锁店铺20万个，包括本土和跨国零售商、特许加盟企业、供应商等。其中，零售会员企业2011年销售额达2.1万亿元人民币，约占社会消费品零售总额的12%。

协会的团体会员涵盖了零售、餐饮、服务等行业中的70多个业态、业种，企业主要为国内知名和在华外资连锁公司、重要供应商及相关中介组织。

协会以推动连锁经营在中国的发展为己任，本着“引导行业、服务会员、回报社会、提升自我”的理念，以会员服务为核心，代表行业利益，维护会员合法权益，提供各项促进企业发展的服务内容。主要包括：

**政策协调**。为企业与政府之间沟通搭建平台，通过政策建议、标准制定、信用体系建设等为行业发展创造良好环境。

**企业合作**。以中国连锁业大会、中国连锁店展览会、中国特许加盟大会、中国特许展等活动为平台，推动行业合作交流与发展。

**行业培训**。通过从业人员认证培训体系，帮助企业管理人员提高业务水平。

**资讯整合**。通过协会网站、电子通讯和《连锁》月刊等传递各行业资讯，使企业及时把握行业发展脉搏。同时，保持与中央、地方媒体的紧密合作。

**国际交流**。作为WFC、APFC成员国，与世界50多个国家在零售连锁和特许经营方面建立了紧密联系，积极推动国际化交流。

**行业研究**。通过行业统计和专项调查，发布多项报告，为政府和企业提供涉及行业发展现状和趋势等方面的调研服务，为企业决策提供依据。

**行业自律**。以《中国连锁经营协会章程》、《连锁超市行业道德规范》、《商业特许经营管理条例》为准则，规范企业经营行为，促进行业健康发展。

CCFA **网络平台**

中国连锁经营协会网站 www.ccfa.org.cn

中国连锁经营行业专业的资讯平台，主要内容包括政策法规、行业调研报告、国际零售前沿、零售创新与技术、特许学院、加盟商辅导站、加盟项目推介、书刊资料、连锁及加盟展览、金牌店长、KPI数据库、连锁百强，以及食品安全、电子简讯、品类管理培训系统、零供公平合作平台、会员查询等。

中国连锁经营协会英文网站 www. chinaretail. org

超市食品安全网 www. food - safety. cn

超市食品安全网是目前国内惟一一个针对超市中的食品安全工作开办的非赢利性网站，网站内容以零售企业中高层管理人员关注的内容为主，消费者关注的内容为辅，及时提供行业内的动态和政策信息，为业内人士进行交流提供一个良好的平台。

中国特许展网址 www. chinafranchiseexpo. com

中国特许展相关信息的展示平台。

中国连锁店展览会网址 www. chinaretailexpo. com

中国连锁店展览会相关信息的展示平台。

## 电子刊物

每周行业动态（周讯）

CCFA English Brief（半月刊）

CIO 通讯（周刊）

食品安全简讯（半月刊）

标准化通讯（不定期）

会展动态 EDM（不定期）

## 固定刊物

《连锁》月刊，是中国连锁经营协会的会刊，自 1998 年创刊以来，陪伴和记录了中国连锁业成长全过程。《连锁》旨在报道业内动态，传递和解读国家相关政策，剖析业内热点，发布权威分析报告，刊登富有实用性的管理前沿知识，讲述连锁精英的财富故事，介绍优秀企业的成功之道，及时传递海外讯息……《连锁》已成为业界人士和企业的管理人员了解行业动态，获取相关知识的首选刊物。

《中国连锁经营年鉴》始出版于 2000 年，是由中国连锁经营协会编撰，记录中国连锁业年度发展脉络和轨迹，汇集相关数据和案例的重要载体。它涵盖了国内超级市场、便利店、专业店、专卖店、百货店、购物中心、家居中心、特许经营等各种零售业态和营销方式的发展状况以及国际连锁业发展概况，既有国内以及各地区连锁业发展总体水平的纵向比较资料，也有与国际同行业发展的横向比较信息，还包括了相关的政策法规，是反映中国连锁业发展全貌的编年体手册型工具书。

《特许经营》季刊，是中国连锁经营协会为帮助企业及时了解特许经营相关政策，掌握国内外特许经营最新发展动态，分享特许经营先进经验和典型案例精编而成，自 2011 年 2 月发行，发送对象为商务部、地方商务主管部门、会员企业、特许经营备案企业、院校、媒体、其他相关部门和机构。

CCFA 会员服务

**信息及宣传服务**

1. 获赠《连锁》月刊；
2. 获赠《特许经营》季刊（特许会员）；
3. 获取《每周行业简讯》，第一时间了解业内动态；
4. 获取网站 www. ccfa. org. cn 登陆密码，浏览会员专属信息；
5. 每年获赠数份专题调研报告。

**交流研讨**

1. 协助组织会员间交流，为会员提供异业合作的机会；
2. 获得多项专业研讨活动免费参加名额（以活动通知为准）；
3. 获得特许加盟大会主会场免费参加名额；
4. 特许企业可为加盟商指导并免费获得加盟商网上培训。

**政府关系与政策协调服务**

# 地区连锁协会名录

| 序号 | 协会名称 | 电话 | 传真 | 地址 | 邮编 |
|---|---|---|---|---|---|
| 1 | 北京市连锁经营协会 | 010－62262236 | 010－62262236 | 北京市海淀区北三环西路明光北里2号 | 100088 |
| 2 | 天津市连锁商业协会 | 022－23023836 | 022－23023804 | 天津市河西区永安道越秀路德恩里7号楼1门504 | 300204 |
| 3 | 山西省连锁经营协会 | 0351－3085385 | 0351－3085385 | 山西省太原市解放路79号省政府机关幼儿园 | 030002 |
| 4 | 黑龙江省连锁经营协会 | 0451－55533610 | 0451－55533610 | 黑龙江省哈尔滨市南岗区汉广街41号 | 150080 |
| 5 | 沈阳市连锁经营协会 | 024－22722104 | 024－22731872 | 辽宁省沈阳市市府大路260号（沈阳市服务业委员会） | 110013 |
| 6 | 大连市连锁企业协会 | 0411－84600529 | 0411－84600509 | 辽宁省大连市沙河口区联合路联合巷21号301－302室 | 116021 |
| 7 | 上海连锁商业协会 | 021－62717620 | 021－62717623 | 上海市静安区新闸路945号3楼309A（近泰兴路） | 200041 |
| 8 | 浙江省连锁经营协会 | 0571－8521055 | 0571－85211055 | 浙江省杭州市马塍路3号5楼 | 310007 |
| 9 | 绍兴市连锁经营协会 | 0575－88617766 | 0575－5250308 | 浙江省绍兴市延安东路173号 | 312000 |
| 10 | 安徽省连锁经营协会 | 0551－2621143 | 0551－2620755 | 安徽省合肥市庐江路70号 | 230001 |
| 11 | 安徽商业联合会零售商业委员会 | 0551－2658284 | 0551－2658284 | 安徽省合肥市长江中路136号青云楼6楼 | 230001 |
| 12 | 合肥市零售协会 | 0551－2687015 | 0551－2687015 | 安徽省合肥市长江中路150号合肥百货大楼 | 230001 |
| 13 | 福建省连锁经营协会 | 0591－63359299 | 0591－7847145 | 福建省福州市中山路23号建发大厦1楼 | 350003 |
| 14 | 厦门市商业联合会连锁经营同业公会 | 0592－2281107 | 0592－2220084 | 福建省厦门市思明区厦禾路839号汇成商业中心1401室 | 361012 |
| 15 | 泉州超市协会 | 0595－22276761 | 0595－22132755 | 福建省泉州市南俊巷新府口48号 | 362000 |
| 16 | 济南市连锁经营协会 | 0531－87082902 | 0531－87082929 | 济南市经二路571号济南华联 | 250021 |

续表

| 序号 | 协会名称 | 电话 | 传真 | 地址 | 邮编 |
|---|---|---|---|---|---|
| 17 | 武汉连锁经营协会 | 027－85778278 | 027－85752055 | 武汉市江汉区香江路11号 | 430015 |
| 18 | 湖南省连锁经营协会 | 0731－4131132 | 0731－4131132 | 湖南省长沙市五一大道98号省商务厅3号办公楼213室 | 410011 |
| 19 | 河南省商业行业协会 | 0371－63817447 | 0371－63817447 | 河南省郑州市文化路任寨北街2号 | 450003 |
| 20 | 重庆市连锁经营协会 | 023－63632356 | 023－63631119 | 重庆市中山四路83号－2号七楼 | 400015 |
| 21 | 西安连锁经营协会 | 029－86786533 | 029－86786531 | 西安市凤城八路109号西安市政府1号楼643室 | 710007 |
| 22 | 广东省连锁经营协会 | 020－38483952－803 | 020－38483953 | 广州市天河区龙口东路363号保供大厦15楼 | 510630 |
| 23 | 广州连锁经营协会 | 020－86474182 | 020－86474182 | 广州市环市西路68号广州市社会组织培育基地901室 | 510160 |
| 24 | 深圳零售商业行业协会 | 0755－82959966 | 0755－82945078 | 广东省深圳市南山区东滨路南油文化广场三楼24# | 518026 |
| 25 | 东莞市零售行业协会 | 0769－22319476 | 0769－22477265 | 广东省东莞市东城中路美新商业中心六楼F603 | 523129 |
| 26 | 柳州连锁经营协会 | 0772－3605353 | 0772－2836800 | 广西柳州解放北路26号一楼 | 545001 |
| 27 | 昆明市连锁经营协会 | 0871－5716625 | 0871－5711330 | 云南省昆明市一二一大街298号云南师范大学明远楼一幢 | 650092 |
| 28 | 永嘉县超市经济促进会 | 0577－88353730 | 0577－88353730 | 浙江省温州市鹿城区学院中路地掷球馆二楼新闻部 | 325000 |